공완 : 공부완성

고3~N수 수능독서 배경지식

김태희 지음

KB053558

북아이콘

수능 국어 비문학 지문 읽기, 개념부터 잡아라!

수능 국어 과목은 학생들이 어려워한다. 그 가운데서도 비문학 독서 영역의 인문·철학과 과학·기술 파트에서 고전한다. 열심히 공부하는데도 불구하고 성적이 오르지 않는다고 하소연한다. 이유가 무엇일까? 이는 무엇보다 출제 지문에 대한 이해 부족에서 비롯된다. 독서 지문은 출제위원들이 전문서적이나 학술논문에서 글감을 추출하여 직접 집필한다. 지문에서 다루는 핵심 개념은 교과 내용에 기초하지만, 실제로는 그 개념의 연장선상에서 응용 출제하는 것이 일반적이다. 때문에 학생들이 느끼기에 출제 지문은 늘 새롭고 또 생경하다. 처음 지문을 접했을 때 느끼는 용어의 낯설음과 문장의 이질감은 상당하며, 글 읽기의 어려움으로 다가온다.

출제위원들은 이런 사정을 고려하여 특별한 지식이 없어도 무난히 읽을 수 있도록 글 내용을 기술하고, 핵심 개념과 이론·원리를 중심으로 한편의 완결된 글이 되도록 지문을 완성한다. 독서 지문은 기본적으로 설명글이어서, 학생들의 이해를 돕기 위해 개념·이론·원리에 대한 사전적 정의와 적절한 예시 등을 통해 최대한 구체적으로 작성한다. 그러면서도 문제로 다루어야 할 내용이 빠짐없이 들어가도록 글 내용을 구성한다. 다시 말해, 수능 비문학 지문은 학생들에게 낯설거나 때론 어렵게(또는 복잡하다고) 느낄 수 있는 지식을 다루는 반면, 그에 따른 이해의 어려움을 해소하기 위해 최대한 글 내용을 구체화하고 또 글 구조와 단락 구성을 체계화한다. 이런 이유로, 학생들이 지문을 읽고 이를 이해하는 것은 그리 어렵지 않으며, 그래야 마땅하다. 그럼에도 불구하고 학생들이 느끼는 심리적 체감 난이도는 상당하다.

그 이유의 상당 부분은 학생들의 글 읽기 방법이 잘못된 때문이다. 수능 국어는 제한된 시간에 글을 읽으면서 처리해야 할 정보량이 많다. 따라서 '글을 빠르게 읽고 내용을 정확히 이해'할 수 있도록 글 읽기를 연습해야 함에도 불구하고, 많은 학생들은 그렇지를 못하다. 국어 시험을 볼 때 시간 부족을 호소하는 학생들은 대부분 지문을 '날림으로 읽기 때문'인데, 이들은 시험을 보는 내내 끊임없이 지문으로 돌아가서 다시 읽거나, 아니면 지문은 대충 읽고 문제와 선택지에만 눈을 맞춘다. 이런 식으로 공부하는 학생의 경우에는 문제를 많이 푼다고 한들 점수와 등급은 절대 오르지 않는다. 그럴수록 급하게 글을 읽을 게 아니라 지문을 정확히 이해할 수 있도록 '집중해서' 읽어야 한다.

글을 읽으면서 '중요한' 부분과 '중요하지 않은' 부분을 효과적으로 가려내고, 글의 '부분-전체' 구조를 단박에 파악할 수 있도록 올바른 글 읽기 방법을 체득해야 한다. 글의 중요한 부분은 글의 뼈대를 이루는 부분, 즉 '개념'과 '사실'과 '가치'와 관련한 직접적인 언술이며, 중요하지 않은 부분은 그 언술을 뒷받침하는 보충 설명과 관련한 곁가지 글감이다. 또 복잡한 글 구조에서 '주제 개념'을 따라 '하위 개념'별로 그것이 지시하는 '사실적 진술'의 핵심 설명 부분을 간추리면 글의 '부분-전체' 구조가 드러난다. 결국 글의 중요한 부분에 집중하면서 읽으면, 글의 전체 구조를 파악하는 것은 그리 어렵지 않다. 특히 글의 중요한 부분을 중심으로 발문의 물음이 복잡하게 구성되는데, '개념', '사실', '가치'와 관련한 진술이 뒤섞여 출제된다. 이때 글을 읽어 개념과 사실과 가치를 다룬 부분을 여하히 '분류·분석·비교'하여 파악할 수 있는가가 관건으로, 바로 이 부분에서 발문의 물음이 집중적으로 만들어진다는 사실을 가늠할 수 있을 것이다. 그리고 글 전체를 관장하는 것은 다름 아닌 개념이란 사실을 깨닫는다면, 글을 어떻게 읽어야 할지도 알 수 있을 것이다.

하지만 현실의 글 읽기 방법은 이와 정반대로 나아간다. 그러고는 학생들은 지문이 어렵다고 푸념한다. 수능 국어를 공부하는 학생들이 글 내용을 어려워하는 이유는 다름 아닌 '개념'에 대한 이해 부족 때문이다. 좀 더 엄밀히 말한다면 '개념적 사고'가 결여된 때문이다. 그렇다면 개념의 의미는 무엇이고 또 개념적 사고는 글 읽기에서 어떤 의미를 갖는 것일까? 개념은 생각과 지식과 정보의 핵심을 체계화한 것으로, '사고의 집약'이라 할 수 있다. 개념은 사고의 출발점이자 생각의 기본 체계로, 인식 과정에서 중요한 의미를 갖는다. 우리는 어떤 사물 · 대상 · 지식 · 정보에 관한 개념을 가지고 있어야만 그것에 대한 판단, 즉 추리와 논증을 할 수 있다. 개념이 없으면 판단과 추리는 어려워지며, 인식한 내용을 체계적으로 정리할 수 없다. 따라서 글(지문)을 읽을 때 그 안에 나오는 개념의 의미를 알지 못할 경우, 막연한 지레짐작으로 글 내용을 해석함으로써 사고의 오류에 빠지게 된다.

이러한 개념에 대한 이해는 '개념화'의 능력으로 이어진다. 개념화란 인간이 경험하는 사실과 사건을 추상화하여 언어적 개념으로 바꾸는 과정으로, 개념화의 능력이란 개념을 통해 습득한 지식과 정보의 의미 구조를 구체화하고 체계화하는 능력이라 할 수 있다. 개념화 능력은 개념적으로 생각하는 훈련, 즉 '개념적 사고' 과정에서 길러지며, 개념적 사고는 개념을 '일반화'하고, '추상화'하고, '범주화'하는 능력을 통해 길러진다. 이런 개념화 과정을 통해 축적된 개념적 사고들은 이후 다방면의 수많은 개념들을 서로 결합하여 '개념적 꾸러미'를 형성하면서 새로운 생각을 만들어내거나, 또는 개념적 압축 및 통합 능력을 높여 글 읽기 능력을 비약적으로 끌어올린다. 개념이 '생각을 담은 그릇'과도 같다는 사실을 깨닫는다면, 개념에 대해 올바르게 인식하는 능력을 갖출수록 글 내용의 핵심을 얼마만큼 잘 포착할 수 있는지를 가늠하는 것은 그리 어렵지 않을 것이다. 또한 지식과 정보를 개념화하여 생각하는 역량을 높일수록 한꺼번에 해결할 수 있는 정보(글 내용)의 용량과 정보 처리 속도는 크게 향상될 것임을 짐작할 수 있을 것이다.

따라서 학생들은 지문을 읽을 때 '정확한 개념 이해'를 바탕으로 '글을 빠르게 읽고 글 내용을 정확히 이해하는 능력'을 길러야 한다. 이것이 수능 독서 영역 글 읽기 능력 향상의 처음이자 마지막 포인트다. 글을 잘 읽기 위해서는 세부적인 내용보다는 전체적인 흐름을 파악하며 읽는 연습을 해야 한다. 이를 위해서는 먼저 글에 담긴 핵심 내용부터 잡아야 한다. 즉 글의 '주제'가 무엇인지부터 찾아 살펴야 한다. 이는 글을 읽어 글의 핵심을 이루는 '뼈대'와 이를 보충 설명하는 '곁가지'를 구분하는 데 더할 나위 없이 중요하다. 핵심은 주제 개념을 중심으로 하위의 세부 개념들 간의 관계를 파악하면서, 글의 전체 흐름과 논리 체계를 읽어내는 데 있다. 글의 '부분―전체' 구조를 단박에 파악할 수 있을 것이다(개념 범주화 학습). 그런 다음, 개념과 개념의 관계에 따라 문장 또는 단락을 하나의 생각의 단위로 뭉뚱그려가면서, 글을 '의미 단위'로 읽는다. 그렇게 되면 글의 중요한 부분과 중요하지 않은 부분을 가려낼 수 있다(구조 독해). 단락을 중심으로 글을 의미 단위로 읽으면서, 중요하다고 확신하는 정보만을 찾아 자세히 꼼꼼히 읽는다. 그 과정에서 한꺼번에 많은 정보량을 처리할 수 있을 뿐 아니라, 글을 읽는 속도와 지문 독해력은 크게 향상된다(선택적 글 읽기). 여기까지의 글 읽기 과정이 끝나면 글 내용과 선택지를 견주어 '일치―불일치' 관계를 파악하는 일만 남는다. 문제 풀이 과정에서 해결할 사안이다.

이 책에 실린 개념들은 결코 가볍지 않다. 게다가 낯설기까지 하다. 그럴더라도 앞으로 지문으로 실릴 가능성이 무척 높다는 사실을 깨닫고 빠짐없이 그리고 집중해서 읽어나가기 바란다. 독서 영역은 기존에 다룬 개념들을 되풀이하여 출제하는 경우는 극히 드물며, 계속해서 새로운 사상과 그 사상을 집약한 개념을 찾아 지문으로 엮기 때문이다. 이 책을 갖고 공부할 때 개념을 절대 외우려 들지 말고, 집중해서 생각하면서 내용을 이해하려고 노력하기 바란다. 처음에는 책에서 다루는 어렵고 복잡한 개념과 맞닥뜨리는 것만으로도 울렁증이 일어나겠지만, 이리저리 이해하려고 생각을 거듭하다 보면, 어느 순간 개념이 내 머릿속에 콕 들어와 박히고 사고하는 능력으로 체화됨을 실감할 수 있을 것이다. 그와 더불어 글을 빠르고 정확하게 읽는 능력 또한 확실히 향상될 것이다.

구성과 특징

1 비문학 독서 영역 분야별 배경지식 학습으로 지문 이해력, 독해력 향상

수능 국어는 독서 전 분야에 대한 상식 이상의 배경지식을 요구합니다. 글에 대한 독해 속도는 이러한 배경지식의 수준에 따라 좌우된다고 할 수 있습니다. 따라서 독서 영역 분야별 배경지식과 개념을 익혀 독해 속도를 확보하는 것이 중요합니다. 해당 주제에 대한 지식을 어느 정도 갖고 있으면 없는 경우보다 지문이 훨씬 많이 보이고 해석하기가 수월해집니다.

2 인문·철학, 사회·경제, 과학·기술, 예술·심리 기출 및 출제 예상 배경지식 학습

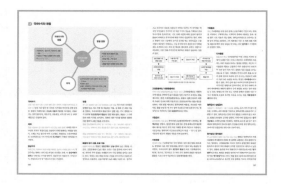

시험 현장에서 알지 못하는 낯선 주제의 지문을 접하게 되면 당황하게 됩니다. 평소에 다양한 분야의 글을 읽는 것이 필요하지만, 어떤 분야든지 배경지식을 조금이라도 갖고 있으면 마음이 편해지고 집중력이 생깁니다. 이를 위해 학생들이 특히 어려워하는 경제, 철학, 과학, 기술 등의 기출 및 출제 예상 배경지식을 집중 학습할 수 있도록 구성하였습니다. 이 분야 지문들에 대한 효과적인 대비가 가능할 것입니다.

3 사전식 배열이 아닌 개념과 지식의 연관성을 중심으로 엮어 계통적 이해

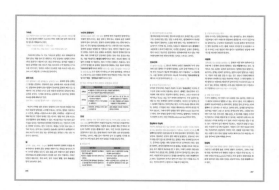

수능 독서 영역은 인문, 사회, 과학, 기술, 예술 등 다양한 분야에서 출제됩니다. 배경지식을 사전식 배열이 아닌 연관성 있는 것들을 묶어서 구성하고, 핵심 개념과 연관 지식을 같이 학습함으로써 지식과 개념의 계통적 이해가 가능하도록 하였습니다. 또한 출제 비중이 높은 분야의 주제들에 대해 보다 많은 분량을 배정하였으며, 내용을 충실히 이해할 수 있도록 도표, 시각자료 등을 활용하였습니다.

4 꼬리를 무는 의미 전개, 내용 연계로 인문 및 동서양 철학 사상의 원리적 이해

인문 · 철학에서는 철학의 분야와 동서양 철학 사상 전반에 대한 조망이 가능하도록 구성하였습니다. 특히 철학사를 기반으로 각 사상가의 주장과 논점, 주요 개념과 사상 등을 꼬리를 무는 방식으로 전개하고 관련 있는 내용들을 연계해 철학과 인문 지식들을 원리적으로 이해할 수 있도록 하였습니다. 인문 · 철학을 이해하는데 필요한 기본적인 용어도 별도로 정리하였습니다.

5 마인드맵, 개념과 흐름 배열로 사회·경제, 예술·심리 용어의 체계적 이해

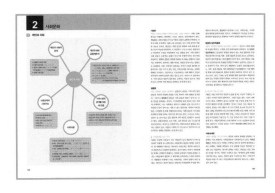

사회 · 경제, 예술 · 심리는 '경제'에서는 학생들이 어려워하는 개념과 관계에 대한 이해가 가능하도록 하였으며, '사회문화', '법과 정치'에서는 논점에 대한 이해를 통해 관점을 세우는데 주력하였습니다. '예술'에 있어서는 각 분야별 흐름과 개념이 이해되도록 하였으며, '심리'에서는 심리 이론과 용어, 심리 실험 등을 체계적으로 제시하였습니다. 또한 각 영역별 테마학습을 통해 분야별 개념, 관점, 지식, 이론, 논점의 이해가 가능하도록 하였습니다.

6 과학기술의 철학적 이해에서부터 응용과학과 실용기술에 걸친 전략적 이해

학생들에게 과학기술 영역은 당연히 어렵습니다. 배경지식은 이미 머릿속에 들어 있거나 기본적으로 필요한 지식을 말합니다. 과학기술 지문을 접할 때도 배경지식을 갖고 있으면 그렇지 않은 경우보다 백배 유리한 것이 사실입니다. 학습 과정에 있어서도 과학 · 기술과 관련한 관점을 이해하는 것이 중요합니다. 이를 위해 '과학기술의 철학적 이해'를 구성하였으며, '기초과학'과 '응용과학과 실용기술'의 지식들을 구성하였습니다.

만물제동(萬物齊同)/ 무용의 용/ 소요유(逍遙遊)/ 제물(齊物)/ 지인, 진인, 천인, 신인/ 사서오경/ 성리학/ 이기이원론/ 성즉리/ 심성론/ 거경궁리론/ 경세론/ 격물치지/ 양명학/ 심즉리/ 왕수인의 '양지'/ 지행합일

(2) 한국의 불교사상
연기설/ 삼법인/ 사성제(四聖諦)/ 소승불교와 대승불교/ 교종과 선종/ 일체유심조/ 돈오점수/ 정혜쌍수(定慧雙修)/ 연기적 세계관/ 업보와 윤회설

(3) 한국의 유교사상
성리학/ 이귀기천/ 이기호발설/ 이기지묘/ 이통기국론/ 이황과 기대승의 사단칠정 논쟁/ 호락논쟁/ 최한기의 기일원론

■ 인문·언어 핵심 용어 ■
아이러니/ 패러독스/ 레토릭/ 메타포/ 콘텍스트/ 카타르시스/ 에고이즘/ 페티시즘/ 카오스와 코스모스/ 자아/ 이성/ 주체와 객체, 주관과 객관/ 절대와 상대/ 개별·특수·보편/ 토톨로지/ 아나키즘/ 로고스, 파토스, 에토스/ 페르소나/ 오이디푸스 콤플렉스/ 아포리아/ 알레고리/ 안티노미/ 메타/ 주지주의, 주의주의, 정서주의/ 직관/ 실재/ 자유의지/ 결정론/ 기호학/ 미메시스/ 목적론적 세계관과 기계론적 세계관/ 서양적 세계관과 동양적 세계관/ 도그마티즘/ 역사 인식/ 상호이타주의/ 명제/ 개념과 범주/ 내포와 외연/ 한정과 개괄/ 범주화/ 논증/ 추론/ 연역논증과 귀납논증/ 동일률·모순율·배중률/ 상관관계와 인과관계/ 통시적·공시적/ 함축/ 유추/ 정의와 지정/ 예시와 인용/ 비교와 대조/ 분류와 구분/ 분석/ 묘사적 설명과 서사적 설명/ 오류

[테마학습 1] 플라톤과 아리스토텔레스의 사상 비교
[테마학습 2] 플라톤과 아리스토텔레스의 사상이 서양 윤리에 끼친 영향
[테마학습 3] 인간 본성에 대한 여러 견해들
[테마학습 4] 도덕 판단과 도덕 이론: 목적론적 윤리설(결과주의)과 의무론적 윤리설(동기주의)
[테마학습 5] 비트겐슈타인의 그림이론 해제
[테마학습 6] 지식의 구분에 대한 논리실증주의자와 포퍼, 콰인의 견해
[테마학습 7] 진리 판단에 대한 세 이론 비교 – 대응설, 정합설, 실용설
[테마학습 8] 시뮬라크르에 대한 상반된 관점 – 유사와 상사
[테마학습 9] 상대주의의 다양한 관점
[테마학습 10] 애덤 스미스의 경제 이론

제2장 사회·경제

1 경제

(1) 경제와 생활
수요와 공급/ 수요탄력성/ 공급탄력성/ 최저 가격제와 최고 가격제/ 수확 체감의 법칙/ 한계소비성향/ 한계효용/ 규모의 경제/ 범위의 경제/ 직접세와 간접세/ 래퍼곡선/ 기펜재/ 대체재/ 보완재/ 불완전경쟁시장/ 시장 실패와 정부 실패/ 공공재/ 독점과 과점/ 외부효과/ 사용가치와 교환가치/ 공유 경제

(2) 경제정책과 경기변동
경기/ 경기 조절 정책/ 경제성장률/ 국내총생산/ 국민총생산/ 국민소득/ 국민소득 3면 등가의 법칙/ 국민 총소득/ 국민순소득/ 기대 인플레이션/ 기저효과/ 긴축정책/ 낙수 효과/ 더블딥/ 인플레이션/ 디플레이션/ 디스인플레이션/ 명목소득·실질소득/ 물가지수/ 스태그플레이션/ 스트레스 테스트/ 양적완화 정책/ 재정정책/ 총 저축·저축률·평균소비성향·평균저축성향/ 정책 시차/ 조세부담률/ 피셔 효과/ 필립스 곡선/ 명목GDP와 실질GDP/ 플로우와 스톡/ GDP 갭/ GDP 디플레이터

3 법과 정치

제3장 예술·심리

[테마학습 1] 서양 미술의 시대별 흐름(그리스 · 로마 미술, 중세 미술, 르네상스 미술, 바로크 미술, 로코코 미술, 신고
전주의, 낭만주의, 자연주의, 사실주의, 인상주의, 신인상주의, 후기 인상주의, 야수파, 입체주의, 표현주
의, 미래주의, 추상주의, 다다이즘, 초현실주의, 추상 표현주의, 팝 아트, 신사실주의, 신표현주의, 옵 아트,
미니멀 아트, 극사실주의, 대지 미술, 비디오 아트, 키네틱 아트, 개념 미술)
[테마학습 2] 서양 음악의 시대별 흐름(고대 그리스 음악, 중세 음악, 르네상스 음악, 바로크 음악, 고전주의 음악, 낭만
주의 음악, 민족주의 음악, 20세기 음악)
[테마학습 3] 미학의 기본 개념
[테마학습 4] 아름다움을 규정하는 것은 판단인가, 감정인가
[테마학습 5] 서구 미학의 뿌리를 통해 본 모방의 개념
[테마학습 6] 근대 서양의 예술적 행위 개념
[테마학습 7] 칸트의 미학과 헤겔의 미학의 차이 비교 및 한계 비판
[테마학습 8] 포스트모더니즘
[테마학습 9] 바로크 시대 기악의 의미 부여 – 정서론과 음형론
[테마학습 10] 도상학 및 해석학의 관점에서 '세한도' 감상 · 해석 · 비판

2 심리

대상 분리/ 루빈의 컵/ 형태 구성의 원리/ 폰조 착시/ 기억의 본질/ 피아제의 인지발달이론/ 에릭슨의 정체성 위기론/
행동주의 학습이론/ 구성주의 학습이론/ 후광 효과/ 부정성 효과/ 초두 효과/ 유사성 가정/ 도식/ 귀인/ 귀인 편향/
동조/ 순종/ 학습된 무기력/ 제한된 합리성/ 휴리스틱/ 확증 편향/ 현상 유지 편향/ 보유 효과/ 손실 회피 성향/ 인지
부조화 현상/ 하인리히 법칙/ 깨진 유리창의 법칙/ 나비 효과/ 링겔만 효과/ 세렌디피티 법칙/ 풍선 효과/ 파레토의
법칙/ 롱테일 법칙/ 플라시보 효과/ 치킨게임

[테마학습 1] 애쉬의 동조 실험 – 사람 셋이면 한 사람 바보 만들기 딱 좋다
[테마학습 2] 스탠리 밀그램의 권위에 대한 복종 실험 – 악(惡)의 평범성
[테마학습 3] 레온 페스팅거의 인지부조화 이론 – 태도와 행동의 불일치
[테마학습 4] 로젠탈의 피그말리온 효과 – 칭찬은 고래도 춤추게 한다
[테마학습 5] 죄수의 딜레마 게임 – 남 잘되는 꼴은 죽어도 못 본다
[테마학습 6] 사슴 사냥 게임 – 사회적 협력이 가능한 이유
[테마학습 7] 최종제안 게임 – 이기심과 공정성 사이
[테마학습 8] 전망이론 – 불확실성 하에서의 인간의 선택
[테마학습 9] 행동경제학적 관점에서 본 합리적 분배 결정의 어려움

제4장 과학 · 기술

1 과학기술의 철학적 이해

과학의 본질/ 과학의 가치중립성/ 과학 윤리/ 과학적 사고의 오류 가능성/ 본질주의 과학관과 상대주의 과학관/ 과학
에서의 사회구성주의/ 귀납적 방법론/ 가설 연역적 방법론/ 반증주의적 방법론/ 목적론과 기계론/ 기계적 객관성/ 환
원주의/ 통섭/ 동양 과학관의 사상적 기반/ 고전역학/ 상대성이론/ 양자이론/ 메타적 고찰 또는 메타이론의 관점/ 과
학사에서 데카르트 사상을 중요하게 다루는 이유/ 양자역학의 철학적 해석/ 통일장 이론

1 철학의 분야

철학의 분야는 크게 기본 분야와 응용 분야로 나눌 수 있다. 기본 분야는 다섯 가지 영역으로 구분한다. 형이상학(존재론, 우주·존재의 문제), 인식론(지식의 문제), 윤리학(가치의 문제), 미학(아름다움과 예술의 본질), 논리학(사고의 규칙)이 그것이다. 한편 응용 분야는 우리 삶을 이루는 여러 요소들과 관련되어 있다. 삶의 현장에서 나타나는 여러 가지 현상들의 법칙성을 연구하는 학문에서 시작하여, 더 포괄적이고 더 근원적으로 탐구해 들어가는 정치철학이나 법철학, 교육철학, 언어철학, 예술철학, 역사철학, 종교철학 등이 있다.

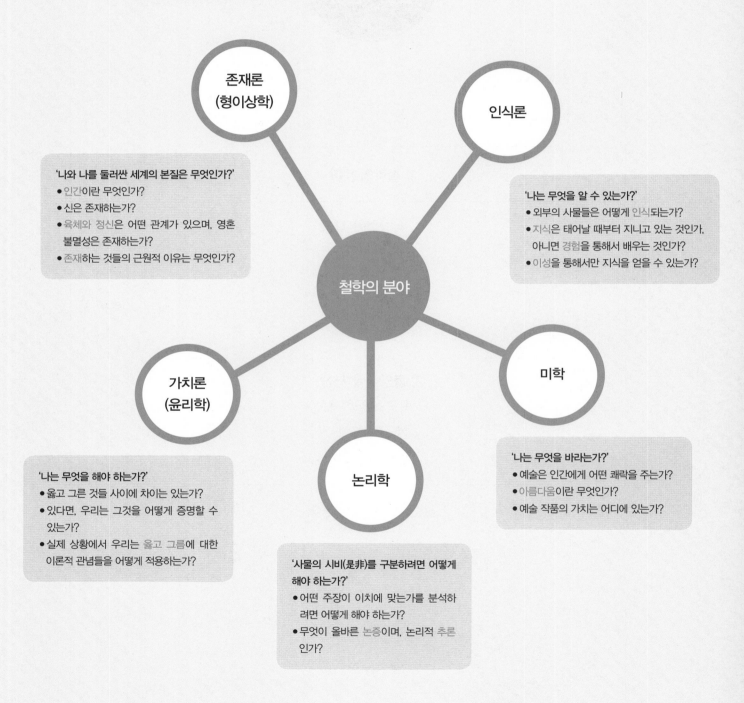

존재론 (형이상학)

'나와 나를 둘러싼 세계의 본질은 무엇인가?'
- 인간이란 무엇인가?
- 신은 존재하는가?
- 육체와 정신은 어떤 관계가 있으며, 영혼 불멸성은 존재하는가?
- 존재하는 것들의 근원적 이유는 무엇인가?

인식론

'나는 무엇을 알 수 있는가?'
- 외부의 사물들은 어떻게 인식되는가?
- 지식은 태어날 때부터 지니고 있는 것인가, 아니면 경험을 통해서 배우는 것인가?
- 이성을 통해서만 지식을 얻을 수 있는가?

철학의 분야

가치론 (윤리학)

'나는 무엇을 해야 하는가?'
- 옳고 그른 것들 사이에 차이는 있는가?
- 있다면, 우리는 그것을 어떻게 증명할 수 있는가?
- 실제 상황에서 우리는 옳고 그름에 대한 이론적 관념들을 어떻게 적용하는가?

미학

'나는 무엇을 바라는가?'
- 예술은 인간에게 어떤 쾌락을 주는가?
- 아름다움이란 무엇인가?
- 예술 작품의 가치는 어디에 있는가?

논리학

'사물의 시비(是非)를 구분하려면 어떻게 해야 하는가?'
- 어떤 주장이 이치에 맞는가를 분석하려면 어떻게 해야 하는가?
- 무엇이 올바른 논증이며, 논리적 추론인가?

형이상학

자연과학에 우선하는 초월 학문. 형이상학의 어원은 '메타피지카(metaphysica)'이다. 이는 '자연과학 너머'라는 뜻으로, 곧 자연과학에 우선하는 학문이라는 의미이다. 형이상학은 세계의 궁극의 근거를 연구하는 학문이라 할 수 있다. 바위를 예로 들어 설명하면, '바위는 어떤 원리에 따라 구르는가?', '바위는 무엇으로 이루어져 있는가?'를 탐구하는 것이 자연과학이라면, 형이상학은 '바위란 무엇인가?', '바위는 왜 세상에 존재하는가?' 등을 고찰하는 학문이다.

아리스토텔레스에게 있어서 '바위란 무엇인가'를 고찰한다는 것은 곧, 바위의 실체를 탐구하는 것이다. 플라톤에게 있어서는 바위의 보편적 특성으로서의 이데아가 실체이지만, 아리스토텔레스는 구체적 개별 사물로서의 바위 그 자체가 실체이다. 즉, 아리스토텔레스에게 있어서는 눈앞에 놓여 있는 바위가 곧 실체이다. 그러한 구체적 개별 사물은 '형상'과 '질료'가 결합하여 성립된 것이라고 아리스토텔레스는 생각했다. 초자연적 원리를 토대로 사물의 초월적 본질을 고찰하는 **형이상학**은 우주의 탄생에 관해서도 자연의 원리로 분석하지 않고 신의 의지나 인간의 정신으로 논하려 든다. (형이상학은 존재론의 한 분야이자, 아리스토텔레스의 『형이상학』에서 유래한 서양철학의 기초 학문이다.)

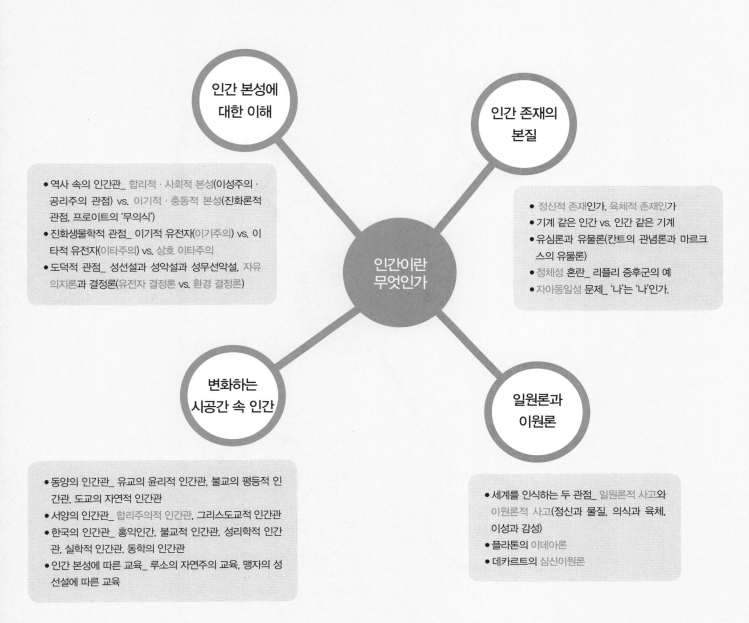

인식론

인식의 기원과 본질, 방법 등을 연구하는 철학의 분야. 인식론은 지식을 뜻하는 그리스어 '에피스테메(episteme)'에서 유래한다. 인식론은 참다운 지식(앎)은 어떤 것이고, 지식을 가능하게 하거나 제한하는 조건은 무엇인지, 그리고 보편타당한 지식은 어떻게 만들어지는지를 연구하는 철학의 분야이다. 지식의 연구는 고대 자연철학자 때부터 계속되었지만, 철학의 중심 과제가 된 것은 근대 들어 데카르트의 **합리론(이성주의)**과 로크의 **경험론(경험주의)**이 대립하면서부터이다.

그들은 인간에게 타고난 지식이 있는지에 관해 논쟁했다. 합리론은 인간은 본유관념을 갖고 태어난다고 주장한 데 비해, 경험론은 이를 부정했다. 관념은 경험을 통해 마음속에 그려지는 것이라고 경험론자들은 생각했다. 이후 독일의 칸트는 지식은 경험적 실재인 동시에 선험적 관념의 영역이라고 보고, 합리론과 경험론을 종합하여 자신만의 독특한 철학체계를 수립했다. 그는 '현상'과 **'물자체(物自體)'**를 구별했다. 칸트에 따르면, 현상은 우리가 경험으로 알 수 있는 것을 말한다. 그러나 그 경험을 가능케 하는 전제는 우리가 경험으로 알 수 없는 것이다. 그것이 바로 물자체이다. 물자체는 우리 지식의 한계라고도 할 수 있다. 지식의 문제에서 근본적인 것이 감각적 경험에 따른 것인지, 이성적 정신에 의한 것인지에 따라서 인식론의 입장은 달라질 수 있다. 어느 쪽이든 지식의 체계적 구성으로 대상의 옳은 판단이 가능할 때 비로소 그것은 참다운 지식(앎)이 될 수도 있고, 반대로 거짓된 지식이 될 수도 있는 것이다.

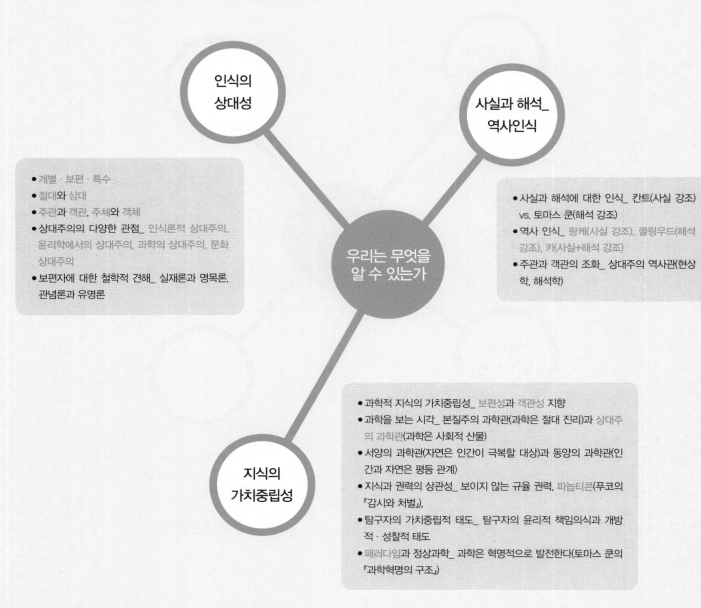

- 인식의 상대성
  - 개별·보편·특수
  - 절대와 상대
  - 주관과 객관, 주체와 객체
  - 상대주의의 다양한 관점_ 인식론적 상대주의, 윤리학에서의 상대주의, 과학의 상대주의, 문화 상대주의
  - 보편자에 대한 철학적 견해_ 실재론과 명목론, 관념론과 유명론

- 사실과 해석_ 역사인식
  - 사실과 해석에 대한 인식_ 칸트(사실 강조) vs. 토마스 쿤(해석 강조)
  - 역사 인식_ 랑케(사실 강조), 콜링우드(해석 강조), 카(사실+해석 강조)
  - 주관과 객관의 조화_ 상대주의 역사관(현상학, 해석학)

우리는 무엇을 알 수 있는가

- 지식의 가치중립성
  - 과학적 지식의 가치중립성_ 보편성과 객관성 지향
  - 과학을 보는 시각_ 본질주의 과학관(과학은 절대 진리)과 상대주의 과학관(과학은 사회적 산물)
  - 서양의 과학관(자연은 인간이 극복할 대상)과 동양의 과학관(인간과 자연은 평등 관계)
  - 지식과 권력의 상관성_ 보이지 않는 규율 권력, 파놉티콘(푸코의 『감시와 처벌』).
  - 탐구자의 가치중립적 태도_ 탐구자의 윤리적 책임의식과 개방적·성찰적 태도
  - 패러다임과 정상과학_ 과학은 혁명적으로 발전한다(토마스 쿤의 『과학혁명의 구조』)

윤리학

인간의 태도와 행위를 결정하는 선(善)에 관해 질문을 던지는 학문 분야. 윤리학(가치론)은 인식론 및 존재론(형이상학)과 함께 철학의 기본 분야 가운데 하나이다. 윤리학은 인간 행동의 규범, 그 원리 또는 규칙, 그리고 인간의 실천 행동에 관해 연구하는 것이기에 **도덕철학** 분야라고 할 수 있다. 윤리는 한편으로는 공동체적 질서를 강조하는 사회 규범에 의해, 다른 한편으로는 인간의 자유의지에 따른 행동에 의해 규정된다. 인간은 자기 멋대로가 아닌 도덕적 실천 규범에 따라 의지로 행동하기 때문에 인간 행동의 규칙이나 원리를 연구할 필요성이 생겨났다. 윤리학에서는 선(善)을 추구하는 내면의 의무와 양심, 또는 자유의지에 따른 행동이 어떻게 해서 도덕법칙이란 가치규범을 따르게 되는지를 연구한다. 올바른 삶이란 무엇인지, 정의나 행복의 개념은 실제 무엇을 의미하는지, 그 개념적 가치를 바르게 실현하려면 어떻게 해야 하는지, 이를 위해 우리는 어떻게 행동해야 하는지 등에 관한 고찰은 윤리학의 토대를 이룬다.

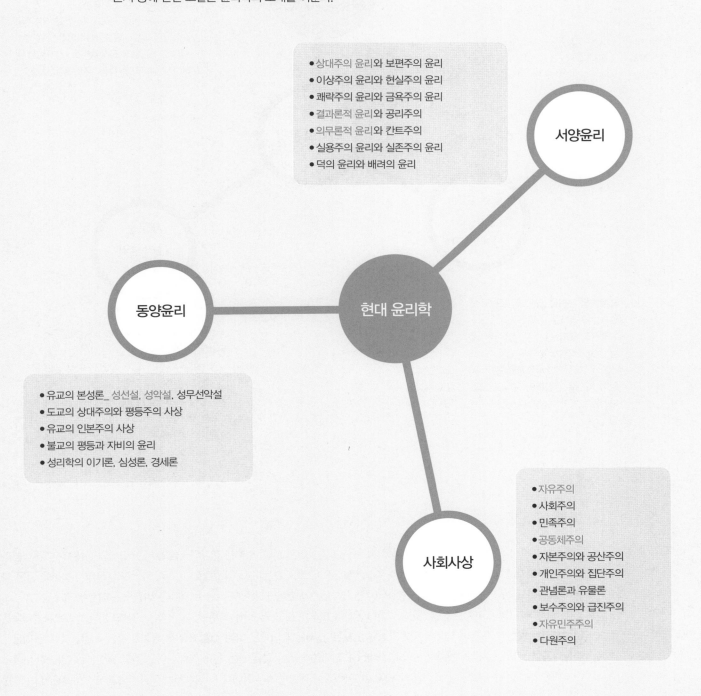

- 상대주의 윤리와 보편주의 윤리
- 이상주의 윤리와 현실주의 윤리
- 쾌락주의 윤리와 금욕주의 윤리
- 결과론적 윤리와 공리주의
- 의무론적 윤리와 칸트주의
- 실용주의 윤리와 실존주의 윤리
- 덕의 윤리와 배려의 윤리

서양윤리

동양윤리

현대 윤리학

- 유교의 본성론_ 성선설, 성악설, 성무선악설
- 도교의 상대주의와 평등주의 사상
- 유교의 인본주의 사상
- 불교의 평등과 자비의 윤리
- 성리학의 이기론, 심성론, 경세론

사회사상

- 자유주의
- 사회주의
- 민족주의
- 공동체주의
- 자본주의와 공산주의
- 개인주의와 집단주의
- 관념론과 유물론
- 보수주의와 급진주의
- 자유민주주의
- 다원주의

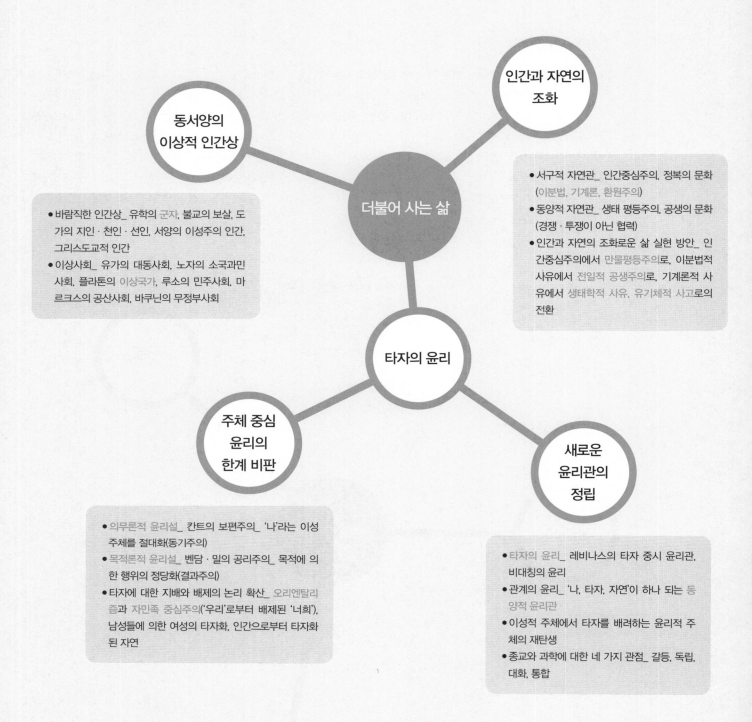

동서양의 이상적 인간상

- 바람직한 인간상_ 유학의 군자, 불교의 보살, 도가의 지인·천인·선인, 서양의 이성주의 인간, 그리스도교적 인간
- 이상사회_ 유가의 대동사회, 노자의 소국과민 사회, 플라톤의 이상국가, 루소의 민주사회, 마르크스의 공산사회, 바쿠닌의 무정부사회

더불어 사는 삶

인간과 자연의 조화

- 서구적 자연관_ 인간중심주의, 정복의 문화 (이분법, 기계론, 환원주의)
- 동양적 자연관_ 생태 평등주의, 공생의 문화 (경쟁·투쟁이 아닌 협력)
- 인간과 자연의 조화로운 삶 실현 방안_ 인간중심주의에서 만물평등주의로, 이분법적 사유에서 전일적 공생주의로, 기계론적 사유에서 생태학적 사유, 유기체적 사고로의 전환

타자의 윤리

주체 중심 윤리의 한계 비판

- 의무론적 윤리설_ 칸트의 보편주의_ '나'라는 이성 주체를 절대화(동기주의)
- 목적론적 윤리설_ 벤담·밀의 공리주의_ 목적에 의한 행위의 정당화(결과주의)
- 타자에 대한 지배와 배제의 논리 확산_ 오리엔탈리즘과 자민족 중심주의('우리'로부터 배제된 '너희'), 남성들에 의한 여성의 타자화, 인간으로부터 타자화된 자연

새로운 윤리관의 정립

- 타자의 윤리_ 레비나스의 타자 중시 윤리관, 비대칭의 윤리
- 관계의 윤리_ '나, 타자, 자연'이 하나 되는 동양적 윤리관
- 이성적 주체에서 타자를 배려하는 윤리적 주체의 재탄생
- 종교와 과학에 대한 네 가지 관점_ 갈등, 독립, 대화, 통합

미학

예술 자체, 미적 판단, 미적 감각, 체험 등에 질문을 던지는 학문 분야. 미학은 아름다움을 논하는 철학의 한 분야이다. 아름다움은 자연의 아름다움(자연미)과 예술의 아름다움(예술미)으로 구분된다. 산과 들, 꽃과 나무, 인간과 동물의 아름다움 등은 **자연미**에 속하고, 음악과 무용, 그림과 건축의 아름다움 등은 **예술미**에 속한다. 예술을 대하는 아름다움에는 우아미, 숭고미, 비장미, 골계미가 있다. 미학은 아름다움에 대한 느낌, 즉 미적 판단을 연구하는 학문이다. 우리는 지성의 분별력으로 아름다움을 분석하지는 않는다. 느낌에 의해서 아름다움을 판단한다. 때문에 미학은 **미적 체험**과 **미적 대상**을 주제로 삼는다. 아름다움은 아름다움을 느끼는 주관의 체험과 아름다운 대상에 의해 성립한다. '설악산은 아름다운 산이다.'라고 말할 때 설악산이 아름답다고 체험하는 것은 바로 주관으로서의 '나'이며, 아름다운 대상은 설악산이다. 미학에서는 아름다움을 인식함으로써 미적 판단을 구하려고 노력한다.

논리학

체계적으로 사고하는 방법을 연구하는 분야. 철학이 모든 학문의 기초라면 논리학은 철학의 예비 학문이다. 논리라는 말의 원천은 **로고스(logos)**이며, 로고스는 이성이나 법칙, 언어, 명제 등의 의미이다. 논리학은 문장을 통해 나타난 사고의 규범을 연구한다. 이 규범은 심리적이거나 자연적인 것이 아니라 형식적이고 법칙적인 사실이다. 논리학은 인간이 옳게 생각할 수 있는 능력을 키워 잘못을 범하지 않는 방법을 연구한다. 논리학은 또한 사고의 특정 법칙과 형식을 지킬 때 인간은 참다운 지식을 얻을 수 있다는 것을 보여준다. 직관적 느낌이나 앎을 대상으로 하지 않는 논리학은 사고된 형식적 판단을 문제 삼는다. 논리학은 고대 그리스에서 시작되었으며 아리스토텔레스가 지금의 논리학으로 체계를 잡았다.

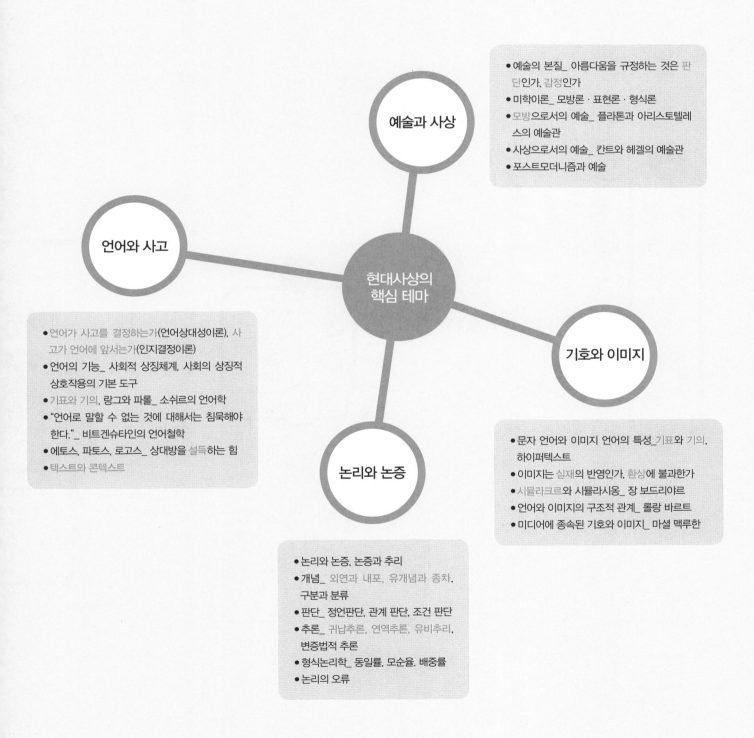

예술과 사상
- 예술의 본질_ 아름다움을 규정하는 것은 판단인가, 감정인가
- 미학이론_ 모방론 · 표현론 · 형식론
- 모방으로서의 예술_ 플라톤과 아리스토텔레스의 예술관
- 사상으로서의 예술_ 칸트와 헤겔의 예술관
- 포스트모더니즘과 예술

현대사상의 핵심 테마

언어와 사고
- 언어가 사고를 결정하는가(언어상대성이론), 사고가 언어에 앞서는가(인지결정이론)
- 언어의 기능_ 사회적 상징체계, 사회의 상징적 상호작용의 기본 도구
- 기표와 기의, 랑그와 파롤_ 소쉬르의 언어학
- "언어로 말할 수 없는 것에 대해서는 침묵해야 한다."_ 비트겐슈타인의 언어철학
- 에토스, 파토스, 로고스_ 상대방을 설득하는 힘
- 텍스트와 콘텍스트

기호와 이미지
- 문자 언어와 이미지 언어의 특성_기표와 기의, 하이퍼텍스트
- 이미지는 실재의 반영인가, 환상에 불과한가
- 시뮬라크르와 시뮬라시옹_ 장 보드리야르
- 언어와 이미지의 구조적 관계_ 롤랑 바르트
- 미디어에 종속된 기호와 이미지_ 마셜 맥루한

논리와 논증
- 논리와 논증, 논증과 추리
- 개념_ 외연과 내포, 유개념과 종차, 구분과 분류
- 판단_ 정언판단, 관계 판단, 조건 판단
- 추론_ 귀납추론, 연역추론, 유비추리, 변증법적 추론
- 형식논리학_ 동일률, 모순율, 배중률
- 논리의 오류

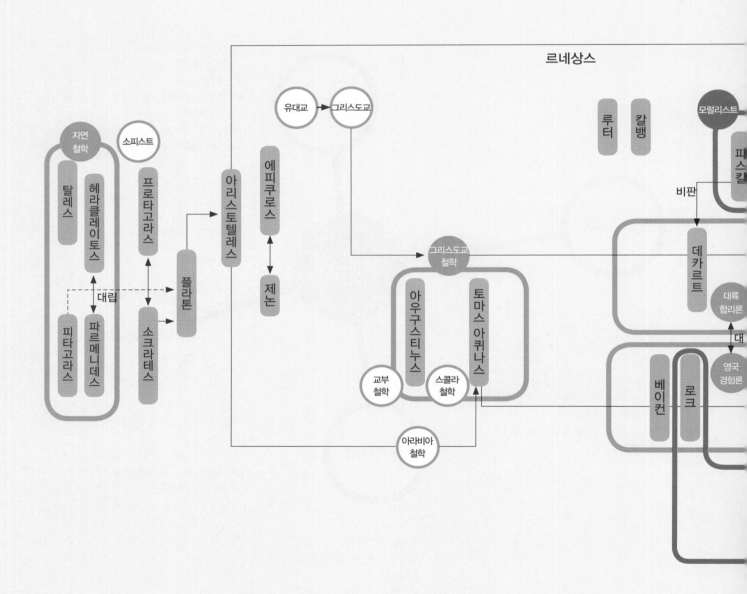

AD1700　　　　AD1800　　　　AD1900　　　　　　　　　　　AD2000

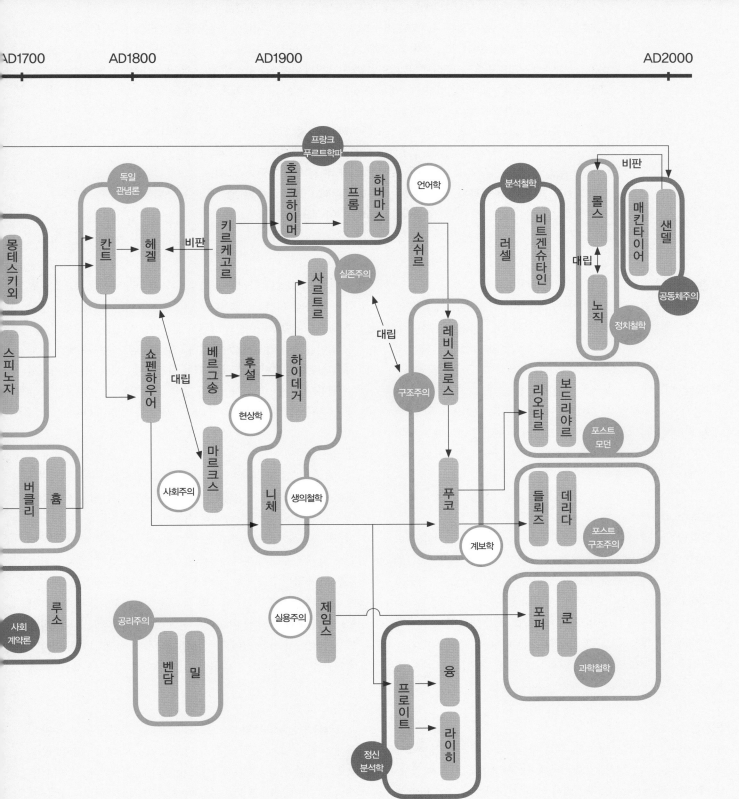

철학은 기원전 6세기 무렵 그리스에서 시작되었다. 초기 자연철학자들은 자연을 대상으로 그 속에 존재하는 변화하지 않는 본질을 탐구하였다. 본질을 물로 본 탈레스, 무한정한 것이라고 생각한 아낙시만드로스, 공기로 본 아낙시메네스, 불이라고 본 헤라클레이토스, 다수의 본질이 존재한다고 생각한 다원론자들이 그들이다.

이후 기원전 5세기 후반이 되자 철학자들은 지금까지 자연을 대상으로 하던 것에서 **인간** 문제로 관심을 돌리게 되었다. 프로타고라스와 고르기아스와 같은 소피스트들이 그들이었는데, 이전 철학자들이 우주, 통일성, 차이점 등 위대한 질문에 관심을 가졌다면 소피스트는 인간 그 자체와 행동에 더 큰 관심을 보였다. 프로타고라스는 "인간은 만물의 척도"라고 말하면서 **상대주의** 진리관을 추구하였다. 한편 소크라테스는 인간의 **이성**을 철학의 주제로 삼았다. 소피스트와 달리 소크라테스에게 철학은 직업이 아니라 삶의 방식이었다. 그에게 있어 지식은 곧 미덕이며, 악의 으뜸 원인은 단연코 무지라 할 수 있다. 소크라테스가 죽자 그의 사상은 제자인 플라톤에게, 다시 플라톤의 제자인 아리스토텔레스에게 이어졌다. 플라톤은 오늘날 서양 사상 체계의 근본을 이루는 독특한 **이데아** 사상을 만들었으며, 그 제자인 아리스토텔레스는 스승의 사상을 이어받으면서 독자적인 철학체계를 만들었다. 이 아테네 시기의 철학은 고대철학의 최전성기였다.

아리스토텔레스 이후, 금욕주의를 표방한 스토아학파와 쾌락주의를 추구하는 에피쿠로스학파 등이 활동했다. 이들은 인간 자신의 힘으로 마음의 평정을 구하려 했는데, 고대 말기에 이르러 점차 인간을 뛰어넘는 초월적인 신을 찾아 이로부터 구원을 얻으려는 사상이 출현했다. 신플라톤학파의 철학이 대표적이다.

자연철학

자연의 본성을 합리적으로 탐구하는 철학. 세계(자연)의 근원, 즉 '아르케'가 무엇인지 밝히는 과정에서 비롯된 서양 최초의 철학이다. 자연철학은 자연을 초자연적인 힘으로 설명하려 했던 신화의 시대와 달리, 인간 자신의 이성으로 우주 세계의 근원을 탐구하고자 했다. 이를테면 탈레스는 만물의 근원을 '물'로, 아낙시메네스는 '공기'로 간주하였다. 고대 자연철학자들은 자연의 궁극적 존재와 원리에 대해 탐구했으며, 소크라테스 시대에 이르러 '인간의 철학'이 중시되면서 철학의 중심 영역은 자연에서 인간으로 전환되었다. (아리스토텔레스, 『형이상학』)

아르케(arche)

만물의 근원. 아르케는 '시작'을 의미하는 그리스어로, 철학 용어로는 **'만물의 근원'**이라는 의미이다. 자연철학자들은 신화나 전설을 따르기 보다는 합리적인 사고로 만물의 근원을 탐구했다. 최초의 철학자로 불리는 탈레스는 물을, 아낙시메네스는 공기를, 헤라클레이토스는 불을, 데모크리토스는 원자를 각각 만물의 근원이라고 주장했다. 덧붙여, 아리스토텔레스는 아르케를 '학문의 기본 원리'라는 의미로도 사용했다. 반의어는 '완성', '목적'을 뜻하는 텔로스(telos)이다. (아리스토텔레스, 『형이상학』)

원자론

우주는 원자의 이합집산에 의해 설명 가능하다는 사고. 자연철학자들은 존재하는 모든 사물은 더 이상 나눌 수 없는 궁극적 미립자, 즉 **'원자(아톰, atom)'**로 구성되어 있다고 보았다. 데모크리토스에 따르면, 세계는 공허한 공간과 원자로 구성되어 있고, 모든 변화는 원자의 이합집산 과정이다. 무(無)에서는 아무것도 생성될 수 없고 존재하는 것은 소멸되지 않는다. 모든 현상은 필연적으로 일어나며 우연적인 것은 없다. 이러한 원자론은 16세기 이후 자연과학의 중요한 관심사가 되어 발전한다. 20세기에 들어와서는 원자가 양자 · 중성자 · 전자 등의 소립자로 구성되어 있다는 생각이 지배적인 가설로 자리 잡는다. (데모크리토스 단편125)

소피스트

논변술을 가르치는 상대주의 철학자들. 소피스트는 '지혜로운 자'를 뜻하는 그리스어에서 유래한다. 설득이 목적인 논변술을 강조하였으며, 진리와 정의를 상대적 기준으로 바라보았다. 최초의 소피스트라 불리는 프로타고라스는 "인간은 만물의 척도다."라는 말로 진리의 주관성과 **'상대주의'**를 강조했다. 그때까지의 철학이 자연에 초점을 맞추었던 것과 달리 소피스트는 **'인간'**을 중심으로 사고하는 한편, 인간 사유의 한계를 지적하고, 설득 도구로써 언어의 중요성을 역설했다. 플라톤과 아리스토텔레스는 소피스트들을 철학적 사유 없이 공허한 말장난을 일삼고 언어의 기술적 측면만을 강조하는 궤변론자라고 비난했다.

무지의 지(知)

소크라테스 철학의 출발점. 소크라테스는 '너 자신을 알라'는 말을 통해 무지(無知)에 대한 자각을 강조했으며, 이러한 자각을 바탕으로 끊임없이 앎을 추구해 나가야 한다고 주장했다. 그리고 앎을 추구하는 방법으로 계속 묻고 답하는 형식의 이성적이고 논리적인 대화법(문답법)을 사용했다. 그는 참된 앎을 깨달은 사람은 반드시 덕이 있는 행동을 할 것이라고 보았다. 참된 앎을 깨달은 사람은 비도덕적 행위가 자신에게 해로움을 알고 있으므로, 비도덕적 행위를 하지 않는다. 반대로 악을 행하는 사람은 자신의 행동이 자신과 사회에 어떤 나쁜 결과를 낳는지 정확히 모르기 때문에 악을 행한다. 따라서 소크라테스는 용기와 절제의 덕을 갖춘 사람은 덕이 있는 사람이 되며, 결과적으로 행복한 삶을 살 수 있다고 주장했다. 이를 '지덕합일(知德合一)'이라고 한다. (플라톤, 『소크라테스의 변명』)

● 소피스트의 상대주의 진리관과 소크라테스의 보편주의 진리관
고대 그리스 철학자들이 주로 자연과 만물의 근원을 탐구하는 데 몰두한 반면, 소피스트와 소크라테스는 구체적인 인간 삶의 문제에 더욱 큰 관심을 가지고 '무엇을 하면서, 어떻게 살아야 하는가?'와 같은 지적·윤리적 문제를 탐구했다. 이들은 서로 상반되는 사상을 전개했는데, 소피스트들은 **상대주의 진리관**을, 소크라테스는 **보편주의 진리관**을 주장했다. 소피스트들은 개인의 감각과 경험이 지식의 근원이고, 따라서 세상 모든 것에 대한 판단 주체는 개인이며, 각 개인의 판단 기준에 따라 상대적 진리만이 존재한다는 점을 강조했다. 소크라테스는 소피스트들의 상대주의 진리관을 반대하면서, 보편적이고 절대적인 진리가 존재하며, 인간은 이성을 통해 이를 파악할 수 있다고 말한다. 그는 소피스트들이 부와 명예 등 세속적 가치를 중시한 것과 달리, 선하게 사는 것과 정신적 가치를 중시하는 지적이며 도덕적인 삶을 강조했다. 지적·도덕적 삶을 살기 위해서는 덕이 있는 사람이 되어야 하고, 덕은 참된 앎, 즉 지식에서 나온다는 사실을 정확히 알고 있어야 한다는 것이다.

● 상대주의 윤리와 보편주의 윤리의 특징 비교
상대주의 윤리를 따를 경우, 사람들은 현실의 여러 모습을 인정하면서 다양한 가치를 인정하고 수용하는 삶의 자세를 지니게 된다. 그러나 그 과정에서 다양성의 가치를 무조건 수용할 경우 윤리적 회의주의에 빠질 위험이 있다. 반면 보편주의 윤리를 따른다면, 사람들은 보편적 가치를 바탕으로 현실의 모습을 수용하거나 비판하는 삶의 자세를 지니게 된다. 보편주의 윤리를 바탕으로 한 삶의 자세는 지나치게 다원화된 사회가 주는 혼란을 극복하는 데 도움을 줄 수 있지만, 다양한 삶의 방식을 획일적으로 평가할 수 있는 단점이 있다.

아레테(arete)
도덕적 탁월함. 사람이나 사물이 지니고 있는 가장 중요한 성질로,

탁월성, 유능함, 기량, 뛰어남을 의미한다. 이를테면 발이 빠른 것은 발의 아레테이고, 토지가 비옥한 것은 토지의 아레테이다. 고대 그리스 윤리학에서는 참된 목적 추구나 개인의 잠재된 가능성 실현과 관계된 최상의 탁월성을 가리킨다. 아리스토텔레스는 '**도덕적 미덕**'의 의미로 이 용어를 사용하면서, 윤리학의 궁극 목표인 행복 추구는 완전한 덕(arete)에 이르는 영혼 활동이라고 규정하였다. 소크라테스는 인간의 아레테는 선과 악을 이성적으로 판단하는 지혜라고 보았다. (플라톤, 『고르기아스』, 『메논』)

플라톤의 이데아(idea)
영원불변의 실재. 이데아는 플라톤 철학의 핵심 개념으로, 모든 존재와 인식의 근거가 되는 항구적이며 초월적인 **실재**를 뜻한다. 이데아는 우리가 눈으로 확인할 수 있는 형태가 아니라, 이른바 마음의 눈으로 통찰하는 사물의 진정한 모습 혹은 사물의 원형을 가리킨다. 감각으로 파악할 수 있는 존재는 시간이 지날수록 모습을 바꾸지만, 이데아는 **영원불변**하다. 모든 사물은 이데아의 그림자에 지나지 않기 때문에 우리는 그것의 진정한 모습을 찾아내야 한다고 플라톤은 주장했다. 반의어는 '현상'이라고 할 수 있다. (플라톤, 『파이돈』, 『파이드로스』, 『국가』)

이데아계와 현상계
이상과 현실. 플라톤은 이데아로 구성된 영원불멸의 세계와 감각으로 파악할 수 있는 현실 세계를 구분했다. 전자를 이데아계(영원, 불멸, 절대, 불변, 보편, 완전), 후자를 현상계(유한, 소멸, 상대, 가변, 변화, 불완전)라 한다. 그리고 현상계에 존재하는 사물을 '**현상**'이라 부른다. 끊임없이 변화하는 현상계는 영원히 변하지 않는 이데아계를 모방하여 존재한다. 현실의 세계는 항상 이상 세계를 모범으로 삼는다. 인간의 감각으로는 이상 세계를 직접 인식할 수 없고 오직 이성을 통해서만 가능하다. 이러한 사고를 현실과 이상의 **이원론적 세계관**이라고 한다. 플라톤은 예술 작품은 이데아의 모방인 자연(현실 세계)을 다시 모방한 것이기에 그만큼 저속한 것으로 보았다. (플라톤, 『국가』)

● 플라톤의 이상주의와 아리스토텔레스의 현실주의
아리스토텔레스는 스승인 플라톤의 이데아 사상을 따르면서도, 그의 이상주의적 사고를 비판했다. 아리스토텔레스는 사물의 본질이 이상 세계에 있는 것이 아니라, 오히려 현실 속에 있다고 주장했다. 두 사람의 입장 차이는 라파엘로의 유명한 벽화 '아테네 학당'에서도 잘 묘사되어 있다. 이 작품에서 플라톤은 손가락으로 하늘을 가리키고 있고, 아리스토텔레스는 손바닥을 땅으로 향하고 있다. 플라톤은 이상과 현실이 분리되어 있다는 '**이원론적 사고**'를, 아리스토텔레스는 이상은 현실의 실체라는 '**일원론적 사고**'

를 주장하는 표상이라고 할 수 있다.

플라톤과 아리스토텔레스의 영향

에로스
이데아를 추구하는 순수한 사랑. 철학에서의 에로스는 플라톤이 강조하는 사랑의 본질을 가리킨다. 플라톤은 사물의 본질에는 이데아라는 영원히 변치 않는 가치가 존재한다고 하였다. 그 변치 않는 보편가치를 추구하는 마음이 에로스다. 변치 않는 가치를 추구한다는 것은 자신에게 모자란 부분을 채우고 충족감을 얻는 것이다. 플라톤은 사랑이 그런 성질을 지녔다고 말했다. 정신의 순수함이 그것으로, 곧 '순애(純愛)'를 의미한다. 유사한 개념으로 '우애(友愛)'를 뜻하는 '필리아', 기독교의 조건 없는 사랑을 뜻하는 '아가페'가 있다. 필리아는 상대방을 자신처럼 아끼고 사랑하는 것이고, 아가페는 상대방을 자신보다 더 사랑하는 것이며, 에로스는 상대방보다 자신을 더 사랑한다는 점에서 각각은 차이 난다. 정신적인 사랑을 뜻하는 '플라토닉 러브'의 어원이다. (플라톤, 『파이드로스』)

동굴의 비유
진리를 일깨우는 철학자의 역할. 플라톤은 이데아에 무관심한 사람들을 동굴 속 죄인들로 비유했다. 그는, 인간은 태어날 때부터 동굴 안에서 손과 발에 쇠사슬을 차고 앞면만을 주시하면서, 이데아의 그림자에 지나지 않는 허상들을 단지 감각으로 경험하고서는 이를 '실재'라고 생각한다고 말했다. 그와 똑같이, 우리가 현실에서 보고 있는 것은 **이데아의 '그림자'**에 지나지 않는다고 플라톤은 생각했다. 즉 세상 만물은 동굴 벽에 비친 그림자에 불과하지만, 동굴 밖에는 실체가 존재하며, 인간은 그 실체를 봐야 한다고 주장했다. 플라톤은 사람들이 품고 있는 환영(幻影)의 그릇됨을 지적하면서, 그들로 하여금 이데아계를 지향할 것을 가르치는 것이 철학자의 역할이라고 말했다. (플라톤, 『국가』)

철인정치
선의 이데아를 인식하는 철학자가 국가를 운영해야 한다는 정치철학. 플라톤은 인간의 영혼은 '이성·의지·욕망'으로 이루어져 있다고 말했다(영혼의 3분설). 그는 이데아에 대한 지식은 오직 이성

을 통해서만 얻을 수 있으며, 선(善)의 이데아를 모방함으로써 최고의 선을 실현할 수 있다고 주장했다. 선의 이데아에 대한 인식과 실현이 가능한 인간을 철인(哲人)이라고 불렀으며, 이상 국가를 이룩하기 위해서는 철인에 의한 통치가 필요하다고 생각했다. 이렇듯 이성의 능력이 가장 잘 발달한 사람, 즉 철학자가 통치자가 되어 정치를 펼치는 것을 '철인정치'라고 말했다. 플라톤은 철학자가 국가의 지배자가 되어야지, 지배자가 철학자가 되는 것은 이상 국가를 실현하는 데 한계가 따른다고 보았다. (플라톤, 『국가』)

이상 국가
지혜·용기·절제가 정의의 덕으로 구현되는 국가체제. 플라톤은 『국가』에서 모든 유토피아의 원조 격인 이상 국가의 윤곽을 제시했다. 플라톤은 국가는 통치자 계급, 수호자 계급, 생산자 계급으로 이루어진다고 말했다. 그는 각각의 계급의 타고난 본성인 이성·의지·욕망이 **지혜·용기·절제**의 덕으로 나아갈 때, 국가는 도덕적으로 올바르고 완벽한 상태인 '정의'의 덕을 실현하고, 이상 국가가 탄생한다고 보았다. 플라톤이 구상한 이상 국가는 민주제가 아닌 귀족제라고 할 수 있다. (플라톤, 『국가』)

이상적인 국가와 이상적인 개인
플라톤의 정의로운 국가에 대한 설명은 인간 영혼에 대한 설명으로 이어진다. 그는 인간의 영혼을 욕망과 의지, 이성으로 나누고, 각각에 대응하는 세 가지 덕인 절제와 용기, 지혜가 서로 조화를 이룰 때 정의의 덕을 이루는 바람직한 인간이 된다고 주장했다. 그는 지혜의 덕을 지닌 철인이 국가를 잘 다스려야 하는 것처럼, 개인은 **지혜의 덕**을 통해 욕망과 의지를 잘 다스려야 진정으로 행복한 삶을 누릴 수 있음을 강조했다.

형상과 질료
형상=사물의 본질, 질료=개별 사물의 재료. 아리스토텔레스는 야생 동물을 연구하는 과정에서 플라톤의 이데아론에 의문을 갖게 됐다. 플라톤은 현실 세계의 사물은 이데아의 불완전한 복사본(미메시스)이라고 말했지만, 아리스토텔레스는 달리 생각했다. 아리스토텔레스는 사물의 본질인 이데아가 눈에 보이지 않는 관념적인 모습으로 존재하는 것이 아니라, 개별 사물 그 자체에 내재되어 있다고 생각했다. 이때 사물의 본질은 무엇인가의 구체적 형태를 띠고 있는데, 이를 **'형상(形相)'**이라고 한다. 의자의 본질은 의자의 형상이고, 컵의 본질은 컵의 형상이라 할 수 있다. 그리고 개별 사물의 소재를 **'질료(質料, '질량'이 아니다)'**라고 한다. 이를테면 나무의자의 질료는 목재이고, 유리컵의 질료는 유리이다. 같은 질료를 가지고 여러 가지 다른 사물을 만드는 것이 형상이다. 아리스토텔레스는 사물의 실체는 형상과 질료로 구성되어

있다고 말했다. 집을 짓는데 사용되는 목재가 질료라면 형상은 집의 개념에 상응하는 구조상의 형태를 가리킨다. 말하자면, 형상이란 설계도 같은 것이고, 질료란 재료 같은 것이다(아리스토텔레스에 있어서의 '형상' 개념은 플라톤의 '이데아'에 해당한다). 이때 사물 저마다의 형상이 다른 까닭은 그것들의 사용 '목적'이 다른 때문이다('목적'이란 말은 아리스토텔레스 철학의 핵심으로, 『정의란 무엇인가』로 유명한 하버드대 마이클 샌델 교수의 '공동체적 정의'의 개념으로 연결된다). 질료와 형상은 물체에 대한 일종의 형이상학적 의미라 할 수 있다. (아리스토텔레스, 『형이상학』)

가능태와 현실태

가능태=형상이 장래 실현될 가능성을 갖고 있는 상태. 현실태=형상이 실현된 상태. 아리스토텔레스는 질료와 형상의 관계를 '가능태'와 '현실태'라는 용어로 설명했다. 질료에 미래의 실현 가능성이 있는 형상이 내재된 상태를 **가능태**라 하며, 그 형상이 실현된 상태가 **현실태**다. 모든 사물은 본래부터 무엇인가를 움직이는 힘을 내재하고 있기 때문에, 궁극적으로 그것들은 현실태인 동시에 가능태라 할 수 있다. 예를 들어 씨앗은 현실태이지만, 이는 또한 자라나면서 나무가 될 수 있는 가능태이기도 하다. 아리스토텔레스는 현실태와 가능태의 개념을 이용해 세상 만물의 변화를 설명했다. 실체는 사물의 특질을 담는 잠재적인 그릇이며, 특질은 실체 안에서 실현된다. 예컨대 '석유는 불타는 성질이 있다'고 가정해 보자. 이는 석유가 불에 탈 가능성이 있기는 하지만, 이것이 실현되기 위해서는 성냥이 필요하다는 것을 의미한다. 여기에서 플라톤의 초월자적 존재보다 역동적 생성 과정을 중요하게 여기는 아리스토텔레스의 사상 특성이 잘 드러난다. (아리스토텔레스, 『형이상학』)

사원인설

자연 사물은 저마다의 목적을 갖고 존재한다. 아리스토텔레스는 세계 안에 존재하는 사물은 네 개의 요인(형상인, 질료인, 작용인, 목적인)에 의해 이루어진다고 말했다. 이를 '사원인설'이라고 한다. 이를테면 바위가 굴러 떨어지는 데는 네 가지 원인(요인)이 있다. **질료인**(사물을 구성하는 재료)은 바위 그 자체를 말하고, **형상인**(사물의 배열이나 형태)은 사물의 위치, **작용인**(사물을 변화시키는 요인)은 밀치기, **목적인**(사물의 기능이나 목적)은 가장 낮은 곳으로 가려는 바위의 욕망이라 할 수 있다. 아리스토텔레스에 따르면, 세계를 이해하기 위해서는 세계를 이루는 것들을 단순히 아는 것만으로는 안 된다. 세계를 이루는 다양한 사물의 성립 요인인 사원인설에 대해 잘 알고 있어야 한다는 것이다. 자연 사물은 저마다의 목적을 갖고 존재한다는 사고방식을 '목적론적 자연관'이라고 한다. (아리스토텔레스, 『형이상학』)

목적론

자연에서 일어나는 모든 일은 목적 지향적이다. 아리스토텔레스는 모든 자연물은 목적을 추구하는 본성을 타고나며, 외적 원인이 아니라 내재된 본성에 따른 운동을 한다는 **목적론**을 제시했다. 그는 자연 사물은 단순히 목적을 갖는 데 그치는 것이 아니라 목적을 실현할 능력도 타고나며, 그 목적은 방해받지 않는 한 반드시 실현될 것이고, 그 본성적 목적의 실현은 운동 주체에 항상 바람직한 결과를 가져온다고 믿었다. 아리스토텔레스는 이러한 자신의 견해를 "자연은 헛된 일을 하지 않는다!"라는 말로 요약했다. (아리스토텔레스, 『형이상학』)

● 의무론과 목적론

의무론과 목적론은 서양윤리의 근간을 이루는 사고이다. 의무론은 그리스어로 '의무'를 뜻하는 'deon'과 '이성'을 뜻하는 'logos'의 합성어에서 유래했다. 모든 인간이 지켜야 할 행위의 원칙이 의무로서 주어져 있다고 보고 이것에서 좋고 나쁨과 옳고 그름의 기준을 제시하는 이론을 말한다. 목적론은 그리스어로 '목적'를 뜻하는 'telos'와 '이성'을 뜻하는 'logos'의 합성어에서 유래했다. 인간의 행위뿐만 아니라 역사적 현상이나 자연현상을 포함한 세계 만물이 목적에 의하여 규정되고 지배된다는 철학 견해를 말한다. 의무론적 사고와 목적론적 사고는 이후 철학에서 '의무론적 윤리설'과 '목적론적 윤리설'이라는 규범윤리 이론으로 발전했다.

최고선

선의 최종 목적. 아리스토텔레스는 플라톤이 이데아의 세계와 현실 세계를 구분한 것을 비판하면서, 이 세상은 수많은 개별적 실체들로 이루어진 하나의 세계라고 주장했다. 그는 선(善) 또한 이데아의 세계가 아닌 우리가 사는 현실 세계에 존재하며, 현실 세계에서 실현되어야 하는 것이라고 주장했다. 아리스토텔레스에 의하면 인간의 모든 행위는 어떤 목적을 추구하는데, 그 목적에 해당하는 것이 곧 '선(善, good, 좋음)'이다. 그런데 이러한 각각의 선은 또 다른 상위의 선을 목적으로 한다. 예를 들어 악기를 만드는 기술은 좋은 소리를 내는 악기를 만들기 위한 것이고, 좋은 소리를 내는 악기는 더 좋은 연주를 하기 위한 것이다. 이렇게 각각의 선이 상위의 목적으로 점점 올라가다 보면 더 이상 올라갈 수 없는 선의 최종 목적에 도달하게 되는데, 아리스토텔레스는 이것을 '최고선'이라고 말했다. (아리스토텔레스, 『형이상학』)

에우다이모니아

행복=최고선. 아리스토텔레스는 『니코마코스 윤리학』에서 최고선, 즉 모든 행위의 궁극 목적을 '행복'으로 보았다. 그는 인간의 모든 행위는 행복(에우다이모니아)을 얻기 위한 것이며, 이것보다 높은 목적은 존재하지 않는다고 보았다. 사람들은 어떻게 행복을 얻을 수 있는가에 대해 다양한 견해를 가지고 있다. 어떤 사람은 부유함을 통해, 어떤 사람은 건강을 통해 행복한 삶을 누릴 수 있다고 말한다. 그러나 아리스토텔레스는 이러한 것들은 일시적인 것으로 진정한 행복은 아니라고 하였다. 그에 따르면 인간이 진정으로 행복을 누리기 위해 필요한 것은 **덕(德)**이 있는 삶이다. (아리스토텔레스, 『니코마코스 윤리학』)

지성적 덕과 윤리적 덕

지성적인 덕=교육으로 얻어지는 덕, 윤리적인 덕=습관에 의해 얻어지는 덕. 아리스토텔레스는 덕을 인간의 고유한 기능인 이성이 탁월하게 발휘되는 상태로 보았다. 아리스토텔레스에 의하면 인간이 행복해지기 위해서는 '**덕(德)**'을 지녀야 한다. 그러한 덕을 지성적 덕과 윤리적 덕으로 구분한다. 지혜(소피아), 판단력(프로네시스), 기술(테크네)이 **지성적 덕**에 해당하며, **윤리적 덕**은 용기나 절제 같은 것을 말한다. 아리스토텔레스는 사람이 윤리적 덕을 몸에 지니기 위해서는 항상 '**중용**'을 기르는 습관을 마음속에 체화해야 한다고 하였다. (아리스토텔레스, 『니코마코스 윤리학』)

● 실천적 지혜

지성적 덕은 인간 영혼의 이성적 기능이 탁월하게 작용할 때 얻는 덕이다. 지성적 덕은 교육을 통해 길러지며, 윤리적 덕의 형성에 영향을 미친다. 아리스토텔레스는 지성적 덕 중에서도 특히 **실천적 지혜**가 윤리적 덕의 형성과 밀접한 관련이 있음을 강조했다. 실천적 지혜는 인간에게 선과 악이 무엇인지 그리고 각각의 처한 상황에서 어떻게 행동하는 것이 중용의 상태인지를 알려주기 때문이다. 그는 중용의 덕을 실현하는 데는 사회적 측면 또한 중요하다고 여겼다. 덕이 있는 사람이 되기 위해서는 공동체 구성원으로서 사회적 책무에 충실해야 하며, 사회가 개인에게 부과하는 의무와 역할을 고려하여 신중히 행동해야 한다고 보았다.

아리스토텔레스의 '중용'

행복에 이르기 위해서는 중용의 정신이 중요. 아리스토텔레스는 윤리적 덕의 특성을 '**중용(中庸)**'으로 설명했다. 중용이란 지나침과 부족함 사이의 적절한 상태를 의미한다. 아리스토텔레스에 따르면, '선'은 모든 사람들이 추구해야 할 목표로, 미덕 실현을 위한 이성의 능동적 활동이다. 미덕은 결정을 필요로 하는데, 그 바람직한 결정이 바로 중용이다. 중용의 상태는 단순히 중간이나 평균에 머무르는 것이 아니며, 상황과 조건에 따라 달라진다. 아리스토텔레스는 중용을 지향하는 윤리적 덕의 실천과 관련하여 의지의 중요성을 강조했다. 그리고 의지를 키우기 위해서는 좋은 '**습관(에토스, ethos)**'의 형성이 필요하다는 점을 역설했다. 아리

스토텔레스는 정치 안정을 위해서는 강력한 중간 계층을 두어 독재와 민주주의 간의 중용을 보장하는 방안을 제시했다. 아리스토텔레스는 중용을 비판하는 능력을 실천적 지혜, '프로네시스'라고 불렀다. (아리스토텔레스, 『니코마코스 윤리학』)

● 구체적인 상황에서의 중용의 모습

부족한 상태	중용의 상태	지나친 상태
만용 또는 소심함	용기	비겁 또는 무모함
무감각	절제	방종, 방탕
인색	너그러움	헤픔
자기 비하	성실	자만
비굴	긍지	오만
거짓 겸손	진실	허풍
무뚝뚝함	재치	익살
심술	친절	비굴, 아첨

● 동양철학에서의 중용사상

동양에서도 중용에 대한 논의가 있었다. 중용은 유교의 기본 경전인 사서(四書)의 하나다. 동양철학에서 중용이란 도(道)를 실천하는 최선의 방법을 뜻한다. 중용은 형이상학 개념에서 출발하며, 가치론적 수양 방법의 내용을 담고 있다. 중용의 참된 실현은 중(中)과 용(庸), 즉 **알맞음**과 **꾸준함**이 서로 떨어지지 않는 관계를 유지하면서, 치우치거나 기대어 있지도 않고, 지나치거나 모자람도 없는 중덕(中德)을 갖출 뿐 아니라, 꾸준한 용덕(庸德)을 겸비할 때 가능하다.

필리아(philia)

윤리적 덕의 실천 아리스토텔레스는 공동체 유지를 위해서는 '정의' 이상으로 '우애(友愛, 필리아)'가 중요하다고 보았다. 다른 말로 **동료애**를 일컫는다. 필리아는 상대방이 잘 되기를 바라는 순수한 마음으로, 그러한 바람을 서로 인지하고 있는 품성 상태다. 필리아는 사랑의 일종이기는 하지만, 기독교의 조건 없는 사랑인 아가페처럼 타인에게 이타적으로 사랑을 베풀지 않는다. 플라톤의 에로스처럼 상대방을 일방적으로 사랑하는 자기중심적인 행위 또한 아니다. 오히려 필리아는 자기 자신과 동등하게 남을 사랑하는 것이다. 이를테면 친구를 위한다는 것은 친구를 자기 자신처럼 아끼고 사랑한다는 뜻이다. 아리스토텔레스는 공동체의 윤리를 논하면서, 동료와의 사랑을 가장 중요한 윤리(사랑과 우정은 동일한 카테고리)로 여겼다. (아리스토텔레스, 『니코마코스 윤리학』)

아리스토텔레스의 '정의'

우애와 더불어 공동체 유지를 위해 가장 중요한 덕목. 아리스토텔레스는 "인간은 공동체적 동물이다."라고 하였다. 공동체를 위해서는 '정의(正義)'를 따라야 한다고 보고, 공동체적 정의를 크게 전체적 정의와 부분적 정의로 구분했다. 그리고 부분적 정의를 분배적 정의와 교정적 정의로 나누어 고찰했다. 전체적 정의는 일반적인 의미에서의 정의를 일컫는다. 폭력으로부터 자유롭거나, 재물을 도난당하지 않는 등 법률 차원에서의 정치적 정의가 이에 해당한다. 부분적 정의는 공동체 내에서 결정되는 정의다. 구성원들이 각자 자신의 몫을 합당하게 누리도록 하는 차원에서의 **분배적 정의**와 **교정적 정의**가 그것이다. 분배적 정의는 공동체 구성원들에게 각자의 몫을 자신의 가치에 따라 공정하게 분배하는 것을 말한다. 교정적 정의는 남에게 해를 끼치거나 이익을 준 경우를 고려하여, 이에 걸맞게 보상을 하거나 손해를 가하여 산술적 동등성을 회복하는 것을 말한다. 아리스토텔레스는 분배적 정의와 교정적 정의를 행하는 것이 공동체를 위해 반드시 필요하다고 주장했다. (아리스토텔레스, 『니코마코스 윤리학』)

에피쿠로스학파

쾌락주의 사상. 쾌락을 최고선으로 규정한 아테네의 철학자 에피쿠로스가 창시했다. 스토아학파와 함께 헬레니즘 시기를 대표하는 철학의 한 학파이다. 에피쿠로스학파의 철학자들은 쾌락을 인생 목표로 삼고 철학의 기본 가치로서 추구했다. 스토아학파가 플라톤과 아리스토텔레스의 사상을 이어받아 인간 이성을 통한 엄격한 금욕주의적 태도를 중시한 데 반해, 에피쿠로스학파는 인간의 감각적 경험과 정신적 쾌락 등 현실 세계에서의 행복을 중시하면서 '**아타락시아(ataraxia, 평정심)**'를 추구했다. 그리고 그 달성 조건으로 죽음의 공포로부터 벗어나고, 최소한의 욕망에 만족하며, 우정을 중요하게 생각해야 한다고 말했다. 에피쿠로스학파의 사상은 고통을 피하고, 있는 그대로의 상태를 즐기라고 강조하는 것이기에 겉보기에는 쾌락을 추구하는 사상으로 보인다. 하지만 그들은 검소하면서도 욕심 없는 삶을 가르쳤다. 이 정신은 훗날 **사회계약설**의 시초가 되었고, 영국 경험론과 **공리주의 윤리**설의 형성에 영향을 끼쳤다. (스토아학파가 로마제국의 공인된 도덕으로 인정받은 것에 비해, 에피쿠로스학파는 스토아학파나 그리스도교에 위배되는 사상으로 간주되면서, 로마제정시대에 이르러 쇠퇴했다.)

스토아학파

금욕주의 사상. 기원전 3세기 제논에서 시작되어 기원후 2세기까지 이어진 그리스 로마 철학의 한 학파이다. 제논, 세네카, 에픽테토스, 마르쿠스 아우렐리우스 등이 이 학파의 주요 인물이다. 스토아학파는 플라톤과 아리스토텔레스의 사상을 따르되, 형이상학 철학체계와 이상주의 사유를 좇기보다는 현실의 행복을 추구하고자 개인의 지혜와 윤리적 삶을 중요하게 여겼다. 철학은 개인이 행복을 얻을 수 있도록 금욕과 절제를 가르치는 방향으로 나아가야 하며, 이를 위해 자연과 일치된 삶을 추구할 것을 강조했다. 인생 목표인 행복을 얻기 위해서는 갖은 감정과 욕망 등의 정념으로부터 해방된 상태, 즉 '**아파테이아(apatheia, 부동심)**'의 경지에 이르러야 한다고 강조했다. 스토아철학에 입각한 행동이란 용감하고 품위 있게 자신의 운명에 맞서는 것을 말한다. 스토아철학자에게 최고의 선은 고결한 삶으로, 이를 위해 현명함, 신중함, 용기를 갖추어야 한다고 여겼다. 이들은 또한 세계를 자연법칙이 작용하는 완전한 유기체로 보았다. 스토아철학의 가르침은 논리학에서 비롯되어 물리학을 거쳐 윤리학에 이르기까지 이후 수백 년 동안 많은 영향을 끼쳤다. (영어 stoic, '금욕적'의 어원)

회의학파

확실한 것은 없다는 사상. 사물을 보거나 들었을 때의 느낌과 판단은 사람마다, 상황마다 다르므로 누구도 확실한 것은 알 수 없다고 주장한 학파를 가리킨다. 회의학파의 시조는 피론이며 후에 엠페이리코스가 이를 체계화하였다. 회의학파는 모든 학설을 의심의 눈길로 바라보았다. 인간의 인식은 모두 상대적이어서 진리를 알 수 없고, 어떤 주장이든 반드시 반대 주장이 성립하기 때문에 어느 쪽이 옳은지를 고민해야 한다고 말하였다. 회의학파의 목적은 스토아학파나 에피쿠로스학파와 마찬가지로 마음의 평정을 얻는 것으로, 어떤 생각을 하더라도 그와 대립된 사고가 있다는 사실을 알면 생각하고 고민하는 것 자체가 쓸데없는 일이라고 보았다. 그들은 그런 일에 시간을 낭비하기보다는 **판단을 중지하**고(에포케) 마음 편히 사는 편이 낫다고 주장하였다.

2 서양 중세

기원후 1천 년 동안 고대 로마 세력은 정치적으로 문화적으로 약화되어 갔다. 초기 그리스도교는 로마 문화에 흡수됐지만, 5세기 로마제국 몰락 이후 서구 세계를 지배하는 사상으로 발돋움하면서 이후 약 1천 년 동안 그 권위를 유지하였다. 종교적 교리에서 독립하여 이성적 고찰에 치중하던 그리스 철학 사상은 그리스도교의 부흥으로 불안정한 시기를 맞게 되었다. 그런 가운데 아우구스티누스와 같은 초기 그리스도교 철학자들은 그리스 철학을 그리스도교에 통합하려 들었다. 아우구스티누스는 신을 닮고자 하는 인간의 영혼을 모르고는 진정 신에게 다가갈 수 없다는 발상에 근거해 고대의 철학적 삶을 종교와 결합하고자 하였다.

로마제국이 쇠퇴를 거듭하다 결국 몰락하자 유럽은 '**암흑시대(Dark Ages)**'로 빠져들었고, 그리스 철학은 신학 앞에 무기력해졌다. 그러던 중 일부 학자들은 이슬람 세력의 영향을 받아 그리스 수학과 철학을 재발견하기 시작했다. 고대 그리스 철학, 특히 **아리스토텔레스**의 사상은 중세 그리스도교 안에서의 철학 사상 부활을 촉발했다. 플라톤의 철학은 신에 대한 믿음과 인간 불멸의 영혼을 위한 이성적 타당성을 제시했기 때문에 그리스도교에 쉽게 동화된 반면, 아리스토텔레스의 사상은 교회의 권위 때문에 신임을 얻지 못하였다. 그럼에도 불구하고 아퀴나스, 오컴을 포함한 기독교 철학자들은 아리스토텔레스 철학을 열렬히 포용하여 마침내 교회를 설득하였고, 기독교 신앙과 공존할 수 있게 만들었다.

아가페

조건 없는 사랑. 하느님의 거룩한 사랑. 아가페는 기독교에서 말하는 조건 없는 사랑을 뜻한다. 신이 인간에게 주는 아낌없는 사랑을 말한다. 기독교에서 신은 부족함이 없는 완벽한 존재이므로 아무것도 원하지 않는다. 일방적으로 사랑을 베풀기만 하는 존재이다. '**가족애**' 역시 조건 없는 사랑이라고 할 수 있다. 자식에 대한 부모의 사랑에서 볼 수 있듯이, 아무런 보상을 바라지 않고 자신을 희생하면서까지 사랑을 베풀기 때문이다. 그런 의미에서 가족애는 아가페라 할 수 있다. 참고로 그리스어에는 사랑을 뜻하는 단어 세 가지가 있다. 그중 하나가 아가페이고, 다른 하나는 플라톤이 주창한 에로스(순애)이며, 마지막 하나가 아리스토텔레스가 주창한 필리아(우애)이다. (신약성서)

교부철학

신의 은총과 삼위일체 사상. 플라톤 철학을 신학적으로 계승. 교부철학은 중세 들어 교회 내부의 다양한 의견을 통일하고 이교도에 대항하여 교회와 교리를 수호하는 과정에서 형성되었다. 대표적 교부철학자인 아우구스티누스는 그리스 철학자 플라톤의 사상 즉, 이데아의 관점에서 성경을 이해하고자 했다. 그러나 점차 이성을 강조하는 **플라톤의 이원론적 세계관**의 이해뿐만 아니라 실존적 진리를 추구해야 한다는 사실을 깨닫고, 신을 실존을 통해 만나야 하는 인격체로 파악하게 됐다. 그는 유한한 인간이 참된 행복을 찾는 것은 영원하고 완전한 존재인 신과 하나가 될 때 가능하다고 보았다. 더불어 인간이 원죄로부터 벗어나려면 독실한 신앙을 가지고 사랑을 실천해야 한다고 주장했다. 그는 플라톤이 말한 지혜, 용기, 절제, 정의의 네 가지 덕목 이외에도 사도 바울이 제시한 **믿음, 소망, 사랑**을 인간이 추구해야 할 최고의 목표로 제시했으며, 그중에서도 사랑을 통해 영혼을 정화하고 최고의 선을 이룩할 수 있다고 강조했다. (아우구스티누스, 『신의 왕국』)

스콜라철학

신의 존재 증명. 아리스토텔레스 철학을 신학적으로 계승. 서양 중세 후기 이후부터는 신학과 철학, 신앙과 이성, 자연과 인간의 조화를 꾀함으로써 그리스도교의 교리를 철학적으로 논증하고 합리적으로 설명하고자 한 스콜라철학이 등장했다. 교부철학이 신앙 중심이었다면, 스콜라철학은 인간 이성에 대해 더 많은 관심을 가지고 이를 신앙과 조화시키고자 노력했다. 대표자는 토마스 아퀴나스다. 그는 처음에는 **아리스토텔레스의 목적론**을 받아들여 사상을 전개했으나, 이후 점차 종교적 차원으로 나아갔다. 그에 따르면 아리스토텔레스가 주장한 덕은 인간에게 현세적이고 일시적인 행복만을 가져다 줄 수 있는 것으로, 영원한 행복과는 거리가 멀었다. 따라서 인간은 이러한 일시적인 행복에 만족하지 말고 종교적 덕을 추구함으로써 신과 하나가 되는 영원한 행복을 얻어야 한다고 말한다. 이러한 완전한 행복은 이성만으로 구해질 수 있는 것이 아니라 오직 신을 따르며 **믿음, 소망, 사랑**이라는 **종교적 덕**을 함께 실천함으로써 얻을 수 있다고 역설했다. (아퀴나스, 『신학대전』)

보편논쟁

보편의 실재 여부와 관련한 중세 신학 논쟁. 중세 스콜라철학의 주된 논쟁 주제로, 보편은 실제로 존재하느냐 하지 않느냐와 보편과 개별에 대한 우위 여부를 두고 벌어진 철학적 논쟁이다. 아리스토텔레스와 플라톤의 철학에서 시작됐으며, 중세에 들어서는 격렬한 신학적 논쟁으로 전개되어 후세에까지 영향을 끼쳤다. 보편논쟁에서는 보편의 존재 여부와 그 의미를 논하고 있는데, 이에 대한 중세 스콜라철학자들의 입장은 크게 둘로 나눌 수 있다. 보편은 현실에 존재하며 개별적인 것들보다 더 우위에 선다는 '실재론(實在論)'과, 보편은 인간이 만들어낸 말일 뿐이므로 현실에 존재하지 않는다는 '유명론(唯名論)'이 그것이다. 실재론자들은 플라톤에게서 그리고 유명론자들은 아리스토텔레스에게서 각각의 근거를 찾았으며, 이들의 논리는 신의 존재를 설명하는 데 사용됐다. 중세 스콜라철학에서 보편논쟁이 큰 의미를 가졌던 결정적인 이유는 이 모든 것이 중세 지식인들과 철학을 사로잡았던 신학과 긴밀하게 결부됐기 때문이다. 중세 내내 보편논쟁은 삼위일체설(성부＝성자＝성령)과 같은 다양한 그리스도교 논리와 현실에서 신의 존재 여부를 규명하는 데 집중했다. 보편논쟁은 토마스 아퀴나스가 나서서 조정을 시도했지만, 이후 오컴이 유명론을 주창하면서 논의가 재연됐다.

오컴의 면도날

설명은 단순명료해야 한다. 보편은 실제 존재하느냐 하지 않느냐를 고찰한 중세 후기의 인물이 오컴이다. 그는 신 안에 존재하는 관념들이 독립적이고 영원한 실재라는 이전 스콜라철학자들의 견해를 거부하고, 그것들은 단지 이름에 불과하다고 주장했다. 철학의 세계에서 그는 '오컴의 면도날' 이론을 통해 모든 스콜라주의적인 편협함을 날려버린 것으로 유명하다. 오컴의 면도날은 "면도날로 잘라내듯 모든 가정(假定)을 도려낸 뒤 남는 단순한 것, 그것이 바로 본질이다."라는 것이 그 핵심 내용이다. 그는 아주 간결한 형태로 진술하는 것이 끊임없이 가설을 만들어 내는 것보다 낫다는 사실을 강조했다. "필요 없이 실재를 다수화해서는 안 된다."라는 식의 사고절약의 원리인 '오컴의 면도날'은 관찰된 사실, 논리적 자명성, 신적 계시 등을 규명할 경우 충분한 근거 없이는 그 어떤 명제도 주장해서는 안 된다는 것을 규정하고 있다. 오컴의 면도날 이론을 이용하여 지식과 신앙을 갈라놓은 그의 유명론(唯名論)은 신의 존재와 그 인식에서 개개인의 신앙 및 이성의 중요성을 강조함으로써 르네상스 이후, 종교 개혁가들이 등장하고 근대 윤리사상이 싹트는 데 중요한 역할을 했다. (철학과 신학을 완전히 분리하여 고찰)

안셀무스의 신의 존재 증명

신의 존재를 논리적으로 증명. 중세 스콜라철학을 이끈 안셀무스는 신학 고유의 인식 방법으로 신의 존재가 개념적으로도 필연적이라는 것을 논증했다. 그가 펼친 신의 존재를 증명하는 방법은 다음과 같다. 먼저 신은 '그보다 더 위대한 것은 생각할 수 없는 존재'로 증명된다. 사람들은 이를 머릿속에서 이해할 수 있기 때문에 신을 믿지 않는 사람이라도 이 말의 의미는 깨달을 수 있을 것이다. 우리가 머리로 이해할 수 있고 게다가 실제로 존재하는 것은 머릿속에만 존재하는 것보다 위대한 존재다. 그런데 만일 신이 실제로 존재하지 않는다면(머릿속에만 존재한다면), 그것은 '그보다 더 위대한 것은 생각할 수 없다'는 정의와 모순되어 버린다. 현실에 존재하는 것이 곧 가장 위대한 것이기 때문이다. 따라서 신은 머리로 이해할 수 있을 뿐 아니라 동시에 현실에도 존재한다고 안셀무스는 주장하였다. 이러한 다소 억지가 섞인 논리를 통해 안셀무스는 가장 위대한 존재인 신은 실재한다고 주장하였는데, 그의 신의 존재론적 증명은 동시대 철학자들에게 비판을 받았다.

중세 신비주의 철학

신도 인간도 무(無)이다. 중세에는 '신비주의' 사상도 유행했다. 독일에서 활약한 에크하르트는 교회라는 중개자 없이 신과 인간이 직접 합일(合一) 할 수 있다고 주장하였다. 인간과 신이 직접 하나가 된다고 말했던 에크하르트의 주장은 당시 신과 인간을 중개한다고 믿었던 교회의 권위를 부정하는 것으로 간주되었기 때문에 사후에 이단 선고를 받았다. 그럼에도 에크하르트의 정신은 이후 독일 신비주의의 계보를 이루었고, 동서양 세계가 깊게 접촉하는 현대에서 잡념이나 소유욕 등을 '모두 버리고 무(無)가 되라'는 그의 사상이 다시 주목받고 있다. 근대의 선구를 이루는 철학자라고 불리는 쿠자누스도 신비주의 철학을 역설했다. 특히 그는 '우주의 중심이 신'이라는 그때까지의 생각과 달리 인간이야말로 우주의 중심이라고 주장하였다. 그는, 신이 만든 세계에서 신을 인식할 수 있는 유일한 존재라는 점에서 인간은 세계의 모든 것을 자기 안에 내포하고 있다고 주장하면서, 근대의 서막을 알렸다.

중세가 끝나는 시기인 14세기 말부터 그리스도교의 교리에 구애받지 않고 자유롭게 사고하려는 시대 사조가 일어났다. 중세의 속박에서 벗어나 근대정신을 태동한 시기가 바로 르네상스 시대이다. 이 시기의 철학은 먼저 그리스 철학의 부흥에서 시작된다. 이를 **인문주의** 사상이라고 한다.

근대에 이르러 유럽을 중심으로 대륙의 합리론과 영국에서 비롯된 경험론이 탄생했다. 이 두 사상은 서로 대립하면서 발전했다. **합리론**은 데카르트의 사상으로부터 시작되었다. 그는 인간 이성을 신뢰하면서 이성적으로 확실한 것을 추구해 나가다 보면 진리를 깨달을 수 있다고 생각했다. 그는 "나는 생각한다. 고로 나는 존재한다."고 말하면서 외부 대상에 대한 모든 지식은 인간의 정신 안에 있다고 주장했다. 정신과 육체의 분리를 강조한 데카르트의 뒤를 이어 스피노자는 자신의 이성을 완전하게 활용할 줄 아는 자유로운 인간만이 진정으로 행복할 수 있다고 주장했다. 라이프니츠는 인간은 신이 설계한 예정조화를 따라 자신의 이성을 최대한 발휘해야 한다고 역설했다.

경험론은 인간의 인식에서 경험의 역할을 중시하였다. 베이컨은 경험을 중요시하면서 과학 연구에서의 귀납적 연역의 중요성을 역설했다. 홉스는 기계론적 세계관의 입장에서 정신 작용을 설명했다. 로크는 경험론의 기초를 다졌다. 로크는 "오로지 경험만이 정신에 관념을 선사해줄 수 있다."면서 모든 종류의 선험적 이념을 거부했다. 로크의 사상은 버클리, 흄으로 이어졌다. 흄은 경험적으로 보증되지 않은 것을 모두 의심한다는 회의주의 사상을 제시했다.

이후 칸트는 합리론과 경험론의 대립을 넘어 둘을 체계적으로 종합했다. 칸트는 인식이 경험과 개념의 종합에서 나온다고 생각했다. 감각이 없다면 어떤 대상도 알지 못하며, 이성이 없다면 대상에 대한 표상을 결코 만들지 못한다고 주장했다. 칸트는 "당구공이 어느 방향으로 굴러가게 될 것인지 확실하게 알 수 있다."고 말하면서 선험적이면서도 종합적인 판단이 가능하다고 강조했다.

칸트를 이어 독일에서 일련의 철학이 일어났다. 피히테·셸링·헤겔을 중심으로 발전한 **독일 관념론**이 그것이다. 피히테는 칸트 철학을 비판하면서, '물자체'는 없으며 세계란 '절대적 자아', 즉 일종의 거대한 주체라고 주장했다. 훗날 헤겔과 독일 민족주의자들이 이 생각을 받아들이게 된다. 헤겔은 칸트와 달리 인식 가능한 대상에 그 어떤 한계를 정하지 않았다. 그는 근본적으로 '모든 것이 서로 관계를 맺고 있다.'고 생각했다. 그는 최종 실재는 '절대정신'이라고 말하면서 진리는 역사 속에서 자기를 실현해나가는 것이라고 주장했다. 서양 근대 철학을 한마디로 요약하면, 사물을 이루는 실체로서 물질(대상)보다는 정신(이성)을 우위에 두고 세상을 인식하는 **'주체의 철학'**이라고 말할 수 있다.

합리론

이성에 따라 생각하면 무엇이든 이해할 수 있다는 입장. 진정한 인식은 경험에 의한 것이 아니며, 인간의 타고난 이성(본유관념, 생득관념)에 따른 것이라는 철학 사고이다. **'합리주의·이성주의'**라고 부른다. 모든 지식은 감각 경험에서 비롯된다고 주장하는 경험론과 달리, 합리주의는 사유와 지식의 원천이 이성에 있다고 보고, 수학적 논리와 추론에 의해서 얻은 지식을 중시했다. 또한 도덕적 행위의 근거를 인간의 이성에서 찾았다. 즉 이성주의는 인간이 본래 지니고 있는 이성 능력을 최대한 발휘하여 정념이나 욕구를 다스릴 때 도덕적으로 올바른 행위를 할 수 있다고 여겼다. 사물을 인식할 수 있는 능력 역시 이성을 통해 차근차근 사고하면 무엇이든 이해할 수 있다고 보았다. 합리론은 프랑스의 데카르트, 네덜란드의 스피노자, 독일의 라이프니츠 등 주로 유럽 대륙의 철학자들에 의해 전개되었기 때문에 '대륙 합리론'으로 불리기도 한다. 데카르트와 스피노자는 모든 인식은 생득적이고 이성의 힘이 모든 지식의 근본이라고 주장했다. 특히 데카르트는 진리 탐구의 방법으로 **'방법적 회의'**를 주장했는데, "나는 생각한다. 고로 나는 존재한다."라는 말은 사유하는 자아의 자기 확실성을 나타낸 대표적 명제이다. 합리론은 이후 18세기 독일 관념론으로 발전했다. (대륙 합리론과 영국 경험론을 칸트가 종합)

방법적 회의

데카르트 철학의 제1원리. 조금이라도 의심스러운 것은 모두 거짓으로 보고 의심하여 확실한 진리를 추구하는 데카르트의 철학적 태도를 가리킨다. 이성주의 전통의 기초를 닦은 데카르트는 감각 경험이 우리에게 확실한 지식을 주지 못한다고 보고, 의심할 여지없이 확실한 지식을 찾기 위해 방법적 회의를 통해 모든 것을 의심해 보았다. 그는 방법적 회의를 통해 모든 것을 의심한 결과 결코 의심할 수 없는 한 가지 사실에 이르게 되었는데, 그것은 **'생각(의심)하는 나'**가 있다는 것이다. 그리하여 "나는 생각한다. 그러므로 나는 존재한다(cogito ergo sum)."라는 확고부동한 진리를 얻을 수 있었다. 데카르트는 이것을 철학의 제1원리로 삼고,

이성을 사용하여 이로부터 확실한 지식을 연역하고자 했다. 방법적 회의는 모든 것을 거짓이라고 판단하는 '회의론'과는 다른, 진리를 얻기 위한 방법적 사유라고 할 수 있다. (데카르트, 『방법서설』)

본유관념

생득관념(生得觀念). **본유관념**은 인간이 태어나면서부터 가지고 있는 지식 또는 관념(자기 스스로 의식하고 있는 생각의 대상)을 말한다. 선악 구별, 절대 지식처럼 경험에 의해 학습되지 않는 지식이 그것이다. 데카르트는 인간은 그 어떤 지식을 갖고 태어난다고 생각했다. 그 지식을 통해 자연의 원리를 알아낼 수 있다고 보았다. 그리고 자연의 원리를 판단하는 근거는 신이 존재하기 때문이라고 여겼다. 신이라는 궁극의 근거가 올바로 판단할 수 있는 능력을 인간에게 부여했기 때문에 인간의 타고난 지식은 항상 옳게 작용한다는 것이다. 이것에 이의를 제기한 사람은 경험론자 로크였다. 그는 경험이야말로 마음에 지식을 새기는 것이라고 주장했다. 이른바 백지처럼 하얀 마음에 경험한 것들을 그려넣음으로써 사람은 비로소 지식을 얻을 수 있다고 생각하면서(백지설), 본유관념의 존재를 부정했다. 반의어는 경험에 의해 얻는 '습득관념'이다. (데카르트, 『방법서설』, 『성찰』)

경험론

모든 지식은 경험에서 나온다는 생각. 시민혁명 이후 영국에서는 선천적으로 습득한 지식과 관념은 존재하지 않으며 "인간은 경험으로 세상을 인식한다."는 생각이 널리 퍼졌다. 이러한 사고를 **'경험론'** 또는 **'경험주의'**라고 한다. 경험주의는 사유와 지식의 원천을 감각적 경험으로 보고, 경험적 관찰이나 실험에서 얻은 지식을 중시했다. 또한 인간이 도덕적으로 선하게 행동할 수 있는 근거를 욕구나 감정에서 찾았다. 경험주의의 대표적인 사상가로 영국의 베이컨, 로크, 흄, 버클리를 들 수 있다. 경험주의의 선구자인 베이컨은 "아는 것이 힘이다."라고 말하면서 경험을 쌓아야 인간의 관념이 형성된다고 보았다. 그를 이어 로크는 데카르트의 생득관념을 부정하면서 지식의 대상은 감각으로 얻은 것을 고찰한 결과 생기는 관념이라고 주장했다. 그 후 "존재하는 것은 지각되는 것이다."라고 주장한 버클리와 그보다 더 철저하게 모든 존재물을 '지각의 묶음'에 불과하다고까지 표현한 흄 등이 경험론을 계승했다. 경험론은 지식의 근원을 이성에서 찾는 대륙의 '합리론' 또는 '합리주의(이성주의)'와 대립한다. ('아는 것이 힘이다.'의 '앎'이란 실용 지식을 의미)

이돌라

네 가지 우상이 올바른 지식을 방해한다. 경험주의의 선구자인 베이

컨은 엄밀한 경험적 관찰과 이를 통한 지식의 획득을 중시했다. 그에 따르면 인간의 정신은 표면이 고르지 못한 거울과 같아 자연을 그대로 비추지 못하고 왜곡한다. 즉 인간은 선입견과 편견을 가진 존재라는 것이다. 그는 인간이 지닌 **선입견과 편견**을 '이돌라(우상)'라고 부르고, 이를 네 가지로 구분하여 이것들을 제거할 것을 강조했다. 또 우상을 제거할 때 자연을 있는 그대로 관찰하여 올바른 지식을 획득할 수 있다고 주장했다. 그는 이러한 방법을 통해 얻어낸 올바른 지식을 이용함으로써 자연을 지배하고 인간의 생활 방식을 개선하여 많은 사람에게 행복을 가져다 줄 수 있다고 믿었다. 이러한 그의 믿음은 "아는 것이 힘이다."라는 표현에서 잘 드러난다. (베이컨, 『신기관』)

● 베이컨의 네 가지 우상

우상의 종류	의미	사례
종족의 우상	모든 것을 인간의 관점에서 보는 편견	"종달새가 노래를 부르고 있네."
동굴의 우상	개인적 경험에서 오는 주관적 편견	"지구는 추운 곳이야."라는 이누이트의 말
시장의 우상	언어의 부적절한 사용에 의한 편견	"용이라는 말이 있는 걸 보니, 용이 어딘가에 있는 게 확실해."
극장의 우상	권위에 대한 무비판적 수용에서 비롯되는 편견	"제 의견은 확실합니다. 유명한 경제학자도 저와 같은 말을 했으니까요."

귀납

개별 사실과 경험으로부터 일반 법칙을 유도하는 방법. 귀납과 연역이란, 경험론과 합리론의 사상적 입장에 대응하는 두 가지 논리적 사고법을 말한다. 둘 다 사물을 추론하기 위한 방법론이다. 귀납은 개별적 경험에서부터 일반적 결론을 이끌어내는 논리적 추론 방법이다. 예를 들어, 곤충이나 토끼 등 서로 다른 생물을 여러 마리 관찰해보면 관찰한 모든 생물이 세포로 이루어졌음을 알 수 있다. 위 사실을 바탕으로 '일반적으로 생물은 세포로 이루어졌다.'라는 일반 법칙을 도출할 수 있다. 이것이 귀납적 사고로, 개별적인 경험을 중시한다는 점에서 경험론으로 결론짓는다. 귀납적 방법을 준수하면서 인간의 인식 문제와 도덕적 행위의 근거를 탐구하려는 사상적 흐름을 **'경험주의'**라고 한다. (베이컨, 『신기관』)

연역

일반 법칙이나 원리로부터 개별 사실을 이끌어내는 방법. 연역은 확실한 원리로부터 이성적 추론을 통해 지식을 얻어내는 논리적 추론 방법이다. 일반 전제에서 삼단논법 등의 논리 법칙을 거쳐 개별 사실을 이끌어내는 방법이 이에 해당한다. 예를 들어 삼각형

의 내각의 합은 180도. 한편, n각형의 한 꼭짓점에서 대각선을 그었을 때 생기는 삼각형의 수는 n-2다. 사각형이라면 4-2=2이므로 두 개의 삼각형이 생긴다. 그런 전제에서 출발하면 n각형의 내각의 합은 180도×(n-2)가 된다. 따라서 오각형의 내각의 합은 540도, 육각형의 내각의 합은 720도로 계산할 수 있다. 이러한 연역적 사고는 개별적이고 경험적인 사실을 배제하고 일반적인 법칙을 전제로 내세운다는 점에서 합리론으로 결론짓는다. 연역적 방법을 중시하면서 그 문제를 탐구하려는 사상적 흐름을 '이성주의'라고 한다. (데카르트, 『방법서설』)

∷ 귀납과 연역 추론의 전제와 결론의 관계
귀납은 이미 알고 있는 개별적인 사실들에서 그러한 사실을 포함하는 일반적인 명제를 이끌어내는 추론이므로, 개별적인 사실들이 모두 옳을지라도 결론이 반드시 옳지는 않은 속성이 있다. 반면 연역은 이미 알고 있는 일반적인 명제를 전제로 삼아 구체적인 사실을 이끌어내는 추론이므로, 전제가 옳다면 결론은 반드시 옳은 속성이 있다.

일원론(一元論)
고대 자연철학에서 기원. 일체의 존재를 포함한 세계 전체를 한 가지 원리로 설명하려는 철학적 세계관에 대한 입장이다. 일원론은 세계의 다종다양한 존재를 부정하는 것은 아니다. 세계 내에서 다양한 것으로 존재하는 기초가 무엇인가에 대한 사고방식이다. 그 기본이 되는 것을 '물질'로 보는 유물론적 견해와 '정신' 또는 '관념'으로 보는 관념론적 견해가 있다. 마르크스주의의 변증법적 유물론은 자연 및 사회를 물질의 기본적 원리로 하여 파악하는 유물론적 일원론이다. 관념론적 일원론을 대표하는 것으로는 '절대념'을 세계의 기본에 둔 헤겔의 철학을 꼽을 수 있다. (헤겔은 역사 전체를 '절대정신'이 실현되는 과정으로 인식)

이원론(二元論)
플라톤 이후, 철학의 주된 사고방식으로 정착. 세계 전체가 서로 독립된 이질적인 두 개의 근본 원리로 되어 있다고 보는 사고방식이다. 이원론을 대표하는 것으로는 변화하는 현상의 세계와 변하지 않는 이념(이데아)의 세계를 대립시킨 플라톤의 철학이 있다. 플라톤은 이 변화하고 생성하는 세계의 배후에 변화와 생성을 가능케 하는 불변의 세계가 존재한다고 생각했다. 변화하는 세계 역시 이데아의 세계를 모방함으로써 가능하다고 여겼다. 이 이원론적 사고는 이데아를 '정신적인 것', 변화하는 세계를 '신체적인 것'으로 생각하여 데카르트의 '심신이원론'을 끌어낸 원동력이 되었다. 데카르트는 정신과 육체는 분리된 것이지만 정신이 육체를 지배한다는 입장을 취하면서, 사고하는 정신이야말로 가장 확실

한 것이며, 신체는 물체에 지나지 않는다고 바라봤다. 데카르트는 뇌의 송과선을 신체와 정신이 상호작용하는 장소로 생각했다. (데카르트, 『정념론』)

∷ 서양 근대사상의 핵심 이론 체계
어떤 문제에 대해 생각할 때, 두 개의 상반되는 별개의 것을 대립의 근본으로 인식하는 사고체계를 '이원론'이라 부른다. 이원론적 사고는 인류의 사상사를 통해 학문적 이론 체계를 갖추는 데 중요한 방법으로 사용됐다. 종교에서의 신과 세계, 윤리학에서의 선과 악은 물론, 철학에서의 물질과 관념, 신체와 정신, 주관과 객관, 보편과 특수, 절대와 상대, 본질과 현상, 일반성과 특수성, 존재와 인식 등 여러 가지 이원론적 관점이 존재한다. 그뿐 아니라 일상생활에서 사용되는 이론과 실제, 내용과 형식, 진짜와 가짜, 긍정과 부정처럼 쌍을 이루는 범주들도 이원론적 구조를 가지고 있다.

∷ 인식론적 체계로서의 일원론과 이원론의 흐름

∷ 데카르트의 상호작용설(실체이원론)과 스피노자의 심신병행설(성질이원론)
데카르트의 심신이원론을 정신철학에서는 '실체이원론'으로 부른다. 마음(의식)과 몸은 별개의 실체로 뇌를 통해 연결되면서 상호작용한다. 데카르트는 우리가 육체적 통증을 느끼는 것은 우리의 마음이 몸을 움직이기 때문이라고 보았다. 마음(의식)과 육체는 뇌를 통해 상호작용한다는 것이다. 데카르트는 생각하는 '나(사유=마음=의식=정신)'와 공간을 점유하는 것(연장=몸=물질=육체)을 뚜렷하게 구별함으로써, 신을 버팀목으로 삼지 않는 독립적인 자기 자신을 성립할 수 있었다. 이로써 데카르트에 의해 근대적 자아가 확립됐다. 스피노자의 '성질이원론'은 마음과 몸은 동일한 것으로 마치 동전의 양면처럼 2개의 성질을 갖고 있다고 보았다. 스피노자는 마음과 몸은 별개라는 이원론의 관점을 따르지만, 마음이 몸을 움직이는 것은 아니라고 보았다.

데카르트는 사람의 의식 속에 존재하는 그 어떤 대상을 발견하고는, 세계를 인식하는 것(주체)과 인식되는 것(객체)으로 구분해서 생각했다. 이때 인식하는 주체를 '주관'이라고 하고, 인식되는 대상을 '객관'이라고 부른다. 데카르트는 의식이 곧 주체라는 사고로 근대철학을 열었다. 데카르트는 주관을 객관보다 우위에 놓음으로써, 이후 많은 인식론적 논란을 불러일으켰다.

연장(延長)

사물의 본질적인 성질. 철학에서 '연장(延長)'의 개념은 물질의 공간적 확대를 의미한다. 데카르트는 심신이원론을 설명하기 위해 이 개념을 사용했다. 그는 세계는 정신과 물질이라는 별개의 두 실체로 이루어져 있다고 바라봤다(이원론적 사고). 인간 또한 같다고 봤다. 정신의 본질은 '사유(사고)'이고, 육체(물질)의 본질은 '연장'이라고 규정했다. 연장은 육체에서 공간을 차지하는 구체적인 실체를 뜻하고, 사유는 육체의 구체화할 수 없는 실체로서의 그 무엇이라 할 수 있다. 데카르트는 대상을 철저히 의심한 결과 최종적으로 남는 것은 자신의 의식, 즉 사유뿐이라고 주장했다. 이 발상에 근거하면 정신과 육체(물질)는 전혀 별개의 성질을 지닌 존재로 구분해서 생각할 수 있다. 이것이 곧 '심신이원론'이다. 사유와 연장은 결코 양립할 수 없는 별개로, 송과선을 통해 정신(사유)이 육체(연장)를 통제하는 것이라고 생각했다. 정신은 사유를 본질로 하는데 비해, 육체나 물질은 단순히 연장을 본질로 하는 것에 불과한 것이다. 더 나아가 데카르트는 자연계는 원리상 기계(물질, 육체)와 다름없다는 '기계론적 자연관'을 확립했다. 자연계에 대해서도 생각하는 정신 이외의 모든 것은 기계와 같은 것이라고 하여, 그 본질은 사유가 아니라 연장이라고 본 것이다. (데카르트, 『성찰』)

범신론(汎神論)

신과 자연은 하나라는 일원론적 세계관. 범신론은 세상 모든 곳에 신이 깃들어 있다는 생각을 말한다. 자연이 곧 신이고 신이 곧 자연이라고 생각하면서, 자연과 우주 만물을 신으로 여기는 사고이자 세계관이다. 근대 계몽주의 시대 범신론자로 유명한 사람은 스피노자이다. 스피노자에게 있어 신은 자연을 창조한 인격적 신이 아니라, 스스로가 자신의 존재 원인인 자연 그 자체를 의미한다. 그는 신, 즉 자연을 이성적 질서에 따라 움직이는 하나의 커다란 기계로 보고, 자연에서 일어나는 모든 일은 원인과 결과의 필연적인 관계로 연결되어 있다고 주장했다. 스피노자의 범신론적 관점에 따르면, 신과 자연은 동일한 존재의 각각 다른 측면으로, 인간은 자연과 하나가 되어야 진정한 자유와 마음의 평화를 누릴 수 있다. (스피노자, 『에티카』)

코나투스(conatus)

정념의 속박으로부터 벗어나려는 욕망. 스피노자에 따르면, 인간은 '덕'을 실현함으로써 참다운 행복을 얻는다. 이때 덕의 근원은 '코나투스(conatus)', 즉 자신을 보존하려는 노력에서 비롯된다. 코나투스는 인간 존재의 본질 그 자체를 지향하는 '순수한 인식'을 일컫는다. 정신과 육체의 합일을 지향하는 무의식적인 힘으로서의 '욕망'이 그것이다. 그는 참다운 행복은 덕을 실천함으로써 얻게 되는 '보상'이 아니라 덕을 실현하는 '행위' 그 자체라고 말했다. 내가 행한 행동 양식에 의해 내가 누구인지 결정되듯, 행복은 인간 행위 자체를 통해 얻어지는 것이지, 기독교적 의미로서의 신(神)과 같은 외부 절대자의 힘에 기대어 보상받는 것이 아니다. 인간의 욕망을 억제하거나 통제하려는 행위는 오히려 인간 본성으로서의 자기 보존 욕구를 거스르는 행위이다. 이보다는 정신과 육체, 의지와 욕망이 서로 하나가 되기 위해 상호작용할 때 코나투스는 상승 작용하며, 인간은 참다운 행복을 얻는다. (스피노자, 『에티카』)

모나드(monade)

세계를 구성하는 최소 단위. 모나드는 원자와 같은 물리적 요소가 아니라 어디까지나 관념상의 단위다. 라이프니츠 철학의 핵심은 형이상학적 문제를 '모나드(단자)'라는 개념으로 해결하려는데 있다. 라이프니츠는 '무엇이 실체인가'에 대한 개념으로 모나드를 사용했다. 그는 세계를 정신적 존재로 보았다. 따라서 데카르트의 '연장' 개념과는 달리 실체는 외연(형상)을 가질 수 없다. 실체의 기준은 그것의 작용과 힘인데, 그 힘점으로서의 사물을 구성하는 기본 요소가 바로 모나드다. 각 모나드는 폐쇄된 세계로 독립해서 존재하기 때문에 서로 영향을 주고받지 않는다. 모든 모나드는 무형이며 하나의 영혼을 지니고 있다. 라이프니츠는 정신(곧, 神)이 분할을 거듭하여 세계를 형성하는 최소 단위의 힘점인 모나드를 이루었다고 생각했다. 모나드는 일원론과 대비되는 다원론적 시각을 반영한 개념이라 할 수 있다. (라이프니츠, 『단자론』)

예정조화

신이 만물을 창조한 방식은 예정조화를 따른다. 라이프니츠는 세계가 최고선의 상태로 나아가기 위해서는 오로지 신이 미리 정해놓은 프로그램에 맞춰 서로 협력해야 한다면서 '예정조화'를 주장했다. 그는 우주가 통일된 질서 안에 있는 이유는 애초부터 신이 모나드들로 하여금 서로 협력하면서 조화를 이루어나가도록 만들었기 때문이라고 주장했다. 세계를 이루는 무수한 단자들은 상호 간에 인과관계가 없지만, 신이 서로 조화를 이루도록 창조했다는 것이다. 이를 '예정조화'라고 하는데, 우주 질서가 성립한 이유는 우연이나 과학 운동 때문이 아니라 신이 예정했기 때문이라고 생각했다. 오직 하나이며 또한 완전한 실체인 신은 최고의 원칙에 따라 가능한 모든 것 가운데 유일하게 존재하는 최상의 세계만을 창조했다는 것이다. 이처럼 라이프니츠는 세계를 낙관적으로 보았다. (라이프니츠, 『단자론』)

● 시계의 비유

라이프니츠는 시계를 예로 들어 정신(영혼)과 육체의 관계를 예정조화로 설명한다. 시계 두 개가 서로 똑같은 시각을 가리키게 하는 방법은 다음 세 가지다. 첫째, 둘이 서로 연동되어 있어서 한 쪽이 가리키는 시각이 다른 쪽에 영향을 주도록 되어 있는 경우이다. 둘째, 서로 다른 시각을 가리킬 때마다 시계공이 뒤에서 조정하는 경우이다. 셋째, 처음부터 두 시계가 같은 시각을 가리키도록 완벽하게 동조시키는 자체적인 법칙에 맡겨져 있는 경우이다. 라이프니츠는 마지막 방법만이 해답이라고 생각했다.

타블라 라사

인간은 백지와 같다. 로크는 경험론의 입장에서 대륙 합리론의 본유관념(생득관념)에 의문을 제기했다. 그는 인간은 본유관념을 가지고 태어난다고는 생각하지 않았다. 인간은 아무 것도 그려져 있지 않은 '백지 상태(타블라 라사, tabula rasa)'와 같은 마음으로 태어나서 주변 환경과의 상호작용과 후천적 교육을 통해 마치 빈 종이를 채워가듯이 성숙한 인간으로 거듭난다는 것이다. 그는 선악의 관념 또한 개인의 고유하고 선천적인 속성이 아니라 환경 등에 의해 결정된다고 주장했다. 로크의 이 견해는 이후 프로이트, 브룸, 왓슨 등 수많은 행동주의 및 경험주의 심리학자와 교육학자로부터 지지받았다. 로크의 백지설은 중국 고자(告子)의 성무선악설에 부합하는 사고라고 할 수 있다. (로크, 『인간지성론』)

단순 관념과 복합 관념

단순 관념=오감을 통해 얻은 느낌, 복합 관념=단순 관념에 경험이 결합하여 얻은 지식. 인간은 누구나 자신의 의식 안에서 특정한 표상을 만나는데, 로크는 그런 표상을 '관념(idea)'이라고 불렀다. 로크는 관념은 모두 경험에서 나온다고 주장하면서, 인간은 본유관념, 즉 경험하지 않은 것들에 관한 관념을 타고난다는 데카르트의 견해를 부정했다. 로크는 오로지 경험만이 정신에 관념을 선사한다고 생각했다. 경험을 통해 얻는 관념의 하나는 '보다, 듣다' 등 감각을 통해 얻는 관념이고, 다른 하나는 '사고, 믿음' 등 여러 가지 정신 과정에서의 반성을 통해 얻는 관념이다. 이를 갖고 그는 관념을 다시 '단순 관념'과 '복합 관념'으로 구분하면서 경험지식이 만들어지는 과정을 설명했다. 관념은 단순한 형태에서 출발한다. 감각적 관념이 먼저고, 다음은 반성을 통해 얻는 관념이다. 이때 정신은 근본적으로 수동적이다. 그러나 나중에는 정신

이 단순 관념을 조합하거나, 서로 보충하거나 일부를 무시함으로써 능동적으로 실체 · 양상 · 관계라는 복합 관념(=지식)으로 나아간다. (로크, 『인간지성론』)

일차 성질과 이차 성질

1차 성질=물체의 객관적(양적) 성질, 2차 성질=색상 · 향기 등 물체의 주관적인 성질. 로크는 대상(사물)에는 1차 성질과 2차 성질이 있다고 보았다. 1차 성질은 인간의 감각에 관계하지 않고 '물질 자체에 실제로 존재'하는 성질을 말한다. 1차 성질은 인간의 존재와 관계없이 성립한다. 2차 성질은 인간의 감각으로 파악할 수 있는 성질로, 인간이 존재해야만 성립 가능하다. 우리의 감각으로 만들어지는 2차 성질은 대상에는 없으며, 정신 속에서 관념을 만들어 내는 것이다. 로크는 대상을 1차 성질과 2차 성질을 나눔으로써 '현상'과 '실재'를 구별하려고 했다. 1차 성질은 데카르트의 '연장(延長)'과 유사한 개념이라 할 수 있다. (로크, 『인간지성론』)

존재하는 것은 지각되는 것이다

물질세계의 존재는 '나'의 정신에 의존한다. 버클리는 물질세계의 인식은 감각의 관념에서 유래한다는 로크의 견해를 따랐다. 하지만 사물의 존재가 앞서고 우리가 이를 경험으로 지각한다는 로크의 생각에는 반대했다. 버클리는 "존재하는 것은 지각되는 것이다. 제1성질은 제2성질과 구별되지 않으며, 제2성질만 존재한다. 지각되지 않고 정신 외에 실재하는 물질세계는 있을 수 없다."라고 하여, 우리가 사물을 지각하는 것이 아니라 사물은 우리가 지각함으로써 존재하는 것이라고 생각했다. 그는 인간은 '감각의 관념'을 지각할 수는 있지만 결코 만들어 낼 수는 없는 것이며, 따라서 그것은 인간 정신의 소산이 아니라고 주장했다. 그것을 만들어 내는 것은 인간의 유한한 정신을 넘어선 '무한한 정신', 즉 신이어야만 한다고 말하면서, 세계의 존재 근거를 '지각'에서 구하는 철저한 주관적 관념론으로서의 경험론을 전개했다. (버클리, 『인지원리론人知原理論』)

지각의 구속

로크는 대상의 색상 · 향기와 같은 감각은 실재하지 않는다고 생각했다. 버클리는 대상의 존재 자체를 부정했다. 로크와 버클리는 대상을 보고 있는 '나'라는 존재 자체는 의심하지 않았다. 하지만 흄은 '나'라는 존재 자체까지 의심했다. 흄은 사물을 보고 생긴 것을 인상이라고 하고, 인상들이 서로 결합되거나 기억되면서 관념으로 만들어진다고 보았다. 인상은 직접적인 것이고 관념은 한번 거쳐서 만들어진 것일 뿐, 둘 사이의 본질적인 차이는 없다. 흄에 따르면 정신이 따로 있는 것이 아니라 관념과 인상의 다발만 있을 뿐이다. 흄은 나, 주체, 자아, 정신으로 불리던 것들은 인

상과 관념의 묶음, **지각**의 다발일 뿐이라고 주장했다. 그는 이를 두고 '인간은 지각의 구속을 받는다.'라고 표현했다. 흄에게 있어서는 지각(감각)이 확실히 존재한다고 해서 그것이 '나'라는 실체는 아닌 것이다. (흄, 『인간본성론』)

인과관계

인과성은 습관에 불과하다. 사람들은 자연세계에는 인과관계(인과율)가 있다고 믿는다. 예를 들어 철봉에 오르려고 꽉 움켜잡으면 손바닥에 통증을 느끼게 된다. 그러면 우리는 "철봉은 통증을 일으킨다."라는 인과관계를 떠올린다. 하지만 철봉은 통증을 일으키지 않는다. 흄은 인과관계는 **경험(습관)**에서 비롯되는 것이고, 자연세계에 존재하는 것은 아니라고 생각했다. 흄은 인과의 필연적 결합을 주관적인 것이라고 생각하고 이것을 관습에서 생긴 기대와 동일시했다. 이를테면 A와 B라는 사건이 차례로 일어나는 것이 여러 번 관찰되면, 습관을 바탕으로 A에 대한 관념에서 B에 대한 관념이 연상되고, 그러면 우리는 그 A와 B가 인과관계에 있다고 말한다. 하지만 흄은 사물의 본질에 대한 언명이 아니라 습관에서 얻은 관념의 순서에 관한 언명일 뿐이라고 주장했다. 그는 객관적 인과관계를 부정했으며, 자연과학에 대한 회의론을 펼쳤다. 칸트는 인과성을 경험을 구성하는 인식 주관이 정립한 선천적 범주로 보고, 흄의 견해가 독단적이라고 비난했다. (흄, 『인간본성론』)

실체(實體)

다른 것의 영향을 받지 않고 그 자체로 존재하는 것. 실체(實體)의 사전적 의미는 실제 사물 또는 외형에 대한 실상(實相)이다. 철학적으로는 '늘 변하지 않고 일정하게 지속하면서 사물의 근원을 이루는 것'을 뜻한다. '실체란 구체적으로 무엇인가?'라는 문제를 놓고 많은 철학자들이 고민했다. 플라톤에 따르면, 실체는 곧 이데아이다. 아리스토텔레스에 따르면, 실체는 형상과 질료로 이루어진 개별 사물이다. 데카르트는 "무한(無限)으로서의 실체가 곧 신이다. 유한(有限)한 실체는 정신과 물질로 나뉜다."라고 말했다. 스피노자에게 있어 실체는 범신론적 신(神)이다. 라이프니츠에게 있어 실체는 곧 모나드(單子)다. 헤겔은 정신이 절대지식으로 나아가는 과정이 곧 실체라고 주장했다. 현대철학은 실체에 대한 이러한 사고에 비판적이다. 사물은 각자 관계를 맺으면서 저마다의 가치를 지니고 있다는 **관계주의** 시각에서 실체를 논의하는 사고가 주류를 이루고 있다. (실체: 사물의 근원·본질)

모럴리스트

에세이 형식으로 도덕을 논한 사상들. 모럴리스트는 도덕에 관해 논한 사상가들을 뜻한다. 인간의 존재 양식을 고찰하고 도덕적 삶에 관해 제언한 16~18세기 작가와 사상가들을 일컫는다. 대표 사상가인 몽테뉴는 생각과 문화가 다른 사람들에 대해 편견이나 독단, 교만을 버리고, 겸허한 마음으로 상대를 대하고 문화를 배우는 자세를 갖추는 것이 중요하다고 생각했다. 그러한 생각을 갖고 있는 학자들을 일컬어 모럴리스트라고 부른다. 모럴리스트들은 어떠한 규범을 제시하거나 체계를 구축하려 들지 않았다. 그들은 인간 세상을 전체적으로 포괄하는 체계적인 사상은 있을 수 없다고 생각했다. 그들의 목적은 어디까지나 자신의 체험을 바탕으로 도덕을 묘사하되, 이를 에세이나 잠언과 같은 비교적 자유로운 글로 표현하는 데 있었다. 몽테뉴는 『수상록』에서 자신의 체험을 **에세이** 형식으로 표현했다. (사상가라기보다는 사색가)

자연 상태

국가 권위가 존재하지 않는 상태. 자연 상태는 국가에 의한 질서가 부재한, 어떠한 권위도 존재하지 않는 상태를 말한다. 개인 간 계약에 의해 국가를 형성한다는 **사회계약설**에서 전제로 둔 개념이다. 홉스는 국가공동체가 형성되기 이전의 자연 상태를 이른바 '만인의 만인에 대한 투쟁 상태'로 규정했다. 이와 달리 로크와 루소는 자연 상태는 자연법에 지배받는 자유롭고 평화로운 상태로 보면서, 사유재산을 둘러싸고 불평등이 발생하면서 갈등과 투쟁의 장으로 변모하게 된다고 보았다. (롤스는 사회계약설의 '자연 상태' 개념에 착안하여 『정의론』에서 '무지의 장막'이란 개념을 정립)

리바이어던

홉스의 사회계약 사상(국가의 절대 권력은 필요악). 근대 국왕의 권한은 신으로부터 부여받았으며(왕권신수설), 이로부터 국가가 만들어졌다고 생각했다. 홉스는 국가 구조에 대해 논리적으로 고찰했다. 그는 공적 권력 아래 놓여 있지 않은 상태(자연 상태)에서 사람들은 서로 자유를 쟁취하기 위해 '만인의 만인에 대한 투쟁'이 일어난다고 주장했다. 그러한 상태에서 개인은 자유를 보장받지 못한다. 따라서 사람들이 서로 싸우지 않기 위해서는 그 어떤 계약을 체결할 필요가 있다. 사람들은 사회계약을 체결함으로써 자신들의 권리 일정 부분을 포기한다. 이를 통해 절대 권력을 가진 하나의 인위적인 인간, 공적 권력으로서의 **국가**가 만들어진다. 그 국가는 개인들의 총합을 의미한다. 홉스는 공적 권력을 가진 국가를 구약성서 욥기에 나오는 리바이어던이라는 무시무시한 바다 괴물로 비유했다. 국가는 리바이어던처럼 강력한 힘을 가지고 있어야 제 기능을 발휘할 수 있다고 그는 생각했다. 홉스는 왕권신수설에 의지하지 않고 국가 구조에 대해 설명했지만, 그럼에도 그의 논리는 절대군주제를 옹호하는 방편으로 작용했다. (홉스, 『리바이어던』)

저항권

로크의 사회계약 사상(저항권은 새로운 정부를 수립하는 '혁명권'을 포괄하는 개념). 국민의 기본권을 침해하는 국가권력의 불법적 행사에 대해, 그 복종을 거부하거나 실력행사를 통하여 저항할 수 있는 국민의 권리를 말한다. 로크는 절대군주제를 옹호하는 홉스와는 생각을 달리했다. 국민은 자신들의 권리를 보호받기 위해 권리의 일부를 공권력, 즉 국가에 신탁한 것이지만, 어디까지나 주권은 국민에게 있다고 생각했다(국민주권). 국가가 국민의 권리를 짓밟을 경우에는, 국민은 혁명을 일으켜 새로운 국가를 수립할 수 있는 저항권을 갖는다고 주장했다. 로크는 "오직 부당하고 불법적인 폭력에 대해서만 같은 폭력으로 맞설 수 있다."라고 말했다. 그의 개인의 자유를 중시하는 정치철학은 이후 시민혁명의 사상적 기초가 되었으며, 민주주의 정치사상의 기반으로 작용했다. (로크, 『통치이론統治二論』)

일반의지

루소의 사회계약 사상(공적 이익을 추구하는 인민 의지). 루소는 홉스와는 자연 상태에 대한 생각을 달리했다. 그는 자연 상태에서 인간은 가장 조화롭고 평화로운 삶을 영위한다고 봤다. 인간은 본래 자유로운 존재로 태어났으나, 사회계약으로 인해 자연 상태의 사람들이 사회에 속박당한다고 보고, 이런 모순을 해결하려고 했다. 그는 이를 "자연으로 돌아가라."는 말로 표현했다. 그는 사회의 필요악과 최선의 자연 상태를 결합시켜 주는 계약은 '일반의지'를 통해서 만들어진다고 했다. 일반의지는 전체의지와는 다른 개념이다. 전체의지는 개인의 사적 이익 추구를 위한 특수의지를 단순히 합한 것에 불과하지만, 특수의지를 아무리 합한다고 해도 전체의지는 결코 일반의지가 될 수 없다. 일반의지는 **모두의 의지**로서 오로지 **공동의 이익**, 즉 자유와 평등만을 염두에 둔다. 주권은 실제 통용되는 일반의지를 표현하며, 그런 이유로 언제나 옳다. 루소는 공권력은 필요 없으며, 인간이 나서부터 공통적으로 지니고 있는 서로 협력하는 마음(일반의지)을 확인하기 위해서는 모든 사람이 논의하고 모든 사람이 국가를 통치하는 직접민주제를 채택해야 한다고 생각했다. 이를 위해 국가 규모는 필연적으로 작아야 한다고 주장했다. (루소, 『사회계약론』)

● 홉스 · 로크 · 루소의 사회계약론 비교

구분	홉스	로크	루소
자연 상태에 대한 규정	• 만인에 대한 만인의 투쟁 상태로, • 갈등과 경쟁으로 인한 대립 구도 심화	• 자연법에 지배받는 평화로운 상태이나, • 재산권 보장이 불확실하여 잠재적 투쟁 가능성 발생	• 자연 상태에서 자유롭고 평화로운 상태이지만, • 사회제도와 사유재산제가 생기면서 불평등 발생
사회계약의 형태 (권리의 양도와 행사)	• 자연권 전부를 국가에 양도	• 자연권의 일부를 국가에 위임	• 일반의지에 의한 국가 위임
	• 무조건 복종	• 저항권 행사	• 다수결의 원칙
국가관과 정치사상	• 국가와 법률의 절대적인 정당성 확보 • 따라서 시민은 국가와 군주에 대해 절대 복종 강제	• 국가는 자연권(자유 · 생명 · 재산) 보장을 위해서만 정당성 확보 • 따라서 시민은 신탁을 배반한 국가에 대해 저항권 행사 가능	• 국민 주권론 주창 • 시민의 일반의지에 입각한 정치공동체 구성
정치 형태	• 절대군주제	• 간접민주제(입헌군주제)	• 직접민주제

계몽주의

17~18세기 유럽에서 일어난 사상운동. 계몽주의는 이성의 힘과 인류의 무한한 진보를 믿는 사상운동을 뜻한다. 특히 이성의 계몽을 통해 구습을 타파하고 사회를 개혁하려는 데 목적을 두었다. 18세기 유럽은 이성적 · 진보적 · 자유주의적 · 과학적 이념이 확산되면서 계몽의 시대를 열었다. 당시에는 각종 문제에 대한 올바른 해답만 알게 된다면 인류가 한 단계 더 나아가 새로운 과학의 시대로 도약할 수 있다고 믿었다. 또한 철학이 일종의 정신을 다루는 과학으로 발전해 모든 복잡한 인식의 문제에 대한 객관적인 해답을 내놓을 수 있다고 생각했다. 이 시대는 그야말로 희망과 기대에 가득 찬 시대, 고결한 시대, 감격의 시대였다. 로크, 루소, 몽테스키외 등 계몽 사상가들은 전제 왕권 국가나 교회의 지배에서 벗어나 인민 스스로 통치하는 시민사회를 형성하는 데 이론적 기초를 제공했다. 그들은 합리적인 사고방식을 절대시하면서 **사회계약론**의 보급에 힘을 쏟았다. 그 결과 영국의 명예혁명과 프랑스 혁명을 이끌어내면서, 시민을 절대왕정으로부터 해방시켰다. (18세기는 계몽의 시대)

아프리오리

사물 이해의 메커니즘으로, 형이상학에서 종합판단이 가능한 이유. 아프리오리(a priori)는 **선험적인, 우리가 경험하기 전에 이미 주어진**'이란 뜻으로, 아무런 전제 없이 그 자체로 사물을 설명할 수 있음을 일컫는다. 이에 반대되는 개념인 아포스테리오리(a posteriori)는 '무엇의 뒤로부터, 경험한 것으로부터 얻는'이란 의미로, 경험을 바탕으로 사물을 이해하고 설명할 수 있음을 일컫는 말로 쓰인다. 칸트는 인간에게 공통된 경험 방식과 이해 방식이 내재되어 있다고 보았다. 이때 경험에 선행하는 것이 바로 '아프리오리'다. 칸트에 의하면, 어떤 것은 경험 없이도 설명할 수 있다. 즉, 선험적인 판단이 가능하다. 예를 들어, "원은 둥글다"라는 명제는 분석판단이다. '원'이라는 개념에는 이미 '둥글다'는 사실이 포함되어 있기 때문이다. 이와 달리 "7+5=12"라는 것은 선험적 종합판단이다. '12'는 '7'에도 그리고 '5'에도 들어 있지 않은 개념이기 때문이다. 우리가 이것이 자명하다고 알아차리는 것은 이른바 인간의 타고난 능력, 곧 선천적인 능력 때문이다. 아프리오리는 인류의 공통된 경험 방식을 감성 형식, 이해 방식을 오성(悟性) 범주로 한다. 칸트는 감성 형식의 특징으로 인간은 사물을 '공간적·시간적'으로 파악한다고 말했다. 또 오성 범주의 예로 '원인과 결과'를 들었다. 사람은 무엇인가가 일어나면, 반드시 그 원인을 찾는다고 그는 생각했다. (칸트, 『순수이성비판』)

분석판단과 종합판단

경험론의 종합적 판단, 경험적 인식+합리론의 분석적 판단, 선험적 인식=선험적 종합판단. 칸트는 자유니 도덕이니 하는 형이상학적 인식의 문제와 과학적 인식의 문제가 매우 비슷하다고 주장했다. 형이상학과 마찬가지로 과학에서도 인간은 주어진 것에서 출발해 이리저리 탐구한 끝에 판단을 내린다. 결론적으로 두 과정이 같다는 것이다. 그리하여 칸트는 『순수이성비판』에서 사고의 진정한 범위와 한계를 찾아내는 일을 시작했다. 이를 위해 칸트는 분석판단과 종합판단이라는 전통적인 구분을 얘기했다. 분석판단은 단순히 단어만을 설명할 뿐이고('당구공은 둥글다'), 종합판단은 단순한 단어 설명의 차원을 넘어 선다('이렇게 친 흰색 당구공이 원인으로 작용하여 검은색 당구공을 화살표 방향으로 굴러가게 만들었다'). 칸트는 여기에다 경험과 무관한 단순한 사색에서 나오는 선험적 인식과 경험에서 비롯되는 경험적 인식이라는 두 가지 표현을 덧붙였다. 칸트는 '당구공이 어느 방향으로 굴러가게 될 것인지 확실하게 알 수 있다'고 말하면서 **선험적이면서도 종합적인 판단**이 가능하다고 강조했다. (칸트, 『순수이성비판』)

물자체(物自體)

경험을 넘어서는 초월적 실체. 플라톤 이후 철학은 주로 대상의 본질에 대해 관심을 쏟았다. 그러나 칸트는 대상을 인식하는 '주체'에 주목했다. 태양이 존재하는 것은 우리 인식이 그렇게 구성했기 때문이라는 것이다. 이 사실을 아는 것이 중요하다. 이를테면 태양 자체를 감각할 수 없지만, 나의 인식과 무관한 태양에 대해 사유할 수 있기 때문이다. 여기서 감각할 수 없지만 존재하는 그 자체를 초월적 실체 또는 '물자체(物自體)'라고 한다. 칸트에 따르면 우리는 물자체를 생각할 수 있을 뿐, 이를 직접 인식할 수 없

다. 왜냐하면 물자체는 우리의 감성과 오성을 거쳐서, 그리고 사유와 경험을 거쳐서 단지 '**현상**'으로만 주어지기 때문이다. 따라서 우리는 현상으로서의 사물이 감각을 촉발함으로써 그것이 우리 내부에 생겨나도록 하는 표상만을 알 수 있을 뿐이다. 우리가 인식하는 것은 오직 현상의 세계일 뿐이다. 그런데 이 현상의 세계는 아프리오리 한 감성의 직관 형식과 오성의 사유 형식을 통해 규정된다. 그럴 수밖에 없는 것이 이 형식들은 가능한 모든 경험의 조건이기 때문이다. (칸트, 『순수이성비판』)

카테고리

사물을 이해하기 위한 머릿속 척도. 카테고리는 '범주(範疇)'를 뜻하며, 대상과 사물을 분류하는 기준이자 머릿속 척도라 할 수 있다. 우리는 오감에 의해 지각한 대상을 감성 형식에 의해 공간적·시간적으로 파악한다. 이어서 오성의 범주(카테고리)가 대상을 인식한다. 인간의 인식에는 12개의 카테고리(감각을 현실화하는 데 필요한 일종의 기본적인 개념군)가 구비되어 있다고 칸트는 주장한다. 그 하나가 원인과 결과에 의해 사고하는 방식이다. 칸트는 이러한 일련의 체계를 '이성'이라고 불렀다. 그러한 체계는 선험적으로 갖추어져 있는 것이라고 했다. (칸트, 『순수이성비판』)

※ 컵이라는 대상을 인식하기까지의 체계
대상의 물자체 → 오감이 대상을 지각 → 감성 형식이 대상을 시간적·공간적으로 파악 → 오성 범주가 대상을 인식 → "이것은 컵이다."

※ 칸트의 '현상' 인식
인간이 대상을 공간적·시간적으로 파악하여 이를 카테고리에 따라 분석한 것으로서의 '대상(실재·본체, 누메논 noumenon)'의 모습을 칸트는 '현상(페노메논 phenomenon)'이라고 불렀다. 바꿔 말하면, 물자체를 사람들이 잘 인식할 수 있도록 연결한 상태가 곧 '현상'이다. 기존 사고방식은 '대상=현상'인데 비해, 칸트의 사고방식은 '**대상 ≠ 현상**'이라 할 수 있다. 칸트 이전에는 대상(실재)은 인간이 인식한 모습(현상)과 동일하다고 생각한 반면, 칸트의 종합 인식에 따르면 대상은 인간이 인식한 모습(현상)과 동일하지 않다. 칸트는 인식에 명확한 한계를 그었다. 현상(페노메논의 세계)과 실재(누메논의 세계)를 구분하면서, 대상의 실체, 즉 '물자체'는 알 수 없으며, 다만 이를 **인식**할 뿐이라고 말했다.

코페르니쿠스적 전환

인식이 대상을 향하는 것이 아니라, 대상이 인식을 향한다. 칸트는 대상(진리)이 먼저 있고 인식 주체인 우리가 그 대상을 향함으로써 (사유함으로써) 대상을 인식하게 된다는 전통 형이상학으로는 인식의 객관성을 얻을 수 없다고 생각했다. 그는 인식의 방향을 완

전히 바꾸어 대상이 인식의 주체 쪽으로 향한다고 생각하고, 감각을 통해 대상에 대해 알게 된 것을 초월론적 자아가 조직하여 인식이 완성된다고 주장했다. 이런 방향 전환을 '**코페르니쿠스적 전환**'이라고 한다. 즉 칸트는 진리와 인간의 입장을 역전시켜 진리(대상)가 인간의 사유를 규정하는 것이 아니라 인간 인식이 진리를 규정한다고 보았다. 그렇게 해서 인간이 도달 가능한 진리야말로 '진리'라고 부를 수 있는 유일한 것이라고 주장했다. 이러한 칸트의 주장을 계기로 이후의 철학은 우리가 알 수 없는 초월적 세계를 설명하는 보편 진리이자 인간의 지혜를 뛰어 넘는 진리를 추구하려 애쓰기보다는, 우리가 바라보는 세계의 범위 내에서 각자 세계의 진리를 탐구하는 현실적인 방향으로 전환되어 나아갔다. 코페르니쿠스적 전환은 칸트의 초월론적 관념론의 핵심을 집약한 용어이다. (칸트, 『순수이성비판』)

도덕법칙

진실한 도덕은 사고의 엄격함에서 나온다. 인간 행위의 기초가 되는 도덕 원칙으로, '도덕률'이라고도 한다. 자연세계는 자연법칙이 있고, 인간세계는 사람들이 마땅히 따라야만 하는 도덕법칙이 있다고 칸트는 생각했다. 왜냐하면 도덕적으로 행동하는 것을 선한 것으로 여기는 이성은 인간에게 선천적으로 부여된 것이기 때문이다. 도덕법칙은 '**양심의 소리**'로, "네가 다른 사람으로부터 대접받기를 원하는 것처럼 다른 사람을 대접하라."와 같은 법칙(**정언명령**)이 그것이다. 칸트에 따르면, 도덕은 수단이 아닌 목적 그 자체로, 모든 인간에게 무차별적으로 동일한 행위 법칙을 적용하는 것이 도덕적이다. 인간적으로 더 가까운 관계, 예를 들어 부모 형제처럼 나와 가까운 사람이든 먼 사람들이든 모두 인간이라는 점에서 동등하며, 도덕적 행위 판단은 이 사람들이 인간이라는 데 있지 나와 얼마나 가깝고 먼 관계인가에 있지 않다. 이러한 의미에서 칸트는 각자 자신의 개인적 판단이 언제나 보편적 자연법칙에 어긋나는지 반성해봐야 한다고 촉구하였다. (칸트, 『실천이성비판』)

● 이론이성과 실천이성

칸트는 인간의 이성을 이론이성과 실천이성으로 나누었다. 카테고리 등에 따라 사물을 인식하는 능력을 '이론이성'이라 하고, 인간이 도덕적으로 행동할 것을 실천하는 이성을 '실천이성'이라 한다. 어느 것이든 인간에게 선천적으로 부여된 것이라고 칸트는 생각했다. 도덕법칙은 **실천이성**을 따른다. (실천이성은 행위 결과보다 동기를 중시)

선의지

도덕법칙에 따르는 의지. 칸트는 오직 '선의지'만이 도덕적 행위의

유일한 근거라고 주장했다. 선의지란 옳은 행위를 오로지 옳다는 이유에서 마땅히 해야 할 의무로 받아들이고 이를 따르려는 의지이다. 만약 우리가 강도를 만나 상처를 입고 어두운 골목에 쓰러져 있는 사람을 본다면, 우리는 두려움을 느끼고 그를 그냥 지나칠 수도 있지만, 마음속으로는 상처 입은 사람을 마땅히 도와주어야 한다고 생각하게 된다. 이렇게 곤경에 처한 사람을 마땅히 돕고자 하는 것이 바로 선의지다. 칸트는 오직 의무로부터 나온 행위만이 선의지에 의한 행위이자 **최고선**을 지향하는 도덕적 행위라고 주장했다. (칸트, 『실천이성비판』)

정언명령

'반드시 따라야만 하는' 무조건적 명령. 칸트에 의하면 의무에 따라 행동하는 것은 곧 도덕법칙에 따르는 것이다. 그러나 인간이 도덕법칙을 따르는 일은 저절로 되는 것이 아니며, 그 과정에서 '자연적 경향성'을 극복해야 하기 때문에 도덕법칙은 명령의 형식으로 이루어져야 한다고 봤다. 그리고 의지가 따르는 도덕법칙이 절대적이고 무조건적으로 선하려면, 도덕법칙이 어떤 다른 목적을 달성하기 위한 수단으로서의 명령이 아니라 그 자체가 목적인 무조건적 명령으로 되어야 한다고 주장했다. 즉 그는 도덕법칙이 '만일 ~ 하려거든 ~ 하라.'와 같이 어떠한 조건이 붙은 '가언명령'이 아니라 '무조건 ~ 하라.'와 같은 절대적인 명령의 형식을 지녀야 한다고 했다. 이것을 그는 '**정언명령(正言命令)**'이라고 불렀다. (칸트, 『실천이성비판』)

● 자연적 경향성

자신의 이익을 추구하려는 욕구나 두려움, 동정심 같은 감정처럼 인간이 자연스럽게 가지게 되는 경향성을 말한다.

격률

자기 스스로에게 부과한 행위의 규칙·기준. 우리는 어떤 행위가 도덕적인지 판정할 때 격률을 기준으로 삼는다. 격률이란 각 개인이 나름대로 정립한 행위의 규칙을 말한다. '**준칙**'이라고도 한다. 도덕법칙으로서 정언명령의 핵심은 격률의 **보편화** 가능성이다. 칸트에 의하면 우리는 이러한 격률에 의해서 행동한다. 칸트는 행위의 격률이 보편타당성을 지닐 때 비로소 도덕법칙이 될 수 있다고 봤다. 그는 도덕법칙으로서 정언명령을 다음과 같은 격률로 제시했다. 그것은 "네 의지의 준칙이 언제나 동시에 보편적 입법 원리가 될 수 있도록 행위 하라."이다. 스스로 부과한 행위의 원리가 항상 남에게도 인정받는 내용이어야 그 행위가 옳다는 것이다. (칸트, 『윤리형이상학 정초』)

자율

자신의 의지에 따른 행동. 자율은 누군가로부터 강제되지 않고 자신이 생각하는 규범에 따라 행동하는 것이다. 인간이 해야 할 행위에 관해 논하는 도덕철학의 법칙으로 칸트는 '자율'의 개념을 사용했다. 칸트는 어떤 강제에 의해서가 아닌 자신의 의지로, 모두가 동의할 만한 행위를 취하라고 요구했다. 이것이 칸트가 말하는 '자율'이다. 그리고 이 자율이야말로 인간의 자유이자 인간의 **본질**이라고 주장했다. 반대로 타율은 일반적으로 다른 사람의 강제에 의해 행동하는 것을 말한다. 그런 의미에서 타인에 의해 강제되지 않고 스스로 판단할 수 있는 것은 의지의 자유에 따른 행동이라고 말할 수 있다. 칸트에 따르면, 자신의 **의지**에 따라 자율적으로 행동하는 것이 진정한 의미의 자유다. (칸트, 『윤리형이상학 정초』)

비판철학

이성에 대한 비판을 강조한 철학. 칸트는 『순수이성비판』, 『실천이성비판』, 『판단력비판』이라는 세 권의 대표작을 남겼다. 칸트의 비판철학은 이성에 대해 비판한다. 여기서 비판은 이성을 부정하는 뜻에서의 의미가 아니라, 사물을 구성하는 근본을 철저히 따져 살펴야 한다는 의미로 사용된 것이다. 칸트는 형이상학이 독단론이나 회의론에 빠지는 것을 경계하면서, 그리고 인간의 이성 능력을 철저히 의심하면서 형이상학 세계를 인식해야 한다고 주장했다. 그의 비판주의 철학 사상을 '**비판철학**'이라고 부른다. 19세기 후반 리프만의 이른바 '칸트로 돌아가라'를 표방한 신칸트학파는 방법론적 측면에서 이 입장을 계승하였다.

관념론

세상은 우리 머릿속에서 만들어졌다고 보는 철학 사상. 관념론은 사물의 존재가 우리의 주관, 즉 인식에 근거를 둔다는 데카르트의 사상에서 출발했다. 물질보다는 정신에 가치를 둔 철학 사상으로, **실재론** 및 **유물론**과 반대 성격을 갖는다. 관념론은 정신에 의해 세계가 만들어진다고 주장하며, 의식과 독립한 사물이 아닌 인간의 의식이 만들어낸 관념적인 것만이 세계에 관한 지식이 될 수 있다고 본다. 관념론은 사물의 세계를 인정하지 않고 정신적 의식 세계만을 인정하며, 물질적 세계의 실재에 대한 인식론적 입장을 나타내기도 한다. 덧붙여 독일 관념론의 입장이 있다. 독일 관념론은 18세기 후반에서 19세기 초반에 걸쳐 독일에서 융성한 철학 사상의 일파이다. 특히 칸트의 영향을 받은 피히테, 셸링, 헤겔의 사상을 말한다. 그들의 공통된 생각은 사물의 존재가 인간의 주관, 즉 이성에 의해 파악된다고 본 것이다. 관념론은 주관적 관념론(버클리), 초월론적 관념론(=비판론적 관념론, 칸트), 절대적 관념론(헤겔) 등으로 분파한다.

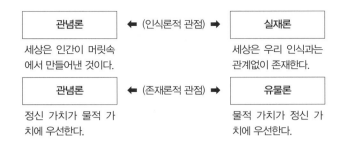

관념론	← (인식론적 관점) →	실재론
세상은 인간이 머릿속에서 만들어낸 것이다.		세상은 우리 인식과는 관계없이 존재한다.
관념론	← (존재론적 관점) →	유물론
정신 가치가 물적 가치에 우선한다.		물적 가치가 정신 가치에 우선한다.

독일 관념론

칸트의 '실재'와 '관념'의 이원론을 '자아' 중심의 일원론으로 통일한 형이상학 체계. 칸트 철학에 따르면, 세계는 현상(실재하는 세계)과 물자체(관념)로 나뉜다. 이론이성은 현상에 대한 인식을 담당하고, 실천이성은 물자체에 관계하는 행동을 담당한다. 즉 인식과 행동에는 서로 다른 이성이 작용하는 것이다. 이성이 그런 식으로 구분될 수 있는 것인가? 피히테, 셸링, 헤겔은 그렇지 않다고 주장했다. 피히테는 이론이성(인식)도 실천이성(행동)도 '자아'의 구조로서 설명했다. 그에 따르면 물자체는 없으며, 세계란 '절대적인 자아', 즉 일종의 거대한 주체라고 말했다. 셸링은 자아(인간)도 자연도 절대자인 신의 일부라고 하여 현상과 물자체를 **동일시**했다. 헤겔은 피히테가 말한 '자아'가 스스로 발전하여 셸링이 말한 절대자에 이르게 되는 것이라고 주장했다. 그는 존재하는 것을 알 수 없다고 본 칸트의 주장을 비판하면서 "이성적인 것이 현실적이고, 현실적인 것이 이성적이다."라고 말하면서 존재하는 모든 것은 인식 가능하다고 바라봤다. 이처럼 칸트에서 시작하여 헤겔이 완성한 인간 정신의 철학을 독일 관념론이라고 부른다. 독일 관념론은 칸트의 이원론적 입장을 넘어서서 일원론적인 통일 체계를 수립하기 위해 각기 다른 입장에서 계승됐으며, 헤겔에 이르러 완성되었다. (반의어는 '유물론')

절대정신

완전한 인식능력을 지닌 정신. 헤겔은 칸트와 달리 인식 가능한 것에 대해 그 어떤 한계도 정하지 않았다. 헤겔은 근본적으로 '모든 것은 서로 관계를 맺고 있다.'고 생각했다. 아리스토텔레스 이래로 철학자들은 대부분 '실재'는 홀로 존재하는 부분들(그것이 개별적인 사실이건, 대상이건 혹은 단자로 되었건 간에)로 나뉘어야 한다는 견해(이원론적 사고)를 내놓은 반면, 헤겔은 동떨어져 홀로 존재하는 것은 아무 것도 없다고 생각했다. 헤겔에게 최종 실재는 '절대정신'이었다(**일원론적 사고**). 그는 완전한 인식능력을 지닌 정신이자 사물의 숨은 본질을 절대정신이라고 불렀다. 헤겔에 따르면, 이데아(관념)는 외화(外化)하여 자연으로 전화(轉化)하며, 인간에 있어 주관적 정신으로 출발하여 그 최후 단계에서 주관(관념)과 객관(물자체)의 일치라는 인식에 도달한다. 이러한 이데아의 자기 인식에 도달한 정신이 바로 '절대정신'이다. 이 때 절대정신과 자연과 인간 정신으로 이루어진 실재를 한데 묶어 주는 것이 사고의 3단계 운동인 '변증법'이다(헤겔의 정신철학에서 정신은 주관적 정신 → 객관적 정신 → 절대정신으로 전개). (헤겔, 『정신현상학』, 『엔치클로페디』)

● 주관적 정신, 객관적 정신, 절대적 정신
헤겔은 마음을 주관적 정신, 객관적 정신, 절대적 정신으로 구분한다. 주관적 정신은 개인의 마음을, 객관적 정신은 시대정신과 국가정신과 같은 집단적인 마음을, 절대적 정신은 자연과 정신의 전체를 관철하는 자각적이고 역사적 흐름을 가진 마음으로 이해된다. 이후 딜타이는 헤겔의 영향을 받아 삶이 밖으로 표현된 것을 '객관정신'이라고 말했다.

변증법
'정 → 반 → 합'의 3단계 사고. 헤겔은, 인간은 변증법적 사고 과정을 통해 절대적이고 보편적인 진리를 알아낼 수 있다고 하였다. 헤겔은 생성되어 유동하는 세계를 고찰하기 위해서는 현실의 모순된 상태를 파악하려는 변증법이 적절하다고 생각했다. 변증법은 절대 관념에 도달하기 위한 논리적 사고방식으로, 그 과정은 다음과 같다. 일단 하나의 논증 상의 명제인 '정립(正, 즉자, 테제)'에서 시작한다. 그것에 대응하여 하나의 반대 진술, '반정립(反, 대자, 안티테제)'이 맞선다. 그 둘이 충돌하면서 둘 모두를 아우르는 '종합(合, 지양, 진테제)'을 이끌어낸다. 그러나 진실이란 언제나 완전한 체계 안에 놓여 있기 때문에 이런 최초의 종합만으로는 아직 완전한 진술이라고 할 수 없다. 이것은 하나의 새로운 정립이 되고, 이에 따라 그것에 상응하는 반정립과 종합이 다시 생성된다. 이 과정은 절대 관념(절대지식)에 도달할 때까지 영원히 지속된다. 헤겔은 모순과 발전이라는 이런 과정이 사고뿐만 아니라 역사적인 현실에도 똑같이 적용될 수 있다고 강조하면서, 뼈를 깎는 노력으로 모순을 없애고 나면 반드시 더 높은 단계로 나아간다고 주장했다. 헤겔에게 있어 변증법은 단순한 절충적 사고가 아니라, 더 좋은 해결책을 찾기 위한 사고 방법이라고 할 수 있다. (헤겔, 『정신현상학』)

헤겔의 '역사'
절대정신의 실현 과정. 칸트는 자신의 준칙과 도덕법칙이 일치하도록 하는 실천적 이성이 곧 자유라고 역설했다. 하지만 헤겔에게 있어 자유는 개인의 내면적인 문제가 아니며, 현실 사회에 구체적으로 실현하지 않으면 의미가 없다. 헤겔은 자유가 변증법에 의해 현실 사회에 실현되는 과정을 '역사'라고 생각했다. 즉 역사는 인간이 자유를 손에 넣기까지의 진보 과정이라는 것이다.

그는 역사의 근저를 움직이는 것은 인간 이성의 자기실현 과정을 통해 자유롭고 싶어 하는 의식, 곧 '절대정신'이라고 생각했다. 그 의식은 소수의 인간이 자유를 누리는 시대로부터 인간 모두가 자유를 누리는 시대로 역사를 움직이며, 최종적으로 '인륜'이라는 공동체를 만들어낸다고 그는 주장했다. 요컨대 헤겔은 역사를 '세계를 가로지르는 이성의 전진'으로 보았고, 인간이 만든 각종 제도를 변증법적 과정의 산물로 여겼던 것이다. (헤겔, 『역사철학강의』)

헤겔의 '인륜'
인간 생활의 행위 규범인 법과 도덕을 변증법적으로 종합한 것. 헤겔은 개인 내면의 도덕과 사회 전체의 질서를 만드는 법률이 모순되게 공존하는 공동체를 '인륜'이라고 불렀다. 인륜은 참된 자유가 실현되고 있는 사회이다. 그는 주관적 도덕과 객관적 법률은 상응하지 않고 서로 대립하는 것처럼 보이나(대립과 모순 관계), 둘은 변증법에 의해 통일됨으로써(지양) 인륜으로 나아간다고 말했다. 헤겔은 가족·시민사회·국가 역시 변증법적으로 파악했다. 가족은 애정으로 결합된 갈등 없는 공동체이지만, 개인의 의식은 독립 불가능하다. 시민사회는 개인의 의식은 독립 가능하지만, 구성원들 간의 욕망의 다툼으로부터 벗어날 수 없다. 이러한 모순과 대립 관계를 변증법적으로 지양(止揚)한 것이 '국가'다. 국가는 애정과 독립성이 공존하는 인륜의 이상적 형태라고 할 수 있다. (헤겔, 『법철학』)

쇼펜하우어의 '페시미즘'
적극적 생에의 의지의 역설적 표현. 헤겔은 역사 진보는 인간이 자유를 손에 넣기까지의 과정이라고 생각했다. 그러나 쇼펜하우어는 인간 행동이나 그것이 초래하는 역사 변화에는 무언가 특별한 의미가 있다고 주장했다. 쇼펜하우어는 세계는 '맹목적인 생으로의 의지'를 향해 나아가고 있다고 생각했다. 예를 들어 세포는 언제나 약한 세포를 몰아내면서 새로운 것들을 만들어낸다. 그러한 존재로의 욕망은 목적을 따르지 않는다. 자연세계의 법칙을 따를 뿐이다. 쇼펜하우어는 인간 행동 역시 제어할 수 없는 '존재로서의' 의지가 일으키는 그 어떤 충동을 따르는 것이 아니라고 생각했다. 그 맹목적 의지를 따라 싸워야만 하는 인간의 고통은 영원히 계속된다. 삶 자체가 고통이며, 인간이 살아가는 한 고통은 피할 수 없으므로 오히려 고통을 느낀 자신의 의지를 억누르라고 역설한다. 그는 사회 변화는 개인의 고통이 따르지 않으면 안 된다고 생각했다. 그러한 쇼펜하우어의 사상을 '페시미즘(염세주의, 비관주의)'라고 부른다. 그는 불교의 '해탈'처럼 오직 의지를 부정하고 금욕적인 삶, 청빈과 사랑과 절식을 통해 우리는 지혜로워질 수 있다고 주장했다. (쇼펜하우어, 『의지의 표상으로서의 세계』)

주체적 진리

보편 관념은 존재하지 않는다. 헤겔에 있어 진리는 광의의 보편적 의미라 할 수 있다. 이와 달리 키르케고르에 있어서 진리는 '우리가 진리라고 말할 수 있는 진리' 즉, 주체적인 것이다. 그에 따르면 법칙이나 체계가 아닌 주관성이 바로 진리다. 전자를 객관적 진리, 후자를 주체적 진리라고 한다. 키르케고르는 진리는 객관적이라기보다 **앎의 주체**라고 생각했다. 즉 진리의 인식에 있어서 객관적으로 진술될 수 없는 주체적인 영역이 존재하며, 여기에서 최고의 진리는 **실존**하는 사람이라는 것이다. 그에 따르면 진리는 확실한 것을 잡는 것이 아니라, 무한한 열정으로 끊임없이 선택하는 내면의 모험이라고 할 수 있다. (키르케고르, 『죽음에 이르는 병』)

예외자

실존의 3단계에서, 종교적 실존이 단독자의 단계이다. 헤겔은 모든 사람들이 공통된 보편 가치를 추구하기 위해서는 예외적 가치를 특성으로 갖춰야 한다고 생각했다. 그는 이를 두고 "위대한 나폴레옹이 역사를 향해 나아가는 것은, 그 길 앞에 놓여 있는 꽃을 짓밟는 방식이 아니다."라고 표현했다. 이에 반해 키르케고르는 보편 가치가 내포하지 않은 '예외자'라는 존재로서 그 본질 가치를 생각했다. 예외자는 이를테면 고독과 불안과 절망을 억누르고 자신이 추구하는 가치를 준수하는 존재를 일컫는다. 키르케고르는 인간이 예외자로서의 삶을 살기 위해서는 대중적인 사고에 매몰되지 않고 자신의 신념(그의 경우에는 '신'을 뜻한다) 앞에 당당한 개인으로 마주하는 '신 앞에 선 **단독자**'가 되어야 한다고 말했다. (키르케고르, 『죽음에 이르는 병』)

실존주의

'지금, 여기'를 사는, 현실의 '자기 자신'을 탐구하는 사상. 인간 존재의 본질 규정으로서의 **'실존'**이란 인간이 언제나 스스로 자기의 존재를 규정하는 식으로(사물들 같이 태어날 때부터 이미 주어진 어떤 본질 규정을 지니지 않은 채로) 존재한다는 것을 의미한다. 키르케고르는 이것을 가리켜 '주체성은 곧 진리'라는 말로 표현했다. 이러한 철학적·문학적 사상을 '실존주의'라고 부른다. 실존주의는 개인의 자유, 책임, 주관성을 중요하게 여긴다. 사르트르에 따르면, 인간은 기존의 어떠한 본질에 지배되는 존재가 아니며 자기 스스로 인생을 개척해 나가는 존재다. 그는 이것을 '실존은 본질에 앞선다.'라고 표현했다. 여기서 실존이란 우리가 보고 느끼고 만질 수 있도록 존재하는 것을 말하고, 본질이란 사물이 지향하는 것이라고 할 수 있다. 즉 실존이란 '존재한다'는 뜻이고, 본질이란 '이미 정해진 운명'을 말한다. 인간은 구조와 용도가 먼저 정해진, 다시 말해 본질이 실존에 앞서는 사물과는 달리, 실존이 먼저 등장하고 난 뒤에 스스로 본질을 만드는 실존적 존재다.

즉 인간은 무한한 가능성 안에서 매순간마다 자유롭게 인생의 길을 선택할 수 있는 실존적 존재다. 19세기 중엽 덴마크의 철학자 키르케고르에 의하여 주창된 이 사상은 이후 야스퍼스와 가브리엘 마르셀로 대표되는 유신론적 실존주의와 하이데거, 사르트르, 메를로 퐁티, 보부아르 등의 무신론적 실존주의의 두 가지 형태로 나타나게 되었다. (문학에서는 도스토예프스키, 카프카, 카뮈 등이 실존주의 작가이다.)

실존의 3단계

실존은 '미적 단계 → 윤리적 단계 → 종교적 단계'로 나아간다. 키르케고르는 인간이 참된 존재에 도달하기 위한 길을 3단계로 구분하여 고찰했다. 이를 '실존의 3단계'라고 한다(실존의 3단계는 '질적 변증법'에 따라 전개된다). 첫 번째 단계는 욕망을 위해 감각적 쾌락을 추구하려 드는데, 이를 '미적 실존'이라고 부른다. 감각적 쾌락만을 좇는 삶의 결과는 권태와 절망뿐으로, 인간은 결코 행복해질 수 없다. 이 사실을 깨달은 사람은 두 번째 단계인 '윤리적 단계'에 따른 삶을 살게 된다. 쾌락만을 좇아 무비판적으로 사는 것이 아니라 인간으로서 지켜야 하는 보편적 가치와 윤리에 따라 생활하는 것이다. 그럼에도 인간은 죽음의 유한성 앞에서 언젠가는 파멸하고 말 것이라는 불안에서 벗어날 수 없다. 인간으로서 완전하고 참된 삶은 세 번째 단계인 '종교적 단계'에 와서야 비로소 실현된다. 자기신념에 따라 진정으로 신을 믿고 따를 때 인간으로서의 무력감과 허무함을 떨쳐 버리고 완성된 삶을 살 수 있다는 것이다. 여기서 중요한 것은 한 단계에서 다른 단계의 삶으로 옮겨가는 것은 '자기 자신의 주체적 결단과 도약'에 의해서만 가능하다는 점이다. 키르케고르가 **'개인의 주체성'**을 강조한 이유가 여기에 있다. (키르케고르, 『이것이냐 저것이냐』)

자유방임주의

국가 간섭을 배제하고 개인의 경제적 자유를 추구. 개인의 경제활동의 자유를 최대한으로 보장하고, 이에 대한 국가의 간섭을 가능한 한 배제하려는 경제 사상 및 정치 정책을 일컫는다. 근대 자본주의 생성기에 중상주의에 반대하는 프랑스의 중농주의자들이 처음 주장했으며, 이 사상을 학문으로 체계화한 것은 아담 스미스였다. 스미스는 개인의 이익을 추구하는 자유로운 경제활동이야말로 사회 전체의 이익과 부를 가져온다고 생각했다. 그는 **'보이지 않는 손'**이라는 자율적 시장 기능이 부의 공정하고 효율적인 배분을 실현하고 사회 발전을 가져올 수 있음을 이론적으로 논증하고자 했다. (스미스, 『국부론』)

공리주의

행위 결과와 효용성의 가치를 중시하는 사상. 공리주의는 사회 전체의 쾌락 증대와 고통 감소를 기준으로 도덕과 입법 판단이 가능하다는 정치·윤리 사상이다. 어떤 행위의 옳고 그름은 그 행위가 인간의 이익과 행복을 늘리는 데 얼마나 기여하는가에 따라 결정된다고 본다. 넓은 의미에서 공리주의는 효용·행복 등의 쾌락에 가장 큰 가치를 두는 철학적·사상적 경향을 통칭한다. 고유한 의미에서의 공리주의는 19세기 영국에서 벤담, 밀 등을 중심으로 전개된 사회사상을 가리킨다. 공리주의는 쾌락을 객관적으로 계량할 수 있다는 벤담의 **'양적 공리주의'**와 쾌락의 수준 차이를 인정한 밀의 **'질적 공리주의'**로 나뉜다. 공리주의는 쾌락과 행복을 추구하는 개인의 이기심을 전제하므로 경제적 자유주의 사상을 뒷받침한다. 공리주의 관점에서는 사회 전체의 공리 증대에 도움이 된다면 정부의 간섭과 분배를 위한 **사회적 강제**도 정당화된다. 공리주의는 '다수결 원리'에 기초한 민주주의 정치 제도와 사유재산 보호의 틀 안에서의 점진적인 분배 평등을 강조하는 복지사상 발달에 큰 영향을 끼쳤다. (공리功利와 공리公利 둘 다 중시)

벤담의 '쾌락계산'

쾌락지수는 산출 가능하다. 벤담은 강도, 지속성, 확실성의 관점에서 쾌락을 계산할 수 있다고 보았다. 이를 쾌락계산이라고 한다. 아래 표에 따를 때 A, B, C의 쾌락지수는 각각 170, 120, 80으로, A의 쾌락지수가 가장 높다.

구분	쾌락의 강도	쾌락의 지속성	쾌락의 확실성	합계
A의 쾌락지수	20	80	70	170
B의 쾌락지수	90	10	20	120
C의 쾌락지수	20	30	30	80

벤담은 쾌락계산 점수가 높은 개인이 많이 모인 사회가 행복한 사회라고 생각했다. 신분이 높은 사람이나 그렇지 않은 사람 모두 **동등**하게 계산되어야 한다는 그의 생각은 이후의 민주주의 발전에 크게 기여했다. 그는 "개인은 평등하게 1인으로 산정되어야지, 그 누구도 그 이상으로 산정되어서는 안 된다."고 주장했다. (벤담, 『도덕과 입법의 원리』)

최대 다수의 최대 행복

the greatest happiness of the greatest number. 벤담은 쾌락계산에 따른 점수의 총합이 높은 사회를 행복한 사회라고 생각했다. 이를 위해 벤담은 가능한 많은 사람들이 가능한 높은 쾌락지수를 가져야 한다고 생각했다. 그는 이것을 **'최대 다수의 최대 행복'**이라고 표현하고 입법 준칙으로 삼았다. (벤담, 『도덕과 입법의 원리』)

질적 공리주의

쾌락에는 질적 차이가 있다. 밀은 쾌락을 계량화할 수 있다는 벤담의 생각에 의문을 제기했다. 밀은 벤담과 달리 쾌락에는 질적 차이가 있다고 보고, 쾌락의 양뿐만 아니라 질적 차이도 고려해야 한다고 주장했다. 이를 **'질적 공리주의'**라고 한다. 밀은 육체적 쾌락보다 정신적 쾌락을 높게 평가하면서, 정신적 쾌락은 타인의 행복에 의해 추가로 얻을 수 있다고 믿었다. 낮은 수준의 쾌락은 더 강렬한 만족을 주지만 이를 지나치게 추구하면 고통을 일으키는 반면, 높은 수준의 쾌락은 장기적이고 지속적이며 점진적인 경향이 있다는 것이다. 그는 "만족한 돼지보다는 불만족한 인간이 낫다."라고 말하면서, 공리주의를 보다 이상적인 방향으로 이끌었다. (밀, 『공리주의론』)

생산관계

생산관계라는 하부구조가 사회체계라는 상부구조를 규정한다. 인간이 삶을 영위하기 위해서는 의식주가 필요하다. 설비·토지·원자재 등 의식주와 관련한 것을 생산하기 위한 기반을 '생산수단'이라고 한다. 봉건제의 소작농과 대비되는 봉건영주나 자본주의 체제에서의 노동자와 대비되는 자본가 등 생산수단을 소유하고 있는 자를 지배계급이라고 한다. 생산수단 유무에 따른 계급별 상하관계를 '생산관계'라고 한다. 생산관계는 경제적 생산 과정에서 생산자와 비생산자 사이에 확립된 **경제적·사회적 관계**이다. 생산관계는 그 시대의 기술 수준에 따라 결정된다. 마르크스에 따르면, 기술 진보에 따라 생산력이 높아지면 피지배계급의 지위는 올라가고, 지배계급으로부터 독립이 가능해진다. (마르크스, 『경제학비판』)

소외

인간이 외화·물화되어가는 과정. 소외(疏外)란 인간으로서 응당 누려야 할 권리가 박탈된 상태를 의미한다. 소외는 인간 활동의 본질이 상실되어 가는 과정(이를 '외화'라고 한다)이다. 마르크스에 의하면, 자본주의 사회에서 노동자는 임금을 받지만 생산한 상품 자체가 자본가의 것이 되므로 상품에서 배제된다(**상품으로부터의 소외**). 노동 자체도 단순히 생산수단을 독점한 자본가의 명령대로 분업화 될 뿐이므로 노동자는 노동에서도 배제된다(**노동으로부터의 소외**). 게다가 노동자는 다른 노동자와 경쟁해야 하고 그 경쟁에서 이겨야 높은 임금을 받을 수 있다. 이는 인간의 능력이 인간 자체가 아니라 화폐 가치로 평가받는다는 의미이므로 사람들 사이에서도 배제된다(**인간으로부터의 소외**). 마르크스는 이러한 소외로부터 벗어나기 위해서는 혁명을 일으켜 생산수단을 모두 노동자가 공유하는 방법밖에 없다고 주장했다. (마르크스, 『경제학·철학 초고』)

모든 부는 노동에서 나온다. 따라서 사유재산은 한 계급의 노동 산물을 다른 계급이 몰수함으로써 생긴다. 자본주의 사회에서는 부가 부를 낳는다. 개인 간 관계가 사물 간 관계처럼 변한다. 노동 역시 하나의 사물이자 하나의 재화(노동력)로 간주된다. 노동자는 겉보기에는 자유로운 교환 형식을 통해 자본가에게 자신의 노동력을 판매한다. 노동자들은 살아남기 위해 일하고, 자본가들은 이익을 내기 위해 일한다. 그러나 사실 자본가들은 노동을 한다기보다는 오히려 생산수단을 관리하는 일을 하는 것이다. 노동자는 자신의 노동력을 그 가치에 상응하는 대가, 즉 노동력 재생산에 필요한 비용을 받고 팔아넘긴다. 그러나 노동자가 실제로 생산하는 것은 이런 가치 이상이다. 노동자는 잉여가치를 생산해 내기 때문이다. 잉여가치는 자본가에게 이윤을 남긴다. 이 모든 과정에서 원래 노동자 계급의 몫인 노동력의 '**잉여가치**'를 자본가 계급에게 착취당하는 것이 소외가 일어나는 핵심 원인이다.

상부구조와 하부구조

하부구조가 상부구조를 규정한다. 마르크스는 각 시대의 생산관계에 따른 경제구조를 '하부구조', 법률·정치제도 및 종교·예술·학문과 같은 사회체계를 '상부구조'라고 불렀다. 그는 인간의 의식을 규정하는 상부구조가 생산수단이나 생산 활동 등을 가리키는 하부구조에 의해 결정된다고 생각했다. 경제활동이라는 토대 위에 국가기구, 법체계, 이데올로기, 규범, 관습, 예술, 학문, 언어 등 모든 사회제도의 내용이 결정된다는 것이다. 예를 들어 자유주의 국가의 사회제도는 자본주의라는 생산양식에 의해 규정된다. 이는 이전 철학자들이 사상이나 관념에 의해 경제활동 양상이 규정된다고 생각한 것과는 정반대의 발상이다. 마르크스는 생산력 향상으로 하부구조가 발전하면 머지않은 장래에 혁명이 일어나 상부구조도 변화한다고 생각했다. 그리고 이런 메커니즘으로 역사가 발전한다는 독특한 '**유물사관**'을 전개했다. (마르크스, 『경제학비판』)

이데올로기

사회집단이 공유하고 있는 관념이나 신념 체계. 마르크스는 인간의 사고는 의지에 의해서가 아니라 그 시대의 하부구조에 의해 결정된다고 말했다. 중세 봉건제 하에서 사유재산의 추구는 신(神)을 저버리는 나쁜 행위로 여겨졌다. 하지만 자본주의 체제에서 이는 당연한 행위로 간주된다. 자신이 살고 있는 시대의 생산관계를 의식하고 그에 맞게 자신의 의견을 내세우는 주의나 주장을 마르크스는 '이데올로기'라고 하였다. 자본주의 사회에서 사람들은 자신이 자유롭다고 상상하면서 자신들의 이념 세계에 가상의 자유를 그려 넣고, 그것의 존재를 규정하는 하나의 이데올로기를 만들어 낸다. 하지만 마르크스는 의식이 그들의 존재를 규정하는 것이 아니라 반대로 그들의 사회적 존재가 의식을 규정하는 것이기에, 이는 '**허위의식**'에 지나지 않다고 비판했다. 현대사회에서 이데올로기는 사회집단이 공유하고 있는 관념이나 신념 체계를 의미하며, 행동 지향적인 특성을 지닌다. (마르크스, 『경제학비판』)

유물사관

역사를 움직이는 것은 생산력의 발전이다. 헤겔은 인간 의식이 역사를 추진하는 동력이라고 생각했다. 그에 비해 마르크스는 사회와 역사를 움직이는 것은 의식과 같은 정신적인 것이 아니라 물질적인 것이라고 주장했다. 이러한 역사관을 '유물사관' 또는 '**사적史的 유물론**'이라고 한다. 인간은 의식주를 계속해서 생산해야 한다. 그러한 물적 생산 활동을 위해 인간은 그 시대의 기술 수준에 맞는 생산관계를 결정한다. 그렇게 해서 생산관계가 토대(하부구조)가 되는 정치제도나 문화(상부구조)가 만들어 진다. 기술 발전으로 생산력이 향상되고 생산성이 높아지면 생산관계에 모순이 일어나고, 그 모순을 타파하기 위한 계급투쟁이 일어난다. 그 결과 역사는 '원시공산제 → 노예제 → 봉건제 → 자본주의 → 사회주의 → 공산주의'의 순서로 발전한다고 마르크스는 생각했다. (마르크스, 『경제학비판』)

● 사상가별 관념론과 유물론적 사고 비교

관념론	유물론
● 플라톤 – "세계는 이데아의 표출에 불과하다." ● 버클리 – "세계는 지각할 수 있는 것이 아니다." ● 흄 – "인간은 지각에 구속받는다. 실체는 없다." ● 라이프니츠 – "세계는 모나드로 이루어져 있다." ● 셸링 – "우주는 정신을 지닌 하나의 생명체." ● 헤겔 – "절대정신이 역사를 움직이는 동력이다."	● 탈레스 – "만물의 근원은 물이다." ● 데모크리토스 – "세계는 원자로 이루어져 있다." ● 에피쿠로스 – "나도 만물은 원자로 이루어져 있다고 생각한다." ● 홉스 – "국가는 인위적으로 만들어진 것이다." ● 마르크스 – "생산관계가 역사를 움직인다." ● 현대 과학철학자 – "세계는 물질로 이루어져 있다는 생각이 지배적이다."
⇒ 세계를 구성하는 근원은 물질이 아니라 정신이다.	⇒ 세계를 구성하는 근원은 정신적인 것이 아니라 물질적인 것이다.

● 유심론(唯心論)

만물의 궁극적 존재를 비물질적·정신적·생명적인 것으로 생각하고, 그것에 의해 물질적·비생명적인 것을 일원론적으로 해명할 수 있다는 철학적 입장을 의미한다.

니힐리즘

기성 가치를 부정하는 사고. 산업혁명 이후부터 공해로 인한 환경 악화와 열악한 노동 여건 등, 새로운 문제가 연이어 발생했다. 이에 문명 진보는 인류를 행복한 삶으로 이끈다고 믿었던 사람들은 회의를 느끼기 시작했다. 그리스도교 역시 합리성을 강조하는 근대문명과는 상응하지 않는 가치라고 인식되면서 점차 영향력을 상실하게 되었다. 결국 그리스도교를 도덕 기준으로 삼은 사람들은 마음 둘 곳을 잃고 말았다. 사람들이 삶의 가치와 행위 목적을 상실한 니힐리즘 시대의 도래를 확신한 니체는 '신은 죽었다'고 선언했다. 니힐리즘은 기존 가치 체계와 이에 근거를 둔 일체의 권위를 부정하는 사상으로, **'허무주의'**라고도 한다. 니체는 붕괴된 가치체계 속에서 무의미한 삶을 살아가는 '소극적 니힐리즘'을 버리고 삶의 의의를 적극 긍정하면서 기성 가치의 전도(顚倒)를 지향하는 '적극적 니힐리즘'을 주창했다. 이러한 적극적 니힐리즘의 흐름은 2차 세계대전 이후 까뮈, 사르트르를 중심으로 한 현실 참여 실존주의로 이어졌으며, '참된 그리스도교' 정신에 의해 현대인의 절망과 환멸을 극복하려 했던 하이데거, 야스퍼스의 사상에 영향을 끼쳤다. (니체, 『힘에의 의지』)

노예도덕

약자는 선하고 강자는 악하다는 자기합리화식의 도덕관념. 니체는 도덕을 '주인도덕'과 '노예도덕'으로 구분했다. 이 두 도덕은 서로 대립하는 것으로, 전자는 긍정되어야 하고 후자는 부정되어야 한다고 주장했다. **주인도덕**이란 강자가 자기긍정의 생명력에 넘쳐 남을 지배하는 것을 가리키는 도덕, 즉 '권력의지'를 체현하는 초인에게 부과된 도덕이다. 이에 반해 **노예도덕**은 약자의 도덕으로 그리스도교가 설파하는 사랑·동정·평화의 개념, 또는 민주주의나 사회주의가 주장하는 이데올로기라고 할 수 있다. 니체는 노예도덕은 약자를 선하게 보고 강자를 악하게 인식하는 것으로, 인간을 평균화하고 수평적으로 만드는 퇴폐도덕이라고 주장했다. 그에 따르면 '선악'이란 기존 도덕으로서의 노예도덕이 가르치는 선악일 뿐이다. (니체, 『도덕의 계보』)

힘을 향한 의지

힘을 향한 의지는 곧 강한 삶의 의지. 니체는 인간 행동과 모든 생명체 운동 원리에는 자기보존을 지향하는 굳은 의지가 내재되어 있다고 생각했다. 니체는 그것을 '힘을 향한 의지(힘에의 의지, 권력의지)'라고 주장했다. 모든 사상과 행동의 동기는 의지이며, 이 의지는 쇼펜하우어의 생각과는 달리 맹목적이기보다는 자기 보존, 삶의 기쁨 만끽, 생존 능력 향상, 강건함 획득과 같은 뚜렷한 목표를 가지고 있다. 이런 생각을 바탕으로 니체는 모든 기성 가치의 전복을 시도했다. 그는 인간 내부에서 나오는 힘을 중요하게 생각했다. 그것은 인간 이성과 도덕의 배후에 강하게 자리 잡고 있으며, 우리가 의식할 수 없는 원초적인 충동·본능·감정이라고 할 수 있다. 니체는 삶을 부정하는 그리스도교적 엄숙함을 동원해 모든 것을 말살한 19세기 문화는 인간에게 진정한 도덕 기반을 제공하지 못했다고 말하면서, 힘의 의지로써 잘못을 극복해 나갈 것을 강조했다. 니체의 힘의 의지는 지배욕이 아니라 주어진 것을 극복하고 더 나은 단계로 발전하려는 힘이다. 그러므로 니체에게 힘의 의지는 곧 **자기극복 의지**다. 긍정적 의지와 자발적 힘을 대표하는 인간상이 자유정신을 구현한 **초인**, 곧 디오니소스다. (니체, 『힘에의 의지』)

영원회귀

영원회귀는 초인을 정당화하는 사상. 영원회귀는 윤회나 영생과 관련한 대안적 세계관·인생관을 뜻한다. 영원한 시간은 원형을 이루고, 그 원형 안에서 우주와 인생은 영원히 되풀이된다는 사상이다. '영겁회귀'라고도 한다. 니체에 따르면 영원회귀의 결과는 인간에게 '가장 무거운 짐'이다. 영원회귀 속 인간에게는 인생의 모든 것이 무겁다. 반면 인생이 한 번뿐이라면 인생이나 사랑을 포함해 모든 게 가볍다. 니체에 의하면, 인간이 번민하는 이유는 인생의 의미를 너무 추구하려 들기 때문이다. 그러나 이 세상에 절대 가치는 없다. 그는 인생의 희로애락을 있는 그대로 받아들이고 지금 이 순간을 충실히 사는 것만이 진정한 자유와 구원을 얻을 수 있다고 주장했다. 니체는 그리스도교 구원 사상을 부정하면서, 어떻게 살든 결국에는 똑같은 고통을 느낄 뿐이라면 괴로움에 떨기보다는 오히려 있는 그대로의 '나'를 받아들이면서 강인하고 초연한 마음으로 삶을 살아갈 것을 강조했다. 여기서 니체의 **'초인사상'**이 등장했다. (니체, 『자라투스트라는 이렇게 말했다』)

초인(超人)

고통 받는 현실에 결코 꺾이지 않는 자기 삶의 주인. 인류는 공통된 목표가 있으며, 역사는 이를 향해 나아가는 것이라고 헤겔은 생각했다. 그러나 '신은 죽었다'고 말하는 니체의 세계관에 따르면 인간은 목표를 향해 나아가는 힘을 잃고 그저 하루하루 힘겹게 살아가는 나약한 존재일 뿐이다. 순환운동을 하는 시간 속에서 인생은 거창한 의미가 없으며 늘 똑같은 삶이 반복될 뿐이다. 니체는 인간은 괴롭더라도 이를 받아들일 수밖에 없다고 말한다. 이런 영원회귀의 순환적인 삶 속에서 인간은 삶을 긍정하면서 강인하게 살아야 한다면서 기존 가치를 뛰어넘는 새로운 가치를 지닌 인간상을 제시했는데, 이를 '초인(超人)'이라고 불렀다. 초인은 인간의 불완전성이나 제한을 극복한 이상적인 인간을 일컫는 말이다. 초인은 인간이 자기를 초극해 나아가야 할 목표로, 노예도덕에서 벗어나 올곧고 강인하게 자기 삶을 영위하는 자이다. 니

체는 특히 자라투스트라라는 인물을 내세워 초인을 예찬했다. (니체, 『자라투스트라는 이렇게 말했다』)

프래그머티즘

사물이 진리를 담고 있는가를 경험 결과로 판단하는 철학적 태도. '실용주의'라고도 한다. 행위 · 실천 등을 뜻하는 그리스어 '프래그마(pragma)'라는 어원에서 알 수 있듯이 프래그머티즘의 핵심 사상은 '유용한 것이 곧 진리'라는 말에 압축 표현되어 있다. 말하자면 진리는 유용성에 의해 결정된다는 것이다. 여기서 유용성이란 실제적 · 실질적 효과가 있다는 뜻이다. 이는 어떤 이론이 진리를 갖는지 여부는 이론 자체에 의한 것이 아니라 그 이론이 만들어낸 행위의 결과에 의해서 결정된다고 보는 입장이다. 미국에서 탄생한 철학 사상인 프래그머티즘은 모든 대상에 적용 가능한 진리는 없다는 **'상대주의'** 입장에서, 기존의 모든 지식을 비판하고 유용성이 검증된 진리만을 '참'이라는 생각을 확립했다. 프래그머티즘은 퍼스로부터 시작됐으며, 제임스를 거쳐 듀이에 의해 완성되었다. 듀이는 우리 일상을 풍요롭게 만드는 것을 철학의 목적으로 삼았다. 그는 사상이나 지식은 그 자체에 목적이나 가치가 있는 것이 아니라, 인간이 환경에 대응하기 위한 수단으로써 기능한다고 생각했다. 이렇듯 인간 행동에 도움을 주는 도구로서 지식을 파악하는 사상을 **'도구주의'**라고 부른다. (오늘날에는 네오프래그머티즘으로 발전)

무의식

인간 행동은 무의식이 지배한다. 데카르트의 "나는 생각한다. 그러므로 나는 존재한다."는 선언 이후, 자아는 곧 자기의식을 의미하며, 의식은 이성으로 통제할 수 있다는 생각이 철학의 상식으로 자리 잡았다. 하지만 프로이트는 인간 행동의 대부분은 이성으로 통제할 수 없으며, 무의식의 지배를 받는다고 생각했다. **'무의식'**은 개인이 의식하지 못한 채 어떤 행동을 결정하게 만드는 심리적 영역을 말한다. 그에 따르면 개인이 잊고 있는 기억은 의식되지 않는 부분으로 머릿속에 잠재되어 있으며, 평상시에는 억압되어 있다. 그러한 기억은 평상시에는 의식되지 않지만 어떤 계기로 의식화되거나 불안심리로 표출되는데, 노이로제가 이에 해당한다. 프로이트는 먼저 무의식을 발견한 다음 데카르트가 말한 합리적 사고를 뒤엎고는 인간 본성과 문화에 대한 새로운 개념을 제시했다. 프로이트의 무의식은 과학적 개념이 아니라는 이유로 많은 철학자들로부터 비판받고 있다. (프로이트, 『정신분석학 입문』)

이드, 자아, 초자아

억눌린 감정은 방출 압력을 일으키는 내적 긴장을 만들고, 이것이 불안으로 표출된다. 프로이트가 생각한 '자아(에고, ego)'는 인간의 본능적 충동 욕구(리비도, libido)인 '이드(id)'와 이를 억압하는 도덕적 '초자아(슈퍼에고, superego)' 사이의 균형을 갖추기 위해 후천적으로 만들어진 심리적 방어기제이다. 그는 자아는 데카르트가 생각한 것처럼 확고한 것이 아니라 무의식의 영역을 포함하는 불안정한 것이라고 생각했다. 프로이트는 자아(에고)를 본능(이드)과 규범의식(초자아) 사이에서 양쪽의 갈등을 조정하는 **마음의 기능**이라고 보았다. 따라서 자아의 일차적 기능은 강력한 본능적 갈망(이드)과 괴로운 현실 경험(자아), 그리고 죄책감 및 그와 관련한 환상(초자아)에서 비롯된 불안으로부터 자신을 방어하는 데 있다고 할 수 있다. (프로이트, 『자아와 이드』)

● 자아가 만들어지기까지의 과정

유아는 본능적으로 충동 욕구를 갖고 태어나는데, 무의식의 영역을 '이드'라고 한다. → 아들은 자라면서 엄마에게 애정을 느끼게 된다. → 아들은 아버지를 질투한다(이를 '오이디푸스 콤플렉스'라고 부른다). → 엄마로부터 애정을 얻기 위해 아버지를 존경하기 때문에 엄마를 향한 애정은 억압받는다. → 그렇게 해서 이드를 억압하는 도덕적 · 사회적 **'초자아'**가 생성된다. → 이드와 초자아가 균형을 이루면서 **'자아'**가 생성되고, 이는 이드를 가치 있는 의식, 이를테면 예술로 승화한다.

집단 무의식

인류의 역사와 문화를 통해 공유된 정신의 집합체. 집단 무의식은 융의 분석심리학 개념으로, 개인 경험을 넘어 집단이 공통적으로 지니고 있는 무의식을 말한다. 융은 집단 무의식은 무의식의 한 부분으로 인간 누구에게나 공통되는 일반적인 내용을 담고 있다고 생각했다. 즉 개인 무의식이 '어떤 개인이 어릴 때부터 쌓아온 의식적 경험이 무의식 속에 억압됨으로써 그 사람의 생각, 감정, 행동에 영향을 주는 것'인 데 비해, 집단 무의식은 '옛 조상이 경험했던 의식이 쌓인 것으로서 모든 사람들에게 공통된 정신의 바탕이며 경향'이라는 것이다. 옛사람들의 의식적 경험은 상징을 통해 집단 무의식으로 전승된다. 멀리 떨어진 각기 다른 문화에서 동일한 신화를 공유하거나, 정신분열증 환자가 이전에 경험한 적 없는 심상을 품고 있는 이유가 바로 집단 무의식 때문이다. 이런 집단 무의식의 내용을 가리켜 **'원형'**이라고 부른다. 원형은 인간이 공통적으로 갖는 정신의 틀 또는 질서로서, 이것이 의식으로 나타나면 엄청난 영향력을 발휘한다고 그는 주장했다. 대표적인 원형으로 페르소나, 남성 속의 여성성(아니마), 여성 속의 남성성(아니무스)을 들 수 있다. (융, 『자아와 무의식』)

4 서양 현대

현대철학 사상은 19세기 중엽 이후 헤겔 철학에 대한 반동으로 태동하였다. 헤겔 철학은 당시 큰 위세를 떨쳤으나, 그 지나친 관념론적 사고로 인해 사후 거센 비판을 받는다. 본질을 추구하는 이성주의 철학, 인간 이성의 우월성을 강조하는 주체 중심의 철학에 대한 비판이 일어난다. 이른바 '반이성의 철학', **'탈 주체의 철학'**이 시작된 것이다.

헤겔 철학에 대한 비판은 유물론의 입장과 비합리주의 입장을 중심으로 전개됐다. **유물론** 입장에서의 비판은 헤겔학파 내부, 포이어바흐 및 마르크스로부터 시작됐다. 포이어바흐는 헤겔식 이성의 추상성을 거부하고 철학은 사회에 몸담고 살아가는 인간을 존중하는 데서부터 출발해야 한다고 주장했다. 마르크스는 유물론적 사고를 바탕으로 사회 변혁을 꾀한다. 마르크스주의는 이후 **실증주의, 실용주의, 분석철학** 등에 영향을 끼쳤다.

한편 쇼펜하우어와 키르케고르는 헤겔 철학의 낭만주의적 반작용으로 **비합리주의** 철학을 주도했다. 쇼펜하우어는 세계의 본질은 이성이 아니라 비합리적이고 맹목적인 삶의 의지라고 주장했다. 키르케고르는 실존으로서의 인간 입장에서 바람직한 삶의 태도를 진지하게 고민하면서 실천 철학을 제시했다. 이러한 비합리주의 경향은 현대의 **생의 철학**과 **실존철학**으로 발전하는 계기가 되었다.

이 시기의 또 한 명의 결정적인 인물은 **니체**다. 니체는 감정을 중시하고 보편성보다는 개별성과 구체성을 중시했다. 인간 본성을 놓고 니체가 보여준 급진적인 견해는 철학사에 획기적인 변혁을 가져왔으며, 자연과학 분야와 사회학, 실존주의, 심지어 분석철학에까지 영향을 미쳤다.

본격적인 현대철학 시기는 20세기부터로 볼 수 있다. 이 시기 이후 현대철학 사상은 일반적으로 프랑스·독일을 중심으로 한 **대륙철학**과 **영미 분석철학**으로 구분된다. 오늘날 현대철학은 '유사와 상사'로 대변되는 다양화·다원화의 철학적 흐름으로 분파되어 발전을 거듭하고 있다.

대륙철학
대륙철학은 독일 출신 철학자 후설의 **현상학** 탄생을 기점으로 한다. 후설의 현상학은 니체의 철학을 융합한 이래 하이데거를 거쳐 가다머의 **해석학**과 사르트르의 **실존주의** 철학을 낳았다. 한편, **구조주의**를 주창한 레비스트로스는 실존주의를 인간중심주의 사상이라고 비판하면서 다양한 문화에 눈길을 돌렸다. 이후 구조주의는 **해체주의, 포스트모더니즘** 등 포스트구조주의로 발전했다. 유대인을 중심으로 한 **프랑크푸르트학파**는 마르크스주의를 근간으로 반파시즘 사상을 전개했다. 중요한 대륙철학자로는 베르그송, 가다머, 벤야민, 바타유, 라캉, 알튀세르 등이 있다.

영미 분석철학
20세기 초 프레게, 러셀, 비트겐슈타인, 무어 등 논리학으로부터 언어의 의미를 조사하는 **분석철학**이 크게 유행하였다. 분석철학은 프레게와 전기 비트겐슈타인의 영향을 받은 독일 **인공언어학파**와 무어와 후기 비트겐슈타인의 영향을 받은 **일상언어학파**로 나뉜다. 그 후 일상언어학파는 주로 영국에서 발전하고, 독일의 인공언어학파 학자들은 나치로부터 탈출하여 미국으로 망명한다. 그들의 철학은 공리주의와 미국의 사상적 기반이라 할 수 있는 **프래그머티즘**과 결합하면서 주로 미국에서 발전하였다. 현재 분석철학은 매우 폭넓은 의미로 쓰이고 있지만, 영미 철학을 일반적으로 분석철학이라 부른다.

랑그와 파롤
구조주의 철학의 출발점. 소쉬르는 언어를 '랑그(langue)'와 '파롤(parole)'의 두 측면으로 분류해서 고찰했다. 랑그는 언어의 규칙 및 문법 체계를 의미하고, 파롤은 개별 발화 행위를 일컫는다. 다시 말해, 랑그는 언어사회의 구성원들이 공유하는 일반적이고 추상적인 언어체계이며, 이것이 실제로 개개인의 언어생활에서 발현되는 것이 파롤이다. 이 랑그와 파롤을 어우르는 언어활동(language)을 '언어'라고 말한다. 소쉬르 언어학은 **랑그**를 분석하는 데 중점을 두고 있다. (소쉬르, 『일반언어학 강의』)

시니피에와 시니피앙
언어기호는 개념＋소리이미지. 소쉬르는 언어를 '기호'라고 생각했다. 기호는 '개념'에 '청각영상'을 더한 것이다. 개념(의미)을 '시니피에'라고 하고, 청각영상(소리이미지)을 '시니피앙'이라고 한다. 소쉬르에 따르면 시니피에와 시니피앙이 합쳐진 것이 바로 기호, 즉 **'언어기호'**다. 소리는 물리적 현상이지만, 소리이미지는 사람 머릿속에 있는 '심리적' 실체이다. 머릿속에 담긴 소리이미지를 말한다. 우리는 입을 다물고도 '나비'라는 소리이미지를 떠올릴 수 있다. 그 소리이미지, 곧 시니피앙과 개념, 다시 말해 시니피에가 합쳐진 것이 기호이다. 즉 소리이미지와 蝶이라는 뜻이 합쳐져서 '나비'라는 언어기호가 생겨난다. 그렇게 해서 우리는 나비라는 기호가 [nabi]라는 소리이미지 즉 시니피앙과, '날개 두 쌍으로 날아다니는 예쁜 곤충'이라는 개념 즉 시니피에의 결합이라는 것을 알고 있다. (소쉬르, 『일반언어학 강의』)

언어의 자의성

대상과 언어의 결합에 필연성은 없다. 소쉬르는 기호는 '자의적'이라고 했다. 시니피앙과 시니피에의 결합이 제 마음대로, 제멋대로란 뜻이다. 한국어밖에 모르는 홍길동이 있다고 하자. 그는 蝶이라는 개념을 가진 곤충을 당연히 [nabi]라는 소리이미지와 결합한다. 蝶이라는 시니피에와 [nabi]라는 시니피앙은 홍길동의 머릿속에서 너무 단단히 결합되어 있어서, '蝶=[nabi]'를 너무 당연하게 생각한다. 그런데 이를 영국 사람들은 [nabi]라고 부르지 않고 '버터플라이'라고 부르고, 독일 사람들은 '슈메털링'이라고 부르며, 프랑스 사람들은 '파피용'이라고 부른다. 세상 사람들 모두가 蝶이라는 시니피에를 [nabi]라는 시니피앙과 결합시키는 것은 아니다. 이렇게 시니피에와 시니피앙의 결합이 제멋대로인 것, 蝶이라는 시니피에가 [nabi]와도 결합하고 [butterfly]와도 결합하는 것을 '기호의 자의성'이라고 한다. 소쉬르는 기호라는 것은 시니피에(기의)와 시니피앙(기표)의 결합인데, 그 결합은 완전히 제멋대로이며, 아무런 규칙도 없다고 말했다. 자의적이라는 것이다. (소쉬르, 『일반언어학 강의』)

기표와 기의

언어는 기호의 체계로, 체계가 기호에 의미를 부여한다. 언어는 관념을 표현하는 '기호'로 된 하나의 체계로, 수화(手話)나 군대에서 사용하는 신호와 비슷하다. 기호가 있는 곳에 체계가 있다. 그렇더라도 기호는 자의적이다. 단어와 소리, 개념, 이미지가 서로 제멋대로 관계를 맺고 있다는 것이다. 언어는 '기표(記標)'와 '기의(記意)'로 구분된다. 기표는 '들리는 소리와 쓰인 문자'를 말한다. 기의는 '기표가 나오는 실제 관념, 즉 의미'를 뜻한다. 기표와 기의는 자연스런 관계가 아니다. '개(犬)'라는 기표는 개를 의미하는데, 이렇게 개를 '개'라고 표현하는 까닭은 이 단어가 개의 천성적 특성을 표현하고 있기 때문이 아니다. 기호 '개'는 오히려 언어의 다양한 구성요소들 간의 관계를 통해서 만들어진다. 핵심은 체계가 기호에 의미를 부여한다는 것이다. 기호가 있는 곳에는 반드시 체계가 있다. 이런 이유로, 언어학은 기호학의 모델이고, 기호학은 **구조주의**의 모델이라고 말할 수 있다. (소쉬르, 『일반언어학 강의』)

현상학

마음속의 내용은 눈에 보이는 내용과 다르다. 사과가 눈앞에 있다고 하자. 우리는 이 사과의 존재에 대해 의심하지 않는다. 우리는 사과(세계, 실재)가 자신의 바깥에 실재한다고 확신하면서, 그런 생각을 믿는다. 하지만 잘 생각해보면, 사과는 우리의 의식 **안에서** (진리, 지식, 앎으로서) 존재할 뿐이다. 장소에 구애됨 없이, 확실한 것은 내가 사과를 보고 있는 사실(자신의 의식이 사과를 향하고 있다) 그 자체뿐이다. 사과라는 실재가 설령 나의 의식(인식 주관) **바깥에** 있더라도(존재하더라도), 나 자신은 그 사과를 보고 있는 것이기에(지각하고 있는 것이기에), 사과(라는 실재)는 나의 의식 안에 단지 머무르고 있는 것(나의 의식 안에서만 진리·지식·앎으로서의 의미를 가질 뿐)이라고 후설은 생각했다. 후설에 따르면, 사과뿐만 아니라 다른 사람들도 나의 몸도 과거의 생각에서 나오는 것이자 모두 나의 의식 **안에** 있는 것이며, 의식의 **바깥에는** 아무 것도 없다(주관 바깥의 실재를 진리·지식·앎으로서 확신할 수 없다). 즉 세계는 자기 주관 안에 존재하며, 주관 **바깥에는** 없는 것이다(그렇기에 마음속의 내용은 눈에 보이는 내용과 다르다). 우리는 단지 '사과라는 실재가 표상하는 것(진리·지식·앎)에 관한 의식'을 갖고 있음으로 '의식'하는 것일 뿐이다. 즉 사과는 '우리의 의식에 떠오르는 그대로의 사실'로서의 '현상(~ 에 관한 의식 내용으로서의 진리·지식·앎)'에 지나지 않다. 그럼에도 "우리는 왜 세계가 실재한다고 확신하는가? 그 근거는 무엇인가?"에 대한 궁금증을 설명하는 것이 '현상학'이다. 후설은 세계는 '의미'의 집합체라고 하면서, 존재(삶과 세계, 지식과 진리)와 얽혀있는 의미를 질문하는 철학적 사유를 현상학이라고 말했다. 현상에 대한 로고스(앎)가 우리 의식 안에서 어떻게 가능한지를 의식 구조 분석을 통해 밝히는 것이다. 현상학은 독립적 존재로서의 본질에 대해 어떤 가정도 만들지 않고 우리 의식에 나타나는 범위까지만 (현상으로 알려진) 경험의 대상을 조사하는 철학적 접근방식이라 하겠다. (후설, 『현상학의 이념』)

현상학적 환원

객관적인 세계는 실재하지 않으며, 현상으로써 고찰해야 한다. 후설에 따르면, 우리는 의식(인식 주관) 바깥에서 비롯되는 현상으로서의 '우리가 사물을 보고 있는 것인가, 보이는 것이 존재하는 것인가'를 확신할 수 없다. 후설은 실재라는 '객관'과 의식이라는 '주관'은 수학적 법칙이나 논리가 만들어낸 진리로는 설명할 수 없다고 하였다. 그는 '나'라는 주관과 '세계'라는 객관이 일치하고 있다는 것을 증명하는 것이 아니라, 주관과 객관이 일치하고 있다는 것을 내가 확신('나'의 의식이 세계는 실재하고 있다는 것을 확신)하고 있는 근거는 무엇인지를 조사하는 것이 중요하다고 생각했다. 그 근거를 밝혀내는 작업을 **'현상학적 환원'**이라고 한다. 눈앞에 놓인 사과의 실재는 단순히 생각에서 나오는 것은 아니다. 후설은 '에포케(판단 중지)'라는 방법으로 현상학적 환원을 실행한다면 사고의 근거를 밝힐 수 있다고 생각했다. (후설, 『현상학의 이념』)

에포케(epoche)

판단하기 전에 일단 머릿속을 비운다. 후설은 현상학적 환원을 실행하기 위해 '에포케'라는 방법을 제시했다. 에포케는 당연히 우리 앞에 존재하고 있다고 확신하는 사물을 일단 받아들이지 말아야 한다는 '의심하는(판단 중지)' 태도를 말한다. 눈앞에 사과가 놓여있을 때 우리는 그 존재를 확신한다. 왜 이를 확신하는가를 밝혀내기 위해서는 사과의 존재를 철저히 의심해봐야 한다. 눈앞의 사과는 환상에 불과하다. 이를테면 '빨갛다', '둥글다', '향이 난다'와 같은 지각적 감각(지각직관: 눈·코·귀·입 등 오관으로부터 얻는 지각적·감각적 인식)과, '맛있다', '딱딱하다'처럼 사과에 대한 지각으로부터 비롯되는 감각(본질직관: 사물에 대해 미리 알고 있는 지식으로부터 얻는 경험적 인식)에 따라 이를 의식하고 있음을 확실히 알게 된다. 사과의 존재는 의심할 수 있어도, 그러한 감각 자체는 의심할 수 없다. '내가 사과를 빨갛다고 지각한다면, 실은 그것이 하얗다고 지각한 것이 아니기 때문'이라고 판단하는 일은 없을 것이다. 의식으로 드러나는 것으로서의 '빨갛다', '둥글다', '맛있다'는 감각은 사과를 표상하는 한 측면이지 사과 그 자체는 아니다. 그럼에도 그러한 직관으로 우리는 사과의 존재를 확신한다. 사과를 '에포케'하는 목적은 그것이 사과임을 확신하는 근거를 알아내기 위해서다. 이는 사과와 같은 사물이 아닌 도덕이나 법률과 같은 관념의 인식에 있어서도 동일하다. 에포케로 사물의 가장 근원으로부터 파악하는 것이 중요하다고 후설은 생각했다. 에포케는 데카르트의 방법적 회의를 응용한 **판단 중지** 사고라 할 수 있다. (후설, 『이덴』)

지향성

의식은 항상 무언가에 대해 의식한다. 그러한 의식의 성질이 '지향성'이다. 후설은 의식의 의미부여 작용을 '지향성'으로 설명했다. 지향성은 의식이 항상 **대상**과 관계하며 그것에 어떤 의미를 부여하는 성질을 말한다. 예를 들어, 사랑에 빠진 연인의 의식에 나타난 세상은 과학자의 그것과는 확연히 다른데, 이는 의식의 지향성이 다르게 작용했기 때문이다. 모든 의식은 무언가에 대한 의식이다. 의식의 일방적인 성격은 후설에 이르러 쌍방향적 성격으로 바뀐다. 의식과 대상의 일치는 순수 의식 활동(생각의 과정)과, 이 활동과 일치하는 순수 의미(생각의 대상) 사이에서 성립한다. 이 과정에서 의미 판단의 순수성을 확보하기 위해 에포케(판단 중지)가 필요하며, 그런 다음에 **현상학적 환원**을 통해서 그 근거 판단의 연역이 가능해진다. 환원이란 결국 의식에 주어진 경험적 사태들을 정화하는 사유방법으로, 이런 과정을 거쳐 자신의 의식

과 외부세계가 연결되고, 진리를 발견할 수 있는 것이다. 지향성을 통해 인간 의식은 그 자체로 닫힌 자족적인 실체가 아니라 항상 어떤 대상과 관계되는 한에서만 존재할 수 있는 본질을 지니므로, 의식은 항상 '무엇에 대한 의식'일 수밖에 없다는 것이 밝혀진다. (후설, 『논리학 연구』, 『데카르트적 성찰』)

노에시스와 노에마

노에시스=의식 작용, 노에마=의식 내용. 지향성에는 '노에시스(noesis)'와 '노에마(noema)'의 두 측면이 있다. 지각직관과 본질직관(이 둘이 함께 내재하는 경우도 있다)을 바탕으로 의식이 대상(존재, 사물)을 구성하는 작용을 노에시스('사유'라는 뜻을 가진 희랍어로 의식 행위의 본질적인 구조)라고 한다. 그리고 '구성된 것'으로써 곧바로 의식하는 대상을 노에마('사유된 것'을 말하며 행위에 대응하는 개관적인 것, **의식 내용**)라고 한다. 의식을 향하고 의식을 결정하는 것은 노에마로, 노에마가 없다면 의식 대상도 없다. 의식 활동인 노에시스가 '지향성'을 가지고 만난 의식의 내용적 성격이 곧 노에마인 것이다. 주체는 노에시스와 노에마를 갖고 의식할 내용을 파악하면서 대상을 인식한다. 노에시스가 노에마와 상관관계를 가지면서 의식을 형성해나가는 과정을 후설은 **구성**이라고 부른다. 모든 대상과 사물은 인식(의식) 주관에 의해 구성된 존재로서 의미가 파악될 때 비로소 존재로서의 타당성을 얻는다. (후설, 『이덴』)

상호주관성

세계는 누구에게나 상호 주관적으로 규정된다. 세계는 인식 주관 바깥에 실재하고 있다고 섣불리 단정할 수 없다. 그럼에도 우리는 세계는 실재한다고 확신한다. 무슨 이유에서일까? 후설은 우리가 세계의 실재를 확신하기까지의 일련의 사고 방법을 알고 있기 때문이라고 생각했다. '상호주관성(간주관성)'이 그것이다. 이를 설명하면 다음과 같다. 일단 자아의 의식이 있다. 자아의 의식이 작동하기 위해서는 육신이 '나의 몸'으로서 존재하고 있다고 확신해야 한다. 그리고 내 몸과는 별개인, 내 몸에는 없는 대상이 있다는 것을 감각적으로 인식한다. 대상에 대한 인식은 객관적 세계의 존재로서가 아니라, 자극에 따른 것이다. 이때 특히 나와 동일한 몸을 가진 타인에게 감정이입하여, 나에게는 없는 타인의 자아, 다시 말해 '타아(他我)'의 존재를 확신한다. 이 타아가 갖는 확신을 후설은 상호주관성이라고 부른다. 상호주관성은 말하자면 나도 타자도 '동일한 세계를 이루고 있음'을 확신하고 있다는 것을 내가 확신하는 것이라 할 수 있다. 이로써 객관적 세계가 만들어진다. 객관적 세계에 대한 확신은 이를 확신한 사람에게 실재하는 것과 동일하다. 후설은 상호주관성이 세계의 존재를 견고히 한다고 생각했다. 내가 어느 세계에 살고 있다는 것은 다른 주

체들과 함께 그 세계를 경험하고 공유함을 뜻한다. 요컨대 후설은 서로의 주관을 맞부딪친 후, 그곳에서 공통적으로 품을 수 있는 객관적 세계를 모색할 수 있다고 생각했다. (후설, 『데카르트적 성찰』)

현존재
'실존'은 현존재인 인간이 자신의 존재를 의식하고 주체적으로 열심히 살아가는 것. 인간이 사물이나 동물과 다른 점은 무엇일까? 인간도 동물도 사물도 존재자이지만, 나와 사물이라는 것을 '존재하고 있다'고 생각하는 것은 우리가 인간이기 때문이다. 하이데거는 존재하는 것으로서의 사물과는 대비되는 '존재한다'라는 개념을 이해하는 의미로서, 인간을 '현존재'라고 불렀다. 그의 현존재(다자인, 실존)라는 말은 존재한다는 사실을 명확히 의식하고 존재에 관해 묻는 인간의 독자적인 속성을 표현한 것이다. 어찌 보면 인간은 존재한다는 것에 집착하는 동물이라고도 할 수 있다. 그래서 하이데거는 인간에게 두 가지 삶의 방식이 있다고 주장했다. 하나는 '비본래성'으로서의 삶으로, 일상생활 속에 파묻혀 자기 자신을 잃어버린 채 무의미한 삶을 산다는 뜻이다. 다른 하나는 '본래성'으로서의 삶으로, 인간이 자신의 존재 가능성을 의식하고 열심히 사는 것을 말한다. 하이데거는 **본래성**으로서의 삶을 이상으로 삼았는데, 그러한 삶을 실현하기 위해 **시간성**이라는 개념을 제시했다. 이것은 죽음을 의식하고 살아가는 시간을 말한다. 인간은 죽음이라는 **유한성**을 깨달아야 비로소 시간의 소중함을 자각하고, 자기 삶의 주인으로서 미래를 향해 적극 나아갈 수 있다고 주장했다. (하이데거, 『존재와 시간』)

세계–내–존재
세계와 관계를 맺으면서 살아가는 실존적 자아 관념. 하이데거에 따르면, 무엇인가가 '존재한다'라는 개념은 인간에게만 해당하는 고유의 특성이다. 세계는 그러한 개념에 따라 완성되어 있다. 세계는 인간이 해석할 수 있는 성질의 것이 아니다. 그럼에도 인간은 언제나 세계를 해석하려 든다. 그러한 인간을 지칭하는 형식적이고 실존론적 표현을 '세계–내–존재'라고 한다. 하이데거에 따르면, 인간은 세계 안에서 여러 가지 사물과 관련을 맺고 그 사물을 배려하면서 살아간다. 자신의 존재 가능성을 의식하고 세계와 관계를 맺으면서 열심히 살아가는 현존재로서의 인간의 본질적 구조가 곧 '세계–내–존재'인 것이다. (하이데거, 『존재와 시간』)

기투와 피투
실존=삶의 유한성의 자각. 인간은 사물과 달리 고정된 본질을 가지고 있지 않다. 따라서 미래의 가능성을 추구하면서 스스로의 잠재력을 자각할 필요가 있다. 하이데거에 따르면, 인간은 곧 죽을 수밖에 없는 존재임에도 불구하고 어쩔 수 없이 이 세상을 살아가야 한다는 사실을 자각한다. 이때 인간이 자신의 기분을 통제할 수 없는 상태를 '피투성(被投性)'이라고 한다. 그는(그리고 사르트르)는 인간은 개인의 의지와 상관없이 세상에 태어나지만(피투적 존재), 그와 동시에 미래를 향해 열려 있는 다양한 가능성을 만들어가는 존재(기투적 존재)라고 생각했다. 인간은 현재를 초월하면서 미래를 향해 자신의 가능성을 던지는 '기투(企投)'적 행위를 통해 자신의 가능성과 대면하면서 앞으로 나아간다. 하이데거는 인간은 죽을 수밖에 없는 존재임을 자각하고는 어떻게 살 것인가를 진지하게 생각하는 '선구자적 결의'를 통해 자신의 가능성을 자기 스스로 만들어나가야 한다고 말하면서, 이를 '기투'라고 불렀다. (하이데거, 『존재와 시간』)

죽을 수밖에 없는 존재
하이데거는 죽음의 특징을 교환 불가능, 확실함, 규정 없음, 교섭 불가, 초월 불가능으로 정리. 하이데거는 '존재'의 의미를 밝히고자 노력했다. 존재는 '내던져짐(피투)'을 경험한다. 존재는 자신의 실존이 다른 것들에 의해 엉망이 되었다는 사실을 깨닫고 경악한다. 그리하여 존재는 비본질적인 것이나 불합리한 것으로 전락한다. 이제 불안과 무의미함이 서서히 밀려들기 시작하고, 불안은 존재로 하여금 진정한 존재로 가는 길을 열어준다. 인간이 피할 수 없는 **한계상황**, 즉 인간의 유한성, 죽음, 고통 등을 자각할 때, 인간은 이른바 실존적 경험을 추체험한다. 그리고 이때 불안과 인생의 무의미함을 깨닫게 된다. 이렇듯 불안을 느낄 때 인간은 성숙하고, 현존재는 세계를 '염려'하면서 앞으로 나아간다. (하이데거, 『존재와 시간』)

한계상황
어쩔 수 없는 현실의 장벽이자 부조리한 현실. 야스퍼스의 철학 개념으로 '극한상황'이라고도 말한다. 야스퍼스에 따르면, 인간은 실존을 깨닫는 순간 한계상황에 직면하게 된다. 한계상황은 죽음, 죄책감, 전쟁, 고뇌, 우연한 사고 등 과학으로 설명할 수 없고 기술로도 해결할 수 없는 인생의 장벽으로, 스스로의 힘으로는 변화시킬 수 없는 상황을 말한다. 야스퍼스는 한계상황을 긍정적인 시각에서 보았다. 그는 인간은 살아있는 한 불가피하게 한계상황과 직면하며, 이를 통해 인간은 자신의 유한성을 각성하고 실존을 회복한다고 주장했다. 어쩔 수 없는 현실의 장벽에 적극 맞서야 비로소 인간은 그 벽 너머에 존재하는 '초월자(신)'의 모습을 발견할 수 있다는 것이다. 초월자란 바꿔 말하면 한계를 극복하고 성장한 **자신의 모습**을 의미한다. (야스퍼스, 『철학입문』)

일리야

인간은 일리야의 고독에서 빠져나올 수 없다. 유대인 출신의 프랑스 구조주의 철학자 레비나스는 2차 세계대전에 참전하여 한때 독일군의 포로가 되었으며, 부모와 동생들은 아우슈비츠에서 학살됐다. 레비나스는 인간은 무엇 때문에 타인에 대한 윤리적 책임을 상실하는지, 그리고 타인을 자신의 지배 아래 두기 위해 전체주의 이념을 강요하는 일이 어떻게 일어날 수 있는지를 자신에게 되물었다. 그 해답을 얻기 위해 레비나스는 '실존자 없는 실존'의 비인칭적 양상을 나타내기 위해 '일리야'라는 개념을 사용했다. 일리야는 원래 '~가 있다'라는 말이지만, 레비나스는 역설적으로 '익명의 무(無)', '어떠한 존재도 아니지만 순수한 무도 아닌' 것을 표현하는 의미로 사용했다. 인간은 '일리야'의 고독으로부터 도피할 수 있을까? 레비나스의 대답은 부정적이다. 그는 우리가 자기중심의 세계를 이끌면서 타자(일리야의 공포와 같은 이해할 수 없는 무언가, 또는 이해 불가능한 세계에 있는 절대적인 그 무엇)와 맞선다고 해도 일리야로부터의 고독에서 결코 빠져나올 수 없다고 봤다. 결국에는 자신이 이해하지 못하는 범위 안에서의 세계를 구축할 수밖에 없다고 생각했다. 그렇다면 일리야로부터 빠져나오는 것은 불가능한 것인가? 레비나스는 '타인의 얼굴'에서 길을 찾아야 한다고 생각했다. (레비나스, 『실존으로부터 실존자로』, 『전체성과 무한』)

타인의 얼굴

타인의 얼굴은 곧 타자의 윤리. 레비나스의 '얼굴'은 실제 얼굴이 아니라, 타자의 '타자성('나와 맞서는' 타자에게 자기를 내어주는 주체)'을 의미하는 비유적 개념이다. 레비나스는 일리야로부터 빠져나오는 데 있어서의 핵심이 바로 '타인의 얼굴'이라고 생각했다. 그는 주체인 내가 아무리 진리를 좇아 옳다고 외쳐도 이를 부정하는 타자가 반드시 존재한다는 사실을 깨닫고, 타자의 타자성, 즉 타인의 얼굴을 따라 시선을 회피하지도, 무시하지도, 관계를 끊지도 않고 타자와 대화해야 한다고 주장한다. 그런 점에서 볼 때 타인의 얼굴은 '사람을 죽여서는 안 된다.'는 정언명령처럼, 인간은 이성으로서가 아니라 무조건 타인에게 윤리적으로 책임을 느껴야만 한다는 규범적 의미로서 이해된다. 인간은 결코 자율적이지 못하다. 타인은 나 자신이 해석한 세계로부터 빠져나올 수 있도록 돕는 무한성을 지닌 존재이다. 나 자신과 타인은 세계 안에서 공존하며, 서로 떼려야 뗄 수 없는 관계이기 때문에 우리는 타인을 무한히 책임져야 할 의무가 있다. 그런 점에서 볼 때, 자신과 타인의 관계 그 자체가 윤리라고 할 수 있다. 그 얼굴과 관계할 때, 바꿔 말해 타인의 얼굴에 책임을 질 때, 인간은 일리야의 공포로 인해 전체주의로 변질된 자기중심 세계를 뛰어 넘어 무한한 타인을 향해 나아갈 수 있다고 레비나스는 주장했다. (레비나스, 『곤란한 자유』, 『전체성과 무한』)

생철학

비합리적인 충동적 삶을 중시한 철학 사조. 생철학은 19세기 중엽부터 20세기 초엽에 성행한 현대철학의 한 경향으로, 삶을 무시해 온 전통 철학에 반기를 들고 **삶**의 의의, 가치, 본질을 중시했다. 생철학자들은 이성보다는 감정과 의지를, 합리성보다는 비합리성을, 개념보다는 직관과 체험을, 기계적 필연보다는 자유로운 창조를 존중한다. 대표적인 철학자로는 쇼펜하우어, 니체, 베르그송, 딜타이, 짐멜이 있다. 생철학은 이후 실존철학에 큰 영향을 주었다.

그림이론

언어의 의미는 그림을 통해 이해할 수 있다. 비트겐슈타인에 따르면, 현실세계는 개별 '사실'이 모인 것이다. 언어는 과학적 문장이 모인 것이다. 과학적 문장은 '새가 나무에 앉아 있다.'와 같이 하나의 사실을 모방한 문장이라고 할 수 있다. 과학적 문장은 사실과 1대1로 대응하므로, 과학적 문장과 사실은 같은 숫자로 존재한다. 이를 **'그림이론'**이라고 한다. 과학적 문장은 현실세계를 모방하고 있는 것이기에, 과학적 문장을 전부 분석하는 것은 곧 세계 전체를 분석하는 것과 같다. 과학적 문장은 이론상 이를 일일이 확인하기 어렵다. 어떠한 긴 문장도 '~는 ~이다'라는 접속사가 없는 문장으로 만들 수 있다. '새가 나무에 세 마리 앉아 있다.'는 문장은 '새가 세 마리 앉아 있다.'와 '새가 나무에 앉아 있다.'라는 문장으로 되어 있는데, 이를 한 문장으로 만든 것이다. 그런데 이 두 문장은 각각의 사실과 1대1로 대응하고 있다. 그러므로 나무에 새가 세 마리 앉아 있는 사실과 '새가 나무에 세 마리 앉아 있다.'라는 문장은 그 진위 여부를 확인하는 것이 반드시 가능하다고 말할 수 없다. 반대로 이론 측면에서 볼 때 확실하지 않은 문장은 사실과 대응하지 못한다. 그렇기에 그 내용이 정확하든 그렇지 않든 언어를 잘못 사용하고 있는 것이라고 할 수 있다. 예를 들어 철학에서 '신은 죽었다.'라든가 '도덕은 알 수 있다.'처럼 확인할 수 없는 명제(문장)는 언어의 정확한 사용법이라 할 수 없다. 이것들의 문제는 언어로 불가능한 것을 언어로 사용한 때문이다. 언어 사용법에 위배되는 것은 그것에 답할 수 없다. 사실과 대응하지 않는 것은 언어화가 불가능하다. 언어가 의미하고자 하는 대상(사실)이 세상에 없기 때문이다. 비트겐슈타인에 의해 기존 철학은 바야흐로 언어의 오용으로부터 만들어진 학문이 되고 말았다. 철학의 참된 역할은 언어로 말할 수 있는 것들과 말할 수 없는 것들을 확정하는 것이라고 비트겐슈타인은 생각했다. 여기서 "언어로 말할 수 없는 것에 대해서는 침묵을 지켜야 한다."는 말이 나왔다. (비트겐슈타인, 『논리철학논고』)

의미 있는 명제와 의미 없는 명제, 헛소리

말할 수 없는 것에 대해서는 침묵하라. 비트겐슈타인은 명제를 의미 있는 명제와 의미 없는 명제, '**헛소리**'로 구별했다. 의미 있는 명제는 참 또는 거짓이 될 수 있는 명제로서 사실을 지칭하는 자연과학적 명제이다. 의미 없는 명제는 의미 있는 명제의 성립을 위한 논리적인 명제에 해당하는 것으로서, '꽃은 꽃이다.'처럼 항상 참인 동어반복과 '꽃은 꽃이 아니다.'처럼 항상 거짓인 자기모순을 범하는 명제와 같은 것들이다. 그리고 헛소리는 참도 될 수 없고 거짓도 될 수 없는 명제들로서 사실의 세계를 지칭하지 않는 언어이다. 비트겐슈타인은 이러한 헛소리로 인해 세계 안의 언어가 혼란스러워진다고 봤다. 그렇다고 해서 그가 말할 수 없는 차원을 부정한 것은 아니다. 그것은 신비로운 영역이며, 스스로 나타나는 차원으로 봤다. 그러나 이러한 차원의 것을 의미 있는 말처럼 사용해서는 안 된다는 것을 강조하며 말할 수 없는 것에 대해서는 침묵하라고 했다. (비트겐슈타인, 『논리철학논고』)

언어게임

언어의 의미는 사용을 통해 이해할 수 있다. 비트겐슈타인은 사실과 대응하고 있는 과학적 언어를 분석하면 세계를 분석하는 것이 가능하다고 생각했다. 그러나 이후 자기 스스로 그러한 생각을 부정했다. 왜냐하면 과학적 언어가 앞설 경우에는 그것을 일상 언어로 사용하기 어려우며, 일상 언어를 우선할 경우에는 과학적 언어를 체계화하기 어렵다고 생각했기 때문이다. 세계를 이해하기 위해서는 순수 일상 언어를 분석하지 않으면 안 된다. 그는 일상 언어 역시 과학적 언어처럼 하나의 사실에 1대 1로 대응하고 있다고 생각하지 않았다. '오늘은 날씨가 좋다.'라는 문장은 시간과 장소에 따라 여러 의미를 갖는다. 비트겐슈타인은 그러한 담화의 특성을 '**언어게임**'이라고 불렀다. 그는 언어게임 규칙은 일상생활 속에서 배우는 것이라고 생각했다. '오늘은 날씨가 좋다.'와 같은 일상 언어는 담화하는 중에 드러나는 것을 분석하는 것만으로도 의미를 파악할 수 있다. 우리가 엄밀하다고 믿는 수학이나 과학에서 사용되는 공식 역시 일상 언어로 다시 해석되지 않으면 무의미한 기호 덩어리에 불과하다. 결국 언어게임은 규칙에 따르는 인간의 다양한 언어활동의 총칭이라 할 수 있으며, 언어의 맥락을 똑바로 파악하고 상대방의 요지를 정확히 받아들이려는 대화라고 할 수 있다. (비트겐슈타인, 『논리철학논고』)

가족 유사성

언어의 의미는 맥락을 통해 이해할 수 있다. 비트겐슈타인은 언어의 의미란 항상 그 언어를 사용하는 어떤 맥락에서 성립한다고 봤다. 그는 이런 언어의 사용을 언어게임이라고 했다. 언어의 의미는 대상(사실)과 지시(명제) 관계보다는 **맥락**에 중점을 두고서 분석된다. 이러한 언어게임의 다양성을 그는 '가족 유사성'이라는 개념으로 설명했다. 한 가족 구성원은 서로 비슷하게 닮아 있다. 하지만 아버지와 어머니가 다르게 생겼기 때문에 가족 모두에게 공통적인 특징은 찾아볼 수 없다. 마찬가지로 언어 놀이에서도 모두에게 공통되는 특징이란 없고, 그저 서로서로 교차하는 '유사성'만 있을 뿐이다. 이를 '정의(正義)의 이데아'를 예로 들어 설명하면 다음과 같다. 이데아론에 의할 경우, 정의 A~D는 전부 공통된 특질을 갖고 있다. 그에 비해 가족 유사성에 의하면, 정의 A와 C에는 공통점이 없지만, 정의 A와 B, B와 C에는 이런저런 공통점이 있다. 이 경우 A와 C에 동일하게 정의라는 단어를 부여할 수 있다. 대부분의 사람들은 한 단어가 지칭하는 대상들 사이에는 모두 공통적인 특징이 있다고 생각하려 든다. 이를 '**본질주의 오류**'라고 한다. 단어의 의미에 대해서도 마찬가지다. 사전을 보면, 한 단어 옆에 그 말뜻이 여러 가지 나온다. 대체로 사전에 적힌 다양한 설명 모두에 공통적인 특징은 찾아볼 수 없고, 다만 서로 교차하는 유사성, 즉 가족 유사성만이 있을 뿐이다. 그런데도 우리는 한 단어가 지칭하는 대상들 사이에는 공통된 특징이 있으며, 그것이 단어의 의미를 이룬다고 믿고 싶어 한다. (비트겐슈타인, 『철학탐구』)

분석철학

언어의 의미 분석을 중시하는 철학 사조. 철학은 전통적으로 '진리', '정의', '신' 등 자연과 인간에 대한 탐구를 주로 다룬다. 정통 철학처럼 '신'이란 무엇인가를 고찰하는 것이 아니라, '신'이란 언어는 어떤 의미로 사용되고 있는가를 분석하면 신과 관련한 문제를 해결할 수 있다는 생각을 한 철학자들이 있었다. 철학의 역할은 ' ~ 은 ~ 인가'를 고찰하는 것이 아니라 언어의 의미를 분석하는 데 있다는 철학 사조를 '**분석철학**'이라고 한다. 무어, 프레게, 러셀 등 20세기 영국과 미국을 중심으로 사상을 펼친 분석철학자들은 언어 분석을 통해 진리를 탐구할 수 있다고 생각했다. 대표적인 분석철학자 비트겐슈타인은 철학은 언어를 분석하는 것이라고 주장했다. 그 이전의 철학은 인식한 내용을 언어로 표현하는 형태를 취했다. 그러나 언어에 따라 내용이 달라지기 때문에 혼란이 생겨났다. 이에 분석철학자들은 독단적이고 주관적인 철학을 객관적인 언어 문제로 전환하려 들었는데, 이를 '**언어학적 전환**'이라고 부른다. 분석철학은 기호윤리학의 연구로부터 시작하여 이후 미국을 중심으로 한 '과학철학'과 영국을 중심으로 한 '일상언어학파'를 통해 발전했다. 분석철학에 따르면 일상 언어는 은유적인 표현이 많아 과학적으로 분석하기 어렵다. 분석철학을 추종하는 과학철학자들은 모순되지 않는 기호와 같은 확실한 언어(인위적인 언어)를 만들어 사용해야 한다는 입장을 취하면서 철학을 과학적으로 파악하려고 들었다. 카르납, 전기 비트겐슈타인

등 빈학파를 중심으로 한 논리실증주의 역시 과학철학으로 분류된다. 그에 비해 라일, 오스틴, 후기 비트겐슈타인으로 대표되는 일상언어학파는 철학과 과학철학을 같은 것으로 간주했다. 그들은 인위적인 언어를 만들어 분석해봐야 의미가 없다면서 일상 언어로부터 철학의 문제를 고찰해야 한다고 주장했다. (현대 영미철학은 분석철학이 주류)

논리실증주의

검증가능성 원리를 철학에 도입. 20세기 초엽, 상대성이론과 양자역학의 도입 등으로 자연과학은 뚜렷한 발전을 이루었다. 그런 가운데 마르크스의 유물사관, 프로이트의 무의식 등 근거가 불확실한 이론도 마치 과학인 양 취급되었다. 카르납 등 여러 물리학자와 수학자가 결성한 오스트리아 빈학파는 이에 위기감을 느꼈다. 그들은 관찰과 경험 등을 통해 검증 가능한 이론을 과학적이며 올바른 지식으로 간주하고 그 이외의 것들은 비과학적이며 쓸모없는 지식이라는 통일된 규칙을 제정하기에 이르렀다. 그들에 의해 전통 철학의 주된 관심사인 '진리란 무엇인가'라는 관념은 실증할 수 없는 비과학적 이론이자 쓸모없는 지식으로 치부됐다. 비트겐슈타인의 지적처럼, 잘못된 언어 사용법에 지나지 않는다는 것이다. 빈학파는 실증 가능한 과학적 사실만이 정확한 지식이라는 논리실증주의를 제창하면서, 철학의 역할은 세계를 언어로 설명하는 것이 아니라 언어 그 자체를 분석하는 데 있다고 주장했다. 그럼에도 언어를 과학적으로 실증하기에는 분명 무리가 따른다. 실증에 의한 과학적 사실은 새로운 사실의 추가적인 발견 가능성을 전제하기 때문이다. 실제 대부분의 과학적 사실은 새롭게 바뀐다. 논리실증주의는 짧은 활동 기간에도 불구하고 분석철학을 비롯한 20세기의 경험주의 발전에 기여했다.

프레게의 '의미'

옳고 그름이 판단 가능한 문장 내용. 프레게에 의하면, 우리 마음속에 들어 있는 이미지나 감정은 '의미'가 아니다. 의미는 문장 안에 들어있다고 그는 생각했다. 반대로 이미지는 문장 안에는 들어 있지 않다. 프레게는 문장(글, 언어)은 자기 마음속 이미지를 다른 사람의 마음속에 전달하는 역할을 한다고 생각했다. 문장은 이미지가 아니라 의미를 운반하는 매개라는 것이다. 프레게에게 '의미'란 '반드시 올바른가(정확한가) 아니면 그릇된 것인가(부정확한가)에 대한 진위 여부를 판단할 수 있는 (문장의) 내용'이다. 이를 '진리치'라고 한다. 그는 진리의 옳고 그름 그 자체는 판단 가능하다고 봤다. 프레게에 의하면 정확한 문법을 따르는 문장은 의미, 곧 옳음과 그름 가운데 어느 쪽으로서의 진리치를 갖는다. 프레게는 의미는 마음속에 있는 것이 아니라 문장 안에 있으며, 인간의 사고는 문장, 즉 명제의 옳고 그름을 분석하는 분석철학에서 나온다고 주장했다. 프레게는 의미를 마음속에 이미지화하는 고찰 방법을 심리주의라고 비판했다. (프레게, 『산술의 기초』, 『철학논집』)

프레게의 '문장'

의미(진리치)를 갖는 문장. 프레게는 정확한 문법을 갖춘 문장은 의미를 갖는다고 생각했다. 프레게에게 있어 '의미를 갖는다'는 것은 곧 '진리치를 갖는다'는 뜻으로, 문장 내용의 진위 판단이 가능함을 뜻한다. 철학에서 의미(진리치)를 지닌 문장을 '명제(命題)'라고 한다. 철학에서 다루는 문장은 반드시 명제여야만 한다. 프레게에 따르면 진위 판단이 불가능한 '시'는 명제가 아니다. 그는 문장은 의미(진리치)를 갖고 있지만, 문장 발신자(발화자)의 이미지(표상)는 그렇지 않다고 주장했다. 문장이 개인의 주관적 이미지를 갖기 위해서는 발신자에 의해 문장의 의미가 변환되어야 한다. 예를 들어 좋은 의미에서의 '잘 논다'라는 문장과 비꼬는 말투로서의 '자~알 논다'라는 문장을 비교하여 생각하면 이를 이해할 수 있을 것이다. 언어는 마음속 이미지에 좌우되는 것은 아니지만, 언제든지 객관적으로 전환될 수 있어야 한다고 프레게는 생각했다. 그렇지 않으면 주장의 진위를 논증하는 것은 불가능하다는 것이다. (프레게, 『산술의 기초』, 『철학논집』)

프레게의 '의의'

의미=사실 · 대상 · 실체 그 자체(하늘에 뜬 달), 의의=의미의 진위 여부로 확정한 객관적 사실 · 대상 · 실체(망원경에 비친 달), 표상=마음속에 투영된 사실 · 대상 · 실체의 주관적 이미지. 프레게는 'a=a와 b=b'의 차이를 갖고 '의미'와 '의의'의 구분을 시도했다. "밝은 샛별(명성)은 새벽녘 샛별이다ⓐ"라는 명제는 의미면에서 "금성은 금성이다ⓑ"란 서술과 같다. 하지만 ⓑ와 달리 ⓐ의 명제는 새로운 내용이나 어떤 지식이 들어있다. 프레게는 ⓐ라는 명제를 설명하기 위해 '의의(意義)'라는 개념을 끌어왔다. 그는 샛별과 금성은 의미는 같지만, 의의는 차이 난다고 말했다. 프레게는 모든 명제는 의미와 의의를 함께 갖고 있다고 보았다. 예를 들어 '오늘은 비가 내렸다.'라는 명제의 의미는 진위 여부를 따질 수 있다. 그러나 이 문장은 어제와 오늘의 그것으로는 다른 의의를 지닌다. 명제의 의미(진위)는 의의를 통해 결정되는 것이다. 프레게는 의의와 의미의 구별을 망원경으로 들여다 본 달을 갖고 설명한다. 언어, 명제의 의미는 대상인 달 그 자체라 할 수 있다. 이때 의의는 망원경으로 들여다본 달이다. 망원경으로 들여다본 달은 관찰하는 장소에 따라 모습을 달리하는 달의 한 단면으로, 누구나 동일하게 인식하는 점에서 객관적이다. 이처럼 보는 사람의 마음속에 투영된 이미지를 '표상'이라고 부른다. 표상은 주관적인 것으로, 객관적으로 분석할 수 없다. 프레게는 철학에서 가능한 것은 표상, 즉 관념의 분석이 아니라 객관적 의미와 의의, 다시 말해 언어(명제) 분석이라고 결론지었다. (프레게, 『철학논집』)

기술이론

명제의 진위를 판단하는 방법. 명제는 논리적으로 진위(의미) 판단이 가능한 문장으로 이루어져 있다. 명제의 진위는 그 명제의 주어가 술어의 집합에 포함되느냐 여부에 따라 결정된다. 예를 들어 '인간은 포유류다.'라는 명제는 인간은 포유류 집합에 포함되어 있어야 참이다. 하지만 철학에서는 명제의 주어가 우리로서는 있는지 없는지를 알 수 없는 대상(존재)인 경우가 있다. 그러한 상황에서는 당연히 주어의 술어로의 포함 여부는 알 수 없다. 따라서 명제의 진위 판단은 불가능하다. 예컨대, '신은 존재하지 않는다.'라는 명제가 참인지 거짓인지 우리는 알 수 없다. 이러한 어려움을 러셀은 '기술이론(記述理論)'이라는 독특한 이론으로 간단히 풀어 버렸다. 언어를 분석해서 명제 속에 담긴 존재(대상)에 대한 기술을 드러냄으로써 명제의 진위 여부를 판단하는 방법을 '기술이론'이라 부른다. 그는 '현재 프랑스 왕은 대머리이다.'라는 널리 알려진 명제를 예로 들었다. 이 말은 사실, '프랑스 왕이 있다.'와 '그는 대머리이다.'라는 두 명제가 결합된 것이다. 여기서 앞 명제의 주어는 대상의 존재를 나타낸다. 이것이 참이어야만 전체 명제가 의미 있을 수 있다. 그런데 현재 프랑스 왕은 없으므로 명제 전체는 거짓이다. (러셀, 『표시에 대해』)

언어행위론

언어는 사회적 맥락에서 파악해야 한다. 일상언어학파의 일원인 오스틴은 언어를 행위와 연결해서 생각하는 '언어행위론'을 전개했다. 그가 생각한 '언어행위'란 일상 언어의 엄밀한 분석을 철학의 과제로 하는 언어의 본질적 존재양식을 가리킨다. 예를 들어 법정에서 재판관이 '피고에게 무기징역을 선고한다.'는 판결문을 낭독한 경우, 이 발언은 단지 판결이라는 사실 확정뿐 아니라 그와 동시에 법적 효력이라는 행위 실행을 일으킨다. 약속·경고 등 일상적 발화 역시 그에 합당한 상황 하에서 이루어진 경우 일종의 사회성을 띤 행위를 실행한다. 이것을 '행위 실행적 발언'이라고 하여 기술(묘사) 중심의 기능을 하는 '사실 확인적 발언'과 구별했다. 사실 확인적 발언은 사실을 묘사하는 발언으로, 내용의 진위를 판단하여 의미를 갖는다. 행위 실행적 발언은 명령, 약속, 명명 등의 행위로서의 발언이다. 오스틴은 사실 확정과 행위 실행은 따로 구분할 필요 없으며 발언은 곧 행위 실행이라고 생각했다. 발언은 전부 '발화 내 행위'라는 것이다. 그는 언어는 사실을 기술하는 것이 아니라 행위 그 자체이기 때문에, 사실(세계)은 변화한다고 보았다. 그에게 있어 '언어가 세계를 만든다.'는 말은 결코 비유적 표현이 아니다. 언어의 의미보다 행위에 중점을 둔

그의 관점을 따르면, '인간은 무엇을 아는가?'가 아니라 '인간에게는 무엇이 가능한가?'가 더 중요하다는 것을 알 수 있다.

반증 가능성

과학적 지식은 반증 가능성 앞에 열려 있는 미완의 지식. 검증 가능한 이론만이 과학이라는 논리실증주의가 제창한 사고는 큰 결함이 있다. 아무리 완벽한 과학 이론이라 할지라도 과학적 사실 가운데 어느 한 가지는 예외가 따를 가능성을 배제할 수 없기 때문이다. 우리가 검증을 통해 과학 이론을 증명하는 것은 사실상 불가능하다. 예를 들어 '모든 백조는 하얗다.'라는 과학적 진리는 검은 백조 한 마리만 발견되더라도 반증될 수 있다. 그렇게 되면 그때까지 인정해 왔던 이론을 폐기하고 새로운 이론을 만들어야 한다. 포퍼는 과학적인 것과 비과학적인 것의 차이는 검증만으로는 해결될 수 없으며, '반증 가능성'을 열어두고 판단을 내려야 한다고 생각했다. 반증 가능성이 과학적 사고 방법의 조건으로 작용할 때, 반증되는 것에 의해 과학은 진보한다고 그는 생각했다. 포퍼에 의하면, 과학 이론은 '지금 단계에서는 반증할 수 없는 이론'으로 바꿔 말할 수 있다. 이에 반해 유사과학은 직감이나 감성으로 이론을 만들어낸 것이기에 반증이 불가능하다. 반증 가능성 이론은 귀납주의와 논리실증주의에 대한 비판에서 출발했다. (포퍼, 『과학적 발견의 논리』)

패러다임

과학은 혁명적으로 대체된다. 패러다임이란 넓은 의미로는 어떤 한 시대 사람들의 견해나 사고를 근본적으로 규정하고 있는 테두리로서의 인식 체계, 또는 사물에 대한 이론적인 틀이나 사고 체계를 뜻한다. 좁은 의미로는 과학자 집단이 공유하고 있는 윤리적 표준을 일컫는다. 지금까지의 과학적 사고방식에 따르면, 과학적 지식은 관찰과 실험의 누적을 통해 진리에 가깝게 도달하는 것이라고 생각했다. 이에 대해 쿤은 과학적 지식은 연속적으로 발전하는 것이 아니라 단계적(혁명적)으로 변화하는 것이라고 주장했다. 일례로 19세기 당시까지는 정설로 받아들였던 뉴턴역학으로는 설명할 수 없는 사실들이 연이어 발견되기 시작하면서, 20세기 초 들어 새로운 학설로서 상대성이론이 과학자들 사이에서 지지를 얻게 됐다. 그리하여 마침내 새로운 학설이 지식의 표준으로 전환되었다. 쿤은 어느 한 시대의 사고 틀을 '패러다임'이라고 불렀고, 그런 식의 전환을 '패러다임시프트'라고 명명했다. 쿤에 따르면 과학 발전은 관찰과 경험에 의해 한 걸음씩 앞으로 나아가는 것이 아니라, 패러다임시프트라는 단계적 전환 과정을 통해 혁명적으로 발전한다. 오늘날 패러다임시프트라는 용어는 과학뿐 아니라 사회학 및 경제·경영 분야에서 폭넓게 사용되고 있다. (쿤, 『과학혁명의 구조』)

과학혁명

과학혁명은 패러다임 전환이다. 과학은 하나의 패러다임을 채택하면서 본격적으로 시작된다. 확립된 패러다임 하에서 연구자들은 이론과 본질에 대한 의심을 삼가고 틀에 박힌 탐구 활동에 매진하게 되는데, 그러한 과학 활동을 '정상과학'이라고 한다. 정상과학 연구의 특징은 과학적으로 특정되고 시대를 주도하는 패러다임에 의해 지배받기 때문에, 과학적 근본 원리에 대한 검증이나 반증을 결코 허용하지 않는다. 그러나 과학적 탐구 과정에서 사소해 보였던 문제가 계속 풀리지 않거나 또는 해결되지 않는 문제들이 점차 늘어나면서 마침내 패러다임은 위기에 빠진다. 특정 패러다임 하에서 변칙된 사례가 지나치게 증가하면 과학자들은 이를 중심으로 대안적 패러다임(혁명과학)을 새롭게 모색하게 된다. 정상과학이 위기를 맞게 되면 연구자들은 자신들의 분야가 나아갈 방향에 대한 과학적 규범을 새롭게 설정하기 위해 광범위한 토론에 참여하게 된다. 이후 대안적 패러다임이 문제 해결 과정에서 성공 사례로 자리 잡으면서 학문의 세대교체를 이루는 데 성공하면 새로운 정상과학이 탄생하게 되는데, 이를 '과학혁명'이라고 한다. 과학혁명이 일어나는 초기에는 기성 패러다임과 새로운 패러다임이 병존하는 상황이 한동안 지속된다. 쿤은, 과학적 지식은 현재의 패러다임과는 단절된 새로운 패러다임이 도출되는 과정에서 혁명적으로 대체되는 것이라고 주장하면서, 전통적 과학관의 기본 믿음의 하나인 과학적 지식의 누적 성장론에 타격을 가했다. (쿤, 『과학혁명의 구조』)

과학철학

과학을 철학적으로 고찰하는 학문 분야. 현대 과학철학은 19세기 초 논리실증주의로부터 시작됐다. 과거의 형이상학적 세계관을 배제하고, 과학에 바탕을 둔 새로운 세계관을 확립하는 데 기본을 두고 있다. 과학은 본질상 엄밀한 방법론적 고찰이 요구된다. 근대 과학 발달은 방법론의 발전과 궤를 같이 한다. 이로부터 과학과 비과학의 구분, 과학의 가설과 정당화 과정 및 범위, 이론 변화에 대한 논의가 발생했으며, 이는 오늘날 과학철학이라고 명명되는 분야로 발전했다. 과학철학의 근간을 이룬 논리실증주의는 빈학파에 의해 창안됐으며, 슐리크, 카르납, 라이헨바흐, 포퍼 등이 이에 속한다. 포퍼는 과학철학의 기본 토대를 완성했다. 그는 결정론적 형이상학을 인정하는 자연과학과 사회과학을 거부했으며, 실증론을 기반으로 과학이 귀납적 방법으로 시작되어야 한다는 생각을 비판했다. 만약 귀납적인 것이 과학의 근본이 된다면 사례를 무한히 수집해야 하며, 단 하나의 예외라도 발생하면 그 가설은 성립될 수 없다는 이유에서이다. 대신 그는 '반증 가능성'을 기준으로 제시했다. 가설을 확증하는 방식에서는 무한한 사례를 수집해야 하나, 반증 방식에서는 모순된 증거가 없다는 사실

이 곧 가설이 옳다는 것을 증명하는 것과 같으므로, 연구자는 자신이 가정한 규칙의 예외를 탐색하면 된다는 것이다. 그는 지식 획득의 방법론에 중점을 두고 과학의 변화에 초점을 두었으며, 이론과 방법론을 일일이 구별하지 않았다.

실증주의

과학적 지식만을 인정하는 사상. 실증주의는 과학적으로 증명할 수 있는 지식만을 옳다고 주장하는 입장이다. 19세기 후반 유럽에서 등장하여 형이상학적 사변을 배격하고 사실 그 자체에 대한 과학적 탐구를 강조했다. '실증주의'라는 명칭을 처음 사용한 사람은 생시몽이지만, 실증주의를 철학의 한 흐름으로 끌어올린 사람은 콩트이다. 콩트는 실증주의의 내용을 '현실적일 것, 유용할 것, 확실할 것, 정확할 것, 조직적일 것, 상대적일 것'의 여섯 가지로 제시했다. 콩트의 사상은 독일 실증주의학파는 물론 분석철학의 발달에까지 영향을 주었다. 이후 실증주의는 과학의 성립과 근거에 관한 연구를 진전시키며 인식론의 영역에까지 연구를 확산하였다.

홀리즘

낱낱의 명제를 떼내어 검증할 수는 없다. 논리실증주의자들에 따르면 명제는 검증을 통해 진리성을 확고히 한다. 그들은 개별 직접 경험을 통해 환원할 수 있는 것만이 의미 있는 명제라고 주장했다. 콰인은 그러한 환원주의적 사고방식은 잘못된 것이라며 비판했다. 외적 세계에 대한 우리들의 언명은 각각 독립된 것이 아니라 하나의 덩어리로서만 감각적으로 경험할 수 있다고 주장했다. 그는 인간을 둘러싼 지식과 신념의 총체는 우리 주변에서 일어나는 경험과 접하면서 형성된 인위적 구축물에 지나지 않다고 주장했다. 개별 명제는 체계 전체의 일부분으로서 경험 불가능하다는 사고를 '홀리즘(전체론, 총체주의)'이라고 한다. 홀리즘은 전체는 단순한 부분의 총화로 환원되지 않으며, 부분의 고찰은 전체와의 관계에서 고찰해야 한다는 사고방식이다. 홀리즘은 전체가 단순한 부분의 총화에 지나지 않는다고 생각하는 원자주의, 부분을 포착함으로써 그 전체를 설명하고자 하는 환원주의와 대립한다. (콰인, 「경험주의의 두 가지 도그마」)

자연주의

인간의 인식 활동을 자연현상으로서 고찰하려는 시각. 논리실증주의자들은 진리에는 두 종류가 있다고 생각했다. 하나는 언어의 의미와 개념으로 진위 여부를 판단하는 분석적 진리이고, 다른 하나는 실제 확인하지 않고는 진위 판단이 불가능한 종합적 진리이다. 이 둘의 명확한 구분이 곧 논리실증주의의 기반이라 할 수 있다. 분석적 진리(이성의 진리)는 언어의 의미와 개념에 따라 결정되는 것이기에 실험이나 경험으로 이를 변경할 수 없다. '모순

율·동일률·배중률' 등 분석철학이 다루는 문제이다. 종합적 진리(사실의 진리)는 실험이나 경험으로 파악하지 않으면 안 되는 진리로, 과학이 다루는 문제이다. 분석적 진리는 과학에 의한 실험이나 경험으로 바뀌는 것은 없다는 믿음을 갖고 있다. 하지만 콰인은 이러한 생각을 부정한다. 실험 결과가 이치에 맞지 않으면 분석적 진리인 모순율·배중률과 같은 논리법칙으로 변경할 수 있다는 것이다. 분석적 진리가 실험에 의해 변경될 경우, 그 진리는 이제 **종합적 진리**라 할 수 있다. 이로써 이 둘을 구별한 논리실증주의는 막을 내리게 되었다. 콰인은 철학의 특권을 부정하고 (경험)과학을 철학(인식론)에 도입해야 한다고 생각했다. 이러한 사고를 '자연주의'라고 부른다.

경험주의의 두 가지 도그마

진리(지식)는 명확히 구분되고 일대일로 대응한다는 생각은 독단이다. 콰인의 '경험주의의 두 가지 도그마'에 대한 지적은 철학의 존재 이유를 크게 변화시켰다. 경험주의 철학의 두 가지 도그마란 다음을 말한다. 그 하나는 '분석적 진리와 종합적 진리는 명확히 구분된다.'는 생각이다. 분석적 진리는 이성으로 증명하는 진리로, '사각인 삼각형은 존재하지 않는다.'처럼 언어의 의미로 참·거짓을 알 수 있는 진리다. 종합적 진리는 '지구는 둥글다.'처럼 관찰과 실험 등 경험으로 증명하는 진리를 말한다. 논리실증주의자 카르납도 비판적 합리주의자 포퍼도 종합적 진리와 분석적 진리의 구별을 의심하지 않았다. 콰인은 이것이 첫 번째 도그마(독단·독선)라고 말했다. 분석적 진리는 실험·관찰 등 경험에 의해 변경되는 경우가 있으며, 그러한 진리는 종합적 진리라고 콰인은 생각했다. 이를테면 '사각인 삼각형'의 존재를 과학적으로 증명할 가능성도 있다는 것이다. 다른 하나는 '명제와 사실은 일대일로 대응한다.'는 주장이다. 콰인은 이러한 주장 역시 단지 독단에서 비롯된 것이라고 생각했다. 과학 이론이 '사실(관찰 결과)'이 되기 위해서는 이론(명제)과 관찰 결과 사이에 일대일의 관계가 성립하지 않으면 안 된다는 생각이 그것이다. 이론은 다른 많은 이론으로부터 성립된다. 이론과 관찰 결과가 일치한다고 해서 그 이론이 진실이라고 말할 수는 없다. 과학(관찰과 경험)은 반드시 진실을 밝혀내기 위한 것은 아니다. 중요한 것은 이론의 진위가 아니라 그 이론이 인간에게 얼마나 **유용한가, 무용한가**에 달렸다고 콰인은 생각했다. (콰인, 「경험주의의 두 가지 도그마」)

네오프래그머티즘

과학은 유용해야 한다. 전자와 같은 소립자는 실제 관찰할 수 없고, 과학에서나 이론으로 다루는 대상이다. 이를 이론적 대상이라고 한다. 이론적 대상은 당연히 실재한다고 생각하는 입장을 '과학적 실재론'이라고 한다. 이와 달리 이론적 대상은 실제 현상을 설명하기 위해 만들어낸 편의 장치에 불과하다고 생각하는 입장을 '반실재론'이라고 한다. 콰인의 총체주의(홀리즘)에 따르면, 이론에 부합하지 않는 실제 경험 결과가 도출되더라도 그 이론의 어느 부분이 잘못되었는가를 확정하기 어렵다. 경험주의의 두 가지 도그마 측면에서 볼 때 과학은 진리를 밝혀내지 못한다. 과학에서의 이론과 명제의 선택 여부는 그 이론이 전체 시스템에 얼마만큼 유용한지 여부에 따라 결정해야 한다고 콰인은 주장했다. 여기서 프래그머티즘의 도구주의가 부활한다. 논리실증주의 이후 새롭게 형성된 콰인과 로티 등의 프래그머티즘 사상을 '**네오프래그머티즘(신실용주의)**'이라고 부른다.

도구 이성

목적 실현을 위한 수단으로 사용된 이성. 프랑크푸르트학파 일원인 호르크하이머와 아도르노는 나치즘과 파시즘이 저지른 인류 학살은 근대 이후 계속되어온 이성 만능주의 사고의 한계를 보여주는 것이라고 주장했다. 원래 이성은 행위 능력과 비판 능력을 갖추고서 인간 행위의 목적과 수단을 함께 고려하는 지적 능력이자 생각의 힘이라고 할 수 있다. 하지만 호르크하이머는 근대 이성은 단순히 자연을 지배하려는 목적을 따라 만들어진 도구로써 발전해왔다고 지적했다. 근대 이후 이성은 점점 행위의 목적을 망각하고 오로지 수단 실현을 위한 '도구'로 자리 잡았다. 비판 능력을 상실한 채 도구가 되어버린 인간 이성은 자신에게 주어진 불합리한 명령을 거리낌 없이 실행했다. 그 어떤 목적 달성을 위해 쓰여야 할 **도구 이성**은 전체주의 사상과 결합하여 나치즘을 위한 정책 수립과 전쟁무기 개발의 도구로써 이용되어 왔다는 것이다. 프랑크푸르트학파 심리학자 프롬은 자유를 얻은 근대인이 자유의 고독 앞에 직면하고는 스스로 나치의 권력에 복종하려 드는 심리를 고찰했다. 아도르노와 호르크하이머는 이를 두고 '인간은 계몽되면 될수록, 점점 더 야만에 가까워진다.'라고 말했다. (호르크하이머, 아도르노, 『계몽의 변증법』)

● 대화 이성

의사소통적 이성. 초기 프랑크푸르트학파는 이성은 자연과 인간을 지배하기 위해 사용되는 도구에 불과하다고 생각했다. 하지만 하버마스는 이성에는 도구 이성뿐 아니라 **대화 이성**도 있다고 주장했다. 그는 자신의 논리를 타자에게 강제하는 도구로써 이성을 사용하려 들기보다는 대화 이성으로 자신과 타자의 생각을 적극 개선하는 방향으로 나아가야 한다고 주장했다. 하버마스는 근대 이성이 지닌 도구적 측면을 비판하는 프랑크푸르트학파의 사상을 계승하는 한편, 대화 이성을 적극 활용할 것을 주장했다. (하버마스, 『근대의 철학적 담론』)

전체주의

모두 똑같은 생각을 갖도록 강요하는 정치체제와 철학 사상. 전체주의는 개인보다 전체를 우선하는 사상을 말한다. 개인보다 국가, 민족, 인종 등 집단을 우선한다. 중앙집권적 정치체제를 통해 사회 전체를 통제하려 드는 것이 특징이다. 구체적으로는 독일의 나치즘과 예전 소련의 스탈린주의를 들 수 있다. 한나 아렌트는 근대 계급사회가 붕괴된 이후 이어진 대중사회 출현이 민중의 고립화를 가속하면서 **전체주의**를 불러왔다고 주장했다. 인간은 고독과 불안에 빠져들수록 소속감이나 일체감을 찾으려 든다. 현대 대중사회에서 고립이 심화될수록 사람들은 서로를 이어주는 이데올로기를 더욱 원하게 되고, 민족이나 인종을 기반으로 한 사상 집단에 쉽게 동화되면서 생각 없이 행동한다고 그녀는 주장했다. (한나 아렌트, 『전체주의의 기원』)

실존은 본질에 앞선다

실존은 휴머니즘이다. 사르트르는 실존주의를 "실존은 본질에 앞선다."라는 말로 표현했다. 여기서 실존이란 인간 존재를 의미한다. 본질은 사물이 사물로서 존재하기 위해 필요한 조건이라 할 수 있다. 예를 들어 가위의 본질은 '무언가를 자를 수 있는' 것이다. 이 조건을 충족하지 않으면 가위의 '존재이유'는 없다. 사물은 먼저 본질이 있고, 그 후에 존재한다. 이에 비해 인간은 분명히 실존하고 있고, 그 다음에 '삶의 목적'이라는 본질을 찾아 나선다. 물론 인간이 만든 도구나 발명품이 아닌 자연물들도 실존이 본질에 앞선다고 말할 수도 있다. 하지만 그것들은 자기가 왜 존재하며 어떻게 살 것인가에 대한 반성적 지식이 없다. 그래서 사르트르는 오직 인간에게만 "실존은 본질에 앞선다."는 말을 했던 것이다. 이는 창조자를 따라 만들어진 본질, 즉 신이나 절대정신처럼 실존을 결정하는 것이 인간 이외에는 없다는 뜻이다. 사르트르에 따르면 먼저 인간이 있고 그런 다음에야 비로소 삶의 본질을 발견할 수 있다. 이때 인간은 자아와 세상 사이에 있는 공허함을 발견하는데, 이것이 바로 실존을 파고드는 **'무(無)'**라는 것이다. 이처럼 사르트르는 인간은 기존의 어떠한 본질에 지배되는 존재가 아니며, 자기 스스로 인생을 개척해나가는 **실존적 존재**라고 주장했다. (사르트르, 『실존주의란 무엇인가』)

즉자존재와 대자존재

대자존재는 자기 삶의 주인이다. 사르트르에 의하면, 우리는 처음부터 존재하는 것은 아니다. 처음부터 존재하는 것은 **'의식'**이다. 그 의식이 우리 주변의 사물, 과거의 자신, 다른 사람과 자기 몸을 구별하면서 점차 자신을 만들어 가는 것이다. 그 의식으로서의 존재가 '즉자존재'로, 사물처럼 처음부터 본질로서 고정된 존재를 일컫는다. 즉자존재인 절대자아를 의식하는 것에서부터 '나'

자신의 본질을 만들어 나가는 인간을 가리켜 사르트르는 **'대자존재'**라고 불렀다. 대자존재는 과거의 자신은 물론이고 현재의 자신과도 구별된다. 우리가 의식한 시간은 이미 지금, 현재를 뛰어넘은 것이다. 사르트르는 "인생은 B(Birth)와 D(Death)사이에 있는 C(Choice)이다."라고 말하면서, 자신의 가능성을 앞서 선택하고 취할 수 있어야 한다고 강조했다. 사르트르에 따르면, 즉자존재 인간은 타인이 부여하는 역할을 억지로 떠맡게 될지 모른다는 불안을 애써 회피하려 든다. 또한 인간은 무언가 해결책이 있을 것이라고 생각하면서 현실의 선택의 자유로부터 도피하려 든다. 하지만 대자존재는 고정된 존재에 머무르지 않고 언제나 그것을 부정하고 새로운 미래의 존재를 향해 나아가는 인간이기에, 현실의 불안과 모순과 부조리를 부정하고 항거하면서 스스로 자유로울 수 있다고 역설했다. (사르트르, 『존재와 무』)

● 즉자와 대자

사르트르에 앞서 즉자와 대자 개념을 설명한 철학자는 헤겔이다. 그는 즉자와 대자는 사물이 발전하는 과정이라고 주장했다. '즉자(卽自)'는 사물의 원래 상태, 다른 것과 관계없는 있는 그대로의 상태를 가리킨다. **'대자(對自)'**는 그 사물이 원래 상태에서 다른 형태로 바뀌는 것을 일컫는다. 그리고 '즉자대자'는 사물이 원래 상태에 대항하여 완전한 상태로 정리되는 모습을 나타낸다. 헤겔은 모든 사물은 영원불변하게 존재하지 않고 반드시 변화한다고 보았다. 그는 사물은 자기 내부에 품은 모순을 원동력으로 삼아, 변증법적 과정을 따라 스스로 변화하면서 존재와 인식의 최고 단계인 즉자대자의 상태에 이른다고 주장했다.

앙가주망

지식인의 적극적 사회참여. 역사는 이상적인 방향을 향해 나아간다고 헤겔은 생각했다. 한편 마르크스는 자본주의에 대항하는 새로운 역사의 등장을 예언했다. 헤겔을 비롯한 여러 철학자들은 역사 발전의 본질은 자유의 실현이라고 생각했다. 사르트르는 개인의 적극적 사회참여로 자유를 실현할 때 역사, 곧 사회는 발전한다고 보았다. 사회참여는 그 사회에 구속되지 않으면서도 자신은 물론 사회 변화를 일으키는 동력으로 작용한다는 것이다. 이러한 지식인의 적극적 사회참여를 **'앙가주망'**이라고 한다. 참여문학을 일컫는 말로 쓰이기도 한다. 사르트르는 '스스로의 의지로 선택한다.'는 전제하에 사람들이 주체적으로 앙가주망에 뛰어들 것을 권유했다. 이런 사르트르의 실존주의 사고는 자기 행동을 통해 사회혁명을 실현하는 이론으로 정립됐다. 실제 사르트르는 베트남 반전운동이나 알제리 독립운동에 참여하는 등 앙가주망을 몸소 실천했다. 그는 죽기 직전까지 민족해방 운동을 펼쳐나갔다. (사르트르, 『존재와 무』)

몸의 철학

몸은 의식 주체이면서 객체이다. 우리는 '나'의 몸은 내 것이 아니며 주위 세계와 동일한 객체라고 생각한다(의식한다). 이것이 데카르트 이후 근대철학에 있어서의 사고방식이다(심신이원론). 의식은 신체, 즉 몸 안에 있다. 의식은 신체 없이는 존재할 수 없다. 이런 생각을 이어받아 메를로 퐁티는 신체(육체)는 '객체이면서 동시에 주체'라는 의미로 생각했다. 우리가 사과를 보고 사과라고 지각(의식)한다면, 사과는 우리에 대응하여 객체이다. 이 경우, 사과를 보는 눈(눈은 신체의 일부)이나 사과를 만지는 손은 객체가 아니라고 그는 주장했다. 특히 눈은 다른 사람을 보는 것과 동시에 다른 사람에게 '보이는' 것이다. 악수를 할 경우, 다른 사람의 손을 쥐고 있는 것과 동시에 다른 사람으로부터 손을 잡힌 것이라 할 수 있다. 퐁티는 신체를 '주관으로서 지각하기도 하고, 객관으로서 지각하기도 하는 것'이라고 표현했다. 신체가 있어야 우리는 세계를 지각할 수 있으며, 세계는 우리에게 지각되어질 수 있는 것이다. 우리 의식은 신체를 통해 세계와 만나는 것이다. 퐁티는 신체와 세계가 접촉하는 부분을 세계의 '몸'이라고 불렀다. 따라서 사물은 나의 몸과 나의 실존에 관계하며, 건강한 몸 구조 하에서만 존재한다는 것이 그의 생각이다. (퐁티, 『보이는 것과 보이지 않는 것』)

구조주의

인간 행동은 인간이 속한 사회와 문화 구조에 의해 규정된다는 사상. 프랑스에서 태어난 20세기 대표 사상의 하나로, 사물이나 현상에 오랫동안 영향을 미치는 체계를 분석해 현상 기저에 있는 구조(본질)를 밝히려는 사상이다. 소쉬르의 언어학 등을 바탕으로 1960년대 문화인류학자 레비스트로스가 광범위하게 전개했다. 레비스트로스는 인간은 자유로우며 주체적으로 행동해야 한다고 주장한 후설과는 생각을 달리했다. 그는 인간의 사고나 행동은 그 근저를 이루는 '사회 구조'에 의해 지배받는다고 생각했다. 따라서 어떤 사회 현상에서 이유를 찾아내는 작업을 그만두고, 전체를 구조로서 파악해야 한다고 생각했다. 레비스트로스는 소쉬르의 언어학을 인간사회에 적용하여 그러한 고찰을 이끌어냈다. 그는 아마존 원시사회 구성원들과 함께 생활하면서 인간 행동을 규정하는 구조에 대해 조사했다. 그리고 결혼을 통해 여성을 교환하는 풍습의 이면에는 '근친혼의 금지'라는 인류 공통의 구조(즉, 결혼 문화)가 발견된다고 주장했다. 그들이 여성 교환 풍습의 의미를 애초부터 몰랐는데도 불구하고 말이다. 레비스트로스는 "행동의 의미는 어느 일방으로부터 일어나지 않는다. 사물은 이항대립을 축으로 파악할 수 있다. 현상의 의미를 사물 그 자체가 아니라 그것이 관계하는 사회 및 문화 구조로부터 알아내야 한다."고 주장했다. 레비스트로스는 인간 주체성은 구조에 의해 규정된다고 말하면서, 사르트르가 주체성을 강조한 것을 두고 서양 특유의 인간 중심 사상을 반영한 것이라고 비판했다. 그의 주장을 따르면, 그때까지 서양철학에서 중시되던 자각 의식이나 주체성 개념에도 그 이면에 무의식의 질서(구조)가 먼저 자리 잡고 있다고 생각할 수 있다. 구조주의를 대표하는 사상가로는 레비스트로스 이외에 라캉, 알튀세르, 푸코 등이 있다.

야생사고

브리콜라주적 사고. 사르트르는 개인의 주체적 사회참여가 역사 발전을 가져온다고 주장했다. 하지만 레비스트로스는 이를 강하게 비판했다. 역사에 대한 의식 없이 잘 사는 브라질 열대우림의 원시부족을 오랫동안 지켜본 레비스트로스에 의하면, 사르트르가 주장한 '인간에 의해 역사는 올바른 방향으로 나아간다.'는 인간 중심의 서양 사상은 의도된 폭력에 불과하다. 그러한 사고방식은 서양인들에게 있어서는 그 어떤 의도와 목적을 갖고 계획적으로 설계된 것이지만, 원주민들에게 있어서는 그저 가까이 있는 여러 도구나 재료를 사용하여 자기의 손으로 만들어낸 '브리콜라주'에 불과하다고 레비스트로스는 생각했다. 브리콜라주는 프랑스어로 '여러 가지 일에 손대기'라는 뜻으로 손에 닿는 온갖 것들을 모아 새로운 창조적인 것들을 만드는 행위를 가리킨다. 레비스트로스는 브리콜라주는 결코 유아적인 발상이 아니라 지구 환경 보호 및 사회 안정 유지를 위해 더없이 논리적이고 합리적인 사고 방법이라고 생각했다. 레비스트로스는 그러한 무의식적인 사고를 서양의 문명사고(과학적 사고)와 견주어 '야생사고'라고 불렀다. 그는 서구 문명이 원시 문명보다 결코 우월하다고 말할 수 없으며, 물질문화 못지않게 정신 가치 또한 중요하다고 생각했다. 야생사고가 담고 있는 브리콜라주적 발상으로 문명 진보(역사 발전)에 대항하는 것만이 오늘날의 심각한 환경 및 사회 문제를 극복할 수 있는 현실적 대안이라고 보았다. 일체의 사물은 어느 쪽으로도 일방적인 것이 아니라는 사실을 구조적으로 성찰하여 야생사고와 문명사고를 서로 보완하는 방향으로 나아갈 때, 인류는 현대 물질문명이 초래한 위험으로부터 벗어날 수 있다고 주장했다. (레비스트로스, 『야생의 사고』)

브리콜라주

손에 닿는 온갖 것들을 모아 새로운 창조적인 것들을 만드는 행위. '손재주'를 뜻하는 브리콜라주는 당장 눈앞에 있는 재료로 무엇이든 손쉽게 만드는 것을 뜻한다. 무엇이든 뚝딱 만들어내는 재주꾼은 설계도를 보면서 무언가를 만들지 않는다. 만드는 순서도 제멋대로다. 대충 성의 없이 만드는 것처럼 보인다. 그런데도 희한하게 쓸모 있는 물건이 나온다. 레비스트로스는 그런 작업에도 나름의 과학적 근거가 있을 것이라고 생각했다. 그는 이를 두고

'과학을 모르는 사람들의 과학'이라고 불렀다. 레비스트로스는 이 개념을 이용하여 세상을 보았다. 세상은 우리가 논리적으로 이해할 수 있는 영역만으로 구성되어 있는 것은 아니라고 생각했다. 세상은 마치 브리콜라주와도 같다는 것이다. 그는 브리콜라주를 신화적 사고에서 찾을 수 있다고 말하면서, 그동안 비합리적인 것으로 천대받던 신화적 사고를 재평가했다. 신화적 사고는 과학적·이성적 사고와는 대비되는 원초적·감각적 사고이다. 우리는 그동안의 획일적이고 편협한 시각에서 세상을 보았던 사고의 틀에서 벗어나, 세상을 좀 더 다양하고 다각적인 시각에서 바라볼 수 있도록 브리콜라주적 사고를 갖추어야 한다고 그는 생각했다. (레비스트로스, 『야생의 사고』)

리버럴리즘

'자유주의' 사상의 총칭. 리버럴리즘은 정치철학의 기본 용어로 개인의 자유를 존중하는 사상이다. 리버럴리즘은 인간이 태어날 때부터 지니고 있는 생명, 자유, 재산 등 천부적 자연권을 국가권력의 자의적 행사로부터 보호해야 한다는 사상에서 시작됐다. 이를 '고전적 자유주의'라고 한다. 17세기 로크가 처음 주창한 고전적 자유주의는 이후 19세기 밀의 『자유론』으로 계승됐다. 밀은 고전적 자유주의에 대해 "남에게 위해를 가하지 않는 한 개인의 자유는 전적으로 보장되어야 한다."라는 문구로 표현했다. 리버럴리즘은 극단적인 개인주의를 주장하는 '리버테리어니즘(자유지상주의)', 사회 전체의 행복을 위해서는 누군가의 희생이 불가피하다는 '공리주의', 공동선을 지향하는 '공동체주의(커뮤니테리어니즘)', 복지국가를 내세우는 '평등주의적 자유주의'에 이르기까지 자유사상의 다양한 이념적 스펙트럼을 형성하고 있다. 현대사회에서 리버럴리즘은 단순히 가치중립을 표방하는 데에서 나아가, 개인의 경제적 자유를 적극 촉진하고자 한다. 경제 불평등에서 비롯된 빈부격차 극복이 현실에서 중요한 과제로 떠오르면서 롤스의 '공정으로서의 정의'와 같은 평등주의적 자유주의 사상이 시대 담론으로 부각되고 있다.

자유지상주의

개인의 자유를 극단적으로 중시하는 정치사상. 자유지상주의(리버테리어니즘, libertarianism)는 개인을 통제하는 어떤 권위도 부정하고 자유경쟁 시장을 본질 제도로 삼는 이념이다. 대표적인 자유지상주의자인 로버트 노직은 아담 스미스의 사상을 이어받아 '최소국가론'을 펼치면서 국가와 정부는 필요악에 불과하다고 주장했다. 부의 재분배나 법적 규제에 의한 국가 개입을 적극 인정하는 리버럴리즘과는 달리, 국가는 폐지하지는 않더라도 그 역할만큼은 국가 방위와 치안 유지 등으로 최대한 억제해야 한다는 것이다. 그는 저서 『아나키, 국가 그리고 유토피아』를 통해 심지어는 부유세를 강제 노동과 다를 바 없다고 간주하면서, 사회적 약자뿐만 아니라 강자의 권리도 동등하게 보장되어야 한다고 주장했다. 복지를 담당하는 역할은 민간 서비스를 통해서도 충분하다고 그는 생각했다. 1980년대 미국을 중심으로 한 세계화 전략의 이념적 기반인 '신자유주의(네오리버리즘)'는 자유지상주의와 사상적 맥락을 같이 한다.

공동체주의

공동체의 도덕과 가치를 중시하는 정치사상. 공동체주의는 각각의 공동체와 맺는 관계성 안에서 개인을 존중하는 현대사상이다. 이 사상은 현실정치 참여를 강조한 아리스토텔레스의 영향을 강하게 받았다. 매킨타이어, 왈쩌, 샌델 등이 대표적인 사상가다. 공동체주의는 1980년대 미국에서, 이전까지 융성했던 리버럴리즘(자유주의 사상)을 비판하면서 발전했다. 고전적 자유주의와 공동체주의의 대립은 1980년대에 일어난 '자유주의-공동체주의 논쟁'으로 촉발됐다. 공동체주의자들은 자유주의자들이 내세우는 '자아' 개념은 역사와 전통, 공동체의 맥락에서 벗어난 고립된 개인을 의미할 뿐이라고 비판했다. 또한 자유주의는 절차의 공정성을 우선시하면서 도덕이나 선에 관해 논의하기를 포기했다고 비판했다. 샌델에 의하면, 인간은 자신이 속한 공동체와 깊은 관련을 맺는 존재다. 인간은 자신이 교육받은 환경과 주변 사람들에 의해 영향을 받으면서 개성 있는 자아로 자라난다. 그만큼 공동체에 애착을 느끼며, 공동체 안에서 다져진 미덕을 중시한다. 이때 알고 있어야 할 것은 공동체의 미덕에 가치를 둔다고 해서 그것이 결코 개인의 자유를 배제하는 것이 아니라는 점이다. 공동체주의는 어디까지나 개인의 자유를 중시하는 자유주의 사상을 근간으로 하되, 전체주의와는 확연히 다르게 공동체의 미덕을 중시하는 사상이라고 이해하면 된다.

포스트구조주의

주체 중심의 근대성 해체를 시도한 포스트모던 철학. 서양철학은 고대 그리스부터 현대 구조주의 사상에 이르기까지 사물을 '~는 이렇게 이루어져 있다.'라는 식으로 대상을 하나의 규정된 양식으로 파악해 온 것이 특징이었다. 전통 철학은 현상과 실재, 편견과 지식, 정신과 물질, 참과 거짓처럼 대립하는 개념으로 세계를 인식할 때 인간은 체계의 정합성을 확보하고 대상을 객관적으로 인식할 수 있다고 봤다. 한편 구조주의는 인간을 포함한 사물의 존재 가치를 상대적 관점에서 파악하면서 모든 것을 '관계'의 틀 안에서 인식하려 들었다. 그렇더라도 이 역시 사물을 고정된 그 무엇으로 보고 있는 점에서 전통 철학과 크게 다를 바 없다. 사물을 고정된 그 무엇으로 보는 사고방식을 반성하면서 '주체 전복'의 새로운 철학을 모색한 푸코, 데리다, 들뢰즈 등 후기 구조주의 철학자들의 사상을 '포스트구조주의'라고 부른다. 해체주의 및 현상학과 긴밀히 관계하는 포스트구조주의는 세계 질서를 바꾸는데 엄청난 영향력을 행사했다. 정치·경제·사회·문화 전 영역에서 이성 만능·주체 중심 사고의 '근대성'을 해체하고 포스트모던한 세계를 열었다. 포스트구조주의 사상은 포스트모더니즘의 사상적 기반으로 작용하면서 사회 전반의 **탈중심화** 현상을 이끌어냈다는 평가를 받고 있다.

포스트모더니즘

다양한 가치관을 확인하면서 상호 공존을 도모하는 시대정신. 포스트모더니즘은 20세기 후반 이후, 사회의 다양하고 복잡한 양상을 설명하기 위해 **다의적인** 맥락에서 사용하는 용어이다. 포스트모더니즘에 대한 통일된 정의는 없다. 좁게는 문학·예술, 넓게는 정치·경제·사회·문화 등 인간 사회의 모든 산물에 걸쳐 나타나는 현상으로, 20세기 후반의 인간과 세계를 파악하는 사고방식이라 할 수 있다. 모더니즘과 포스트모더니즘은 여러 면에서 공통점과 차이점을 나누어 가지고 있다. 기성 권위와 전통에 대한 단절, 반리얼리즘 경향과 전위적 실험, 개인주의에 입각한 비정치적 성향 등은 모두 모더니즘의 경우와 일치한다. 그러나 모더니즘이 현대 문명의 기능주의와 결부되어 있었던 점에 비해 포스트모더니즘은 후기 산업사회로의 변화, 소비사회의 확대, 다원주의 사회의 등장 등을 배경으로 기성 가치와 이념을 해체하면서 변화하는 삶의 지평을 성찰하는 과정과 결합한다. 포스트모더니즘에 대한 다양한 논의는 프랑스의 철학자 푸고, 들뢰즈, 데리다 등의 이론에서부터 출발하여 21세기 들어 음악·미술·문학·영화 등으로 폭넓게 확대되고 있다.

차이의 원리

소비는 타인과의 차이를 바라는 데서 비롯되는 욕망이다. 보드리야르는 현대 소비사회에서 인간은 상품(물건뿐만 아니라 정보·문화·서비스 등을 포괄한다)을 구매하는 것이 아니라 타인과의 '차이'를 만들어내는 '기호'를 구매하는 것이라고 말했다. 소비사회에서 중요한 것은 상품의 사용가치나 교환가치가 아니라 사회적으로 의미가 부여된 **'기호가치'**다. 현대 소비사회는 상품을 계속해서 만들어내고, 이는 소비욕구를 끊임없이 이끌어낸다. 그 결과 사람들은 소비에 점점 더 예속된다. 이제 상품의 역할은 본래의 사용 목적으로부터 자신의 개성을 뽐내고 타인과의 차이를 드러내는 기호(이미지)로 전환된다. 소비는 곧 '기호(記號)'를 소비하는 것으로, 기호는 '차이'를 만들고, 그 차이는 사회 지위와 권위를 나타내는 상징으로 뒤바뀐다. 그렇게 해서 현대사회에서 소비는 곧 권력이 된다. 무엇을 소비하느냐에 따라 그 사람의 계급이 그대로 드러난다. 상품은 효용성으로 평가되는 것이 아니라 자신

의 권위와 성공을 드러내는 기호로서 자리 잡게 되는 것이다. 보드리야르는 이를 **'차이의 원리'**라고 불렀다. 현대 소비사회에서 개인의 실체는 상품 소비를 통해 다른 사람과의 차이를 기대하는 **'욕망'**인 것이다. 이것이 보드리야르가 현대 소비사회를 보는 시선이다. (보드리야르, 『소비사회의 신화와 구조』)

시뮬라크르

이미지는 가상적 기호에 불과하다. 보드리야르는 세계는 원형인 이데아와 그 모사(模寫)인 현실 세계로 구성되어 있다고 주장한 플라톤의 이론을 차용하여 '시뮬라크르'를 설명한다. 시뮬라크르는 **'모방'**을 의미한다. 플라톤에 따르면 예술은 이데아를 본뜬 현실 세계를 대체한 모사 이미지로서의 복제의 복제를 의미한다. 철학에서 말하는 시뮬라크르가 보통의 '모방'과 다른 점은 '원본이 없다.'는 것이다(완벽한 원본이자 실체인 이데아는 관념으로만 존재한다). 보드리야르에 의하면 현대 소비사회에서 기호(이미지)는 상품(원본)을 대체하기 위해 상품을 모방한다. 소비사회에서는 상품보다 기호, 즉 모방된 이미지가 중요하다. 처음부터 이미지의 생산이 목적이다. 상품은 현실의 욕망을 반영한 모조품에 불과하다고 말한다. 그런 상황에서 원본과 복제품, 현실과 가상의 양자 대립은 의미를 잃는다. 시뮬라크르인 가상의 실재가 진짜 실재를 지배하고 대체한다. 그리고 더 이상 모사할 실재가 없어진 시뮬라크르로서의 실재보다 더 실재 같은 사회를 **'하이퍼리얼리티'**라고 부른다. 하이퍼리얼리티(가상현실)에서는 진짜가 존재하지 않기 때문에 각 사물은 의미를 상실하고, 시뮬라크르가 오히려 우리 일상을 규제하게 된다. 이렇게 가상현실이 인간을 지배하는 시대를 우리는 마치 현실인 양 알고 살아가게 된다. 즉 현대인은 이미지를 소비하는 사회를 살고 있는 것이다. (보드리야르, 『시뮬라크르와 시뮬라시옹』)

에피스테메

시대에 따라 변하는 지식 구조. 에피스테메는 그리스어로 '학문적 인식' 곧 지식을 뜻한다. 플라톤은 이성을 이끌어내는 보편 지식을 에피스테메로 부르며, 단순한 주관에 불과한 '독사(doxa)' 그리고 독선·독단을 뜻하는 '도그마(dogma)'와 대비했다. 반면 푸코는 그것을 개별 지식이 아니라 '한 시대의 모든 학문에 공통되는 지식의 토대'라는 뜻으로 생각했다. 이를 **'담론(談論)'**이라고 한다. 그는 권력이 복잡한 사회구조를 통해 효력을 발생시키는 과정에 주목했다. 푸코에 따르면, 진리란 그 자체로 존재하는 것이 아니라 담론에 의해 규정되는 하나의 지식일 뿐이다. 그렇기에 진리가 존재한다는 사실, 진리를 인간이 알 수 있고 또 알아야 한다는 사실, 그리고 거짓말을 하면 벌을 받는다는 사실 등 우리가 당연하게 여기는 사실은 전혀 근거 없는 이야기이다. 즉 지식은

시대에 따라 변하는 것으로, 각각의 지식마다 나름대로 추구하는 진리가 다르다. 푸코의 관심은 지식의 내용에 있지 않고 지식을 둘러싼 관계들, 즉 지식이 어떻게 구성되어 있는가에 있었다. 푸코는 그것이 권력의 문제와 밀접하게 관련된다고 봤다. 푸코는 이를 '광기'를 예로 들어 설명했다. 푸코에 따르면, 광기는 17세기라는 특정 시대에 역사 바깥으로 빠져나간다. 그 이유는 17세기에 바로 '정상'이라는 기준을 설정하는 담론이 형성되었기 때문으로, 이때부터 광기는 비정상으로 규정되면서 역사에서 배제되어 누락되고 만다. 그것을 필연적으로 개재하는 모종의 힘이 곧 '권력'이다. 광기라는 개념에 담긴 지식 그 자체는 늘 그대로였는데, 그 지식을 규정하는 담론이 달라진 것이다. 푸코는 담론을 인식하는 주체가 사회제도를 따라 구축되는 과정에 주목했다. 그는 담론을 사회와 주체의 구조를 결정하는 권력 구조로 본 것이다. (푸코, 『말과 사물』)

규율 권력

사람들의 생활에 개입하여 관리하려 드는 근대적 권력. 근대 들어 이성은 역사의 중심이자 권력으로 자리 잡았다. 근대 부르주아 사회에서 이성은 '나'와 '타자'를 구분하고, 더 나아가 모든 사회 질서에 의미를 부여하는 기제로 작동함으로써 권력 재생산에 기여했다. 이성은 그 과정에서 사회의 보편적 사고방식으로 자리 잡기 위해 자신과는 다른 사고방식을 배척했는데, 그 대표적인 것이 바로 '광기'다. 이성이 지식 권력으로 작용하여 의도적으로 설정한 정상과 비정상의 구분은 병리시설에 수용된 광인들로 하여금 사회가 정해놓은 표준에서 벗어났다는 죄의식과 열등감을 스스로 내면화하게 만든다. 그렇게 해서 지식은 과거의 육체적 감금에서 한발 더 나아가 정신의 감금을 재생산하는 규율 권력으로 굳어진다. 푸코는 『감시와 처벌』에서 각 시대의 권력이 어떻게 개인을 통제하고 구속해 왔으며, 개인이 권력의 작용에 의해 어떻게 변화되어 왔는지를 형벌제도 변화를 갖고 추적한다. 푸코는, 감옥을 감시자와 감시당하는 자가 명확히 대비되는, 즉 '보이지 않는 규율 권력'이 행사되는 전형적인 사례로 보았으며, 그 생생한 증거를 감옥과 정신병원에서 찾았다. (푸코, 『감옥의 탄생』 『광기의 역사』)

파놉티콘

스스로 규율을 내면화하게 만드는 감시 체계. 푸코는 현대 민주주의가 만들어낸 권력을 규율 권력(생활 권력)이라고 부르면서, 이는 우리가 생각하는 일반상식을 뛰어넘는 것이라고 생각했다. 그는 민주국가를 파놉티콘이라고 불리는 감옥에 비유했다. 그 감옥에 들어서는 죄인은 누가 강제하지 않더라도 자기 스스로 규율에 복종하게 된다. 파놉티콘의 작동 원리는 다음과 같다. 원형감옥 '파

놉티콘'에서 권력을 쥔 간수는 죄수의 모든 행동을 지켜볼 수 있는 반면 감시당하는 죄수는 간수를 볼 수 없다. 때문에 죄수는 간수가 자신을 보든 안 보든 매 순간 감시당하고 있다는 불안과 공포를 느끼게 되고, 결국에는 감시의 시선을 계속 의식하면서 스스로 자기검열을 해가며 점차 권력에 순응하고, 마침내 규율에 순순히 복종하게 된다. 이처럼 죄수들 각자가 권력의 시선을 내면화하여 스스로를 통제하도록 만드는 것이 바로 원형감옥 파놉티콘의 무서운 위력이라고 푸코는 말했다. (푸코, 『감시와 처벌: 감옥의 탄생』)

지식과 권력

보이지 않는 규율 권력의 세련된 지배. 근대 이후 형벌제도는 잔혹한 공개처형에서 감금형으로 바뀌었는데, 이는 겉으로는 보다 인간적인 모습으로 개선된 듯 보였다. 하지만 이러한 개선은 어디까지나 한계에 부딪힌 권력이 통제와 감시를 좀 더 효율적으로 행사하기 위해 전략과 전술을 교묘하게 바꾼 술책에 지나지 않는다고 푸코는 생각했다. 현대사회에 들어오면서 권력은 차츰 눈에 보이지 않게 몸을 숨기되, 보이지 않는 생활영역에서 그리고 일상의 세세한 부분까지 우리의 신체를 감시·통제하고 있으며, 그에 따라 개인은 모두 그리고 언제나 감시 가능한 공간 안에 묶이게 됐다. 감옥에서건, 군대에서건, 학교에서건, 공장에서건 권력의 눈은 아무 것도 놓치지 않는다. 권력은 감시의 효율성을 높이고 규율을 내면화하기 위해 개인을 은밀하면서도 철저하게 통제하는 구조를 끊임없이 고안하고, 이를 통해 권력이 원하는 질서를 만들어낸다. 권력이 통제와 감시를 원활하게 하려면 일정한 기준이 필요한데, 이때 지식의 도움을 받아 '정상'과 '일탈'을 구분하는 것처럼 효율적이고 효과적인 방법은 없다. 그것에 맞춰 우리는 가정·학교·회사 등 다양한 생활공간에서 다양한 규범적 판단에 의해 다양한 방법으로 규제된다. 그리고 그 지식이 정한 범주를 벗어나는 일체의 행동은 모두 부적절하고 일탈적인 행위로 간주되어 감시와 처벌과 교정의 대상이 된다. 지식 권력이 일상 행위의 가장 미세한 부분까지 침투하고 있는 현실 세계를 우리는 살고 있는 것이다. (푸코, 『감시와 처벌: 감옥의 탄생』)

이항대립

구조주의 사고의 핵심 개념. 서양철학을 관통하는 사고는 '선과 악', '옳음과 그름', '주관과 객관', '주체와 객체', '이성과 감성', '정신과 육체', '현전과 부재', '서양과 동양', '남성과 여성' 등 '이항대립'적 위계를 따르면서, 전자가 후자보다 우위에 있다고 간주하는 것이라고 구조주의 철학자 데리다는 지적했다. 하지만 후자가 전자보다 열등하다는 생각은 근거 없는 착각이자 환상이라는 것이 데리다의 주장이다. 이러한 이분법적 위계질서가 그동안 부당하게 행

해졌던 억압들을 합리화하고 정당화하는 논리로 작동해왔다는 것이다. 이항대립을 상정하여 우열관계를 만들게 되면 약자는 철저히 배제되고 만다. 그는 서양 중심의 인식론적 표현과 형이상학적 사고는 철저히 이원론적 대립에 바탕을 두고 있으며, 특정 표현과 진술에는 억압을 가하고 대척점에 있는 것들에는 특권을 부여한다고 주장했다. 예를 들어 '남성적인 것'과 '여성적인 것'이라는 표현이 그것이다. 데리다는 서양 중심의 철학은 진리를 말하는 대신 자신들과는 사상을 달리하는 표현들을 억압하고, 제외시키고, 깎아내리는 데 몰두하고 있다고 주장했다. 따라서 서구적 사고에 의해 쫓겨나고, 은폐되고, 무시당한 것들을 찾아내기 위해서는 '탈구축'의 방법으로 이러한 폭력적 위계를 '해체'해야 한다고 말하면서, 인간을 구속하는 우열관계의 해체를 시도했다. (데리다, 『글쓰기와 차이』, 『목소리와 현상』, 『그라마톨로지』)

탈구축
이분법적 위계질서의 전복. 데리다는 탈구축하는 방법을 원본과 복사본의 관계로 설명했다. 예를 들어 가방을 보고 예쁘다는 '느낌(사고)'이 들었을 때, 우리는 이것을 '예쁘다'라는 말로 전달한다. 언어는 그 어떤 '느낌'을 복사한 것이다. 이때 원본인 느낌(머릿속 생각)은 그 복사본인 언어에 우선하여 존재할 수 있다는 것이 일반적인 통념이다(생각은 말에 앞서므로). 하지만 데리다는 느낌은 원본이 아니라고 생각했다. 왜냐하면 인간은 이미 존재하는 언어(말)로 생각하는 것이기 때문이다. 언어는 자기 스스로 만들어낼 수 없다(따라서 원본이 될 수 있다). 느낌은 무엇인가를 보고 들은 것을 언어로 복사하는 것이다(따라서 원본의 복사본이다). 데리다는 이러한 생각으로 원본과 복사본의 관계를 뒤바꿔버렸다. '느낌'과 '언어'의 예를 이해한다면, 실제 우열관계는 언제든지 뒤바뀔 수 있음을 알 수 있다. 따라서 이항대립 또한 존재하지 않는다. 이렇듯 우열관계는 쉽게 뒤바뀔 가능성이 있다. 데리다는 서양 근대철학 체계에 자리 잡은 이분법적 사고를 해체하고자 했다. 그것이 '탈구축'이라는 개념이다. 그는 하이데거의 '해체'라는 용어에서 탈구축이라는 개념을 착안했는데, 핵심은 단순히 기성 고정관념을 해체하는 것만이 아니라 이를 발전적으로 다시 구축한다는 것이다. 이러한 데리다 사상은 그동안 서양 인문·사회과학을 지배해온 이성중심주의, 서구중심주의, 남성중심주의를 비판한 포스트모더니즘, 포스트콜로니얼리즘(탈식민주의), 페미니즘에 큰 영향을 미쳤다. (데리다, 『글쓰기와 차이』, 『목소리와 현상』, 『그라마톨로지』)

차연(差延)
차연은 끝없이 차이를 만들어 모든 이분법적 위계구조를 해체한다. 데리다는 문자는 음성을 정확히 복사하지 못한다고 생각했다. 음성이 문자로 전환된다는 것은 곧 동적 존재로부터 정적 존재로의 형태 변화를 뜻한다. 이때 전환되기까지의 시간 차이가 발생한다. 음성과 문자는 일치하지 않는다. 데리다는 음성에서 문자로 전환할 때처럼 원본과 복사본이 차이를 함유하면서 변화하는 것을 '차연(差延)'이라고 불렀다. 문자와 음성이 일치하지 않는 이상, 문자는 음성을 대신하는 것이 아니라 둘을 동시에 품는 것이다. 데리다에 의하면, 음성은 완전한 원본이 아니다. 인간은 자신이 알고 있는 언어 가운데 타당한 것들을 선택하여 생각하게 된다. 지금껏 어딘가에서 본 문자가 차연되어 음성으로 될 가능성 또한 충분하다. 데리다에 의하면 사물은 '원본 → 복사본 → 원본 → 복사본 →'으로 영원히 차연된다. 따라서 둘 간의 우열은 없다. 데리다는 끝없이 차이를 일으키는 차연 작용이야말로 사물의 근원이자, 모든 텍스트와 모든 통일된 체계를 해체하는 원동력이라고 주장했다. 서양에서는 타아보다 자아가 옳다는 식의 이분법적 가치관이 널리 퍼져 있다. 그러나 자아의 존재를 확인하려면 지금 현재의 자신이 아니라 과거의 자신을 기준으로 삼아야만 가능하다. 과거의 자신과 비교해 현재 자신이 어떤 모습인지 확인할 수 있기 때문이다. 주목할 점은 과거의 자신을 지금의 입장에서 보면 '타자'라는 것이다. 따라서 자아는 타아의 도움을 받는다고 할 수 있다. 자아가 타아보다 우위에 있는 듯 보이지만 사실 자아는 타아를 바탕으로 하는 것이기에 자신이 올바르다고 여기는 가치로 모든 것을 통일하기는 불가능하다. 모든 이원론적 대립관계의 해체가 불가피한 것이다. (데리다, 『철학의 여백』)

트리와 리좀
다양성의 가치를 지향하는 사유 체계. 서구의 이원론적 사고는 미리 정해 놓은 그 어떤 절대 가치를 따라 전개하는 사유체계라고 들뢰즈와 가타리는 생각했다. 그는 '트리(나무)'를 예로 들어 설명하면서, 하나의 체계로 구조화하여 사고하려 해서는 안 된다고 주장했다. 일목요연하게 뻗어나가는 수목적(트리) 사유체계에 대항하는 것으로 그는 전방위로 뻗어나가 방향을 종잡을 수 없는 사유 모델로서 '리좀(뿌리)'적 사유체계를 제창했다. 트리는 지금껏 서구 사회를 지배해온 사유방식으로, 마치 생물 계통 분류 방식을 따르는 것과 같다. 줄기에서 나뭇가지로 갈라지는 계통도를 기존 머릿속 사유방식에 의해 그대로 이미지화하는 것이다. 트리는 먼저 확실한 기본 원칙을 세우고 그 기준을 토대로 몇 가지 패턴이나 예외를 생각하면서 사유한다. 분류 작업을 할 때에는 대부분 트리 형태의 사유방식을 활용한다. 그에 반해 리좀은 중심은커녕 시작도 끝도 없는 네트워크형 사유방식이다. 이 사고법의 특징은 전체를 구성하는 각 부분의 접속이 자유롭고, 망의 형태가 종횡으로 움직이며, 다양한 요소가 섞인 상태라 할 수 있다. 리좀은 여러 존재가 복잡하게 얽히고설키면서 하나의 중심으로 위계를 형성하려 들지 않으며, 외부의 억압적 코드로부터 벗어나기 위해 끊임없이 **'탈주'**를 시도한다. 들뢰즈와 가타리는 다양한 가치를 하나의 질서에 기초하여 모순됨 없이 통일하려 드는 것도, 헤겔의 변증법처럼 서로 다른 생각을 고차원적 지식으로 도달하게끔 통일하려 드는 것도 옳지 않다고 보았다. 그보다는 차이와 차연을 서로 인정하면서 차이들의 무수한 공존과 생성을 인정하는 열린 사고를 지향해야 한다고 주장했다. (들뢰즈, 가타리, 『천 개의 고원』)

노마드

트리적 삶에서 리좀적 삶을 향해 나아가는 자유인. 들뢰즈는 그의 저서 『차이와 반복』에서 '노마드(nomad)'적 삶을 추구할 것을 제시했다. 노마드는 시공간의 제약을 받지 않고 자유롭게 살면서, 제한된 가치와 삶의 방식에 매달리지 않고 끊임없이 자신을 바꾸어 나가는 유목민을 뜻한다. 유목민(노마드)은 가벼움과 자유로움을 추구하며 탈영토화된 삶을 사는 자들이다. 그들은 특정 가치와 삶의 방식에 얽매이지 않고 끊임없이 자기를 부정하면서 새로운 자아를 찾아 나선다. 그러한 삶을 추구하는 유목민적 사고를 '노마디즘'이라고 한다. 들뢰즈와 가타리가 주목한 것은 끊임없는 움직임 혹은 탈주다. **탈주**는 물리적인 움직임을 단순히 지칭하는 것을 넘어서 자신의 삶을 옭아매는 규범으로부터의 이탈을 일컫는 것이기도 하다. 기존의 권위와 현실의 안주로부터의 탈주를 통해 차이들의 무수한 공존과 생성을 인정하는 것이 바로 노마디즘의 원리다. 들뢰즈와 가타리는 한 장소에 머물기보다는 다종다양한 가치를 지닌 영역을 리좀적(종횡무진)이고 스키조적(분열하면서)으로 횡단하는 노마드적 삶으로 끊임없이 탈주할 것을 제안했다. (들뢰즈, 가타리, 『천 개의 고원』)

페미니즘

남성 지배적인 사회에 맞서 여성의 자기결정권을 주장하는 사상·운동. 페미니즘은 여성의 사회적·정치적·법률적 권리 확장을 주창하는 사회사상이다. 19세기 중반에 시작된 여성 참정권 운동에서 비롯되어 그것을 설명하는 이론까지 포함하는 개념이다. 페미니즘은 자유주의에 근원을 두고 있다. 자유주의적 페미니즘에 의하면 여성의 사회 진출과 성공을 가로막는 관습적·법적 제한이 여성의 남성에 대한 종속 원인이다. 따라서 여성에게도 남성과 동등한 교육 기회와 시민권이 주어진다면 여성의 종속은 사라진다. '페미니즘'은 일반적으로 제1기부터 제3기까지로 나뉜다. 제1기는 19세기부터 1960년대 무렵까지로, 여성이 남성과 법적으로 동등한 지위를 갖도록 구체적인 권리 획득 운동을 전개했던 시기다. 제2기는 1960~1970년대로 여성 내면에 무의식으로 남아 있는 여성차별을 재검토했던 시기이다. 제3기는 1970년대 이후로

동성애자와 성 전환자를 긍정하는 등 섹스(타고난 성)와 젠더(후천적 성)에 얽매이지 않고 스스로의 삶을 모색하는 시기이다.

젠더(gender)

사회적·문화적으로 형성된 성. 젠더(gender)란 사회적으로 구성되는 남녀의 정체성, 다시 말해 사회적·문화적·역사적으로 길들여진 **후천적 성(性)**을 말하는 것으로, 여성다움과 남성다움을 통칭한다. 생물학적 성 차이인 섹스(sex)와 구별된다. 대부분의 사회는 특정 성(sex)에 부합하는 젠더의 특질이 있다는 믿음을 가지고 있으며, 사회구성원들을 그 방향으로 사회화한다. 페미니즘에서는 이러한 사실을 비판하고 생물학적 성인 섹스는 사회적 성인 젠더와 무관함을 강조한다. 남성성과 여성성은 생물학적 차이에 의해 결정되는 것이 아니라 남성 중심 사회에서 권력을 가진 남성들이 여성들에게 일방적으로 부과한 것임을 강조한다. 다른 견해도 있다. 예를 들어 버틀러는 생물학적 성인 섹스도 사회적으로 만들어진 젠더의 일종이라고 말하면서 동성애자와 성 전환자를 지지한다.

오리엔탈리즘

서양 우월주의 시각에서 본 동양 이미지. 오리엔탈리즘은 서양이 동양을 지배하기 위한 수단으로 날조한 동양에 대한 사고 양식 혹은 지배방식을 뜻한다. 팔레스타인 출신 문화비평가 에드워드 사이드에 따르면, '오리엔탈리즘'은 동양과 서양 사이의 존재론적·인식론적 구분을 근거로 한 사고방식으로, 동양을 지배하고 개조하며 위압을 가하려는 목적으로 특정 서구 양식에 맞게 조작한 개념이다. 오리엔탈리즘은 동양과 서양이라는 각각의 구별이 어떤 본질적인 차이를 지닌다는 전제에서 출발한다. 가령 서양은 문명이고 동양은 야만이라는 단순한 이분법적 비교가 그러한데, 문제는 그런 구분이 서양의 이원론적 사고에서 시작됐다는 점이다. 그 결과, 이는 서양 제국주의가 동양을 지배하려는 식민주의를 정당화·합리화하는 논리를 제공했음은 물론, 식민지 피지배인들을 관리하고 통제하는 전략으로 기능했다. 오리엔탈리즘은 삶의 거의 모든 측면과 관련하여 광범위한 기획과 의도를 갖고 행해졌는데, 문제는 이것이 제국주의 침략 이래 오늘날까지 지속되고 있다는 점이다. 오늘날 오리엔탈리즘은 학술 서적은 물론 대중매체, 심지어는 영화 속 악당의 얄팍한 캐릭터에서부터 정치적·경제적 사고에 이르기까지 다양한 출구를 통해 표현된다. 특히 911 테러 이후 아랍인과 무슬림을 단순한 테러리스트를 뛰어넘어 인간성이라고는 도무지 찾아볼 수 없는 악마적 존재로 몰아붙이는 경향은 현대 오리엔탈리즘이 갖는 특징의 단면을 보여 준다. (사이드, 『오리엔탈리즘』)

멀티튜드

글로벌 민주주의를 추진하는 주체적 민중. 네그리와 하트는 공저 『제국empire』에서 네트워크 형태의 새로운 권력이 출현하고 있다고 주장하면서, 이를 '제국'의 개념으로 설명했다. 탈중심적·탈영토적 네트워크 권력인 제국은 영토를 기반으로 하는 국가권력이나 중앙정부와는 전혀 다른 새로운 개념이다. 제국은 주권도 영토도 소유하지 않은 채 네트워크 형태로 결합된 권력시스템이다. 제국은 글로벌화 된 세계의 교류를 조장하는 정치적 주체이자 주도적 권력체제이다. 제국은 사적 욕망, 즉 자본주의가 만든 시스템이라 할 수 있다. 이 제국을 뒷받침하는 힘으로 조직화되지 않은 민중을 의미하는 용어가 '멀티튜드'다. 멀티튜드는 인종·국적·계층을 초월한 다종다양한 사람들로, 부르주아지에 대항하는 프롤레타리아트의 현대적 개념이라 할 수 있다. 멀티튜드는 또한 세계를 지배하는 권력에 저항하는 **민중**의 힘을 가리킨다. 멀티튜드는 자본주의 모순 해결을 위한 힘의 원천인 동시에 강자 중심의 세계화의 흐름에 맞서 싸우는 힘을 갖는다. 다종다양한 구성원들로 이루어진 제국 안에서 멀티튜드는 모든 차이와 가능성을 열어두고 서로 자유롭고 대등하게 표현할 수 있도록, 발전적이고 개방적인 네트워크를 지향한다. (네그리, 하트, 『멀티튜드』)

이마쥬

세계는 이마쥬를 따라 창조적으로 진화한다. 데카르트는 마음과 몸(정신과 육체)은 명확히 구분할 수 있는 존재라고 생각했다. 이를 '심신이원론'이라고 한다. 하지만 베르그송은 달리 생각했다. 우리는 좋아하는 음식을 보고 '맛있다'고 생각하기도 하고, 유아 때 장난감을 만졌던 경험으로 '귀엽다'고 느끼기도 한다. 물질과 마음은 감정과 기억으로 연결되어 있다는 것이다. 베르그송은 우리가 본(지각한) 사물과 이에 대한 우리 의식을 하나로 묶은 것을 '이마쥬'라고 불렀다. 그는 세계는 나의 이마쥬와 타자의 이마쥬로 구성되어 있다고 생각했다. 베르그송에 따르면 세계는 단순히 물질로 이루어져 있는 것이 아니다. 그렇다고 우리 마음속에 간직하고 있는 것도 아니다. 그는 세계는 이마쥬의 총체라고 말했다. 그는 물질과 정신이라는 단순한 이원론적 사고로 세계를 파악하려 들지 않았다. (베르그송, 『물질과 기억』)

순수지속

마음속의 시간 감각. 우리는 시간을 일직선의 시계열로 파악하면서, 시간을 양적으로 측정할 수 있다고 생각한다. 하지만 베르그송의 생각은 달랐다. 그는 시간은 양적이라기보다 인간 내면에 자리한 직관적인 그 무엇으로 인식했다. 시간은 물질의 이동이나 변화가 아니라, 이를테면 '아이스크림을 본다 → 먹고 싶다 → 달콤하다 → 감정이 솟구친다 → 행복하다'라는 식으로 우리 의식 속에서 감정과 기억이 끊임없이 이어지면서 질적 변화를 일으킨다. 베르그송은 이러한 시간의 성질을 가리켜 '순수지속'이라고 불렀다. 매 순간은 별개의 것이지만 내면에서는 매 순간이 서로 이어져 시간이 전체를 투영하는 형태로 존재한다. 즉 시간은 멜로디와 같다. 새로운 음이 멜로디에 더해지면 전체 분위기가 바뀌듯, 그는 마음속 시간, 곧 '**직관**'에 의한 시간을 진정한 의미에서 우리가 경험하는 시간으로 생각했다. 시간 개념을 이처럼 다른 방법으로 파악하면 과거는 단지 지나가버린 시간이 아니다. 기억은 과거의 사건이 아니다. 기억을 떠올리는 현재, 즉 지금 이 순간에 과거가 재구성되어 다양한 양상으로 되살아나는 것이다. 시간은 순수지속을 따라 그때마다 가일층 새롭게 되어가는 전체로서 이해되는 것이다. 기억이 망각을 거슬러 매 순간 자신의 과거를 버리지 않고 끌어안음으로써 '**자기동일성**'을 유지해주는 이유가 이것이다. (베르그송, 『물질과 기억』)

창조적 진화

인간 내면의 생명 약동 본능의 순수지속. 다윈의 진화론에 따르면 환경에 적응한 개체는 살아남고, 적응하지 못한 개체는 도태되고 만다. 베르그송 역시 생명 진화를 자연도태의 개념으로 파악했다. 베르그송에 따르면, 세계의 근본을 이루는 생명은 부단히 활동을 지속하면서 끊임없이 새로운 것을 만들어 나간다. 생명은 '순수지속'하면서 끊임없이 새로운 방향으로 나아간다. 생명은 단순히 기계론적 질서에 의하여 진화하는 것이 아니라 내적 생명 충동, 즉 동적이고 저항적이며 예측 불가능한 힘인 '**생명의 약동(엘렌 비탈 elan vital, 창조적 욕구)**'에 의해서 창조적으로 진화한다. 베르그송은 이를 '창조적 진화'라고 불렀다. 생명이 약동하면서 지성의 진화를 가져온 것이 인간이라면, 본능의 진화를 가져온 것은 인간 이외의 사물, 즉 동물이다. 진화적 관점에서 동물의 본능을 인간의 지성으로 의식화한 것이 곧 '**직관**'이다. 그는 생명의 약동은 물질적 대상을 일률적으로 취급하는 능력인 지성에 의해서는 파악되지 않고, 생명의 내적 본질을 지향하는 직관에 의해서 비로소 파악할 수 있다고 설명했다. 이 직관을 사용하면 칸트가 도달 불가능하다고 말했던 '물자체'를 파악할 수 있다는 것이다. (베르그송, 『창조적 진화』)

에로티시즘

에로티시즘의 본질은 성적 쾌락과 금지와의 뒤섞임 속에 있다. 바타유는 인간은 불연속적 존재라고 생각했다. 그는 인간은 타자와의 관계를 끊지 않으면 영원한 삶을 살지 못한다고 주장했다. 인간은 죽음에 의해 타자 및 세계와 하나가 되며, 영원한 삶의 연속성을 갖는다고 생각했다. 그 연속성을 느끼기 위해 인간은 잠재의식 속에서 죽음을 동경한다. 바타유는 죽음으로 얻는 연속성은 성적 절정에 이를 때 느끼게 된다고 말했다. 타자를 통해 성적 절정에 도달하게 되면 사고는 정지된다. 이는 개인의 죽음을 의미한다. 그 죽음의 유사체험에 의해 사람은 자신과 타자와 세계가 하나로 연결되는 곳으로 달려가고, 그곳에서 삶의 연속성을 얻는다. 여기에 도달하기까지의 삶을 구가하는 것을 그는 '에로티시즘'이라고 불렀다. 동물과 달리 인간의 성행위에는 많은 금기사항이 있다. 근친상간 금지, 불륜 금지, 공연음란행위 금지 등이 그것이다. 바타유는 그러한 금기를 깨뜨리는 것이 에로티시즘의 본질이라고 말했다. 마치 '소진(유용성을 초과하여 비생산적으로 소비하는 것)'이라는 목적을 향해 과잉상품을 생산해내듯, 인간은 자신을 옭아매는 금기로부터 벗어나기 위해 쾌락의 미적 탐닉에 점점 더 빠져들게 된다는 것이다. 이때 우리 삶을 규율하는 규칙과 도덕은 이를 범할 경우에 삶을 위한 쾌락 추구에 도움이 된다고 그는 생각했다. (바타유, 『에로티시즘』)

부정변증법

차이는 차이 그대로가 좋다. 아도르노는 보편자 또는 개념에 의해 억압된 개별자 또는 비개념적인 것을 파악하고자 노력했다. 그는 대상 또는 사물을 그 자체의 특성을 통해 파악하고자 했다. 이를 위해 헤겔의 변증법을 비판하고 '부정변증법'을 창안했다. 헤겔의 변증법은 주관 우위의 관념론적 변증법이지만, 부정변증법은 객관 우위의 유물론적 변증법이다. 사물 또는 사태는 그 자체가 비개념적인 것이기 때문에, 객체(객관) 우위의 철학에서는 개념에 의해 비개념적인 것이 억압당하는 일이 없게 되는 것이다. 이러한 변증법은 부정을 매개로 하여 대상을 인식하는 것이 아니라 주체와 객체의 짜임관계를 통해 파악하는 것이다. 아도르노는 개념 우위의 관념론이 결과적으로 파시즘과 전체주의에 이르게 된다고 말하면서, 사회 현실 비판을 통해 개인의 우수성을 강조하는 객체 우위의 입장을 견지했다. (아도르노, 『부정변증법』)

아우라

쉽게 다가설 수 없는 분위기. 예술 작품을 사진 촬영하여 인쇄한 복제물은 매우 정교하게 만들어졌지만, 그렇다고 유일무이한 진본은 아니다. '지금, 여기에' 없는 진본 작품에만 들어 있는 그 무엇도 흉내 낼 수 없는 고고한 분위기이자 쉽게 다가갈 수 없는 이미지를 '아우라'라고 한다. 벤야민은 아우라의 개념을 '가깝고도 먼 어떤 것의 찰나적인 현상'이라고 표현했다. 최근 들어 예술 작품은 기술적으로 복제하는 것이 무척 쉬워졌다. 그렇더라도 실물에 들어 있는 유일성과 역사성은 복제물에서 찾아볼 수 없다. 영화·사진 등 복제 예술의 등장은 예술 개념을 '숭고'에서 '희소'로, '친근함'에서 '신선함'으로 변화시켰다. 벤야민은 복제 기술 진보에 의한 아우라의 상실을 탄식했다. 하지만 다른 한편으로는 그

어떤 권력도 예술·표현·정보 등을 관리 및 규제할 수 있게 됨으로써 복제 기술 진보는 예술과 표현의 권력으로부터의 해방을 불러왔다고 벤야민은 생각했다. 또한 그는 복제품에는 아우라가 없는 대신 더 특별한 가치가 있다고 생각했다. 그것은 누구나 손에 넣고 즐길 수 있다는 의미에서의 예술의 대중화이다. 복제품은 현대사회의 **대중화**에 크게 기여했다. (벤야민, 『기술복제시대의 예술 작품』)

파사쥬

탈구획적 경계영역. 독일 출신 유대인 벤야민은 나치로부터 도피하여 파리로 갔다. 그곳에서 그가 마지막까지 응시하면서 성찰했던 것은 현대적 건축물 '파사쥬'였다. 그에게 있어 파사쥬 건축 구조의 중요성은 '현대성' 안에서는 사라져 버린, 그러나 가장 현대적인 건축물 안에 존재하는 그 어떤 특별한 철학적 공간성을 은유하기 때문이다. 그 철학적 공간성을 벤야민은 '문지방 영역'이라고 불렀다. 문지방 영역은 그 공간적 특성이 '이쪽도 아니고 저쪽도 아닌', 그러나 동시에 '이쪽이기도 하고 저쪽이기도 한' 곳이다. 이분법으로 규정할 수 없는, 말하자면 '중간 영역' 혹은 **경계 영역**을 의미한다. 그는 파사쥬의 건축 공간을 문지방 영역의 특성을 지니는 공간으로 보았다. 거리와 거리 사이를 잇는 실내 공간인 파사쥬 공간은 '안도 아니고 밖도 아닌, 그러면서도 안이기도 하고 밖이기도 한' 탈구획적 경계영역이기 때문이다. '문지방 영역'은 벤야민에게 이분법을 척도로 모든 것들이 시스템화 된 현대 사회에서 그 시스템적 억압구조를 붕괴시킬 수 있는 변혁의 공간, 인간의 공간이었다. 문지방 영역은 자연과 문명, 인간과 사물, 정신과 신체 사이가 아직은 분리되지 않은 채 서로 교감하고 대화하는 **소통**의 공간이었다. 이 소통의 공간을 벤야민은 '미메시스적 공간' 혹은 '비지각적 유사성의 공간'으로 명명했다. (벤야민, 『파사쥬論』)

가다머의 '지평'

선입견은 텍스트의 지평과 독자의 지평을 융합한다. 문헌에 적힌 것 이상의 것들을 저자로부터 얻기 위한 분석 학문을 '해석학'이라고 한다. 가다머는 해석학을 타자를 이해하는 학문이라고 파악했다. 해석학의 주된 목적은 옛 서적이나 문헌으로부터 저자의 사상을 읽어내는 데 있다. 가다머는 이런 사고는 더 이상의 의미를 상실했다고 주장했다. 해석학에서 중요한 것은 지금의 '나(해석하는 쪽)'가 과거의 문장(해석된 것)과 대화하는 것으로, 옛 문장을 지금의 내가 어떻게 활용할 것인가에 있다. 가다머는 대화의 전제로 작용하는 선입견을 '지평'이라고 불렀다. 흔히들 선입견은 나쁜 것이기에 버려야 한다고들 말하지만, 가다머는 선입견이 없으면 타자와 진실하게 대화할 수 없다고 주장했다. 그는 자신과는

자란 환경이나 문화가 다른 타자의 지평(선입견)을 이해하려고 시도할 때만이 진정한 대화가 가능하다고 하였다. 타자의 지평을 이해하려면 타자와의 대화 과정에서 '지평융합'이 일어나도록 스스로 지평을 넓혀야 한다고 생각했다. 지평융합은 타자의 사고와 같게끔 자신의 생각을 맞춰나가는 것이 아니라 타자의 생각을 이해하는 것을 말한다. 지평융합을 반복하지 않으면 지평은 단순한 편견에 지나지 않는다고 생각했다. 근대 계몽사상가들이 전통과 선입견을 비합리적이고 버려야 할 것으로 폄하하고 있는 것과 달리, 가다머는 전통과 선입견은 이해와 대화에 꼭 필요하다고 주장했다. (가다머, 『진리와 방법』)

거울단계

'자아' 개념이 형성되지 않은 단계. 라캉은 프로이트의 정신분석을 구조주의 관점에서 파악했다. 라캉에 따르면, 아기에게는 아직 통일된 자아 개념, 다시 말해 단일한 '나'라는 개념이 형성되지 못한 상태이다. 그러다가 아기는 거울에 비친 자기 이미지, 또는 엄마나 다른 아기들에게서 자신의 모습을 발견하고서 동일시의 과정을 겪게 된다. 라캉은 이처럼 어린아이가 거울에 비친 모습을 자신이라고 인식하는 것을 '거울단계'라고 말했다. 이 단계에서는 아직 주체가 형성되지 않는다. 아기는 엄마와 자기 또는 다른 아기와 자기 자신을 혼동하는 전이성 단계에 있는 것이다. 아기가 자신과 세계를 구분해서 이해하지 못하는 단계를 라캉은 '상상계'라고 정의했다. 이 단계에서는 아직 타인이 존재하지 않는다. 오직 자신만의 세계가 있을 뿐이다. (라캉, 『에크리』)

상상계와 상징계

주체는 자기 안에 이미 들어와 있는 상징계를 통해 형성된다. 거울단계에서 아기는 마음속 엄마 이미지를 현실의 엄마와 동일시한다고 라캉은 생각했다. 사회를 상징하는 아버지가 존재하지 않고, 언어도 필요 없고 질서도 없는, 아기가 보고 느낀 그대로의 감정으로서의 세계를 라캉은 '상상계'라고 불렀다. 그러다가 두 살 무렵에 이르면 아기는 엄마의 관심이 자신이 아닌 아버지나 다른 사람을 향하고 있음을 감지하게 된다. 이제 아기는 거울단계를 지나 본격적으로 타인의 세계, 곧 사회로 들어간다. 이때 언어를 배우게 된다. 아기는 언어에 의해 자기 외적 질서를 받아들이면서 자아를 형성하게 된다. 아버지라는 언어, 준수해야만 하는 규칙이 존재하는 세계, 언어에 의한 질서가 지배하는 세계를 라캉은 '상징계'라고 불렀다. 언어란 타인과의 관계 속에서 성립한다. 거울단계에서처럼 전적으로 자기만이 존재하는 세계가 아니라 내 마음대로 할 수 없는 세계로 진입하게 된다. 아기는 자기 소외를 느끼게 되고, 그러면서 '주체'가 형성된다. (라캉, 「정신분석학에 있어서의 말과 언어활동」)

현실계

현실계는 언어화나 이미지화가 불가능한 카오스적 영역의 세계. 라캉은 거울단계에서 아기가 인식하는 세계를 상상계라고 불렀다. 아기는 이후 상상계는 언어와 규칙 세계로 이루어진 상징계에 의해 지배된다는 사실을 깨닫게 된다. 여기서 상징계의 규칙을 받아들이면서 아기는 유아기의 자아를 형성하게 된다. 우리의 자아는 주체적으로 만들어낸 것이 아니라, 세계에 이미 존재하는 타자와 언어 등 '구조'에 의해 만들어지는 것이라고 라캉은 생각했다. 이러한 생각은 자아는 자기 스스로 만들어나가는 것이라는 사르트르의 실존철학과는 크게 달랐다. 라캉은 상상계와 상징계 이외에 '현실계(실재계)'가 존재한다고 생각했다. 현실계는 우리가 지금 살고 있는 현실 사회로서의 의미가 아니다. 언어나 이미지처럼 우리가 직접적으로 인식하거나 체계적으로 파악할 수 있는 성질의 것이 아니다. 현실계는 언어의 세계로는 완전히 포착되지 않는 세계, 즉 우리가 결코 도달할 수 없는 쾌락이나 예술과 같은 영역이라고 라캉은 생각했다. 오늘날 라캉의 상상계·상징계·현실계에 대한 인식은 정치사상과 문화비평 등 많은 분야에 활용되고 있다. (라캉, 「정신분석학에 있어서의 말과 언어활동」)

인식론적 단절

사고의 진화는 혁명적이다. 알튀세르는 마르크스 사상을 독해하면서 인간 사고는 연속적으로 심화되는 것이 아니라 언제든지 돌발적으로 일어나면서 급격히 진화할 수 있다고 생각했다. 알튀세르에 따르면 전기 마르크스는 노동자가 자본가에 의해 착취당하면서 일어나는 인간 소외 문제를 휴머니즘의 관점에서 살폈다. 그는 인간 소외 문제를 자본주의가 내재한 근원적인 문제라고 보고 이를 과학적 관점에서 파악했다. 노동자들이 처한 현실의 문제들을 추적한 결과, 마르크스의 머릿속에서 그것이 자본주의의 구조적 문제 때문이란 생각이 갑자기 일어난 것이다. 이처럼 어떤 문제가 새로운 고차원적인 문제를 일으키는 현상을 알튀세르는 '인식론적 단절'이라고 불렀다. 이를 두고 쿤은 패러다임시프트에 의해 과학사는 단절적이면서 혁명적으로 변화한다고 말했다. 알튀세르는 개인의 머릿속에서도 그와 같은 변화가 일어난다고 생각했다. 심오한 사상은 갑자기 일어난다. 이를 위해서는 어느 한 문제를 계속 생각하면서 끈기 있게 파고드는 것이 중요하다고 생각했다. (알튀세르, 『마르크스를 위하여』)

진리의 유용성

유용성이 진리를 결정하는 기준이다. 퍼스는 "진리 판단의 기준은 실천의 유용성에 있다."고 말했다. 그는 관찰과 실험을 계속해나가다 보면 언젠가는 진리에 도달한다고 생각했다. 제임스는 "진리 판단은 반드시 결과를 따져야 한다."고 주장했다. 그는 진리란 어떤 실제적인 문제의 해결이 구체적인 행위를 통해 만족스러운 결과로 나타나는 것이라고 주장했다. 제임스에 따르면, 진리는 우리와 따로 떨어져 단독으로 존재하는 것이 아니다. 인간에게 유용하게 쓰여야만 그것이 곧 진리라는 것이다. 예를 들어 종교적 신념이 어느 누군가에게 올바른 신념으로서의 역할을 한다면, 그 사람에게 있어서 그러한 신념은 진리다. 이러한 프래그머티즘적인 사고를 '실용주의'라고 한다. 제임스는 프래그머티즘적인 발상을 과학이 아닌 종교, 삶, 도덕 등에 적용했다. (제임스, 『프래그머티즘』)

도구주의

지식은 도구이며, 도구는 실제 사용하지 않으면 의미 없다. 듀이는 기존 실용주의의 경험적 차원을 넘어 행동적 차원을, 개인적 차원보다는 사회적 차원을 중시했다. 그에 따르면, 관념이나 사상은 모두 우리의 일상생활 속에서 일어나는 문제를 해결하기 위한 합목적적 도구에 해당한다. 학문과 지식을 인간 행동에 도움을 주는 도구로써 생각하는 사고방식을 '도구주의'라고 한다. 도구주의는 실용주의와 마찬가지로 인간 행복을 위한 도구로 진리를 바라본다. 도구주의는 경험을 통해 대상을 검증하는 경험주의와 연결되어 있으며, 이론적 고찰보다는 실제 실험과 그 결과를 중시하는 실용주의, 넓게는 공리주의와 맞닿아 있다. 도구주의는 진리가 검증과정 너머에 있다거나 검증과정 이전에 주어져 있다고 보는 형이상학적 사고에 반대한다. 그러나 오늘날의 도구주의는 진리와 정의조차 인간의 욕망 추구와 관련된 도구로 전락시키는 문제점을 안고 있다는 비판을 받기도 한다. (듀이, 『철학의 개조』)

창조적 지성

실천적 지성. 듀이는 어떤 문제가 제기되었을 때 상황을 관찰하고 해결방안을 모색하면서 결과에 다가가는 과정에서 진리를 얻을 수 있다고 봤다. 여기서 중요한 것은 행동(실천)이다. 실천을 통한 시행착오 없이는 결코 진리를 얻지 못한다고 그는 확신했다. 진리는 머릿속에서 얻는 것이 아니며 행동이 따라야 한다는 것이다. 행동으로 얻는 지식은 우리 시야를 넓히고 새로운 인간성으로 이끈다고 듀이는 생각했다. 이렇듯 행동으로 얻은 지성을 듀이는 '창조적 지성'으로 불렀다. 듀이는 교육으로 창조적 지성을 기를 때 민주주의의 기반은 확고해진다고 생각했다. (듀이, 『인간성과 행위』, 『민주주의와 교육』)

정신철학

마음의 철학. 정신철학 또는 심리철학은 마음 또는 정신 현상, 정신의 기능 내지는 성질·의식과 물리적인 실체인 몸과의 관계를 다루는 철학의 한 분과이다. 데카르트 이후 몸과 마음의 관계는 철학의 중요한 관심 분야였다. 어떻게 눈에 보이지도 않고, 경험할 수도 없는 정신이 육체와 서로 관계(몸은 마음을 따른다는 인과론적 사고)를 맺을 수 있는가? 우리는 늘 일상에서 이런 인과관계를 경험하고 있다. 우리는 물을 마시고 싶다는 의지(정신 상태) 때문에 시원한 물을 마시려고 냉장고를 열거나, 과거의 어떤 아픈 기억들을 떠올릴 때(정신) 눈물을 흘리는(육체적 상태) 경우를 쉽게 접할 수 있다. 심리(정신)철학은 이런 것과 관련한 문제에 대한 해결점을 찾으려는 시도이다. 오늘날은 분석철학, 특히 언어철학에서 그 흐름을 잇고 있다. 이는 현대 인식론도 결국에는 정신의 문제를 해결하지 않고서는 그 한계를 절감할 수밖에 없다는 사실을 보여준다.

물리주의

마음은 물리적으로 규명될 수 있다는 입장. 일원론적 관점은 크게 관념론과 유물론으로 나뉜다. 정신철학에서는 유물론을 '물리주의'라고 부른다. 극단적 관념론에 따르면 세계는 의식 속에 있으며, 실체라는 것도 마음(의식)에 지나지 않는다(버클리). 하지만 물리주의는 유물론의 입장에서 세계는 물질로 이루어져 있고 마음(의식)도 뇌의 움직임에 관계하는 한갓 물질에 불과하다고 본다. 세계의 궁극적 요소가 물리적이며, 이 세계에 대한 인식 역시 물리적으로 이해될 수 있다는 입장이다. 행동주의, 기능주의, 동일설을 지지하는 물리주의 학자의 다수는 마음(의식)은 뇌의 기능에 관계하므로 마음의 구조는 뇌 과학의 입장에서 물리적으로 규명될 수 있을 것이라고 생각한다. 물리주의는 현대 심리철학에서 주목받고 있다. 물리주의가 심리학에 적용된 것이 바로 '행동주의'다. 행동주의 학자들은 관찰에 의해서 공통 주관적인 방법으로 확인된 대상이나 특성만이 의미 있는 것이라고 전제한다.

카테고리 착오

다른 범주의 사물을 같은 범주로 인식하는 데서 오는 착각. 라일에 따르면 데카르트의 실체이원론은 언어의 사용 방법 차이에서 비롯된 것일 뿐이다. 예를 들어 서울의 어느 대학에 다니는 손자가 시골에서 올라온 할머니에게 학교 내의 이곳저곳을 보여줬는데도 불구하고 정작 할머니는 "네가 다니는 대학은 언제 구경시켜 줄 거야?"라고 말하는 경우가 이에 해당한다. 라일은 이러한 상황이 벌어진 것은 '카테고리 착오(범주 착오)' 때문이라고 했다. 이를 마음과 몸의 관계에 적용하여 설명할 수 있다. 라일에 따르면 마음은 눈물을 흘리거나 웃는 표정을 하는 등 여러 신체 행동이 모여 이루어진 것이기에 그 실체를 알 수 없다. 그는 실체이원론은 카테고리 착오(범주 착오)를 마음과 행동의 관계에 적용해서 사용해 착오를 일으킨 것이라고 주장했다. (라일, 『마음의 개념』)

기계 속의 유령

라일은 마음과 몸은 별개의 실체라는 데카르트의 실체이원론에 의문을 갖는 철학자 가운데 한 명이다. 기계(물질)로서의 몸(육체)을 마음이라는 유령이 조작한다는 데카르트의 생각을 그는 '기계 속의 유령'이라고 비꼬듯이 표현했다.

행동주의

인간 행위에 초점을 두고 인간을 이해해야 한다는 입장. 행동주의는 정신의 구조나 작용 과정이 주된 연구 대상이었던 기능주의와 구조주의 연구 방법에 대한 반작용으로 등장했다. 라일의 카테고리 착오 개념에 따라 사물을 들여다보면, 마음은 운다거나 웃는다거나 하는 식의 단순한 신체 행동에 불과하다. 라일은 희로애락의 마음 상태는 신체 내부에서 일어나는 것이 아니라 웃고 우는 것과 같은 신체 행동으로의 '지향성'에 따른 것이라고 주장했다. 이러한 사고를 '행동주의'라고 한다. 행동주의 입장에 따르면 행동(언행)으로 표면화된 마음 상태는 객관적으로 관찰 가능하다. 20세기 초에 행동으로부터 심리를 파악하는 실험과 관찰이 크게 일었는데, 이를 행동주의심리학이라고 부른다. 라일에 이어 인지과학자 데네트는 하나의 감정이 하나의 언행으로 결합한다는 생각은 한계가 있다고 하면서, 행동 분석에는 종합적인 해석이 필요하다고 말했다.

동일설

뇌=마음. 마음(정신)과 몸(두뇌=육체)은 같은 물질로 이루어져 있으며, 마음(정신) 상태는 뇌(육체)의 상태에 달렸다고 보는 생각을 '동일설'이라고 한다. 구름이 물 분자와 같은 것처럼, 이를테면 통증을 느끼는 마음 상태는 몸 안 어느 부분의 신경세포의 발화에 의해 감지된 뇌의 상태와 동일하다는 생각이 그것이다. 동일설과 '심신병행설'은 다음 면에서 차이 난다. 병행설은 뇌 상태와 마음 상태는 마치 동전의 앞뒷면처럼 하나의 실체를 놓고서 두 측면의 성질을 파악한 것이라 할 수 있다(뇌≒마음). 그에 비해 동일설은 뇌 상태와 마음 상태는 호칭은 다르지만, 실은 둘은 전적으로 같다고 본다(뇌=마음). 즉 동일설은 라일이 데카르트의 심신이원론을 비꼬듯이 표현한 것처럼, 마음은 '기계(뇌) 속의 유령(정신)'이 조작한다는 입장에 반대한다.

기능주의

마음 상태는 어떤 이유로 기능하는가를 규명할 수 있다는 사상. 인간 행동을 일으키는 기능(움직임)을 마음이라고 보는 심리철학을 '기능주의'라고 한다. 기능주의는 동일설과 행동주의에서 드러나는 인간 행동의 모순과 부자연스러운 현상을 규명하는 것에서 출발했다. 제임스와 듀이의 실용주의(프래그머티즘)에 입각하여 의식의 유기적 기능을 강조하면서, 의식 내용을 원자적 요소들로 분석하여 종합하는 구조주의 입장에 반대한다. 기능주의 시각에서 보면 뇌(육체)와 마음(정신)의 관계는 마치 컴퓨터의 하드웨어와 소프트웨어의 관계와도 같다. 두뇌가 컴퓨터의 하드웨어라면, 마음(의식)은 곧 컴퓨터에 프로그램 된 소프트웨어라는 것이다. 기능주의는 의식 또는 정신은 유기체가 환경에 적응하는 데 공헌하는 유용성이라는 각도에서 파악할 것을 강조한다. '의식이란 무엇인가'의 문제에 몰두하기 보다는 '의식이 무슨 이유로, 어떻게 활동하느냐'의 문제를 실험과 관찰로 연구해야 한다는 것이다.

튜링테스트

인공지능 시대의 도래. 기계(컴퓨터)가 인공지능을 갖추었는지를 판별하는 실험으로, 영국의 수학자 앨런 튜링이 제안했다. 튜링테스트의 상황은 다음과 같다. 칸막이를 사이에 두고, 한쪽에는 지능 테스트를 치르는 사람과 컴퓨터가 있고 다른 한쪽에는 심사위원들이 있다. 모든 테스트의 질문과 대답은 목소리가 아닌 문자를 통해 주고받는다. 테스트가 끝나면 심사위원들은 누가 사람이고 컴퓨터인지 판정한다. 여기서 잘못 판정을 내린 심사위원 수가 많으면 컴퓨터가 이기는 것이자, 컴퓨터가 지능을 갖고 있는 것으로 간주된다. 1950년 당시의 테스트를 통해 튜링은 컴퓨터는 우리와 동일하게 마음(지능)을 갖고 있다고 주장했다. 이후 2014년 실시됐던 테스트에서 우크라이나 국적의 13세 소년으로 설정된 컴퓨터 프로그램 '유진'과 대화를 나눈 심사위원 25명 가운데 33%가 진짜 인간이라고 판단했다. 오늘날 튜링이 그랬듯이 컴퓨터는 인간처럼 마음을 갖고 있다고 생각하는 강한 인공지능 지지자들과, 그와는 달리 컴퓨터는 마음을 갖고 있지 않으며 단지 마음을 연구하는 데 필요한 역할을 담당할 뿐이라는 약한 인공지능 지지자들로 나뉘어 활발한 논의가 진행되고 있다.

퀼리아(qualia)

마음 속에 일어나는 주관적 감각. 퀼리아는 어떤 것을 지각하면서 느끼게 되는 기분이나 떠오르는 심상으로, 말로 표현하기 어려운 특질을 가리킨다. '감각질'이라고도 부른다. 일인칭 시점으로 주관적 특징이 있으며, 객관적 관찰이 어렵다. 차머스에 의하면 의식에 관한 문제는 어려운 문제와 쉬운 문제로 나눌 수 있다. 심리학과 신경과학이 대답할 수 있는 문제, 예를 들면 '뇌는 정보를 어떻게 통합하는가.'나 '인간은 어떻게 외부의 자극을 분별하여 이에 적절히 반응할 수 있는가.'와 같은 인지체계의 객관적 메커니즘과 관련된 문제가 쉬운 문제다(여기서 '쉽다'는 의미는 사소하거나 중요하지 않다는 의미가 아니다). 반면 심리학과 신경과학이 대답할 수 없는 문제, 예를 들면 '뇌의 물리적 작용이 어떻게 주관적인 감각 경험을 일으키는가.', '왜 뇌의 물리적 작용에 감각이 동반되는가.'처럼 생각과 인식의 내적 측면에 관한 문제가 어려운 문제다. 퀄리아(감각질)는 의식에 관한 문제 가운데 설명하기 어려운 문제, 다시 말해 '설명의 간극'이 큰 문제를 일컫는 것이기 때문에 논쟁의 대상이 된다. (차머스, 『의식하는 마음』)

수반현상설
의식이 몸을 움직이고 있는 듯한 느낌은 착각이다. 수반현상설(隨伴現象說)이란 물질과 의식 사이의 인과관계에 대해 논의하는 심리철학의 한 입장이다. 수반현상설에 의하면, 물질은 반드시 원인과 결과(인과율)라는 물리법칙을 좇듯이, 의식은 신체에 수반할 뿐 신체에 영향을 주지 않는다. 의식이 신체를 움직이고 있다는 감각은 착각에 불과하다는 것이다. 수반현상설은 물질(신체)과 의식(정신)을 별개의 존재로 인식하는 '이원론'의 입장을 취하면서, 의식의 세계에서 일어나는 반응에는 반드시 그것에 대응하는 물질 반응이 존재한다는 입장을 취한다. 수반현상설과 대립하는 입장에 '상호작용설'이 있다. (차머스, 『의식하는 마음』)

철학적 좀비
외면상으로는 보통 인간과 같지만, 의식(퀄리아)을 갖고 있지 않은 인간. 철학적 좀비는 심리철학에서 쓰이는 용어이다. 차머스가 감각질을 설명하기 위한 사고 실험에서 이 용어를 사용했다. 철학적 좀비는 '물리적·화학적·전기적 반응에는 일반 인간과 완전히 동일하게 작용하지만, 의식(감각질)을 전혀 가지고 있지 않은 인간'이라고 정의된다. 좀비와 인간의 차이는 마음을 갖고 있는가, 그렇지 않은가 여부이다. 차머스는 이를 차용하여 '마음'이 비물질적 감각으로 세계 안에 존재할 수 있다고 보았다. 그리고 인간의 본질은 '마음(의식, 퀄리아)'이라고 결론 내렸다. 차머스는 성질이원론(중립이원론)의 입장에서 물리주의(또는 유물론)의 입장을 반박하면서 이 개념을 사용했다. 좀비의 개념을 이용하여 물리주의를 비판하는 이 논증을 좀비 논변 또는 상상가능성 논변이라고 부른다. (차머스, 『의식하는 마음』)

자연주의적 이원론
마음은 물질로 환원할 수 없다. 차머스는 자신의 입장을 자연주의적 이원론에 위치시켰다. 그는 이원론의 입장에서 마음(의식)은 현대 물리학으로는 설명할 수 없다고 생각했다. 그렇다고 물체와 분리된 마음을 정신적 실체로 파악하는 데카르트의 심신이원론을 전적으로 따르지도 않았다.
그는 정신과 영혼 같은 초자연적인 언어로서의 의미가 아니라 자연적(그리고 과학적) 언어의 의미로써 생각하면서, 물

질인 뇌로부터 왜 의식이 일어나는가에 대해 골몰했다. 그의 자연주의적 이원론은 마음(의식)의 문제는 결코 물리학으로 환원할 수 없다는 '이원론적' 관점을 기반으로 하되, 과학적인 접근방식을 따라야 한다는 '자연주의' 사상을 더한 것이라 할 수 있다.

현대 윤리학
현대 윤리학은 크게 셋으로 나뉜다. 선과 악 등 언어의 의미를 분석적(논리적)으로 고찰하는 '메타윤리', 어떤 행위가 도덕적으로 옳은가에 대한 기준을 탐구하는 '규범윤리', 실천적인 면에 주목하여 메타윤리와 규범윤리를 사형·낙태·안락사 등과 같은 개별 문제에 응용하는 '응용윤리'가 그것이다. 각 윤리학의 입장을 분석철학의 탐구 분야인 메타윤리(분석적 윤리)를 중심으로 살피면 다음과 같다.

● 현대 윤리학 분야

메타윤리		– 자연주의: 생물학적 진화와 생존본능을 따르는 것을 '선'으로 보는 과학적 사고
		– 직관주의: 도덕(선)은 과학으로는 불가능하며, 직관으로밖에 파악할 수 없다는 입장
규범윤리	결과주의	– 공리주의: 사회 이익을 높이는 것을 '선'으로 보는 입장
		– 이기주의: 자기 이익을 극대화하는 것을 '선'으로 보는 입장
		– 복리주의: 다수의 복리를 높이는 것을 '선'으로 보는 입장
		– 상황윤리: 처한 상황에 맞게 좋음을 가져오는 것을 '선'으로 보는 입장
		– 의무론: 정언명령이라는 도덕법칙에 따르는 것을 '선'으로 보는 입장
		– 덕 윤리: 실제 행위에 주목하기보다는 내면의 '선'한 특성을 실천해야 한다는 입장
		– 배려윤리: 타인을 보살피고 배려하는 관계 속에서 '선'을 실천해야 한다는 입장
응용윤리		– 생명윤리: 인간 존엄성을 중시하는 윤리적 사고
		– 환경윤리: 인간과 자연의 공존을 도모하는 윤리적 사고

● 인간 본성과 관련한 서양 윤리의 흐름

이성 사유 중시	→	소크라테스 플라톤	→	아리스토 텔레스	→	스토아학파	→	합리론	→	칸트
감각 경험 중시	→	소피스트	→	에피쿠로스 학파	→	경험론	→	공리주의	→	실용주의

직관주의

도덕은 자연 속에 없다. 도덕은 직관으로만 파악할 수 있다. 벤담과 밀은 공리주의 입장에서 '선(善)'은 곧 '쾌락'이라는 말로 정의했다. 공리주의에 따르면 '선'은 사회 전체의 쾌락 증대와 고통 감소를 기준으로 판단 가능하며 질적으로도 계량화할 수 있다. 그러나 일상언어학파 학자인 무어는 '선'과 '쾌락'이 같음을 증명한다는 것은 결코 해결할 수 없는 문제로, 둘이 반드시 같다고는 정의내릴 수 없다고 주장했다. 무어는 선악에 따라 도덕을 자연과학적 사실과 동일하게 분석하는 것은 잘못됐다고 말하면서 그러한 잘못을 '자연주의적 오류'라고 불렀다. 무어는 '선'은 가장 순수한 개념으로 이를 과학적으로 분석·해석하는 것은 불가능하다고 보았다. '좋음', '쾌락' 등 다른 언어로 바꿔 말할 수도 없다고 생각했다. '선'은 물질이 아니며, 우리의 직관으로밖에는 파악할 수 없는 것이라고 그는 생각했다. '인간의 직관으로만 파악할 수 있는 것', 이것이 무어가 말하는 도덕의 본질이다. 이를 '직관주의'라고 한다. '공리주의'의 윤리와 대립하는 직관주의 윤리는 자연주의 윤리 역시 과학적 사실과 도덕적 사실을 혼동한다고 비판한다. 과학의 언어는 전환 가능하지만 도덕의 언어는 전환할 수 없는 것이어서 본질을 달리한다는 것이다.

덕 윤리

행위자 중심의 윤리. 덕 윤리는 근대 윤리학의 한계에 대한 대안으로 탄생했다. 덕 윤리는 아리스토텔레스의 사상으로부터 나온 것으로, '덕(德)'이라고 부르는 개인의 내적 특성 혹은 성품이 가장 커다란 도덕적 중요성을 갖는다고 주장하는 이론이다. 덕 윤리는 행위 중심의 근대 윤리학과 달리 '한 개인이 어떤 종류의 사람인가?' 혹은 '어떤 종류의 삶을 살아야 하는가?'에 관심을 가지는 행위자 중심의 윤리 사상이다. 현대 덕 윤리는 아리스토텔레스의 덕 윤리와 다음과 같은 공통된 특성을 보인다. 덕은 자신이 속한 공동체의 도덕적 모범을 본받으려는 지속적 노력을 통해 길러지며, 덕의 함양에 있어 도덕적 감정 계발이 중요하다고 본다. 또 도덕적 판단을 내릴 때 보편적 도덕 원리를 일률적으로 적용하기보다는 각각의 구체적 상황에서 무엇이 적절한지 유연하게 파악하는 실천적 지혜를 강조한다. 반면 다음과 같은 차이를 보이기도 한다. 이성이 탁월하게 기능할 때 덕이 형성된다고 보는 아리스토텔레스와 달리, 매킨타이어의 주장처럼 사회적 맥락과 전통과의 관련성 속에서 덕을 파악해야 한다. 또 아리스토텔레스의 목적론적 관점과는 달리 인간이 추구해야 할 목적은 정해져 있는 것이 아니라 인간의 계속되는 역사를 통해 형성되고 드러나는 것이다.

배려윤리

관계와 배려의 윤리. 덕 윤리와 함께 근대 윤리학의 한계를 비판하며 등장한 배려윤리는 도덕적 삶에 있어서 인간관계라는 구체적인 맥락을 중시하고, 보살핌의 태도가 중요한 의미를 갖는다는 사상이다. 배려윤리는 '여성주의 윤리'의 영향을 받아 전개됐다. 여성주의 윤리는 기존의 윤리가 자율성, 공정성, 개인의 권리 등을 강조하는 남성 중심적 가치관을 반영하고 있으며, 인간적 유대, 희생과 헌신 등 여성이 중요하게 생각하는 도덕적 가치를 무시해 왔다고 비판했다. 배려윤리는 이러한 여성주의 윤리의 관점을 바탕으로 여성의 도덕적 특성을 긍정하는 새로운 윤리 기준을 제시했다. 그럼에도 불구하고 배려윤리는 다음과 같은 한계를 안고 있다. 즉 배려윤리는 도덕성 영역의 다양한 측면을 배려나 사랑과 같은 감정 혹은 정서에만 국한시킬 수 있으며, 또한 보편성을 획득하지 못하고 윤리적 상대주의로 흐를 위험이 있다. 대표적인 학자로 길리건과 나딩스가 있다.

동물권

동물도 고통에서 해방될 권리가 있다. 1970년대 후반 철학자 피터 싱어가 "동물도 지각·감각 능력을 지니고 있으므로 보호받기 위한 도덕적 권리를 가진다."라고 주장한 개념이다. 피터 싱어는 1973년 저서 『동물 해방』에서 '모든 생명은 소중하며, 인간 이외의 동물도 고통과 즐거움을 느낄 수 있는 생명체'라고 서술했다. 또 동물권을 주장하는 사람들은 동물도 적절한 서식 환경에 맞춰 살아갈 수 있어야 하며 인간의 유용성 여부에 따라 그 가치가 결정되는 것은 아니라고 봤다. 싱어는 모든 생명체는 고통을 피하고 쾌락을 추구하므로 인간을 포함한 모든 생명체의 이익을 동등하게 고려해야 한다는 '이익평등 고려의 원칙'에 따라 동물을 고통으로부터 해방해야 한다고 주장했다. (싱어, 『동물 해방』, 『실천윤리』)

이익평등 고려의 원칙

동물도 인간처럼 도덕적 배려의 대상이 되어야 한다. 현대 공리주의는 고전적 공리주의의 핵심 원리를 계승하는 흐름과 고전적 공리주의의 한계를 극복하려는 흐름으로 나누어 볼 수 있다. 공리의 윤리를 계승하고 확장함으로써 새로운 윤리 사상을 전개하려는 현대 공리주의자이자 실천 윤리학자로 싱어를 들 수 있다. 그는 감각을 지닌 모든 개체의 이익은 동등한 고려의 대상이 되어야 한다는 '이익평등 고려의 원칙'을 제시함으로써, 인간뿐만 아니라 감각을 지닌 모든 동물에게 공리의 원리를 확장할 것을 주장했다. 쾌락과 고통에 대한 감각을 가진 모든 개체가 쾌락을 늘리고 고통을 줄이는 방향으로 행동하는 것, 즉 이익을 추구하는 것은 개체의 기본적인 권리라는 것이다. 따라서 그는 인간뿐만 아니라 감각을 가진 동물까지도 도덕적 배려의 대상이 되어야 한다고 주장했다. (싱어, 『실천윤리』)

행위 공리주의와 규칙 공리주의

규칙 공리주의는 고전적 공리주의의 문제점으로 지적된 결과 계산의 난점 및 역직관성(우리들의 일상적인 도덕적 직관과 어긋나는 것)의 문제를 해결하기 위한 사상적 흐름이다. '**규칙 공리주의**'는 개별적 행위의 결과를 따져 옳고 그름을 판단하는 행위 공리주의(전통 공리주의)와 달리 일반적으로 최대의 쾌락과 행복을 가져오는 규칙을 세우고 그 규칙을 따라야 한다고 주장하는 이론이다. 쉽게 말해 '진실을 말하라' 혹은 '다른 사람을 해치지 말라'와 같은 어떤 행위의 일반적 규칙이 공리의 원리에 비추어 옳다고 판단되면, 개별적 행위는 이렇게 세워진 규칙에 따라 옳고 그름을 판단할 수 있다는 것이다. 이는 주어진 상황에서 모든 행위의 결과를 계산해야 한다는 행위 공리주의의 요구에 비해 확실히 경제적이다. 그리고 규칙 공리주의가 채택할 규칙은 우리 사회의 전통이나 직관에 의해 받아들여진 일반적 규범과 일치하거나 최소한 상충하지 않을 가능성이 높다. 예컨대 특정한 상황에서 무고한 사람을 죽이는 것이 여러 사람의 목숨을 구하고, 그리하여 일반적인 공리를 증가시킨다면 행위 공리주의자의 입장에서 그것은 올바른 행동이 될 것이다. 그러나 규칙 공리주의자의 입장에서는 무고한 사람을 죽이는 것은 인권 중시라는 현대 윤리 규칙을 위배하므로 그와 같은 행동이 설령 특별한 상황에서 유익한 결과를 가져오더라도 잘못된 것이라고 생각할 것이다. (테일러, 『윤리학의 기본원리』)

생명윤리와 환경윤리

인간 존엄성과 사회적 효용성 간의 딜레마 해결, 인간과 자연의 조화로운 삶을 위한 대안적 모색. 대표적인 응용윤리로 **환경윤리**와 **생명윤리**가 있다. 유전자 기술과 의료 기술의 진보에 따라 인간은 스스로의 생사를 조작할 수 있는 단계에까지 이르렀다. 하지만 지나친 인간중심주의 사상의 이면에는 인간 스스로는 물론 인간 이외의 생명을 경시하는 풍조가 만연하고, 자연 파괴에 의해 환경이 갈수록 나빠지는 등 많은 문제를 낳고 있다. 이에 생명윤리와 환경윤리의 중요성은 갈수록 높아지고 있다. 특히 유전자 조작, 출생 전 진단, 존엄사와 뇌사, 인공지능과 인공장기, 동물의 권리, 디자이너 베이비와 인공정자, 장기 이식, 대리모 출산과 관련한 분야에서의 '인간', '가족', '자유', '생명', '자연' 등과 관련한 바람직한 윤리적 개념을 새롭게 정립할 필요가 있다.

또 하나의 공동체

개인의 단독성이 공동체를 만든다. 미국의 대표적 철학자인 링기스는 지금까지의 사회 · 정치 철학과는 다른 시각에서 공동체의 의미에 대해 고찰했다. 링기스에 따르면, 애초에 합리적인 공동체 성립 이전에 다른 누구와도 교환할 수 없는 개인이 있다. 이를테면, 어떤 사람에게 '당신은 정말 아름답다!'라고 말할 때 거기에서 필요한 것은 정보의 공유가 아니라 바로 자신만의 느낌이다. 이와 같은 정보의 공유가 아닌 고유한 표현이야말로 합리적인 것에 앞서는 또 하나의 공동체라고 그는 생각했다. 이는 개인이 죽음을 맞이하거나 이별하는 상황에서 뚜렷하게 나타난다. 그러한 상황에서 우리가 할 수 있는 일은 한정되며, 바로 그때 개인의 **단독성**, 다른 누구도 대신할 수 없는 본래의 모습이 나타난다. 공동체 의식은 개인의 단독성을 전제로 하여 나와 타자 간 둘도 없이 소중한 관계를 쌓을 때 형성되는 것이라고 그는 주장하였다. 하루하루 삶 속에서 겪는 사건들, 마주침들, 대면 행위들, 접촉들이 인간의 삶을 자극하고 인도하며 지도한다고 그는 주장하였다.

호모 사케르

예외 상태에 있는 삶. 호모 사케르는 원래는 '성스러운 인간'을 의미한다. 고대 로마법에 따르면 범죄자로서 제물로 바쳐질 수 없으나 누구나 죽여도 되는 자, 즉 '법에서 배제된 인간'을 가리키는 말이기도 하다. 호모 사케르는 누구나 그를 살해해도 되는, 말하자면 버림받은 인간이다. 생존해 있는 이탈리아 정치철학자 조르조 아감벤은 이것을 카를 슈미트의 말을 빌려 '예외 상태에 있는 삶'이라고 규정하면서, 인격을 박탈당하고 법의 바깥으로 추방당한 인간이자 사회적 보호막 바깥에 위치한 벌거벗은 생명을 호모 사케르라고 지칭하였다. **호모 사케르**는 현대 사회 도처에서 발견된다. 공동체의 법적 · 제도적 질서로부터 추방된 자로서 모든 사회 질서로부터 벗어나 있는 일체의 사람들이 그들이다. 그들에게 가해지는 폭력이나, 심지어 죽음도 의미가 없다. 사회 안에 있으나 배제된 자는 벌거숭이 삶을 살다가 아무런 보호나 구속도 없는 상태에서 죽어가는 것이다.

현대사회의 윤리 문제

- 사생활 권리 침해
- 지적 재산권 침해
- 크래킹과 바이러스 유포
- 정보격차와 정보 왜곡
- 불건전한 정보 유통의 폐해
- 윤리적 딜레마의 상황

정보사회의
윤리 문제

가상세계

- 인터넷 가상공간에서의 정체성 혼란 문제
- 사이버 폭력과 범죄, 인터넷 중독
- 사이버 시민윤리

환경윤리

- '인간–자연–환경–생태'에 대한 관점_ 인간중심주의, 생명 중심주의, 생태 중심주의
- 서양의 인간관·자연관과 동양의 인간관·자연관

현대사회의
윤리 문제

과학기술
시대의
인간 정체성

- 지식·정보사회의 자아정체성, 자아동일성 문제
- 인간과 기계의 관계_ 데카르트의 기계론적 인간관

동물의 권리

- 인간과 동물의 관계_ 동물의 권리 측면, 동물의 도덕적 지위 측면, 동물의 복지 측면에서의 고찰
- 동물권 부정의 논리_ 인간중심주의, 종차별주의 비판
- 싱어의 이익평등 고려의 원칙
- 동물실험의 문제_ 필요성과 도덕성에 대한 논쟁

생명윤리

- 인간과 자연의 관계_ 환경결정론, 문화결정론, 생태론
- 미래의 책임윤리로서의 생명윤리
- 인간 복제 문제
- 낙태의 윤리적 쟁점
- 뇌사 찬반론, 존엄사 허용 논란

과학기술의
윤리 문제

- 과학기술을 보는 시각_ 도구주의, 기술결정론, 사회결정론
- 과학윤리의 문제점_ 연구의 객관성과 진실성 문제, 인체실험 및 동물실험 문제, 과학자의 사회적 책임의 문제

3 동양철학 사상

동양에서는 가족 단위의 공동체를 기반으로 인간과 사회의 본질과 그 관계에 관한 다양한 사상적 흐름을 형성하며 발전하였다. 그 대표적 사상으로 **유교 사상, 불교 사상, 도교 사상**이 있다.

유교 사상은 공자, 맹자, 순자와 같은 유가사상가들을 통해 본격적으로 형성되었다. 당시 유가사상가들은 사회적 혼란에 대한 고민을 바탕으로 인간과 사회의 본질에 대한 성찰에 이르렀으며, 이는 훗날 **성리학**과 **양명학**의 뿌리가 되어 동양 사상 전반에 큰 영향을 미쳤다.

불교 사상은 인도에서 시작되어 인간의 고통에 관심을 가지고 우주와 인생의 본질을 논했다. 불교에서는 이와 같은 관심을 바탕으로 우주의 진리와 인간 삶의 윤리, **깨달음**에 이를 수 있는 수행 방법 등을 탐구하였으며, 이후 한국을 비롯한 중국, 일본 등 동양 전반에서 다양한 형태로 전개되었다.

도교 사상은 노자, 장자 등의 도가사상가로 대표되며 자연의 **순리**가 무엇인지, 그리고 이러한 순리에 따르는 삶이 어떠한 것 인지에 대해 탐구하였다. 도교 사상은 이후 민간신앙과 접목되어 일반 민중의 삶에 깊숙이 파고들면서, 동양 문화 전반에 살아 숨 쉬고 있다.

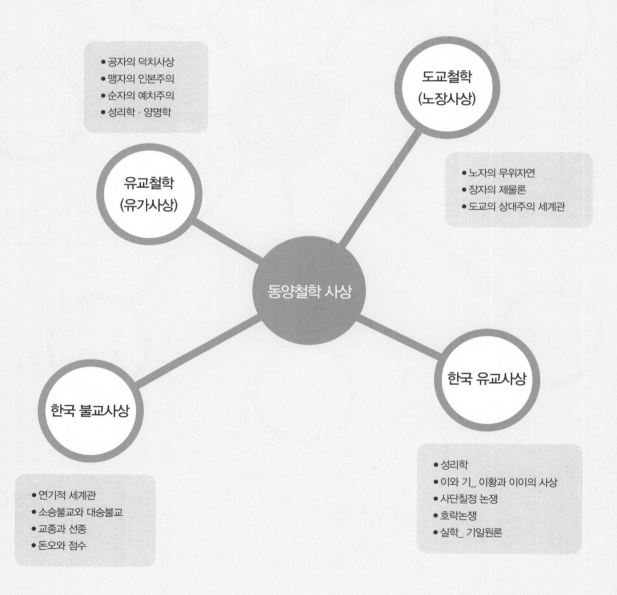

• 공자의 덕치사상
• 맹자의 인본주의
• 순자의 예치주의
• 성리학 · 양명학

도교철학
(노장사상)

• 노자의 무위자연
• 장자의 제물론
• 도교의 상대주의 세계관

유교철학
(유가사상)

동양철학 사상

한국 불교사상

• 연기적 세계관
• 소승불교와 대승불교
• 교종과 선종
• 돈오와 점수

한국 유교사상

• 성리학
• 이와 기_ 이황과 이이의 사상
• 사단칠정 논쟁
• 호락논쟁
• 실학_ 기일원론

중국의 철학 사상

철학이란 말은 서양의 philosophy란 원어를 일본 메이지 유신 말기의 사상가 니시 아마네(西周)가 번역한 용어이다. 그 후 중국에서 이 용어를 그대로 사용하였다(그 점에 있어서는 우리나라 역시 마찬가지다). 중국에서도 사물의 원리를 탐구하는 사상은 예전부터 있었다. 그러나 서양과는 달리 그 사상이 철학과 종교를 명확히 구분하는 준거는 아니었으며, 그렇다고 종교적 개념도 아니었다. 사고 방법의 준거가 다르기에 서양에서 발생한 개념인 '철학'을 중국 사상에 적용하기에는 무리가 따른다.

중국에는 유가사상의 시조인 공자와 도가사상의 시조인 노자 등 동양 사상에 큰 영향을 끼친 '**제자백가**'라고 부르는 학자들이 존재한다. 그들의 언어와 사상은 서양과는 다른 유형으로 세계와 인간의 근원적인 것들을 고찰했다. 그것들을 가리켜 중국 독자의 '철학'이라 할 수 있다. 중국 사상의 원류에는 제자백가의 사상이 있다.

제자백가

제자는 여러 '학자', 백가는 수많은 '학파'라는 뜻. 기원전 8세기 경 중국의 고대 왕조인 주(周)나라 왕실의 권위가 약화되면서 기존의 사회제도가 무너지자, 정치적·사회적으로 혼란한 시기인 춘추전국시대(BC 8세기~BC 3세기)가 도래했다. 이 시기의 군주를 비롯한 사회 지배층들은 자기 마음대로 권력을 휘두르고 자신만의 이익을 추구했다. 그 결과 백성의 삶은 궁핍해졌고 개인의 도덕성 또한 약화됐다. 이러한 혼란을 해결하기 위해 다양한 사상가와 학파들이 등장하게 되었는데, 이를 '**제자백가(諸子百家)**'라고 한다. 제자백가 중 대표적인 것으로 유가(儒家), 도가(道家), 법가(法家), 묵가(墨家) 등을 들 수 있다. 이들은 당시 사회의 혼란을 해결하고자 하는 공통적인 목적이 있었지만, 혼란의 원인과 해결책에 대해서는 서로 다른 입장을 가지고 있었다. (유흠의『칠략七略』, 반고의『한서漢書』, 사마천의『사기史記』)

유가

중국 사상의 본류. 제자백가 중 후세에 특히 크게 영향을 미친 학파는 '유가'와 '도가'이다. 유가사상은 노나라의 공자(孔子)에 의해 시작되어 근대까지 사회와 문화 전반에 걸쳐 결정적인 영향을 끼쳤다. 또한 한국, 일본 및 동남아시아 여러 지역에 전해져 동아시아 문화권에 큰 영향을 줬다. 대표적인 사상가로는 공자, 맹자, 순자 등이 있다. 유가사상의 기본 방향은 **수기치인(修己治人)**, 즉 개인 수양과 도덕정치다. 이후 수기치인 정신은 중국의 전통이 된다. 통치철학으로서의 유가사상의 핵심은 **정명(正名)** 사상이다. 공자는 정치를 이야기할 때 정명론을 주장하여 모든 사람은 각자의 위치에서 각자의 할 일에 최선을 다해야 한다고 말했다. 공자 사상의 출발점은 '**인(仁)**'이다. 공자는 인간이 하늘의 도를 본받아 사람을 사랑하고 어질게 행동하는 인을 베푸는 것이 바람직한 삶이라고 강조했다. 공자의 가르침을 '유교'라고 부르는데, 맹자와 순자를 이어 주자(주희)와 왕양명 등에게 계승됐다.

인(仁)과 예(禮)

인은 인간적인 사상, 예는 예의·규범. 공자는 당시 사회적 혼란의 근본 원인이 개개인의 도덕적 타락에 있다고 봤다. 따라서 사회 혼란을 해결하고 도덕적인 사회를 만들기 위해서는 타고난 내면의 도덕성, 즉 '**인(仁)**'을 회복해야 한다고 강조했다. 인은 크게 두 가지 의미를 가지고 있다. 하나는 인간됨의 본질을 이루고 있는 사랑의 정신이며, 다른 하나는 사회적 존재로 완성된 인격체의 인간다움이다. 이때 공자가 말하는 인으로서의 사랑은 선을 좋아하고 악을 미워하는 사랑을 의미하며, 사랑의 범위를 가까운 것에서 넓게 확장해야 한다는 의미를 담고 있다. 이는 무차별적인 사랑을 주장한 묵자의 겸애와는 다르다. 공자는 이러한 인을 실천하는 기본적인 덕목을 효제(孝悌)라 했으며, 인을 실천하는 구체적 방법으로 충(忠)과 서(恕)를 제시했다. 공자는 인과 더불어 '**예(禮)**' 또한 강조했다. 인이 내면적인 도덕성이라면, 예는 외면적 규범을 가리킨다. 공자는 당시의 예가 지나치게 형식화된 것을 비판하면서, 인을 바탕으로 예를 실천할 것을 주장했다. 예는 여러 사람들이 질서를 유지하기 위해 필요한 외적인 사회규범을 말한다. 공자는 인을 실천하기 위해 각 개인이 자신의 사욕을 극복하여 진정한 예를 회복할 것(극기복례, 克己復禮)을 강조했으며, 이를 실천하는 사람을 **군자(君子)**라고 불렀다.

충(忠)과 서(恕)

충(忠)은 조금의 속임이나 허식 없이 온 정성을 다하는 것이고, 서(恕)는 자신을 미루어 다른 사람의 마음을 헤아리는 것을 뜻한다.

덕치주의

수기치인을 이상으로 하는 정치사상. 공자는 통치에 있어서 군주가 강제적인 법률이나 형벌보다는 도덕과 예의로 백성을 교화해야 한다고 주장했다. 이를 '**덕치주의(德治主義)**'라고 한다. 그는 군주는 도덕적인 사회를 만들기 위해 군자다운 인격을 닦은 후에 백성을 다스려야 한다고 주장했다. 이를 가리켜 공자는 "군주는 자기 수양을 통해 사람들을 편안하게 해주어야 한다."라고 했다. 또한 "군주는 군주다워야 하고 신하는 신하다워야 하며, 아버지는 아버지다워야 하고 아들은 아들다워야 한다(君君臣臣父父子子)."라고 하며 각자의 신분과 지위에 따라 맡은 바 역할을 다할 것을 강조했다. 이를 '정명(正名)'이라고 한다. 공자는 백성들의 경제적 안정을 위해 공정한 분배를 강조했다. 그는 『논어(論語)』에서 "국가를 다스리는 사람은 부족한 것을 걱정하지 말고 분배가 공정하지 못한 것을 걱정해야 한다."라고 했다. 그는 이처럼 재화의 공정한 분배가 이루어져 모든 사람들이 잘 살 수 있는 '**대동사회(大同社會)**'를 지향했다. 『논어』

● 대동사회
유교에서 강조한 이상사회이다. 큰 도(道)가 행해지고 어진 사람과 능력 있는 자가 버려지지 않으며, 가족주의에 얽매이지 않고, 노인은 자기의 생을 편히 마치고, 젊은이는 모두 일할 수 있으며, 노약자나 병자 그리고 불쌍한 자들이 부양되며, 길에 재물이 떨어져도 줍지 않는 세상을 말한다. 이상사회인 대동(大同) 세상의 전 단계를 **소강(小康)** 사회라고 한다.

도(道)
인간이 마땅히 갖춰야 할 자세. 공자는 예를 실천하기 위해 '인의 완성'을 지향하는 것을 '**도(道)**'라고 말했다. 공자는 "아침에 도를 들으면 저녁에 죽어도 좋다."고 하여, 학문이란 세상의 도(道)에 대해 배우는 것이라고 말했다. 그는 세상은 도가 없기(無道) 때문에 개혁할 필요가 있다고 주장했다. 즉 혼란한 세상을 개혁하여 질서를 회복하는 것이 도를 세우는(有道) 일이다. 공자는 법이 공평하게 제정되고 제정된 법은 공정하게 집행되어서, 원칙과 상식이 통하고 편법과 반칙이 통하지 않는 그런 사회가 '도가 서 있는 사회'라고 생각했다. 『논어』

논어
유교의 경서. 논어는 공자 사후 수백 년 동안 기록되고 편집되어온 공자의 언행록이다. 사서(四書)의 하나로, 유가(儒家) 사상을 집대성한 중국 최초의 어록이자 공자의 가르침을 전하는 가장 확실한 옛 문헌이다. 공자와 그 제자와의 문답을 위주로 인생의 교훈이 되는 말들을 간결하고도 함축성 있게 수록했다. 『논어』라는 서명은 공자의 말을 모아 간추려서 일정한 순서로 편집한 것이라는 뜻인데, 누가 지은 이름인지는 분명치 않다. 『논어』

성선설
인간 본성은 착하다는 사상. 전국 시대에 활동했던 맹자(孟子)는 공자의 학문을 계승하여 유교 사상을 발전시킨 사상가이다. 맹자는 개인의 이기적 욕심이나 의로운 일 앞에서 주저하는 두려움이 선한 마음을 가리기 때문에 사회 혼란이 발생한다고 봤다. 그는 이러한 사회 혼란을 해결하기 위해서 인과 의를 강조했다. '인'이 따뜻하고 포용적인 사랑이라면, '의'는 옳고 그름을 분명하게 구분하는 사회적 올바름을 말한다. 당시의 사회적 혼란을 해결하기 위해 공자가 인을 강조한데 비해, 맹자는 의를 더욱 강조했다. 맹자는 혼란한 시대에도 불구하고 인간의 도덕적 본성에 대한 신뢰를 강조했던 사상가로서, 인간의 본성이 선하다는 '**성선설**'을 주장했다. 그는 모든 사람이 다른 사람의 고통을 차마 그대로 보아 넘기지 못하는 마음을 가지고 태어난다고 보았다. 그에 따르면 이러한 마음은 남을 불쌍히 여기는 마음(측은지심惻隱之心), 자신의 잘못에 대해 부끄러워하는 마음과 불의에 대해 미워하는 마음(수오지심羞惡之心), 겸손하며 양보하는 마음(사양지심辭讓之心), 옳고 그른 것을 가리고자 하는 마음(시비지심是非之心) 등의 네 가지 마음, 즉 '**사단(四端)**'을 통해 드러난다. 맹자는 사단이 인간이 선천적으로 타고나는 것으로, 본래부터 자기 안에 들어 있는 사단을 확충할 때 인의예지(仁義禮智)라는 네 가지 덕(四德)이 된다고 봤다. 이러한 맹자의 관점은 인간의 본성은 악하다고 하여 성악설을 주장한 순자의 사상이나 인간의 본성에는 선이나 악이 없다는 고자의 성무선악설과는 차이가 있다. 공자는 인간 본성에 대해 말하지 않았는데, 이를 정의한 점에서 맹자는 독자성을 갖는다. 『맹자』

호연지기
도를 깨우침으로써 자연스레 가지게 되는 도덕적 기운. 맹자는 모든 사람이 사단을 갖고 태어나기 때문에 누구나 성인이 될 수 있다고 봤다. 하지만 후천적인 노력 없이는 선한 본성을 잘 발휘할 수 없기 때문에 지속적인 수양을 통해서 '**호연지기(浩然之氣)**'를 기를 것을 강조했다. 호연지기란 지극히 크고 굳세며 올곧은 도덕적 기개를 말한다. 맹자는 의로운 일을 실천하고 쌓으면 호연지기가 형성된다고 보았으며, 이러한 호연지기를 갖춘 이상적 인간상을 '**대장부(大丈夫)**' 또는 '대인(大人)'이라고 했다. 『맹자』

왕도정치
백성을 덕으로 다스리는 정치사상. 맹자는 인간이 지닌 네 가지 덕(四德) 가운데 타인을 동정하는 마음인 인과, 불의를 참지 않는 정의로운 감정인 의를 특히 중요하게 생각하여 이를 '**인의(仁義)**'라고 불렀다. 맹자 사상의 핵심은 인의라는 언어로 표현된다. 공자의 덕치주의 사상을 이어받은 맹자는 힘에 의한 정치인 패도(覇道)를 비판하며 왕도(王道) 정치를 주장했다. 맹자는 왕의 덕성을 인의라고 말하면서 인의에 기반을 둔 민중 본위의 정치를 펼쳐야 한다고 주장했다. 맹자의 왕도정치는 백성을 나라의 근본으로 생각하고 백성의 입장에서 정치를 하는 민본주의를 바탕으로 하고 있다. 또한 맹자는 "의식주가 넉넉한 것도 왕도의 시작이다."라고 하여 백성들의 경제적 안정을 중시했다. 나아가 그는 "백성들은 항산(恒産)이 있어야 항심(恒心)이 있을 수 있다."라고 하여, 경제적 안정이 궁극적으로 백성들이 도덕성을 유지하기 위한 토대가 된다고 봤다. (『맹자』)

● 왕도정치와 패도정치

유교 사회에서의 정치 형태는 크게 두 가지가 있다. 하나는 **왕도정치**로, 이익에 집착하지 않고 옳음(義)을 기반으로 덕(德)을 실현하는 정치를 해야 한다는 입장이다. 다른 하나는 **패도정치**로, 현실을 중시하며 현실의 결과에 주목하는 정치를 해야 한다는 입장이다. 즉, 왕도와 패도는 각각 과정상에서 덕을 실현하는 정치와 결과적으로 현실적 이익을 얻어내려는 정치로 구분할 수 있다.

역성혁명

임금이 민심과 천명을 어기면 바꿀 수 있다는 사상. 맹자는 정치제도가 이상적으로 운영되려면 군자가 올바른 인성을 갖고 있어야 한다고 생각했다. 맹자는 공자의 정명론을 계승하여 혁명론을 전개했다. 맹자는 군주가 정명을 실현하지 못할 경우, 즉 군주가 군주답지 못할 경우 군주를 바꿀 수 있다고 주장했다. 이를 '**역성혁명(易姓革命)**'이라고 한다. 맹자는 "백성이 가장 귀하고 사직은 그 다음이며, 군주가 가장 가볍다."라는 민본주의적 관점으로 군주가 백성들을 대해야 한다고 보았다. 또한 백성을 귀하게 여기지 않는 군주답지 못한 군주는 몰아내야 한다는 민본주의적 혁명론을 주장했다. (『맹자』)

성악설

인간 본성은 악하다는 사상. 다른 유가사상가들과 마찬가지로 순자 역시 도덕적 인간의 완성을 궁극적 목적으로 봤다. 하지만 공자나 맹자가 하늘을 도덕의 근원으로 본 반면, 순자는 인간을 하늘로부터 독립된 존재로 봤다. 또한 인간 본성이 원래 선하다고 보는 맹자와 달리 인간 본성이 악하다는 '**성악설**'의 관점을 제시했다. 순자는 인간은 태어날 때부터 이익을 좋아하고 본능적인 욕구를 따르는 존재라고 봤다. 따라서 본성이 교화되지 않으면 아름다워질 수 없다고 주장하며 인위적이고 후천적인 노력을 중시했다. 즉 인간은 실천적 노력을 통해 자신의 악한 본성을 변화시켜 선하게 만들어야 한다는 것이다. (『순자』)

예치주의

예(규범)에 의해 백성을 다스려야 한다는 사상. 순자(荀子)는 인간은 선천적으로 선한 본성을 가지고 태어나지는 않지만, 그럼에도 인

의를 알 수 있는 능력과 그것을 행할 수 있는 능력을 가지고 있다고 봤다. 그는 그것들에 의해 인간 본성이 교화될 수 있다고 보고, '**예(禮)**'를 통해 이를 실천하고자 했다. 순자에게 있어서 예란 '**인위(人爲)**'로, 인간의 본성을 교화하고 규제하는 외면적인 도덕규범을 뜻한다. 순자는 예를 통해 인간의 악한 본성을 적극 교화하여 인의의 도덕을 구현할 수 있다고 봤다. 이는 인간 내면에 들어 있는 인의의 도덕을 바깥으로 확충해야 한다고 생각했던 맹자와는 다른 관점이다. 이러한 관점에서 순자는 군주가 예를 통해 사회를 다스려야 한다는 '**예치주의(禮治主義)**'를 주장했다. 즉 모든 도덕적 행위의 기준이 되는 외면적 사회 규범인 예를 통해 질서 있는 사회를 만들어 가고자 했던 것이다. 이에 따르면 좋은 나라란 군주의 권력이 아니라 예에 따라 살아가려는 나라이다. 따라서 순자는 군주가 백성을 다스림에 있어서 반드시 예를 준수하여 덕과 능력에 따라 지위와 재화를 공평무사하게 분배해야 한다고 주장했다. (『순자』)

● 순자의 예(禮)

예의 · 의식 · 사회규율 등의 뜻을 함축한다. 순자가 말하는 예는 인간의 행위를 규제하는 기능과 인간의 감정을 순화하고 정화해 주는 기능을 갖고 있다.

● 공자 · 맹자 · 순자의 사상 비교

구분	공자	맹자	순자
인(仁)의 실현	인(내면)과 예(행위)의 조화를 통해	의(義-내면)의 실천을 통해	예(禮-행위)의 실천을 통해
인의 구체적 실천 방안	충과 서	사덕(인의예지)	인위(예)
실천 노력	극기복례	호연지기	화성기위 (化性起僞)
인간 본성	-	성선설	성악설
이상적 인간상	군자	대장부, 대인	지인, 신인

묵가

인간은 평등하게 대우해야 한다는 사상. 묵가(墨家)는 춘추전국시대 제자백가의 한 학파로, 유가의 형식주의와 불평등에 대한 반감에서 출발한 학파이다. 묵가의 창시자인 묵자는 생산 활동과 함께 절약을 강조하였고, 가족이나 국가 경제를 초월한 겸애의 정신을 역설했다. 그는 예의와 음악을 낭비로 보고 배척했으며, 유가의 차등적인 사랑(仁)에 반대하여 평등한 **사랑(兼愛, 겸애)**을 가르쳤다. 묵가 사상은 당대에는 적지 않은 주목을 받았으나, 지나친 권

위주의와 지나친 금욕주의적 사고에 대한 반감으로 인해 점차 그 세력을 잃게 되었다. (『묵자』)

겸애

차별 없이 사람들을 평등하게 사랑하라는 사상. 묵자(墨子)는 겸애를 주장했으며, 하늘의 뜻에 순종해야 한다고 가르쳤다. '겸애(兼愛)'는 조건 없이 사람들을 사랑하고 서로 이롭게 하라는 사상이다. 자기 자신, 자기 가족, 자기 국가를 사랑하듯이 다른 사람, 다른 가족, 다른 나라도 사랑할 줄 알아야 한다는 것이다. 묵가의 겸애사상은 당시 사회를 지배했던 유교 이념에 반대했다. 유가사상을 좇아 형식적 의식과 예절을 중시하려 드는 것은 국고를 낭비하는 어리석은 짓이라며 비판했다. 묵자는 부모와 가족에 대한 사랑과 다른 사람에 대한 사랑을 구별한 유교의 인(仁)의 사상에 반대하면서, **'보편적 사랑'**, 즉 차별 없는 사랑을 실천해야 한다고 주장했다. 이는 신분계급이 엄격했던 당시로서는 충격적인 주장이었다. 이러한 유가에 대한 비판과 도전은 유가사상가들, 특히 맹자로부터 맹렬한 공격을 받았다. 맹자는 겸애의 사상은 어디까지나 '공리주의적'인 생각으로, 인간 본질을 어지럽히는 것이라고 맹자는 생각했다. (『묵자』)

법가

법치주의를 추구하는 사상. 법가 사상은 전국시대에 한비자(韓非子)가 제창한 사상이다. 한비자는 인간은 본래 이기적이고 미래를 예측할 수 없는 한계를 가지는 존재라고 생각했다. 그러므로 백성은 통치자가 덕으로 통치한다고 해도 사회질서는 유지되지 않으며, 오직 국가의 강력한 통제와 권위에 대한 절대 복종을 통해서만 사회적 안정을 유지할 수 있다고 생각했다. 그는 인간의 행위에 대한 엄격한 평가를 통하여 상벌을 내리는 **법률 체계**를 통해서 사회질서를 유지할 것을 강조했다. 엄격한 국가 법률을 세워 거기에 대한 복종을 강요하고 그 복종으로부터 군주의 권위를 유지하고 사회질서를 유지할 수 있다고 생각했다. (『한비자』)

법치주의

신상필벌의 법률에 따라 백성을 통치해야 한다는 사상. 한비자는 인간은 불완전한 존재여서 개인의 이기심을 완전히 없앨 수 없다고 생각했다. 그는 개인이 잘한 일에 대해서는 상을 주고 죄를 지으면 벌을 주는 신상필벌의 원칙에 따라 국가를 통치해야 한다고 생각했다. 이러한 사상을 **'법치주의'**라고 한다. 법치주의는 예치주의와 사상적으로 비슷한 면에 있지만, 예(禮)라는 모호한 규칙이 아닌 확실하게 문서로 제정된 규칙으로 백성을 통치해야 한다는 점에서 차이를 보인다. (『한비자』)

● 중국 춘추전국시대의 사상 흐름
덕치주의(공자, 유가, 덕으로 국가를 통치) → **왕도정치**(맹자, 유가, 인의로 국가를 통치) → **예치주의**(순자, 유가, 예로 국가를 통치) → **법치주의**(한비자, 법가, 법률로 국가를 통치)

병가

싸움에서 이기는 법을 가르친 사상. 병가(兵家)는 제자백가의 하나로, 『손자(孫子)』에서 '싸우지 않고 타국의 병사를 압도하는 것이 최선이다.'라고 가르친 손자(孫子)가 대표 사상가이다. 춘추시대 오나라 출신의 천재 병법가이자 전략가인 손자, 즉 손무(孫武)는 **'손자병법(孫子兵法)'**이라고 불리는 병법서를 통해 전략과 전술 원칙을 제시하고 있다. 손자병법은 군사 운용의 기본 원칙으로부터 실전에 응용될 수 있는 변화무쌍한 전술에 이르기까지 풍부한 내용들을 심도 있게 다루어 오늘날까지도 중국 병가 사상의 진수를 담은 책으로 사람들에게 널리 읽히고 있다. (『손자』)

명가

중국의 소피스트 사상. 명가(名家)는 전국시대에 나타난 제자백가의 하나이다. 명가는 이름(名)과 실재(實)의 관계에 대한 논리적 분석을 시도했다. 이를 통해 인간 인식의 상대성과 제한성을 강조하였으며, 상식과 경험에 기초한 고정관념과 편견을 극복하려 했다. 그 과정에서 궤변처럼 보이는 주장도 나타나 비판을 받기도 했다. 특히 공손룡의 **'백마비마론(白馬非馬論)'**은 후세까지도 궤변의 대명사처럼 여겨지기도 했다.

● 백마비마론
공손룡에 따르면, '말'은 말의 모습을 지칭하는 개념을 갖고 있고 '하얗다'는 색상의 개념을 갖고 있다. 공손룡은 말을 지칭하는 개념과 이것과 색상의 복합개념인 '백마'와는 개념적으로 다르다고 생각했다. 그는 '하얗다'나 '견고하다' 등의 개념은 실재한다고 주장했다(**견백론堅白論**). 이러한 주장은 플라톤의 개념실재론과 이데아론과 동일한 논리라고도 볼 수 있다. 그는 "하얗고 단단한 돌은 손으로 만질 때에는 하얗다는 것이 이해되지 않고, 눈으로 볼 때에는 단단하다는 것이 이해되지 않는다."며 "하얗다는 개념과 단단하다는 개념은 양립하지 않는다."는 **견백동이론(堅白同異論)**을 주장했다. 이는 인간의 인식은 경험적 감각 기관에 따라 제한되므로 결국 '물자체'의 전체 속성을 이해할 수는 없으며, 기준과 층위에 따라 개념을 엄격히 구분해서 사용해야 한다는 것이다(**지물론指物論**). '백마비마론'은 이러한 '지물론'과 '견백론'의 연장에서 나타난다. 공손룡은 백마는 빛깔을 가리키는 개념이고 말은 형체를 가리키는 개념이므로 백마는 백마이지 말이 아니라고 주장한다. 빛깔을 가리키는 개념과 형체(모습)를 가리키는 개념은 엄격히 구분된다는 뜻이다. 그리고 말에는 백마뿐 아니라 흑마, 황마 등도 있지만 백마는 흑마나 황마가 아니므로 백마는 백마이지 말이 아니라고 주장한다. 백마와 말이라는 개념 사이에는 큰 차이가 있어서 일치하지 않으므로, 백마를 말이라 할 수 없다는 것이다. 또 공손룡은 여러 빛깔의 말에서 빛깔을 빼 버린 것이 말이고, 백마는 그러한 말에다가 흰 빛깔을 더한 것이므로 백마는 백마이지 말이 아니라고 주장한다. 곧 말이라는 일반 개념과 백마라는 특수 개념을 동일시해서는 안 된다는 것이다. 이처럼 공손룡의 백마비마론은 기준과 층위에 따라 개념과 사물의 관계가 엄격히 구분된다는 것을 강조하기 위해 나타낸 비유적 표현이라 할 수 있다. 공손룡은 명분(名)과 실재(實)를 혼동해서는 안 되며, 그 관계를 바로잡아야 한다는 사실을 말하려 다분히 궤변적인 논리를 펼친 것이다. (『공손룡자』)

음양가

자연 법칙을 따르는 사상. 음양가는 복잡한 자연현상을 관찰하여 이를 음(陰)과 양(陽)의 운동으로 설명하고자 한 제자백가의 하나다. 음양가에 따르면 세상이 음과 양의 양대 축을 기준으로 변화의 일정한 법칙이 있고, 이 법칙을 알아내게 되면 세상의 이치를 파악할 수 있다. 음양가는 우주론적 사상 체계를 종합하여 형성한 일종의 자연철학이라고 할 수 있다. 후에 성리학에서는 '음양오행설'을 수용하여 우주 만물의 법칙을 탐구하려고 했다. 음양사상은 우리 생활에도 많은 영향을 미치고 있다. 예를 들면 우리가 일상생활에서 점을 치는 것도 이 음양론이 근본 바탕이 되어 형성된 것이고, 통일신라 말기 승려인 도선에 의해 도입된 풍수지리설과 이에 근본한 도참사상도 음양사상의 영향을 받았다. 대표적 사상가로 추연(鄒衍)이 있다. (사마천, 『사기』)

도가

우주자연의 본성적 삶을 추구하는 사상. 춘추전국시대에 등장한 제자백가들 중 도가는 유가와 더불어 가장 영향력이 큰 학파이다. 노자에 의해 주창되었으며 이후 장자가 사상을 발전시켰다. 이런 이유로 도가사상을 '노장사상(老莊思想)'이라고 부른다. 노자는 유가의 인간 중심인 인의 도덕을 반대하고 우주자연을 본위로 삼은 '도(道)'의 사상을 일으켰다. 노자는 당시 사회의 혼란을 인이나 예와 같은 덕의 실현을 통해 회복하려 했던 유가의 가르침이 인간 본성과 맞지 않는다고 비판했다. 그는 사회가 혼란한 원인을 인간의 그릇된 인식과 가치관, 인위적 사회 제도 때문이라고 봤다. 인간은 본래 소박하고 순수한 덕을 가지고 있으나, 사물의 겉모습에 이끌려서 사물의 본질이나 가치를 올바르게 인식하지 못한다는 것이다. 노장사상에 의하면 인간 사회의 모든 시비·선악은 상대적인 것이며 절대적인 것이 아니다. 절대적인 영원불변하는 도

를 구하려면 인간 세계·현실 세계·상대적인 세계를 초월하여 절대적인 본체 세계에 도달해야 한다. 노장사상의 특색은 그 절대자를 추구하는 정신에 있다. 이 절대의 세계는 허무의 세계이며 절대자에 따르는 생활은 모든 인위적인 것을 버리고 소박·자연·무욕의 생활을 해야 한다는 것이다. (『노자』, 『장자』, 『열자』)

도(道)

말로 표현할 수 있는 도는 영원불변의 도가 아니다(道可道 非常道). 노자 사상의 핵심은 '도(道)'이다. 그는 이를 가리켜 "사람은 땅을 본받아 어긋나지 않고, 땅은 하늘을 본받아 어긋나지 않으며, 하늘은 도를 본받아 어긋나지 않고, 도는 자연을 본받아 어긋나지 않는다."고 강조했다. 여기서 말하는 '도'란 절대적이고 본원적인 것으로 만물의 생성과 존재의 원리라 할 수 있다. 인·충·서와 같이 인간이 따라야 할 덕목을 도를 통해 발휘되는 도로 제시한 공자와 달리, 노자는 도를 절대적이고 형이상학적인 것으로 만물의 모체라고 설명했다. 즉 만물은 도를 바탕으로 이루어졌다는 것이다. 노자는 도는 근원적이고 보편적인 성격을 띠며, 인간의 지각 능력이나 지성의 한계를 초월하기 때문에 유한한 인간의 언어로는 도를 정확하게 파악하거나 설명하기 힘들다고 말했다. (『노자』, 『장자』, 『열자』)

무위자연

자연에 거스르지 않고 순응하는 삶의 태도. 노자에 따르면 도(道)는 어떤 것에도 의존하지 않고 독자적으로 존재할 수 있는 실체이고, 따라서 자연이라 할 수 있다. 그러나 이 자연은 어떤 것도 간섭·지배하지 않는다는 점에서 무위(無爲)하다. 노자는 도가 현실 속에서 구체적으로 드러난 것을 '덕(德)'이라고 했다. 덕에는 자연의 도와 합치하는 무위(無爲)의 덕과, 의식적으로 노력하는 유위의 덕이 있다. 그는 무위의 덕을 따르는 것, 즉 '무위자연(無爲自然)'을 이상적인 삶의 모습으로 봤다. 무위는 인위를 가하지 않는 것이고, 자연은 스스로 그러하다는 의미이다. 따라서 무위자연의 삶이란 사람의 힘이 더해지지 않고 자연 그대로의 질서를 따르는 것 또는 그런 이상적인 경지를 뜻한다. 노자는 어떠한 것에 간섭하거나 지배하지 않고, 그들의 자발성에 맡긴다면 세상은 저절로 좋아질 것이라고 봤다. (『노자』)

상선약수

최고의 선(善)은 물과 같다. 노자는 무위자연에 따르는 삶의 모습을 '상선약수(上善若水)'라는 말을 통해 설명한다. 노자는 "최상의 선이란 물과 같은 것이다. 물의 선함은 만물을 이롭게 하지만 다투지 않으며, 여러 사람이 싫어하는 낮은 위치에 처한다. 그러므로 도에 가깝다."고 했다. 여기서 물은 다투지 않는 부쟁의 덕과 여

러 사람이 싫어하는 낮은 곳에 처하는 겸허의 덕을 지니고 있다. 노자는 물이 부드럽고 스스로를 낮추기 때문에 역설적으로 "약한 것이 굳센 것을 이기고, 부드러운 것이 강한 것을 이긴다."라고 주장했다. 노자는 물과 같은 삶을 살며 스스로를 드러내지 않는 사람을 이상적 인간으로 보고, 이를 '성인(聖人)'이라고 했다. 즉 성인은 무위에 근거하여 다른 사람에게 어떤 행동을 강요하지 않을 뿐만 아니라, 자기를 전혀 내세우지 않고도 모든 일을 이루어지게 한다는 것이다. (『노자』)

소국과민

작은 나라와 적은 백성을 지향하는 국가관. 성인(聖人)이 정치를 할 때는 자신만 무위(無爲)하는 것이 아니라 백성들 역시 무위의 삶을 살게 된다. 그래서 노자는 성인의 정치를 "백성들로 하여금 아는 것도 없고(無知), 욕망도 없게 만드는 것(無慾)이다."라고 하였다. 이것이 노자가 주장하는 다스림 없는 다스림, 즉 무위의 다스림(無爲之治)이다. 노자는 이러한 다스림이 이루어지는 '소국과민(小國寡民)'의 사회를 이상적으로 생각했다. 노자는 나라가 크고 사람이 많을수록 인위적인 제도와 규범이 만들어져, 백성이 무위자연의 삶을 살아가기 어렵다고 봤다. 따라서 규모가 작고 적은 수의 백성으로 이루어진 나라야말로 이상적인 사회라고 봤다. (『노자』)

노장사상

무위자연과 만물제동의 사상. 유교, 불교와 더불어 동양의 3대 사상의 하나로서, 노자(老子)와 장자(莊子)에 의해 형성된 사상이다. 도가사상은 노자에서 시작되어 그를 계승한 장자에 의해 발전했기 때문에 '노장사상(老莊思想)'이라고 부른다. 노자는 공자와 맹자(孔孟)의 덕치주의(인본주의) 사상에 반대하여 자연의 도, 즉 자연법칙을 이해하는 한편 인위(人爲)를 초월하는 평범한 생활을 주장했다. 그는 만물의 근원을 '무(無)'라 하고, 무는 자연이며 이는 생명의 근원을 이룬다고 주장했다. 장자는 인간의 절대적 자유와 만물제동의 이치를 논했다. 이러한 노자·장자의 사상은 도교의 사상적 근거가 되었고, 불교사상을 받아들이는 매개가 되었으며, 주자학 등 후대의 철학에 큰 영향을 미쳤다. (『노자』, 『장자』)

호접지몽

물아일체의 경지. 호접지몽(胡蝶之夢)은 나비가 된 꿈이라는 뜻으로, 『장자』의 「제물론(齊物論)」편에 나오는 말이다. 장자가 하루는 꿈을 꾸었는데, 자신이 나비가 되어 꽃들 사이를 즐겁게 날아다녔다. 그러다가 잠에서 깨니, 다시 장자가 되어 있었다. 장자는 대체 자기가 꿈속에서 나비가 된 것인지, 아니면 나비가 꿈에 장자가 된 것인지를 구분할 수 없었다. 꿈이 현실인지 현실이 꿈인

지, 그 사이에 어떤 구별이 있는지를 생각하던 장자는 자신과 나비 사이에는 피상적인 차이만 있지, 절대적인 변화는 없으며 물아의 구별이 없는 절대적인 경지에서 보면 장자도 나비도, 꿈도 현실도 구별이 없다는 것을 깨달았다. 흔히 '물아일체(物我一體)'의 경지를 의미하는 말로 쓰이며, 인생의 덧없음을 비유하는 말로 쓰이기도 한다. (『장자』)

만물제동(萬物齊同)

세상 사물은 같은 가치를 갖는다. 만물제동(萬物齊同)이란, '만물은 도(道)의 관점에서 본다면 같다.'는 사상이다. 장자는 사물의 진실한 도에 이르는 것이 '덕(德)'이라고 여겼다. 사람은 습관적으로 시비와 선악 같은 것에 분별 지식을 쓰려 하지만 그 판단의 정당성은 결국 알 수 없다. 또한 한쪽이 소멸하면 다른 한쪽도 존립하지 않는다. 시비선악은 존립의 근거가 똑같이 동질적이며, 그것을 하나로 이루는 절대적인 것이 '도'다. 이러한 관점으로 본다면, 귀천 따위의 현실 사회에 있는 예법 질서도, 모든 사람의 분별지식 소산에 따른 구별적인 것이라는 것을 알 수 있다. 그뿐만 아니라 생사조차 동일하며, 삶도 죽음도 도의 한 모습에 지나지 않는다는 것을 깨달을 수 있다. 장자의 만물제동 사상에 따르면 만물은 다른 사물들과 상대적으로 결정되고, 그러한 결정에서 절대적 진리도 절대적 오류도, 우월도 열세도 없다는 것이다. (『장자』)

무용의 용

무용지용(無用之用)이란 아무 쓸모없는 것처럼 보이는 것의 쓸모를 말한다. 장자는 유용한 것은 무용한 것이 있어야 성립하고, 무용한 것은 유용한 것이 있어야 한다고 생각했다. 만물은 유용하든 무용하든, 다른 것과 비교할 수 있는 성질의 것이 아니며, 각자 절대적 가치가 있다고 장자는 생각했다. 이를 '무용(無用)의 용(用)', 즉 쓸모없음의 쓸모 있음이라고 한다. 우리 인생에서 일어나는 사건들은 가치와 우열을 매길 수 있는 성질의 것이 아니다. 장자는 우리 인생에서 일어나는 사건들을 운명으로 받아들이고, 즐거운 마음으로 살아가라고 강조했다. 장자는 사람들에게 무위자연의 도에 살아야 하며, 잘나고 못나고, 쓸모가 있고 없고 하는 것을 초월해야만 자연을 온전히 받아들일 수 있다고 했다. (『장자』)

소요유(逍遙遊)

속된 세상을 초월하여 참다운 정신적 자유를 누리는 경지. 장자는 노자와 마찬가지로 모든 존재와 현상의 근원을 도에서 찾았으나, 노자에 비해 내적 깨달음과 정신적 자유를 더욱 강조했다. 장자는 다음과 같은 우화를 들려준다. "북쪽 바다에 고기가 있는데 그 이름을 곤이라 하였다. 곤의 크기는 몇 천리나 되는지 알 수가 없다. 그것이 변하여 새가 되면 그 이름을 붕이라고 하는데, 붕의

등도 너비가 몇 천리나 되는지 알 수가 없다. 붕이 떨치고 날아오르면 그 날개는 하늘을 드리운 구름과도 같았다." 세속적인 기준으로 보면 이 이야기는 상식에 어긋난다. 물고기나 새의 크기에는 한계가 있고 물고기는 새로 변할 수 없기 때문이다. 하지만 장자는 곤과 붕의 비유를 들면서 사물의 크기나 불변성 같은 인위적 기준이나 가치에 얽매이지 말고 정신적으로 자유로울 것을 강조했다. 만일 우리가 인위적 기준에서 벗어날 수 있다면 참다운 자유와 행복을 누릴 수 있다고 본 것이다. 장자는 이처럼 인위적인 기준이나 외적 제약에 의존하지 않는 정신적 자유의 경지를 '소요(逍遙)'라고 했다.

제물(齊物)

모든 사건이나 사물을 차별화하지 않고 평등하게 만물을 바라보는 경지. 장자는 세속적인 차별 의식에서 벗어나 '도(道)'의 경지에서 모든 것을 한결같이 보는 '제물(齊物)'의 경지를 제시했다. 제물의 관점에서 보면 선악, 미추, 빈부는 상대적인 것에 불과하며, 따라서 모든 사물의 차별이 사라진다. 우리는 보통 좋은 직업이나 돈의 많고 적음과 같은 세속적인 조건에 얽매여 자신을 구속하지만, 장자에 따르면 이러한 판단은 상대적일 뿐 절대적이지 않다. (『장자』)

지인, 진인, 천인, 신인

장자의 이상적 인간상. 정신적으로 자유로운 소요의 경지나 세상 만물을 차별하지 않고 한결같이 보는 제물의 경지는 모두 장자가 추구한 도를 따르는 이상적인 상태이다. 장자는 이러한 경지에 이르기 위한 수양 방법으로 좌망(坐忘)과 심재(心齋)를 제시했다. 좌망은 조용히 앉아서 현재의 세계를 잊고 무아의 경지에 들어가는 것이고, 심재는 잡념을 없애고 마음을 통일하여 깨끗이 하는 것이다. 그는 이와 같은 수양을 통해 절대적 자유의 경지에 오른 이상적 인간을 '지인(至人), 진인(眞人), 천인(天人), 또는 신인(神人)'이라고 불렀다. (『장자』)

사서오경

유학의 기본서. 유교는 진의 시황제에 의해 심하게 탄압(분서갱유)을 받았지만, 이후 한나라에 의해 재건되면서 국교로 인정됐다. 그 과정에서 유교의 기본서인 **사서오경(四書五經)**이 정비됐다. 한나라 이후의 유교를 이전의 유가사상과 구별하여 '**유학(儒學)**'이라고 부른다. 사서(四書)란 『논어(論語)』, 『맹자(孟子)』, 『대학(大學)』, 『중용(中庸)』을 말하며, 오경은 『시경(詩經)』, 『서경(書經)』, 『역경(易經)』, 『예기(禮記)』, 『춘추(春秋)』를 일컫는다. 사서는 송나라 주희(朱熹)의 『사서집주(四書集注)』에 의해 그 지위가 확정됐고, 오경은 당나라 공영달 등에 의한 주석서 『오경정의(五經正

義)』의 성립으로 내용이 확정됐다. (주자, 『사서집주四書集注』, 공영달 외, 『오경정의(五經正義)』)

유교(유학)의 역사

공자

● 공자의 언어는 후에 제자들에 의해 『논어』로 통합 정리됐다.

● 육경(六經): 육경은 공자가 편집한 것으로 알려져 있다.

『시경(詩經)』 – 고대 시가에 관한 서적

『서경(書經)』 – 고대 역사에 관한 서적

『역경(易經)』 – 만물 법칙을 담은 서적

『예기(禮記)』 – 의례에 관한 서적

『춘추(春秋)』 – 노나라 역사에 관한 서적

『악기(樂記)』 – 음악에 관한 서적

맹자의 성선설과 순자의 성악설

● 『맹자(孟子)』는 이후 사서에 선정됐다.

진의 시황제

● 분서갱유에 의한 유교 탄압이 일어났다.

한(漢) 무제와 동중서

● 한 무제는 유교를 국교로 인정했다.

● 오경(五經): 동중서가 『시경』, 『서경』, 『역경』, 『예기』, 『춘추』의 오경을 유교의 기본 교범으로 정함. 『예기』는 분서갱유 때 분실됐다.

성리학

● 송나라 주희는 유학을 재해석하고 체계화하여 성리학을 확립, 이후 유교의 정통성을 인정받았다.

● 사서: 주희가 사서를 기본 교범에 추가했다. 『대학(大學)』은 학문의 목적과 방법을, 『중용(中庸)』은 사물의 도리를 담은 서적으로, 둘은 각각 예기의 한 편을 독립시켜 작성한 것이다. 주자학의 사서는 과거시험의 공식 텍스트로 자리매김했다.

양명학

● 명나라 왕양명은 지식을 중시하는 주자학을 비판적으로 계승하여 '지행합일'을 강조하는 양명학으로 집대성했다.

문화대혁명(1966~1976년)

● 주자학, 양명학 등 유교를 철저히 탄압했다.

현재

● 중국에서 유교는 탄압 대상에서 보호 대상으로 변화됐다.

성리학

우주론적 사고로 본질을 규명하고자 한 유가 학파. 한 무제에 의해 유교가 국교로 인정된 후 송나라에 이르기까지 약 천 년이 흐르는 동안 유교는 성립 당시의 의의를 잃고 점차 변질되어 갔다. 송대에 들어와 유학자들은 불교와 도가를 비판적으로 수용하여 선진 유학을 재해석하고 체계화했다. 특히 주자(朱熹)는 도학자들의 성즉리설(性卽理說)을 집대성하여 성리학(性理學)을 확립했다. **'성즉리'**는 인간과 우주 만물의 본성이 곧 하늘이 부여한 이치라는 것으로, 이러한 입장은 맹자의 성선설을 계승한 것이다. 성리학의 이론 체계는 크게 이기론(理氣論), 심성론(心性論), 거경궁리론(居敬窮理論), 경세론(經世論)으로 나눌 수 있다. (『주자어류朱子語類』, 『주자문집朱子文集』)

이기이원론

이기론(理氣二元論)은 우주 만물의 구조를 이(理)와 기(氣)라는 두 가지 개념으로 설명하려는 이론이다. 이기론에 따르면 우주 만물은 이와 기가 결합되어 나타나는데, 여기서 이는 만물을 낳는 근본 원리를 말하며, 기는 만물이 생성하는 재료를 말한다. 주자는 모든 사물이 이와 기의 결합으로 되어 있기 때문에 이와 기가 서로 떨어질 수 없으며, 동시에 원리로서의 이와 재료로서의 기의 역할이 분명히 다르기 때문에 서로 뒤섞일 수 없다고 보았다. 주자는 모든 사물은 이를 갖추고 있기 때문에 이의 측면에서는 똑같다고 봤다. 하지만 현실에 존재하는 만물이 서로 다른 것은 기의 맑고 흐림 또는 바르고 치우침의 차이가 있기 때문이라는 것이다. 주자는 인간의 이는 곧 (칸트의 정언명령처럼) 자연법칙으로, 객관적이고 고정적으로 존재한다고 생각했다. 그에게 인간의 이(理)는 인간을 인간답게 만드는 것, 곧 도덕과 질서라 할 수 있다. 구체적으로는 '인·의·예·지·신'의 오상(五常)이다. 주자는 인간이 도덕과 질서를 지키기 위해서는 오상을 지켜야 한다고 생각했다. (『주자어류朱子語類』)

성즉리

마음의 본질(性)은 이(理)이다. 주자에 따르면 기(氣)가 모여 만들어진 형태인 개별 사물 속에는 반드시 이(理)가 들어 있다. 이는 개별 사물이 어떤 모습으로 이루어져 있는지를 결정한다. 다시 말해 이는 개별 사물의 본질을 결정한다. 주자는 이로 이루어진 사물의 본질은 선(善)한 것으로 생각했다. 인간도 태어날 때부터 이를 갖추고 있으며, 이것이 개인 심성(마음)의 본질을 결정한다는 것이다. 주자에 따르면 '성(본질)'은 '이(理)'로 이루어져 있다. 이를 **'성즉리(性卽理)'**라고 한다. (『주자어류朱子語類』)

심성론

마음은 성과 정(욕망과 감정)이 일체인 상태. 심성론은 이기론을 바탕으로 인간의 내면적 구조와 본질을 규명하고자 하는 이론이다. 심성론에 따르면 심(心)은 성(性)과 정(情)을 통괄한다. 성이란 하늘로부터 부여받은 이치로, 본연지성(本然之性)과 기질지성(氣質之性)으로 나눌 수 있다. 본연지성은 기질의 영향을 받기 이전의 순수한 성질의 것이고, 기질지성은 기질의 영향을 받아 나타나는 성질의 것이다. 모든 사람의 본연지성은 동일하지만 기질은 사람마다 다르기 때문에 기질지성이 달라지는 것이다. 또한 정은 성이 외부의 사물에 감응하여 나타난 감정으로 **사단(四端)**과 **칠정(七情)**을 말한다. (『주자어류朱子語類』)

칠정(七情)

인간이 가진 일곱 가지 감정으로, 기쁨(喜), 노여움(怒), 슬픔(哀), 두려움(懼), 사랑(愛), 미움(惡), 욕심(欲)을 말한다.

심통성정(心統性情)

주자에 따르면 성(性)은 마음의 본체(體)이며, 정(情)은 마음의 움직임(用)이다. 따라서 마음은 성과 정을 주재하여 통괄하는 것이다.

거경궁리론

거경=앎=존양성찰(存養省察), 궁리=실천=격물치지. 거경궁리론은 도덕을 실천하여 인격적으로 완성된 군자나 성인이 되는 방법에 관한 이론이다. 주자에 따르면 순수하고 선한 본연지성이 온전히 드러나기 위해서는 본연지성이 기질의 영향을 받지 않도록 수양이 필요하다. 그는 이를 위해 먼저 인간 자신을 포함한 세계의 참모습을 밝게 알아야 한다고 했다. 그래서 사물의 이치와 도리를 먼저 알아야 그에 맞는 올바른 행동을 할 수 있다는 **'선지후행(先知後行)'**을 강조했다. 주자는 이와 더불어 선한 본성을 보존하고 함양하여 잘못된 길로 빠지지 않도록 살펴 경계해야 한다고 주장했다. 주자에 따르면 이러한 노력을 통해 인간은 천리를 보존하고 이기적 욕망을 제거하여 이상적 인간이 될 수 있다. (『주자어류朱子語類』)

경세론

지식인의 사회 참여. 세상을 다스리는 것에 관한 이론이다. 주자는 자신을 먼저 수양하고 다른 사람을 편안하게 한다는 **'수기안인(修己安人)'**의 원리에 근거하여, 수양을 통해 자신의 내면을 닦는데 그치지 않고 제도·법률·생산 등과 같은 사회적이고 현실적인 문제까지도 적극 해결할 것을 강조했다. (『주자어류朱子語類』)

격물치지

주자는 지식 습득을 중시한데 비해 왕수인(왕양명)은 도덕 실천을 강조. 중국 사서(四書)의 하나인 『대학』에 나오는 말로, 후세에 그 해석을 놓고 여러 학파가 생겨났다. 그중에서 대표적인 것이 성리학파와 양명학파이다. 주자는 격(格)을 '이른다(至)'는 뜻으로 해석하여 모든 사물의 이치를 끝까지 파고 들어가면 앎에 이른다(致知)고 말하면서 **성즉리설(性卽理說)**을 확립했다. 왕양명은 사람이 참다운 양지(良知)를 얻기 위해서는 사람의 마음을 어둡게 하는 물욕을 물리쳐야 한다고 주장하면서 **심즉리설(心卽理說)**을 확립했다. 주자의 격물치지가 지식 위주인 것에 반해 왕양명은 도덕적 **실천**을 중시하고 있는 점에서 차이를 보인다. 오늘날 성리학을 이학(理學)이라 하고, 양명학을 심학(心學)이라고도 한다. (주자, 『대학장구大學章句』)

양명학

이론보다는 실천을 강조한 유가 학파. 양명학은 명나라 중기 왕수인에 의해 체계화된 유학 사조를 말한다. 왕수인은 지식만을 강조하는 성리학에 대해 회의를 느끼고, 성즉리설과 격물치지를 비판하면서, 배우지 않고도 알 수 있는 양지(良知)를 주장하고 이것을 다스리는 것의 중요성을 강조했다. 또 성리학의 성즉리를 비판하면서 심즉리(心卽理), 그리고 지식의 실천을 강조하는 '지행합일(知行合一)'을 강조했다. 왕수인은 심즉리로 시작하여 지행합일에 도달하고 '치양지(致良知)'를 통해 완성되는 것이 도덕적 삶의 완성 과정이라고 보았다. (왕수인, 『전습록傳習錄』)

심즉리

이(理)는 마음에서 비롯된다. 왕수인은 본래 타고난 인간의 마음이 곧 우주 자연의 이치라는 '심즉리(心卽理)'를 주장했다. 이러한 관점에서 왕수인은 "마음 밖에 이치가 없고 마음 밖에 사물이 없다."라고 했다. 즉, 이는 처음부터 마음속에 존재한다는 것이다. 왕수인은 인간은 누구나 심즉리에 따라 윤리적으로 착한 사람이 될 수 있는 순수한 양심을 갖고 태어나기 때문에, 굳이 이론적인 학습 과정을 거치지 않더라도 순수한 양심으로부터 인간의 본성이 구현될 수 있다고 봤다. (왕수인, 『전습록傳習錄』)

왕수인의 '양지'

실천의 중요성을 뒷받침하는 이론적 토대. 왕수인은 심즉리를 바탕으로 '치양지(致良知)'를 주장했다. 양지(良知)란 시비와 선악을 즉각 가려내고 이에 따라 행할 수 있는 능력으로, 선천적으로 타고나는 것이다. 양명학에서는 모든 사람이 양지를 가지고 있기 때문에 이론적 학습 과정을 거치지 않아도 자신의 도덕성을 실현할 수 있다고 봤다. 왕수인은 마음속에 있는 양지를 자각하고 실

천해 나간다면, 세상의 이치를 알 수 있고 올바른 행동을 하게 된다고 봤다. (왕수인, 『전습록傳習錄』, 『대학문大學問』)

지행합일

아는 것과 행하는 것은 하나다. 왕수인은 성리학의 선지후행(先知後行)을 비판하면서 '지행합일(知行合一)'을 주장했다. 왕수인은 "지는 행의 시작이고, 행은 지의 완성이다."라고 하여 인식으로서의 지와 실천으로서의 행은 별개가 아니라 본래 하나라고 봤다. 즉 지(知)는 이미 마음속에 내재하고 있으므로 행위는 그 표현에 지나지 않는다는 것이다. 양명학 또한 성리학과 마찬가지로 인격적으로 완성된 인간을 추구하며, 인격적으로 완성된 인간으로 나아가는 데 방해가 되는 것이 바로 '사욕'이라고 본다. 따라서 양명학에서도 성리학과 마찬가지로 이(天理)를 통해 기(사욕)를 제거할 것을 강조한다. 지행합일의 태도로 사욕을 극복하고 순수하고 선한 마음을 유지한다면 누구나 지선(至善)의 경지에 도달할 수 있다는 것이다. (왕수인, 『전습록傳習錄』)

● 성리학과 양명학 사상 비교

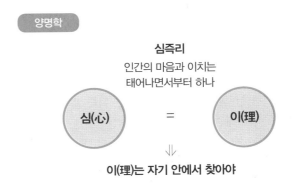

2 한국의 불교사상

불교사상은 인도 전통 사상의 토대 위에서, 기원전 6세기경 고타마 싯다르타(석가모니, 부처)가 창시한 가르침으로부터 시작되었다. 석가모니는 인간이 현실에서 접하는 모든 문제들, 즉 태어나 병들고 늙고 죽는 생로병사를 비롯한 모든 것들을 괴로움(苦)으로 보고 이러한 괴로움의 원인을 파악하여 그것을 제거하면 열반(涅槃), 즉 해탈(解脫)에 도달할 수 있다고 보았다. 그리고 이 과정에서 깨달음을 얻고자 수행하는 사람이 반드시 닦아야 하는 실천 항목으로 **계(戒), 정(定), 혜(慧)** 삼학(三學)을 제시하였다.

불교에서는 우리가 우주와 만물, 인생의 진리를 제대로 파악하지 못하기 때문에 괴로움이 생긴다고 본다. 따라서 석가모니가 깨달은 우주와 인생의 진리에 대한 가르침을 구체적으로 설명할 필요가 있었는데, 이를 담고 있는 것이 바로 **연기설(緣起說), 삼법인(三法印), 사성제(四聖諦)**이다.

한국의 불교사상은 중국 불교의 도입 이후, 원효에 이르러 독자적인 사상 체계로 수립되었는데, 특히 다양한 교리를 종합하고 조화를 추구하는 방향으로 전개되었다. 원효를 시작으로 의천, 지눌 등이 선종과 교종의 조화를 추구하면서 각자의 독자적인 불교사상을 전개하였으며, 민속신앙 및 문화와 결합된 한국 특유의 불교문화를 형성하였다.

연기설

불교의 상대주의 세계관. 연기설은 이 세상의 모든 것, 인간의 삶과 우주 만물의 존재는 연기에 의한 것이라고 본다. 이때 '**연기(緣起)**'란 모든 존재와 현상이 원인과 조건에 따라 생겨난다는 의미이다. 즉 '이것이 생(生)하면 저것이 생하고, 이것이 멸(滅)하면 저것이 멸한다.'는 연기에 의해 우주, 만물, 인생이 성립되고 유지되며 존재하거나 소멸한다는 것이다. 연기설은 불교사상의 근간이라 할 수 있다. 석가모니는 "연기를 보는 자는 법을 보고, 법을 보는 자는 연기를 본다."라는 말을 통해 연기가 인간의 삶과 우주를 설명하는 가장 기본적인 진리임을 밝혔다.

삼법인

불교의 가르침. 석가모니는 연기설에 따라 삼법인, 즉 세 가지 진실한 가르침을 제시했다. 이 세 가지는 **제행무상(諸行無常), 제법무아(諸法無我), 일체개고(一切皆苦)**이며, 일체개고 대신 **열반적정(涅槃寂靜)**을 꼽기도 한다. '제행무상'은 모든 것은 고정된 것이 아니라 시간의 흐름에 따라 항상 변화한다는 뜻이다. '제법무아'는 고정된 실체란 존재하지 않는다는 것이다. 자아 역시 불변하는 존재가 아니다. '일체개고'는 인간의 삶 자체가 모두 고통이라는 뜻이다. '열반적정'은 열반에 이르면 어떠한 괴로움도 없이 고요한 평온의 상태에 이른다는 의미이다. 삼법인은 세상의 모든 현상과 존재의 참다운 모습에 대한 석가모니의 깨달음을 설명한 것이다.

사성제(四聖諦)

불교의 진리관. 석가모니는 네 가지 성스러운 진리로서 '**사성제(四聖諦)**'를 제시했다. 사정제는 괴로움이 생기는 원인과 그것을 멸하기 위한 방법을 밝힌 것으로 고집멸도(苦集滅道)의 네 가지로 이루어져 있다. '고제'는 인간의 삶 자체가 고통으로 가득 차 있다는 것으로, 대표적인 고통으로 생로병사를 들 수 있다. '집제'는 이러한 고통을 일으키는 원인을 말하며, 고통의 모든 근본 원인은 탐욕과 집착이다. '멸제'는 불교가 추구하는 이상적인 목표로서 고통으로부터 완전히 해방되어 일체의 번뇌와 고뇌가 사라진 열반의 경지를 뜻한다. '도제'는 괴로움의 소멸에 이르기 위한 수행으로 대표적인 방법으로 팔정도를 들 수 있다.

소승불교와 대승불교

석가모니가 열반에 든 후 그의 가르침에 대한 해석을 둘러싸고 다양한 교파가 생겨나게 되었다. 이 시기의 불교를 '**소승불교**'라고 부른다. 소승불교는 개인의 해탈을 중시했다. 따라서 수행자가 자신의 내면에 몰입하여 사회와 분리된 엄격한 종교성을 추구할 것을 강조했다. 소승불교에서 추구한 이상적 인간상인 '아라한'도 이러한 개인의 해탈과 크게 관련된다. 소승불교는 불교 이론의 체계화와 경전 체제 확립에 기여했다. 하지만 문헌 해석에 치우쳐 출가 수행자가 아니고서는 성취하기 어려운 교리를 강조했다는 점에서 비판받게 되었는데, 이로 인해 등장한 것이 '**대승불교**'다. 대승불교는 중생과 함께 하는 대중적이고 사회적인 측면을 강조했다. 따라서 단지 수행자 자신의 깨달음뿐만 아니라 타인의 깨달음도 중시했으며, 이에 따라 '위로는 진리를 추구하고, 아래로는 중생을 구제하고자 노력하는 사람'인 보살(菩薩)을 이상적 인간상으로 제시했다. 이와 같이 대승불교는 개인의 깨달음뿐만 아니라 모든 중생의 구제를 추구하고 불교 본연의 모습으로 돌아가고자 하는 운동이었기 때문에 불교의 실천지향적인 면모를 되살리는 데 크게 공헌했다.

교종과 선종

불교사상의 2대 흐름. 우리나라 삼국시대에 불교가 들어온 이후 통일신라로 접어들면서 불교는 교종(敎宗)과 선종(禪宗)의 두 흐름으로 발전했다. 불교에서는 석가모니의 말씀을 '교(敎)'라고 하고, 마음을 '선(禪)'이라고 한다. 따라서 교종은 석가모니의 말씀인 '경전'을 근본으로 하는 교단이고, 선종은 모든 진리가 '마음'에 있음을 강조한 교단이라고 볼 수 있다. 교종은 의천을 거치며 발전했으며, 고려 중기 지눌이 선종을 중심으로 교종과 선종의 통합을 추구했다. 교종과 선종의 두 흐름은 한국 불교의 확립에 크게 기여했다.

일체유심조

모든 것은 마음먹기에 달렸다. 원효(元曉)는 '모든 것은 마음이 지어낸다.'라는 '일체유심조(一切唯心造)'의 정신을 강조했다. 일체유심조를 설명하는 일화가 바로 원효의 '해골의 물' 이야기다. 원효는 의상(義相)과 함께 당나라 유학길에 오르던 중 동굴에서 잠을 자다 목이 말라 물을 마셨다. 깨어나 보니 그가 맛있게 마셨던 물은 해골 안에 들어있는 썩은 물이었다. 심하게 토하고 난 뒤 원효는 홀연히 깨달음을 얻어 유학길을 포기하고 신라로 돌아왔다. 이후 원효는 불교를 어렵게 느끼던 대중에게 염불만 외우면 누구나 극락왕생할 수 있다고 설파하면서, 당시 귀족 중심의 불교를 민중 불교로 전환하고 불교를 대중화하는 데 기여했다.

돈오점수(頓悟漸修)

깨달음의 경지에 이르는 단계. 고려 중기 선종을 중심으로 교종을 통합한 지눌의 핵심 사상은 돈오점수와 정혜쌍수다. 돈오점수는 깨달음의 경지에 이르는 단계를 나타내는 불교 용어이다. '돈오(頓悟)'는 '단번에 깨달음'을 뜻하는 의미이며, '점수(漸修)'는 깨우친 바를 점진적으로 수행한다는 뜻이다. 지눌은 깨달음이 수행에 우선한다는 선오후수(先悟後修)의 입장에서 돈오점수를 주장했다. 지눌은 깨달음이 없는 수행은 참된 수행이 아니라면서 깨달음 이후의 점진적인 수행을 중시했으며, 깨우치지 못한 채 수행만 쌓는 것은 참된 수행이 아니라고 보았다.

정혜쌍수(定慧雙修)

깨달음의 구체적 수행 내용. 정혜쌍수(定慧雙修)는 선정(禪定)과 지혜를 함께 닦아야 한다는 뜻으로 점수(漸修)의 구체적 내용을 담고 있다. '정(定)'은 선정으로서의 마음의 고요한 본체를 가리키는 것이며, '혜(慧)'는 지혜를 말하는 것으로 마음의 지성적 작용을 가리킨다. 따라서 정혜쌍수는 마음의 본체와 작용이 따로 있을 수 없듯이 선정과 지혜는 함께 수행해야 한다는 점을 강조한 것이다.

연기적 세계관

윤회 사상. 불교에서는 모든 존재와 현상에는 일정한 원인과 조건이 있다는 **연기적 세계관**을 바탕으로 세계를 바라본다. 이는 하나의 원인으로 모든 것을 설명하는 일원론적 세계관이나 모든 것이 이미 결정되어 있다고 보는 운명론적 세계관과는 다르다. 연기적 세계관에 따르면, 세상의 모든 존재와 현상은 서로가 서로에게 원인이 되기도 하고 조건이 되기도 한다. 연기적 세계관은 이 세상 모든 존재의 생성과 소멸을 관계성에 초점을 맞추어 설명하면서, 인간은 업보와 윤회설에 따라 삶과 죽음을 반복한다고 본다.

업보와 윤회설

연기적 사상. 불교에서는 어떠한 결과를 낳는 근원적인 행동을 업(業)이라고 하고, 그러한 업에 의해서 생기는 결과를 보(報)라고 부른다. **업보**는 업에 의한 보답을 뜻하는 것으로, 선악의 결과로 나타나는 고통이나 즐거움을 일컫는다. **윤회설**은 모든 생명이 있는 것은 자신이 지은 업보에 따라 삶과 죽음을 반복한다는 불교 교리의 하나이다.

● 보살

스스로 깨달음을 얻는 능력이 있음에도 불구하고, 이 세상에 머물러 일체중생을 먼저 이상 세계에 도달하게 하는 사람으로 불교의 이상적인 인간상이다.

● 열반과 해탈

열반은 영원한 진리를 깨달아 모든 번뇌의 속박과 고통에서 벗어난 평원한 상태를 말한다. **해탈**은 번뇌의 얽매임에서 풀리고 미혹(迷惑)의 괴로움에서 벗어난 경지를 일컫는다.

한국의 유교사상은 중국 유가사상의 전통 위에 한국 특유의 독자적인 사유 체계가 반영되면서 발전해나갔다. 한국의 유교사상은 인간의 **내면과 성품**, 그리고 **도덕적 가치**의 문제를 깊이 탐구하는 형태로 전개되었다. 조선 전기와 중기에 걸쳐서는 이황과 이이에 의해 크게 발전하였으며, 이후 실학사상을 통해 새롭게 전개되었다. 근대에 들어서는 위정척사 운동과 애국 계몽 운동의 뿌리가 되기도 하였다.

조선의 성리학

존재론과 인식론을 탐구하는 사상. 성리학은 고려 말의 정치적 혼란을 극복하고 새로운 왕조를 여는 이론적 기반을 제공했다. 조선의 성리학은 국가의 통치 이념으로 자리 잡았고, 개인의 도덕적 완성과 도덕적 이상 사회의 실현을 위한 실천 방안을 제공했다. 한편 우주 만물의 궁극적 이치를 연구하는 '본체론(존재론)'을 중심으로 하는 중국의 성리학에 비해, 조선의 성리학은 '**사단칠정(四端七情)**'을 중심으로 인간의 내면적 성정과 도덕적 가치의 문제를 깊이 탐구하는 '**인성론**'의 연구가 중심이 되었다. 성리학의 이기론과 심성론에 의하면, 성(性)은 '본연지성(本然之性)'과 '기질지성(氣質之性)'으로 나누어진다. 본연지성은 '이(理)'이고 기질지성은 '기(氣)'이다. 이는 우주 만물의 근원이 되는 이치로서 기의 활동 근거가 되어 사단으로 표출되고, 기는 만물을 구성하는 재료로서 칠정으로 나타난다. 이러한 조선 유교사상의 발전에 기여한 대표적인 인물이 바로 퇴계 이황과 율곡 이이다.

이귀기천

이와 기는 개별적이다. 이황은 주자와 마찬가지로 이 세상의 모든 존재가 이(理)와 기(氣)로 구성되어 있다고 보았다. 주자는 이와 기의 관계에 대해, 이와 기는 서로 떨어지지 않는 동시에 서로 뒤섞이지 않는다고 했다. 이에 대해 이황은 "이는 기의 주재자로서 기를 명령할 뿐 기에 구속되지는 않는다. 그러므로 이와 기를 섞어서 일물(一物)이라고 할 수는 없는 것이다."라고 보았다. 이러한 이황의 시각은 근본적으로 주자의 이기론을 계승한 것이다. 그는 원리적인 개념인 이가 기보다 우위에 있어 귀하다고 보는 '**이귀기천(理貴氣賤)**'의 입장에서 **이기론**을 전개했다. (이황, 『성학십도聖學十圖』)

이기호발설

데카르트의 심신이원론의 관점과 유사. 인간의 도덕적 본성에 대해 이황은 기대승과의 '사단칠정 논쟁'을 통해서 '**이기호발설(理氣互發說)**'을 발전시켰다. 이기호발설이란 "사단은 이가 발하고 기가 이를 따르는 것이고, 칠정은 기가 발하고 이가 그 위에 타는 것이다."라는 것으로, 이와 기가 모두 발할 수 있다는 것이다. 이에 따르면 사단은 마음의 이가 직접 발동한 것으로 순수한 선(善)

이며, 칠정은 기가 발한 것으로 그 위에 올라탄 이가 주재 능력을 발휘하느냐 하지 못하느냐에 따라 선할 수도 있고 악할 수도 있다. 이처럼 사단과 칠정은 그 발하는 원천이 다르기 때문에 서로 분명히 구별되어야 한다. 이러한 주장은 이의 운동성과 자발성을 인정하며 이를 우위에 놓는 이황의 독특한 시각이다. 또한 이황은 인격 수양의 방법으로 '**거경궁리(居敬窮理)**'를 강조했다. 그는 사물의 이치를 궁구하여 지식을 넓히는 '궁리(=실천)'뿐만 아니라, '거경(=앎)'을 특히 강조했다. 즉 기는 선할 수도 있고 악할 수도 있기 때문에 기를 항상 선하게 만들 수 있는 방법으로 '**경(敬)**'의 실천을 중요하게 봤다. 이황은 천리를 보존하고 인욕을 제거하는 것은 오직 경의 실천에 의해 가능하다고 봤다. 그는 경의 구체적인 실천 방법으로 마음을 한 군데에 집중하여 잡념이 들지 않게 할 것, 몸가짐을 단정히 하고 엄숙한 태도를 유지할 것, 항상 또렷한 상태를 유지할 것을 강조했다. (이황, 『성학십도聖學十圖』)

이기지묘

이와 기는 보완적이다. 이이는 이귀기천의 입장을 지닌 이황과 다르게, 이와 기의 상호 보완성을 강조했다. 그는 "발하는 것은 기요, 발하는 까닭은 이다. 기가 아니면 발할 수 없고, 이가 아니면 발할 까닭이 없다."라고 주장했다. 따라서 이와 기 중 어느 한 쪽에 치우치지 않고 조화를 이루는 합일의 논리를 강조했다. 이것이 바로 이와 기의 상호 보완성을 강조하는 '**이기지묘(理氣之妙)**'의 관점이다. 이와 기가 서로 섞일 수 없음을 강조한 이황과 달리 이이는 이와 기가 서로 떨어질 수 없음을 상대적으로 강조한 것이다. (이이, 『율곡전서栗谷全書』)

이통기국론

이(理)의 보편성과 기(氣)의 특수성을 설명하는 사상적 개념. 이이는 이와 기를 서로 분리해서 설명할 수 없는 것처럼 사단과 칠정 역시 분리될 수 없다고 보았다. 그에 따르면 사단과 칠정은 포함 관계로 칠정 중에서 순수하고 선한 부분이 사단이며, 따라서 사단과 칠정 모두 기가 발한 것이다. 이러한 관점에서 이이는 이황의 이기호발설을 비판하며, '기가 발하여 거기에 이가 타고 있다.'라는 명제는 맞지만 '이가 발하고 기가 이에 따른다.'라는 주장은 옳지 않다고 주장했다. 이이의 주장은 '**이통기국론(理通氣局論)**'을 통해 더욱 구체화됐다. '이통기국'이란 이는 본체로서 시간과 공간의 제약을 받지 않는 보편적인 것이고, 기는 특수한 것으로 시간과 공간의 제약을 받는 국한된 것이라는 의미다. 모든 사물에는 보편적인 원리인 이가 들어 있지만, 모양이나 내용이 서로 다르고 불완전한 것은 바로 기의 국한성 때문이라는 것이다. 이러한 맥락에서 이이는 인간이 도덕적으로 불완전한 것을 기의 국한성 때문이라고 보고 끊임없이 인격 수양에 힘쓸 것을 강조했다. 이를 위해 이이도 이황처럼 인격 수양에 있어서 경(敬)의 태도를 유지할 것을 주장했다. 하지만 이이는 경 못지않게 **성(誠)**을 강조했다. 여기서 성이란 참된 것, 진실한 것이자 우주적인 질서를 의미한다. 이이는 경과 성의 관계에 대해 "성이란 하늘의 참된 이치이자 마음의 본체이다. 사람이 본래 마음을 회복하지 못하는 것은 개인적이고 간사한 것을 가리기 때문이다. 경을 주로 삼아 개인적인 것과 간사한 것을 없애면 본체가 온전해진다. 경은 공부하는 요령이며 성은 공부의 결과가 이루어지는 곳이니, 경으로 말미암아 성에 이르는 것이다."라고 하여 경의 방법을 통해 성에 이를 것을 강조했다. 이통기국론은 스피노자의 성정이원론의 관점과 유사한 개념이다. (이이, 『율곡전서栗谷全書』)

이황과 기대승의 사단칠정 논쟁

주리론(主理論)과 주기론(主氣論)의 대립 논쟁. 조선 유학사에 있어 최고의 논쟁은 사단칠정(四端七情) 논쟁이다. 조선 성리학의 주된 관심은 사단과 칠정의 관계였는데, 이 논쟁을 퇴계 이황과 26살 연하인 고봉 기대승이 벌였다. 이황과 기대승 사이의 사단칠정 논쟁은 사단과 칠정을 이, 기와 어떤 관계로 연결할까 하는 입장 차이에서 발생했다. 이황은 '사단은 이가 발하고 기가 따른 것이고, 칠정은 기가 발하고 이가 기를 탄 것'이라 하여 사단과 칠정을 **각각** 이와 기로 나누어 설명했다. 그러나 기대승은 이황의 견해 가운데에서 '기가 발하고 이가 기를 탄 것'만을 인정하고, 그것으로 사단과 칠정이 유래하는 바를 모두 설명했으며, 칠정 이외에 따로 사단의 정이 있는 것이 아니라 칠정 가운데 사단이 **포함**되는 것이라고 주장했다. 이러한 기대승의 입장은 율곡 이이의 입장과 다를 바 없었다.

호락논쟁

인성(人性)과 물성(物性)은 같은가, 다른가의 논쟁. 호락논쟁(湖洛論爭)은 18세기 조선의 노론 당파 내부에서 발생한 논쟁이다. 심성론의 성선의 강조로 인해 생기는 모순을 둘러싼 논쟁으로, 사람의 성과 사람 이외 존재의 성이 같은지 다른지가 골자로서 '**인물성동이 논쟁(人物性同異 論爭)**'이라고도 한다. 이는 유교적 주체인 '성인'과 보통 사람의 성이 같은지 다른지에 관한 논쟁으로 확장되었으며, 인간의 본성, 그중에서도 특히 도덕심에 관한 논쟁

으로서 정치와 관련된 주요 의제였다. 당시 노론 내부는 인간의 본성인 인성과 타 존재의 본성인 물성이 다르다고 주장하는 **인물성이론(人物性異論)**의 호론과 근본적으로 서로의 본성은 같다는 **인물성동론(人物性同論)**의 낙론으로 나뉘었다. 호론은 불교·양명학 등이 불러일으키는 성선의 절대성 약화를 우려했다. 그래서 호론은 인성과 물성이 다르다는 입장을 기본으로 하여 인간 본성인 성선의 회복을 주창했다. 반면 낙론은 현실적 대응 방법이 호론과 달랐다. 낙론은 호론의 주장을 따를 경우 발생할 도덕적 규율에 의한 억압과 욕망의 질식 상태를 인정할 수 없었다. 즉 욕망은 부정되어야 하지만 엄연한 현실이라고 본 것이다. 욕망을 인간 본성의 또 다른 모습으로 인정함으로써 결국 낙론은 모든 사물마다 고유한 각각의 가치가 있음을 인정했다. 인간의 본성을 어떻게 이해하느냐에 따라 청나라 문물의 도입 문제로 연결되기도 하여, 홍대용·박지원 등의 북학파는 낙론으로서 호락논쟁에 깊이 관여했다. (2014학년도 9월 고1 학력평가)

최한기의 기일원론

우주 만물의 근원은 오직 기(氣) 하나뿐이다. 조선의 실학은 발전 과정에서 '기일원론(氣一元論)'에 기초한 독특한 철학적 사유의 발전을 시도했다. 최한기는 기일원론적 철학 사상과 실학자의 사회 개혁 사상에 영향을 받아 자신만의 독특한 철학 체계를 세웠다. 그는 자신의 학문을 '기학(氣學)'이라고 부르면서 이(理)를 중심으로 한 성리학의 이선기후(理先氣後)의 논리에 맞서 기(氣)를 중심으로 한 이재기중(理在氣中)의 논리를 제시했다. 그에 따르면 인식은 외부 사물과 감각기관이 접촉할 때만 발생하며 경험이란 곧 인식의 기초이다. 경험에 의하지 않은 선험적인 지식은 본래 존재할 수 없다고 그는 생각했다. 최한기는 경험주의 철학을 바탕으로 우주 만물은 기(氣)에 의해 생성되고 존재한다는 '기일원론'을 펼쳤다.

인문·언어 핵심 용어

아이러니

반어·모순·역설·이율배반을 뜻하는 수사법. 의미를 강조하거나 특정 효과를 유발하기 위해 자기가 생각하고 있는 것과는 **반대**되는 말을 하여 그 이면에 숨겨진 의도를 은연중 나타낼 때 사용하는 수사법의 일종이다. 연극에서 화자로 하여금 관중들은 쉽사리 알아챌 수 있지만 자신은 무의식적으로 **숨겨진** 의미를 가진 말을 하게 하는 극적 아이러니도 있다. 또 의도적인 무지(無知)를 사용하여 상대방을 점차 **모순**으로 빠져들게 하여 스스로 무지를 깨닫게 하는 소크라테스적 아이러니가 있다. 소크라테스 이후로 아이러니는 부정적인 의미로 많이 사용되고 있다.

패러독스

역설. '모순' 또는 '**역설**'이라고 번역한다. 패러독스는 일반적으로 인정되고 있는 원칙이나 견해에 대립하는 주장, 혹은 언어의 사용이 일관되지 않은 논리적 내지 심리적 상태를 가리킨다. 그 대표적인 것이 '제논의 역설'이다. 트로이 전쟁의 영웅 아킬레스와 거북이가 경주한다. 거북이는 100m 앞에서 출발하지만, 아킬레스가 거북이보다 10배 빠르다. 아킬레스가 100m 달리면, 거북이는 10m 앞에 가 있다. 아킬레스가 10m 더 달리면, 거북이는 1m 앞에 있다. 이와 같이 간격은 끝없이 줄일 수 있지만, 결코 사라지지 않는다. 결론은 아킬레스가 꾸준히 달리는 느림보 거북이를 영원히 따라잡을 수 없다는 것이다. 이것은 언뜻 그럴싸한 논리로 느껴지지만 실제로는 모순된 발상이라고 할 수 있다.

레토릭

미사여구. 효과적인 언어 표현을 이용하여 읽는 이나 듣는 이에게 감명을 주는 수사법이다. 고대 그리스에서 레토릭은 상대를 설득하기 위한 수단으로 사용됐다. 플라톤은 소피스트들이 진리와 상관없이 말로 상대방을 구워삶는 방법만 가르친다고 비판했는데, 그 때문에 지금까지도 레토릭이라는 단어 속에는 '**번지르르한 말**'이라는 비꼬는 뉘앙스가 담겨 있다.

메타포

암시적 비유. '은유'라고 번역된다. 어원적으로 '전이'의 뜻이며 '숨겨서 비유하는 수사법'이라는 뜻이다. 사물과 사물이 지닌 속성의 **유사성**을 연결하여 나타낸다. 아리스토텔레스는 '어떤 사물을 다른 영역의 사물과 겹치게 함으로써 두 가지 의미를 지니게 하는 것'을 메타포라고 했다. 메타포를 이용하면 함축이 풍부한 언어로 표현할 수 있다. 메타포는 상상력을 자극함으로써 그만큼 풍부한 뜻과 언어적 묘미를 발휘하는 수사법이라 할 수 있다.

콘텍스트

맥락 또는 문맥. 텍스트란 좁은 의미에서 '언어로 이루어진 문장이나 이야기' 등을 뜻한다. 콘텍스트는 '텍스트'를 이해하는 데 필요한 '맥락' 또는 '문맥'을 말한다. 텍스트는 대개 그 자체만으로는 내용이 충분히 전달되기 어렵다. 예를 들어 어떤 문장을 제대로 이해하려면 전체 글에서 앞뒤 맥락과 당시 상황 등을 함께 고려할 필요가 있다. 어떤 사실, 환경, 맥락, 이론 등 텍스트의 진의를 짐작하는 데 필요한 모든 것을 '콘텍스트'라고 부른다. 즉 텍스트를 제대로 이해하려면 콘텍스트가 필요하다.

카타르시스

영혼의 정화. 아리스토텔레스 『시학』의 비극 이론에 나오는 용어이다. '**정화**'라는 종교적 의미로 사용되는 한편, 몸 안의 불순물을 배설한다는 의학적 술어로도 쓰인다. 카타르시스는 예술 작품을 감상할 때 주인공과 감정이입함으로써 마음에 솟아오른 슬픔이나 공포의 기분을 토해내고 마음을 정화하는 것을 뜻한다. 정신분석에서는 인간의 정신 내면에 억압되어진 관념이나 감정을 표출시킴에 따라 불안이나 긴장 등을 해소시키는 것을 의미한다.

에고이즘

자기중심적 사고. '**이기주의**'라고 하며 그 반대말은 '이타주의'다. 이기주의는 자기의 이익만을 생각하고 남의 이익을 생각하지 않는 자기중심적 사고를 일컫는다. 이기주의는 심리적 이기주의와 윤리적 이기주의로 구분할 수 있다. 심리적 이기주의는 인간의 모든 행위가 본질적으로 자기의 이익에 따라 이루어진다는 주장이다. 그렇게 때문에 행위를 규제하기 위한 법이나 도덕이 필요하다고 말한다. 이에 비해 윤리적 이기주의는 사회 전체의 이익을 위해 자기의 이익을 추구해야 한다는 규범적 주장이다. 이 경우 행위의 정당성을 가늠하는 기준으로 최대 다수의 최대 행복을 꼽는 공리주의와 일견 유사해 보인다. 그러나 윤리적 이기주의는 어디까지나 자기 이익을 추구한다는 것이 중심이며, 자기를 희생하면서까지 사회의 최대 행복을 실현하려는 것은 아니다. 그것이 윤리적 이기주의와 공리주의의 차이점이라 할 수 있다.

페티시즘

별난 것에 애착을 갖는 도착 증상. 페티시즘은 '물신숭배'란 뜻이다. 원래 원시 종교에서 사물에 초자연적인 힘이 있다고 믿고 이것을 숭배하는 것을 말한다. 마르크스는 이 개념을 자본주의 사회에 적용시켜 상품이나 화폐가 사람들을 지배하는 물신(物神)의 역할을 한다고 봤다. 프로이트는 충족되지 않는 욕망 때문에 신체 일부에 애착을 갖는 성 도착증을 페티시즘이라고 설명했다. 어느 형태이든, 그 가운데 공통점은 어떤 이유로든 이해하기 어려운 별난 것을 애착의 대상으로 삼는다는 데 있다.

카오스와 코스모스

혼돈의 상태와 질서·조화의 상태. 카오스는 '혼돈'이란 의미로, 어떤 사건이 발생하는 시점 또는 우주 생성 초기의 뿔뿔이 흩어진 무질서한 상태를 가리킨다. 이와 반대로 '질서'를 의미하는 코스모스는 그런 뿔뿔이 흩어진 무질서한 상태가 아니라 조화롭게 통일된 상태를 가리킨다. 카오스와 코스모스는 언뜻 정반대의 상태처럼 보이지만, 카오스가 코스모스를 이끌기도 하고 반대로 코스모스가 카오스가 되기도 하는 등 한쪽이 반대쪽을 유발하는 관계에 있다고 볼 수 있다. 세상 삼라만상의 이치가 이와 같다.

자아

사고·감정·의식 작용을 통일하는 주체. '자아(自我)'란 타자나 외부 세계로부터 구별되는 자기의식을 가리킨다. 철학에서 자아의 자각은 '너 자신을 알라.'를 가르친 소크라테스에게서 비롯되는데, 자아의 문제가 철학의 주제가 된 것은 인간의 주체성이 확립되는 근세 이후의 일이다. 데카르트는 '나는 생각한다. 고로 나는 존재한다.'라는 명제에 의하여 '생각하는 나'를 정신이라 부르고 이것을 실체로서 확립했다. 반대로 흄 등의 영국 경험론은 그때그때의 감각·감정을 떠나서 자아는 없고 그것들의 총체가 바로 자아일 따름이라고 하여 자아의 정신적 실체를 부인했다. 이후 칸트는 선험적 자아라는 의식 주관이 사물의 존재를 성립시킨다고 말하면서 인식론적 관점에서 둘을 종합했다. 현대철학에서 자아의 문제는 이러한 인식론적·형이상학적 관점보다는 윤리적·인간학적 관점에서 다루어진다. 사르트르는 칸트적인 선험적 자아를 부인하면서 '나'의 존재가 타자에 의하여 근저로부터 위협받고 있다고 말했다. 부버는 '나와 너의 관계'를 이야기하면서 '너'라고 부르는 타자와의 만남과 응답에서 '나'는 비로소 진정한 자기(자아)가 된다고 주장했다. 한편 프로이트는 자아가 본능(이드)과 규범의식(초자아) 사이에서 양쪽의 갈등을 조정하는 마음의 기능이라고 보았다.

이성

생각하는 힘. 이성은 사물의 본질을 논리적으로 파악하는 **추론 능력**이다. 이성은 진리를 인식하는 **직관 능력**이다. 이성은 선악 진위를 구별하는 판단 능력이다. 이성은 계시나 신앙과 대조되는 가치중립적 **지식 능력**이다. 이성은 지각(감각)과 대비되는 인간의 지적 능력(의식)이다. 이성은 사유체계를 가능하게 하는 **비판 능력**이다. 이러한 근대 이성 만능의 사상에서 탈피하여 현대철학에서는 반성의 눈으로 이성을 바라보기도 한다. '도구적 이성'을 비판한 하버마스는 홀로코스트의 사례에서 알 수 있듯 인간이 이성을 사용해 목적을 달성하려 할 때 오히려 비참한 결과를 낳을 수 있다고 비판한다. 그는 이성이 단지 목적을 위한 도구로 전락하는 것에는 반대했지만, 의사소통 과정에서 대화로 합의를 이끌어낼 수 있도록 이성을 발휘해야 한다고 주장했다.

주체와 객체, 주관과 객관

행위자와 상대방. 주체란 자기 자신이고, 객체란 상대방 또는 상대되는 사물을 말한다. 주체와 주관, 객체와 객관은 서로 구별해야 한다. 주관(객관)과 주체(객체)의 차이는 인식과 행위의 차이다. 즉 '주관'이라는 말로 표현될 때는 주로 인식상의 문제에서 사용되며 인식을 일으키는 의식을 가리키지만, '주체'라고 하는 경우에는 단순히 의식에 한정되지 않고 의식을 가진 인간 및 이 인간이 개별적으로 신체를 갖추고 실천하는 실체를 의미한다. 주체가 이와 같은 의미로 사용될 경우 주체성은 주체가 다른 것에 의하여 움직이는 것이 아니라 자신의 자발적인 판단이나 행위를 한다는 의미로 쓰인다. 주체 또는 주체성의 개념은 생철학이나 실존주의의 중심 과제가 되어 왔다. 주체에 반대되는 개념으로서의 '객체'는 객관과 거의 동일한 뜻으로, 주체와 연관됨으로써 이 주체의 행위가 지향하는 것을 의미한다. 더 좁은 뜻에서 인식론적으로 보면, 경험을 통해서 의식에 주어진 대상 또는 인식 주체와의 관계에서 본 **실재(實在)**라는 것이 된다. 따라서 '나'의 인식이 주관이라는 것은 나의 입장에서 봤을 때의 표현이다. 이와 반대로 인식 당하고 있는 쪽에서는 그것을 '객관'으로 표현할 수도 있다. 어느 쪽에서 보느냐에 따라 주관과 객관이 갈리게 된다. 예를 들어 '내가 강아지를 보고 있는 상태'라면 내가 주체고, 내가 강아지를 보고 있다는 것이 주관이다. 이때 강아지는 객체고, 내게 보이는 강아지가 객관이다. 여기서 알 수 있듯이, 주체 이외의 모든 것이 반드시 객체가 되지는 않는다는 사실이다. 객관이 '나'에게 인식 당한 상태인 이상, '내'가 인식하지 않는 것은 객관이 되지 않기 때문이다.

절대와 상대

독립적·무조건적·무제한적 vs. 종속적·조건적·제한적. 절대란 조건 지어지는 것이 아니라 독립적으로 그것 자체로서 완전하다는 것을 의미하며, 상대라는 것에 대립한다. 운동하는 물질 그 자체는 무엇인가 조건 지어져 있지 않고, 제약되지 않으며, 어떤 것에도 의존하지 않기 때문에 '절대'라고 할 수 있다. 그러나 물질의 운동에는 구체적인 무수한 종류가 있고, 그것들은 끊임없이 변화하며 다른 것으로 옮겨가기 때문에, 구체적인 물질의 현상은 절대라고 할 수 없으며 '상대'이다. 즉 조건 지어져 있고 그것만으로 독립되어 있지 않으며 다른 것과의 관계 안에 있다. 그와 동시에 이 상대는 물질의 절대적 운동을 포함하기 때문에 단지 상대가 아니라 절대를 그 안에 가지고 있다. 절대는 상대와 대립하면서도 서로 관련을 가지고 있는 것이다. 절대만이 참된 실재라고 하며 상대를 거짓 환영이라고 하는 것은 형이상학적 사고의 산물이며, 플라톤 같은 관념론자의 주장이 이에 해당한다. 또한 세계의 근본적 실재로서 정신을 절대라고 받아들인다면 이것 또한 관념론을 낳게 되는데, 이것을 절대적 관념론이라고 한다.

개별·특수·보편

공통된 성질과 차별되는 성질. 모든 대상은 그 자신의 특징을 가지고 다른 것과 구별되어 개별적인 것으로 인지된다. 그러나 이러한 개별로서 구별되는 대상은 다른 대상과 관계를 맺고 있으며, 그들과 공통되는 특징도 나눠 갖고 있다. '내 집'은 이웃의 다른 집과 공통적인 특징을, 철수는 한국인과 공통적인 특징을 갖는다. 더욱이 이웃의 다른 집, 한국인은 모두 집 또는 인류라고 하는 공통의 특징을 갖는다. 따라서 '이웃의 다른 집' 또는 '한국인'은 '집' 또는 '인류'에 대해 **특수**이며, 후자는 전자에 대해 **보편**이다. 개별·특수·보편의 관계를 좀 더 명확히 밝힌 것이 마르크스주의 철학으로, 이에 따르면 보편은 객관세계에 실재하고 있으며, 그것도 특수·개별과 결합하여 비로소 존재하는 것으로 보았다. 즉 개별을 통해 보편이 존재하고, 또 개별은 보편을 기대하지 않고는 존재할 수 없다고 보았는데, 이들 양자를 매개하는 것이 특수이다. 이 경우 **개별**도 상대적인 의미를 갖고 있는데, 예를 들면 한국인·아시아인·인류라고 하는 경우, 한국인은 개별, 아시아인은 특수, 인류는 보편이지만, 개별 한국인에 있어 한국인은 특수로서 보편의 아시아인에 대응하고, 아시아인은 개별로서 인류에 대응하고, 인류는 보편인 생물에 대응한다. 이같이 이들 삼자는 상대적이지만, 그 상호관계는 단순히 주관적인 것이 아니라 객관적으로 존재하는 관계를 나타내고 있다.

토톨로지

동어 반복. 토톨로지는 '말에서 떨어져 낙마했다.'처럼 '떨어졌다'와 '낙마'라는 같은 뜻의 말을 무의미하게 반복하는 것을 말한다. 현대 논리학에서는 항진명제를 '토톨로지'라고 부른다. **항진명제**란 그 진위를 판단할 때 항상 참이 되는 명제를 말한다. 예를 들어 'A면 A다'와 'A이거나 A가 아니다'라는 명제는 A에 무엇이 들어가도 항상 참이므로 토톨로지라고 할 수 있다. 항진명제는 어떠한 가능한 사태, 어떠한 불가능한 사태와도 모순되지 않기 때문에 현실 세계에 대해서 아무것도 말하는 것이 없다.

아나키즘

무정부주의. 아나키즘은 개인을 지배하는 일체의 권력과 강압적 권위를 배제하고, 정치적·경제적·사회적으로 개인의 완전한 자유를 추구하는 사상이나 운동을 말한다. 무정부주의 하에서 인간은 본래 선한 능력을 가지고 있는데, 관습·제도·권력 등 자의적인 지배가 인간을 타락하게 만든다고 보았다. 무정부주의자들은 사회의 여러 제도 중에서 특히 사유재산과 국가가 가장 인위적인 것으로, 사람들을 서로 타락시키고 착취하게끔 만든다고 보고 이를 배격할 것을 주장한다. 덧붙여 무정부주의자는 '아나키스트', 무정부 상태는 '아나키'라고 한다.

로고스, 파토스, 에토스

설득의 3요소인 논리, 공감, 신뢰. 고대 그리스의 철학자 아리스토텔레스는 자신의 저서인 『수사학』에서 '수사학이란 주어진 상황에 가장 적합한 설득 수단을 발견하는 예술'이라고 말한 바 있다. 그리고 상대방을 설득하려면 3가지가 필요하다고 했는데, 그것이 바로 로고스(logos), 파토스(pathos), 에토스(ethos)다. **로고스**는 이성적·과학적인 것을 가리키는 것으로, 사고능력·이성 등의 의미를 가지고 있다. 이는 이성적인 논리로 상대방을 설득하려면 설득하려는 내용이 잘 정리되어 있어야 한다는 의미다. **파토스**는 로고스와 대치되는 개념으로 감각적·신체적·예술적인 것을 가리키며, 격정·정념·충동 등의 의미를 가지고 있다. 이는 인간은 이성과 감정을 함께 가진 동물이기 때문에 논리만으로는 상대방을 설득할 수 없다는 생각에서 출발한다. 따라서 상대방의 감성에 호소할 줄 알아야 하는데, 이것이 바로 파토스다. 인식의 방법으로서의 합리주의와 경험주의에도 대응한다. 그리고 **에토스**는 사람에게 도덕적 감정을 갖게 하는 보편적인 도덕적·이성적 요소를 말한다. 이는 화자의 평판이 좋아야 함을 의미하는 것으로, 상대방이 보기에 믿을 만한 사람이 이야기를 하면 그렇지 않은 경우에 비해 훨씬 신뢰감이 가서 설득이 잘 된다는 것이다. 이러한 로고스, 파토스, 에토스는 각각 논리학, 수사학, 윤리학으로 발전했다.

페르소나

또 하나의 얼굴. '외적 인격' 또는 '가면을 쓴 인격'을 뜻한다. 이 용어를 처음 사용한 사람은 칼 구스타프 융이다. 그는 사람의 마음은 의식과 무의식으로 이루어져 있다고 말했다. 여기서 그림자와 같은 페르소나는 무의식의 열등한 인격이며 자아의 어두운 면이라는 것이다. '자아'가 겉으로 드러난 의식의 영역을 통해 외부 세계와 관계를 맺으면서 내면세계와 소통하는 주체라면, 페르소나는 일종의 '가면'으로 집단 사회의 행동 규범 또는 역할을 수행한다. 영화에서 페르소나는 종종 영화감독 자신의 분신이자 특정한 상징을 표현하는 배우를 지칭한다. 감독은 자신이 직접 출연하지 않으면서 자신의 분신인 배우에게 일종의 역할극을 하게 만든다. 곧 배우는 페르소나로서 감독의 자화상이자 영화의 자화상이 되는 것이다.

오이디푸스 콤플렉스

유아기의 심리적 갈등. 오이디푸스 콤플렉스는 남자아이가 어머니에게는 애정을, 아버지에게는 증오를 무의식적으로 품는 성적 애착을 말한다. 프로이트에 따르면 어린아이는 자신의 아버지에 대해 성적 질시를 느끼지만 대항하지 못한다. 이에 아이는 자신을 아버지와 동일시함으로써 대리 욕망을 실현한다. 아이는 아버지의 도덕적 기준을 스스로 내면화해서 초자아(super-ego)를 만들어 내는 것이다. 그렇게 해서 규범의식이 형성되는 것이다. 들뢰즈와 가타리가 쓴 『안티 오이디푸스』에서는 오이디푸스 콤플렉스를 비판한다. 즉 욕망은 프로이트의 말마따나 마음속에서 선천적으로 갖춰지는 것이 아니고, 사회적으로 형성된다는 주장이다. 융은 여자아이가 아버지에게 독점욕을 품고 어머니에게 대항 의식을 갖는 경우를 '엘렉트라 콤플렉스'라고 칭했다.

아포리아

풀리지 않는 숙제. 아포리아란 어떠한 사물에 관하여 전혀 해결 방도를 찾을 수 없는 난관의 상태를 의미한다. 일반적으로 해결이 곤란한 문제, 즉 모순이나 역설 등을 일컫는 말이다. 아포리아는 고대 철학자들에 의해서 의미가 확립된 용어로서, 그리스어의 본디 뜻은 '막다른 곳에 다다름'이다. 철학에서는 이것을 새로운 진리를 인식하는 하나의 방법론으로 간주하는데, 소크라테스가 대화의 상대를 아포리아에 빠뜨려 스스로 무지를 깨닫게 하는 경우가 이에 속한다. 아리스토텔레스는 이러한 아포리아로부터 철학이 시작된다고 말했다.

알레고리

풍유(諷諭). 알레고리는 어떤 추상적 관념을 드러내기 위하여 구체적인 사물에 비유하여 표현하는 수사법을 말한다. 알레고리는 암시적인 비유를 뜻하는 '메타포(상징)'와 비슷한 개념이다. 메타포가 추상적인 것을 눈에 보이는 사물로 표현한다면, 알레고리는 보다 은유적이고 의인화된 것으로 표현한다. 『동물농장』이나 『이솝우화』에 추상적 개념이나 동물이 의인화되어 나오는데 이런 경우가 바로 알레고리에 해당한다. 플라톤의 『국가』에 나오는 '동굴의 비유' 역시 철학적 개념을 담은 알레고리라 할 수 있다. 철학은 평범한 말속에 숨겨진 본질을 찾아내는 작업이므로 알레고리적 해석이 요구되는 학문이라 할 수 있다.

안티노미

이율배반. 두 개의 규율이 서로 반대가 되거나 서로 모순되어 양립할 수 없는 명제를 일컫는 말이다. 고대 그리스 엘레아학파에서 처음 사용한 개념으로, 이후 칸트가 『순수이성비판』에서 인간 인식 능력의 한계를 보이기 위해 이 말을 사용했다. 그는 보편타당한 객관성을 갖는 인식은 감성에 부여된 대상에 대해서만 오성(悟性)을 적용하는 것이라고 주장했다. 만약 이 한계를 넘어 초월적인 이데아를 인식하려고 한다면, 이성은 필연적으로 자기모순에 빠진다면서 '순수이성의 이율배반'을 열거했다. 그 이율배반의 발생 원인을 알고 그것을 피하기 위해서는 인간의 이성에 의한 인식의 한계를 바르게 통찰하는 것이 중요하다고 보았다.

메타

높은 차원. 메타는 '더 높은', '초월한'을 뜻하는 접두어이다. 어떤 기술(記述)된 내용 또는 대상을 또다시 대상으로 삼아 기술하는 것을 메타라고 부른다. 쉽게 말해 더 높은 차원의 지식이라고 보면 된다. 형이상학을 메타피직스(metaphysics)라고 부르는 것은 자연 너머 존재의 근본과 지식의 근원을 탐구하는 학문이라는 의미이다. 메타언어, 메타인지, 메타윤리 등 메타이론은 특정 이론을 대상으로 하는 한 단계 높은 차원의 이론을 가리킨다.

주지주의, 주의주의, 정서주의

지성 중시 vs. 의지 중시 vs. 감정 중시. 주지주의는 **지성** 또는 이성이 의지나 감정보다 우위에 있다고 생각하는 철학의 입장이다. 데카르트처럼 인식은 감관에 의한 것이 아니라 지성에 의해서 생긴다고 보는 합리론은 넓은 뜻의 주지주의라 할 수 있다. 헤르바르트처럼 모든 심적 현상을 지적 표상으로 환원해서 이해하는 것은 심리학에서의 주지주의에 해당한다. 이에 비해 주의주의는 주지주의에 대립하여 **의지**가 지성보다 우위에 있다고 생각하는 철학의 입장이다. 의지가 세계나 세계 안의 여러 현상의 본질이며 본체라고 보는 쇼펜하우어는 형이상학적 주의주의를 대표한다. 의지를 인간 마음의 근본 기능으로 보고 의식이나 감정도 모두 의지에 입각한다고 생각하는 분트는 심리학적 주의주의를 대표한다. 20세기에 들어와서 주지주의는 의지를 상위에 두는 주의주의(主意主義)와 반대되는 의미로 사용되었으며, 문학에서 주지주의는 모더니즘의 하위개념으로서 **감정**을 상위에 두는 정서주의(情緒主義)와 대립되어 사용되었다.

직관

대상에 직접적으로 관계하는 표상. 직관은 감성적인 지각처럼 대상 전체를 직접적으로 그리고 단숨에 이해하는 인식 능력이나 판단 작용을 말한다. 논리적 인과관계를 살펴 대상을 파악하는 논리적 사고 및 반성과 분석을 통해 대상을 종합적으로 파악하는 능력인 **'사유'**와 대립하는 개념이라고 할 수 있다. 철학에서 직관은 특수한 능력으로 인식된다. 아리스토텔레스에 따르면 직관은 논리적 사고나 감각과는 다른 최고의 인식 능력이다. 데카르트는 경험에 의존하지 않고서도 '본유관념'이라는 직관 능력에 의해 사물을 인식할 수 있다고 주장했다. 이에 비해 칸트는 직관은 처음부터 불가능하며, 우리는 단지 감성적인 직관만을 가지고 있을 뿐이라고 말했다. 감각을 통해 얻은 지식과 정보를 머릿속에서 정리할 뿐이라는 것이다. 후설은 현상학에서 사람은 기본적으로 직관에 의해 사물을 인식할 수 있다고 생각했다.

실재

의식과 상관없이 존재하는 것. 실재(實在)는 인간의 인식이나 경험과는 상관없이 실제로 독립하여 존재하는 것을 말한다. 철학에서는 인간의 의식 바깥에 독립해서 존재하는 것을 의미한다. 로크는 우리가 경험하는 **내용** 그 자체를 실재라고 말했다. 칸트는 인간이 인식할 수 있는 것과 별개로 존재하는 실재로서의 **'물자체'**의 개념을 제시했다. 철학에서 실재를 체계적으로 연구하는 학문

영역을 **형이상학**이라 한다. 실재라는 용어는 때때로 경험이나 사유의 내용을 존재하도록 규정하는 **질서 · 법칙 · 원리**를 일컫기도 한다. 철학 개념인 실재론은 인식론적 관점에서 관념론과 대립하는 용어이다. 관념론은 세상은 인간이 머릿속에서 만들어낸 것이라고 보는데 비해, 실재론은 세상은 우리 인식과는 관계없이 존재한다고 보는 점에서 차이 난다.

자유의지

자신의 행동을 스스로 결정하는 능력. 자유의지는 외부의 제약이나 구속을 받지 않고 어떠한 목적을 스스로 세우고 실행할 수 있는 능력을 말한다. 인간은 옳지 못한 행동을 분별할 수 있는 능력을 가지고 있으며, 의식적으로 그와 같은 행위를 자제할 수 있다. 즉 인간만이 **'자유의지'**를 가지고 있으며, 자유의지가 전제되어야만 윤리가 성립한다. 인간이 자유의지를 가지고 있다는 것은, 주어진 본성에 따라 기계적으로 행동하지 않음을 뜻한다. 인간은 전적으로 선하지도 않고 악하지도 않지만, 적어도 인간을 선하게 하거나 적어도 덜 악하게 할 수 있으므로, 우리는 자유의지에 따라 선한 행동을 하기 위해 항상 노력해야 한다는 것이다.

결정론

인간 행동이 외적 요인으로 결정된다고 생각하는 입장. 결정론은 이 세상의 모든 일은 일정한 인과관계에 따른 법칙에 의해 결정된다는 생각이다. **'결정론'**을 주장하는 입장에서는 인간이 의지나 행위의 자유를 가지고 있다는 것을 부정한다. 인간의 행위 역시 그 행위를 일어나게 하는 조건들에 따라 이미 인과적으로 결정되어 있다는 것이다. 예를 들면, 예외가 없는 자연법칙, 사회화, 유전자의 특성 등이 그러한 조건들이다. 결정론을 강하게 주장하는 입장에서는 인과관계는 인간의 어떠한 의지나 노력으로도 바꿀 수 없다고 생각한다. 이 입장에 따르면, 우리가 자유의지를 가지고 어떤 일을 선택하는 것은 사실상 불가능하다. 결국 우리가 하는 모든 행동은 우리 자신의 의지에 따른 것이 아니기 때문에 모든 행위에 대한 책임도 없게 된다.

기호학

기호로써 인간 행위를 파악하는 입장. 기호학이란 사람들이 사용하는 **'기호(記號)'**를 통해 사물을 이해하는 학문이다. 기호의 기능과 본질, 의미 작용과 표현, 의사소통과 관련된 다양한 체계를 연구한다. 언어철학의 연장에 있는 기호학은 언어라는 기호가 단순히 인간의 사고를 위한 도구가 아니라, 언어가 오히려 인간의 사고

를 지배한다는 발상의 전환에서 비롯됐다. 학문으로서의 기호학은 과학적 경험주의, 즉 논리실증주의의 발전 과정에서 체계화하였으며, 소쉬르, 퍼스, 모리스 등 구조주의자들에 의해 학문적 기초가 마련됐다. 오늘날 기호학은 인간의 삶과 기호의 연관성 및 그 의미를 밝히는 것을 목표로 다양한 분야에서 활발한 연구가 이루어지고 있다. 예를 들어 바르트는 영상이나 패션 등 폭넓은 소재를 기호로 나타내면서 그것이 사회에 발신하는 메시지에 관해 분석했다. 레비스트로스는 구조인류학의 관점에서 신화의 기저에 있는 언어의 의미를 다루었다.

미메시스

예술의 본질로서의 모방. 미메시스는 예술을 통한 실재의 '재현(모방)'을 의미한다. 플라톤은 눈에 보이는 현상으로서의 현실 세계는 모두 형상, 즉 이데아의 불완전한 모방에 불과하다고 생각했다. 그런데 예술은 현실을 모방함으로써 참된 존재인 형상으로부터 두 단계나 멀리 떨어진 존재가 된다. 플라톤은 예술은 이데아의 모방인 현실(현실 세계, 현상)을 다시 한 번 모방한 것이기에, 그만큼 저속한 것으로 인식했다. 한편 아리스토텔레스는 플라톤의 이 같은 생각과는 견해를 달리했다. 아리스토텔레스 역시 인식론적 입장에서 변치 않는 영원성을 가진 이데아의 존재를 부정하지는 않지만, 그렇더라도 이데아는 우리가 지각하는 현실 세계와 분리된 것이 아니라 그 안에 내재된 그 무엇으로 인식했다. 그에 따르면, 형상(이데아, 본질)은 사물(질료, 현상, 현실 세계) 안에 내재하고 있기에 분리될 수 없으며, 사물에 형상을 합함으로써 더욱 의미 있는 존재가 된다. 즉 형상의 실체(즉 본질)는 구체적이고 현실적인 대상들 속에서 발견되며, 본질은 개별 사물에 의해 표현됨으로써 드러난다. 아리스토텔레스에게 있어서 이 세상(현실 세계)은 형상(이데아의 세계)을 모방한 것이 아니라 세상이 형상을 구현하고 있는 것이며, 따라서 개별 대상(현상, 현실 세계)은 이데아의 불완전한 모방이 아니라 그 자체가 형상을 포함한 의미 있는 실체이다. 아리스토텔레스의 관점을 따르면 예술 작품, 즉 예술 활동을 통한 현실 세계의 모방이란 질료(사물) 속에 구현되어 있는 형상(본질)을 파악하고 그것을 재현하는 것으로써의 가치를 인정받는다.

목적론적 세계관과 기계론적 세계관

서양 세계관의 두 흐름. 서양 철학사에는 아리스토텔레스의 이론을 계승한 목적론적 세계관과 뉴턴의 이론을 계승한 기계론적 세계관이 존재해 왔다. **목적론적 세계관**은 고대와 중세에 지배적으로 작동한 이론으로, 자연의 모든 존재는 그냥 기계적으로 움직이는 것이 아니라 낮은 단계의 존재들은 상위 단계의 존재를 목적으로 삼아 작용한다. 반면 **기계론적 세계관**은 근대 이후 본격화된 이론으로, 모든 존재는 작용과 반작용의 원칙에 의하여 기계적으로 작동한다.

서양적 세계관과 동양적 세계관

기계론적 세계관 vs. 유기체적 세계관. 동양과 서양은 세계관(자연관)에서 큰 차이를 보인다. 근대 이후 서구에서는 인간 이성에 대한 지나친 믿음을 바탕으로 자연에 대한 인간의 지배를 당연시하면서, 자연을 인간을 위한 도구로 보는 **인간중심주의적 세계관**을 보여 왔다. 이에 비해 동양에서는 인간을 자연의 일부로 보고 자연과의 조화를 중요시하면서, 자연의 가치를 인정하는 **생태중심주의적 태도**를 가져 왔다.

⦂ 근대적 세계관(서양적 세계관)과 새로운 세계관(동양적 세계관)

근대적 세계관		새로운 세계관
• 세계가 거대한 기계처럼 움직인다는 **기계론**	⇒	• 세계는 살아 움직이는 생명체라는 **유기론**
• 전체는 부분의 합이므로, 부분을 알면 전체를 이해할 수 있다는 **환원주의**	⇒	• 전체는 구성 요소들의 관계에 의해 결정된다는 **시스템적 사고**
• 원인과 결과는 선형적 관계를 이룬다는 **선형적(linear) 인과론**	⇒	• 작은 원인이 큰 결과를 가져올 수 있다는 **비선형적 인과론**
• 도구적 이성을 가지고 모든 문제를 해결할 수 있다는 **도구적 합리주의**	⇒	• 자연과 인간이 하나라는 것을 이해하기 위해선 영성이 필요하다는 **영성주의**
• 과학기술을 통해 모든 문제를 해결할 수 있다는 **과학기술주의**	⇒	• 과학기술이 생태계 위기의 주범이라는 **반과학주의**
• 인식 주체(인간 또는 정신)와 인식 대상(자연 또는 물질)을 구분하는 **이원론적 사고**	⇒	• 인식 주체와 대상은 분리될 수 없다는 **일원론적 사고**
• 자연에 대한 인간의 우월성을 인정하는 **인간중심주의**	⇒	• 인간과 다른 생명체의 가치가 동일하다는 **생명중심주의** • 인간보다 생태계가 더 우월하다는 **생태중심주의**
• 이용할 수 있는 자원과 공간이 무궁무진하다는 **자원 무한론**	⇒	• 인류가 이용할 수 있는 자원은 유한하다는 **자원 유한론**
• 불어나는 인류를 먹여 살리기 위해 지속적 경제성장이 필요하다는 **확장주의**	⇒	• 인류가 지속 가능하기 위해서는 생명과 생태계 보존이 필요하다는 **보존주의**

도그마티즘

독단적 사고. 원래는 회의론에 대립하는 말로, 학문적이고 비판적인 검토를 거치지 않고 특정 교설이나 교의 혹은 교조(dogma)를 그대로 신성불가침의 진리라고 주장하는 입장이다. 통상 '**독단주의**' 또는 '**교조주의**'로 번역된다.

역사 인식

사실과 해석. 역사는 '**사실로서의 역사**'와 '**기록으로서의 역사**'라는 두 측면이 있다. 전자가 객관적 의미의 역사라면, 후자는 주관적 의미의 역사라 할 수 있다. 사실로서의 역사는 객관적 역사, 즉 시간적으로 현재에 이르기까지 일어났던 모든 과거 사건을 의미한다. 이러한 의미에서 역사는 바닷가의 모래알 같이 수많은 과거 사건들의 집합체가 된다. 기록으로서의 역사는 과거의 사실을 토대로 역사가가 이를 조사하고 연구하여 주관적으로 재구성한 것이다. 이 과정에서는 역사가의 가치관 같은 주관적인 요소가 필연적으로 개입하게 되며, 이 경우 역사라는 말은 기록된 자료 또는 역사서와 같은 의미가 된다. 우리가 역사를 배운다고 할 때, 이것은 역사가들이 선정하여 연구한 기록으로서의 역사를 배우는 것이다.

● 랑케의 역사관_ '사실'을 강조

랑케는, 역사가는 과거에 기록된 사실 그 자체에 대한 객관적인 분석을 통해, 있는 그대로의 과거를 재현할 수 있다는 실증적 역사관을 주장했다. 랑케의 역사관은 실증적 사실로서의 역사를 중시하는 객관적 의미의 역사관으로, 역사가의 주관을 철저히 배제한 객관적인 사실만을 기록할 것을 강조했다. 즉 역사는 '있는 그대로의 역사'로서 객관적 실체로서의 의미를 갖는다고 하여, 역사적 사실을 강조했다.

● 콜링우드의 역사관_ '해석'을 강조

콜링우드는, 역사적 사실은 역사가에 의해 재구성된 것이기에 그만큼 객관적이지 않으며, 그렇기에 현재 시점의 역사는 실존적이지 않고 관념적일 뿐이라고 주장했다. 콜링우드의 역사관은 과거의 사실에 더해 역사가의 해석이 강조되는 **주관적** 의미의 역사관이다. 즉 역사는 '다시 쓰이는 역사'로서 과거를 현재의 관점에서 능동적이고도 주체적으로 재해석하는 작업이라고 하여, 역사가의 해석을 강조했다.

● 카의 역사관_ '사실과 해석'을 강조

카(E.H. Carr)는, 역사는 역사가와 사실의 연속적인 상호작용으로, 그렇기에 현재와 과거와의 끊임없는 대화가 곧 역사라고 주장했다. 카의 역사관은 같은 역사적 사실이라도 누가 쓰느냐에 따라 서로 다른 역사가 만들어진다는 **상대주의** 관점에서의 역사관으로, 과거의 사실을 보는 역사가의 관점과 사회 변화에 따라 역사가 달리 쓰일 수 있다고 주장했다. 즉 역사는 입장에 따라 해석이 달라지기 때문에, 사실과 해석 사이에 끊임없는 긴장과 균형을 유지하는 것이 곧 역사가의 임무라고 하여, 사실과 해석 둘 다 강조하되, 누가 어떤 관점에서 해석하느냐가 특히 중요하다고 말했다.

상호이타주의

미래의 도움을 기대하여 남에게 도움을 주는 행위에서 사회성이 진화했다는 생각. 인간은 지금 이 순간 서로 도움을 주고받는 게 아니라 미래의 보답을 기대하며 기꺼이 남에게 도움을 주는 행동을 한다. 이를 '**호혜적 이타주의**' 또는 '**상호이타성**'이라고 한다. 일종의 **계약 이타주의**이다. 대부분의 인간은 극단적 이기성과 극단적 이타성 사이에 있는 상호성의 원칙 아래 행동하는 것이 일반적이다. 이때 '상호성'이란 자신에게 이득을 준 상대에게는 호의로, 피해를 준 상대에게는 적의로 대하는 성향으로, 이는 물질적 대가와 연결되는 것이 일반적이다. 하지만 반드시 그렇지 않은 경우도 있다. 인간이 평생 단 한 번밖에 만나지 않는다면 도움을 받고 난 다음 보답할 기회가 없기 때문에 호혜적 관계가 성립하지 않는다. 서로의 존재를 인식하고 도움을 받았다는 사실을 기억할 수 있어야 하며, 서로의 만남이 비교적 빈번해야 가능하다. 인간 본성이 복잡한 양상을 띠는 이유가 이 때문이다.

명제

진위를 판별할 수 있는 문장이나 식. 어떤 문제에 대한 하나의 논리적 판단 내용과 주장을 언어 또는 기호로 표시한 것을 말한다. 즉 어떤 문장의 참과 거짓을 분명하게 판단할 수 있을 때 그것을 '**명제(命題)**'라고 한다. 철학에서의 명제는 사물의 판단을 언어로 나타낸 것을 뜻한다. 수학에서의 명제 역시 진위 판단의 대상이 되는 것을 가리킨다. 예를 들어 아리스토텔레스의 논리학에서는 '모든 A는 B다. 모든 C는 A다. 따라서 모든 C는 B다.'라는 삼단논법이 제시된다. 이때 '모든 A는 B다.', '모든 C는 A다.', '따라서 모든 C는 B다.'라는 문장은 각각 진위의 대상이 되는 명제라고 할 수 있다. 이에 반해, '모든 A가 B라면 좋을 텐데.'라는 문장은 단순한 희망에 불과하기에 진위의 대상이라고 할 수 없다. 따라서 명제라고 부르지 않는다.

개념과 범주

보편 관념과 개념의 범위. **'개념'**은 특정한 사물이나 사건, 상징적인 대상들의 공통된 속성을 추상화하여 종합화하고 일반화한 보편 관념을 말한다. 이에 비해 **'범주'**는 같은 성질을 가진 개념의 부류 또는 범위라고 할 수 있다. 개념은 **내포(內包)**와 **외연(外延)**으로 구성되어 있다. 내포는 개념이 적용되는 범위에 속하는 여러 사물이 공통적으로 가지고 있는 어떤 필연적 성질 전체를 가리킨다. 예를 들어 생물이라는 말의 경우 '생명을 가지고 생활 현상을 영위하는 존재'가 내포가 된다. 반면 외연은 그 개념이 지시할 수 있는 대상 전체의 범위를 가리킨다. 생물이라는 말의 외연은 생물이라는 개념이 지시할 수 있는 대상 전체, 곧 동물, 식물 등이 된다. 이는 외연이 범주화와 관련이 있음을 보여 준다.

내포와 외연

개념을 규정하는 두 속성. 개념을 정확히 규정하는 것은 곧 개념을 구성하는 두 가지 중요한 측면인 개념의 '내포(內包)'와 '외연(外延)'을 명확히 하는 것이다. 개념의 내포와 외연의 관계를 **'종차(種差)'**라고 한다. 개념은 대상의 고유한 속성을 반영하는 동시에 이러한 특유의 속성을 가지고 있는 대상도 반영하게 된다. 이때 개념이 반영하고 있는 대상의 특유한 내용·속성·성질·특성을 개념의 **'내포'**라고 하고, 그 개념이 반영하고 있는 대상의 집합 또는 범위를 개념의 '외연'이라고 한다. 예를 들어 채소라는 개념의 외연은 배추, 무, 양파 등 모든 개별적인 채소를 말하며, 내포는 '식용하기 위해 밭에서 기른 농작물'이라는 채소가 갖는 특성을 말한다. 개념의 내포와 외연은 상호 긴밀히 연관되어 있으며, 또한 서로를 제약한다. 개념의 내포가 확정되어 있다면, 일정 조건 하에서 개념의 외연도 잇달아 확정되며, 그 반대의 경우에도 마찬가지다. 그렇더라도 개념의 내포와 외연은 고정 불변한 것은 아니다. 대상이 변화·발전함에 따라 그것을 인식하는 사람들 역시 사고의 전환과 인식의 발전을 가져오고, 그에 상응하여 개념의 내포와 외연도 끊임없이 변화하게 된다. 개념의 맥락적인 이해와 개념화한 인식이 중요한 이유가 이 때문으로, 외연과 내포 관계를 명확히 구별하여 생각하지 않으면 판단을 내리는 과정에서 혼란과 오류를 겪게 된다. 모든 개념은 내포와 외연의 확정을 통해 구체화되고 명료하게 인식되기 때문이다.

한정과 개괄

개념을 구체화하고 확장하는 설명 방법. 개념은 또한 '한정'과 '개괄'을 통해 구체화되고 확장된다. 개념의 **한정**이란 개념의 의의를 좁히기 위해 속성을 부가하는 작업, 즉 내포를 크게 하고 외연을 좁히는 논리적인 설명 방법을 말한다. 개념의 **개괄**이란 개념의 내포를 감소시켜 개념의 외연을 확대하는, 다시 말해 외연이 좁은 개념으로부터 외연이 넓은 개념으로, 종개념으로부터 유개념으로 이행하는 설명 방식을 말한다.

범주화

개념의 분류와 유형화. 범주화는 우리가 접하는 사물, 개념, 현상을 분류하여 이해하는 방식을 말한다. **'범주화'**란 특정한 사례가 특정한 범주의 구성원인지 여부를 결정하는 것, 그리고 특정한 개념이 다른 개념의 부분 집합인지를 결정하는 것이다. 범주화는 위계적으로 이루어지는데, 예를 들어 하위 범주인 '작은북'은 상위 범주인 '북'의 부분 집합이 되며, '북'은 보다 높은 상위 범주인 '타악기'의 부분 집합이 되는 식이다. 이러한 범주화는 인간이 사물과 현상을 변별하고, 이해하고, 추론하고, 기억하는 데 많은 도움을 준다. 우리 주위의 사물이나 현상들을 의미 있는 단위로 분할하여 이해하고 설명하며, 그 사물이나 현상들과 관련 있는 이후의 일들을 예상할 수 있게 한다.

논증

논리적 증명 방법. **'논증(論證)'**은 어떤 주장이 옳다는 것을 근거를 들어 증명하거나 정당화하는 서술 방식이다. 논증은 어떤 명제에 대한 자신의 주장 및 그 주장을 뒷받침하기 위한 타당한 근거나 증거를 제시하고, 이를 통해 그 주장의 타당성을 논리적으로 합리화하는 진술 방식을 말한다. 논증은 어떤 주장과 그 주장에 대한 근거로 구성된다. 따라서 모든 논증에는 하나의 결론과 적어도 하나 또는 둘 이상의 전제가 포함되어 있다고 말할 수 있다. 이때, 주장이 참인가 거짓인가는 중요하지 않다. 논증의 관건은 이성에 호소하여 자신의 의견을 얼마나 잘 설득하느냐에 달렸기 때문이다. 따라서 논증에는 주장을 적절히 뒷받침하는 근거(논거, 이유)가 제시되어야 하고, 전제(근거)로부터 결론(주장)이 이끌어지는 추론 과정이 분명하게 드러나야 한다.

추론

전제에서 결론을 이끌어내는 사고 과정. **'추론(推論)'**은 기존의 명제들로부터 유의미한 결과를 유도해나가는 논리적 사고 과정을 뜻한다. 어떤 명제를 증명할 충분한 논거를 확보했더라도, 그것의 정당성 여부를 밝혀 타당한 결론을 이끌어내지 않으면 안 된다. 명제의 정당성을 밝히기 위해서는 감정이나 권위에 얽매이지 않고 자신의 생각을 명확하고 일관성 있게 정리하여 올바른 결론에 이를 수 있도록 사고하는 과정이 필요한데, 이러한 논리적 사고 과정이 추론이다.

연역논증과 귀납논증

추론의 방법. 논증의 명제(전제와 결론)를 어떻게 연결하면서 둘을 논리적·체계적·합리적·순차적으로 배열할 것인가에 따라 추론은 크게 '연역적 추론(연역논증)'과 '귀납적 추론(귀납논증)'으로 나뉜다.

● 연역논증

연역논증은 논리적 규칙에 의하여 전제로부터 필연적으로 새로운 결론을 이끌어내는 사고 과정을 말한다. 대개 일반적인 지식이나 보편적인 원리를 전제로 하여 특수한 지식이나 원리를 도출해내는 방법으로, **'삼단논법'**이 가장 대표적인 사례이다. 연역논증에서는 전제가 결론에 대해 결정적인 근거를 제공한다. 즉, 결론의 내용은 이미 전제에 함축되어 있다고 본다. 그렇기 때문에 연역논증에서 전제들이 모두 참이라면, 결론은 반드시 옳다. 즉, 연역논증은 전제와 결론 간의 논리적인 비약이 없다고 주장되는 논증이므로, 연역논증은 주장의 확실성을 보장하기 위해 주로 활용된다.

● 귀납논증

귀납논증은 경험에 기초한 둘 이상의 특수 명제에서 새로운 일반 명제를 도출해내는 방식으로, **유비논증(유추), 열거에 의한 귀납, 인과논증** 등이 있다. 그럴듯한 증거를 제시함으로써 결론이 옳다는 것을 증명하는 방법이 그것이다. 즉, 귀납논증은 결론이 옳다는 것을 증명하기 위해 그럴듯한 증거를 전제로 제시함으로써, 주장을 뛰어넘어 그것이 갖고 있는 지식을 확장한다. 귀납논증에서 꼭 기억해야 할 것은, 전제가 결론에 대해 근거를 제시하기는 하지만, 결정적인 근거가 아니라 개연적인 근거를 제공할 수 있을 뿐이라는 것이다. 즉, 귀납논증은 그 논증이 아무리 성공적이더라도, 전제와 결론 사이에는 논리적인 비약이 있을 수밖에 없다. 따라서 귀납논증에서는 전제들이 모두 참이라고 해도 결론이 반드시 참이라고 기대할 수 없다.

동일률·모순율·배중률

아리스토텔레스에 의해 확립된 논리학의 기초 원리. 논리적 사고를 위한 기본법칙으로 동일률, 모순율 그리고 배중률이라는 세 가지 기초 항진명제가 있다. 항상 '참'이어서 '거짓'일 수가 없는 이 명제들 중 첫 번째인 **'동일률'**은 하나의 사실에는 하나의 판단만이 존재함을 상정한다(A는 A다). 두 번째인 **'모순율'**은 동일 판단에 모순이 존재하지 않아야 하며 이로 인해 어떤 사실이 '참'이면 '참'일 뿐 동시에 '거짓'일 수가 없다는 것을 의미한다(A는 A이면서 동시에 B가 될 수 없다). 마지막의 **'배중률'**은 논리적 판단은 어떤 명제가 '참'이냐 아니면 '거짓'이냐의 둘 중 하나이며 그 중간의 형태는 존재하지 않는다는 명제이다(A는 A이거나 A 아니거나 둘 중 하나일 뿐, 그 중간은 없다).

상관관계와 인과관계

필요조건과 필요충분조건의 관계. **'상관관계'**란 어떤 한 변수가 증가(또는 감소)함에 따라 다른 변수가 그와 같은 방향 또는 반대 방향으로 증가(또는 감소)할 때의 두 변수 간의 관계를 말한다. 두 변수가 같은 방향으로 증가하거나 감소하면 양(+)의 상관관계, 반대 방향으로 움직이면 음(−)의 상관관계에 있다고 한다. 이에 비해 **'인과관계'**란 어떤 두 개의 사실이 원인과 결과의 관계에 있을 때를 말한다. 예컨대 A가 B의 원인이 되려면 A는 B보다 시간적으로 앞서야 하며, B가 일어나는 데 필요하고 충분한 조건이 되어야 한다. 그러나 두 조건이 함께 변한다고 해서 그들 사이에 반드시 인과관계가 있다고 볼 수는 없다. 즉 어떤 두 변인이 높은 상관계수를 갖더라도, 그것이 둘 사이의 인과관계를 주장하는 충분조건이 되지 못한다. 예를 들어 행복과 소득의 관계에서, 소득이 높을수록 행복 수준도 높게 나타나는 경향을 보인다고 해서 그것이 '소득이 높을수록 사람들은 행복하다.'는 의미를 갖는 것은 아니다. 다시 말해, 상관관계가 원인과 결과를 명확히 밝혀주지는 못한다. 하지만 어떤 두 사건이 비슷한 시기에 발생할 경우, 많은 사람들은 먼저 일어난 사건이 나중에 일어난 사건의 원인일 것이라고 쉽게 단정하려 든다. 상관관계를 인과관계로 판단하는 오류를 범하고 있는 것이다. 상관관계는 두 변인 사이에 단지 어떤 관계가 있을 가능성을 나타내는 것이기에, 그 관계를 설명하는 타당한 근거가 없다면 실제로는 쓸모없는 사실로서의 일종의 추측에 불과할 뿐이다. 즉 상관관계의 성립 여부가 인과관계의 성립 여부를 보장하지 못한다.

통시적·공시적

씨줄과 날줄. '통시적'이라는 것은 시대의 변화에 따라 달라지는 것을 의미하고, '공시적'이라는 것은 같은 시대에 관련된 것을 의미한다. 언어와 관련하여 공시적 언어 이해는 어느 한 시대의 언어 현상을 파악하는 것이고, 통시적 언어 이해는 시대의 흐름에 따라 언어 현상을 파악하는 것을 뜻한다.

함축

숨은 결론. 함축이란 겉으로 드러나지 않았지만 궁극적으로 말하고 싶은 주장이자 글의 **속뜻**을 말한다. 그렇기에 이것을 확인하려면 글의 맥락적인 이해가 무엇보다 중요하다. 여기서 맥락적인 이해라 함은 글에 담긴 속뜻을 파악해내는 것으로서, 글에 담긴 작가의 주제의식이나 가치관, 시대적 상황 등 텍스트 밖의 요소를 포괄하는 개념이다.

유추

유비추리. 아날로지. 서로 다른 대상이나 과정, 또는 체계가 일정한 면에서(곧, 그 구조, 기능, 속성 관계 등) 유사하거나 일치할 때, 그 **유사성**이나 **동일성**에 의거하여 그것들이 다른 측면에서도 서로 유사하거나 일치할 것이라고 추론해내는 것을 '유추(유비추리)'라고 한다. 즉, 같은 종류의 것 또는 비슷한 것에 토대를 두고 다른 사물(대상)을 미루어 추측하는 것을 유추라고 한다. 예를 들어 어떤 사물들의 형태, 색깔, 무게 등이 서로 같다는 생각에 기초하여 기타의 성질, 이를테면 맛이나 촉감 등도 같거나 비슷하리라고 판단하는 경우, 이를 유추라고 한다. 또 어떤 사람이 그동안 성실하고 모범적인 가정생활, 학교생활을 해왔다는 사실에 기초하여, 그가 앞으로도 사회에 나가 모범적이며 성실하게 살아갈 것이라고 추측하는 경우 역시 유추에 해당한다. 유비(상이한 대상들이 일정한 특징 면에서 보이는 상응, 상사, 일치의 관계)에 기초한 추론, 곧 유추는 대상에 대한 우리의 인식능력을 확장하게 만드는 유용한 사고방식이다. 하지만 부정확한 지식과 정보에서 비롯된 유비 추론은 자칫 그릇된 결론을 이끌어낼 수 있다. 따라서 유추에 의한 논증에 있어서는 무엇보다도 대상에 대한 정확한 지식과 정보, 그리고 대상들 사이의 내적 인과관계에 대한 충분하고 풍부한 지식이 전제되어야 하며, 유추 과정 역시 객관적이고 타당한 절차를 거쳐 진행되어야 한다.

정의와 지정

설명글의 진술 방식의 하나. '**정의(正義)**'는 개념에 대한 해석과 설명이다. 실제 글에서, 개념 정의는 유개념(類概念)을 종차(種差)로 제한하는 방식으로 이루어지는 '사전적 의미' 이상을 표현하는 경우가 많으며, 그 자체로 글쓴이의 이해와 사고를 드러낸다. 참고로, 예를 들어 '과부는 남편을 사별하고 혼자 사는 여자다.'라는 개념 정의에서, 유개념은 '여자'이고 종차는 '남편과 사별하고 혼자 사는'이다. 가장 일반적으로 정의를 내리는 방법으로는 '외연'과 '내포'의 두 가지가 사용된다. 외연적 정의는, '채소란 배추, 무, 당근, 시금치 등이다.'처럼, 개념(채소)이 가리키는 대상(배추, 무, 당근…)들을 열거하는 정의 방식이다. 한편, 내포적 정의는 '채소란 밭에서 기르는 농작물이다.'처럼, 개념의 대상들이 공통적으로 가지고 있는 성질·특성·속성·내용(밭에서 기르는, 농작물)을 기술하는 정의 방식이다. 정의와 비슷한 것으로 '**지정(指定)**'이 있다. 간단하고 명백하게 어떤 대상을 직접 설명해주는 방식으로, 주로 '무엇인가', '누구인가'에 대한 대답의 형태로 나타난다. 예를 들어, '오리엔탈리즘이란 동양을 지배하고 재구성하며 위압하기 위한 서양의 스타일이다.'처럼, 대상의 특징을 나타낸다는 점에서 유개념과 종개념을 사용하는 정의와는 구별된다.

예시와 인용

설명글의 진술 방식의 하나. '**예시(例示)**'는 구체적인 사례를 들어 설명하는 방식이다. '예컨대', '예를 들면' 등과 같은 표현과 함께 쓰기도 하는데, 일반적인 개념이나 추상적인 개념을 설명하여 그 구체성을 강화하고자 할 때 매우 효과적인 설명 방식이다. '**인용(引用)**'은 남의 말이나 글을 빌려 쓰면서 설명하는 방식을 말한다. 인용하는 문장의 시작과 끝을 반드시 밝히고, 작은따옴표나 큰따옴표 등의 인용 부호를 붙인다.

비교와 대조

설명글의 진술 방식의 하나. '비교'와 '대조'는 둘 이상의 대상을 향해 무엇이 같고 무엇이 다른가를 드러내는 설명 방식이다. '**비교(比較)**'는 어떤 것이 다른 것과 어떻게 같은가, 혹은 어떻게 다른가를 보여줌으로써 그 어떤 것을 설명하는 방식이다. 특히 유사점보다는 차이점을 강조하는 경우를 일컬어 '**대조(對照)**'라고 말한다. 비교는 어떤 판단이나 결정을 내릴 때 효과적일 뿐 아니라, 그 대상의 특성을 파악하는 데도 크게 도움이 된다. 두 가지 이상을 비교하면 그 대상의 본질이나 특성이 더욱 잘 드러나게 된다. 효과적인 비교를 위해서는 무엇보다 비교 대상을 잘 정하고, 이를 중심으로 유사점과 차이점을 구체적으로 제시해야 한다.

분류와 구분

설명글의 진술 방식의 하나. '분류'와 '구분'은 둘 이상의 대상에 대해 그 종류를 갈라 설명하는 방식이다. 즉, 어떤 대상의 구성요소들을 일정한 기준에 따라 묶어 설명하는 방식으로, 범위가 큰 대상을 간략하고 일목요연하게 정리하는데 아주 효과적이다. 이때 하위개념(종개념)을 상위개념(유개념)으로 묶어나가는 것을 '**분류(分類)**'라고 하고, 상위개념을 하위개념으로 갈라나가는 것을 '**구분(區分)**'이라고 한다. 예를 들면, 생물은 '동물'과 '식물'로 구분되고, 동물은 다시 '척추동물'과 '무척추동물'로 구분된다. 분류를 하려면 구분이 되어 있어야 하고, 구분을 하려면 분류가 이루어져야 하므로, 분류와 구분은 항상 짝을 이룬다. 특히 분류는 비교적 덩치가 큰 대상이나 개념을 포괄적으로 이해하는데 적합하다. 큰 대상을 설명할 때, 먼저 그것을 적절하게 분류하고 그 다음에 분류된 항목들을 비교나 예시, 정의의 방법으로 설명하게 되는 경우가 많다. 이때 주의할 점은, 분류나 구분의 기준이 명확하고 단일해야 한다는 것이다. 어떤 대상을 분류한다는 것은, 그 구성 요소들 사이에 일정한 질서를 부여하거나 숨은 질서를 찾아내는 것이며, 이는 그 대상을 조직화한다는 뜻이 된다. 분류를 할 때는 항상 분류의 목적이 분명해야 하고, 그 목적에 따라 분류 기준이 명확하게 설정되어야 한다.

분석

설명글의 진술 방식의 하나. '**분석(分析)**'은 어떤 대상이나 사상을 개별적인 구성 성분이나 요소, 성질 등으로 나누어서 설명하는 방식이다. 어떤 대상의 원인과 결과를 설명하는데 가장 많이 쓰이는 '인과 분석'은 어떤 사건 또는 현상이 왜 일어났으며 그 영향은 어떠한가를 논리적으로 설명하는 글쓰기 방식이다. 대부분의 논리적인 성격의 글은 원인과 결과의 분석이라고 할 수 있다. 이때 논리적인 인과성을 분석할 때는, 무엇보다 원인과 결과를 너무 단순화시켜서는 안 된다. 인과의 맥락을 너무 단순하게 제시하는 인과 분석은 설득력을 갖지 못한다. 중요한 원인과 부차적 원인, 내부적 원인과 외부적 원인, 직접적 원인과 간접적 원인 등을 세심하게 가릴 줄 알아야 한다. 그와 더불어 여러 원인들을 단순히 나열하는데 그치는 것이 아니라, 그것들을 일정한 기준에 따라 구분하여 어떤 일이나 사건을 보다 체계적으로 분석해야 한다.

묘사적 설명과 서사적 설명

설명글의 진술 방식의 하나. '묘사'와 '서사'는 문학적인 글에서 주로 사용하는 글쓰기 방법이다. 그러나 묘사와 서사가 문학 작품에 한정되어 사용되는 것은 아니다. 비문학 지문처럼 내용 이해와 지식 전달을 목적으로 하는 설명글에서도 자주 사용되는 글쓰기인데, 이것을 묘사적 설명과 서사적 설명이라고 부른다. '**묘사(描寫, description)**'는 어떤 대상이나 사물, 현상을 있는 그대로 그려내는 것으로, 글을 쓰는 사람이 경험한 대상의 이미지를 독자에게 생생하게 전달하고자 할 때 사용하는 설명의 진술 방식이 곧 묘사적 설명이다. '**서사(敍事, narration, story)**'는 시간의 흐름에 따라 사건이 진행되는 과정을 서술하는 것으로, 서사적 설명은 대상이나 사건의 진행 과정이나 상황의 추이를 시간의 경과에 따라 기술하고 그 인과관계를 규명하는 것을 목적으로 하는 설명의 진술 방식이다.

오류

사고의 내용과 대상이 일치하지 않는 사유 판단. 오류는 잘못된 논증이다. 오류에는 '형식적 오류'와 '비형식적 오류'가 있다. 형식적 오류는 형식 논증에서 발생하는 오류로, 형식논리학의 추론 규칙에 합당치 못한 논증이다. '**논리적 오류**'라고도 한다. 비형식적 오류는 자연언어 논증에서 발생하는 오류로, 겉보기로나 심리적으로는 옳은 듯해 보이지만 논리적으로 검토해 보면 부당한 논증이다. 비형식적 오류는 '언어적 오류'와 '자료적 오류'로 나뉜다. 언어적 오류란 사용된 언어가 애매하거나 그 구성 또는 적용이 잘못되어 발생하는 오류로, '**애매성의 오류**'라고도 한다. 자료적 오류는 사용된 전제가 결론의 근거로 부적합하거나 또는 불충분할 때 발생하는 오류로, '**적합성의 오류**'라고도 한다.

● 오류의 내용과 예

구분			내용	예
형식적 오류	타당한 논증 형식	순환논리의 오류	전제와 결론이 서로 순환적으로 논거하는 오류	"성경에 적힌 것은 진리다. 성경에 그렇게 적혀 있기 때문이다."
		비정합성의 오류	전제가 모순을 내포하고 있는 논증에 붙여진 오류	사람들이 선하다면 범죄를 저지르지 않을 것이니까 법이 필요 없다. 반면 사람들이 악하다면 법으로도 범죄를 막을 수 없으니까 법이 필요 없다. 그러므로 법은 필요 없다.
	부당한 논증 형식	전건 부정의 오류	전건을 부정하여, 후건을 부정한 것을 결론으로 도출하는 데서 발생하는 오류	"만일 그 동물이 사자라면 그 동물은 포유동물이다. 그 동물이 사자가 아니다. 따라서 그 동물은 포유동물이 아니다."
		후건 긍정의 오류	후건을 긍정하여, 전건을 긍정한 것을 결론으로 도출하는 데서 발생하는 오류	"만일 비가 오면, 땅이 젖는다. 땅이 젖었다. 따라서 비가 왔다."
		선언지 긍정의 오류	포괄적 의미의 '또는'과 배타적 의미의 '또는'을 혼동하여 발생하는 오류	"그는 기독교인이든지 마르크스주의자일 것이다. 그는 기독교인이다. 따라서 그는 마르크스주의자가 아닐 것이다."
비형식적 오류	심리적 오류	감정에 호소하는 오류	연민·증오·아첨 등 감정을 자극하거나 사적 관계에 호소하는 데서 오는 오류	"당신이 아니면 할 사람이 없습니다. 당신 같은 훌륭한 사람이 나서지 않으면 누가 나서겠습니까?"
		대중에의 호소	적절치 못한 결론을 대중심리를 이용하여 타당화하는 오류	"이 정치인은 훌륭하다. 왜냐하면 지지율이 높기 때문이다."
		권위에의 호소	전문가의 권위나 존경심을 근거로 자신의 주장을 정당화하는 오류	"아리스토텔레스가 불을 제외한 모든 것은 무게를 갖는다고 했는데도, 너는 공기가 무게를 갖는다는 것을 의심하느냐? (갈릴레이)
		인신공격의 오류	논거의 부당성보다는 주장을 한 사람의 인품이나 성격을 비난하는 데서 오는 오류	"소크라테스는 독배를 먹고 죽은 사람이다. 고로 그의 말을 믿을 수 없다."
		정황 호소에서 오는 오류	어떤 사람의 직책, 직업, 나이 등의 정황을 근거로 판단하는 데서 오는 오류	"이 법안을, 당신의 직업이 사립대학 교수이기 때문에 사립학교 측의 이득을 위해 반대하는 거죠?"
	자료적 오류	성급한 일반화의 오류	특수한 자료를 일반화하는 데서 오는 오류	"이 진통제는 환자의 모든 고통을 없앤다. 따라서 이 진통제는 사랑의 고통도 없앨 것이다."
		성급한 특수화의 오류	일반적인 사례를 특수한 경우에 적용해 발생하는 오류	"거짓말은 비도덕적이다. 이 의사는 환자에게 불치병임을 알리지 않았다. 따라서 그는 비도덕적이다."
		잘못된 유추의 오류	비교되는 대상끼리 유사성이 없음에도 같다고 보는 데서 오는 오류	"15세기 중엽 르네상스가 진행되었다. 15세기에 우리나라에선 훈민정음이 창제되었다. 그러므로 훈민정음 창제는 르네상스와 직접적인 연관성이 있다."
		무지에서 오는 오류	어떤 주장이나 사실의 진위가 가려지지 않는 것을 근거로 결론을 이끌어내는 오류	"신이 존재하지 않는다는 증거가 없다. 때문에 신은 있다."
		원칙 혼동의 오류	상황에 따라 적용해야 할 원칙이 다른 데도 이를 혼동해서 생기는 오류	"폭력이 나쁜 것은 당연하다. 그러므로 권투 시합 중의 폭력도 나쁜 행위다."
		의도 확대의 오류	결과 발생의 원인을 의도와 관련시켜 해석하는 데서 오는 오류	"성공이 성공을 낳고, 실패가 실패를 낳는다."
		원인 오판의 오류	사물의 본질적 속성과 특수한 우연적 속성을 혼동함으로써 생기는 오류	"아침에 대문 앞에서 까치가 울었다. 그러므로 반가운 손님이 올 것이다."

		합성의 오류	개별적인 의미에서 참인 것을 집합적인 의미에서도 참이라고 오해하는 데서 오는 오류	"대나무가 뭐가 비싸다고, 이 대나무 공예품이 그리 비싸단 말이오?"
비형식적 오류	자료적 오류	분할의 오류	전체의 특성이 개별적인 특성과 일치할 것이라고 오해하는 데서 오는 오류	"일본은 경제대국이다. 고로 일본사람들은 모두 부자이다."
		허수아비 논증의 오류	상대의 주장을 변형해 놓고 그것을 공격하는 오류	"여성 장애인 문제는 여성의 문제다. 그러므로 남녀평등 차원에서 다루어야 한다."
		복합 질문의 오류	표면상으로는 단순한 질문처럼 보이나 내용상으로는 두 개 이상의 질문이 결합된 질문을 하여 이에 긍정하거나 부정했을 때, 그것을 전제로 결론을 이끌어내는 오류	"요즘에는 도둑질 않지? 예. 그렇다면 예전에는 했다는 말이군!"
	언어적 오류	애매어의 오류	단어의 개념을 애매하게 사용하여 발생하는 오류	"인생은 꿈이다. 꿈은 생리현상이므로 인생도 생리현상이다."
		강조의 오류	문장의 일부가 강조됨으로써 문장의 의미가 변해 발생하는 오류	"성경은 원수를 사랑하라고 했다. 철수는 원수가 아니다. 그러므로 나는 철수를 사랑하지 않아도 된다."
		범주의 오류	같은 범주에 속하지 않는 말들을 같은 범주에 속하는 것으로 생각하고 사용하는 데서 빚어지는 오류	대학을 방문하여 도서관, 강의실, 운동장을 두루 돌아본 다음에, "그런데 대학은 어디 있지요?"
		논점 이탈의 오류	논점에서 벗어나는 주장을 내세우는 오류	"신은 존재한다. 그러므로 남북통일을 해야 한다."

● 조건문 추론의 오류

조건문이란 '만약 A라면 B이다'와 같은 형태의 문장을 말한다. 이러한 조건문이 포함된 논증 중에서 다음과 같은 추론은 타당한 추론이다.

(가) 만약 A라면 B이다. A이다. 그러므로 B이다. → **전건 긍정**
(나) 만약 A라면 B이다. B가 아니다. 그러므로 A가 아니다. → **후건 부정**

조건문의 조건절에 해당하는 부분, 즉 A를 **전건**(antecedent)이라고 하고, 귀결절에 해당하는 부분, 즉 B를 **후건**(consequent)이라고 한다. 논리학에서는 (가)와 같은 추론을 전건 긍정식, (나)와 같은 추론을 후건 부정식이라고 한다. 전건 긍정 추론이나 후건 부정의 추론은 누구나 할 수 있는 간단한 추론이라서 오류 가능성이 낮지만, 현실에서 사람들은 종종 후건 긍정과 전건 부정이라는 잘못된 추론을 하여 논리의 오류를 범한다.

● 선언문 추론의 오류

두 개의 명제가 '~이거나 또는 …'의 형태로 연결된 문장을 **선언문**이라고 한다. 예를 들어 '내일은 비가 오거나 눈이 올 것이다.'와 같은 형식의 문장이다. 일반적으로 'A이거나 또는 B이다'와 같은 형태이다. 여기서 A와 B를 선언문을 구성하는 가지라는 뜻에

서 선언지라고 한다. 그리고 이러한 선언문이 참이라면 선언지 A나 B 중 적어도 하나는 참이어야 한다. 다시 말해서 그 선언지가 모두 거짓인 경우에만 거짓이다. 그러므로 이러한 선언문이 포함된 추론 중에서 타당한 추론은 다음과 같은 것이다.

A이거나 또는 B이다. A가 아니다. 그러므로 B이다.

이러한 추론을 **선언 삼단논법**의 추론이라고 하며, 논리학을 배우지 않아도 알 수 있는 자명한 추론이다. 그런데 'A이거나 또는 B이다. A이다. 그러므로 B가 아니다.'와 같은 추론은 어떤가? 이 추론은 옳지 않다. 그 이유는 다음 예를 보면 확인된다.

김 여사는 철수의 부인이거나 철수의 변호사이다. 김 여사는 철수의 부인이다. 그러므로 김 여사는 철수의 변호사가 아니다.

이 추론은 타당하지 않다. 왜냐하면 김 여사가 철수의 부인이면서 동시에 철수의 변호사일 수 있는데, 이 경우에는 전제에 해당하는 앞의 두 문장은 모두 참이지만 결론에 해당하는 마지막 문장은 거짓이기 때문이다. 그런 의미에서 이러한 잘못된 오류 추론을 **선언지 긍정의 오류**라고 한다.

플라톤과 아리스토텔레스는 그리스 시대 이성론자로, 이성에 기반을 두고 인간과 사회의 본질을 탐구하는 철학자란 점에서 공통점을 갖는다. 플라톤의 이상주의(이원론적 사고)와 아리스토텔레스의 현실주의(일원론적 사고)에서 알 수 있듯이, 둘은 사물의 본질을 서로 다르게 규정하지만, 궁극적으로는 아리스토텔레스가 플라톤의 철학을 통합·발전시키는 방향으로 나가고 있음을 알 수 있다. 둘의 사상을 비교하면 다음과 같다.

첫째, **형이상학.** 플라톤은 시간과 공간을 초월한 이데아야말로 사물의 진정한 이상이자 실재라고 보면서, 우리가 현실에서 마주치는 개별적 사물이란 그 이데아를 불완전하게 흉내 낸 그림자에 불과하다고 주장했다. 아리스토텔레스 역시 플라톤처럼 변화하는 세계에서 어떤 영원불변의 기반을 찾는데 관심을 두고 있지만, 그 증거를 감각을 통해 인식할 수 있는 우리 주변 세계에서 찾고 있다는 점에서 플라톤과 차이 난다. 아리스토텔레스는, 물질 세계의 사물은 플라톤이 주장하듯 어떤 이데아적인 형상의 불완전한 복사본(미메시스)이 아니며, 사물의 본질적 형상은 사실상 각각의 사물에 내재되어 있다고 믿었다. 예를 들어 '개와 같음'이라는 것(관념)은 모든 개들에게 공유된 특성이 아니라 개별적으로 내재되어 있는 실체적 특성으로, 우리는 그 개별적 실체를 연구함으로써 사물의 본질을 통찰할 수 있다는 것이다. 플라톤과 아리스토텔레스의 보편 진리에 이르는 방법에 대한 견해 차이는 이후 철학자들을 다음 두 사상으로 갈라놓았다. 선험적 지식, 즉 타고난 지식을 믿는 **합리주의자들**(데카르트, 칸트, 라이프니츠)과 모든 지식은 경험에서 나온다고 주장하는 **경험주의자들**(로크, 버클리, 흄)이 그들이다.

둘째, **윤리관.** 플라톤은 인간은 비록 현실에서 불완전한 선의 이데아만을 실현할 수 있지만, 최고의 이데아인 선의 이데아를 모방하려고 노력함으로써 최고의 선인 '덕(德)'을 실현할 수 있다면서 '**이상주의적 윤리관**'을 제시했다. 이에 비해 아리스토텔레스는 인간은 자신의 본성인 이성을 잘 계발해 나가기만 하면 선의 최종적인 목적인 최고선에까지 이를 수 있다면서 '**현실주의적 윤리관**'을 지향했다(플라톤과 아리스토텔레스의 사상이 서양 윤리에 끼친 영향 참조).

셋째, **국가관.** 플라톤은 스승 소크라테스의 보편타당하고 절대적이며 객관적인 진리론을 수용하여 **관념론적 이상주의** 정치철학을 정립했다. 그는 대중에 의한 민주주의를 반대하고 깨달은 자, 즉, 철인(哲人)에 의한 정치를 지지하는 이상주의 국가관을 추구했다. 또 감성보다는 이성에 의존하는 윤리적인 국가의 필요성을 역설했다. 이에 반해 아리스토텔레스는 **경험론적 현실주의** 철학을 내세우며 대중에 의한 민주주의 정치를 지지했다. 나아가 다수가 참여하는 공화주의 국가의 필요성도 역설했다. 스승인 플라톤과는 다른 정치 체제를 지향한 것이다. 플라톤은 각 계급이 저마다의 위치에서 각자 정해진 일을 맡고 있는 사회가 가장 이상적이라고 말했다. 그는 국가란 통일된 전체이며, 개인은 국가에 종속되어야 하고 국가를 위해 희생할 수 있어야 한다고 주장했다. 이처럼 플라톤이 국가 중심의 전체주의 사상을 가졌던 것에 비해, 아리스토텔레스는 국가의 역할은 개인의 발전과 행복을 가능하게 만드는 것이라면서, 주어진 질서 속에서 개인의 조화를 중시하는 현실주의 국가관을 지지했다. 아리스토텔레스는 개인의 행복 추구는 국가라는 공동체 안에서 더불어 사는 삶을 통해 이뤄져야 한다는 점을 강조하면서, 정치공동체에 적극적으로 참여하고 발언하는 시민의 역할이 중요하다고 말했다.

넷째, **교육관.** 플라톤은 **국가주의 교육**을 강조했다. 플라톤은 교육의 목적을 진·선·미의 절대 가치를 추구하는 이데아의 실현으로 보았다. 이데아 세계 실현을 위한 '유능한 시민 육성'이 교육의 직접적인 목적이었다. 이때의 시민은 개인적 완성에 그치지 않고 가치, 지혜, 봉사, 정치적 지도력의 자질을 갖춘 몸과 마음이 잘 조화된 인간을 의미한다. 플라톤은 개인적 정의(지혜, 용기, 절제의 조화)와 국가적 정의(통치계급, 수호계급, 생산계급의 조화와 질서)의 실현이 교육의 궁극의 목적이라고 보았으며, 이를 위한 국가의 역할을 강조했다. 한편, 아리스토텔레스는 **민주적 교육**을 강조한다. 아리스토텔레스는 교육은 인간의 행복 증진을 목적으로 삼아야 한다고 주장했다. 교육은 인간에게 행복을 갖게 하는 기술이라고 생각하고, 교육을 통해 모든 인간이 행복을 누릴 수 있게 될 때 국가 역시 좋은 방향으로 나아갈 수 있다고 믿었다. 그는 또한 교육은 모든 국민에게 동일하게 적용되어야 한다고 생각했다. 어떤 국가의 정치 체제가 민주적이라면, 그 국가의 교육 역시 민주적이어야 한다는 것이다. 개인에게 민주 정신을 함양하기 위해서는 교육 또한 민주적인 것으로 통일되어야 한다고 보았다. 다만 이러한 국가적 목적 달성 수단으로서의 교육은 반드시 국가적인 사업이어야 한다는 점에서 그는 플라톤의 생각과 일치했다. 아리스토텔레스는 인간의 자연적 소질을 완성하는 것이 교육의 임무라고 보며, 국가가 개인 교육에 평생 간섭해야 한다고는 생각하지 않았다.

다섯째, **예술관.** (제3장 예술·심리 1. 예술 테마학습 6 '서구 미학의 뿌리를 통해 본 모방의 개념' 참조)

여섯째, **종교관.** 플라톤은 초월적인 '**유신론**'의 입장을 취한 반면, 아리스토텔레스는 내재적 '**범신론**'의 입장을 따랐다. 플라톤은 신은 존재하되 이 세상을 초월한 그 어떤 곳에 있다고 보는 반면, 아리스토텔레스는 '자연과 세계 곳곳에 신이 깃들어 있다.'는 범신론의 입장을 따랐다. 플라톤은 신을 조물주인 데미우르고스를 통해 세계와 연결되어 있는 존재라고 보았던 것에 비해, 아리스토텔레스는 신을 현실계 안에 존재하면서도 또한 세계를 초월하며 자족하는 존재라고 보았다.

테마학습 2 　플라톤과 아리스토텔레스의 사상이 서양 윤리에 끼친 영향

플라톤과 아리스토텔레스는 인간 이성의 중요성을 인정하고 이성 중심의 사유를 바탕으로 자신들의 사상을 전개했다는 점에서 공통점을 갖는다. 그러나 플라톤이 **보편적이고 이상적인 가치**를 추구하면서 이를 바탕으로 현실의 윤리적 문제를 검토하려는 경향을 보였던 반면, 아리스토텔레스는 구체적인 윤리적 문제들을 다루면서 이러한 문제들을 해결하기 위한 **실질적 지침**을 마련하는 것에 큰 관심을 두었다.

플라톤과 아리스토텔레스의 윤리 사상은 서양 윤리 사상사에 매우 중대한 영향을 끼쳤다. 서양 윤리 사상의 한 축을 이루고 있는 중세의 그리스도교 사상은 이 두 인물의 사상을 중심으로 그리스도교의 교리를 재해석하여 그리스도교 윤리 사상을 재정립하게 되었다. 데카르트, 칸트와 같이 이성을 바탕으로 경험의 세계를 넘어서는 진리의 추구를 중시했던 이들은 플라톤에게서 많은 영향을 받았다. 진리를 찾기 위한 여정에서 인간의 감각적 경험과 현실에 대한 고려 또한 매우 중대하다는 점을 보여 준 아리스토텔레스의 사상은 근대의 경험주의자들에게 많은 영향을 끼쳤다. 더불어 아리스토텔레스의 인간 성품에 대한 논의 역시 현대의 **덕 윤리학자**들에 의해 되살아나고 있다.

특히 중요한 것은 서양 윤리 사상의 역사에서 강조되었던 이성과 합리성의 강조가 두 사상가와 무관하지 않다는 것이다. 공통적으로 인간의 이성을 강조하면서 철저한 이성적 논변을 통해 자신의 사상을 펼쳤던 두 사상가의 윤리 사상은 수많은 서양 윤리 사상가에게 영향을 끼쳤으며, 이를 통해 합리성을 근간으로 하는 서양 윤리 사상의 전통이 유지되었다고 볼 수 있기 때문이다.

테마학습 3 　인간 본성에 대한 여러 견해들

본성이란 사람이 태어나면서부터 갖고 있는 마음과 변치 않는 성품을 말한다. 그러나 '인간이란 무엇인가?'라는 물음에 확실히 대답하기 어려운 것처럼 인간의 본성을 한마디로 정의하기는 어렵다. 왜냐하면 인간의 본성은 보는 관점에 따라서는 선하기도 하고 악하기도 하기 때문이다.

사람들은 인간의 본성에 대해 여러 시각으로 연구해 왔다. 종교나 학문적 관점, 또는 연구하는 사람의 시각에 따라서 다르겠지만, 대체로 '성선설', '성악설', '성무선악설'의 세 가지로 나누어 생각할 수 있다. **성선설(性善說)**은 사람은 순선(純善)한 성품을 가지고 태어나지만, 육체를 지닌 존재이기에 정욕이나 환경에 의해서 악행을 저지를 수 있다고 본다. 이와 반대로 **성악설(性惡說)**은 인간은 그 본성이나 감성적 욕구가 악할 수 있기 때문에 악한 충동이나 공격성을 지닌다고 말한다. **성무선악설(性無善惡說)**에서는 선악은 인간의 고유한 속성이 아니라, 인간 자신의 선택과 판단, 환경에 달려 있다고 본다.

이처럼 인간의 본성에 대해서는 사람마다 그 견해를 달리할 수 있다. 흔히 인간으로서는 할 수 없는 참혹한 짓을 저지른 자를 두고 이르기를 인간의 본성이 드러났다거나, 또는 자성하라는 말을 한다. 이는 인간의 악한 본성이 드러났다는 말이지만, 한편으로는 본래 지니고 있는 착한 본성이 훼손되고 있음을 지적하는 말이기도 하다. 때문에 인간의 본성이 선과 악의 어느 한쪽에 기원하되 불변하는 것으로 받아들이는 것은 생각해 볼 여지가 있다. 인간이 지닌 본성은 그 사람이 속한 사회공동체의 윤리 관념이나 법, 규율 등에 의해 선하게 표출될 수도 있고 악하게 드러날 수도 있기 때문이다.

■ 인간은 본래 선한 존재인가, 악한 존재인가

인간의 본성에 대한 동서양 철학자들의 견해는 고대로부터 현대에 이르기까지 다양하다. 인간을 긍정적이고 낙관적으로 보는 철학 사조나, 부정적이고 비판적인 철학 사조 모두 그 바탕에는 인간을 천성적으로 선한 존재로 여기는가, 아니면 악한 존재로 여기는가 하는 관점을 토대로 한다.

특히 동아시아의 전통에서는 '인간이란 무엇인가?'라는 질문이 '인간의 본성은 선한가, 악한가?'라는 **인성론(人性論)**으로 제기되었다. 그 대표적인 이론이 맹자의 성선설과 순자의 성악설, 그리고 고자의 성무선악설이다.

성선설을 처음 주장한 맹자는 인의예지 사단(四端)은 천성에서 발생하기 때문에 인간의 순수한 본성은 선하다고 했다. 그러나 순자는 "인간의 성품은 악하다. 선한 것은 인위(人爲)다."라고 성악설을 제창했는데, 선은 후천적인 노력에 의해서 성취되는 것으로 보았다. 또한 고자는 "성(性)은 선해질 수 있고 또 악해질 수 있다."라고 하여 성무선악설을 주장했다.

서구의 경우에도 고대로부터 인간을 바라보는 극단적인 두 시각이 공존했는데, **그리스도교의 원죄 사상**은 인간의 본성이 근본적으로 악하다는 관점을 의심할 여지없이 받아들인다. 특히 계몽주의 시대의 대표적인 사상가 홉스는 자연 상태를 '만인의 만인에 대한 투쟁' 상태라고 가상하여 인간의 본성이 악함을 추론했다.

쇼펜하우어도 죄악이 인간의 본성 가운데 뿌리 깊게 박혀 있기 때문에 이를 제거할 수 있는 방법이 없다고 했다. 그러나 루소는 인간의 본성은 본래 선한 것이었는데 문명과 사회제도의 영향을 받아 악하게 되었다고 생각했다.

또한 에라스무스는 "인간은 완성되지 않은 밀랍과 같다."라고 하였으며, 로크는 인간의 마음이 백지와 같다고 하여 성무선악설을 주장했다. 이러한 사상은 칸트와 듀이로 이어져 인성의 본질에는 선악이 없고, 인간은 환경과의 상호 접촉을 통해 선해질 수 있다고 했다.

대체로 동아시아 바깥, 서양 문화에서는 인간이 **부정적**으로 이해되는 일이 자주 있었다. 그렇게 이해되는 경우 인간은 선한 측면과 악한 측면을 동시에 지니며, 인간의 악한 측면은 흔히 육체나 물질, 사회 현실과 결부하여 생각했다. 따라서 우리의 육체, 현실과 제도 또는 우리가 살아가는 이 세상은 자칫 부정되어야 할 그 무엇으로 간주되며, 참된 인간은 현실을 초월해야만 이루어지는 것으로 이해했다. 그러나 동아시아 문화에서는 인간의 심성을 반드시 부정적이고 극복되어야 할 것으로만 판단하지는 않았다. 나아가 지금 우리가 살고 있는 세계를 **긍정하고**, 그 안에서 가능한 훌륭한 삶이 무엇인지 밝히고자 노력했다.

특히 유교에서는 우주 만물의 이치가 인간에게 선천적으로 구비되었기 때문에 인간의 본성은 선하다고 하였다. 또한 불교에서도 인간의 심성을 본래 맑고 깨끗한 것으로 보고, 우리 인간이 지닌 본래 성품인 불성의 계발을 강조했다. 이는 이미 자아 안에 주체적이고 창조적으로 삶을 개척해 나갈 수 있는 무한한 잠재 능력을 지니고 있음을 시사한다.

인간의 본성을 어떻게 이해하느냐는 인간의 삶의 태도 및 가치관과 밀접한 관계를 맺고 있다. 예를 들면 인간의 본성을 악한 것으로 볼 때에는 인간에 대한 강한 불신적 태도가 나타날 수밖에 없어 교육을 할 때에도 강압적인 형태를 취할 것이다. 또 인간의 본성을 선한 것으로 볼 때에는 인간에 대한 폭넓은 신뢰에 바탕을 둔 교육 이념이 나타날 것이다. 인간의 본성이 선악 어느 것도 아닌 백지와 같은 상태라고 판단할 때에는 환경과 경험의 중요성이 매우 강조되는 교육 원리가 나타날 것이다.

어떤 상황에서 도덕 판단을 내릴 때에는 그것을 정당화하기 위해 도덕규칙 또는 도덕적 의무를 근거로 제시하게 된다. 도덕 이론은 그러한 도덕규칙 또는 의무를 정당화해 준다. 도덕적 의무 또는 옳은 행위가 결과에 의존하느냐 그렇지 않느냐에 따라, 도덕 이론은 목적론적 윤리설과 의무론적 윤리설로 나뉜다.

의무론적 윤리설에 따르면, 의무 또는 옳은 행위란 그것이 가져 올 좋은 결과 때문이 아니라, 그 자체가 옳은 성질을 지니고 있기 때문에 옳은 행위가 된다. 예를 들면 속임수를 써서는 안 되는 의무, 즉 정직의 의무는 그것이 가져올 어떤 좋은 결과 때문에 의무가 되는 것이 아니고, 정직 그 자체가 옳은 성질을 지니고 있기 때문에 옳은 행위가 되고 의무가 된다.

의무론적 윤리설을 대표하는 칸트에 의하면, 도덕법칙 또는 도덕적 의무는 "정직해야 한다."와 같이 정언명법으로 표현된다. "만약 ~ 하려면(또는 ~ 하기 위해), ~ 해야 한다."와 같이 어떤 목적이나 결과를 전제하는 명법은 도덕법칙으로서 자격이 없다고 칸트는 말한다. 예를 들면 "성공하려면 정직해야 한다."와 같은 가언명법은 도덕법칙이 될 수 없다는 것이다.

목적론적 윤리설에는 이기주의 윤리설과 공리주의 윤리설이 있다. **이기주의 윤리설**은 자신에게 궁극적으로 이익이 되는 행위가 옳은 행위라고 본다. 부정행위를 하면 일시적으로는 점수를 올려 자기에게 도움이 될지 모르지만, 장기적으로 보면 자기에게 이익이 된다고 보기는 어려울 것이다. "정직은 최상의 방책이다."라는 말이 있는데, 이 말은 이기주의 윤리설의 입장에서 주장하는 삶의 법칙이다. 정직하게 살면 결국 자기에게 이익이 되기 때문에 정직하게 사는 것이 옳다는 뜻이다.

공리주의 윤리설은 사회 전체의 이익을 최대한으로 가져오는 것이 옳다고 본다. 다시 말해 이 세상에 본래적 선(善) 혹은 행복을 최대한으로 증진하는 행위나 규칙, 법이 옳다고 본다. 보통 '최대 다수의 최대 행복'의 원리로 대표되는 공리주의를 처음으로 체계화한 사람은 영국의 법학자이자 윤리학자인 벤담이다. 벤담은 공리의 원리를 법이나 제도의 정당성을 평가하는 원리로 보았을 뿐만 아니라, 인간 행위의 도덕성을 평가하는 원리로 간주하였다.

■ 목적론적 윤리설과 의무론적 윤리설

목적론적 윤리설	의무론적 윤리설
• 결과주의 – 최선의 결과를 가져오는 행위를 도덕적 행위로 간주한다. • 행복이나 쾌락을 인간이 추구해야 할 목적으로 본다.	• 동기주의 – 행위의 결과보다는 행위를 하게 된 의지와 동기에 주목한다. • 도덕법칙의 명령에 따르는 것을 인간의 의무로 본다.
• 이기주의 • 공리주의 – 벤담, 밀	• 칸트의 정언명법에 따른 실천이성* 강조

* "네 의지의 준칙이 언제나 동시에 보편적 입법의 원리가 되도록 행위 하라."

■ 의무론적 윤리와 목적론적 윤리 적용의 난점

의무론적 윤리 적용의 난점

● 어느 시대, 어느 지역에서나 타당한 절대적인 도덕법칙 또는 의무가 있는가?

● 만약 있다 하더라도 그 법칙 또는 의무를 어떻게 발견할 수 있는가?

● 만약 발견할 수 있다 하더라도 왜 우리가 그 법칙에 의무적으로 따라야만 하는가?

목적론적 윤리 적용의 난점

● 과연 모든 사람들이 합의할 수 있는 인생의 객관적인 목적이 있는가?

● 비록 객관적인 목적이 있다 할지라도 그것이 무엇인지 어떻게 알 수 있는가?

● 목적을 달성함에 어떤 수단이 가장 정당한 것인가?

비트겐슈타인은 『논리철학논고』에서 언어가 세계에 대한 그림이라는 '**그림이론**'을 주장했다. 언어가 의미를 갖는 것은 **언어**가 **세계**와 대응하기 때문이다. 다시 말해 언어가 세계에 존재하고 있는 것들을 가리키고 있기 때문이다. 언어는 **명제**들로 구성되어 있으며, 세계는 **사태**들로 구성되어 있다. 그리고 명제들과 사태들은 각각 서로 대응하고 있다. 이처럼 언어와 세계의 논리적 구조는 동일하며, 언어는 세계를 그림처럼 기술함으로써 의미를 가진다.

　 '그림이론'에서 명제에 대응하는 '사태'는 '사실'이 아니라 **사실이 될 수 있는** 논리적 가능성을 의미한다. 따라서 언어를 구성하는 명제들은 사실적 그림이 아니라 논리적 그림이다. 사태가 실제로 일어나서 사실이 되면 그것을 기술하는 명제는 참이 되지만, 사태가 실제로 일어나지 않는다면 그 명제는 거짓이 된다. 어떤 명제가 '의미 있는 명제'가 되기 위해서는 그 명제가 **실재하는** 대상이나 사태에 대해 언급해야 하며, 그것에 대해서는 참, 거짓을 따질 수 있다. 만약 어떤 명제가 **실재하지 않는** 대상이나 사태가 아닌 것에 대해 언급하면 그것은 '의미 없는 명제'가 되며, 그것에 대해 참, 거짓을 따질 수 없다. 따라서 경험적 세계에 대해 언급하는 명제만이 의미 있는 것이 된다.

　 이러한 관점에서 비트겐슈타인은 기존의 철학자들이 다루었던 신, 영혼, 형이상학적 주체, 윤리적 가치 등과 관련된 논의가 의미 없는 말들에 불과하다고 보았다. 왜냐하면 그 말들이 가리키는 대상이 **세계 속에 존재하지 않는**, 즉 경험 가능하지 않은 대상이기 때문이다. 이와 같은 형이상학적 문제와 관련된 명제나 질문들은 의미가 없는 말들이다. 그러한 문제는 우리의 삶을 통해 끊임없이 드러나는 신비한 것들이지만 이에 대해 말로 답변하거나 설명할 수 없다. 그래서 비트겐슈타인은 "말할 수 없는 것에 대해서는 침묵해야 한다."라고 말했다. (2012학년도 수능 지문 발췌, 비트겐슈타인, 『논리철학논고』).

■ 위 지문의 핵심 내용 요약
- 전제 1. 비트겐슈타인은 언어가 세계에 대한 그림이라는 '그림이론'을 주장한다.
　　　 2. 그림이론에 따르면, 언어가 세계와 대응할 때 의미를 갖는다.
　　　 3. 언어를 구성하는 논리적 명제는 세계를 구성하는 실재적 사태(사건)와 대응한다.
　　　 4. 사태(사건)가 실제 일어나서 사실이 되어야 논리적 명제는 의미 있는 명제가 되고, 이에 따라 언어는 의미를 갖는다.
　　　 5. 이처럼 언어와 세계의 논리적 구조는 동일하며, 언어는 세계를 구성하는 실재 대상을 그림처럼 기술함으로써 의미를 가진다.
　　　 6. 따라서 경험적 사실에 대해 언급하는 언어적 명제만이 의미가 있다.
- 결론 7. 그러므로 말할 수 없는 것에 대해서는 침묵해야 한다.
　　　 8. (함축: 숨은 결론) 우리가 경험하지 않은 것들, 세상에 존재하지 않는 대상들은 그 의미를 이해할 수도, 언어로 표현할 수도 없다.

■ 언어와 세계의 관계 도해
- 언어는 명제의 총체로서 모든 명제는 요소 명제의 진리함수다.
- 세계는 사실의 총체로서 모든 사실은 원자적 사실에 의해 구성된다.
- 언어와 세계는 '이원적 동형성'을 유지하면서 세계가 언어에 의미를 주는 방식으로 관계한다.

여기서 그 이원적 동형성이란, 다음의 각각에 대응하는 관계적 개념이다. 즉,
- **명제-이름-언어: 그림이론의 '모형'**
　 * 명제가 실재하는 대상이나 사실로서의 이름을 부여받아야 '의미 있는 명제'가 된다. 즉, 언어는 '명제'로 구체화된다.
　　→ 의미 있는 명제(이름○): 참 · 거짓 따질 수 있다(즉, '말'할 수 있다).
　　　 의미 없는 명제(이름×): 참 · 거짓 따질 수 없다(즉, 허구적 · 추상적 관념에 불과하기에, 말할 수 없다).

- 사태-대상-세계: 그림이론의 '사건'
  * 사태가 경험적 사건으로 실재하는 대상이 되어야 '의미 있는 사실'이 된다. 즉, 세계는 '사태'로 나타난다.
    → 경험적 사태(대상○): 참 · 거짓을 따질 수 있다(즉, 대상이 실재하는 사건이다).
       비 경험적 사태(대상×): 참 · 거짓을 따질 수 없다(즉, 대상이 실재하지 않는 사건이다).

- '그림이론'의 이원적 동형성에 따를 경우, 언어적 명제는 경험적 사실판단에 따라 사실일수도(즉, 의미 있는 명제) 사실이 아닐 수도(즉, 의미 없는 명제) 있으며, 이때 그 명제의 참 · 거짓 여부는 어디까지나 경험적 사실판단에 따라 결정될 뿐이다.

테마학습 6 ████ **지식의 구분에 대한 논리실증주의자와 포퍼, 콰인의 견해**

논리실증주의자와 포퍼는 지식을 수학적 지식이나 논리학 지식처럼 **경험과 무관한** 것과 과학적 지식처럼 **경험에 의존하는** 것으로 구분한다. 그중 과학적 지식은 과학적 방법에 의해 누적된다고 주장한다. 가설은 과학적 지식의 후보가 되는 것인데, 그들은 가설로부터 논리적으로 도출된 예측을 관찰이나 실험 등의 경험을 통해 맞는지 틀리는지 판단함으로써 그 가설을 시험하는 과학적 방법을 제시한다. 논리실증주의자는 **예측이 맞을 경우에**, 포퍼는 **예측이 틀리지 않는 한**, 그 예측을 도출한 가설이 하나씩 새로운 지식으로 추가된다고 주장한다.

하지만 콰인은 가설만 가지고서 예측을 논리적으로 도출할 수 없다고 본다. 예를 들어 새로 발견된 금속 M은 열을 받으면 팽창한다는 가설만 가지고는 열을 받은 M이 팽창할 것이라는 예측을 이끌어낼 수 없다. 먼저 지금까지 관찰한 모든 금속은 열을 받으면 팽창한다는 기존의 지식과 M에 열을 가했다는 조건 등이 필요하다. 이렇게 **예측은 가설, 기존의 지식들, 여러 조건 등을 모두 합쳐야만** 논리적으로 도출된다는 것이다. 그러므로 예측이 거짓으로 밝혀지면 정확히 무엇 때문에 예측에 실패한 것인지 알 수 없다는 것이다. 이로부터 콰인은 개별적인 가설뿐만 아니라 기존의 지식들과 여러 조건 등을 모두 포함하는 전체 지식이 경험을 통한 시험의 대상이 된다는 **총체주의**를 제안한다.

논리실증주의자와 포퍼는 수학적 지식이나 논리학 지식처럼 **경험과 무관하게 참으로 판별되는 분석 명제**와, 과학적 지식처럼 **경험을 통해 참으로 판별되는 종합 명제**를 서로 다른 종류라고 구분한다. 그러나 콰인은 총체주의를 정당화하기 위해 이 구분을 부정하는 논증을 다음과 같이 제시한다. 논리실증주의자와 포퍼의 구분에 따르면 "총각은 총각이다."와 같은 동어 반복 명제와, "총각은 미혼의 성인 남성이다."처럼 동어 반복 명제로 환원할 수 있는 것은 모두 분석 명제이다. 그런데 후자가 분석 명제인 까닭은 전자로 환원할 수 있기 때문이다. 이러한 환원이 가능한 것은 '총각'과 '미혼의 성인 남성'이 동의적 표현이기 때문인데 그게 왜 동의적 표현인지 물어보면, 이 둘을 서로 대체하더라도 명제의 참 또는 거짓이 바뀌지 않기 때문이라고 할 것이다. 하지만 이것만으로는 두 표현의 의미가 같다는 것을 보장하지 못해서, 동의적 표현은 언제나 반드시 대체 가능해야 한다는 필연성 개념에 다시 의존하게 된다. 이렇게 되면 동의적 표현이 동어 반복 명제로 환원 가능하게 하는 것이 되어, 필연성 개념은 다시 분석 명제 개념에 의존하게 되는 순환론에 빠진다. 따라서 콰인은 **종합 명제와 구분되는 분석 명제가 존재한다는 주장은 근거가 없다는** 결론에 도달한다.

콰인은 분석 명제와 종합 명제로 지식을 엄격히 구분하는 대신, 경험과 직접 충돌하지 않는 중심부 지식과, 경험과 직접 충돌할 수 있는 주변부 지식을 상정한다. 경험과 직접 충돌하여 참과 거짓이 쉽게 바뀌는 주변부 지식과 달리 주변부 지식의 토대가 되는 중심부 지식은 상대적으로 견고하다. 그러나 이 둘의 **경계를 명확히 나눌 수 없기 때문에**, 콰인은 중심부 지식과 주변부 지식을 다른 종류라고 하지 않는다. 수학적 지식이나 논리학 지식은 중심부 지식의 한가운데에 있어 경험에서 가장 멀리 떨어져 있지만 그렇다고 경험과 무관한 것은 아니라는 것이다. 그런데 주변부 지식이 경험과 충돌하여 거짓으로 밝혀지면 전체 지식의 어느 부분을 수정해야 할지 고민하게 된다. 주변부 지식을 수정하면 전체 지식의 변화가 크지 않지만 중심부 지식을 수정하면 관련된 다른 지식이 많기 때문에 전체 지식도 크게 변화하게 된다. 그래서 대부분의 경우에는 주변부 지식을 수정하는 쪽을 선택하겠지만 실용적 필요 때문에 중심부 지식을 수정하는 경우도 있다. 그리하여 콰인은 중심부 지식과 주변부 지식이 원칙적으로 모두 수정의 대상이 될 수 있고, **지식의 변화도 더 이상 개별적 지식이 단순히 누적되는 과정이 아니라고** 주장한다.

총체주의는 특정 가설에 대해 제기되는 반박이 결정적인 것처럼 보이더라도 그 가설이 실용적으로 필요하다고 인정되면 언제든 그와 같은 반박을 피하는 방법을 강구하여 그 가설을 받아들일 수 있다. 그러나 총체주의는 "A이면서 동시에 A가 아닐 수는 없다."와 같은 논리학의 법칙처럼 아무도 의심하지 않는 지식은 분석 명제로 분류해야 하는 것이 아니냐는 비판에 답해야 하는 어려움이 있다. (2017학년도 수능)

<table>
<tr><td>테마학습 7</td><td>진리 판단에 대한 세 이론 비교 — 대응설, 정합설, 실용설</td></tr>
</table>

우리는 일상생활이나 학문 활동에서 '진리' 또는 '참'이라는 말을 자주 사용한다. 예를 들어 '그 이론은 진리이다'라고 말하거나 '그 주장은 참이다'라고 말한다. 그렇다면 우리는 무엇을 '진리'라고 하는가? 이 문제에 대한 대표적인 이론에는 대응설, 정합설, 실용설이 있다.

대응설은 **어떤 판단이 사실과 일치할 때** 그 판단을 진리라고 본다. '내 말을 믿지 못하겠거든 가서 보라'라는 말에는 이러한 대응설의 관점이 잘 나타나 있다. 감각을 사용하여 확인했을 때 그 말이 사실과 일치하면 참이고, 그렇지 않으면 거짓이라는 것이다. 대응설은 일상생활에서 참과 거짓을 구분할 때 흔히 취하고 있는 관점으로 우리가 판단과 사실의 일치 여부를 알 수 있다고 여긴다. 우리는 특별한 장애가 없는 한 대상을 있는 그대로 정확하게 지각한다고 생각한다. 예를 들어 책상이 네모 모양이라고 할 때 감각을 통해 지각된 '네모 모양'이라는 표상은 책상이 지니고 있는 객관적 성질을 그대로 반영한 것이라고 생각한다. 그래서 '그 책상은 네모이다'라는 판단이 지각 내용과 일치하면 그 판단은 참이 되고, 그렇지 않으면 거짓이 된다는 것이다. 이러한 대응설은 새로운 주장의 진위를 판별할 때 **관찰이나 경험을 통한 사실의 확인**을 중시한다.

정합설은 **어떤 판단이 기존의 지식 체계에 부합할 때** 그 판단을 진리라고 본다. 진리로 간주하는 지식 체계가 이미 존재하며, 그것에 판단이나 주장이 들어맞으면 참이고 그렇지 않으면 거짓이라는 것이다. 예를 들어 어떤 사람이 '물체의 운동에 관한 그 주장은 뉴턴의 역학의 법칙에 어긋나니까 거짓이다'라고 말했다면, 그 사람은 뉴턴의 역학의 법칙을 진리로 받아들여 그것을 기준으로 삼아 진위를 판별한 것이다. 이러한 정합설은 새로운 주장의 진위를 판별할 때 **기존의 이론 체계와의 정합성**을 중시한다.

실용설은 **어떤 판단이 유용한 결과를 낳을 때** 그 판단을 진리라고 본다. 어떤 판단을 실제 행동으로 옮겨 보고 그 결과가 만족스럽거나 유용하다면 그 판단은 참이고 그렇지 않다면 거짓이라는 것이다. 예를 들어 어떤 사람이 '자기 주도적 학습 방법은 창의력을 기른다'라고 판단하여 그러한 학습 방법을 실제로 적용해 보았다고 하자. 만약 그러한 학습 방법이 실제로 창의력을 기르는 등 만족스러운 결과를 낳았다면 그 판단은 참이 되고, 그렇지 않다면 거짓이 된다. 이러한 실용설은 새로운 주장의 진위를 판별할 때 **결과의 유용성**을 중시한다. (2012학년도 고3 9월 모평)

<table>
<tr><td>테마학습 8</td><td>시뮬라크르에 대한 상반된 관점 — 유사와 상사</td></tr>
</table>

프랑스 구조주의 철학자 미셸 푸코는 그의 저서 『이것은 파이프가 아니다』에서 '유사'와 '상사'의 개념을 통해 모방을 설명한다. 유사(類似)와 상사(相似) 둘 다 '비슷함'이란 의미인데, 그중에서 **유사**하다는 것은 모방한다는 의미이자 최초의 요소를 참조한다는 뜻이다. 비슷하기 위해서는 최초의 어떤 참조물이 있어야 하기 때문이다.

그런데 최초의 참조물을 복제한 복사본들은 복제가 진행될수록 점점 더 희미해진다. 그리하여 복사본들은 좀 더 높은 단계의 복사본과 좀 더 낮은 단계의 복사본으로 분류된다. 여기에는 철저한 위계질서가 있는데, 최초의 원판으로서의 원본을 푸코는 '주인'이라고 명명한다.

그러나 **상사**는 '주인', 즉 '원본(오리지널)'이 따로 없다. 그렇기에 시작도 끝도 없으며, 위계도 없다. 그저 단지 사소한 차이에서 차이로 무한히 증식될 뿐이다. 예컨대 앤디 워홀의 코카콜라 그림에서 보듯, 어떤 것이 시작이고 어떤 것이 끝이라고 할 수 없는 것이다.

이렇게 놓고 볼 때, 상사는 결국 들뢰즈가 그의 저서 『차이와 반복』에서 새롭게 조명한 플라톤의 시뮬라크르의 개념과 상응한다. 플라톤에 의하면, 사물은 이데아를 모방한 이미지에 불과한데, 그중에서도 좀 더 분명하게 이데아를 모방한 것이 사본이고, 흐릿한 이미지는 시뮬라크르라고 했다. 이때 사본은 이데아와 유사성을 가진 이미지인데 반하여 시뮬라크르는 일종의 사본의 사본이고, 무한히 느슨해진 유사성이라고 했다.

따라서 이것을 회화에 적용하면, 모델을 충실하게 복사한 그림이 원본과 '**유사의 관계**'라면, 모델과는 아무 상관없이 복제품끼리 서로 닮아가는 반복하는 이미지들은 '**상사의 관계**'다. 예컨대 모나리자는 16세기 이탈리아의 한 여인이라는 실제의 모델을 비슷하게 모사한 사본인데 비해, 앤디 워홀의 색깔만 다를 뿐 똑같은 얼굴을 한 마릴린 먼로 시리즈의 그림은 실제 모델을 모사한 것이 아니라 애초부터 복제품이었던 어떤 사진을 조금씩 다르게 반복한 시뮬라크르다.

이러한 시뮬라크르의 개념은 들뢰즈나 푸코가 생각하는 것처럼 밝고 **역동적인** 것도 있고, 반대로 보드리야르가 우려하는 것처럼 **부정적인** 가상의 현실도 있다. 푸코와 들뢰즈는, 시뮬라크르는 사본의 사본이 아니라 '차이'로서 한없이 반복되고 증식되는 이미지이기에 **무한한 역동성**을 지니며, 따라서 모든 차이와 반복들을 동시에 작동시키는 것이 예술의 가장 큰 목표라고 생각한다. 즉 차이와 반복을 통한 일상성의 전복이 곧 시뮬라크르 예술로, 바야흐로 예술은 모방이 아니라 반복이며, 원본의 재현이 아니라 원본 없는 시뮬라크르 시대가 온 것이다.

반면 보드리야르는 오늘날 우리 사회에는 더 이상 '실재'가 존재하지 않으며, 그렇기에 오늘날의 실재는 실질적인 실체로서의 실재가 아니라 **조작되고 왜곡된** 결과일 뿐이라고 본다. 지시 대상인 실체에서 '기의'가 사라진 빈 껍데기로서의 '기표'만 남아있는 이미지가 곧 시뮬라크르 혹은 하이퍼리얼리티로, 시뮬라크르는 더 이상 실재의 모방, 복제, 패러디가 아니라 실재를 실재의 기호로 대체한 것에 불과하다. 실재가 사라지고 실재의 자리에 기호가 들어서 진짜인 체하는(이것을 '시뮬라시옹'이라고 한다), 다시 말해 가짜가 진짜 행세를 하는 시뮬라크르 시대를 우리는 살아가고 있다는 것이다.

테마학습 9 **상대주의의 다양한 관점**

상대주의는 상대적인 것을 절대적인 것과의 연관으로부터 분리해 내어 고찰하는 철학의 한 입장이다. 이에 대해 절대주의는 인식 상으로는 절대적 진리, 윤리 상으로는 절대적 가치와 선의 설정과 같이 절대성을 인정하고 있는 입장이다. 상대주의 관점은 철학은 물론이고 과학·문화·윤리 등 다양한 영역에서 사고와 인식의 틀을 형성하고 있다.

'**인식론적 상대주의**'는 오직 여러 대상, 현상, 과정 등의 상호 관계와 연관만이 인식될 수 있을 뿐이고, 대상과 현상, 과정 등은 그 자체로는 인식될 수 없다고 주장한다. 여기서 상대주의는 인식하는 주관으로부터 독립한 (객관적) 진리는 존재하지 않는다는 결론을 내린다. 즉 인식은 사람에 따라, 그리고 경우에 따라 달라지는 상대적이고 주관적인 것에 불과하다. 다시 말해 모든 인식은 상대적이지만, 그렇더라도 어느 경우에나 인식하는 주관에 대해 의존적이기 때문에 또한 궁극적으로 주관적이다.

'**윤리학에서의 상대주의**'는 보편타당한 도덕적 규범 또는 윤리적 가치를 거부한다. 즉 옳고 그름에 관한 기준이 문화마다 시대마다 상황에 따라 다를 수 있으며, 만약 윤리적 상대주의에 따라 특정 사회 특정 시대의 구성원 다수가 옳다고 믿는다면 어떠한 행위도 용납될 수 있다는 입장이다.

'**과학에서의 상대주의**'에 따르면, 어떤 과학자 집단이 자신들의 이론을 보편적인 것이라 믿는다고 해도 모든 상황, 모든 사건에 절대적으로 적용될 수 있는 보편성이 있는 것은 아니다. 또한 무엇을 가치 있는 것으로 보느냐에 따라 보편성도 달라진다.

'**문화상대주의**'에 따르면, 특정 사회에 살고 있는 우리들이 공유하는 개별 문화는 각각 독자적인 세계 인식이나 가치관 등을 가지고 있기 때문에 다양한 문화에 우열 관계를 부여할 수 없다. 즉 세계 문화의 다양성을 인정하고 각 문화의 독특한 환경과 역사적·사회적 상황을 고려해 이해해야 한다.

애덤 스미스의 경제 이론

경제학의 시조이자 산업자본주의 체제의 이론적 근거를 제시한 애덤 스미스는, 사회질서를 유지하고 있는 인간의 본성이 무엇인지를 그의 명저 『도덕감정론』에서 다음과 같이 설명한다.

■ 무엇이 경제를 발전시키는가 – 애덤 스미스의 건강한 이기심

스미스에 따르면, 인간이 올바른 행동을 하고 나쁜 행동을 하지 않는 것은 인간의 내면에 있는 다양한 감정이 서로 작용한 결과로, 그것을 곧 '**동감(同感)**'이라고 한다. 스미스는 이 '동감'으로 인해 인간 사회의 질서가 유지되고 있다고 생각했는데, 우리의 행동은 항상 사회 전체로부터 평가를 받고 있으며, 이때 다른 사람에게 나쁜 평가를 받고 싶어 하지 않는 감정을 갖는다는 것이다. 그러한 감정은 한결같이 모든 사람의 마음에 들 수는 없기에, 결국 자신의 내면에 선악의 판단 기준을 정하고 그에 맞춰 행동한다고 보았다. 스미스는 행동의 선악은 자기 스스로 판단한다고 생각했는데, 그 판단 기준은 사회의 목소리를 바탕으로 만들어진다고 보았다. 즉 자신의 행동의 옳고 그름을 결정하는 것은 다른 사람의 평가라는 것이다. 스미스는 이러한 내면의 법률을 '**일반 원칙**'이라고 불렀는데, '현명한 사람'은 사회 속에서 주위로부터 인정받고 싶어 하기 때문에(즉, 동감을 얻고 싶은 탓에) 스스로 이 일반 원칙에 따라 올바르게 행동을 한다는 것이다. 그리고 그러한 도덕적 감정으로서의 의무감이야말로 개인의 이기심을 통제하고 인간 사회를 발전시키는 중요한 요소이자 동인으로 보았다.

■ 경제발전의 원동력 – '보이지 않는 손'

스미스는 경제를 움직이고 발전시켜 나가는 원동력은 현명한 사람이 아니라 오히려 '경박한 사람'이라고 생각했다. 스미스에 따르면, 내면의 재판관, 즉 자신의 내면의 정의가 내린 판단보다 세상의 평판을 의식하는 '경박한 사람들'은 다른 사람들의 눈을 의식하기 때문에 자신이 부유하고 중요한 인물이라고 세상에 어필하고 싶어 하고, 그래서 필사적으로 부를 쫓게 된다는 것이다.

경박한 사람은 다른 사람에게 부러움을 사기 위한 일념 하나로 많은 부를 쌓고 싶어 한다. 그리고 그 결과로서 많은 부를 손에 넣는다면 다시 허영을 부리며 자신이 얻은 부를 주위 사람들에게 과시하려 들며, 그에 따라 부가 주위 사람들에게 분배되면서 경제가 발전한다는 것이다. 이처럼 부를 추구하는 지주나 자본가들 스스로가 다른 사람들을 위해서 행동하는 것이 아니라, 어디까지나 각자 개인의 이익을 위해 행동한 결과로서의 '**보이지 않는 손**(invisible hand)'에 이끌려 결과적으로 경제가 발전하고 부의 분배가 일어난다는 것이 스미스의 생각이다.

애덤 스미스는 사람들의 서로 다른 이기심이 어떻게 사회 전체를 이롭게 하는가를 그의 또 다른 저서 『국부론』을 통해 다음과 같이 설명한다. 스미스는 사람들이 경제적인 이기심을 추구하는 과정에서 이득이 가장 많이 생기는 곳에 자원을 배분하며, 이에 따라 사회 전체의 이익이 증가하게 된다고 말한다. 즉 스미스는 사람들이 정부의 간섭 없이 자기 자신만의 이익을 추구하는 가운데 자기 자신도 모르게 '보이지 않는 손'에 이끌려 국부를 증진시키게 된다고 보았다. 요컨대 다른 사람은 신경 쓰지 않고 각자 자신이 생각한 대로 행동하면 그것이 곧 사회 전체의 이익이 된다는 것이다. 그리고 사회 전체의 이익이 된다면 개인은 자신의 이익을 추구하며 행동하는 것이 최선이고, 다른 사람의 사정은 신경 쓸 필요가 없다는 것이다. 무엇보다 개인의 자유로운 행동을 제한하는 규제나 정부의 활동은 폐해일 뿐이며, 따라서 정부는 시장에 대한 개입을 중단해야 한다고 스미스는 주장한다.

스미스의 이러한 사상은 사람들은 본래부터 자기가 가장 좋아하는 일에 종사하려는 경향이 있기 때문에, 사람들이 자신의 적성을 자유롭게 발휘할 수 있게 해주어야 사회 전체적으로도 가장 좋은 결과가 생긴다는 믿음에 기초한 것이다. 즉 시장에서 자유롭게 형성된 가격의 역할을 지칭하는 '보이지 않는 손'이란 사실 인간성과 인간 능력에 대한 믿음이라고 할 수 있다.

수능 및 모평 인문·철학 기출 목록

- 박제가와 이덕무의 북학론 형성 배경과 견해 차이 〈2021학년도 수능, 인문+사회〉
- 모방론 이후 예술을 정의하고자 한 다양한 미학 이론들 〈2021학년도 고3 9월 모평〉
- 공정성을 바탕으로 사회에 여러 가지 긍정적 효과를 미친 과거제 〈2021학년도 고3 6월 모평〉
- 인식과 관련한 베이즈주의자들의 견해 〈2020학년도 수능〉
- 신, 인간, 우주에 대한 이해를 중심으로 고찰하는 에피쿠로스 사상의 목적과 의의 〈2020학년도 고3 6월 모평〉
- 조선의 역법 확립 과정과 의의 〈2020학년도 고3 3월 모평〉
- 가능세계의 개념과 성질 〈2019학년도 수능〉
- 서양 의학의 영향을 받은 이익과 최한기의 인체관 〈2019학년도 고3 6월 모평〉
- 비트겐슈타인의 후기 철학의 주요 입장과 개념 〈2019학년도 고3 3월 모평〉
- 아리스토텔레스의 목적론 〈2018학년도 수능〉
- 상호 배타적인 상태가 공존하는 양자역학과 비고전 논리 〈2018학년도 고3 9월 모평〉
- 지식의 구분 〈2017학년도 수능〉
- 유비논증의 개념과 유연성 〈2017학년도 고3 6월 모평〉
- 귀납에 내재된 논리적 한계 〈2016학년도 수능A〉
- 도덕적 운과 도덕적 평가 〈2016학년도 수능B〉
- 과학철학의 설명 이론 〈2016학년도 고3 9월 모평B〉
- 사색적 삶과 활동적 삶 〈2016학년도 고3 9월 모평B〉
- 메타 윤리학에서 도덕 실재론과 정서주의 〈2016학년도 고3 6월 모평A〉
- 현대의 개체화 현상 〈2016학년도 고3 6월 모평B〉
- 칸트의 취미판단 이론 〈2015학년도 수능AB〉
- 헤겔과 뒤르켐의 시민사회론 〈2015학년도 수능B〉
- 고고학 연구 방법 〈2015학년도 고3 6월 모평A〉
- 정합설의 이해 〈2015학년도 고3 9월 모평B〉
- 데카르트의 회의론과 그 한계 〈2014 수능 예비시행 B형〉
- 과학적 지식의 검증 방법 귀납논증의 장점과 그 한계_ 칼 포퍼의 반증 가능성 〈2013학년도 수능〉
- 공자의 정명 사상_ 예를 기반으로 한 군자의 정치 〈2013학년도 고3 9월 모평〉
- 역사의 개념 변천 과정_ 역사 서술에서의 객관성, 사실과 허구 〈2013학년도 고3 6월 모평〉
- 비트겐슈타인의 그림 이론_ 언어와 세계의 관계, 명제와 사태의 관계 〈2012학년도 수능〉
- 진리 판단에 대한 여러 이론_ 대응설, 정합설, 실용설 〈2012학년도 고3 9월 모평〉
- 현상의 인과관계를 파악하는 방법_ 존 스튜어트 밀의 일치법과 차이법 〈2012학년도 고3 6월 모평〉
- 중국 정나라 재상 자산의 개혁 정치 〈2011학년도 수능〉
- 전통 공리주의와 규칙 공리주의 〈2011학년도 고3 9월 모평〉
- 논리 추론의 유형과 개념 〈2011학년도 고3 6월 모평〉
- 동양의 '천(天)' 개념의 변천 과정 〈2010학년도 고3 9월 모평〉
- 집단 수준의 인과와 개별 수준의 인과성 〈2009학년도 수능〉
- 기억 변화에 따른 영웅의 역사적 실체와 의미 변화 〈2009학년도 고3 9월 모평〉
- 현대사회에서의 '연민'의 의미와 가치 〈2009학년도 고3 6월 모평〉
- 조선 임금이 당대 사관의 역사 기록을 열람하면 안 되는 이유 〈2008학년도 수능〉
- 경험적 지식 형성을 위한 사고 작용의 기능과 한계 〈2008학년도 고3 9월 모평〉
- 성품의 탁월함에 대한 아리스토텔레스의 견해_ 아레테 〈2008학년도 고3 6월 모평〉
- 인식론의 관점에서 본 지식의 유형과 특성_ 경험적 지식과 선험적 지식 〈2007학년도 수능〉
- 도덕적 선택에 대한 공평주의자들의 견해 〈2007학년도 고3 6월 모평〉
- '느낌'에 대한 철학적 고찰, 인식 방법 〈2005학년도 수능〉
- 유교적 관점에서 바라본 인간형 〈2005학년도 고3 9월 모평〉

제2장

사회 · 경제

1 경제와 생활

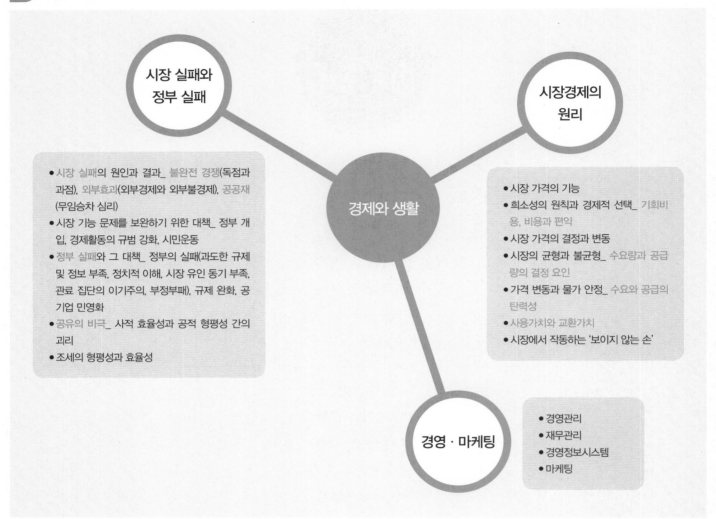

수요와 공급

상품 구매와 판매 의도. 정해진 기간 동안 어떤 가격 하에서 상품을 구매하고자 하는 의도를 '수요'라고 하고, 상품을 판매하고자 하는 의도를 '공급'이라고 한다. 수요와 공급이 일치하는 점에서 '균형가격'이 형성된다. 균형가격은 수요와 공급의 변동에 의해 움직이게 된다. 이때 수요가 증가하면 가격은 상승하고 반대로 수요가 감소하면 가격은 하락한다. 마찬가지로 공급이 증가하면 가격은 하락하고 공급이 감소하면 가격은 상승한다. 수요와 공급이 동시에 증가 또는 감소하는 경우에는 어느 힘이 더 큰가에 따라 가격의 움직이는 방향이 결정된다.

⦂ 수요 및 공급 변동에 따른 가격 변동

구분	공급 불변	공급 증가	공급 감소
수요 불변	가격 불변	가격 하락	가격 상승
수요 증가	가격 상승	가격 하락(수요 증가<공급 증가) 가격 상승(수요 증가>공급 증가)	가격 상승
수요 감소	가격 하락	가격 하락	가격 하락(수요 감소>공급 감소) 가격 상승(수요 감소<공급 감소)

수요탄력성

수요량의 민감도. 상품의 가격 변화 비율에 대한 수요량의 변화 비율을 '수요의 가격탄력성'이라고 한다. 탄력성은 반응의 크기를 분석하는 데 의미가 있다. 충격을 주는 쪽과 반응하는 쪽의 변화율을 비교하여 같은 경우를 '단위 탄력적'이라고 하고, 반응하는 쪽의 변화율이 더 높으면 '탄력적', 작으면 '비탄력적'이라고 한다.

수요의 가격탄력성의 경우, 한 상품의 가격의 변화 비율과 수요량의 변화 비율이 동일할 경우 수요의 가격탄력성은 1이 되며, 이 경우 수요가 단위 탄력적이라고 한다. 수요량의 변화 비율이 가격의 변화 비율보다 작아서 수요의 가격탄력성이 1보다 작으면 수요가 비탄력적이라고 한다. 반면 수요량의 변화 비율이 가격의 변화 비율보다 커서 수요의 가격탄력성이 1보다 크면 수요가 탄력적이라고 한다.

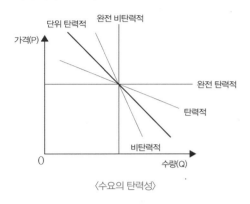

〈수요의 탄력성〉

공급탄력성

공급량의 민감도. 공급탄력성은 가격 변화에 대한 공급의 민감도를 측정하는 척도이다. 공급탄력성은 공급량의 변화율을 가격의 변화율로 나누어 측정한다(공급량의 변화율÷가격의 변화율). 만일 1%의 가격 상승이 1%보다 더 큰 공급량 증가를 가져오면 공급은 '탄력적'이라고 하며, 1%의 가격 상승이 1%보다 더 적은 공급량 증가를 가져오면 공급은 '비탄력적'이라고 한다. 공급량 변화율과 가격 변화율이 같다면 공급탄력성은 1이고, 공급은 '단위 탄력적'이라고 한다. 어떤 재화의 공급량이 가격 변동에 전혀 영향을 받지 않는다면 공급의 가격탄력성은 영(0)이고, 이 재화의 공급은 완전 비탄력적이라고 하며 이 재화의 공급곡선은 **수직선**의 형태를 보인다. 반대로 한 재화의 공급곡선이 수평선일 때 이 재화의 공급은 완전 탄력적이며 공급탄력성은 **무한대(∞)**가 된다. 공급탄력성은 가격의 상승과 하락에 따라 공급량을 조절하는 생산자의 능력에 따라 달라진다.

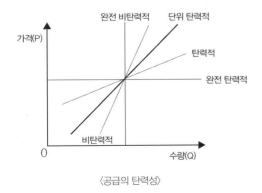

〈공급의 탄력성〉

최저 가격제와 최고 가격제

정부의 가격 규제 정책. 시장에서 결정된 가격을 무시하고 정부가 의도적으로 가격을 규제하는 정책을 '**가격 규제 정책**'이라고 한다. 정부의 가격 규제 정책에는 최저 가격제(가격 하한제)와 최고 가격제(가격 상한제)가 있다. 최저 가격제는 상품 생산자의 이익을 보호하기 위해 정부가 하한 가격 또는 최저 가격을 설정하여 그 이하로 가격이 내려가지 못하도록 하는 제도이다. 최저 가격제 하에서는 지속적인 물자 과잉(초과 공급) 현상이 발생한다. 대표적인 예로 최저임금 제도와 농산물가격 지지제도 등이 있다. 최고 가격제는 생필품 등이 절대적으로 부족한 경우, 정부가 물가를 안정시키고 소비자를 보호할 목적으로 가격 상한을 설정하여 상한 가격(최고 가격) 이하에서만 거래하도록 통제하는 제도이다. 최고 가격제 하에서는 초과 수요 발생으로 암시장이 형성되는 문제가 발생한다. 대표적인 예로 아파트 임대료 규제 등이 있다.

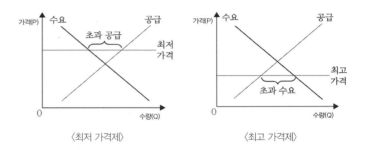

〈최저 가격제〉　　　　〈최고 가격제〉

수확 체감의 법칙

투입 노동 대비 생산물 감소의 법칙. 어떤 생산물을 만드는 데 필요한 자본·노동·토지 등의 생산요소 가운데 자본과 토지는 일정하게 유지하고 노동의 투입량을 증가시킬 경우, 생산물 전체는 증가하지만 추가로 투입되는 노동량 1단위당 생산물의 증가는 차차 감소한다는 법칙이다. '**한계생산력 체감의 법칙**'이라고도 한다.

한계소비성향

소비증가분÷소득증가분. 개인의 소득은 소비와 저축으로 나누어지는데, 소득 중에서 소비로 쓰이는 비율을 '소비성향', 저축에 들어가는 비율을 '저축성향'이라고 한다. 한계소비성향은 새로 늘어난 소득 중에서 소비로 지출되는 비율을 가리킨다. 즉 소득의 증가분을 △Y, 소비의 증가분을 △C로 하여 △C÷△Y로 나타낸다. 일반적으로 물가 상승기에는 한계소비성향이 높고 또 저소득층은 고소득층에 비해 한계소비성향이 높은 경향이 있다.

한계효용

최후의 한 단위의 재화로부터 얻어지는 추가적인 심리적 만족. 어떤 상품이나 서비스의 소비를 한 단위 늘림에 따라 추가로 증가한 효용을 '한계효용'이라고 한다. 여기서 '한계'라는 것의 의미는 '추가적'이라는 뜻과 동일하다. 한계효용은 총효용의 변화분을 소비량의 변화분으로 나눔으로써 계산할 수 있다. 일반적으로 소비량이 증가함에 따라 전체 효용은 증가하지만, 한계효용은 그 크기가 점차 줄어든다(**한계효용 체감의 법칙**). 그렇게 해서 한계효용이 영(0)인 경우 총효용은 가장 커진다. 정리하면, 효용이 증가하는 한 한계효용의 값은 양(+)이고, 효용이 감소하면 한계효용의 값은 음(−)이다. 효용이 극대일 때 한계효용 수준은 영(0)이다.

규모의 경제

economies of scale. 일반적인 경우 기업이 재화 및 서비스 생산량을 늘려감에 따라 추가적으로 소요되는 평균 생산비용도 점차 늘어난다. 그런데 일부 재화 및 서비스 생산의 경우에는 생산량이 늘어날수록 평균비용이 감소하는 현상이 나타나는데 이를 **'규모의 경제'**라고 한다. 이런 현상은 초기 생산 단계에서 막대한 투자비용이 필요하지만 생산에는 큰 비용이 들지 않는 철도·통신·전력산업에서 나타나는데, 이들 산업은 생산이 시작된 이후 수요가 계속 늘게 되면서 평균 생산비용도 감소하는 특징을 갖고 있다. 또한 분업에 따른 전문화로 이익이 발생하는 경우에도 규모의 경제가 나타난다.

범위의 경제

economies of scope. 한 기업이 여러 제품을 함께 생산할 경우에 그 기업이 한 종류의 제품만을 생산하는 경우보다 평균 생산비용이 적게 들 때 **'범위의 경제'**가 존재한다고 말한다. 승용차와 트럭을 같이 생산하는 기업의 경우 소재부품이나 조립라인 등의 생산시설을 공동으로 사용할 수 있는 이점을 갖게 된다. 연구개발·생산·판매는 공동으로 하면서 제품의 종류만 달리할 경우 비용이 절감될 수 있다. 또한 기존 산업과 비슷한 산업에 진출할 경우 시너지효과를 기대할 수 있는데, 구체적인 예로는 은행이 보험 상품을 판매하는 방카슈랑스를 들 수 있다.

직접세와 간접세

조세부담의 전가에 따른 분류. 조세는 납세의무자와 실제 세금을 부담하게 되는 조세부담자가 일치하는지 여부에 따라 간접세와 직접세로 구분된다. 납세의무자와 조세부담자가 일치하여 조세부담이 전가되지 않는 조세를 **'직접세'**라고 하며, 소득세, 법인세, 상속세, 증여세, 종합부동산세 등이 있다. 이와 달리 납세의무자와 조세부담자가 일치하지 않고 조세의 부담이 타인에게 전가되는 세금을 **'간접세'**라고 하며, 부가가치세, 개별소비세, 주세, 인지세, 증권거래세 등이 있다. 간접세는 조세에 대한 저항이 적고 징수가 간편하여 조세 수입의 확보가 쉽다. 반면 개인 사정을 고려하는 누진세율이 차등 적용되지 못하고 비례세율이 일률적으

로 적용됨으로써, 소득이 적은 자에게 상대적으로 높은 조세부담률이 적용된다. 이를 '조세의 전가'라고 하는데, 결과적으로 간접세는 역진성을 띠게 되므로 공평 부담의 원칙에 어긋난다.

래퍼곡선

세율 변화가 조세수입에 미치는 효과. 미국의 경제학자 래퍼가 제시한 **조세수입과 세율 간의 관계**를 나타낸 곡선을 말한다. 래퍼는 세율이 0%에서 100%로 증가할 때 조세수입은 상승하다가 정점에 이른 후 다시 하강한다면서, 세율(t)을 수평축에 조세수입(R)을 수직축에 놓고 이들의 관계를 그려보면 아래 도표와 같이 '역 U자 모양의 곡선'이 된다고 주장했다. 래퍼곡선에 따르면 세율이 높아지면 초기에는 세수가 늘어나나 일정 수준(t^*)이 넘으면 오히려 감소한다. 따라서 현재의 세율이 세수가 가장 많은 수준(t^*)을 넘지 않았다면 세수 증대를 위해서는 세율을 올려야 하며, 반대로 현재의 세율이 세수가 가장 많은 수준을 넘었다면 감세가 세수 증대에 도움이 된다.

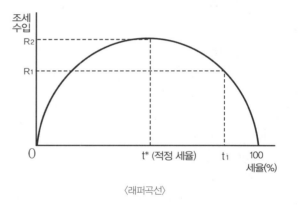

〈래퍼곡선〉

기펜재

가격이 하락할 때 수요가 감소하는 재화. 일반적으로 재화는 수요의 법칙에 따라 가격이 하락하면 수요량이 늘어난다. 하지만 예외적으로 재화의 가격이 하락할 때 수요량이 감소하는 경우도 있는데, 수요의 법칙에 위배되는 재화를 '기펜재'라고 부른다. 기펜재는 열등재의 일종이다. 즉 소득이 증가함에 따라 수요가 감소하는 재화를 **'열등재'**라고 하는데, 기펜재는 열등재 중에서도 열등성이 매우 커서 소득효과가 가격 하락에 따른 수요량 증가의 대체효과를 초과하여, 결과적으로 가격의 하락이 수요량의 감소를 가져오는 것으로 분석할 수 있다. 가격이 상승할 경우에는 반대의 방향으로 설명할 수 있다. 열등재는 소득이 증가함에도 수요가 감소하므로 수요의 소득탄력성은 0보다 작다. 소득탄력성이 양(+)의 값을 갖는 정상재 중에서 소득탄력성이 1보다 작으면 필수재, 1보다 크면 사치재라고 한다.

● 수요의 소득탄력성에 의한 상품 구분

수요의 소득탄력성(Em)	상품 구분	
Em〈0	열등재	
0〈Em〈1	필수재	정상재
1〈Em	사치재	

대체재

같은 효용을 얻을 수 있는 재화. 비슷한 만족을 얻을 수 있어 서로 경쟁 관계에 있는 재화 또는 서비스를 말한다. 핫도그와 햄버거, 스웨터와 셔츠처럼 어느 한 제품이 다른 제품을 대신하여 사용할 수 있을 때 이 두 제품은 서로 '대체관계'에 있다고 한다. 또 두 제품 중 어느 한 제품의 가격 상승이 다른 재화의 수요 증가를 초래할 때 이 두 제품은 서로 대체관계에 있다고 한다. 값이 오른 삼겹살 대신 닭고기를 구매했다면 두 상품은 서로 대체재이다. 이같은 구분은 사람들의 평균적인 소비행태에 기초한 것이므로 사람에 따라서는 다르게 느낄 수도 있다.

보완재

두 재화를 동시에 소비할 때 효용이 증가하는 재화. 두 가지 이상의 재화가 함께 사용됨으로써 효용을 얻을 수 있는 재화로, 한 재화의 가격이 하락함에 따라 다른 한 재화의 수요가 증가하는 관계에 있는 재화를 말한다. 소비자 효용의 관점에서 볼 때, 소비자는 보완재 관계에 있는 두 재화를 따로 소비할 때의 효용이 함께 소비할 때의 효용보다 줄어든다. 승용차와 휘발유, 컴퓨터와 소프트웨어 등은 '보완재'의 예이다.

불완전경쟁시장

독점, 과점, 독점적 경쟁. 시장에 의한 가격 결정에 어떠한 영향도 미칠 수 없는 상태를 '완전경쟁'이라고 한다. 이는 경제 주체의 자유로운 시장 진입과 퇴출, 다수의 공급자와 수요자 존재, 거래되는 재화 및 서비스의 동질성, 정보의 완전성이 충족되는 경우에만 존재 가능하다. 현실에서는 이러한 요건이 충족되기 어려워 독점시장, 과점시장과 독점적 경쟁시장과 같은 형태의 '불완전경쟁시장'이 나타나게 된다. 하나의 공급자가 존재하여 재화 및 서비스의 가격을 결정하는 시장을 '독점시장'이라고 한다. 두 개 이상의 소수 공급자만이 서로 경쟁하는 시장을 '과점시장'이라고 하는데, 이러한 예로는 국내의 이동통신서비스, 자동차 시장 등을 들 수 있다. 독점적 경쟁시장에서는 다수의 공급자가 각기 특화된 재화 및 서비스를 생산함으로써 독자적으로 가격을 결정할 수 있는 시장지배력을 행사할 수 있다.

시장 실패와 정부 실패

시장의 '보이지 않는 손'이 제대로 작동하지 못하는 경우. 불완전 경쟁 등으로 시장이 효율적인 자원 배분을 달성하지 못하는 것을 '시장 실패'라고 한다. 이의 주요 원인으로는 불완전 경쟁, 외부효과, 공공재 등을 들 수 있다. 한편 시장 실패를 교정하기 위한 정부의 시장개입 및 규제가 자원 배분의 효율성을 높이기보다 오히려 해치는 경우가 있는데 이를 '정부 실패'라고 한다. 정부 실패는 규제자의 불완전한 지식과 정보, 규제 수단의 불완전성, 규제자의 경직성 등의 이유로 발생한다. 정부는 대부분 영역에서 독점적인 지위를 갖고 있어 민간기업처럼 경쟁해야 할 필요가 없으며, 성과에 따라 보상을 받는 유인제도가 부족하므로 정부 실패가 발생하기도 한다. 예컨대 최근 여러 국가에서 정부는 국민의 안정된 노후 생활을 보장하기 위해 사회보장제도를 시행하고 있다. 그러나 정부가 사회보장제도를 잘못 운영하면 근로능력이 있음에도 고의로 일을 하지 않는 계층이 생기고 사회보장기금이 방만하게 운영되는 등 심각한 비효율이 초래될 수 있다. 이런 경우 정부의 시장개입이 오히려 자원 배분의 효율성을 악화시키는 정부 실패를 가져오게 된다. 정부 실패를 방지하기 위해서는 정부 정책의 투명성 강화, 정부 부문의 유인제도 도입, 입법부·감사원·시민단체 등에 의한 감시활동 강화 등의 조치가 필요하다.

공공재

무임승차의 문제가 발생하는 재화. 공공재는 모든 개인이 공동으로 이용할 수 있는 재화 또는 서비스를 의미한다. 국방·경찰·소방·공원·도로 등과 같이 정부에 의해서만 공급할 수 있는 것이라든가 또는 정부에 의해서 공급되는 것이 바람직하다고 사회적으로 판단되는 재화 또는 서비스가 이에 해당한다. '공공재'에는 보통 시장 가격은 존재하지 않으며 수익자부담 원칙도 적용되지 않는다. 따라서 공공재 규모의 결정은 정치기구에 맡길 수밖에 없다. 공공재의 성질로는 어떤 사람의 소비가 다른 사람의 소비를 방해하지 않고 여러 사람이 동시에 편익을 받을 수 있는 비경쟁성·비선택성, 대가를 지급하지 않은 특정 개인을 소비에서 제외하지 않는 비배제성 등을 들 수 있다.

독점과 과점

특정 자본이 생산과 시장을 지배하고 있는 상태. 독점은 완전경쟁의 정반대인 시장 형태로, 어느 기업이 시장의 유일한 공급자로 그 기업이 공급하는 상품에 밀접한 대체재가 존재하지 않는 경우를 말한다. '독점'이 생기는 이유는 생산요소 독점, 정부규제, 생산기술 문제 등으로 시장에 진입장벽이 존재하기 때문이다. 독점기업은 시장의 유일한 공급자이기 때문에 시장 가격이 한계수입보다 높은 수준에서 형성되므로 소비자는 결과적으로 비싼 가격을 지불해야 한다. 한편, 독점은 아니나 라면 · 아이스크림 · 가전제품 시장 등과 같이 시장에 유사하거나 동일한 상품을 공급하는 공급자가 소수에 불과할 때 이를 '과점'이라고 부른다. 과점시장은 기업들의 의사 결정 과정이 서로 연결된 상호의존 관계를 가지는 특징이 있다. 과점시장은 시장에 존재하는 기업의 수, 기업 간 관계의 밀접 정도에 따라 독점시장처럼 될 수도 있고 완전경쟁시장처럼 될 수도 있다.

외부효과

금전 거래 없이 어떤 경제 주체의 행위가 다른 경제 주체에게 영향을 미치는 효과 또는 현상. 어떤 경제 주체의 행위가 본인의 의도와는 관계없이 다른 경제 주체에게 의도하지 않은 혜택이나 손해를 불러오지만, 그럼에도 이에 대한 대가를 받지도 않고 비용을 지불하지도 않는 현상을 말한다. '외부효과'는 긍정적인 효과와 부정적인 효과로 구분된다. 부정적 외부효과는 자동차의 배기가스나 소음, 공장의 매연이나 폐수 등과 같이 제3자의 경제적 후생 수준을 낮추는 외부효과로 **외부불경제**라고도 한다. 반면 교육에 따른 편익, 신기술의 개발에 따른 파급효과 등과 같이 제3자에게 이득을 주는 외부효과를 긍정적 외부효과 또는 **외부경제**라고 한다. 외부효과가 생기면 이에 대한 대가나 비용을 시장에서 지불하지 않아도 되기 때문에 해로운 외부효과를 만들어 내는 개인이나 기업은 굳이 외부효과를 줄이려 들지 않는다. 또한 이로운 외부효과를 만들어내는 개인이나 기업도 굳이 외부효과를 많이 만들어 낼 필요성을 느끼지 못하게 된다. 결국 외부효과를 시장에만 맡겨놓을 경우 전체적인 자원 배분이 비효율적으로 될 수 있다.

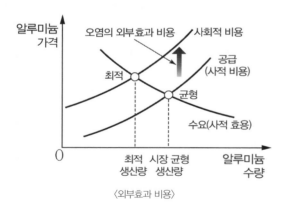

〈외부효과 비용〉

위 그림은 외부효과 비용을 알루미늄 생산을 예로 들어 설명한 것이다. 그림에서와 같이 사회적 비용 곡선이 공급곡선보다 위쪽에 위치하는 것은 알루미늄 생산자들이 생산 과정에서 초래하는 외부 비용을 반영했기 때문이다. 두 곡선에서 높이의 차이는 오염으로 인한 사회적 비용을 나타낸다.

사용가치와 교환가치

교환가치는 한계효용의 개념이다. 상품은 '사용가치'와 '교환가치'라는 두 요소로 구성되어 있다. 사물의 유용성 또는 효용을 일반적으로 사용가치라고 한다. 사용가치는 사용 또는 소비함으로써 실현된다. 한편 상품은 사용가치와 함께 다른 상품과 교환할 수 있는 가능성을 동시에 가진다. 이와 같은 상품끼리의 교환비율이나 교환의 양적 관련을 교환가치라고 한다. 즉 상품은 다른 상품이나 화폐와 교환되는 값어치를 지닌다. 이것이 상품의 교환가치이고, 이 교환가치가 화폐량에 의해 측정될 경우에 이것을 '가격'이라고 한다. 스미스는 사용가치와 교환가치를 '한계효용' 개념에 적용하여 **가치의 역설**을 제기했다. 물은 인간이 살아가는 데 반드시 필요한 필수품이라는 점에서, 물의 사용가치는 다이아몬드의 사용가치와는 비교도 안 될 만큼 크다. 한편 다이아몬드는 없어도 인간의 생존에는 큰 지장이 없는 재화임에도 불구하고 물에 비해 가격이 매우 높다. 즉 다이아몬드의 교환가치는 물의 교환가치를 크게 앞지른다. 이는 어떤 재화의 가격에 영향을 미치는 것은 단순히 효용의 크기가 아니라 **한계효용**임을 보여준다.

공유 경제

나눠 쓰기. 한 번 생산된 제품을 여럿이 공유해 쓰는 협업 소비를 기본으로 한 경제를 의미한다. 쉽게 말해 나눠 쓰기란 뜻으로 자동차, 빈방, 책 등 활용도가 떨어지는 물건이나 부동산을 다른 사람들과 함께 공유함으로써 자원 활용을 극대화하는 경제 활동이다. 소유자 입장에서는 효율을 높이고, 구매자는 싼값에 이용할 수 있게 하는 소비 형태인 셈이다. 오늘날 차량, 숙박, 사무실, 심지어 일자리에 이르기까지 생활 각 분야에 공유 경제를 기반으로 한 플랫폼들이 속속 스며들고 있는 중이다. 미국 시사 주간지 타임은 2011년 '세상을 바꿀 수 있는 10가지 아이디어' 중 하나로 **공유 경제**를 꼽았다.

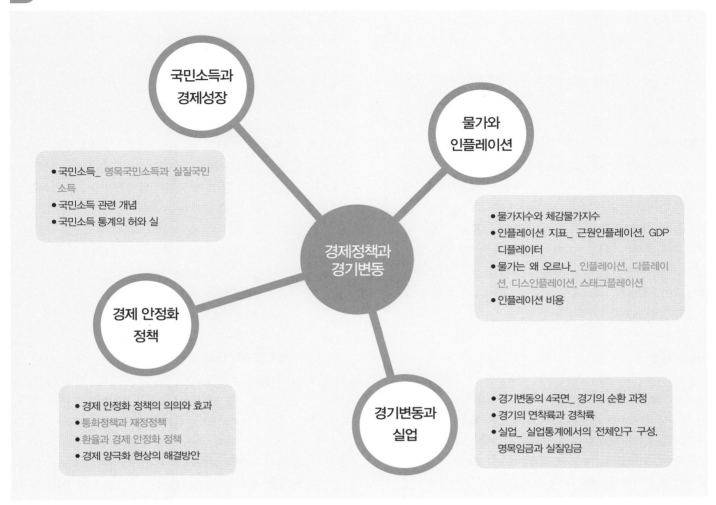

경기

생산·물가·고용이 상승하는 시기와 하락하는 시기가 주기적으로 순환을 반복하는 상황. 경기는 일상생활에서 경제적인 형편을 뜻하는 말로 자주 사용된다. 장기적 관점에서 경기는 항상 일정한 수준을 유지하는 것이 아니라 생산·물가·고용이 상승하는 시기와 하락하는 시기가 주기적으로 순환을 반복하는 경제활동의 상황을 의미한다. 경기는 '호황기 → 후퇴기 → 불황기 → 회복기 → 호황기'가 반복되면서 끊임없이 변동하며, 이렇게 경기의 일정한 움직임이 되풀이되는 것을 경기의 '순환'이라고 한다.

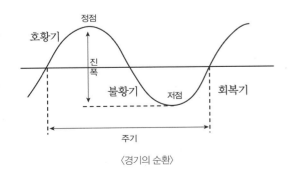

〈경기의 순환〉

경기 조절 정책/ 경제 안정화 정책

경기변동의 진폭을 줄여 경제의 안정적 성장을 도모하고자 하는 정책. 경기 조절 정책 또는 경제 안정화 정책은 경기가 지나친 확장 또는 수축 현상을 보일 경우 이를 정상 수준으로 되돌리기 위해 정책 당국이 취하는 제반 조치를 말한다. 정책 당국은 경제 전체의 총수요 수준을 변동시킴으로써 경기 수위를 조절하는 데 초점을 맞추고 있다. 실제 운영에 있어서는 정부 지출과 세율을 조정하는 **'재정정책'**이 이용되거나 통화량과 금리 수준을 조절하는 **'통화정책'**이 활용된다. 즉 경기가 정상 수준을 큰 폭 밑도는 불황에 직면하게 될 경우 정부는 재정지출을 늘리거나 조세를 줄이는 재정정책 수단을 동원한다. 한편 중앙은행은 통화량을 늘리거나 금리를 내리는 정책 수단을 활용한다. 이와는 반대로 경기가 지나치게 과열될 경우 정책 당국은 재정 측면에서는 정부 지출을 줄이거나 조세를 늘리고, 통화 측면에서는 통화량을 줄이거나 금리를 올리는 조치를 취한다.

경기 침체 시: 확장 정책 ─ 통화량↑, 금리↓, 정부 지출↑, 조세수입↓
⇒ 경기 활성화
경기 과열 시: 긴축 정책 ─ 통화량↓, 금리↑, 정부 지출↓, 조세수입↑
⇒ 경기 안정화

경제성장률

한 나라의 경제발전 동향을 한눈에 보여주는 지표. 경제성장률이란 일정 기간(분기 또는 연간) 중 한 나라의 경제규모, 즉 국민소득 규모가 늘어난 정도를 백분율로 표시한 것이다. 경제성장률을 계산하는 데 가장 일반적으로 쓰이는 국민소득은 각 경제활동 부문에서 창출해낸 실질 부가가치의 합계, 즉 실질국내총생산(실질 GDP)이다. 따라서 경제성장률은 대부분의 경우 **실질GDP 증가율**을 의미한다. 경제성장률(%) = [(금년 실질GDP − 전년 실질GDP) ÷ 전년 실질GDP] x 100

국내총생산

GDP(Gross Domestic Product). 국내총생산은 한 나라의 영역 내에서 가계, 기업, 정부 등 모든 경제 주체가 일정 기간 동안 생산 활동에 참여하여 창출한 부가가치 또는 최종 생산물을 시장 가격으로 평가한 합계로서, 여기에는 국내에 거주하는 비거주자(외국인)에게 지급되는 소득도 포함된다. 한편 GDP는 가격의 적용 방법에 따라 **'명목GDP'**와 **'실질GDP'**로 구분된다. 명목GDP는 국가경제의 규모나 구조 등을 파악하는 데 사용되며 실질GDP는 경제성장, 경기변동 등 전반적인 경제활동의 흐름을 분석하는 데 이용된다. GDP = 총지출 = 실질국민소득(Y) = [소비(C)+투자(I)+정부 지출(G)+NX(순수출 = 수출 − 수입)]

국민총생산

GNP(Gross National Product). 한 나라 국민이 국내 또는 해외에서 1년 동안 새로이 생산한 재화와 서비스의 시장 가치를 합산한 것을 의미한다. 예를 들어 미국 영토에서 한국 사람이 자본을 투자하여 생산한 재화는 한국의 GDP에는 포함되지 않지만 한국의 GNP에는 포함된다. GNP와 GDP는 본질적으로 비슷한 개념이지만, 경제 개방화에 따라 노동이나 자본의 나라 간 이동이 활발해지면서 요즈음에는 한 나라의 전반적인 생산수준을 나타내는 지표로서 GNP보다 GDP를 더 많이 쓰고 있다.

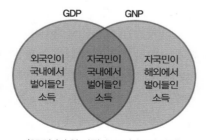

〈GDP(나라 안 기준) / GNP(자국민 기준)〉

국민소득

NI(National Income). 국민소득이란 넓은 의미로 볼 때 한 나라 안에 있는 가계, 기업, 정부 등의 모든 경제 주체가 일정 기간에 생산한 재화와 용역의 가치를 화폐 단위로 평가하여 합산한 것이다. 좁은 의미의 국민소득은 요소비용에 의한 국민소득으로 한 나라 국민이 제공한 생산요소에서 발생한 소득의 총액, 즉 노동에 대한 대가인 피용자보수와 자본 및 경영에 대한 대가인 영업잉여의 합계로서, 감가상각(고정자본소모)과 순생산 및 수입세는 포함되지 않는다. 즉 **한 나라 국민이 벌어들인 순수한 소득**을 나타내는 지표로서 다음과 같이 산출한다.

국민소득(NI) = 국민 총소득 − 감가상각 − 생산 및 수입세 + 보조금
= 국민순소득 − 생산 및 수입세 + 보조금
= 국민순소득 − 순생산 및 수입세
= 피용자보수 + 영업잉여
= 임금 + 지대 + 이자 + 이윤

국민소득 3면 등가의 법칙

생산소득 = 지출소득 = 분배소득. 국민소득이란 한 국가의 국민 전체가 일정 기간에 새로 벌어들인 소득의 총합이라고 할 수 있다. 경제순환 과정 중에서 어느 순간을 측정하는가에 따라 국민소득을 부르는 명칭은 약간씩 다르다. 한 국가 내에서 생산된 총생산물의 가치를 측정하면 이를 '생산국민소득'이라고 한다. 가계의 총지출 가치를 측정하면 '지출국민소득'이라고 하며, 한 국가 내 전체 구성원의 총소득의 가치를 측정하면 '분배국민소득'이라고 한다. 개념상 이 3가지 국민소득은 순환하고 있는 국민소득을 단지 서로 다른 순간에 측정한 것에 불과하므로 그 크기는 어디서 측정하더라도 항상 동일하다. 즉 **'생산국민소득 = 지출국민소득 = 분배국민소득'**의 관계가 성립한다. 이처럼 국민소득이 생산, 지출, 분배의 3가지 관점 중 어느 부문에서 측정하더라도 항상 동일해야 한다는 사실을 국민소득 3면 등가의 법칙이라고 한다.

국민 총소득

GNI(Gross National Income). 국민 총소득은 한 나라의 국민이 생산 활동에 참여한 대가로 받은 소득의 합계로서 외국으로부터 국민(거주자)이 받은 소득(국외수취 요소소득)은 포함되고 국내 총생산 중에서 외국인에게 지급한 소득(국외지급 요소소득)은 제외된다. 한편, 국내총생산은 국내에 거주하는 모든 생산자가 생산한 부가가치를 합산한 것이므로 국외 거래에 의하여 발생하는 생산은 고려하지 않아 양자는 국외순수취요소소득 만큼의 차이가 발생하게 된다. 즉, 국민 총소득은 국내총생산에서 **국외순수취요소소득**을 더하여 산출할 수 있다.

국민순소득

NNI(Net National Income). 본원소득이라고도 한다. 제도 단위(비금융법인, 금융법인, 일반정부, 가계)가 생산 과정에 참여하거나 생산을 위해 제공된 자산을 소유함에 따라 발생하는 소득으로, 이는 생산에 의해 창출된 부가가치에서 지급된다. **국민순소득**은 국민 총소득에서 **감가상각(고정자본소모)**을 뺀 것이다. 구체적으로 피용자보수에 영업잉여, 순생산 및 수입세, 순재산소득을 더하여 계산한다. 국민순소득 = 피용자보수 + 영업잉여 + 순생산 및 수입세 + 순재산소득

기대 인플레이션

경제 주체들이 품고 있는 물가에 대한 전망. 기대 인플레이션은 향후 물가 상승률에 대한 경제 주체의 주관적인 전망을 나타내는 개념으로, 물가 안정을 추구하는 중앙은행이 관심을 기울이고 안정적으로 관리해야 하는 핵심지표 중 하나이다. 기대 인플레이션은 임금협상, 가격 설정, 투자 결정 등 경제 주체의 의사 결정에 반영되면서 최종적으로 **실제 인플레이션**에 영향을 미친다. 기대 인플레이션 상승 시 가계는 구매력 하락을 우려하여 명목임금 상승을 요구하게 되며, 이는 상품의 생산 비용 증가로 이어진다. 기업은 재화 및 서비스 가격을 올리더라도 수요가 유지될 것으로 예상하면서 가격 인상을 추진하게 된다. 기대 인플레이션 상승은 실질금리를 하락시켜 부동산·주식 등의 자산에 대한 투자를 증가시킨다. 인플레이션 상승이 예상되는 경우 소비를 앞당기고자 하는 유인이 커져 가수요가 증가하면서 실제 물가가 상승하게 된다. 따라서 물가 안정을 추구하는 중앙은행으로서는 기대 인플레이션의 안정적 관리가 필수적이라고 할 수 있다.

기저효과

비교기준 시점의 상황이 현재 상황과 너무 큰 차이가 있어 결과가 왜곡되는 현상. 기저효과는 경제지표를 평가하는 과정에서 기준시점과 비교시점의 상대적인 위치에 따라서 경제 상황에 대한 평가가 실제보다 위축되거나 부풀려지는 등의 **왜곡**이 일어나는 것을 말한다. 즉 호황기의 경제 상황을 기준시점으로 현재의 경제 상황을 비교할 경우 경제지표는 실제보다 위축된 모습을 보이는 반면, 불황기의 경제 상황을 기준시점으로 비교하면 경제지표가 실제보다 부풀려져 나타날 수 있다. 기저효과는 물가 상승률을 설명할 때도 자주 이용된다.

긴축정책

경제활동을 억제하여 경기의 과열을 방지하려는 재정정책. 경기 과열 우려가 있는 경우에 재정 또는 통화정책으로 국민의 소득을 감소시켜 재화 및 서비스에 대한 수요를 위축시키고 경기의 과열을 방지하려는 정책을 '긴축정책'이라고 한다. 경기가 과열되어 물가 급등에 대한 염려가 커지면 정부나 지방자치단체는 예산을 편성·실행함에 있어서 지출을 삭감·억제함과 동시에, 공채를 정리하고 신규 모집을 하지 않는 정책을 취한다. 한편, 중앙은행은 물가 급등에 대한 우려가 커지면 시중에 유통되는 통화량을 줄이거나 금리를 인상한다. 이렇게 되면 두 경우 모두 국민의 소득을 줄이게 되고, 소득이 줄어든 국민은 재화 및 서비스에 대한 소비를 줄이게 되어 물가가 하락하게 된다.

낙수 효과

윗물이 흘러야 아랫물도 흐른다. 정부가 경제정책으로 대기업과 고소득층 또는 부유층의 소득과 부를 먼저 늘려주게 되면, 이들의 소비와 투자 증가를 통해 전체 경제활동이 활발해지면서 결국에는 중소기업과 저소득층도 혜택을 볼 수 있다는 주장이다. 이를 **'낙수 효과'**라고 한다.

더블딥

경기의 이중침체 현상. 경기가 두 번 떨어진다(dip)는 뜻으로, 경기 침체가 발생한 후 잠시 경기가 회복되다가 다시 경기 침체로 접어드는 연속적인 침체 현상을 의미한다. 더블딥은 경기순환의 모습이 영문자 W를 닮았다 해서 **'W자형 불황'**이라고도 한다.

인플레이션

화폐가치가 하락하여 물가가 전반적·지속적으로 상승하는 경제 현상. 물가 수준이 지속적으로 상승하는 현상을 **'인플레이션'**이라고 한다. 여기서 물가는 개별 상품의 가격을 평균하여 산출한 물가지수를 의미한다. 인플레이션은 물가 상승 지속기간 및 상승폭, 제품의 질적 수준 향상 여부, 정부의 가격통제에 따른 암시장 가격 상승 여부와 같은 점을 고려할 때 언제 인플레이션이라고 정의할 것인가에 대해 이견이 있을 수 있다. 통상 연 4~5% 정도의 물가 상승률이 관측되면 일반적으로 인플레이션이 발생했다고 판단한다.

디플레이션

전반적 물가 수준의 장기 하락 현상. 물가가 지속적으로 하락하는 현상을 말한다. **'디플레이션'** 하에서는 물가 상승률이 마이너스로 나타난다. 디플레이션이 발생하는 원인은 생산물의 과잉공급, 자산거품의 붕괴, 과도한 통화 긴축정책, 생산성 향상 등 다양하다. 디플레이션이 발생하면 통화의 가치는 상승하고 실물 자산의 가치는 하락함에 따라 인플레이션과 반대 방향으로 소득 및 부의 비자발적 재분배가 발생한다. 이외에도 실질금리 상승에 따른 총수요 감소, 실질임금 상승에 따른 고용 및 생산 감소, 소비지출

연기에 따른 경제활동 위축, 부채 디플레이션에 따른 총수요 감소, 통화정책 및 재정정책 등 정책적 대응 제약, 디플레이션 악순환 가능성 등의 문제를 일으킬 수 있다.

⦿ 경제성장 저해 요인
인플레이션 ⇒ 실물자산 선호↑ ⇒ 금융저축↓ ⇒ 투자↓ ⇒ 경제성장률 저하
디플레이션 ⇒ 국산품의 상대가격↑ ⇒ 수출↓ 수입↑ ⇒ 경상수지 악화

디스인플레이션

물가 수준은 지속적으로 높아지고 있으나 물가 상승률은 둔화되는 현상. 예를 들어 소비자물가 상승률이 2015년에는 5.0%였으나 2016년에는 3.5%, 2017년에는 2.0% 등으로 낮아지는 경우를 생각해보자. 이때 매년 물가 상승률이 0보다 크기 때문에 상품과 서비스의 가격 수준은 지속적으로 상승하고 있지만, 물가 상승률은 5.0% → 3.5% → 2.0%로 낮아지고 있는데, 이러한 현상을 '**디스인플레이션**'이라고 한다. 디스인플레이션은 단기간에 그치면 크게 걱정할 일은 아니다. 예를 들어 에너지 가격 하락이나 생산성 증대 등 공급 요인으로 인한 일시적인 물가 상승률의 둔화는 경제에 이로울 수 있다. 그러나 디스인플레이션이 계속돼 물가 상승률의 추가적인 하락이 전망되는 경우에는 가계와 기업이 소비와 투자를 미룸으로써 수요의 위축을 초래하고, 그 결과 디플레이션 압력을 보다 크게 할 수도 있다. 이 같은 상황에서는 경제 주체들의 물가 상승률 예상치가 더 낮아지지 않도록 사전에 통화·재정정책 면에서 적극 대응하는 것이 중요하다.

명목소득/ 실질소득

실질소득은 명목소득에서 물가 변동분을 제외한 소득. 예를 들어 2015년에 A 씨의 연간 소득을 당시 통화가치로 측정한 금액이 3,000만 원이라면 명목소득은 3,000만 원에 해당한다. 그런데 2017년 측정된 A 씨의 명목소득이 3,500만 원이라면, 2년 동안 A 씨의 명목소득은 500만 원 증가한 셈이다. 이 경우 A 씨의 경제 형편이 나아졌는지를 판단하기 위해서는 보다 정확한 정보를 반영하고 있는 '실질소득'의 변화 여부를 확인해 봐야 한다. 만약 2015~2017년의 물가 상승률이 15%라면 같은 기간 중 통화가치는 15% 하락한 것으로 볼 수 있다. 이 경우 A 씨의 2017년 명목소득 3,500만 원은 실질소득 기준으로 3,043만 원[35,000,000÷(1+0.15)]이 된다. 따라서 2015~2017년의 통화가치 변동을 감안할 경우 A 씨의 실질소득은 43만 원 증가한 것이 된다. 통화의 가치는 인플레이션 등으로 인해 시간이 지날수록 하락하므로, 수시로 발표되는 다양한 경제지표를 정확하게 이해하기 위해서는 명목과 실질의 개념으로 구분해서 살펴봐야 한다. 국내총생산에 대한 명목GDP · 실질GDP, 임금에 대한 명목임금 · 실질임금, 이자율에 대한 명목이자율 · 실질이자율 등은 명목 지표와 실질 지표를 구분하는 한 예라 하겠다.

물가지수

가격 상승 지표. 시장에서 거래되는 여러 가지 상품과 서비스의 가격을 경제생활에서 차지하는 중요도를 고려하여 평균한 종합적인 가격 수준을 '물가'라고 한다. 물가지수는 이 같은 물가의 변화를 한눈에 알아볼 수 있도록 기준 연도의 물가 수준을 100으로 놓고 비교되는 다른 시점의 물가를 지수의 형태로 나타낸 것을 말한다. '물가지수(PI; Price Index)'는 경제성장, 국제수지 등과 함께 한 나라 거시경제의 움직임을 나타내는 중요한 경제지표이다. 물가지수를 이용하면 일정 기간 동안의 생계비 또는 화폐가치의 변화를 측정할 수 있고, 명목금액으로부터 실질금액을 산출할 수 있으며, 물가 수준을 통해 경기변동에 대해 어느 정도 가늠할 수 있다.

스태그플레이션

경기 침체에도 물가가 오르는 상태. 실업과 인플레이션이 동시에 증가하는 현상을 스태그플레이션이라고 한다. **스태그플레이션**이란 스태그네이션(경기 침체)과 인플레이션(물가 상승)을 합성한 용어이다. 즉 국민소득의 증가세가 축소되는 경기 침체와 전반적인 물가 수준이 지속적으로 상승하는 인플레이션이 동시에 발생하는 현상을 말한다. 스태그플레이션이 발생하게 되면 실업률과 물가 상승률이 모두 증가하므로 국민의 경제적 고통은 크게 늘어나게 된다.

스트레스 테스트

금융 시스템 안정성 평가. 예외적이지만 발생 가능한 위기 상황을 상정하여 개별 금융기관, 금융부문 및 금융 시스템 전체의 **취약성과 복원력**을 평가하는 기법을 의미한다. 스트레스 테스트에서는 위기 시나리오 하에서 예상되는 금융기관의 손익, 자본 비율, 현금흐름 및 유동성 상황 등을 정량적으로 측정하여 리스크를 분석한다.

양적완화 정책

중앙은행이 통화를 시중에 직접 공급해 경기를 부양하는 통화정책. 양적완화 정책이란 금리 인하를 통한 경기 부양 효과가 한계에 봉착했을 때, 중앙은행이 국채 매입 등을 통해 유동성을 시중에 직접 공급함으로써 신용경색을 해소하고 경기를 부양시키는 통화정책을 말한다. **양적완화**는 정책 금리가 0%P에 가까운 초저

금리 상태여서 더 이상 금리를 내릴 수도 없고, 재정도 부실할 때 경기 부양을 위해 사용된다. 이는 중앙은행이 기준금리를 조절하여 간접적으로 유동성을 조절하던 기존 방식과 달리, 보다 직접적인 방법으로 시장에 통화량 자체를 늘리는 통화정책이다. 한 나라의 양적완화는 다른 나라 경제에도 영향을 미칠 수 있다. 예를 들면 미국에서 양적완화가 시행되어 달러 통화량이 증가하면 달러 가치가 하락하게 돼 미국 상품의 수출 경쟁력이 커지게 된다. 또한 원자재 가격이 상승하여 물가는 상승하고, 달러 가치와 반대로 원화 가치(평가절상, 환율 하락)는 상승한다. 한편, 양적완화 정책을 점진적으로 축소하는 것을 **테이퍼링(tapering)**이라고 한다.

재정정책

경기 안정 또는 부양을 위해 정부 세입과 세출의 크기를 조절하는 경제정책. 정부의 지출과 조세를 정책 수단으로 사용하는 정부의 제반 정책을 일컬어 '**재정정책**'이라고 한다. 재정정책의 목표는 일반적으로 완전고용, 물가 안정, 국제수지 균형, 경제성장, 소득재분배 등이 있다. 그러나 좁은 의미 또는 단기적으로는 정부 지출과 조세수입의 양과 구조를 의도적으로 변화시켜 총수요를 조절함으로써 경제 안정을 도모하려는 확장 혹은 긴축 재정활동만을 재정정책이라고 한다.

경기 침체 ⇒ 재정지출 확대 · 세율 인하(확장 재정정책) ⇒ 가계의 가처분소득↑, 투자의 기대수익↑ ⇒ 총수요↑ ⇒ 경기 회복

경기 과열 ⇒ 재정지출 축소 · 세율 인상(긴축 재정정책) ⇒ 가계의 가처분소득↓, 투자의 기대수익↓ ⇒ 총수요↓ ⇒ 경기 진정

총 저축/ 저축률/ 평균소비성향/ 평균저축성향

국민처분가능소득(NDI; National Disposable Income)은 한 나라 경제 전체가 소비나 저축으로 자유로이 처분할 수 있는 소득으로, 거주자와 비거주자 간의 소득이전이 반영된 것이다.

국민처분가능소득 = 국민순소득* + 국외순수취경상이전

 * 국민순소득 = 국외순수취영업이익 및 순재산소득이 반영된 피용자보수 및 영업이익 + 순생산 및 수입세

국민총처분가능소득(국민처분가능소득에 고정자본소모를 더한 것) 중 소비되지 않고 남는 부분을 **총 저축** 혹은 국민 저축이라고 하는데, 저축률은 100에서 국민총처분가능소득 중 최종소비를 목적으로 처분된 재화와 서비스의 비율인 소비율을 차감한 것이다. 이때 소비율을 백분율이 아닌 계수로 표시한 것을 **평균소비성향**이라고 하며, **평균저축성향**은 1에서 평균소비성향을 차감한 것이다.

총 저축 = 국민총처분가능소득 − 소비

저축률 = 100 − 소비율*

 * 소비율 = 최종소비지출 ÷ 국민총처분가능소득** × 100

 ** 국민총처분가능소득 = 피용자보수 + 영업이익(국외순수취영업이익 및 재산소득 포함) + 순생산 및 수입세 + 국외순수취경상이전 + 고정자본소모)

평균소비성향 = 최종소비지출 ÷ 국민총처분가능소득

평균저축성향 = 1 − 평균소비성향

총 저축은 국민총처분가능소득에서 소비하고 남은 부분이다. 총 저축은 투자 재원으로 차기 생산을 증가시키는데 이용되거나 대외자산 구입에 이용되므로 이론적으로는 국내 투자에 국외 투자를 더한 총 투자와 일치한다.

정책 시차

경제정책 집행과 효과 간 시차. 정책 시차란 어떤 경제정책을 시행해야 하는 원인이 발생하여, 동 정책을 수립하는 데까지 걸리는 시간과 아울러 수립된 정책이 실제로 집행되어 정책 효과가 나타나는 데 걸리는 시간을 말한다. 전자를 **내부 시차**라 하고 후자를 **외부 시차**라고 한다. 일반적으로 재정정책은 정책이 수립되기까지의 내부 시차가 긴 반면, 정책 효과가 나타나는 데 걸리는 외부 시차는 짧다. 그 이유는 정부 지출이나 조세 제도를 변경하려면 시간이 걸리는 입법 절차를 거쳐야 하지만, 일단 정책이 수립되고 나면 총수요에 직접적인 영향을 미치기 때문이다. 한편, 통화정책의 경우는 재정정책과는 달리 내부 시차는 짧지만, 생산 · 물가 등 실물 변수에 영향을 미치는 데는 상당한 시간이 걸리는 등 외부 시차가 상대적으로 길다. 예컨대 통화정책으로 기준금리가 인하되고 그것이 금융 및 외환시장과 자본시장을 거쳐 실물부문의 가계의 소비나 기업의 투자 등으로 파급되기까지는 상당한 시간이 걸릴 수 있다.

조세부담률

국민의 소득에서 세금이 차지하는 정도를 나타내는 지표. **조세부담률**은 국민계정에서 조세수입이 국민 총소득(GNI)에서 차지하는 비중으로 정의된다. 이는 국민 전체의 조세부담 정도를 나타내주는 지표로 조세의 누진 정도, 국가의 조세 징수능력 등에 따라 결정된다. 반면, 재정통계의 조세부담률은 국가 및 지방자치단체가 거둬들인 국세 및 지방세 수입이 경상금액 기준 국내총생산에서 차지하는 비율로 파악된다. 조세부담률이 높다는 것은 국민들이 벌어들인 소득 중에서 세금으로 납부하는 비중이 높다는 것이다. 조세부담률 = (국세+지방세) ÷ 경상 GDP × 100

피셔 효과

인플레이션이 명목상의 금리에 미치는 효과. 시중금리와 인플레이션 기대심리와의 관계를 말해주는 이론으로, 시중의 명목금리는 **실질금리와 예상 인플레이션율의 합계**와 같다는 것을 말한다. 시중의 명목금리가 상승했다면 그것은 실질금리의 상승이 원인일 수도 있고, 기대 인플레이션의 상승이 원인일 수도 있는 것이다. 예를 들어 시중의 명목금리가 14%라고 할 때 예상되는 인플레이션율이 연 7%라고 하면 실질금리는 7%에 해당한다고 말할 수 있다. 즉 시중의 명목금리가 상승한다고 할 때 그 원인은 실질금리의 상승 때문일 수도 있고 앞으로 인플레이션율이 높아질 것이라는 예상 때문일 수도 있다. 따라서 인플레이션 기대심리를 자극하지 않는 범위 내에서 통화를 신축적으로 운용하면 실질금리의 하락을 통한 시중 명목금리의 하락을 가져올 수 있다.

필립스 곡선

실업률과 물가 상승률 간 상충관계를 보여 주는 곡선. 임금 상승률과 실업률 사이의 반비례 관계를 나타내는 곡선을 필립스 곡선이라고 한다. 영국 경제학자 필립스는 실업률이 낮은 해에는 명목임금 상승률이 높고, 반대로 실업률이 높은 해에는 명목임금 상승률이 낮다는 사실을 발견했다. 일반적으로 명목임금 상승률과 물가 상승률은 비슷한 움직임을 보이기 때문에 **물가 상승률과 실업률 간의 안정적인 반비례 관계**를 나타내는 곡선을 필립스 곡선이라고 부른다. 이러한 필립스 곡선은 단순히 경험적 관계로부터 도출되었지만, 완전고용을 이루면(실업률이 낮으면) 물가 상승률이 높아지고(물가 불안정), 완전고용에서 멀어지면(실업률이 높으면) 물가 상승률이 낮아지는(물가 안정) 완전고용과 물가 안정 사이의 상충관계를 밝힐 수 있다.

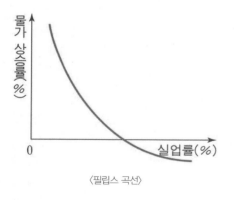

〈필립스 곡선〉

명목GDP와 실질GDP

한국은행이 발표하는 경제성장률 지표는 실질GDP의 증가율을 구한 것. 명목 국내총생산(Nominal GDP)은 한 나라 안에서 생산된 최종 생산물의 가치를 그 생산물이 생산된 기간의 가격을 적용하여 계산한 것으로 **경상 GDP**라고도 부른다. 명목GDP의 변동분에는 최종 생산물의 수량과 가격 변동분이 혼재되어 있다. 명목GDP는 경제규모 등의 파악에 이용된다. 반면 실질 국내총생산(Real GDP)은 한 나라 안에서 생산된 최종 생산물의 가치를 기준 연도의 가격으로 측정한 것으로 불변가격 GDP라고도 불린다. 실질GDP는 경제성장, 경기변동 등 전반적인 경제활동의 흐름을 분석하는데 이용된다.

플로우와 스톡

유량과 저량. **플로우(flow, 유량)**는 한 달이나 1년이라는 일정 기간 내의 성과를 양으로 표시한 것으로, 연속적인 기간의 흐름에 의해 경제활동의 성과를 나타낸다. **스톡(stock, 저량)**은 어떤 시점에서 지금까지 누적된 잔고를 양으로 표시한 것으로, 결국 플로우의 누적이 스톡이라고 할 수 있다.

GDP 갭

잠재 GDP와 실질GDP의 차이로, 경기 과열 또는 침체 상태를 보여주는 척도. 한 나라의 생산요소인 노동과 자본을 모두 동원(완전고용)하여 달성할 수 있는 최대 수준의 GDP를 '잠재 GDP'라고 한다. 한편으로는 인플레이션을 가속하지 않으면서 달성 가능한 최대 GDP로 정의하기도 한다. GDP 갭은 실질GDP에서 잠재GDP를 뺀 차이로 정의되며, 동 수치가 양(+)이면 경제활동이 정상 수준을 넘어서 과도한 수준에서 이루어지면서 초과수요가 발생하게 되어 인플레이션이 높아진다. 반대로 GDP 갭이 음(−)이면 총수요가 총공급을 밑돌게 되어 경제활동이 위축되면서 인플레이션도 낮아진다.

GDP 디플레이터

국민소득에 영향을 주는 모든 경제활동을 반영하는 종합적 물가지수. 명목GDP를 실질GDP로 나누어 얻어지는 값을 'GDP 디플레이터'라고 한다. GDP를 추계할 때는 생산자물가지수(PPI)나 소비자물가지수(CPI) 뿐만 아니라 수출입물가지수, 임금 등 각종 가격지수가 종합적으로 활용된다. 따라서 GDP 디플레이터는 한 나라 경제에서 생산되는 모든 재화와 서비스의 집합물이라 할 GDP의 가격을 측정하므로, 모든 물가 요인을 포괄하는 가장 종합적인 물가지수이다. 한편 소비, 투자, 수입 부문별로 명목GDP를 동일 부문의 실질GDP로 나누면 개별 부문에서의 물가지수(예를 들면 소비 디플레이터, 투자 디플레이터 등)를 얻을 수 있다.

3 화폐와 금융

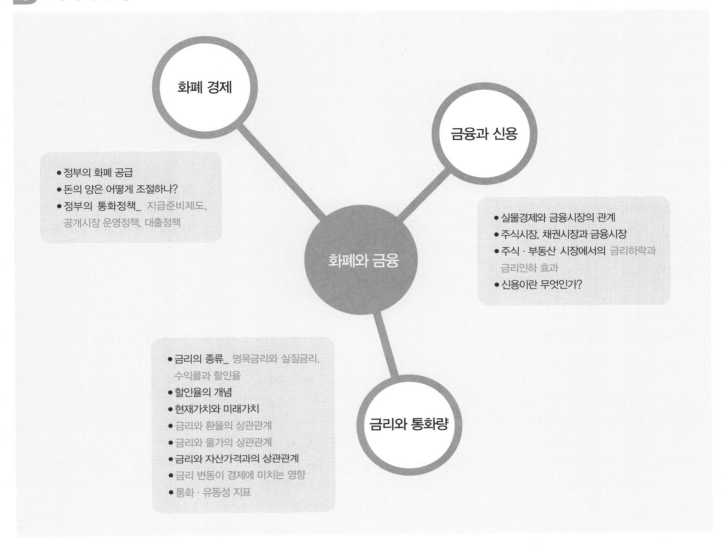

화폐 경제
- 정부의 화폐 공급
- 돈의 양은 어떻게 조절하나?
- 정부의 통화정책_ 지급준비제도,
  공개시장 운영정책, 대출정책

금융과 신용
- 실물경제와 금융시장의 관계
- 주식시장, 채권시장과 금융시장
- 주식 · 부동산 시장에서의 금리하락과
  금리인하 효과
- 신용이란 무엇인가?

화폐와 금융

금리와 통화량
- 금리의 종류_ 명목금리와 실질금리,
  수익률과 할인율
- 할인율의 개념
- 현재가치와 미래가치
- 금리와 환율의 상관관계
- 금리와 물가의 상관관계
- 금리와 자산가격과의 상관관계
- 금리 변동이 경제에 미치는 영향
- 통화 · 유동성 지표

통화정책

통화량 조절을 통하여 경제의 안정과 성장을 이루려는 정책. 통화정책이란 중앙은행이 통화량이나 금리에 영향을 미쳐 물가 안정, 금융 안정 등을 달성함으로써 경제가 지속 가능한 성장을 이룰 수 있도록 하는 정책을 말한다. 통화의 방만한 공급을 차단하여 물가를 안정시키는 것이 통화정책의 주된 목표이다. **재정정책**과 함께 정부의 핵심 경제정책이다.

통화정책 파급경로

통화정책이 실물경제에 파급되는 경로. 정부가 통화정책을 펼쳤을 때 경제에 어떤 영향을 주는가를 살펴보는 것을 말한다. 크게 6가지로 나누어 살핀다. **금리 경로**는 중앙은행이 정책금리를 인하하면 단기 시장금리와 함께 장기 시장금리, 은행 여수신 금리도 하락하여 기업 투자와 가계소비가 늘어나고 이는 생산 증대 및 물가 상승으로 이어진다. (중앙은행 기준금리 인하 → 은행 대출금리 하락 → 소비와 투자 증가 → 총수요 증가) **자산 가격 경로**의 경우

중앙은행이 정책금리를 인하하면 주식, 부동산 등 자산의 가격이 상승하고, 이에 따라 부가 증가하면서 투자와 소비가 늘어나게 되고 이는 생산 증대 및 물가 상승으로 이어진다. (중앙은행 기준금리 인하 → 주식 및 부동산 투자 수요 증가 → 주식 및 부동산 가격 상승 → 자산 가치 상승으로 가계소비 확대, 주가 상승에 따른 기업의 시장가치 상승으로 투자 확대 → 총수요 증가) **환율 경로**의 경우 중앙은행이 정책금리를 인하하면 국내 금리가 하락하고 원화로 표시된 금융자산의 수익률이 떨어지게 되어 경제 주체들이 상대적으로 수익률이 높은 달러화 표시 금융자산을 매입하고자 하게 되며 원화를 팔고 달러를 사게 된다. (중앙은행 기준금리 인하 → 외국에 비해 국내 자산 수익률의 상대적 하락 → 자본의 해외 유출 → 원화 가치 하락으로 원 · 달러 환율 상승 → 수출 증가, 수입 감소 → 총수요 증가) **기대 경로**의 경우 중앙은행이 현시점에서의 정책금리 조정뿐만 아니라 경제 주체들의 미래 통화정책에 대한 기대, 경기 전망 및 인플레이션 기대를 변화시킴으로써 소비 및 투자 결정에 영향을 미치는 것을 말한다. (중앙은행 기준금리 인하 → 향

후 경기가 좋아지리라는 기대 가치 상승 → 가계소비 증가와 기업 투자 확대 → 총수요 증가) **신용 경로**의 경우 중앙은행이 정책금리를 인하하면 기업과 가계에 대한 금융기관의 대출 여력이 커져 투자가 증가하고 소비가 늘어나게 되어 이는 생산 증대 및 물가 상승으로 이어진다. (중앙은행 기준금리 인하 → 시중의 풍부한 유동성으로 부동산 등 자산 가격 상승 → 담보가치 상승 → 금융 대출 확대 → 가계와 기업의 대출 증가 → 소비 확대와 투자 증가 → 총수요 증가) **위험선호 경로**의 경우 완화적 통화정책이 금융기관의 위험선호도 증대를 통해 고위험 · 고수익 대출 등을 중심으로 신용공급이 확대되면서 소비, 투자 등이 늘어나게 된다(이 경로는 장기간 저금리 기조가 지속될 경우 금융기관의 과도한 위험 추구와 신용공급 확대로 이어질 수 있다는 점을 지적하는 것으로 통화정책과 금융 안정의 연관성을 보여준다).

통화정책 수단

시중 통화량 조절을 위한 한국은행의 통화정책 수단. 중앙은행이 활용하고 있는 통화정책 수단으로는 지급준비제도, 공개시장 운영제도, 중앙은행 여수신제도 등이 있다. **지급준비제도**란 금융기관으로 하여금 예금 등과 같은 금융기관 부채의 일정 비율에 해당하는 금액을 중앙은행에 예치하도록 의무화하는 제도이다. 지급준비율을 변경하여 본원통화를 조절하면 승수효과를 통해 통화량에 영향을 주므로 지급 준비 정책은 중앙은행의 유동성 조절 수단이 된다. **공개시장 운영**은 중앙은행이 단기금융시장이나 채권시장과 같은 공개시장에서 금융기관을 상대로 국공채 등 증권을 매매하여 금융기관의 자금 사정을 변화시키고 이를 통해 통화나 금리를 조절하는 정책 수단이다. **중앙은행 여수신제도**는 중앙은행이 금융기관과의 대출 및 예금 거래를 통해 자금의 수급을 조절하는 정책 수단을 말한다. 통화정책 수단은 시장 친화적 정책 수단이라고 할 수 있다. 한편 일부 중앙은행의 경우 정책 당국에 부여된 행정적 권한을 통해 은행 여수신 금리를 규제하거나 은행대출 규모를 일일이 통제하는 등 직접 조절 수단을 활용하기도 한다.

통화지표

통화와 유동성을 측정하는 기준이 되는 지표. 한 나라의 경제가 건강하게 유지되려면 경제규모에 맞는 적정량의 통화가 필요하다. 경제규모에 비해 돈이 너무 많으면 인플레이션이, 너무 적으면 디플레이션이 발생하여 물가의 지속적 상승이나 실업 등의 문제가 발생한다. 때문에 중앙은행은 경제에서 유통되는 화폐의 양을 적정 수준으로 관리해야 하는데, 이를 위해서는 우선 시중에서 유통되는 통화의 양을 정확하게 측정할 필요가 있다. 시중에 유통되고 있는 통화량을 나타내는 척도가 곧 통화지표이다. 통화

지표는 통화를 어떻게 정의하는가에 따라 여러 가지가 있는데 우리나라에서는 M1과 M2를 **통화지표**로, Lf와 L을 **유동성 지표**로 이용하고 있다. **M1(협의통화)**은 화폐의 지급 결제 수단으로서의 기능을 중시한 지표로 시중에 유통되는 현금에 예금 취급 기관의 결제성 예금을 더한 것이다. **M2(광의통화)**는 M1에 예금 취급 기관의 각종 저축성예금, 시장성 금융상품, 실적 배당형 금융상품, 금융채 및 거주자 예금을 더한 것이다. 통화지표보다 포괄 범위가 더 넓은 지표가 유동성 지표인데 **Lf(금융기관 유동성)**는 M2에 예금 취급 기관의 만기 2년 이상의 정기예 · 적금, 금융채, 금전신탁과 생명보험회사의 보험계약 준비금 및 증권금융의 예수금 등을 포함한다. **L(광의 유동성)**은 Lf에 기업 및 정부 등이 발행한 기업어음, 회사채 및 국공채 등 유가증권을 포함한다.

지급준비제도

통화정책 수단 1. 중앙은행이 금융기관으로 하여금 예금 등과 같은 채무의 일정 비율에 해당하는 금액을 중앙은행에 예치토록 하는 제도이다. 은행이 예금 고객의 지급 요구에 응하기 위해 미리 준비해 놓은 유동성 자산을 지급준비금이라고 하고, 적립 대상 채무 대비 지급준비금의 비율을 지급준비율이라고 한다. 지급준비금은 은행이 중앙은행에 예치하고 있는 자금(지준예치금)과 보유하고 있는 현금(시재금)으로 구성된다. 지급준비제도는 중앙은행이 지급준비율 변경으로 본원통화를 조절하면 **승수효과**를 통해 통화량에 영향을 주는 유동성 조절 수단으로 효과가 있다.

지급준비율 인상 ⇒ 통화승수↓ ⇒ 통화량 감소
지급준비율 인하 ⇒ 통화승수↑ ⇒ 통화량 증가

공개시장 운영정책

통화정책 수단 2. 공개시장 운영은 중앙은행이 금융시장에서 금융기관을 상대로 국공채 등 증권을 매매하여 시중 유동성이나 시장 금리 수준에 영향을 미치는 통화정책 수단이다. 공개시장 운영은 다른 통화정책 수단(지급준비제도, 여수신제도 등)에 비해 시기와 규모를 신축적으로 정할 수 있고 금융시장의 가격 메커니즘에 따라 이루어지므로 시장친화적인 데다 즉각적인 매매 거래만으로 **신속하게** 정책을 시행할 수 있다는 장점이 있다. 대부분의 선진국 중앙은행들은 공개시장 운영을 주된 통화정책 수단으로 사용하고 있다.

국 · 공채 매각 ⇒ 시중 자금의 흡수 ⇒ 통화량 감소
국 · 공채 매입 ⇒ 시중에 자금 방출 ⇒ 통화량 증가

대출정책

통화정책 수단 3. 일반은행이 기업이나 개인에게 자금을 대출해주는 것과 마찬가지로 중앙은행이 금융기관에 돈을 대출해주는 정

책을 말한다. 중앙은행이 은행에 빌려주는 돈의 양이나 금리를 변동시킴으로써 시중의 돈의 양을 조절한다. 이 제도는 중앙은행 제도 초기에 은행이 기업에 할인해 준 어음을 다시 할인·매입하는 형식으로 자금을 지원했기 때문에 **재할인율 제도**라고도 한다. 또한 중앙은행의 대출금리는 재할인금리라고 한다.

재할인율 인상 ⇒ 은행의 이자율 인상 ⇒ 은행의 대출액 감소 ⇒ 통화량 감소

재할인율 인하 ⇒ 은행의 이자율 인하 ⇒ 은행의 대출액 증가 ⇒ 통화량 증가

이자율 결정

시장 금리 결정. 이자율의 결정은 기본적으로 화폐의 수요와 공급에 의해 결정된다. **이자율**은 시중의 자금 사정을 반영하여 등락하게 된다. 화폐 수요가 많다는 것은 기업, 즉 자금 수요자와 투자 지출이 상대적인 의미에서 자금 공급자인 가계의 저축 금액보다 많다는 것을 의미하기 때문에 시중의 자금 사정이 여유롭지 못하다. 예를 들어 경기에 대한 전망이 밝아 투자에 대한 수익이 크게 기대된다면, 자금을 차입하는 측에서는 자금을 빌려 쓰는 데에 따른 추가적 비용을 기꺼이 지불할 용의가 생긴다. 따라서 이자율이 상승하게 된다. 반대로 시중에 자금의 여유가 생기게 되면 자금을 필요로 하는 측에서는 커다란 어려움이 없이 자금을 차입할 수가 있게 된다. 물론, 차입자의 신용 상태는 주어진 것으로서 양호하다고 가정한다면 이자율은 상대적으로 하락하게 될 것이다.

화폐 수요 〉 화폐 공급 ⇒ 이자율 상승

화폐 수요 〈 화폐 공급 ⇒ 이자율 하락

단리와 복리

금리 계산 방법. 단리는 원금에 대해서만 약정된 이율과 기간을 곱하여 이자를 산출하는 방식이다. 예를 들어 1억 원을 만기 2년, 연 3%에 단리로 정기예금을 하는 경우 2년 후 원리금은 1억6백만 원[=1억 원(1+3%×2)]이다. 이때 실효수익률은 연 3%(6%÷2)로 표면금리와 동일하다. 반면 복리는 일정 기간마다 발생한 이자를 원금에 합산한 후 그 합산금액에 대한 이자를 다시 계산하는 방식이다. 예를 들어 1억 원을 만기 2년, 연 3% 복리로 정기예금을 하는 경우 2년 후 원리금은 1억6백9만 원[=1억 원(1+3%)²]이다. 이 경우 실효수익률은 연 3.045%(6.09÷2)이다. **복리효과**는 이자가 이자를 낳는 원리이기 때문에 시간이 지날수록 추가되는 이자 부분이 커지면서 전체 저축 원리금이 기하급수로 늘어나는 원리이다.

담보 인정 비율

LTV(loan to value ratio). 자산의 **담보가치**에 대한 대출 비율을 의미하며, 우리나라에서는 주택 가격에 대한 대출 비율로 많이 알려져 있다. 예를 들어 아파트 감정가격이 5억 원이고 담보인정 비율이 70%이면 금융기관으로으로부터 3억 5천만 원의 주택담보대출을 받을 수 있다.

총부채 상환 비율

DTI(debt to income). 주택담보대출을 받는 사람의 원리금 상환 능력을 감안하여 주택담보대출 한도를 설정하기 위해 도입된 규제 비율이다. DTI는 LTV와 함께 대표적인 거시건전성 정책의 수단으로서 통화신용 정책과 상호 보완적인 관계를 가지고 있다. 예를 들어 저금리 하에서 주택 가격 상승세가 확대될 경우 DTI 및 LTV 규제를 강화하면 주택담보대출 **한도가 축소**되어 주택시장 과열을 억제하는 효과를 기대할 수 있다.

디레버리징

부채 축소. 미시경제 측면에서 보면, 가계나 기업 등 개별 경제 주체의 대차대조표에서 부채의 비중을 낮추는 것을 의미한다. 경기가 호황일 때는 상대적으로 낮은 금리로 자금을 차입하여 수익성이 높은 곳에 투자해 빚을 상환하고도 수익을 많이 낼 수 있는 레버리지(leverage)가 효과적인 투자기법이 된다. 그러나 경기가 불황일 때는 자산 가치가 급격히 하락하여 수익성이 낮아지고 금리가 상대적으로 높아지게 되므로 부채를 상환, 정리, 감축하는 디레버리징이 효과적인 투자기법이 된다. 거시경제 측면에서 보면, 경제 전체의 **디레버리징**은 민간과 정부 등 여러 부문에서의 동시다발적인 부채 수준의 감축을 뜻한다. 통상 국민계정에서 GDP 대비 총부채 비율의 하락으로 측정된다.

본원통화 / 파생통화

중앙은행이 공급하는 현금통화와 신용창조 과정에서 생성되는 통화. 통화는 일차적으로 중앙은행의 창구를 통해 공급되는데, 이를 통화량의 원천이 되는 통화라 하여 '**본원통화**'라고 한다. 본원통화는 민간 보유 현금과 금융기관의 지급준비금의 합계인데, 이는 중앙은행 대차대조표 상의 화폐발행액과 금융기관의 지급 준비 예치금의 합계와 같다. 중앙은행이 증권을 매입하거나 금융기관에 대출을 실시하면 금융기관의 지급준비금이 늘어나 본원통화가 증가하게 된다. 중앙은행이 보유하고 있는 정부예금을 정부가 필요에 따라 인출하는 경우에도 본원통화가 공급된다. 이렇게 공급된 통화의 일부는 민간의 현금 보유 성향에 따라 민간 보유로 남게 되며, 나머지는 대부분 금융기관의 예금에 대한 지급준비금이 된다. 그런데 금융기관은 지급준비금 가운데 중앙은행에

서 정하는 필요 지급준비금을 제외한 나머지 자금을 대출 등으로 민간에 공급한다. 민간에 공급된 자금은 상당 부분이 금융기관에 예금 등으로 다시 유입되고, 금융기관은 그 가운데 필요 지급준비금을 제외한 나머지를 또다시 민간에 공급한다. 이러한 과정이 반복됨으로써 금융기관은 본원통화의 여러 배(통화승수)에 해당되는 **파생통화**를 시중에 공급하게 된다. 이러한 과정을 수식화하면 '**통화량=통화승수×본원통화**'가 된다.

통화승수

본원통화의 신용창출 능력. 중앙은행이 공급한 본원통화는 예금은행의 신용창출 과정을 통해 이의 수배에 달하는 통화를 시중에 유통하게 한다. '**통화승수**'는 본원통화 한 단위가 이것의 몇 배에 달하는 통화를 창출하였는가를 나타내주는 지표로서 통화 총량을 본원통화로 나누어 산출한다. 통화승수는 현금통화 비율과 지급준비율에 의하여 결정되는데, 현금통화 비율은 단기적으로는 안정적이라 할 수 있으며 지급준비율은 중앙은행에 의해 정책적으로 결정된다.

M(통화) = RB(본원통화) × k(통화승수)*

* k = 1÷[c+(1−c)r] (단, c는 현금통화비율, r은 지급준비율)

부채비율

부채를 자기자본으로 나눈 비율. 타인자본(부채)과 자기자본 간의 관계를 나타내는 대표적인 **안전성 지표**이다. 이 비율이 낮을수록 재무구조가 건전하다고 판단할 수 있다. 부채비율은 자기자본비율과 역(逆)의 관계에 있어 자기자본비율이 높을수록 부채비율은 낮아지게 된다. 경영자 입장에서는 단기채무 상환의 압박을 받지 않고 투자수익률이 이자율을 상회하는 한 타인자본을 계속 이용하는 것이 유리하다. 그러나 채권 회수의 안전성을 중시하는 채권자는 부정적일 수 있다. 기업의 부채비율이 지나치게 높을 경우 추가로 부채를 조달하는 것이 어려울 뿐 아니라 과다한 이자비용의 지급으로 수익성도 악화되어 지급불능 상태에 직면할 가능성이 높아지기 때문이다. 부채비율 = (유동부채 + 비유동부채) ÷ 자기자본 × 100

신용창조

시중은행에 의한 예금통화 창조. 신용창조는 일반적으로 은행이 예금과 대출 업무를 반복적으로 취급하는 과정에서 예금통화를 만들어내는 현상을 말한다. 예를 들어 중앙은행이 A 은행에 100만큼의 본원통화를 공급하면 A 은행은 이중 10%(지급준비율 10%, 민간의 화폐 보유 성향 0% 가정)를 지급준비금으로 남겨두고 나머지 90을 대출로 운용한다. 대출받은 사람이 이를 B 은행에 예금을 하면 B 은행은 다시 이 가운데 9를 지급준비금으로 남겨두

고 나머지 81을 다시 대출하게 된다. 이러한 과정이 무한정 반복되면 결국 예금은 1,000만큼 늘어난다. 즉, 100이라는 본원통화가 신용창조를 통해 1,000이라는 예금통화가 창출된다. 본원통화와 통화량 사이의 관계를 '**통화승수**'라고 하는데 여기서 통화승수는 10이다(1000÷100). 지급준비율을 변경하면 승수효과를 통해 신용창출 효과(통화량)에 영향을 주기 때문에 지급준비제도는 중앙은행의 핵심 유동성 조절 수단이다. 지급준비율을 인하하면 통화승수가 커지기 때문에 통화량이 늘어나고 반대로 지급준비율을 인상하면 통화승수가 줄어들기 때문에 통화량이 감소한다. 그래서 중앙은행은 통화완화가 필요한 경우에는 지급준비율 인하를 통해, 통화긴축이 필요한 경우에는 지급준비율 인상을 통해 통화량을 조절하게 된다.

유동비율

유동자산의 유동부채에 대한 비율. 단기 채무에 충당할 수 있는 유동자산이 얼마나 되는가를 평가하여 기업의 **단기지급 능력**을 판단할 수 있는 대표적 지표이다. 유동비율이 높을수록 단기지급능력이 양호하다고 볼 수 있으나 과다한 유동자산 보유는 자산운용 효율성을 떨어뜨려 수익성을 저해한다. 유동비율 = 유동자산 ÷ 유동부채 × 100

유동성

자산을 현금으로 전환할 수 있는 능력. 기업의 자산을 필요한 시기에 손실 없이 화폐로 바꿀 수 있는 안전성의 정도를 의미한다. 유동성 개념은 본래의 의미로부터 파생되어 다음의 두 가지 형태로도 사용된다. 첫째로 유동성은 시중의 현금과 다양한 금융상품 중 어디까지를 통화로 정의할지 구분하는 기준으로 사용된다. 우리나라에서는 유동성이 높은 정도에 따라 통화 및 유동성 지표를 **현금통화, M1, M2, Lf, L**로 구분한다. 둘째로 유동성은 현금을 비롯하여 유동성이 높은 통화 그 자체와 같은 뜻으로 사용되기도 한다.

유동성 함정

금리를 낮추고 돈을 풀어도 경제 주체들이 돈을 움켜쥐고 내놓지 않아 경기가 살아나지 않는 현상. 중앙은행은 정책금리를 낮추고 유동성을 공급한다. 그러나 금리를 계속 낮추는데도 경기가 회복되지 않고 이 이후에 명목이자율을 더 이상 낮출 수 없어 확대 통화정책을 통한 경기 진작이 어려워지는데 이를 '**유동성 함정**'에 빠졌다고 표현한다. 유동성 함정이 존재하는 경제에는 대체로 다음과 같은 상황이 일어난다. 일반적으로 총수요가 감소하여 경기가 침체하고 물가가 하락한다. 만약 경기가 계속 침체하여 디플레이션이 발생하면 명목이자율이 일정할 경우 실질이자율이 상승한

다. 예를 들어 명목이자율이 0%이고 물가 상승률이 −3%라고 한다면 실질이자율은 3%가 된다. 즉 유동성 함정 하에서 명목이자율이 0%에 가까운 매우 낮은 상황이라 하더라도 가계와 기업이 직면하는 실질이자율은 오히려 높은 수준이 유지되어 투자와 소비가 감소한다. 또한 총수요 감소는 추가적인 물가 하락과 이에 따른 실질이자율의 상승으로 이어져 경제를 더욱 악화시킬 수 있다.

● 피구 효과
피구 효과란 소비가 소득뿐 아니라 실질 자산의 영향도 받는다는 것으로, 투자가 이자율에 대해 비탄력적이거나 유동성 함정이 존재하는 경우에도 완전고용이 달성될 수 있다는 것을 보이기 위해 제시된 것이다. 이에 따르면 경기 침체기에 경제가 유동성 함정에 빠져도 물가 수준의 하락으로 실질 자산이 증가하기 때문에 소비가 늘어 유동성 함정을 벗어날 수 있다는 것이다.

자기자본비율
BIS ratio. 총 자본 중에서 자기자본이 차지하는 비중을 나타내는 대표적인 재무구조 지표이다. 자기자본은 금융비용을 부담하지 않고 기업이 장기적으로 활용할 수 있는 안정된 자본이므로 이 비율이 높을수록 기업 재무구조의 **안정성**이 높다고 할 수 있다. 일반적으로 표준비율을 50% 이상으로 보는데 이는 자기자본이 타인자본과 같거나 많아야 함을 의미한다. 자기자본비율 = 자기자본 ÷ 총 자본 × 100

콜시장
금융기관의 단기자금 조달 시장. 콜시장은 금융기관들이 일시적인 자금 과부족을 조절하기 위해 상호간에 **초단기**로 자금을 차입하거나 대여하는 시장이다. 금융기관은 고객을 상대로 예금을 받고 대출을 하는 과정에서 수시로 자금이 남기도 하고 모자라기도 하는데, 이러한 자금 과부족을 콜시장에서 금융기관 간 자금 거래를 통하여 조절한다.

채권시장
채권은 자금조달을 위해 발행하는 차용증서. 채권은 정부, 공공기관, 민간기업 등이 비교적 장기로 불특정 다수로부터 거액의 자금을 조달하기 위해 정해진 이자와 원금의 지급을 약속하면서 발행하는 증권을 말한다. 채권시장은 **발행시장**(제1차 시장)과 **유통시장**(제2차 시장)으로 나뉜다. 발행시장은 채권이 자금 수요자에 의해 최초로 발행되는 시장이며, 유통시장은 이미 발행된 채권이 투자자들 사이에서 매매되는 시장이다. 채권 투자자는 채권을 발행시장에서 인수하거나 유통시장에서 매입할 수 있다. 이자소득 외에 가격 변동에 따른 자본이득을 기대할 수 있기 때문에, 채권은 자산 포트폴리오를 구성하는 중요한 투자 수단이 된다. 채권 유통시장은 장외시장과 장내시장으로 구분된다. 현재 대부분의 채권 거래는 장외시장에서 주로 증권회사의 단순거래를 통하여 이루어지고 있다. 장내시장으로는 한국거래소 내에 일반채권시장과 국채 전문 유통시장이 개설되어 있다.

토빈세
투기 자본 규제 세금. 노벨경제학상 수상자인 제임스 토빈이 주장한 세제로, 단기성 외환 거래에 부과하는 세금을 말한다. 국제 투기 자본을 규제하기 위한 방안으로, 단기적 자금 이동에 **토빈세**라는 세금을 부과해 거래 비용을 높임으로써 투기적 거래를 억제하는 것이다. 벌어들인 세수로는 빈국을 지원하고 환경 문제를 해결하기 위한 재원으로 활용할 수 있다.

블랙스완
예상치 못한 경제 위기. 원래의 뜻은 실제로 일어날 수 없는 것을 의미하는 말이었지만, 17세기 호주에서 검은 백조가 실제 발견된 이후로 관찰과 경험에 의존한 예측을 벗어나 예기치 못한 극단적 상황이 일어나는 일을 뜻하는 용어로 의미가 변경되어 사용되고 있다. 2008년 금융위기를 예언한 나심 탈레브의 『블랙스완』에서 사용된 이후 퍼진 이 용어는 극단적으로 예외적이어서 발생 가능성이 없어 보이지만 일단 발생하면 엄청난 충격과 파급효과를 가져오는 사건을 가리킬 때 사용된다.

● 화이트스완
반복되어 오는 위기임에도 불구하고 뚜렷한 해결책을 제시하지 못하는 상황을 이르며, 역사적으로 되풀이돼 온 금융위기를 가리키는 말이다. 루비니 교수는 **화이트스완**이라는 용어를 통해 금융위기는 충분히 예측 가능하며 예방도 할 수 있는데, 다만 제 시기에 적절한 대응책을 마련하지 못해 닥치는 상황이라고 설명하였다. 예측이 가능하다는 점에서 도저히 일어날 것 같지 않은 일이 발생하는 것인 블랙스완에 상반되는 말이다.

4 국제수지와 환율

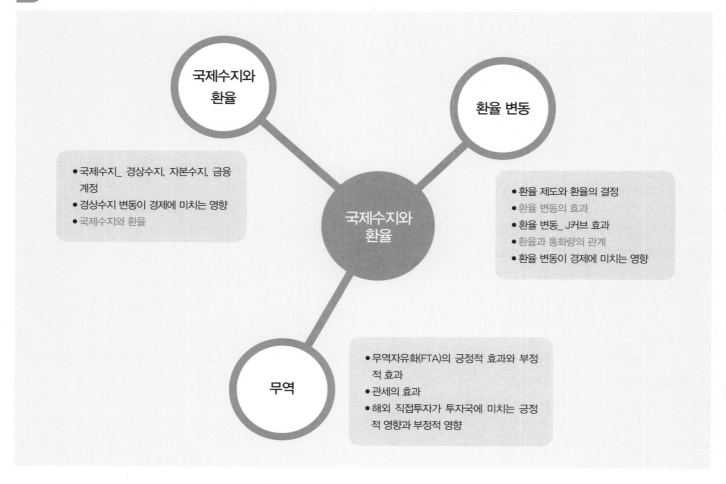

국제수지

일정 기간 동안 다른 나라와 행한 모든 경제적 거래를 체계적으로 분류한 것. 일정 기간 동안 한 나라의 거주자와 비거주자 간에 발생한 경제적 거래에 따른 **수입과 지출의 차이**를 의미한다. 국제수지는 크게 경상수지, 자본수지, 금융계정, 오차 및 누락 등 4개의 계정으로 구성되어 있다.

국채

일정 시점에서 한 나라 정부가 지고 있는 빚의 총액. 국채란 정부가 다양한 목적의 재정자금을 조달하기 위해 발행하는 채권을 말한다. 국채는 자금 용도에 따라 국고채권, 재정증권, 국민주택채권 및 보상채권으로 나누어지는데 **국고채권**이 국채의 대부분을 차지한다.

경상수지

국제 간의 거래에서 자본거래를 제외한 경상적 거래에 관한 수지. 경상수지는 재화나 서비스를 외국과 사고파는 거래, 즉 **경상거래의 결과**로 나타나는 수지를 말한다. 경상수지는 상품수지, 서비스수지, 본원소득수지 및 이전소득수지로 구성된다.

환율

한 나라 화폐와 다른 나라 화폐와의 교환 비율. 각각 다른 나라에서 발행한 돈을 서로 바꿀 때 적용하는 비율, 곧 통화 간 교환 비율을 말한다. 우리나라에서 환율이라고 말할 때는 주로 원화와 미국 달러의 환율(**원/달러 환율**)을 말할 때가 많다. 환율은 그 나라 돈의 대외 가치를 보여준다. 원화의 대외 가치를 알려면 원화와 다른 통화의 교환 비율을 보면 된다.

환율 상승(원화가치 하락/ \$1 : ₩1,000 → \$1 : ₩1,200): 수출 증가, 수입 감소, 국제수지 개선, 통화량 증가, 물가 상승, 해외여행 불리

환율 하락(원화가치 상승/ \$1 : ₩1,000 → \$1 : ₩900): 수출 감소, 수입 증가, 국제수지 악화, 통화량 감소, 물가 하락, 해외여행 유리

환율의 경기 자동 조절 기능

환율의 메커니즘. 환율은 **실물경제**와 **금융시장**에 많은 영향을 미친다. 실물경제에서 높은 환율 수준은 수출 증진에 도움이 되지만, 원자재 가격 상승을 초래함으로써 수입 물량을 줄이는 효과도 있다. 반대로 낮은 환율 수준은 수입을 증가시키고 수출에 부정적으로 작용한다. 금융시장에서 높은 환율 수준은 중·장기적

으로 주가지수 상승과 시장금리 하락을 이끈다. 이 시기에는 외국인 투자자들이 주가지수 및 채권 가격의 상승을 기대하고 국내 투자시장에 들어오므로, 이로 인해 시중에 외화 공급이 많아져 환율이 하락하고 주가지수와 채권 가격이 상승하기도 한다. 반대로 환율이 낮은 수준에서 장기간 유지될 때는 외국인들은 수출기업의 채산성이 악화되고, 수입 증가에 따라 경상수지가 악화될 것을 우려하여 보유 주식 및 채권을 매도하여 선진국 시장으로 이동한다. 이로 인해 주가지수가 하락하고 환율이 상승하는 경향이 있다.

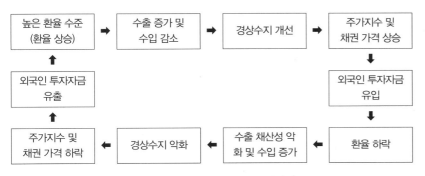

〈환율의 실물경제 및 금융시장 자동 조절 기능〉

고정환율제도/ 변동환율제도

우리나라는 변동환율제도를 취하고 있다. 고정환율제도는 외환의 시세 변동을 반영하지 않고 환율을 일정 수준으로 유지하는 환율제도이다. 반면 자유변동환율제도는 환율이 외환시장에서 외환의 수요와 공급에 의해 자율적으로 결정되도록 하는 환율 제도를 말한다. 어떤 환율 제도라도 통화정책의 자율성, 자유로운 자본 이동, 환율 안정 등 세 가지 정책 목표를 동시에 만족시키기는 현실적으로 어려우며, 이를 삼불원칙이라고 한다.

기준금리

금리체계의 기준 금리. 한국은행 금융통화위원회에서 결정하는 정책금리를 말한다. 한국은행과 금융기관 간에 환매조건부채권매매와 대기성 여수신 등의 자금 거래를 할 때 기준으로 적용된다. 기준금리는 통화정책 파급경로(정책금리 변경 → 단기 및 장기 시장금리 변동)의 원활한 작동을 위해 중요하다.

기준환율

원/달러 환율. 기준환율이란 자국 통화와 여러 외국 통화 간의 환율 결정에서 다른 외국 통화 환율 결정의 기준이 되는 환율을 의미한다. 우리나라의 경우 원/달러 환율이 바로 기준환율이며, 원/엔, 원/유로, 원/파운드 등 여타 각국 통화의 환율은 원/달러 환율을 기초로 하여 자동적으로 산출(재정환율) 된다.

기축통화

달러. 기축통화란 국제 간의 결제나 금융거래의 기본이 되는 통화를 지칭한다. 구체적으로는 국제무역 결제에 사용되는 통화, 환율 평가 시의 지표가 되는 통화, 대외준비자산으로 보유되는 통화 등의 의미를 포함한다. 2차 세계대전 이후 전 세계 외환 거래 및 외환보유액의 상당 부분을 차지하는 미국 달러화가 기축통화로 인정받고 있다.

디커플링

탈동조화 현상. 디커플링이란 어떤 나라나 지역의 경제가 인접한 다른 국가나 전반적인 세계경제의 흐름과는 다른 모습을 보이는 현상을 말한다. 최근의 디커플링의 예로는 금융위기 이후 신흥국이나 유로지역 국가 등이 특히 미국 경제와 다른 모습을 보이는 것을 들 수 있다. 이외에도 주가나 금리, 환율 등 일부 경제 변수의 흐름이 국가 간 또는 특정국가 내에서 서로 다른 흐름을 보이는 현상도 디커플링이라고 할 수 있다. 국가 간의 경우 미국의 주가와 한국의 주가가 다른 방향으로 움직이거나, 한 국가 내에서 주가가 하락함에도 해당국 통화가 강세 현상을 보이는 경우 등을 들 수 있다. 반대로 한 나라 또는 지역의 경제가 인접한 다른 국가나 세계경제 흐름과 유사한 흐름을 보이는 것을 커플링(동조화)이라 한다.

명목금리/ 실질금리

실질금리 = 명목금리 − 물가 상승률. 금리는 돈의 가치 즉 물가 변동을 고려하느냐의 여부를 기준으로 명목금리와 실질금리로 구분할 수 있다. 명목금리는 돈의 가치 변동을 고려하지 않고 외부로 표현된 표면상의 금리를 말한다. 이에 비해 실질금리는 물가 상승률을 고려한 금리를 의미한다. 예컨대 금년 중 1년 만기 정기예금의 명목금리가 3%이고 물가 상승률이 1%일 경우 명목금리는 3%이지만 실질금리는 2%(=3%−1%)가 된다.

평가절상/ 평가절하

한 나라 통화의 대외 가치 인하 또는 인상. 환율은 일반적으로 거래 대상물인 외국환(외국 통화) 한 단위와 교환되는 자국 통화의 양으로 정의된다. 고정환율제도 하에서 정부나 중앙은행이 환율을 올리거나 내려서 자국 화폐의 가치를 인위적으로 내리거나 높일 수 있다. 환율을 올리면 자국 화폐가치가 내려가는데 이를 '평가절하'라고 하고, 반대로 환율을 내리면 자국 화폐가치가 올라가는데 이를 '평가절상'이라고 한다. 예를 들면 1달러=900원이었던 것을 1달러=1,000원으로 올리면 자국 통화의 가치가 하락(평가절

하) 한다. 자국 통화가치를 평가절하하면 수출 상품의 외화표시 가격이 내려가게 되어 수출 증진을 기대할 수 있으나, 이때 수입품의 가격은 올라 인플레이션을 가져올 수도 있다. 변동환율제도 하에서는 환율이 시장의 수급에 의해 결정된다. 외화 가치가 올라가면(원화 가치 하락) 환율이 상승하는데 이를 원화 가치가 '절하'되었다고 말한다. 이때 '평가'란 단어를 붙이지 않는 것은 고정환율제도가 아니기 때문이다. 반대의 경우는 원화 가치가 '절상'되었다고 말한다.

환리스크

외국환을 보유, 운용하는 과정에서 발생하는 위험. 장래의 예상하지 못한 **환율 변동**으로 인해 보유한 외화표시 순자산(자산−부채) 또는 현금흐름의 가치가 변동될 수 있는 불확실성을 의미한다. 환리스크는 기본적으로 외환포지션(외환보유고)의 보유 형태와 규모, 장래의 환율 변동 방향과 변동 폭에 따라 결정된다.

환리스크 헤지

환위험을 극복하기 위해 환율을 미리 고정해 두는 거래 방식. 장래의 예상하지 못한 환율 변동으로 인하여 기업 등이 보유하고 있는 외화표시 순자산(자산−부채)의 가치 또는 현금흐름의 순가치가 변동될 수 있는 **불확실성을 제거**하는 것을 의미한다. 환율 변동으로 인한 불확실성 즉, 환리스크를 제거하기 위해 선물환, 통화옵션, 통화선물, 외환 및 통화스왑, 한국무역보험공사의 환변동보험 등 다양한 수단이 이용되며, 기업의 자산 및 부채 구조와 위험 노출 정도, 현금흐름, 재무구조의 건전성 등에 따라 환리스크 헤지 방법은 달라진다.

환차손/ 환차익

환율 변동에 따른 자산·부채 손익. 외화자산 또는 부채를 보유하고 있을 경우, 환율 변동에 따라 자국 통화로 평가한 자산(부채)의 가치가 변동하게 된다. 이러한 상황에서 손실이 발생한 경우를 '**환차손**', 반대로 이익이 발생한 경우을 '**환차익**'이라고 한다. 즉, 환율이 오르거나 내려서 이익을 보면 환차익이 발생한 것이고 손해를 보게 되면 환차손이 발생한 것이다. 예를 들어 해외에서 1억 달러를 빌린 기업이 있다고 하자. 이때 원화 대비 달러 환율이 1200원에서 1220원으로 오르면 원화 환율이 달러당 20원 오름에 따라, 이 기업의 원화로 계산한 부채액은 20억 원(20원× 1억 달러)이 증가하게 된다. 반대로 원화 대비 달러 환율이 1200원에서 1180원으로 하락하면 원화로 계산한 부채액은 20억 원이 감소하는 효과가 나타난다.

J커브 효과

환율의 변동과 무역수지와의 관계를 설명하는 이론. 이론적으로 환율이 상승할 경우 수출은 늘어나고 수입은 줄어들어 경상수지가 개선된다. 그러나 현실에서는 초기에 경상수지가 악화되다가 어느 정도의 시간이 지난 후에야 경상수지가 개선되는 효과가 나타나는데, 이를 'J커브 효과'라고 한다. 환율 변동 후 시간이 경과되면서 무역수지가 변동되는 모습이 마치 알파벳 J 모양과 유사하다고 해 J커브 효과라는 명칭이 붙었다. 이는 환율의 상승으로 경상수지가 실질적으로 개선되기까지는 어느 정도의 시간이 소요되기 때문이다. 환율 상승으로 국내 수출품 가격이 하락하더라도 이러한 가격 하락에 대응하여 수출 물량이 증가하기까지는 시간이 소요될 수밖에 없다. 이에 따라 단기적으로는 수출 가격에 물량을 곱한 수출 금액이 오히려 감소하면서 경상수지가 악화될 수 있다.

리디노미네이션

화폐 개혁. **리디노미네이션**(re-denomination)은 한 나라에서 통용되는 화폐의 액면가를 낮은 숫자로 변경하는 조치, 즉 화폐 단위를 하향 조정하는 것을 말한다. 이를테면 1,000원을 1원으로 하는 식이다. 리디노미네이션은 경제 성장과 인플레이션의 지속으로 화폐로 표시되는 금액이 점차 증가하는 데서 오는 계산상의 불편함을 해소하기 위해 실시한다. 리디노미네이션은 거래의 편의성을 높이고, 인플레이션 기대 심리를 억제하며, 자국 통화의 국제적 위상을 높이는 이점이 있는 반면, 화폐 변경에 따른 막대한 비용 발생, 물가 상승, 사회적 혼란 등의 문제점도 있다.

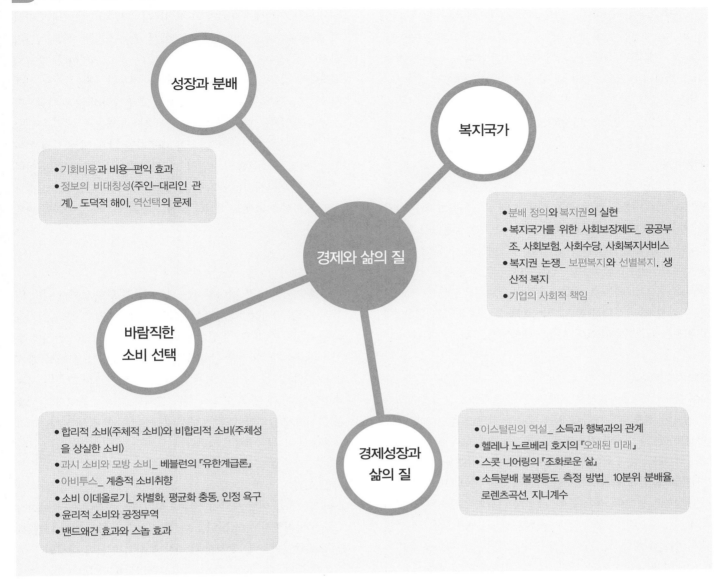

자발적 실업

구조적 실업이나 경기 불황에 따른 실업 등 비자발적 실업과 대비되는 개념. 자발적 실업이란 일할 의사가 있어 고용되기를 원하지만 현재의 임금수준이 낮다고 생각하여 스스로 일하고 있지 않는 상태에 있는 실업을 말한다. 자발적 실업이란 완전고용을 가정할 때 경제활동 인구에서 고용된 인구를 뺀 나머지를 **'자발적 실업'**이라고 할 수 있다. 다만 완전고용 상태에서도 모두 고용될 수 없는 불가피한 두 가지의 실업이 있다. 첫째, 현재의 일자리보다 더 나은 일자리를 모색하는 과정에서 나타나는 마찰적 실업이다. 둘째, 특정 산업의 사양화나 최저임금제, 노동조합, 임금 경직성 등 제도적 요인 때문에 발생하는 구조적 실업이다. 이러한 두 실업은 경기가 호황이든 불황이든 상관없이 발생하므로 완전고용을 정의할 때는 제외한다.

최저임금제

저임금 근로자 보호 제도. 국가가 노사 간 임금 결정 과정에 개입하여 임금의 최저 수준을 정하고 그 이상의 임금을 지급하도록 강제함으로써 근로자를 보호하는 제도이다. **최저임금제** 도입 목적은 임금의 최저 수준을 보장하여 근로자의 생활 안정과 노동력의 질적 향상에 이바지하는 데 있다. 또 임금격차를 완화하여 소득분배 개선에 기여하며, 근로자의 생활 안정 및 사기진작을 통해 노동생산성을 향상시키고, 적정임금을 지급하여 공정경쟁을 촉진하는 등 다양하다.

기회비용

공짜 점심은 없다. 인간의 욕구에 비해 자원이 부족한 현상을 '희소성'이라고 한다. 희소한 자원을 가지고 인간의 모든 욕구를 충족시킬 수 없기 때문에 인간은 누구든지 부족한 자원을 어느 곳에 우선으로 활용할 것인가를 결정하는 선택을 해야 한다. 즉 다양한 욕구의 대상들 가운데서 하나를 고를 수밖에 없다는 뜻이다. 이때 포기해 버린 선택의 욕구들로부터 예상되는 유·무형의 이익 중 최선의 이익을 '기회비용'이라고 한다. 자원의 희소성이 존재하는 한 기회비용은 반드시 발생하게 되어 있고 이는 경제문제를 발생시키는 근본 요인이 된다.

매몰비용

이미 엎질러진 물. 이미 지급되어 다시는 회수할 수 없는 비용을 말한다. 기회비용은 어떤 것을 선택할 때 포기하여야 하는 비용을 말하지만, '매몰비용'은 무엇을 선택하는가에 상관없이 지급할 수밖에 없는 비용이다. 이미 지급된 매몰비용에 대해서는 더 이상 아무것도 할 수 없고 이로 인해 현재 시점에서 아무것도 포기할 필요가 없기 때문에, 매몰비용과 관련된 기회비용은 영(0)이다. 따라서 어떤 선택을 할 때에는 선택에 따른 편익은 극대화하고 비용은 최소화하되 이미 지출된 매몰비용은 무시해야 한다.

정보의 비대칭성

시장 실패의 원인. 시장에서 거래의 당사자인 쌍방 간에 상호작용에 필요한 정보량의 차이가 있는 경우를 말한다. 이러한 정보의 비대칭성은 효율적인 자원배분을 불가능하게 하며 '역선택'이나 '도덕적 해이' 등의 문제를 낳는다. 역선택은 거래를 할 때 정보 비대칭으로 인해 부족한 정보를 가지고 있는 쪽이 불리한 선택을 하는 상황을 말한다. 예를 들어, 중고차 시장의 경우와 같이 판매자가 파는 물건의 속성에 대해 구매자보다 정보가 많을 때 발생한다. 이런 상황에서는 판매자가 구매자에게 품질이 높은 물건을 시장에 아예 내놓지 않게 되거나, 구매자가 좋지 않은 물건을 비싸게 사게 된다. 노동시장이나 보험시장에서도 역선택이 문제가 된다. 노동시장의 경우 기업이 근로자의 생산성을 잘 알 수 없어 시장균형이 사회적으로 비효율적인 상태가 될 수 있으며, 보험시장의 경우에는 사고를 당할 가능성이 낮은 사람들은 보험 조건이 자신들에게 불리하기 때문에 아예 보험에 가입하지 않게 되는 문제가 생긴다. 도덕적 해이는 대리인이 사용자를 위해 어떤 임무를 수행할 때 발생하는 문제로, 대리인의 부적절하거나 비도덕적인 행위에 따른 위험을 지칭한다. 자동차보험에 가입한 후 안전운전을 소홀히 하거나, 국민건강보험이 잘 되어 있다고 해서 특별한 이상이 없는데도 병원에 자주 가는 것 등은 도덕적 해이의 예이다. 도덕적 해이를 방지하기 위해 사용자는 인센티브를 지급하거나 감시체계를 구축하는 등의 방법을 활용한다.

역선택

정보 격차가 존재하는 시장에서 품질이 낮은 상품이 선택되는 가격

왜곡 현상. 역선택이란 정보의 비대칭이 있을 때 즉, 거래의 당사자 중 정보가 한쪽에만 있는 상황에서, 정보가 없는 쪽은 바람직하지 못한 상대방과 거래할 가능성이 큰 것을 의미한다. 중고차 시장에서 상등품의 중고차가 사라지는 경우나, 생명보험 시장에서 건강한 사람은 보험에 가입하지 않고 건강하지 않은 사람들만 보험에 가입하는 현상, 금융시장에서 신용도가 높은 사람은 대출을 이용하지 않고 신용도가 낮은 대출자만 남게 되는 사례 등이 있다. 이러한 역선택은 자원의 효율적 배분을 저해할 뿐만 아니라 시장을 위축시키는 심각한 문제를 발생시킬 수 있으므로 정보의 비대칭성을 없애고 적절한 유인을 통해 역선택을 완화할 필요가 있다.

도덕적 해이

도덕 불감증. 정보가 비대칭적인 경우, '주인'을 대신해서 어떤 일을 수행하는 '대리인'은 주인의 이익보다는 자기 자신의 이익을 좇아 행동할 수 있다. 주인이 대리인의 행동을 일일이 감시할 수 없기 때문이다. 이러한 상황에서 발생하는 문제를 '도덕적 해이'라고 한다. 예를 들어 고용관계에서 기업은 주인이고 근로자는 대리인이다. 이 경우 도덕적 해이 문제는 기업이 근로자의 행동을 완벽하게 감시할 수 없기 때문에 근로자들이 직무를 게을리할 유혹을 받는다는 데서 발생한다.

낙인 효과

스티그마 효과. 어떤 사람이 실수나 불가피한 상황에 의해 사회적으로 바람직하지 못한 행위를 한 번 저지르고 이로 인해 나쁜 사람으로 낙인찍히면 그 사람에 대한 부정적 인식이 형성되고 이 인식은 쉽게 사라지지 않는다. 이를 '낙인 효과'라고 한다. 경제 분야에서도 이러한 현상이 발생한다. 예를 들어, 과거에 한 번 부도를 일으킨 기업이나 국가의 경우 이후 건전성을 회복했다 하더라도 시장의 충분한 신뢰를 얻기 어려워지며, 나아가 신용위기가 발생할 경우 투자자들이 다른 기업이나 국가보다 해당 기업이나 국가를 덜 신뢰하여 투자 자금을 더 빨리 회수하고, 이로 인해 실제로 해당 기업이나 국가가 위기에 빠질 수 있다.

로렌츠곡선/ 지니계수

소득분배 불평등도 측정 방법. 소득의 불평등 정도를 측정하기 위해 인구의 누적 비율을 가로축에 소득의 누적 점유율을 세로축에 놓고 이들의 관계를 그림으로 표시한 곡선을 말한다. 모든 사람의 소득이 일정하다면 인구가 누적되어도 소득 누적액이 일정할 것이므로 로렌츠곡선은 도표의 OO'선과 같은 대각선이 된다. 반면 소득이 불평등하다면 처음에는 소득이 적은 사람들의 누적액이 더해져 그래프의 기울기가 완만하다가 뒤로 갈수록 소득이

많은 사람들의 누적액이 더해지면서 가파른 모양의 아래로 늘어진 곡선이 되며, 한 사람이 모든 소득을 다 가지고 있는 경우에는 OTO′선과 같은 모양이 된다. 따라서 로렌츠곡선이 OO′선에 가까워질수록 분배 상태가 평등하고, OTO′선에 가까워질수록 불평등 정도가 높다고 판단할 수 있다. 즉 아래 도표에서 곡선과 대각선 사이의 면적의 크기인 A는 로렌츠곡선의 기울기에 따라 면적이 달라지기 때문에 불평등도의 지표로서 활용된다. A의 면적이 커질수록 불평등은 심화되는 것이다. **로렌츠곡선**은 한 나라의 소득 분배 상태를 그림으로 볼 수 있다는 장점이 있으나 그 정도를 정량적으로 표시할 수 없다는 단점이 있는데, 소득분배 상태를 정량적으로 파악하기 위해서는 지니계수를 이용하여야 한다. **지니계수**는 대각선과 로렌츠곡선 사이의 면적(A)을 대각선 아래 삼각형 면적 전체(A+B)로 나눈 것으로, 소득분배가 완전히 평등하다면 대각선과 로렌츠곡선 사이의 면적이 0이 되어 지니계수는 0이 된다. 반대로 소득분배가 완전히 불평등하다면 대각선과 로렌츠곡선 아래의 면적이 대각선 아래 전체 면적과 같게 되므로 지니계수는 1이 된다.

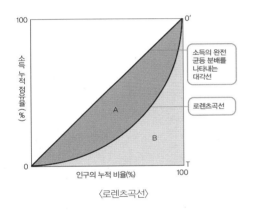

〈로렌츠곡선〉

분수 효과

'**분수 효과**'란 정부가 경제정책으로 저소득층과 중산층의 소득을 먼저 늘려주면 이들의 소비 확대가 생산과 투자로 이어지면서 전체 경제활동이 되살아나고 이로 인해 고소득층의 소득도 늘어날 수 있다는 말이다. 즉 분수의 물이 아래에서 위로 솟아나는 것처럼 저소득층에서 시작된 소득과 소비 증대의 효과가 점차 상위 계층으로 확산되면서 전체 경제도 좋아질 수 있다는 것이다. 이는 분배보다는 성장에, 그리고 저소득층보다는 고소득층에 중점을 두어 경제정책을 운용해야 한다는 '**낙수 효과**'와는 상반되는 개념이다.

과시 소비와 모방 소비

잘못된 소비 유형. **과시 소비**란 자신이 경제적 또는 사회적으로 남보다 앞선다는 것을 여러 사람 앞에서 보여주려는 본능적인 욕구에서 나오는 소비를 말한다. 결국 과시 소비란 돈을 가지고 남들 앞에서 자신의 신분을 높게 보이기 위해서 하는 소비 행태라 할 수 있다. 이 소비는 사람들이 많이 모이는 곳일수록 잘 나타나고, 대개는 실제보다 과장되게 나타나곤 한다. 과시 소비가 지배 본능에서 나온 것이라면, 모방 소비는 모방 본능에서 나온 것이다. **모방 소비**란 내게 꼭 필요하지는 않지만 남들이 하니까 나도 무작정 따라서 하는 식의 소비이다. 이러한 모방 소비에 참여하는 사람들의 수가 대단히 많다는 점에서 모방 소비는 과시 소비 못지않게 개인적·사회적으로 낭비적이고 사치적인 소비 풍조를 가져온다.

밴드왜건 효과

잘못된 소비 습관. **밴드왜건 효과**는 '친구 따라 강남 간다.'는 식으로, 남들이 어떤 제품을 쓰는 것을 보고 나서 자신의 수요가 덩달아서 늘어나는 현상을 말한다. 밴드왜건은 대열의 선두에서 행렬을 이끄는 악대 차를 일컫는다. 한편 **스놉 효과**는 밴드왜건 효과와는 반대로, 물건을 살 때 남과 다른 나만의 개성을 추구하는 방식의 의사 결정을 말한다. '스놉'은 속물 또는 금권주의자라는 뜻으로, 이들은 단지 남과 다른 것이 아니라 자신을 더 고급스럽게 만들어 줄 가능성이 있는 제품을 사는 경향이 있으며, 그런 점에서 스놉 효과는 비대중적 고급 취향의 개성 추구 성향이라고 할 수 있다.

베블런 효과

가격이 오르는 데도 일부 계층의 과시욕이나 허영심 등으로 인해 수요가 줄어들지 않는 현상. 가격이 상승하면 수요량이 감소하는 수요의 법칙에 반하는 재화를 베블런재라 부른다. 사치재 또는 명품 등이 이에 해당하는데 이러한 재화는 가격이 비쌀수록 소비가 증가하는 경향이 있다. 이러한 과시 욕구를 반영한 소비현상을 '**베블런 효과**'라고 부른다.

이스털린의 역설

행복은 반드시 소득 증가에 비례하는 것은 아니다. 미국의 경제사학자 이스털린은 그의 논문을 통해 "소득이 높아져도 꼭 행복으로 연결되지 않는다."고 주장했다. 그는 빈곤국과 부유한 국가, 그리고 사회주의와 자본주의 국가 등 30개 국가의 행복도를 연구했는데, 소득이 어느 일정 시점에서 지나고 기본 욕구가 채워지면 행복도가 그와 비례하지 않는다는 현상을 발견했다. 즉 1인당 국민소득이 일정한 수준을 넘어서면 더 이상 소득 증가가 행복도나 삶의 질 향상에 거의 영향을 미치지 못한다는 것이다. 이를 '**이스털린의 역설**'이라고 한다.

시장 공급이 일정할 때 시장 수요가 이동하는 경우 가격과 거래량에는 각각 어떠한 변화가 생기는가? 시장 공급 곡선에는 아무런 변화가 없지만 시장 수요곡선이 이동하는 경우 균형가격과 거래량이 어떻게 달라지는가를 사과를 예로 들어 설명하면 다음과 같다.

사과의 시장 수요곡선과 시장 공급곡선이 교차하는 곳에서 처음의 균형가격과 균형거래량이 결정된다. 사과가 몸에 좋다는 연구 결과가 언론에 보도되자 사과에 대한 선호 증가로 사과 수요가 갑자기 증가하여 사과의 시장 수요곡선이 그림처럼 D에서 D_1으로 오른쪽으로 이동한다. 그러면 최초 균형가격 수준에서는 사과의 초과수요가 발생하게 된다. 이러한 **초과수요**로 사과 가격은 오르고 시장에서 사과의 거래량도 증가하게 된다.

시장 수요 증가의 경우와 대조적으로, 시장 공급에 변화가 없는 상태에서 시장 수요가 감소하는 경우 시장 수요곡선은 왼쪽으로 이동하게 된다. 시장 수요곡선이 왼쪽으로 이동하면, 처음의 균형가격 수준에서 초과공급 사태가 발생한다. 이러한 **초과공급**으로 가격은 하락하며 거래량도 감소한다.

이처럼 시장 수요곡선이 좌우로 이동하는 경우 이 재화의 가격과 거래량은 같은 방향으로 움직인다. 시장 수요곡선이 왼쪽으로 이동하면, 양(+)의 기울기를 갖는 시장 공급곡선을 따라 처음의 균형점이 남서쪽으로 옮아가 가격이 떨어지고 거래량은 위축된다. 반대로 시장 수요곡선이 오른쪽으로 이동하는 경우에는, 처음의 균형점이 북동쪽으로 변경되어 가격이 올라가고 거래량은 확대된다.

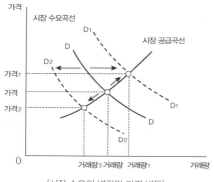

〈시장 수요의 변화와 가격 변동〉

이제는 시장 수요는 일정한데 어떤 이유로 시장 공급이 증가하여 시장 공급곡선이 아래 그림에서처럼 S에서 S_1으로 오른쪽으로 이동하는 경우를 생각해보자. 시장 공급의 확대는 개별 공급의 경우와 마찬가지로 생산기술이 향상되거나 지대 또는 임금과 이자율 등의 생산요소 가격이 떨어지는 경우에 발생한다. 이렇게 공급이 증가하면 애초의 균형가격에서 초과공급이 나타나 가격이 떨어지고 이에 따라 수요량이 커지면서 거래량이 확대된다.

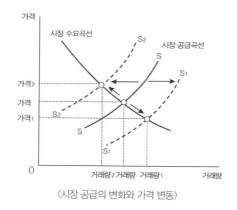

〈시장 공급의 변화와 가격 변동〉

한편, 시장 수요에는 변화가 없는 상태에서 시장 공급이 감소하는 경우 시장 공급곡선은 왼쪽으로 이동하게 된다. 물론 이러한 변동은 생산기술의 후퇴나 생산요소의 가격 상승 등의 이유로 초래될 수 있다. 시장 공급곡선이 왼쪽으로 이동하면, 가격은 오르고 거래량은 감소한다. 이와 같이 공급의 감소는 거래량의 위축과 더불어 **가격 상승**이라는 결과로 이어진다.

예를 들어 호두 가격의 상승으로 호두 아이스크림의 시장 공급곡선이 이동한 경우를 생각해보자. 호두 아이스크림의 원료로 쓰이는 호두의 가격이 올라갔으므로 호두 아이스크림의 시장 공급곡선은 왼쪽으로 이동할 것이다. 이에 따라 호두 아이스크림의 가격은 상승하고 거래량은 줄어들게 된다.

이처럼 시장 공급곡선이 좌우로 이동하는 경우 이 재화의 가격과 거래량은 **반대 방향**으로 움직인다. 시장 공급곡선이 왼쪽으로 이동하면, 음(−)의 기울기를 갖는 시장 수요곡선을 따라 처음의 균형점이 북서쪽으로 옮겨가 가격이 올라가고 거래량은 위축된다. 반대로 시장 공급곡선이 오른쪽으로 이동하는 경우에는, 처음의 균형점이 남동쪽으로 변경되어 가격이 내려가고 거래량은 확대된다.

테마학습 2   수요의 탄력성과 공급의 탄력성 – 밸런타인데이의 장미꽃 값의 예

매년 밸런타인데이가 오면 장미꽃 값은 크게 뛰는 데 비해 초콜릿 가격의 상승은 미미하다. 이 사실을 수요·공급의 경제 원리를 통해 쉽게 설명할 수 있다. 밸런타인데이가 다가오기 전 장미와 초콜릿의 가격 수준과 거래 규모가 아래 그림처럼 거의 동일하다고 가정하자.

그러나 장미꽃과 초콜릿이라는 상품은 공급의 **탄력성**에서 큰 차이를 보인다. 초콜릿과 같은 공산품은 가격이 상승하는 경우 큰 폭으로 공급량이 증가한다. 즉 초콜릿의 공급은 **탄력적**이다. 이와는 대조적으로 장미꽃의 공급량은 아무리 가격이 많이 오른다고 하여도 단기에 제한적일 수밖에 없다. 즉 장미꽃의 공급은 **비탄력적**이다.

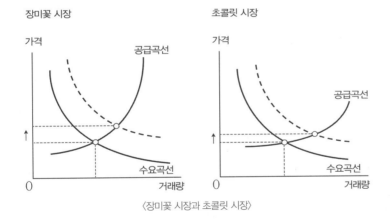

〈장미꽃 시장과 초콜릿 시장〉

이러한 차이점은 그림에서 가파르게 그려진 장미꽃의 공급곡선과 수평선에 가까운 초콜릿의 공급곡선으로 나타나 있다. 이에 따라 밸런타인데이가 다가오면서 두 재화의 수요가 비슷한 규모로 증가하여도 초콜릿에 비해 장미의 가격이 크게 뛰는 것이다. (한국은행의 『알기 쉬운 경제이야기』)

테마학습 3   할인율의 개념 – 할인율은 리스크 프리미엄을 감안한 현재가치 척도

경제학에서 미래의 가치를 현재의 가치로 환산할 때 적용되는 비율을 '**할인율**'이라고 한다. 할인율은 장래의 가치를 현재 시점으로 끌어다 썼을 때의 이자율을 말한다. 즉 장래에 받게 될 금액에 대한 현재가치가 얼마인지를 가리킬 때 쓰는 용어가 바로 할인율이다. 만약 아파트를 1년 후에 3억 3천만 원에 되팔기로 하고 3억 원에 구입하였

다면, 이는 연간 10%의 비율로 할인해 현재가치를 평가한 셈이다. 즉 현재가치가 3억 원이고 할인율은 10%다.

이를 산식으로 표현하면 '3.3억 원÷(1+10%)¹=3억 원'으로, 장래의 이자율을 현재 시점으로 붙들어오기 위해 이자가 붙는 과정을 거꾸로 뒤집어놓은 것과 같게 된다. 이것이 할인의 개념으로, 할인율이 높다는 것은 그만큼 현재가치가 낮음을 뜻한다. 그렇다면 현실에서 이것이 뜻하는 바는 무엇일까?

첫째, 할인율이 높다는 것은 그만큼 기다림을 참지 못하고 **현재를 탐닉**한다는 뜻이 된다. 사람들은 기다려서 (참고 노력해서) 얻게 되는 돈의 가치가 지금 당장 얻는 돈보다 작다고 느끼는 경향이 많다. 대표적인 예가 어음할인이다. 물론 당장에 돈이 필요해서겠지만, 만기에 원금을 고스란히 얻게 됨에도 불구하고 사람들은 비싼 선이자를 줘가며 이를 현금으로 즉시 융통하려 든다. 따라서 기다림에 대한 참을성이 적다는 것은 그만큼 할인율이 높다는 것으로도 볼 수 있는데, 이것이 높은 이자에도 불구하고 사채업자들에게 손을 벌리는 이유다.

둘째, 할인율이 높다는 것은 **장래의 위험부담(즉 리스크 프리미엄)이 높다**는 뜻이다. 이 점에서 볼 때 할인율은 '**기회비용**'과도 같다. 기회비용이란 어느 하나를 선택할 때 다른 것을 포기함으로써 치러야 하는 대안적 선택 비용으로, 할인율이 높다는 것은 그만큼 희생해야 할 것이 많다는 뜻이 된다(즉 그만큼 낮은 가격으로 사야 한다). 그 결과 현재가치는 낮아지는데, 따라서 높은 현재가치를 보장받기 위해 당연히 할인율을 낮춰야 한다(즉 기회비용을 낮추거나 위험부담을 낮춰야 한다).

셋째, 할인율이 높다는 것은 **먼 미래의 가치를 거의 제로(0) 수준으로** 떨어뜨린다는 의미다. 오늘날 국민연금이 갈수록 바닥을 드러내고 있다는 사실이 대표적인 사례가 된다. 이는 연금의 현재가치 공식으로 구할 수 있는데, 이를 위의 산식을 사용하여 할인율 90%로 극단적으로 계산하면 다음과 같다. '3.3억 원÷(1+90%)¹=1.7억 원'으로, 1년 후에 3.3억 원을 기대했음에도 불구하고 할인율이 높아 현재가치가 고작 1.7억 원 수준으로 떨어지고 만다(물론 이것이 '연금의 현가 공식'은 아니다). 여기에 'n=장기'의 개념으로 놓을 경우 '현재가치=0'에 가깝게 되는 것, 바로 그것이 연금이 고갈되는 상황이다.

미래와 관련한 선택에서 할인율은 중요한 의미를 갖는다. 어떤 할인율이 적용되느냐에 따라 미래에 대한 선택이 크게 달라질 수 있기 때문이다. 우리가 미래와 관련한 어떤 선택을 할 때는 반드시 특정 할인율(물론, 정량적·정성적 지표가 모두 적용된다)을 적용해가며 미래의 가치를 현재의 가치로 바꾸어 계산하는 과정을 거치면서 이를 보다 주도면밀하게 검토해야 한다. 그렇지 않고서는 합리적인 선택이 불가능하기 때문이다. 할인율이 우리 삶에서 차지하는 중요성은 그만큼 크다.

| 테마학습 4 | 이자율의 계산 – 현재가치와 미래가치 |

할인율의 개념을 응용해서 이자율(금리)에 대한 이해의 폭을 넓히고, 이를 일상생활에서 응용할 수 있도록 해보자. 이를 위해서는 '**현재가치(PV)**'와 '**미래가치(FV)**'의 개념이 동원된다.

누군가가 여러분에게 10만 원을 주겠다고 하는데, 그 시기가 오늘 또는 10년 후의 오늘이라면 여러분은 어느 쪽을 선택하겠는가? 당연히 오늘 10만 원을 받으려 들 것이다. 왜냐하면 오늘 10만 원을 받아 이를 은행에 예금하면, 원금 10만 원에 이자까지 불어나 10만 원 이상이 되기 때문이다. 같은 금액이라면 현재 금액의 가치가 미래의 그것에 비해 더 높다는 것은 굳이 말하지 않아도 알 수 있을 것이다.

이제 누군가가 여러분에게 오늘 10만 원을 주거나, 또는 10년 후에 20만 원을 주겠다고 제안한다면 여러분은 어느 쪽을 선택하겠는가? 이는 조금은 고민해봐야 답을 얻을 수 있다. 현재의 10만 원과 미래의 20만 원의 가치를 비교한 후에 결정해야 하기 때문이다. 이를 위해 사람들은 현재가치와 미래가치의 개념을 이용한다. 즉 현재의 이자율을 적용하여 현재 금액의 미래가치를 계산하거나, 미래에 그 금액을 얻기 위해 지금 얼마가 필요한가라는 미래 금액의 현재가치를 계산하여 둘을 견주어보면 된다. 이를 다음의 사례로 설명할 수 있다.

[문제 1] 오늘 은행에 10만 원을 예금하면 10년 후에 얼마가 될까? 즉 현재 10만 원의 10년 후 미래가치는 얼마일까?

답: 이자율이 5%이고, 이자는 매년 지급되며, 그 이자가 복리 방식으로 지급된다면 1년 후에는 원금과 이자가 $(1+0.05) \times$ 10만 원이 되고, 2년 후에는 $(1+0.05)^2 \times$ 10만 원, 10년 후에는 $(1+0.05)^{10} \times$ 10만 원이 될 것이다. 즉 $(1+0.05)^{10} \times$ 10만 원=16만 3천 원이다.

[문제 2] 반대로 10년 후 20만 원을 받는다면, 이 금액의 현재가치는 얼마일까? 다시 말해 10년 후에 20만 원을 받기 위해 오늘 현재 얼마를 예금해야 할까?

답: 이 문제는 앞의 문제 1의 물음을 뒤집어 생각하면 된다. 앞에서 미래가치를 구하기 위해 현재 금액에 $(1+0.05)^{10}$을 곱하였다. 반대로 미래 금액의 현재가치를 구하기 위해서는 미래 금액을 $(1+0.05)^{10}$으로 나누면 된다. 즉 10년 후에 받을 20만 원의 현재가치는 20만 원÷$(1+0.05)^{10}$이 된다. 따라서 20만 원÷$(1+0.05)^{10}$=12만 3천 원이다. 다시 정리하면, 이자율이 r이라면 n년 후에 받을 X 금액의 현재가치는 X÷$(1+r)^n$이 된다.

　오늘 받는 10만 원과 10년 후에 받을 20만 원 중 어떤 쪽을 선택해야 할지 해답을 구할 수 있는 방법을 이제 분명하게 알게 되었다. 이자율이 5%일 때 10년 후에 받을 20만 원의 현재가치는 12만 3천 원으로 10만 원보다 많다. 따라서 10년을 기다려서 20만 원을 받는 것이 당장 10만 원을 받는 것보다 유리하다.

　이 경우는 이자율이 5%일 때라고 가정하고 계산한 것이고, 만일 이자율이 8%라고 하면 10년 후에 받게 될 20만 원의 현재가치는 20만 원÷$(1.08)^{10}$=9만 3천 원이므로 당장 10만 원을 받는 것이 유리하다. 이자율이 높으면 같은 금액을 예금할 경우 원리금이 더 많아져 당장 손에 쥔 10만 원의 이득이 더 커지기 때문이다.

테마학습 5　　**금리의 움직임은 경제에 어떤 영향을 미치나?**

금리의 움직임은 저축, 투자활동, 물가 수준, 국가 간 자금 흐름 등 여러 분야에 영향을 미친다. 이를 설명하면 다음과 같다.

■ 저축과 투자활동에 미치는 영향
저축을 얼마나 할 것인가는 기본적으로 소득 수준의 영향을 받겠지만 금리의 영향도 받는다. 대체로 금리가 오르면 금융기관에 같은 금액의 돈을 맡기더라도 더 많은 이자를 받을 수 있기 때문에 사람들은 저축을 늘리고 소비를 줄이게 되며, 반대로 금리가 떨어지면 저축을 줄이게 된다.

　한편 금리는 기업의 **투자활동**에도 매우 중요한 영향을 미친다. 금리는 기업이 투자에 필요한 자금을 조달하는 데 드는 비용이다. 따라서 금리가 오르면 기업의 투자에 따른 비용 부담이 늘어나게 되어 투자가 줄어들고 반대로 금리가 낮아지면 투자는 늘어나게 된다. 이와 함께 금리 변동이 너무 심하여도 장래 투자를 위한 자금계획의 수립이나 사업 전망이 어려워지므로 기업은 투자하기를 꺼려 한다.

　금리가 투자에 영향을 주는 정도는 투자에 따르는 각종 비용 중에서 금리가 차지하는 비중이 얼마나 큰가에 따라 달라지는데 금리가 투자비용 중에서 많은 부분을 차지할 때에는 금리가 조금만 변동하여도 투자에는 큰 영향을 미친다.

■ 물가에 미치는 영향
금리가 오르면 기업의 투자활동이 위축되고 개인도 소비보다는 저축을 많이 하는 등 경제 전체적으로 상품을 사고자 하는 수요가 줄어들게 되므로 금리 상승은 물가를 하락시키는 요인으로 작용한다. 그러나 한편으로는 이자가 상품의 생산원가에 포함되기 때문에 금리가 오르는 것은 제품 가격을 올리는 요인이 될 수도 있다. 이와 같이 금리가 물가에 미치는 영향은 서로 상반된 두 가지 요인 중 어느 쪽 영향이 더 큰가에 따라 달라지는데 원가 상승 효과보다 **수요 감소 효과**가 더 크기 때문에 물가가 떨어진다는 것이 일반적인 견해이다.

■ 국가 간 자금 흐름에 미치는 영향

금리 수준의 변동은 국가 간 돈의 움직임 즉 **자금 흐름**에도 영향을 미친다. 환율 등 다른 여건이 같은 경우에 우리나라 금리가 올라 외국 금리보다 높아지면, 외국 사람은 우리나라에서 돈을 운용하는 것이 자기 나라에서보다 더 많은 이익을 얻을 수 있기 때문에 우리나라로 자금이 들어오게 된다. 반대로 외국 금리보다 우리나라 금리가 낮아지면 돈이 보다 높은 이익을 찾아 해외로 빠져나가게 된다.

이처럼 금리는 금리의 변동을 가져오는 요인과 영향을 서로 주고받으면서 투자, 소비, 물가 등 **실물부문**으로 파급된다. 금리가 국가 경제에 미치는 영향은 폭넓고 다양하므로 한국은행을 비롯한 세계 각국의 중앙은행은 금리가 바람직한 수준을 유지할 수 있도록 통화정책을 수행하고 있다.

즉 금리를 정책 수단으로 하여 과열된 경기를 진정시키거나 침체된 경기를 부양한다. 또한 금리 변동이 너무 심하면 불확실성을 키워 기업의 투자 등 경제 주체들의 각종 경제활동에 대한 의사 결정을 어렵게 하므로, 금리가 급격하게 변동되지 않도록 금융시장을 면밀히 관찰하면서 관리하고 있다.

테마학습 6	환율과 통화량의 관계

통화량은 한 나라의 경제에서 일정 시점에 유통되고 있는 화폐의 존재량으로, 민간이 보유한 현금통화와 일반은행의 요구불예금의 합계를 말한다. 시중에 통화량이 증가하면 시장금리는 **하락**하고 주식 및 부동산 가격이 **상승**할 가능성은 높아진다. 반면, 통화량이 감소하면 시장금리와 대출금리는 **상승**하고 주식 및 부동산 가격이 **하락**하는 경향이 있다. 달러에 대한 수요보다 공급이 많으면 환율은 **하락**하고, 달러 유출이 많은 시기에는 환율이 **상승**하는 것이 일반적이다. 이때 환율 변동으로 통화량 **증가**와 **감소**가 일어난다.

경상수지 흑자로 벌어들이는 외화가 많고 또 외국인 주식 투자 자금 등이 유입되는 환율 하락 국면에서는 시중 통화량이 **증가**한다. 달러 또는 유로, 엔화 자금이 국내로 유입되면 원화로 환전하여 투자되기 때문에 원화 통화량이 증가하는 것이다.

환율과 관련한 통화량 증가 요인에는 수출 증가, 외국계 은행의 달러 유입, 외국인 투자 자금 유입 및 시중은행의 외화 차입 등이 있다. 외환정책 당국의 외환시장 개입도 환율과 관련한 통화량 **증가** 요인이 될 수 있다. 외환 당국이 환율 하락을 막기 위해 시중 달러를 사들이면 시중에 원화 통화량은 **증가**한다.

경상수지 흑자와 외국인 주식 투자자금 유입 등으로 환율이 **하락**하는 시기에는 상장기업의 매출과 영업이익이 **증가**한다. 그뿐만 아니라 달러가 공급되면 통화량이 **증가**하므로 금리가 **하락**하고 시중 유동성이 주식시장에 몰려 주가가 **상승**한다. 마찬가지로 통화량이 **증가**함에 따라 시중의 돈이 채권 및 부동산 시장으로 유입되어 이들의 가격이 **상승**하기도 한다.

■ 환율 하락이 통화량에 미치는 영향
달러 공급 증가 → 환율 하락 → 달러의 원화 환전이 늘어나 통화량 다시 증가 → 금리 하락 → 주식, 채권 및 부동산 가격 상승

반면, 경상수지 적자, 외국인 투자 자금 이탈, 단기 외채 상환 등으로 환율이 **상승**하는 국면에서는 시중 통화량은 **감소**한다. 수출 등으로 벌어들이는 외화보다 외채 상환 등으로 **쓰는** 외화가 많고, 외국인 주식 투자자금이 환전되어 국외로 나가며, 단기 외채 상환을 위해서 은행이 국내 대출을 꺼리거나 대출금을 회수하기 때문이다.

환율과 관련된 통화량 감소 요인에는 수입 증가, 외국계 은행의 본국으로 달러 송금, 외국인 투자 자금 이탈, 시중은행의 외채 상환 등이 있다. 또한 외환 정책 당국의 외환시장 개입도 환율과 관련된 통화량 **감소** 요인이 될 수 있다. 예를 들어 2008년처럼 환율 상승을 억제하기 위해 외환 보유고의 달러를 시중에 매각하고 원화로 거두어들이면서 시중의 원화 통화량이 감소한다.

경상수지 적자, 외국인 투자 자금 이탈과 단기 외채 상환 등으로 환율이 **상승**하는 국면에서는 주식 및 채권 가격은 **하락**하고, 시장금리는 **상승**하며, 부동산 경기도 침체되어 가격이 **하락**하는 경향을 보인다. 경상수지 적자가 발생한다는 것은 대부분의 상장기업이 국제무역에서 영업이익을 실현하는 것이 어렵다는 것이다.

■ 환율 상승이 통화량에 미치는 영향
달러 수요 증가 → 환율 상승 → 원화를 달러로 바꾸는 수요가 늘어나 통화량 다시 감소 → 금리 상승 → 주식, 채권 및 부동산 가격 하락

환율 상승 국면에서는 본원 통화량이 **감소**하고 환율 하락 국면에서는 **증가**한다. 일반적으로 주가와 금리의 상관관계는 주가지수가 **하락**하면 채권 가격이 **상승**하는 경향을 보인다. 그러나 환율 상승 폭이 확대되는 국면에서는 주가지수가 하락함에도 채권 가격도 **동반 하락**하는 현상이 나타난다. 환율이 상승하면서 시중 유동성이 경색되기 때문이다.

테마학습 7 | **분배와 행복의 관계**

근대 경제학에서는 공리주의에 입각한 효용 극대화를 추구하기에, 소득 수준의 향상을 삶의 질 향상을 가져오는 가장 결정적인 요인으로 간주해왔다. 따라서 대부분의 국가들은 소득의 증가, 곧 경제 성장이 효용을 증대하고 삶의 질 향상을 통한 행복도를 높이는 것으로 인식하고 경제 성장에 주력하고 있다.

실제로 각국의 행복도를 비교해보면 소득 수준이 증가함에 따라 행복도가 상승하는 것을 확인할 수 있다. 그러나 '이스털린의 역설'에서 알 수 있듯, 1인당 국민소득이 일정한 수준을 넘어서면 더 이상 소득 증가가 행복도나 삶의 질 향상에 거의 영향을 미치지 못한다는 것이 밝혀졌다(이러한 분기점이 되는 소득 수준을 이스털린은 7천 달러라고 보고 있다).

일정 수준 이상의 소득 증가가 행복도를 증가시키지 않는 가장 중요한 이유는 '**적응 효과**(adaption effect)'이다. 즉 기본적 필요와 욕구가 충족된 이후에는 소비 증가에 의한 행복감은 일시적으로 존재할 뿐이고 이내 새로운 소비 수준에 적응되면서 사라진다는 것이다. 실제, 부유한 국가들을 비교해보면, 소득의 증가가 아닌 **분배의 형평성**, 다시 말해 낮은 불평등도가 행복도를 증진시킨다는 결과가 나타났다. 즉 행복을 결정하는데 절대적인 소비 수준보다 상대적 비교가 큰 영향을 미친다는 것이다.

최근에는 사회적 신뢰의 수준, 정신병, 기대수명, 유아사망률, 비만율, 교육수준, 살인, 수감률 등 삶의 질을 측정하는 수많은 사회지표가 소득불평등도와 밀접한 상관관계를 지닌다는 주장이 제기되고 있다. 이는 개인의 심리상태와 사회구조 사이의 상호작용에 그 원인이 있는데, 불평등도가 높을수록 불안, 자존감 결여, 스트레스 등으로 인해 행복감이 떨어지고 그에 따라 삶의 질도 낮아지게 된다는 것이다.

1 개인과 사회

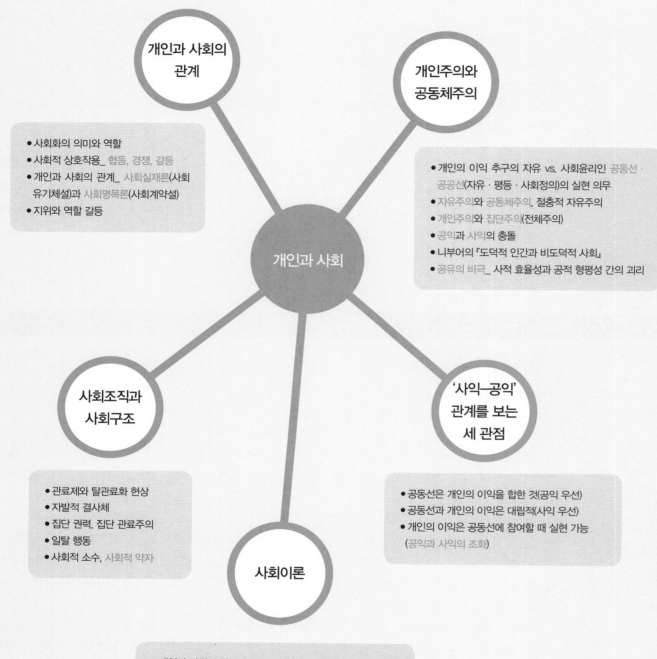

개인과 사회의 관계
- 사회화의 의미와 역할
- 사회적 상호작용_ 협동, 경쟁, 갈등
- 개인과 사회의 관계_ 사회실재론(사회 유기체설)과 사회명목론(사회계약설)
- 지위와 역할 갈등

개인주의와 공동체주의
- 개인의 이익 추구의 자유 vs. 사회윤리인 공동선·공공선(자유·평등·사회정의)의 실현 의무
- 자유주의와 공동체주의, 절충적 자유주의
- 개인주의와 집단주의(전체주의)
- 공익과 사익의 충돌
- 니부어의 『도덕적 인간과 비도덕적 사회』
- 공유의 비극_ 사적 효율성과 공적 형평성 간의 괴리

개인과 사회

사회조직과 사회구조
- 관료제와 탈관료화 현상
- 자발적 결사체
- 집단 권력, 집단 관료주의
- 일탈 행동
- 사회적 소수, 사회적 약자

'사익─공익' 관계를 보는 세 관점
- 공동선은 개인의 이익을 합한 것(공익 우선)
- 공동선과 개인의 이익은 대립적(사익 우선)
- 개인의 이익은 공동선에 참여할 때 실현 가능 (공익과 사익의 조화)

사회이론
- 개인과 사회의 관계_ 사회실재론과 사회명목론
- 사회·문화 현상을 보는 관점_ 기능론과 갈등론, 상징적 상호작용론(통합론)
- 사회·문화현상 탐구방법_ 실증적 연구 방법과 해석학적 연구 방법
- 사회변동 이론_ 진화론과 순환론, 기술결정론과 문화결정론
- 사회문제론_ 사회병리론, 사회 해체론, 갈등이론, 일탈행위론, 낙인이론

기능론

사회는 조화와 균형을 이루면서 통합 기능을 수행한다. 사회·문화 현상을 이해하는 관점에는 기능론, 갈등론, 상호작용론이 있다. **기능론**은 사회구성원 간의 유기체적 조화와 균형에 주목하며, 사회 유지를 강조한다. 사회 구성 요소들은 모두 사회 유지에 적합한 기능을 가지며, 개인들도 사회 질서를 위하여 사회 속의 한 부분으로서 기능을 담당한다. 이 과정에서 구성 요소들은 통합적이고 안정적인 구조를 지향하면서 서로 영향을 준다. 사회 변화나 사회 갈등은 안정적인 상태가 아니기에 부정적이거나 일시적인 현상이다. 변화와 갈등은 통합과 안정을 추구하는 방향으로 움직이는 과정이며, 결국에는 변화 자체도 사회를 안정시키는 방향으로 귀결된다. 또한 사회에서 공유하는 가치나 규범은 합의의 산물이므로 이를 지키지 않는 것은 사회 질서를 깨뜨리는 위험한 행위로 간주한다. 기본적으로 기능론에서는 사회 변화나 갈등이 일어나면 사회에 문제가 생긴 것으로 본다. 따라서 이 관점에서는 사회 갈등과 변동의 중요성을 간과하는 측면이 있으며, 혁명과 같은 급격한 사회 변동을 설명하는 데 한계가 있다.

갈등론

모든 사회에는 갈등이 존재한다. 갈등론적 관점은 사회 내의 집단 갈등과 적대적 대립에 초점을 두며, 따라서 사회 변화를 강조한다. 그러므로 **갈등론**의 관심은 사회 갈등과 변동이 일어나는 근본 원인을 밝혀내는 것이다. 이 관점에서 보면 갈등은 모든 사회에 존재하며, 이는 사회에서 권력이나 재화와 같은 희소가치가 한정되어 있어 일어나는 어쩔 수 없는 현상이다. 따라서 사회 통합은 구성원의 동의에 의해서라기보다는 지배 집단의 기득권을 유지하기 위해 강제로 이루어진 것이라고 본다. 그러므로 사회는 갈등이 늘 남아 있고 갈등 때문에 사회 변동은 언제든지 일어날 수 있다. 갈등론에서는 모든 사회·문화 현상을 집단 간 갈등 때문에 발생하는 현상으로 이해하기에, 사회의 존속과 통합을 경시하는 경향이 있다. 더불어 사회의 각 구성 요소가 합리적으로 잘 유지되는 상황을 설명하는 데 한계가 있다.

● 사회문제를 보는 시각

사회는 다양한 사람들이 서로 연결되어 있기 때문에 누구의 입장에서 어떻게 보느냐에 따라 사회문제의 원인과 대책은 달라진다. 한 사회에서 나타나는 대부분의 사회문제는 개인과 사회구조가 복합적으로 작용하여 발생하는 경우가 많다. 따라서 사회문제를 제대로 이해하기 위해서는 다양한 입장에서 다양한 관점을 가지고 사회문제의 원인과 그 해결책을 모색하려는 노력이 필요하다. **기능론**의 관점에서 보면, 사회문제는 사회의 균형이 깨진 상태로, 개인이나 집단의 병리나 일탈적인 하위문화와 부실한 제도 때문에 생겨난다. **갈등론**의 관점에서 보면, 사회문제는 지배계층의 잘못된 통치에 따른 것으로, 지배계층의 기득권을 유지하는 과정에서 필연적으로 발생하는 사회적 불평등 때문에 일어난다.

상징적 상호작용론

사회는 개인들의 행위와 상호작용의 산물이다. 인간의 사회적 행위에 초점을 맞추고, 구성원 간의 상호작용에 주목한다. 즉 **상징적 상호작용론**은 일상적인 현상을 만들어 내는 개인 행위자의 주관적인 동기와 의미를 사회·문화 현상의 중요한 요소로 간주한다. 인간의 상호작용에는 상징 행위가 담겨 있다. 상징 행위는 사물이나 인간의 동작에 특정한 의미를 부여하고 공유하는 것으로 주로 몸짓이나 기호, 언어 등이 해당한다. 상징적 상호작용론에서는 사회·문화 현상을 개인 행위자들이 일상생활에서 상징 행위를 통해 상호작용을 한 결과로 발생한 주관적인 의미가 담긴 것으로 본다. 결국, 사회는 상징 행위를 통한 상호작용이 복잡하게 얽혀 있는 다양한 유형의 형태로 이루어진 것이다. 바로 이런 점에서 이 관점은 개인 행위자의 상호작용에 영향을 미치는 사회구조의 힘을 경시한다는 비판을 듣는다.

● 쿨리의 거울 속 자아

사람은 거울 속에 비친 자신의 모습을 볼 때, 자신이 기대하는 바 그대로 보이면 기분이 좋아지고, 그렇지 않을 경우 기분이 나빠지기도 한다. 사회학자 쿨리는 유명한 거울 은유를 통해 자아 이미지의 원천과 특성을 설명했다. 여기서 거울은 다른 사람을 의미한다. 쿨리는 자아 개념이 세 가지 주요한 요소를 갖는다고 하였다. 첫째, 타인에게 보인 우리 외모에 대한 상상. 둘째, 우리 외모에 대한 타인의 판단에 대한 상상. 그리고 자부심이나 치욕과 같은 자기감정이 그것이다. 즉, 거울 자아란 다른 사람이 나를 어떻게 보고, 어떻게 판단하는지에 대하여 스스로 상상하여 얻어진 자아 개념이다. 이처럼 쿨리는 자아가 **타자와의 관계** 속에서 형성됨을 강조했다.

사회실재론

사회는 생명을 가진 유기체다. 개인과 사회의 관계를 설명하는 이론에는 서로 대립하는 사회실재론과 사회명목론이 있다. **사회실재론**은 개인은 단지 사회를 구성하는 하나의 단위에 불과하다고 보는 견해로, 사회를 개인들이 모인 집합체 이상의 객관적인 존재로 보는 입장이다. 하나의 실체인 사회는 개인과는 다른 고유한 특성을 지니며, 사회를 구성하고 있는 개개인의 삶에 영향을 미치기도 하고, 때로는 개인의 삶을 구속하기도 한다. 사회 유기체설을 바탕으로 하는 사회실재론의 대표적인 학자로는 스펜서, 콩트 등이 있다.

사회명목론

사회는 개인의 집합체에 불과하다. 사회명목론에서는 사회가 개인 외부에 별도로 존재하는 것이 아니며, 단지 개인들의 집합체에 붙여진 이름에 불과하고, 실재하는 것은 개인뿐이라고 주장한다. 그러므로 사회의 구조나 실체를 인정하지 않고, 실제로 존재하는 것은 사회가 아니라 사회를 이루고 있는 개인이며, 사회는 단지 명목상으로만 존재한다는 것이다. 따라서 **사회명목론**에서는 사회 자체보다도 사회를 구성하는 개인의 특성과 행동 양식을 고찰해야 한다. 사회명목적인 시각으로 개인과 사회를 바라보는 관점 중에는 사회계약설이 있다. 이런 사회계약설을 주장한 대표적인 학자로는 홉스, 로크 등이 있다.

● 사회실재론과 사회명목론 비교

구분	사회실재론	사회명목론
기본 전제	● 개인들이 모여 구성된 '사회'는 개인의 단순한 합을 넘어서는 독자적 가치를 지닌 '실재'이다. ● 사회는 단순한 개인의 모임과는 구별되는 특성과 구속력을 가진다. ● 개인의 행동과 의식은 그가 속해 있는 사회의 영향으로부터 벗어날 수 없다. ● 사회의 이익이 개인의 이익에 우선하며, 개인은 사회에 의해 규정된다. ● 개인+개인〈사회 (사회의 우월성 강조)	● 사회는 단순한 개인의 합이다. ● 사회는 개인들이 모여 있는 것에 지나지 않으며, 개인의 목표를 실현해주는 도구에 불과하다. ● 사회는 실제로 존재하는 것이 아니라 필요에 의해 만들어진 개념일 뿐이며, 개인만이 참다운 실재이다. ● 개인의 이익을 해치는 전체의 이익은 있을 수 없다. ● 개인+개인=사회
관련 이론·사상	사회 유기체설, 전체주의, 사회주의	사회계약론, 개인주의, 자유주의
한계	개인을 수동적 존재로 보고 자율성과 자유의지를 간과한다.	사회의 구조적 문제를 개인의 책임으로 떠넘긴다.

사회화

사람들이 사회적 관계를 맺고 사회성을 익히는 과정. 사람은 누구나 한 사회의 구성원으로 태어나 사회 속에서 살아가는 데 필요한 모든 것을 배우고 성장한다. 어려서는 자신의 기본적인 생물적 욕구를 표현하고 충족시키는 방법을 비롯하여 걷기, 말하기, 친구와 어울려 놀기 등을 배운다. 그리고 좀 더 성장해서는 학교생활에 적응하고 사회생활에 대한 지식과 태도, 가치관 등을 익힌다. 인간은 이처럼 사회 속에서 성장하면서 자아 정체감을 형성하고 사회의 구성원으로서 살아가고자 그 사회의 행동 방식과 사고방식을 배우는데, 이를 '사회화'라고 한다.

실증적 연구 방법

실제로 증명할 수 있는 계량화된 자료를 강조. 자연과학자들이 자연 현상에 관하여 인과법칙으로 설명하고 예측하는 것처럼, 사회문화 현상에 대해서도 경험적인 증거 자료를 분석함으로써 인과법칙을 발견하고 이를 통해 미래를 예측할 수 있다고 보는 사회문화 현상 연구 방법이다. **양적 연구 방법**을 추구한다.

● 양적 연구 탐구 절차
연구 주제 선정 → 가설 설정 → 연구 설계 → 자료 수집 및 분석 → 가설 검증 및 일반화

해석학적 연구 방법

인간 행위의 해석과 의미를 강조. 사회문화 현상의 연구 대상은 사회적 행위에 담긴 인간 행위의 동기나 목적으로, 이를 깊이 있게 이해하려면 자연 현상 연구와 같은 계량화된 방법이 아니라 직관적인 통찰을 통해 그 행위 이면의 의미에 대한 해석적인 이해가 필요하다고 보는 사회문화 현상 연구 방법이다. **질적 연구 방법**을 따른다.

● 질적 연구 탐구 절차
연구 주제 선정 → 연구 설계 → 자료 수집 → 자료 분석 → 결론 및 제언

공동선

공공선, 공공복지. 한 사회에는 그 사회가 지향하는 공동의 목표와 공동의 가치가 있는데 이것을 **공동선(共同善)**이라고 한다. 공동선의 추구는 다양한 구성원과 복잡한 사회 체계를 지닌 현대 사회를 건강하게 움직이는 핵심 원리이다. 인간은 사회 속에서 함께 살아가야 하는 존재이기 때문에 개개인이 공익보다 사익을 앞세우면 공동체는 혼란에 빠지고 연대의식은 무너지고 만다. 따라서 인간 개개인의 가치와 존엄성 존중은 물론, 모든 구성원이 다함께 인간다운 삶을 영위할 수 있도록 공동선의 가치를 적극 추구할 필요가 있다.

도덕적 인간과 비도덕적 사회

사회윤리가 필요한 이유. 미국의 신학자이며 문명 비평가인 니부어는 『도덕적 인간과 비도덕적 사회』에서 도덕적인 인간으로 구성된 사회일지라도 비도덕적일 수 있다고 주장하였다. 개인은 양심적이고 도덕적이라 할지라도 그러한 개인들로 구성된 사회집단은 집단이기주의로 인해 이기적이고 부도덕할 수도 있다는 것이다. 집단의 도덕성이 왜 개인의 도덕성보다 더 떨어질까? **집단이기주의**는 개인의 이기적 충동들의 복합으로서, 그 같은 개인의

이기주의적 충동들이 공통된 충동으로 연합될 때는 그것들이 개별적으로 나타날 때보다 더욱 뚜렷하게, 그리고 누가(累加)된 결과로 나타난다는 것이다. 이에 니부어는 사회집단의 이기심을 억제하기 위해 강제력이 뒷받침된 정책이나 제도가 필요하다고 보았다.

사회윤리

공동체 윤리. 개인의 도덕성, 즉 개인의 행위, 품성, 삶의 도덕성과 관련되는 개인윤리와 달리, 사회윤리는 법, 정책, 관습 등과 같은 사회구조나 제도의 도덕성과 관련되는 윤리를 말한다. 니부어가 주장한 바와 같이 사회의 구성원들이 도덕적이어도 그 사회는 비도덕적일 수 있기에, 개인의 도덕성에 주로 관심을 갖는 개인윤리만으로는 사회의 도덕적인 문제를 올바로 해결할 수 없다. 여기서 사회제도나 구조의 도덕성과 관련되는 **사회윤리**의 필요성이 대두된다.

관료제

표준화된 규범에 따라 시스템으로 움직이는 전문 조직. 대규모화된 조직의 업무를 안정되게 처리하는 데 탁월한 효율을 발휘하는 산업 사회의 피라미드식 조직 형태를 **관료제**라고 한다. 관료제는 사회적 업무를 수행하기 위하여 수많은 사람들의 활동을 체계적으로 조직할 수 있는 가장 효율적인 제도이다. 우리나라를 비롯한 산업화된 사회의 대부분의 조직은 관료제의 특징을 갖추었고, 특히 대규모의 조직일수록 관료제화의 정도는 심하다. 기업이나 학교, 군대, 병원은 물론이고, 정권 획득을 조직의 목표로 설정한 정당 조직도 관료제적 특징을 가지고 있다. 관료제는 효율적 운영에 매우 큰 효과가 있지만 지나친 업무의 세분화·전문화는 개인의 창의성과 자율성을 발휘할 기회를 주지 않고, 인간을 수단화하여 소외 현상을 유발하며, 수직적 위계질서와 연공서열주의로 인해 복지부동의 태도와 더불어 조직의 경쟁력을 약화시키는 등의 문제점을 유발하기도 한다.

공유의 비극

사익과 공익의 충돌. '공유의 비극(Tragedy of the Commons)'은 생물학자인 개릿 하딘이 과학잡지인 『사이언스』에 실은 논문 제목에서 유래한 용어이다. 그는 논문에서 지하자원, 초원, 공기, 호수에 있는 물고기와 같이 주인이 없는 모두의 공동 소유인 공유자원을 사적 이익을 추구하는 시장이나 개인의 자율에 맡겨두면 결국 자원이 고갈될 위험이 있다고 주장한다. 왜냐하면 공유자원은 공공재처럼 소비에서의 '배제성'은 없지만 '경합성'은 갖고 있기 때문이다. 즉 원하는 사람은 모두 이를 공짜로 사용할 수 있지만, 한 사람이 공유자원을 사용하면 다른 한 사람은 사용을 제한받게 된다. 하딘은 개인이 이기심을 추구하는 과정에서 공유자원을 남획할 경우에 그것이 궁극적으로 사회적 자산인 공유재를 고갈시키는 문제점을 명확히 보여주었는데, 이는 애덤 스미스가 말한 개인의 이기심이 공동체 전체의 발전을 견인하는 동인으로 작동한다는 '건강한 이기심'과 정면으로 부딪힌다.

일탈행동

사회문제론의 핵심 이론. 인간은 사회가 요구하는 규범의 틀 속에서 생활하며, 사회적으로 용인되는 행동의 범주를 벗어나게 되면, 그에 따른 제재를 받게 된다. 이렇게 규범을 벗어나는 행동을 **일탈행동**이라고 하며, 이에 대한 각종 제재는 사회의 질서를 유지하기 위한 제도적 장치라고 볼 수 있다. 그런데 어떤 행동이 일탈행동인가 아닌가 하는 것은 사회에 따라 달라진다. 이는 사회적 행동을 평가하는 가치관이나 규범이 사회적 조건이나 상황에 따라 달라지기 때문이다. 예를 들어 이토 히로부미를 암살한 안중근 의사는 우리나라에서는 애국자로 추앙받지만 일본에서는 암살자로 간주되는데, 이러한 사실은 일탈행동의 상대적 특성을 말해 준다. 사회적 상호작용 이론인 기능론과 갈등론은 모두 비행이나 범죄, 일탈이 일어나는 이유를 사회구조에서 찾는다. 그러나 사회구조가 일시적으로 문제가 생긴 것으로 보는 기능론과 달리, 갈등론은 사회 자체의 불평등 때문이라고 설명한다.

지위와 역할

사회화 과정. 사회 내에서 개인이 차지하고 있는 위치를 **지위**라고 한다. 지위에는 귀속 지위와 성취 지위가 있다. 귀속 지위는 선천적으로 주어진 지위로서 남자나 여자, 맏딸, 손자 등과 같은 지위이다. 성취 지위는 후천적으로 취득한 지위로서 어머니, 아버지, 학생, 학급회장, 연예인 등이 이에 해당한다. 한편, 개인이 차지한 지위에 대하여 사회에서 기대하는 행동 양식을 **역할**이라고 한다. 개인은 사회화를 통해 각 지위에 상응하는 역할을 습득하게 된다.

● 역할 행동

동일한 지위와 역할을 갖고 있어도 개인마다 그 역할을 수행하는 방식은 다르다. 개인이 자신의 역할을 수행하는 구체적인 방식을 **역할 행동**이라고 한다. 사회 내에서의 역할 행동을 통해 개인의 가치관이나 목표 등을 알 수 있다.

2 문화와 사회

문화와 사회

문화 이해의 관점과 태도

- 자문화 중심주의– 자민족 중심주의, 문화제국주의, 국수주의
- 문화사대주의
- 문화상대주의_ 문화 다양성

문화변동의 양상

- 문화변동 양상_ 문화공존, 문화 동화, 문화융합
- 새로운 문화 창조_ 문화변동 과정에서의 정체성과 다양성 유지·확보
- 문화지체_ 물질문화와 비물질 문화 간 괴리 현상

문화 다양성과 다문화주의

- 문화요소_ 기술, 언어, 가치, 규범, 상징, 예술
- 문화를 바라보는 두 관점_ 문화의 보편성과 특수성, 절대주의와 상대주의
- 다문화주의 모형_ 멜팅팟 모형과 샐러드볼 모형
- 문화와 취향의 사회학_ 부르디외의 『자본주의의 아비투스』
- 민족, 문화, 국가_ 에드워드 사이드의 『문화와 제국주의』
- 배타적 근본주의_ 오리엔탈리즘과 옥시덴탈리즘

대중문화와 대중매체

- 문자 매체와 영상매체, 문자언어와 영상언어_ 스마트 미디어와 미디어 리터러시
- 대중매체의 이중성_ 경제적 기능 vs. 문화적·이데올로기적 기능
- 대중문화와 소비_ 보드리야르의 소비의 이데올로기
- 대중문화와 소외_ 현대 소비 대중의 '물화' 현상
- 문화 획일화_ 세계화와 매체제국주의

신자유주의와 세계화

세계화와 문화 다양성

- 미국 중심의 세계 문화 통합_ 문화의 상품화·획일화와 문화제국주의
- 문화 다양성_ 다원주의적 가치
- 문화의 특수성과 보편성_ 문화상대주의와 자문화 중심주의
- 세계화 시대의 바람직한 민족문화

신자유주의와 세계화

- 민족주의와 세계주의, 극단적 세계주의
- 세계화 시대의 민족 정체성_ 차이를 인정하는 다문화적 관점에서의 민족 정체성 형성
- 세계화 시대의 열린 민족주의_ 자민족 중심주의와 세계주의를 넘어 다양성과 주체성 확립

세계화 시대의 민족 정체성

- 경제 사상_ 신자유주의와 고전적 자유주의, 수정 자본주의
- 신자유주의에 대한 옹호론과 비판론
- 신자유주의가 주도하는 세계화의 긍정적 측면과 부정적 측면
- 신자유주의적 세계화와 반세계화
- 제3의 길_ 새로운 사회민주주의

문화

우리를 인간답게 하는 것. 문화는 인간 생활방식의 총체로서, 인간의 역사와 전통뿐만 아니라 미래에 대한 사람들의 생각까지도 포함한다. 또 사람들이 만든 사상, 인간관계의 형식, 언어, 민족국가 등도 문화의 영역에 속한다. 개인은 문화 속에서 환경을 체험하고, 과거의 전통을 습득하며, 현재의 생활을 영위하고, 미래를 설계한다. 역동적인 관점에서 볼 때 문화는 두 가지 관점에서 이해될 수 있다. 첫째, 문화는 단순히 도구, 예술작품, 유명한 건축물 등과 함께, 그러한 제작물을 만드는 인간의 활동, 종교의식을 비롯한 정신적 사랑, 그리고 의식주를 확보하기 위한 다양한 **생활양식**이라는 것이다(문화는 한 인간 집단의 생활양식의 총체라는 총체론적인 전망). 둘째, 문화는 과거의 효능과 규칙을 전승하는 **전통**으로서, 이것은 다양한 인간 활동을 통해 현존하는 문화 유형과 더불어 무수한 변화와 발전의 가능성을 기약하고 있다는 것이다(문화는 행위를 규제하는 규칙의 체계라는 관념론적인 전망).

문화화

문화의 사회화. 어떤 문화에 속한 개인이 그 문화에 적응하고 문화적 요소를 습득해나가는 과정을 '문화화'라고 부르는데, 이 과정에서 개인의 문화적 사회화가 이루어진다. 개인이 문화에 적응해가는 과정은 문화에 대한 개인의 일방적인 의존관계가 아니라, 문화와 개인의 역동적인 상호작용 관계에서 파악할 수 있다. 이러한 문화화 과정은 주관적인 내면화와 사회적인 객관화의 상호작용을 기초로 하고 있다.

문화의 보편성과 특수성

문화의 의미가 다양한 이유. 문화는 인간이 사회생활을 통하여 이루어 놓은 정신적·물질적 산물 전체를 의미한다. 따라서 문명사회든 미개사회든 어느 사회에나 문화는 존재하며 언어, 결혼, 가족 등은 모든 문화에 공통으로 존재한다. 이것을 문화의 '**보편성**'이라고 한다. 동시에 각 사회는 독특한 자연환경과 역사적 배경 속에서 각기 고유한 문화를 발전시킨다. 이것을 문화의 '**특수성**'이라고 한다.

● 문화의 속성
- 문화의 학습성: 문화는 본능에 의한 것이 아니라 후천적으로 학습을 통해 얻는다.
- 문화의 공유성: 한 사회 내의 구성원들은 문화에 대해 다함께 알고 또 공유한다.
- 문화의 총체성: 한 사회의 문화들은 서로 연관되면서 상호 간에 영향을 미친다.
- 문화의 변동성: 한 사회의 문화는 고정된 것이 아니라 시간 변화와 함께 변화한다.
- 문화의 축적성: 한 사회의 문화 내용은 구전이나 기록되어 다음 세대로 전해지면서 누적된다.

자문화 중심주의

문화제국주의가 대표적. 자기들의 문화는 당연하고, 정당하며, 다른 문화에 비해 우월하다고 믿는 경향을 '자문화 중심주의'라고 한다. 문화제국주의는 그 대표적인 예인데, 예를 들어 유럽의 제국주의자들이 식민지 주민들에게 그들의 문화를 강요하고, 오늘날 선진국들이 시장 논리를 앞세우며 자기들의 영화나 음반, 식품 등 새로운 문화상품을 가지고 제3세계로 진출하는 것 등이 이에 해당된다.

문화사대주의

문화열등주의. 어떤 사람들은 다른 사회의 문화를 더 좋은 것으로 여기고 그것을 동경하거나 숭상한 나머지, 자기의 문화를 무시하거나 낮게 평가하기도 하는데, 이것을 '문화사대주의'라고 한다. 문화사대주의는 문화에 대한 **절대주의적** 자세를 취한다는 점에서 자문화 중심주의와 공통적이다. 자문화 중심주의와 문화사대주의는 결국 편견의 문제로 귀착된다. 그리고 편견은 갈등이나 차별을 야기한다. 한 사회 안에서도 문화적 차이로 갈등이 일어나는데, 나라나 민족이 다르다면 더 큰 문제가 발생할 수 있다.

문화상대주의

세계 문화의 다양성을 인정하고 이해하는 견해. 사회마다 다양하고 독특하게 나타나고 있는 문화는 오랜 세월에 거쳐 학습되고 축적되어 온 삶의 결과이며, 그 사회의 구성원들에게는 무한한 가치와 의미를 담고 있다. 따라서 어느 사회의 문화가 더 우월하고 더 열등한가를 비교하는 것은 무의미하며, 특정 사회의 문화를 다른 사회의 기준에 입각해서 평가하는 것은 바람직하지 못하다. 이와 같이 문화의 다양성과 상대성을 인정하고, 어떤 문화를 그 사회의 특수한 자연환경과 역사적·사회적 맥락 속에서 이해하고 판단하려는 태도를 '문화상대주의'라고 한다.

문화 수용

문화변동(융합, 동화, 공존) 현상. 외부에서의 전파 또는 내부의 발견이나 발명으로 인하여 새로운 생활양식이 처음으로 발생하는 것을 혁신이라 하고, 문화접촉에 의해 한 사회에 들어온 외래문화나 혁신자에 의해 창조된 문화가 사회에서 받아들여지는 것을 '문화 수용'이라고 한다. 그리고 외부에서 채용한 문화나 내부에서 발견·발명된 문화가 재래의 문화 속에서 새로운 질서를 이루는 것을 재통합이라고 한다.

문화융합

문화의 다양화 현상. 한 사회에서 다른 사회로 문화가 전파될 때, 그대로 이식되는 경우는 드물고 거부나 선택적 수용, 재해석과 절충 등이 나타나는 것이 일반적이다. 그 결과, 어느 문화에도 속하지 않았던 제3의 문화가 나타나는 것을 '문화융합'이라고 한다. 최근 한식의 세계화로 한 상으로 제공되던 한정식이 코스 요리로 제공된다거나 비빔밥이 샐러드 형태로 제공되는 것이 문화융합의 예이다.

문화 동화

문화의 획일화 현상. 외래문화의 유입 결과, 기존의 문화가 외래문화에 완전히 흡수되어 해체되거나 소멸해 버리는 현상을 '문화 동화'라고 한다. 오지의 소수 부족이 간직했던 고유 종교가 외래문화의 유입 후 사라지는 것은 '문화 동화'의 예라고 할 수 있다.

문화공존

문화의 양립 현상. 외래문화가 유입되지만 기존의 문화와 뒤섞이거나 흡수되지 않고, 하위문화로서 그 사회 내부에 독립성을 유지하면서 존재하는 경우를 '문화공존'이라고 한다. 미국 뉴욕의 맨해튼에 존재하는 차이나타운에서 중국인들이 그들의 문화를 유지하고 있는 경우이다.

문화지체

사회변동의 결과인 동시에 사회문제의 원인. 물질과 비물질 문화의 변동 속도의 차이가 나타나는 현상을 '문화지체'라고 하는데, 이는 의식주나 기술 등과 같은 물질문화의 발전은 비교적 빠르게 이루어지는 데 비해, 사회조직이나 종교, 도덕, 가치관 등의 비물질 문화의 발전은 상대적으로 느릴 뿐 아니라 쉽게 변화하지 않기 때문에 발생하는 현상이다. 문화지체 현상은 규범 체계의 미정립으로 인한 무질서, 사회구성원들의 불편함, 범죄 등을 유발하기도 한다. 이를 극복하기 위해서는 법적·제도적 장치가 마련되어야 하고, 무엇보다 사회구성원들의 의식 개선이 필요하다.

문화 다양성

절대 기준으로 문화를 판단해서는 안 되는 이유. 인간은 문화라는 수단을 통해 환경에 적응하고 이 문화는 다양한 방식으로 나타난다. 이것을 '문화 다양성'이라고 부른다. 오늘날 우리가 경험하고 있는 세계화 현상으로 인해 세계적인 규모에서 보편적이고 공통적인 문화 요소가 점점 더 많아지고 있지만, 다른 한편에서는 여전히 서로 다른 문화적 요소가 공존하고 있다. 그런데 다양한 문화 사이에서 어느 것이 더 좋고 옳은 것이며, 어떤 것이 더 나쁘고 잘못된 것이라는 평가를 단정적으로 내릴 수는 없다. 각 사회의 문화 사이에 존재하는 차이는 상대적인 것으로 이해해야 한다. 한 사회의 문화는 그 사회구성원들에게는 가치가 있지만, 다른 형식의 문화를 가진 사람들에게는 기이한 것으로 보일 수도 있다. 따라서 '세계 문화'라는 관점에서 문화의 다양성을 인정한다면 각 민족 문화의 상대성 역시 인정해야 할 것이다.

문화 정체성

타문화에 대한 개방적 태도와 관용의 자세. 문화다원주의 사회 속에서 어떻게 하면 상이한 인종, 문화, 종교집단이 안정과 평화를 유지할 수 있을까? 그것은 문화적 차이에 대한 '관용'의 태도를 가질 때에 가능하다. 다양성을 유지시켜주는 원동력인 관용은 그 자체가 현대의 문화 양식이다. 보편적인 관용의 원칙과 제도를 만들고, 이에 의거하여 관용을 배우도록 노력해야 한다. 더 나아가, 다양한 공동체 구성원들이 흔쾌히 동의할 수 있는 투명하고 일관된 관용의 원칙과 제도를 만들어감으로써 적대 행위의 원인을 줄여나가야 한다. 문화적 차이의 존중은 사회의 다양성을 유지하는 힘이 된다. 평화 공존과 번영을 위해 우리는 천부의 권리로서 인권의 존엄성을 자각하고 타인과 타민족의 다른 문화를 이해하고자 노력해야 한다. 이는 관용의 정신에서 비롯되며, 관용의 정신은 세계시민 문화의 핵심이 된다. 다른 문화에 대한 관용과 상호 인정을 통해 외래문화가 전통문화에 조화롭게 융합되는 것, 그것이 새로운 문화 창조이고 문화 정체성을 확립하는 길이다.

디지털 유목민

디지털시대의 새로운 인간관. 자크 아탈리가 만든 유명한 개념어인 '디지털 노마드족(nomad族)'은 국경이나 민족을 초월해서 전 세계를 무대로 끊임없이 움직이면서 새로운 가치를 창조하는 디지털혁명이 만들어낸 새로운 세력을 일컫는 말이다. 아탈리는 미래 역사의 주인공을 디지털 노마드족(유목민)이라고 했다. 예전의 유목민은 먹고 살기 위해 떠돌아다니는 생활을 했지만, 21세기형 유목민은 자신의 삶의 질을 극대화시키기 위해 떠돌이 생활을 한다. 이는 정보기술의 발달을 통해서 이제 인류는 한곳에 정착할 필요가 없어졌다는 것을 뜻한다. 즉 시간적·공간적 제약으로부터 자유로울 수 있는 인터넷, 모바일 컴퓨터, 휴대용 통신기기 등 디지털시스템 하에서의 인간의 삶은 '정착'을 거부하고 '유목'으로 변모해간다는 것이다. 아탈리에 따르면, 이는 계급에 따라 다르게 이루어진다. 부유한 계급은 상상할 수 있는 모든 종류의 디지털 '유목' 물품으로 무장하고서 여유로운 삶을 즐기기 위해, 또 좀 더 생산적인 곳을 선점하기 위해 유목의 길을 나설 것이고, 가난한 사람은 '살아남기 위해' 이동해야 하므로 결국은 누구나 유목민이 된다는 것이다.

민족문화

보편성 · 시대성 · 독자성. 민족문화는 특정한 민족이 겪어 온 경험과 생활방식의 총체를 의미한다. 한 민족의 문화 발전 과정에는 외부로부터 전파되어 온 외래문화가 영향을 끼칠 수 있는데, 일상생활 속에 용해되어 흡수된 외래문화 역시 민족문화에 포함된다. 민족문화는 개개인에게 초개인적인 동질성을 부여하고, 민족의 정체성을 확립하는 근거로 작용한다. 현대 민주사회에서 비록 개인의 자율성을 강조한다고 해서 그것이 결코 전통 · 문화 · 종교 · 민족 등을 통한 결속을 부정하는 것은 아니다. 오늘날의 세계화 시대에 우리에게 필요한 것은 전통적인 민족문화와 보편적인 세계 문화의 조화로운 **공존**을 추구하는 태도다. "가장 한국적인 것이 가장 세계적인 것이다."라는 말처럼 세계의 각 민족이나 사회는 각기 문화적 특수성을 가져야 하며, 그 다양한 문화적 특징이 모여 조화를 이룰 때 비로소 바람직한 세계 문화를 형성할 수 있다.

대중문화

대중매체에 의해 상품으로 대량 생산, 재생산되어 대중에 의해 소비되는 문화. 오늘날 대중문화는 자본주의의 생활양식과 관련되어 있기에, 사람들의 예술, 오락, 여가 생활에만 영향을 미치는 것이 아니라 한 사회의 경제 및 구성원의 의식주와 같은 일상, 가치와 규범, 행동양식 전반에서 영향을 미친다. 이에 따라 대중문화는 다음의 **긍정적** 특징을 보인다. 첫째, 대중문화는 일상에서 오락 및 여가문화로서의 기능을 제공하며, 대중을 위한 삶의 활력소 역할을 수행한다. 둘째, 대중문화는 사회구성원 다수가 즐기면서 계층 간 문화 차이를 줄이고 문화 민주주의를 실현하게 한다. 셋째, 일반적으로 대중문화가 탈정치적이라고 하지만, 요즘 대중문화에서 정치적 비판 기능이 나타난다는 점에서 대중문화는 나름대로 사회 비판적인 모습을 보이기도 한다. 이와 달리 **부정적** 특징도 있다. 첫째, 대중문화는 대량 생산과 대량 소비 과정을 거치면서 이윤을 추구하는 문화 상품의 성격이 강하기에 문화를 상업화하게 된다. 둘째, 대중문화 내용은 한 순간에 유행되어 사람들 삶의 양식을 비슷하게 하여 문화의 획일성과 몰개성을 가져온다. 셋째, 대중문화는 그 내용에서 인간의 원색적인 욕구에 초점을 두며 이 때문에 사회의 퇴폐화와 저속화 및 문화의 질적 저하를 가중시킨다는 비판을 받는다. 그러나 대중문화와 관련한 또 다른 문제는 대중문화가 대중 소외를 심화시키고, 정치적 무관심과 배금주의적 가치를 양산한다는 특징이 있다. 특히 권위주의 정부가 대중매체를 활용하여 대중 조작을 일삼거나 대중문화를 활용하여 대중을 수동적으로 만들 위험성도 있다. 이에 따라 대중문화 생산자들도 건전한 양식이 필요하지만, 대중문화 소비자의 선별적인 수용과 비판적인 인식이 필요하다.

팬덤

대중문화가 확산하면서 나타난 현상. 팬덤이란 특정 인물이나 분야를 열성적으로 좋아하는 사람들, 나아가 그 인물이나 분야에 대해 가진 '팬 의식'을 일컫는다. 열광적 애호가, 광신자를 뜻하는 'fanatic'의 'fan'과 한 사회의 습성이나 기질을 부정적으로 표현하는 '–dom'이 합성되어 팬덤(fandom)이라는 용어가 탄생했다. 팬덤 문화는 주류 문화의 주변 문화로서 지배적인 가치나 윤리 체계에 맞지 않는 이미지, 또는 문화 중독자라는 부정적 이미지를 가지고 있었다. 그러나 최근에는 대중문화의 **적극적 · 능동적 수용자**라는 인식이 확산하고 있다.

다문화주의

사회적 소수집단의 정체성과 문화적 이해를 공공 영역에서 적극적으로 인정하려는 일련의 흐름. 다문화주의란, 한 사회 혹은 국가 내의 문화가 주류 집단의 단일 문화에 의해 통합, 획일화되는 것보다는 여러 소수집단의 다양한 문화들이 공존하는 상태가 더 바람직하다는 관념, 그리고 그 이상을 실현하려는 운동 및 정책을 가리킨다. 다문화주의에 참여하는 소수집단들은 소수 인종이나 민족, 여성, 동성애자, 언어집단, 종교집단 등 계급보다는 인종이나 성(性)과 같은 범주로 분류되는 비주류 집단이다. 이들에게 집단 정체성의 확립은 곧 문화적 행위로 나타난다. 언어, 습관, 생활방식 등 현재의 일상적 삶을 구성하는 영역 속에서 서구중심주의, 백인중심주의, 남성중심주의의 흔적을 지우고 자신의 고유한 문화를 확립하려 들며, 이를 통해 다수의 다른 문화들 속에서 자기 문화가 대등하게 자리 잡기를 기대한다. 이런 이유로 다문화주의란 단순한 문화적 다원성의 의미를 넘어, 다수 문화들 사이의 **수평적** 관계를 지향한다.

멜팅팟 이론

동화 정책. 다문화주의 정책으로는 '멜팅팟' 이론과 '샐러드볼' 이론이 거론된다. **멜팅팟(용광로) 이론**은 여러 민족의 고유한 문화들이 그 사회의 지배적인 문화 안에서 변화를 일으키고, 서로에게 영향을 주면서 새로운 문화를 만들어나가는 것을 뜻한다. 당근 · 양파 등과 같은 여러 식재료들을 한 솥에 집어넣되, 그 고유의 맛이 다른 재료들과 섞이면서 새롭게 변화하는 것과 같은 이치다. 예를 들어 중국은 수많은 소수민족으로 구성된 국가지만, 국민의 대다수를 차지하는 한족 중심의 정책을 취함과 동시에 소수민족 문화를 전체 문화 안에 융화시키는 정책을 병행하고 있다.

샐러드볼 이론

융합과 공존 정책. **샐러드볼 이론**은 국가라는 큰 그릇 안에서 샐러드처럼 여러 민족의 문화가 섞여 하나의 새로운 문화를 만들어가는 것을 의미한다. 즉 각각의 민족이 가지고 있는 고유한 문화들은 국가라는 샐러드볼 안에서 각자의 고유한 맛을 가지고 샐러드의 맛을 만들어나가는 것과 같은 이치다. 대표적인 국가는 미국으로, 세계 각국의 이민자들이 모여서 세운 나라인 미국은 그들이 간직해온 여러 문화들이 섞이면서 미국 특유의 문화를 만들어내고 있다. 현재 우리나라는 국가 정책적으로는 멜팅팟 이론 쪽으로 기울어져 있다. 하지만 다문화 사회 관련 시민단체 등에서는 우리나라의 다문화 정책으로 샐러드볼 이론을 따라야 한다고 주장하고 있으며, 많은 사람들이 이에 공감하고 있다. 따라서 점차 시간이 지나면 우리나라 역시 샐러드볼 이론을 따르는 다문화 정책을 확대해나갈 것으로 보인다.

디아스포라

문화의 융합과 교류의 장. 디아스포라(Diaspora)는 외국에 있는 '코리아타운'과 같은 이주민 집단 거주 지역을 지시한다. 문화적 정체성이 확연하게 다른 외국으로 이주한 사람들은 자신들의 경제적 이익과 문화적 정체성을 확보하기 위해 디아스포라를 형성한다. 디아스포라는 단지 자신들의 경제적 이익과 문화적 정체성만을 지키는 곳은 아니다. 왜냐하면 디아스포라는 타 민족·타 인종들의 문화와 서로 **교류**하고 **융합**하는 곳이기 때문이다. 예를 들어 미국과 같은 다인종 사회에서 소수 인종들의 디아스포라는 단지 독립적으로 존재하는 곳이 아니라 미국의 문화와 자연스럽게 융합되는 곳이다. 곧 미국 내의 디아스포라는 다양한 문화가 만나고 합쳐지는 곳이다. 더군다나 지금 세계 각국은 자국의 고유한 문화적 전통을 강화하는 방향으로 힘을 모으는 상황이다. 문화는 융합을 통해 형성되는 것이라고 볼 때 디아스포라는 새로운 문화가 생겨나고 자라나는 바탕으로서의 역할도 하는 셈이다.

세계화

지구촌 사회. 세계화는 국제사회에서 상호 의존성이 증가함에 따라 세계가 단일한 사회체계로 나아가는 과정, 즉 세계가 하나의 생활권과 문화권으로 **통합**되어 가는 과정을 일컫는다. 세계화의 과정에서 필연적으로 상품, 서비스, 자본, 노동, 정보 등의 자유로운 이동이 일어나게 되면서 그 이동을 막는 인위적인 장벽이 없어지고 국경 없는 세계가 형성된다. 그 결과, 한 국가가 가지고 있던 기준, 가치관 등이 전 지구적 기준이나 가치관으로 대체되는 현상이 일어나면서 국가의 역할과 권한은 점차 감소되고 보편적 규범이나 공통적 기준이 점점 더 강한 힘을 갖게 된다.

민족

민족을 정의하는 방식은 무척 다양하다. 크게 다음 두 가지로 나

누어 볼 수 있다. 하나는 소속감, 일체감, 정체성에 의한 결속의식을 기준으로 삼으면서 '주체의식'을 강조하는 경우이고, 다른 하나는 혈통·체질의 동질성, 생활공간의 공통성, 언어, 종교, 풍속 관습 등 객관적인 구성 요소를 기준으로 삼아 '객관적인 특성과 조건'을 강조하는 경우이다. 오늘날까지 가장 널리 퍼져 있는 민족의 정의 방식은 '**문화공동체**'에 가깝다고 말할 수 있다. 인종이 주로 생물학적 집단 개념으로 간주되는 반면에 민족은 문화적 개념으로 이해된다. 흔히 민족을 정의하는 대목에서 민족이 문화를 형성하고 문화가 민족을 형성한다는 순환논법이 등장하는 것도 이 때문이다.

민족주의

국가 통합의 이데올로기. 민족주의란 그 어떤 단위보다 **민족**을 으뜸으로 생각하는 사상이라고 할 수 있다. 모든 민족이 각각 다른 민족에게 피해를 입히지 않으면서 자기 민족의 이익을 추구한다면 민족주의의 한계는 발생하지 않을 것이다. 그러나 민족주의는 일반적으로 모든 민족에 대해 동일한 대우를 해줄 수 없다는 점에서 한계를 지니고 있다. 즉 민족주의 안에서 우리 민족과 다른 민족은 그 가치가 다르다는 것이다.

자민족 중심주의

내집단에는 긍정적·복종적 태도를, 외집단에는 부정적·적대적 태도를 취하는 정신적 경향. 한 민족이 다른 민족에 대해 배타적인 태도를 취할 때, 이를 '**자민족 중심주의**'라고 한다. 자민족 중심주의는 자기 민족을 중심으로 모든 것을 바라보는 관점으로, 모든 다른 집단이나 사람들을 자기 민족을 기준으로 측정하고 평가하는 것을 의미한다. 이는 자기 민족 간의 고유한 정서를 형성하며, 자기 문화를 좋은 것으로 생각하는 자애(自愛)의 경향을 보인다. 그리고 의사소통을 통해 같은 민족임을 느끼는 기준으로 작용하여 민족의 문화적 특성을 나타나게 한다. 자민족 중심주의는 자기 민족의 문화에는 긍정적인 가치를 부여하지만, 다른 민족의 문화에는 좋지 않은 평가를 내린다. 나아가 자기 문화의 관점에 비추어 규칙에 어긋나는 것을 단순히 이해할 수 없는 것으로 여기지 않고 거부하거나 불쾌하게 여긴다. 즉 자민족 중심주의는 다른 문화와 접촉할 때 부적절하게 작용할 수 있고 의사소통에도 장애를 준다. 이로 인해 폐쇄적이거나 배타적인 민족주의나 인종 차별주의 등의 모습으로 나타날 수 있다. 자민족 중심주의는 지구상에서 서로 다른 문화적 전통이나 인종적 특색을 가진 여러 민족 또는 인종이 각자의 권리를 갖고서 동등한 존재로 더불어 살아가는 것을 인정하지 않는다. 따라서 자민족 중심주의가 심해지면, 소수민족이나 외국인 등을 억압하는 논리로 작용할 수 있으며, 국제적인 분쟁이나 대외 침략의 원인으로 작용할 수 있다. 예

를 들면, 자민족 중심주의는 일본의 전쟁 범죄 부인과 역사 왜곡 등으로 나타난 바 있으며, 또한 나치의 유대인 박해와 같은 극단적인 **배타주의**로 나아갈 우려도 있다.

열린 민족주의
세계화 시대의 민족주의의 나아갈 방향. 민족주의는 크게 자유로운 사회를 지향하는 '열린 민족주의'와 배타적인 성향을 지닌 '닫힌 민족주의'로 나눌 수 있다. 자민족 중심주의가 폐쇄적인 성격을 띠어 자기 민족을 절대시할 때, '닫힌 민족주의'가 되어 거친 열정을 불러일으키며 혹독한 대가를 치르게 된다. 또한 세계주의가 극단적 성격을 띠어 민족의 정체성을 무시할 때 세계는 다양성을 잃어버리고 획일화하게 된다. 따라서 우리는 민족 간 갈등과 분쟁을 낳는 '닫힌 민족주의'를 넘어서 **'열린 민족주의'**를 추구해야 한다.

자아정체성
'나다움', '개성'. 자아정체성이란, 개인이 자신에 대해 갖고 있는 생각 또는 의식을 의미한다. **자아정체성**은 개인의 특성과 자신이 속한 사회의 문화, 다른 사람과의 사회적 관계 등에 영향을 받아 점진적으로 형성되며, 살아가는 동안에 변화하거나 새롭게 형성되기도 한다. 전통사회에서는 신분, 가족 및 친족 관계 등이 자아정체성의 형성에 주로 영향을 미치지만, 현대사회에서는 개인의 직업, 가치관, 신념 등의 영향을 크게 받는다. 자아정체성은 개인적 · 주체적 요인과 외부적 · 환경적 요인에 의해 형성된다. 전자는 자기 스스로를 깊이 생각하는 과정에서 자아를 발견하는 것이며, 후자는 가족이나 친구, 자신이 속한 사회, 대중매체 등의 영향을 받아 형성된다.

정체성
사회적 자아. **동일성**과 유사한 개념으로, 자신을 구성하는 외적 요소들의 변화에도 불구하고 스스로를 하나이며 변하지 않는 개체로 인식하는 자의식을 말한다. 정체성은 자신의 의사와 관계없이 다른 사람에 의해 규정되기도 하며, 사회적 편견이나 선입견이 따를 경우 차별이나 따돌림의 원인이 되기도 한다. 각 개인이 처한 사회적 배경이나 능력, 성장 과정이 다르기 때문에, 다른 사람의 다양한 정체성을 존중해줄 필요가 있다. 한편 **정체성**은 타자와의 관계 속에서 실존적이고 사회적인 자아로서의 존재감을 규정하는 의미 체계를 일컫는다. 정체성은 문화적 상호작용을 통해 형성되고, 공동체적 동질성으로 발현된다. 따라서 문화적 상호작용의 불균형은 공동체적 동질성을 저해함으로써 자칫 정체성을 훼손할 수 있다. 시간의 흐름에 따라 공동체적 동질성이 저하되지만, 그렇더라도 결코 이것이 정체성의 근본을 뒤흔들 수는 없

다. 내적 자아 인식에 따른 자발적인 주체성의 확립이 정체성을 더욱 굳건히 하기 때문이다. 정체성과 동일성을 포괄하는 어원적 의미로서 **'아이덴티티'**가 있는데, 이는 신분, 정체성, 존재 의의, 평판, 주체성, 동일성을 총칭하는 개념으로 이해하면 된다. 아이덴티티는 한 사람의 인간이 성장해 가는 과정에서 획득한 자기 자신의 연속성과 안정성에 관한 확신, 자신이 어떠한 사람인지를 타인에게 이해시킬 수 있는 형태로 나타내는 표식(주민번호를 영어로 '아이덴티티 카드 ID Card'라고 한다), 자신이 어떠한 사람인지를 사회 속에서 위치 부여하고 타인과의 관계에서 애매함을 줄이기 위해 이용되는 집합적인 속성을 나타내는 추상적 개념 등 다양한 의미를 갖고 있다. 공통적으로 아이덴티티라는 것은 카테고리를 매개로 본인과 타인을 하나로 묶는다. 따라서 그것에 어떠한 차이가 있으면 아이덴티티의 위기가 발생하는 경우가 있다.

인포데믹스
정보 전염병. 인포데믹스란 정보(information)와 전염병(epidemics)이 합쳐진 단어로, 근거 없는 각종 루머가 IT 기기나 미디어를 통해 확산하면서 사회 · 정치 · 경제 · 안보에 치명적 위기를 초래하는 것을 의미한다. 디지털 시대의 신종 흑사병으로 불리는 인포데믹스는 우리나라에서뿐만 아니라 전 세계 곳곳에서 이슈로 부상하고 있다. 인포데믹스는 트위터, 페이스북과 같은 소셜네트워크서비스(SNS)에 가입한 이용자들이 서로 정보와 의견을 공유하면서 대인 관계망을 넓힐 수 있는 플랫폼인 소셜 미디어의 발전과 관계가 깊다. 인포데믹스는 단순히 소문이 퍼지는 것이 아니라 전문적이고 공식적인 매체는 물론 전화나 메시지 등 비공식 매체 등을 통해서도 확산한다. 전파되는 속도가 매우 빠르기에 잘못을 바로잡기가 어렵고, 경제 위기나 금융시장의 혼란을 키워 문제가 되고 있다. 속칭 '지라시'라고 불리는 금융시장에 도는 출처 불명의 소문 등이 인포데믹스에 속한다.

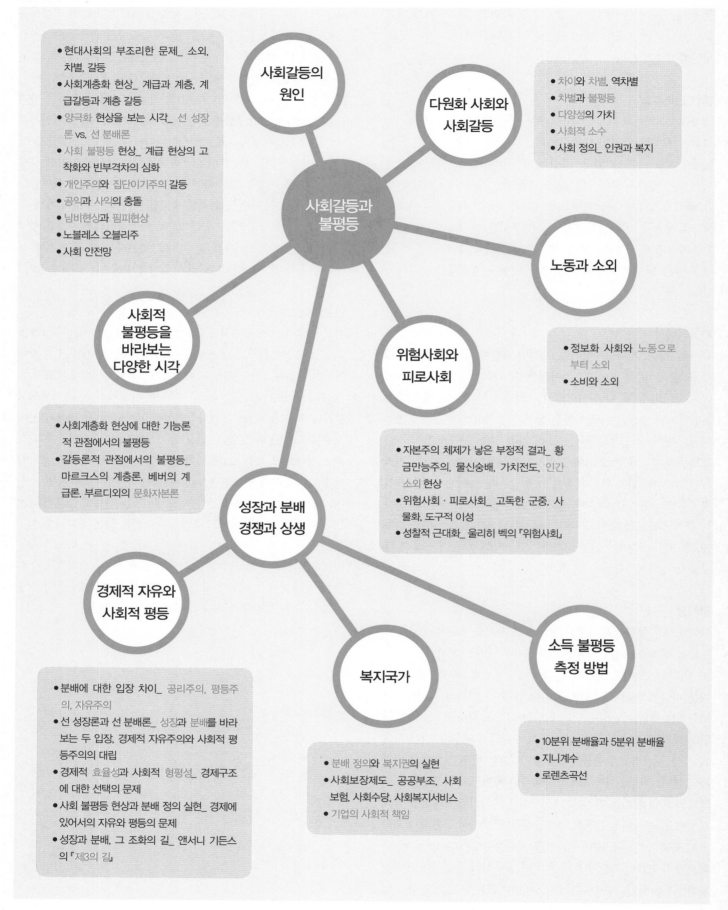

- 현대사회의 부조리한 문제_ 소외, 차별, 갈등
- 사회계층화 현상_ 계급과 계층, 계급갈등과 계층 갈등
- 양극화 현상을 보는 시각_ 선 성장론 vs. 선 분배론
- 사회 불평등 현상_ 계급 현상의 고착화와 빈부격차의 심화
- 개인주의와 집단이기주의 갈등
- 공익과 사익의 충돌
- 님비현상과 핌피현상
- 노블레스 오블리주
- 사회 안전망

사회갈등의 원인

다원화 사회와 사회갈등

사회갈등과 불평등

- 차이와 차별, 역차별
- 차별과 불평등
- 다양성의 가치
- 사회적 소수
- 사회 정의_ 인권과 복지

노동과 소외

- 정보화 사회와 노동으로부터 소외
- 소비와 소외

사회적 불평등을 바라보는 다양한 시각

위험사회와 피로사회

- 사회계층화 현상에 대한 기능론적 관점에서의 불평등
- 갈등론적 관점에서의 불평등_ 마르크스의 계층론, 베버의 계급론, 부르디외의 문화자본론

성장과 분배 경쟁과 상생

- 자본주의 체제가 낳은 부정적 결과_ 황금만능주의, 물신숭배, 가치전도, 인간 소외 현상
- 위험사회 · 피로사회_ 고독한 군중, 사물화, 도구적 이성
- 성찰적 근대화_ 울리히 벡의 『위험사회』

경제적 자유와 사회적 평등

복지국가

소득 불평등 측정 방법

- 분배에 대한 입장 차이_ 공리주의, 평등주의, 자유주의
- 선 성장론과 선 분배론_ 성장과 분배를 바라보는 두 입장, 경제적 자유주의와 사회적 평등주의의 대립
- 경제적 효율성과 사회적 형평성_ 경제구조에 대한 선택의 문제
- 사회 불평등 현상과 분배 정의 실현_ 경제에 있어서의 자유와 평등의 문제
- 성장과 분배, 그 조화의 길_ 앤서니 기든스의 『제3의 길』

- 분배 정의와 복지권의 실현
- 사회보장제도_ 공공부조, 사회보험, 사회수당, 사회복지서비스
- 기업의 사회적 책임

- 10분위 분배율과 5분위 분배율
- 지니계수
- 로렌츠곡선

사회갈등

공동선을 가로막는 요인. 우리 사회에서 사회갈등은 다양한 양태로, 빈번하게 일어난다. 사회갈등이 일어나는 원인은 다음과 같다. 우선 **이해관계**에서 비롯되는 경우를 생각해볼 수 있는데, 노사갈등처럼 자원이나 권력을 배분하는 과정 및 절차에 대한 입장 차이가 그것이다. 이해관계에서 비롯된 갈등은 '님비 현상'이나 '핌피 현상'과 같은 지역이기주의와 맞물리면서 더욱 증폭된다. 또한 가치관이나 신념 체계에 대한 뚜렷한 시각 차이가 갈등의 원인이 되기도 한다. 종교나 제사 문제로 인한 가족 간의 갈등, 개발과 환경 보전 사이에서 충돌하는 환경 갈등, 기성세대와 젊은 세대 간의 가치관 차이로 발생하는 세대 갈등, 정치적 성향의 차이로 인한 갈등이 이에 해당된다. 또 다른 갈등의 원인으로 사건이나 자료, 언행 등에 대해 서로 다르게 해석함으로써 생기는 **사실관계** 갈등을 들 수 있다. 예를 들어 '원자력의 안정성'에 관한 문제를 두고 일어나는 갈등에서 볼 수 있듯이, 동일한 사실에 대해서 각기 다른 주장을 펼치는 과정에서 갈등이 발생할 수 있다. 인간관계 속에서 서로 간의 불신이나 오해 때문에 갈등이 일어나기도 한다. 불신이나 오해는 의사소통이 잘 이루어지지 않을 때 주로 발생한다. 불신이나 오해가 서운함이나 분노와 같은 부정적인 감정으로 이어지면 갈등은 더욱 깊어진다. 마지막으로 **사회구조적인 요인**, 즉 잘못된 제도나 관행 때문에 발생하는 구조적 갈등이 있다. 예를 들어 장애인 이동권 보장이나 양성평등 문제 등은 시설 개선이나 제도 정비, 문화적 변화가 뒤따르지 않는 한 계속해서 발생할 수밖에 없는 갈등이다.

님비와 핌피

지역이기주의. 지역이기주의를 가리키는 **님비(NIMBY)** 현상은 'Not In My Back Yard'의 줄임말로, 자신이 속한 지역에 쓰레기 소각장이나 교도소 같은 이롭지 못한 시설이 들어오는 것을 반대하는 현상이다. 이와 반대로 지하철이나 백화점과 같이 이로운 시설을 자신이 속한 지역에 유치하려는 것을 **핌피(PIMFY, Please In My Front Yard)** 현상이라고 한다.

개인주의와 이기주의

자유주의 사상의 양면성. 개인주의는 개인의 정치적·경제적 자유와 권리를 보장하고 물질적 풍요와 편리를 가져다주는 데 기여한 반면에, 지나친 자유 경쟁과 개인의 이익 추구 현상으로 인해 이기주의의 확산, 빈부 격차의 증대, 인간 소외의 심화 등과 같은 부정적인 측면을 야기하기도 했다. 시민사회의 전개 과정에서 자신만의 자유와 권리를 주장하는 개인이기주의나 자신이 속한 집단만의 이익을 추구하는 **집단이기주의**를 초래했다.

사회 불평등

사회갈등을 일으키는 요인. 사람들은 한정된 자원을 조금이라도 더 많이 차지하기 위해 치열하게 경쟁한다. 그 결과 개인이나 집단 간에 재산, 권력, 위신 등 사회적 자원이 불평등하게 분배됨으로써 개인과 집단이 서열화하는데, 이러한 현상을 **'사회 불평등'**이라고 한다.

❖ 기능론과 갈등론의 입장에서 불평등 비교

구분	기능론	갈등론
사회를 보는 관점	구성원이 상호 의존하여 조화와 균형을 이루는 공존의 장(場)	한정된 자원을 먼저 차지하기 위해 벌이는 치열한 투쟁의 장
불평등을 보는 입장	불평등은 구성원들의 합당한 사회적 지위와 역할에 따라 희소자원이 다르게 배분되면서 발생하는 현상	불평등은 희소자원이 지배집단의 권력과 강제에 의해 불공정하게 분배됨에 따라 발생하는 현상
계층화 현상을 보는 시각	계층화는 개인과 사회가 최선의 기능을 수행하게 하는 합리적 사회 장치	계층화는 권력을 장악한 기득권층이 특권을 유지하고 강화하기 위해 사회적으로 구조화한 제도

공동사회와 이익사회

사회집단의 구분. 독일의 사회학자 퇴니스는 결합 의지를 기준으로 하여 사회집단을 공동사회와 이익사회로 분류하였다. 내가 속해 있는 집단이 내 의지나 선택에 의한 것이 아니라 선천적이고, 자연 발생적으로 결성된 집단을 **'공동사회'**라고 한다. 공동사회는 결합 자체가 목적이며 상호 이해와 공통의 신념 및 관습이 집단 구성의 바탕을 이루게 된다. 예컨대 가족, 민족, 농촌 사회 등이 이에 속하며 인간관계가 매우 친밀하고 포괄적, 영구적인 관계를 유지한다. 따라서 가입과 탈퇴가 자유롭지 못하다. 이와는 대조적으로 내 스스로의 의지나 선택에 의해서 후천적, 의도적으로 결성된 집단을 **'이익사회'**라고 한다. 이익사회는 결합의 목적이 특정한 목적을 달성하기 위한 하나의 수단이 되고, 구성원의 이해관계에 따라 계약과 일정한 절차에 의해 마련된 규칙이 집단 구성의 바탕을 이루게 된다. 예컨대 회사, 정당, 조합 등이 이에 속하며 인간관계가 이해타산적, 형식적이며, 자유의사에 따라 가입과 탈퇴를 할 수 있다. 한편, 미국의 사회학자 쿨리는 사회집단을 그 구성원의 접촉 방식에 따라 1차집단과 2차집단으로 분류하였다. 구성원 간의 대면적 접촉과 친밀감을 바탕으로 전인격적인 관계를 이루는 집단을 1차집단이라고 하며, 구성원 간의 간접적 접촉과 특정한 목적 달성을 위한 수단적 만남을 바탕으로 인위적으로 결합된 집단을 2차 집단이라고 한다.

구분	종류	특성
소속감과 태도 (섬너)	내집단	'우리'라는 강한 공동체 의식
	외집단	타인 집단으로, 옅은 소속감
접촉 방식 (쿨리)	1차집단	대면 접촉, 친밀감, 지속성
	2차집단	간접 접촉, 수단적, 인위성
결합 의지 (퇴니스)	공동사회	선천적, 자연발생적 결성
	이익사회	후천적, 의도적 결성

복지국가

평등적 자유주의의 실현. 복지국가는 정부가 나서서 국민의 삶의 질을 보장하고 끌어올리는 국가를 말한다. 이는 **민주국가**를 전제로 한다. 현존하는 모든 복지국가는 예외 없이 민주국가 단계를 거쳤는데, 독재국가 혹은 발전국가에서 민주국가 단계를 거치지 않고 복지국가 단계로 진입한 사례가 없음이 이를 뒷받침한다. 모든 민주국가가 반드시 복지국가로 전환되는 것은 아니지만, 대체로 민주국가는 복지국가로 전환되는 경향을 보인다. 따라서 복지국가는 사적 영역인 자본주의 경제체제와 공적 영역인 민주주의의 원칙을 충실히 받아들이되, 그에 기초하여 사회보장권의 확대를 위한 사회구성원 간의 정치적 합의가 이뤄져야 함을 알 수 있다. 그 결과, 복지국가는 자본주의적 분배에 더하여 정치적 합의를 통한 분배, 즉 **'평등적 재분배'**가 보태진다. 즉 보수정당과 진보정당, 우파와 좌파, 자본가 계급과 노동자 계급 간의 정치적 타협으로 만들어진 정치와 경제 구조의 결합을 통해 복지국가 체제가 구현되는 것이다.

사회보장제도

사회복지 실현 방법. 복지국가에서의 국가의 복지 활동은 관련 법률에 의거하여 이루어지며, 국가에 의한 사회복지는 법률에 의해 제도화된다. 추상적인 개념으로서의 '복지'가 '복지국가'라는 시스템으로 제도화되는 것이다. 이처럼 국가 주도의 복지 활동은 법과 제도를 통해 전개되므로 이를 '사회보장제도'라고 부른다. 사회보장제도는 공공부조, 사회보험, 사회수당, 사회복지서비스의 네 가지 유형으로 구분된다. **공공부조**는 국민기초생활보장법에 따라 빈곤 계층을 대상으로 국가가 지원하는 복지제도다. **사회보험**은 고용보험이나 건강보험처럼 보험 방식을 이용해 위험에 대처하는 예방적 복지 프로그램을 말한다. **사회수당**은 아동수당, 노인수당, 장애인수당 등과 같이 특정한 인구 범주에 해당하는 사람에게 무상으로 급여를 제공하는 제도다. 한편, 앞의 세 유형이 현금 형태로 소득을 지원하는 직접적인 지원제도인 것과는 달리, **사회복지서비스**는 육아, 양로, 교육, 의료 등과 같이 말 그대로 서비스 형태로 지원하는 직간접적인 지원제도를 말한다.

적극적 차별 수정 조치

실질적 평등의 실현. '적극적 차별 수정 조치' 혹은 '적극적 조치'는 형식적 기회의 평등만으로는 **실질적 평등**이 어렵다는 계속된 문제 제기에 따라 특정 집단에 대한 처우론이 이야기되면서 등장하게 된 개념이다. 적극적 조치는 구조적 차별을 수정하기 위한 조치로, 차별을 야기하는 편견과 통념, 고정관념, 관습 등을 수정하고 실질적인 평등을 이루기 위한 조치라고 할 수 있다. 현재 우리 사회의 차별 수정, 차별 금지를 위한 법 제도들은 소극적 차별 안하기 정책에 집중되어 있다. 그러나 이미 우리 사회에서 과거로부터 축적된 차별의 결과가 현재에까지 영향을 미치고 있다는 것을 인정한다면, '소극적 차별 안하기'는 '차별하기'와 다름없다.

사회적 약자

힘없는 소수. 우리 사회에는 신체적 · 사회적 · 문화적 · 경제적 특성 및 취약점으로 인해 다른 사람들과 구별되고, 그로 인해 타자로부터 불평등한 대우를 받고 집단적 차별의 대상이 되는 사회적 약자가 있다. 이들은 장애인, 노년층, 저학력자, 빈곤 계층, 이주 노동자 등을 일컬으며, **소수자 집단**이라고도 한다. 우리 사회에서 사회적 약자에 대한 차별은 이들에게 사회가 보장하는 각종 사회적 권리를 부여하지 않거나, 사회보장의 영역에서 제외시키는 등의 형태로 나타난다. 즉 민주주의의 기본 이념인 평등의 가치에 위배되는 불평등 현상이 일어나고 있다. 사회적 불평등은 개인의 삶의 질을 낮출 뿐 아니라, 사회구성원 간의 갈등을 초래할 수도 있다. 사회 안정을 위해 구성원 간의 갈등 해소와 화합은 필수적이기에, 사회적 약자에 대한 차별 문제는 국가가 나서 해결해야 할 중요한 과제이다.

사회적 소수자

사회적 약자. 사회적 소수자란 일반적으로 육체적 또는 문화적 특성 때문에 자신들이 살고 있는 국가나 사회로부터 불평등한 대우를 받으며, 경우에 따라서는 특정 집단으로부터 차별을 당하는 사람들을 말한다. 사회적 소수자는 그 수가 많고 적음에 관계없이 **사회적 약자**로 분류되는 경우가 많다. 소수자는 상대적인 개념이어서 상황과 여건에 따라 누구도 얼마든지 사회적 소수자가 될 수 있다. 예컨대, 내가 외국으로 이민을 가게 되면 그 나라에서 나는 소수자로 분류된다. 또한 종교적 신념이나 가치관의 변화, 불의의 사고, 노년기에 진입함에 따라 사회적 소수자로 취급받아 차별의 대상이 될 수 있다.

사회안전망

공동선 달성을 위한 사회보장체제. 공동선 실현을 위해 국가는 사회적 약자를 위한 다양한 사회복지 제도부터 마련, 시행해야 한다. 예를 들어 국가가 나서서 장애인 의무고용제도나 최저임금제도, 의료보험 등과 같은 사회안전망을 구축해 나가야 한다. 또한 국민의 의식을 개선하는 노력이 따라야 하는데, 이를 위해서는 국민들이 사회적 약자를 공동체의 일원으로 생각하도록 교육에 힘을 기울일 필요가 있다. 국가가 나서 사회적 약자와 관련한 문제들을 해결해나갈 때, 국가의 정당성은 확보되고 **공동선**은 달성 가능해진다.

성 불평등 현상

차이가 아닌 차별. 성(性)이 다르다는 이유로 사회적으로 중요한 역할을 담당하는 데 제약을 받고 차별적으로 대우받는 현상은 오랫동안 지속되고 있는 인류 사회의 대표적인 불평등의 하나이다. 이와 같이 사회의 여러 부분에서 성별 차이로 인해 특정한 성이 차별받고 억압받는 현상을 '**성 불평등 현상**'이라고 한다. 성 불평등은 남성과 여성 모두에게 적용될 수 있는데, 대체적으로 남성에 비해 여성이 불평등한 처우와 사회적 불이익을 더 많이 경험한다.

● 성 역할의 사회화 과정을 설명하는 세 가지 관점

구분	관점
동일시론	아동이 동성(同性)의 부모 행동을 무의식적으로 본받는 데서 성 정체성이 형성된다고 보는 입장
사회학습론	부모 이외에도 주변 환경이나 문화적 · 제도적 요소들이 성 정체성을 형성하는 데 중요한 역할을 한다고 보는 입장
인지발달론	아동이 사회와 상호작용하는 과정을 통해 스스로의 인지능력을 발달시키며, 그에 따라 사회적 성을 확립해 나간다고 보는 입장

유리천장

기울어진 운동장. 유리천장은 현대 직장 여성들이 승진의 사다리를 오를 때마다 일정 단계에 이르면 부딪히게 되는 **보이지 않는 장벽**을 비유한 표현이다. 형식적으로는 남녀가 평등하고 동등한 기회를 부여받고 있는 것 같지만, 사실 윗자리로 올라갈수록 보이지 않는 벽이 가로막고 있는 것처럼 여성의 지위 상승이 어려운 현실을 표현하는 말이다. 투명한 유리로 된 천장이라 직접 부딪히기 전까지는 있는 줄 모른다는 의미를 포함하고 있다.

제3의 길

실용주의적 중도좌파 정치 이념. 유럽의 사회민주주의와 신자유주의를 절충한 새로운 정치 이념을 말한다. 여기서 제1의 길은 유럽의 기존의 사회민주주의를 말하며, 제2의 길은 신자유주의를 말한다. 제3의 길의 핵심은 보호와 책임의 균형, 생산적 복지, 소외와의 투쟁, 개인의 창의성 존중, 사회세력 간의 합의에 근거한 발전 등에 있다. 제3의 길은 영국의 블레어리즘(Blairism)을 비롯한 1990년대 서유럽의 독일, 프랑스, 이탈리아 등 집권 세력의 이론적 기초를 제공한 이념이다. 앤서니 기든스는 신자유주의와 기존의 사회민주주의의 문제점을 비판하면서, 경제적 효율의 달성과 사회적 약자 보호를 동시에 주장하는 '**제3의 길**'을 제창했다.

고독한 군중

현대사회에서 소외받는 대중. 고독한 군중은 미국의 사회학자 리스먼이 지은 책 제목으로, 현대사회 대중의 모습을 표현한 용어이다. 고독한 군중은 대중 속에서 어울려 사는 듯 보이지만, 속으로는 고립감과 외로움을 느낀다. 따라서 이들은 타인으로부터 인정받고 그들에게서 격리되지 않으려고 끊임없이 노력하는 '**타자 지향적**'인 특징을 보인다.

위험사회

인간이 만들어낸 위험. 울리히 벡 교수의 저서 『위험사회』에서 규정한 성찰과 반성이 없이 근대화를 이룬 현대사회를 말한다. 그에 따르면 산업화와 근대화를 통한 과학기술의 발전이 현대인들에게 물질적 풍요를 가져다주었지만 동시에 새로운 위험을 몰고 왔다는 것이다. 벡에 따르면, 현대사회의 위험은 '분명히 존재하지만, 직접적으로 감지되지 않는 위험'이다. 역사적으로 인간은 항상 특정한 위험에 노출되어 왔지만, 현대사회의 위험은 이전과는 그 성격이 다르다. 과거 인간에게 주된 위험이었던 자연재해는 인간의 행위와 상관없이 순수하게 자연현상에 의한 것이었다. 그러나 현대사회의 위험은 환경오염, 생태계 파괴, 핵 위협, 유전자 변형 농산물, 시스템 마비 등 인간 스스로 만들어낸 '**제조된 위험**'이다. 다시 말해 지식과 기술 발전으로 인해 인간이 자연에 개입하면서 생겨난 위험이라는 것이다.

피로사회

자기가 자기를 착취하는 아이러니. 재독 철학자 한병철 교수는 '피로사회'에서 우리 사회에 만연한 **과잉 성과주의**를 비판한다. 그는 우리를 피곤하게 하는 것은 금지, 강제, 규율, 의무, 결핍과 같은 부정적 패러다임이 아니라 능력, 성과, 자기 주도, 과잉과 같은 긍정의 패러다임이라고 말했다. 그렇게 하라고 강요하거나 시키는 사람도 없건만 자신의 자유 의지로 더 많은 보상을 위해 죽도록 일하다가, 그 결과로 죽음만큼 피곤해지는 인간성을 만들어낸다는 것이다. 현대 피로사회에서 개인은 자신의 특기와 적성을 찾아가기보다는 획일주의에 휩쓸려 내가 누군지 모른 채 무작정 욕망을 키워가게 된다. 이 상황에서 긍정적 동기 부여인 '할 수 있다'는 자신감은 오히려 자신을 옥죄는 덫이 되어, 자칫 스스로 정한 욕망을 충족하지 못하여 좌절감과 우울증에 빠지게 된다.

● 마르크스의 계급이론과 베버의 계층이론 비교

구분	계급이론	계층이론
학자	마르크스의 유물론 (갈등론적 관점)	베버의 다원론 (기능론적 관점)
서열화 기준	계급(사유재산)	계급(재산), 지위, 권력
특징	●지배 · 피지배 계급의 대립 관계 ●사회적 계급 이동 제한 ●계급간 적대감	●상 · 중 · 하류층 간의 자유로운 이동 ●불평등한 분배 상태를 범주화

노블레스 오블리주

사회 지도층의 책임 의식. 귀족의 의무란 뜻으로서 현대적 의미로는 정신적 귀족으로서의 의무요, 출신 성분보다는 사회 계층적으로나 또는 남들 위에 서서 일하는 지도자로서의 의무라고 볼 수 있다. 즉, 지도층으로서 보통 사람들보다 더 많은 의무를 지니는 것을 의미한다. 우리나라는 최근 사회 지도층이 '단독 이민'이나 '국외 영주권 취득'을 자녀들의 병역 기피를 위한 수단으로 이용하고 있다는 사실이 감사원에서 밝혀지기도 했다. 21세기에 들어 미국 부시 대통령의 상속세 폐지 정책에 대한 미국 갑부들의 반응은 본받을 만한 **노블레스 오블리주**다. 그들은 노력해서 얻어도 번 만큼 사회에 환원해서 빈부 격차를 줄여야 한다며 폐지 정책에 반대했다. 사업에 성공해서 돈을 번 사람들이 재산을 사회에 환원하는 것은 가진 자의 의무라는 것이다.

사회갈등 해결의 원리

공동선 추구를 위한 사회적 합의. 다양한 사회적 쟁점들의 원만한 해결을 위해서는 사회 구성원 누구나 공감할 수 있는 합리적인 원리와 기준이 필요하다. **이해관계 조정**에서는 참여자들의 이익이 공정하게 고려되어야 한다. 이는 어느 한 편의 이익이 부당하게 희생된다면 문제 해결에 이르지 못하고 갈등이 더욱 심화될 수 있기 때문이다. **이익 조정**에 있어서 공정성을 보장하기 위해서는 조정 절차의 민주성이 필수적이다. 모든 이해당사자들이 고르게 참여하여, 양보와 타협의 자세로 대화와 토론을 통해 이견의 차이를 좁혀 나갈 때 원만한 합의에 이를 수 있다.

● 사회갈등 해결을 위한 바람직한 기준

사회갈등을 해결함에 있어서 **민주적 절차**를 무시하고 과격한 집단행동이나 실력 행사로 자신의 이익을 관철하려 든다면, 문제 해결이 어려워짐은 물론 심각한 사회 무질서까지 초래하게 된다. 한편 개개의 집단들이 자신들의 이익을 추구하는 과정에서 사회 전체의 이익을 침해하여 갈등을 빚기도 한다. 이런 경우, 특정 집단의 이익이 사회 전체의 이익보다 우선이 되어서는 안 되며 갈등 해결의 결과가 **공익을 침해하지 않아야** 한다.

● 계급과 계층의 차이

계급	계층
생산수단의 소유 및 통제를 둘러싼 사회관계에 따른 분류	재산이나 소득 수준에 따른 임의적 분류
사회적 성격 공유	분석적 필요에 의한 통계적 범주
역사적 변동	초역사적 성격
계급의식, 집합적 행동	피상적 · 서열화한 귀속 의식
경제적 불평등	다원적 불평등

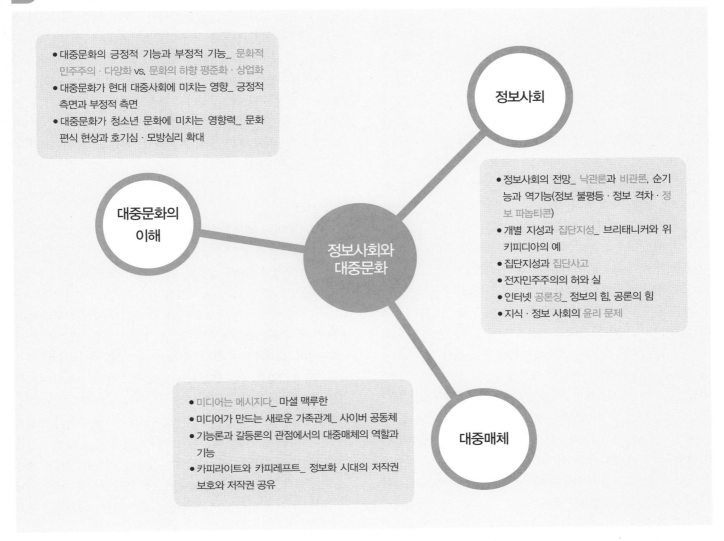

- 대중문화의 긍정적 기능과 부정적 기능_ 문화적 민주주의 · 다양화 vs. 문화의 하향 평준화 · 상업화
- 대중문화가 현대 대중사회에 미치는 영향_ 긍정적 측면과 부정적 측면
- 대중문화가 청소년 문화에 미치는 영향력_ 문화 편식 현상과 호기심 · 모방심리 확대

정보사회

대중문화의 이해

정보사회와 대중문화

- 정보사회의 전망_ 낙관론과 비관론, 순기능과 역기능(정보 불평등 · 정보 격차 · 정보 파놉티콘)
- 개별 지성과 집단지성_ 브리태니커와 위키피디아의 예
- 집단지성과 집단사고
- 전자민주주의의 허와 실
- 인터넷 공론장_ 정보의 힘, 공론의 힘
- 지식 · 정보 사회의 윤리 문제

- 미디어는 메시지다_ 마셜 맥루한
- 미디어가 만드는 새로운 가족관계_ 사이버 공동체
- 기능론과 갈등론의 관점에서의 대중매체의 역할과 기능
- 카피라이트와 카피레프트_ 정보화 시대의 저작권 보호와 저작권 공유

대중매체

매체가 곧 메시지다

매체는 권력이다. 대표적 매체 이론가인 마셜 맥루한은 "매체가 곧 메시지다."라고 주장했다. 이는 매체가 전달하는 내용보다 매체의 독특한 특성 자체가 사회에 더 큰 영향을 미친다는 것이다. 예를 들어, 인쇄매체에 의존하는 사회와 텔레비전이 중요한 역할을 담당하는 사회에서 경험하는 생활은 다르다. 또 전자매체는 지구촌을 조성하여 전쟁이나 재해 등 세계 곳곳에서 발생하는 사건이나 뉴스를 전 세계 사람들이 생생하게 목격하도록 하고, 세계인이 함께 참여하도록 했다. 맥루한은 **매체의 형식과 구조**가 인간이 세상을 인식하고 이해하는데 영향을 미치며, 인간은 매체의 강력한 영향력에서 벗어날 수 없다고 주장했다

아비투스

티내기, 구별 짓기. 프랑스 철학자 부르디외에 따르면, 계급이 신분을 갈랐던 옛날과는 달리 오늘날에는 문화와 개인적인 취향이 신분을 나누는 역할을 한다고 하여, 사회 구조와 개인 행위에 있어서의 심리적인 성향에 주목한다. 부르디외는 인간이 성장하는 과정에서 습득한 문화적 코드들이 개인의 '선호'로 더욱 굳어지게 된다고 말한다. 예를 들어 어려서부터 클래식 음악을 듣고 자란 상류층 자녀는 나이가 들어서도 클래식 음악을 즐겨 듣게 될 것이며, 반면 일용직 부모를 둔 아이들은 자라서 많은 돈을 벌게 되더라도 클래식 음악보다는 신나는 가요나 트로트를 더 좋아할 것이라고 말한다. 이처럼 한 개인의 경제적 계급은 그의 문화적인 선호까지 좌우할 수 있는데, 부르디외는 **경제적 계급**의 속성에서 비롯되는 삶의 경향성을 **'아비투스(habitus)'**라는 말로 표현한다. 즉 아비투스는 개인의 경제적 배경을 바탕으로 살면서 누리게 되는 일상의 경험이 문화적 · 소비적 습성으로 축적된 결과, 그것이 개인의 의식 속에 무의식적으로 내면화되고 습관화된 계층적 취향을 의미한다. 부르디외는 특정계급을 다른 계급과 구별하는 개인적 · 집단적 관행 내지는 취향인 아비투스를 통해, 그러한 차별화의 욕망이 구조적인 요인에서 비롯된다고 설명한다. 그는 경제적 계급을 통해 발생하는 문화적 차이가 한 시대가 아닌 세대를

거쳐 재생산되는 구조를 갖는다고 보았다. 이것이 가능한 이유는 그들이 소유하고 있는 경제적 재화와 문화적 능력을 다양한 방식으로 상속하게 만드는 기제들이 사회 내에 자연스럽게 존재하고 있기 때문이다.

문화자본

교육을 통한 사회적 지위의 대물림. 아비투스를 가능케 하는 대표적인 것이 바로 교육이다. 아비투스는 **교육**을 통해 상속되며, 그것도 복잡한 교육체계를 통해 이루어지는 무의식적인 사회화의 산물이다. 현대사회에서 지배계급은 더 이상 예전과 같이 경제적인 상속만으로는 자신의 계급을 자식에게 온전히 세습하기 어려움을 깨닫고, 교육을 통해 자신의 사회적 지위를 물려주려고 한다. 이러한 지식이나 문화의 형태로 된 자산을 가리켜 '문화자본'이라고 하는데, 현대사회에서는 경제적 자본의 지배보다 문화적 자본의 지배가 강화되며, 때론 두 자본이 서로 결합해가며 타자를 지배하기도 한다. 문화적 자본과 경제적 자본은 상호 교환될 수 있는 성질의 것으로, 경제적 자본이 많은 가정의 자녀일수록 문화를 보다 다양하고 풍부하게 경험할 수 있도록 기회가 열려있다. 이처럼 경제자본과 문화자본의 상호 교환 가능성은 현대사회에서 정당한 방식으로 계급을 세습할 수 있게 만드는데, 우리나라의 교육열이 높은 이유가 바로 여기에 있다. 상류계층은 자식에게 교육과 문화적 체험을 통해 사회적 권위를 획득 가능토록 만드는데, 그 과정은 의식적으로 행해지는 것이 아니라 자식에 대한 사랑으로 포장되어 무의식적이며 구조적으로 행해지게 된다. 이를 통해 자식은 투자된 경제자본에 비례하여 문화자본을 획득하게 되고, 결국 이것이 그로 하여금 경제적인 우위를 유지할 수 있도록 만드는 가능성을 한층 높인다. 그 결과, 상류계층의 자녀들은 다시 상류계층으로, 하류계층의 자녀들은 다시 하류계층으로 잔존하면서, 각자는 그에 걸맞은 문화적 취향을 향유하며 살아가게 된다. 현대사회에서 상류사회의 문화는 지배계급의 권력을 더욱 단단하게 만드는 수단이 된다고 부르디외는 말한다. 즉 언어, 사회구조, 법, 제도, 사상처럼, 아비투스 역시 인간의 의식을 제한하고 지배하는 구조적인 틀을 형성함으로써, 그것이 계층을 구분하고 지배하는 권력의 기제로 작동한다는 것이다.

소비의 이데올로기

이미지는 기호다. 구조주의 철학자 장 보드리야르는 현대사회를 소비에 의해 확장되며 발전하는 '소비사회'로 규정한다. 소비사회에서 중요한 것은 상품의 사용가치나 교환가치가 아니라 사회적으로 의미가 부여된 '기호가치'다. 상품이 넘쳐나는 시대에 사람들을 욕망하게 만들려면 단순한 사용가치만으로는 안 된다. 상품의 기호, 즉 이미지, 감성, 구별 짓기, 지위 표시, 유행, 사회 코드 등과 같은 요소들이 상품을 감싸고 있어야 한다. 현대에서 소비는 단순히 물건 자체를 구매하는 것이 아니라 물건이 재현하는 '기호'를 구매하는 행위다. 사람들이 물건 대신 기호를 욕망하며 소비할수록 이미지의 비중은 커져 간다. 더 나아가 이러한 기호 체계가 현실 자체를 구성하고 창출한다. 모든 것이 기호로 변하고 소비를 가능케 하는 일회성과 파편성만 남게 된다. 이미지와 상징이 실재보다 더 실재 같은 사회, 이것이 보드리야르가 현대 소비사회를 보는 시선이다.

집단사고

똑똑한 사람들이 모이면 바보 되는 이유. 집단사고란 말 그대로 유사성과 응집성이 높은 집단에서 나타나는 의사 결정 사고(思考)로, 사고 과정에서 반대 정보를 차단하거나, 또는 발생할 수 있는 문제점을 고려하지 않은 채 **만장일치**를 추구하는 결과가 나타날 수 있다. 동일한 집단 구성원 간에 어떤 의사 결정을 내려야 할 때, 문제 상황과 관련하여 나타날 수 있는 가능한 대안이나 반대되는 정보를 고려하기 어려운 상황이 사고 과정에서 발생할 경우에 그러한 경향은 증폭된다. 다시 말해, 비슷한 생각을 하는 사람들끼리는 어떤 문제에 대해 쉽게 합의하려 드는 경향이 있어서, 의사 결정 시에 발생할 수 있는 문제점을 심사숙고하기 어렵게 만든다. 최근에는 이를 해결하기 위해 아예 다른 분야의 전문가를 의사 결정 과정에 참여시키려는 경향이 나타나고 있다. 예를 들어 공학자 집단의 기술 개발과 관련한 의사 결정에 심리학자나 인문학자들이 참여하여 여러 문제를 제기하거나 해결책을 제시하는 경우가 그것이다.

집단지성

때론 똑똑한 소수보다 평범한 다수가 더 낫다. 다수의 사람들이 서로 협력을 통해 지적 능력의 결과물을 얻는 의미로서의 집단지성이 있다. 예를 들어 다국적 온라인 백과사전인 '위키피디아'처럼 전문가 집단이 아니더라도 다수의 일반인들이 다양한 의견을 쏟아낼 경우, 전문가들의 의사 결정 결과물보다 훨씬 값진 정보와 의견을 만들어낼 수 있다는 것이다. 제도화된 사회일수록 전문가 집단의 의사를 중요하게 여기면서, 그들의 견해가 잘못됐음에도 불구하고 단지 전문가란 이유만으로 무조건 받아들이는 경우가 상당하다. 이것의 위험성은 이른바 똑똑한 바보들의 침묵 내지는 묵시적 동의의 총체인 집단사고와 견주어 결코 낮지 않다. 인터넷 등 다양한 매체를 통한 쌍방향 소통이 활발하게 이루어지고 있는 현대 사회에서 집단지성은 마치 인공지능이 진화하는 것처럼 끊임없이 확대 재생산되는 힘을 지니고 있다.

카피라이트와 카피레프트

정보 독점이냐, 정보 공유냐. **카피라이트(Copyright)**는 지적 재산권이라는 뜻으로, 음악·영화·예술품이나 기술과 같은 지적 활동의 결과로 만들어진 창작물을 원작자의 동의 없이 함부로 인용하거나 복제할 수 없도록 하는 것이다. 한마디로 창작의 노고에 대한 정당한 대가를 치러 달라는 것이다. 우리나라에서 지적 노동 가치에 대한 일반 대중의 인식은 아직도 미약한 수준이다. 그러나 창조적 노동의 결과가 제대로 보호되지 않는다면, 창작자들에게 돌아가야 할 경제적 이득이 줄어들고, 이들이 안정되게 또 다른 창작 활동을 할 수 있는 기반을 빼앗기게 될 것이다. 이는 창작물의 질적 저하를 불러와 장기적으로는 국가적인 손실로 이어진다. 한편 **카피레프트**는 지식과 정보는 인류 전체의 공동 자산으로 모두가 자유롭게 접근하고 사용할 수 있어야 한다는 것이다. 카피레프트를 지지하는 사람들은 무엇보다도 지적 재산권에 의한 이득을 개인 창작자보다는 거대 기업과 자본이 독점하고 있는 현실에 문제를 제기한다. 그들은 지식과 정보가 특정 세력에 의해 독점되어 과도한 이윤 추구 수단으로 변질되면서 나타날 수 있는 불평등과 인권 침해 가능성을 우려한다.

역감시

전자민주주의의 핵심. 역감시란 국민이 국가를 감시하는 것을 뜻한다. 민주주의 사회에서는 국민이 주권자이고 국가는 그 대행자가 되므로 국민이 국가를 감시하는 것은 당연하다. 그럼에도 통상적으로 감시는 국가의 기능이라고 여겨지므로, 국가에 대한 국민의 감시를 **'역감시'**라고 부른다. 역감시의 개념은 모든 국민이 실시간으로 국가를 감시하게 되면 부정부패를 줄이고 더욱 민주적인 국가를 만들 수 있다는 생각에서 출발했다. 현재 우리나라는 역감시에 가까운 제도로 '정보 공개권'이 있지만, 사전 공개가 아닌 사후 공개에 초점을 맞춘 제도이며, 그나마도 원활하게 지켜지고 있지 못한 실정이다. 역감시는 정치적 모순을 해결하기 위한 중요한 기본권이지만, 국가의 입장에서는 환영할 이유가 없으므로 국민이 앞장서서 이 권리를 찾으려는 노력을 기울이는 것이 중요하다.

정보 격차

정보에 접근할 수 있는 기회와 능력의 차이. 정보 격차는 정보를 가진 사람과 그렇지 못한 사람 사이에 나타나는 차이와 불균형을 말한다. 즉 정보화 시대에 새로운 정보 기술에 접근할 수 있는 사람과 그렇지 못한 사람 사이의 경제적·사회적 격차가 심화되는 현상이라 할 수 있다. 초기에는 주로 경제적인 이유 때문에 컴퓨터나 인터넷 통신 장비를 보유할 능력이 없어 나타나는 정보 접근성의 격차가 정보 격차의 주된 이유였지만, 관련 기기와 인터넷 연결망 서비스가 확대된 지금은 **정보 활용 능력의 격차**로 그 의미가 확대되고 있다. 정보 격차는 세대, 학력, 소득, 직업, 성별 등에 따라 다양하게 나타난다. 정보화 사회는 지식과 정보가 가치 창출의 원천이라는 점을 생각할 때, 정보에 접근하고 이를 활용하는 능력은 경제적 부와 직결되어 경제적 격차를 가져온다. 그런 점에서 볼 때, 정보 격차는 정보화 시대의 새로운 불평등 구조를 형성하는 핵심 요소로 자리 잡았다.

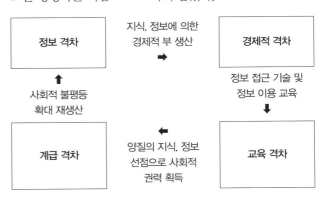

〈정보 격차로 인한 사회적 불평등 재생산의 흐름〉

정보화와 민주주의

직접 민주주의 시대의 도래. 정보화는 민주주의를 발전시키고 직접 민주주의를 실현할 수 있는 기술적 가능성을 가지고 있다. 인터넷이 '언론·집회·결사의 자유'를 시공간의 제약으로부터 완전히 해방시켰고, **시민들의 정치 참여** 기회를 증폭시켰기 때문이다. 이제는 인터넷을 통해 누구나 쉽게 새로운 정책이나 사회적 이슈에 대한 정보를 얻을 수 있으며, 그에 대한 자신의 의견을 블로그, 댓글, 정부 기관 사이트 등을 통해 자유롭게 표현할 수 있다. 또한 시민들 상호 간에도 인터넷 커뮤니티나 토론장을 통해 보다 활발하게 의견을 교환하고 여론을 조성할 수 있게 됐다. 이렇듯 정보화는 '보통 사람들'이 정치에 적극 참여할 수 있는 계기를 마련해주었을 뿐만 아니라, 정치·사회·법규 관련 정보에 대한 접근성을 높여, 정치 참여 욕구와 비판능력을 두루 갖춘 시민의 출현을 가능케 했다. 즉 정보화는 정치권력에 대한 시민들의 감시와 통제 기능을 현저히 향상시켰다.

사회변동 이론

일정한 시간을 두고 생산 양식, 의식 구조, 인간관계 등에서 사회가 구조적으로 커다란 변화를 경험하는 것을 '사회변동'이라고 한다. 사회적 관계 내에서 인간의 생활 조건, 사고방식, 태도 그리고 사회 구조와 기능 등이 변하는 현상, 즉 변동의 원인과 변동의 방향에 대해서는 다양한 견해가 있다. 그 대표적인 것들은 다음과 같다.

■ 사회변동의 방향성 측면_ 진화론과 순환론

진화론에서는 사회변동은 일정한 방향을 가지고 있으며, 변동은 대체로 발전과 진보를 의미하는 것이기에, 문명화하지 못한 사회도 변동을 통해 궁극적으로 진보를 이루게 된다고 본다. **순환론**에서는 사회는 특정한 방향으로 움직이지 않으며, 탄생, 성장, 쇠퇴, 해체를 반복하면서 변동하는 것이기에, 현대사회가 전통사회보다 모든 면에서 더 우월하다고 보지 않는다.

■ 사회변동의 요인 측면_ 기술결정론과 문화결정론

기술결정론에서는 사회변동의 요인으로 기술의 중요성을 강조한다. 기술의 발달로 대표되는 경제 영역의 변화가 정치 · 사회의 변화는 물론 인간의 의식 구조를 변화시키고, 궁극적으로 사회의 총체적인 변화를 가져온다고 본다. **문화결정론**에서는 정신 · 사고 · 윤리 · 가치관 등을 포괄하는 문화의 변화가 정치 · 경제 · 사회의 변화를 가져온다고 본다. 여러 사회에서 기술적으로 같은 진보가 나타난다 하더라도 각 사회구성원의 정신적 · 의식적 특성 등 비물질 문화의 차이에 따라 사회변동은 다른 모습을 띨 수 있다는 것이다.

■ 사회변동에 대한 관점 측면_ 기능론과 갈등론

기능론에서는 사회가 전체적으로 균형을 유지하기 위해 각 부분이 조정되는 과정에서 나타나는 변화를 사회변동이라고 본다. 사회는 수많은 부분이 각각의 기능을 원활히 수행할 때 균형을 이루고 안정을 유지할 수 있기에, 사회변동에 대해 다소 부정적인 입장을 취한다. **갈등론**에서는 사회의 여러 부분이 대립하는 과정에서 나타나는 변화가 사회변동이라고 본다. 이 이론에 따르면, 지배적인 위치에 있는 사람들은 사회의 현상 유지를 원하지만, 지배를 받는 사람들은 변화를 원하므로 사회는 끊임없는 불안과 갈등을 표출하면서 변동한다고 주장한다.

사회 · 문화 현상 탐구에 있어서의 가치중립에 대한 세 가지 입장

사회학에서 가장 치열한 논쟁 중의 하나는 연구자의 개인적 신념 혹은 정치적 이데올로기가 연구 활동 및 과정에서 어느 정도 영향을 주어야 하는가의 문제이다. 이 쟁점에 대해 지금까지 크게 세 가지 입장이 전개됐다. 첫째, 사회학이 과학적 지위를 확보하기 위해서는 연구자의 주관이 배제되어야 한다는 입장이다. 이처럼 **가치중립**을 강조한 사회학자는 주로 사회학이 자연과학의 방법을 모색해야 한다는 실증주의자들이다. 그들의 주장에 따르면, 연구 설계가 잘 짜여 있고 연구 결과를 왜곡하지 않는 한 연구자의 가치나 편견이 개입할 소지는 없다.

두 번째 입장은 연구자의 가치중립이 가장 이상적이지만 실제로 **가치를 배제하기란 어렵다는** 것이다. 가치중립 개념 자체를 비판한 사회학자 굴드너는 그 개념에 대한 베버의 논지가 당시 프러시아 정부의 간섭에 대한 강한 반발에서 나왔다고 주장했다. 그는 모든 사회학자가 학문적 야망을 추구한다고 보았다. 즉 사회학자는 자신의 연구가 출판되기를 바라며, 승진하고, 자신의 분야에서 유명해지기를 바란다는 것이다. 가치중립의 실질적 어려움을 인정하는 이 입장에서는 가치문제와 관련하여 연구자가 최대한 할 수 있는 일은 자신의 가치를 독자에게 투명하게 밝히는 것이다.

세 번째 입장은 사회학 연구를 **사회적 약자의 삶을 증진하는** 수단으로 활용해야 함을 주장한다. 즉 사회학자는 가치중립을 추구할 것이 아니라 사회문제에 적극 개입하고 사회변동을 추진하는데 도움을 주어야 한다는 것이다. 낙인이론으로 유명한 범죄 사회학자 베커는 이 관점을 취하면 새로운 사실과 연구 주제를 발견할 수 있다고 했다. 굴드너는 베커의 입장에서 한 걸음 더 나아가 사회학이 지배세력의 억압구조를 연구해야 함을 역설했다. 마르크스주의자 알튀세르도 지배계급이 자신의 이해관계를 위해 대중을 통제하는 방식을 드러내는 것이 사회학의 역할이라고 했다.

테마학습 3	사회화를 바라보는 다양한 관점

사회화는 사람이 태어나서부터 그 사회의 문화를 배우고 그 사회의 가치를 내면화시키는 과정을 뜻한다. 사회화의 과정 속에서 사람들은 그 사회의 기본적인 지식과 집단생활에 필요한 능력이나 태도를 학습한다. 또한 문화적 가치와 신념을 학습하며 자아를 형성하게 된다. 사회화의 과정은 사회 · 문화 현상 탐구방법인 기능론, 갈등론, 상호작용론의 입장에서 각각 다음과 같이 설명될 수 있다.

■ 기능론적 시각에서 바라본 사회화

기능론적 시각에서 볼 때, 사회화는 개인을 사회에 적응, 통합시켜 사회를 유지하는 기능을 한다. 야생에서 개별적으로 혹은 집단을 이루어 살아가는 다른 동물들과 달리, 인간은 사회 속에서 복잡한 사회적 관계를 형성하며 살아간다. 그리고 이를 위해 상당한 기간에 걸쳐서 사회생활에 필요한 다양한 지식, 태도, 가치관 등을 배우고 익혀야 한다. 따라서 기능론에서는 사회화를 통해 다양한 개인들의 행동이 원만하게 조정되고 통합되어야 사회가 유지된다고 본다. 또한 사회화가 제대로 이루어지지 않으면 그 개인은 사회에 제대로 적응하지 못하고 스스로 소외되거나 타인들에게 피해를 주어 사회 통합을 저해할 가능성이 크다는 것이 기능론자의 주장이다.

■ 갈등론적 시각에서 바라본 사회화

갈등론적 시각에서 볼 때, 사회화는 기득권을 가진 집단의 이익이 지켜지는 현재의 상태를 유지하거나 강화하기 위한 내용을 전달하는 과정이다. 언어의 습득은 물론이고 다양한 분야의 지식이나 가치관의 전달 또한 이미 그 사회에서 권력과 자원을 가진 집단에 유리하게 작용하도록 한다. 또한 갈등론자는 학교 교육에 대해서도 그것이 중립적인 것으로 가장되어 있지만, 실제로는 지배 계급의 문화를 유효적절하게 전수함으로써 기존의 사회계층 구조를 재생산한다고 주장한다. 이를테면 시간을 잘 지키고 부지런히 자신이 맡은 일을 하는 성실함은 노동자에게 필요한 덕목으로서, 결국 자본가들의 이익을 창출하는 데 이바지하게 된다는 것이다. 결국, 공정해 보이는 학교 교육을 통해서 지배문화를 정당화하고 불평등을 재생산한다는 것이 갈등론자의 주장이다.

■ 상징적 상호작용론의 시각에서 바라본 사회화

상징적 상호작용론에서는 인간의 자아 형성 과정과 상징적 상호작용의 중요성을 강조한다. 쿨리(C. H. Cooley)에 따르면 사람들이 자신에 대한 타인들의 생각이나 판단을 거울로 삼아 거기에 비친 자기 모습을 보고 자아관념을 형성해 가는데, 이를 가리켜 '거울에 비친 자아'라 한다. 이때 모든 사람의 판단이 똑같이 중요한 것이 아니라 원초적 관계에 있는 사람들의 역할이 더 중요하다고 본다. 한편, 미드(G. H. Mead)는 한 사회의 가치와 문화에 따라 행동하는 것으로 각인된 다른 사람의 모습, 즉 '일반화된 타자(사회의 일반적인 기대나 가치가 사람의 마음속에 내면화되어 있는 타인의 모습)'의 시선을 염두에 두고 반응하는 과정에서 자아가 형성되는 것으로 보았다. 처음에는 주위 사람들의 행동을 단순히 모방하는 것으로부터 시작하여 혼자서 다른 사람의 역할을 해 보면서 노는 단계를 거쳐 일반화된 타자의 역할을 제대로 습득하여 자아관념을 형성해 간다는 것이다.

문화 이해의 다양한 관점

타문화에 대한 진정한 이해와 인류 공존이 가능하기 위해서는 단편적이고 자기중심적인 관점에서 벗어나 총체론적, 상대론적, 비교론적 관점에서 문화를 바라볼 수 있어야 한다.

■ 총체론적 관점

어떤 문화의 일면을 보고 그 문화를 모두 이해하고 있다고 할 수는 없다. 왜냐하면 문화의 각 부분들은 상호 의존적이며 지속적인 상호작용을 통해서 통합된 전체를 형성하기 때문이다. 따라서 특정 현상이 문화의 다른 측면들과 어떻게 관련되는지를 이해하는 것이 중요하다. 예를 들어 이슬람 문화를 이해하고자 한다면 그 문화와 관련된 자연환경, 역사, 정치, 경제, 사상 및 신앙 등 전체적인 맥락 속에서 그 문화를 탐구해야 하는데, 이처럼 어떤 문화를 전체적인 맥락 속에서 이해하려는 접근을 **총체론적 관점**이라고 한다.

■ 상대론적 관점

상대론적 관점은 어떤 사회의 문화를 그 사회의 독특한 환경과 상황 및 역사적 맥락에서 이해하고 해석하는 것을 의미한다. 문화는 다른 사회의 절대적 판단 기준을 가지고 평가해서는 안 되고, 그 문화를 향유하고 있는 사람들의 관점을 통해서 이해되어야 한다.

예를 들어 기독교 문화는 유교나 이슬람 문화의 잣대만을 가지고 판단되어서는 안 되고, 기독교 문화가 영위되고 있는 사회의 역사적 배경과 환경 및 상황에서 탐구되어야 한다는 것이다. 문화를 이해하는 데 무엇보다 주의해야 할 것은 문화에 대한 판단의 기준이 서로 다를 수 있다는 점이다.

■ 비교론적 관점

문화는 다른 문화와 상호 비교를 통해서 좀 더 잘 이해될 수 있는데, 이처럼 **비교론적 관점**을 취할 수 있는 이유는 사회마다 문화가 독특하고 다양하며 보편성을 가지고 있기 때문이다.

예를 들어 유교 문화는 이슬람 문화나 기독교 문화와의 비교를 통해서 더욱 잘 이해될 수 있을 것이다. 인류 문화에서 보편적으로 나타나는 혼인, 가족, 친족, 경제 등의 측면에서 서로 간에 무엇이 같고 무엇이 다르며 결국 어떤 특성들을 가지고 있는지에 대한 비교를 통해서 유교 문화가 더 분명하게 파악될 수 있는 것이다.

분배를 보는 세 가지 입장

성장과 분배는 경제 문제의 핵심 내용을 구성한다. 성장은 애덤 스미스의 『국부론』 이래 경제학자들의 최대 관심 사항이었다. 노벨 경제학상을 받은 쿠즈네츠에 따르면 경제성장이란 국가 경제의 생산 능력 증가이며, 끊임없는 기술 진보와 이에 호응하는 제도 및 국민 의식 구조의 개선을 통해 가능한 것으로 설명된다.

반면에 분배에 대해서는 좀 더 복잡한 설명이 필요하다. 그만큼 분배를 둘러싼 논의가 분분하고 논점 역시 복잡하기 때문이다. 분배에 대한 논의는 경제학에서보다 철학 영역에서 더 정교하게 진행된 면도 있는데 분배에 대한 철학적 논의는 바람직한 분배, 즉 분배 정의에 대한 논의를 중심으로 전개되었다. 분배에 대한 철학적 논점들을 몇 가지만 들면 공리주의, 평등주의, 자유주의 등이 있다.

간략히 살펴보면, 먼저 벤담으로 대표되는 **공리주의**는 '최대 다수의 최대 행복'이라는 명제에 기초해서 사회 전체의 효용을 극대화해야 한다는 견해를 갖고 있다. 롤스의 **평등주의**는 사회에서 가장 소외된 계층의 복지와 편익을 향상하는 데 초점을 둔다. 한편 노직으로 대표되는 **자유주의**에서는 개인의 자유와 권리가 정의 실현을 명분으로 침해되어서는 안 되고, 절차의 정의를 잘 지키면 결과의 정의는 자연스럽게 실현된다고 본다. 국가가 사회구성원의 자발적인 교환에 대한 보장이나 강압, 사기, 계약의 강요 등으로부터 국민을 보호하는 것 이상으로 분배 활동에 개입해서는 안 된다는 점을 강조한다.

성장과 분배는 경제 문제의 핵심 내용을 구성한다. 즉 성장과 분배 간의 대립은 경제적 자유주의와 평등주의의 대립으로 요약될 수 있다. 경제적 자유주의는 시장에 의한 경쟁의 논리를 강조함으로써 성장을 촉진하는 반면, 소득 불균형에 따른 빈부격차를 가속시킨다. 반면, 사회적 평등주의의 강조는 분배가 중심이 되면서 복지가 강화되지만 성장 둔화가 염려된다. 성장은 본질적으로 개개인의 자유로운 경제활동을 중시하는 반면, 분배는 사회구성원들 간의 평등을 중시한다.

자유와 평등이 상호 대립적이면서도 조화를 이뤄야 하는 것처럼 성장과 분배 역시 결코 분리해서 생각할 수 없는 문제다. 성장 없는 분배가 있을 수 없고, 분배가 보장되지 않는 지속적인 성장은 불가능하다. 이 둘을 어떻게 조화시킬 것인가? 그리고 이는 가능한 일이기는 한 걸까? 결국 성장과 분배 둘 다 추구해야 하겠지만, 현실적으로는 결코 쉽지 않다. 때문에 선후(先後)의 문제가 불가피하게 대두된다.

성장론자들은 일단 파이를 키우고 난 다음에야 파이를 여러 사람과 나눌 수 있는 분배도 가능하다고 주장한다. 이들의 주장을 따를 경우, 사람들이 분배를 주장하는 가장 큰 이유는 빈부격차 때문인데, 이는 성장을 통해 소득을 늘린 이후에 부를 고소득층에서 저소득층으로 확산해 나감으로써 해결될 수 있다고 본다. 성장을 통해 기업 투자가 활성화된다면, 이는 결과적으로 많은 일자리 창출로 이어져 상대적 빈곤과 절대적 빈곤을 함께 해결할 수 있다는 것이다. 그렇기에 노동시장의 유연화는 단기적으로는 실업자를 양산하겠지만, 장기적으로는 기업이 효율적으로 운영됨으로써 경쟁력 강화로 이어지고, 결국에는 그 혜택이 다시 노동자에게 되돌아가게 된다고 주장한다.

성장론에 따르면, 분배를 강조하다 보면 경제 주체인 사회구성원들의 성취동기가 떨어져 결국에는 경제 발전에 해가 된다고 본다. 빈부격차를 해결하기 위해 기업의 부를 강제로 분배하는 정책을 편다면 이들 기업의 경제활동은 위축될 것이고, 그에 따라 기업의 경쟁력은 낮아지게 된다고 주장한다. 그 결과 기업과 국가는 국제 경쟁력에서 밀려나고, 나아가서는 국가 전체가 도산하는 위험에 처할 수도 있다고 본다. 1920년대에 세계 5위의 부국이었던 아르헨티나가 분배 우선 정책을 채택한 결과 국가부도 사태에 이른 것을 예로 들어 설명한다.

또한 분배 중심의 정책을 펼치게 되면 기업의 자본이 해외로 빠져나가는 현상이 가속되어 경제 상황이 더욱 악화될 수 있으며, 유럽 선진국들처럼 이른바 복지병이라는 폐해가 나타날 수도 있다고 본다. 복지병이란 일을 하지 않아도 사회복지 제도의 도움을 받아 생계를 유지할 수 있다는 생각으로, 사람들이 일할 능력을 갖추었음에도 불구하고 일을 하지 않는 현상을 말한다.

따라서 경제 효율이 떨어지는 분배보다는 먼저 기업 투자 활성화를 통해 성장을 늘리는 쪽으로 가야 한다고 본다. 이렇게 하여 경기가 회복되고 내수가 늘어나면 자연스럽게 일자리도 창출되고, 고소득층에서 저소득층으로 소득이 확산되어 자연스럽게 분배 문제는 해결된다는 것이다. 이런 이유로 성장론자들은 먼저 성장을 이룬 이후에 분배를 생각해야 한다고 주장한다.

이와는 달리 **분배론자들**은 분배가 오히려 경제성장의 원동력이라고 주장한다. 즉 경제가 지속적이면서도 견실하게 성장하기 위해서는 먼저 분배부터 제대로 이루어져야 한다고 본다. 경제가 성장해도 분배가 제때, 제대로 이뤄지지 않으면 결국 사회구성원의 구매력이 떨어져 경기가 나빠진다는 것이다. 구매력의 저하와 소득 불평등으로 인한 사회 불만은 경제·사회·정치적인 불안으로 나타나고, 이는 결국 경제성장의 동력을 사라지게 만든다는 것이다.

따라서 부익부 빈익빈 현상을 부채질하는 성장 위주의 정책은 옳지 않다고 주장한다. 오히려 적극적인 복지정책을 펼쳐야 한다고 강조한다. 서민들의 삶의 질을 향상하는 과정에서 더 많은 수요를 창출하고, 이를 통해 장기적으로 경제성장을 꾀해야 한다고 주장한다.

분배론에 따르면, 성장 우선주의는 부를 정당하지 못한 과정을 통해 특정 상위 계층에 세습화하고, 노동자들은 사회발전에 이바지한 만큼의 정당한 대가를 받지 못한다고 확신한다. 실제 우리나라의 경우, 성장 위주 정책의 결과로 지나친 부가 상층부에 집중됐으며, 성과지상주의로 인한 온갖 부정과 편법 등 많은 문제가 발생한 것 또한 사실이다. 분배가 제대로 이뤄지지 않으면 국민의 삶의 질 향상, 나아가 국민의 능동적인 사회참여는 기대할 수 없게 된다는 것이다.

이와 함께, 과거 역사상 고소득층의 소득이 실제 저소득층으로 확산되어 분배 문제가 해소된 선례가 없었음을 예로 들어 의혹에 찬 질문을 던진다. 장기적으로 경제·사회 질서의 안정을 꾀하고 사회구성원의 삶의 질을 높이기 위해서는, 다소간의 성장 둔화를 감내하더라도 빈익빈 부익부 현상이 더욱 심화되기 전에 먼저 분배 정의부터 실현해야 한다고 주장한다.

테마학습 7 **정보사회의 전망: 낙관론과 비관론**

최근 급속히 진행되고 있는 정보혁명에 대해 두 가지 견해가 공존한다. **낙관론자**들은 정보사회에서 지역 간 불평등, 빈부격차 및 계급 갈등, 민주주의의 실현 문제, 노동의 비인간화 등 산업사회와 자본주의의 고질적인 문제들이 해결될 것이라고 낙관한다. 즉 낙관론자들은 정보화를 통해 사회적 생산력과 효율성이 크게 높아지므로 사회구성원 모두가 경제적 이익을 누리게 된다고 주장한다. 또한 많은 사람들이 정보를 쉽게 입수하고 활용할 수 있게 되어 민주주의와 평등한 사회관계가 발전하게 될 것이라고 전망한다. 전자정부, 전자민주주의, 네트워크형 조직, 소비자 주권 등이 확립되어 그 혜택을 누구나 누리게 될 것이라는 것이다.

반면 **비관론자**들은 산업사회와 자본주의 사회에 나타났던 사회 불평등 구조나 권력 집중 등과 같은 현상이 정보사회에서도 그대로 답습되거나 더욱 악화할 위험이 있다고 주장한다. 즉 비관론자들은 적절한 국가·사회적 개입 없이 정보화가 진행되면 개인과 국가 간의 불평등이 심화되고, 사생활의 자유가 침해될 것이라고 경고한다. 이들은 정보기술의 발전은 국경과 지역의 경계를 초월한 투자와 거래를 가능하게 하므로 대규모 자본을 더욱 유리하게 하여 경제적 불평등을 심화시킬 것이라고 주장한다. 또한 기술의 발전은 노동력의 절약을 가능하게 하여 일자리를 없애게 될 것이고, 이에 따라 노동자는 더욱 취약한 위치에 놓이게 될 것이라고 전망한다.

정보화의 혜택이 누구에게나 골고루 돌아가게 하기 위해서는 누구나 쉽게 정보에 접근할 수 있어야 한다. 그러나 실제로는 소득·직업·성(性)·지역·인종별로 정보 격차가 발생하고 있다. 따라서 정보사회의 긍정적 발전을 위해서는 정보 격차의 완화와 해소가 필수적이다.

테마학습 8 **기능론과 갈등론의 관점에서의 대중매체의 역할과 기능**

기능론에서는 대중매체가 사회 질서 유지와 사회 통합의 기능을 담당하고 있다고 본다. 대중매체를 통해 다양한 사회구성원들이 공유할 수 있는 규범과 가치를 창출할 수 있기 때문이다. 대중매체에 의해 전파되는 규범과 가치를 사회구성원들이 바람직한 것으로 수용하여 기존 사회의 제도나 질서에 순응하면 사회 통합이 원만하게 이루어진다. 또한 대중매체는 사회 통제 기능을 담당한다. 대중매체는 사회규범이나 가치에 어긋나는 행위를 하는 일탈행위의 부정적 결과를 보도함으로써 사회구성원을 각성시키는 사회 통제 기능을 담당한다.

갈등론에서는 대중매체의 이데올로기 효과를 강조한다. 대중매체는 사회 지배 세력의 입장을 주로 반영하여 기존 질서를 유지하는 효과를 낳는다. 사람들은 대중매체가 제시하는 문제만을 진정한 문제로 착각하고, 매체가 문제를 해석하는 방식으로 해석하고, 매체의 생각대로 생각한다. 대중매체는 사회 지배 세력에 의해 소유되고 통제되기 때문에 지배 세력의 현실 인식을 반영하게 되고, 사람들은 매체를 통해 지배 세력의 입장을 갖게 되며 기존 질서를 당연시하고 순응하게 된다.

사회 불평등 개선 방안

사회 불평등 현상은 어느 사회에서나 존재하는 사회문제다. 사회에는 물질적 풍요를 누리고 권력을 행사하는 사람이 있는가 하면, 가난하고 힘없는 존재임을 실감하며 사는 사람들도 많이 있다. 이렇듯 사람들은 특정한 사회 계층이나 계급으로 나뉘어져 있는데, 이러한 사회 불평등 현상을 완전히 없애는 것은 불가능하다. 그러나 좀 더 평등한 사회를 실현하기 위한 노력을 포기해서는 안 되는데, 이를 위해서는 다음과 같은 개선 방안이 요구된다.

■ 개인 · 의식적인 관점에서의 개선 방안

사회의 불평등 현상에 의해 야기되는 계층 간의 위화감은 건전한 사회 발전의 장애 요인으로 작용한다. 우리 사회는 계층 간의 위화감이 매우 심각한 상태다. 하위 계층의 사람들은 상위 계층의 사람들 모두가 부정한 방법으로 돈을 벌고 자신들만을 위해 돈을 쓰는 사람들, 부모 잘 만나서 출세한 이들이라고 매도하기도 하고, 반대로 상위 계층 사람들은 하위 계층 사람들을 게으르고 나태한 사람들, 정부와 사회에 대한 불만으로 가득 찬 사람들이라고 매도하기도 한다.

결국 이 문제는 정치 · 사회적인 지도층과 일반 국민들의 사회적 불평등에 대한 **의식과 태도**의 변화가 없이는 개선되기 힘들다. 지도층이나 국민 모두가 좀 더 평등한 사회를 실현하려는 확고한 의지를 갖고, 사회 전체에 출세와 경쟁적 대립의 관계가 아니라 서로를 위한 봉사와 협동적 공존의 가치관을 내면화하게 되면, 사회적 불평등에 의해 야기되는 문제들은 해결될 수 있을 것이다.

■ 사회 · 제도적인 관점에서의 개선 방안

우리 사회에 자신의 노력에 의해 얼마든지 사회적 지위의 상승이 가능한 개방적 계층 구조가 정착되는 것은 무엇보다 중요하다. 하지만 이러한 계층 구조의 형성은 개인들의 노력만으로 달성되기에는 한계가 있다. 결국 국가와 사회 전체가 나서서 가정적 배경이나 남녀 성별 같은 귀속적 요인보다 능력이나 노력 같은 성취적 요인에 의해 사회적 지위가 결정되도록 적극적으로 노력해야 한다.

이를 실현하기 위한 제도적 장치로는 교육 기회의 확대, 상속 및 증여에 대한 누진세율의 강화, 각종 사회복지 정책의 실시 등이 있다. 이러한 제도들은 사회적 희소가치가 특정 계층에게만 집중되거나 사회적 지위가 세습되는 현상을 막을 수 있다. 물론 이때에는 지나친 정부의 지원으로 인하여 사회 성원의 근로 의욕이 저하되거나, 사회 전반에 비효율성이 심화되는 문제가 발생하지 않도록 주의해야 할 것이다.

민족 정체성을 바라보는 다양한 관점

민족의 정체성은 근원주의 관점, 상황주의 관점, 문화주의 관점에 따라 견해를 달리한다. **근원주의** 관점에 따를 경우, 민족의 정체성은 이를테면 '혈통'처럼 인간에게 선천적으로 주어진 것으로서, 민족을 유전적으로 선택하는 과정(즉, 마치 핏줄로 이어진 가족처럼 결집하는 행위 등과 같은)과 합목적성을 확장(즉, '우리는 하나'라는 식의 공동체 의식의 확대)한 결과에 따라 민족의 정체성은 형성된다고 본다.

상황주의 관점에 따를 경우, 민족의 정체성을 인식, 태도, 감정의 문제로 본다. 따라서 민족을 구성하고 있는 개인이나 집단들의 이해관계, 정치사회적 목표와 밀접한 관련을 가지며, 시대적 상황에 따라 민족의 정체성은 달라질 수 있다고 본다.

역사 · 문화주의 관점에 따를 경우, 민족의 정체성은 종교, 관습, 언어, 제도처럼 개인의 의지와 관계없이 지속되거나 또는 개인의 의지를 제약하는 문화적 징표를 통해 공유되는 것이라고 본다(예를 들어, 단군신화를 통해 우리 민족은 단일 된 '배달민족'이란 개념이 개개인의 관념 속에 공유). 이러한 문화적 공유가 객관화될 경우, 이는 한 민족을 다른 민족과 구별하는 기능을 수행하며, 특수한 역사적 동인(動因)으로 작용(이를 테면, 배달민족은 한 민족이어서 반드시 통일해야만 한다는 당위성으로 작용)하게 된다.

민족이 문화에 의해 규정된다는 의미는, 시대적 흐름에 따라 문화적 형태가 변하더라도 그 의미가 연속된다는 의미이며, 또한 역사적 경험 및 기억(문화)을 공유함으로써 세대들이 갖게 되는 민족의 운명과 미래에 대해 공통 관념을 갖는다는 뜻이다. 이처럼 문화주의 관점은 민족의 정체성이 연속성에 대한 느낌, 공유된 기억, 집단의 운명에 대한 공통 관념 등 문화의 공통성에 의해 형성된다고 본다. 즉, 종교, 관습, 언어, 제도와 같은 문화적 요인(객관적 요소)들이 역사적 경험으로 축적되어 공유되고, 이것이 민족의식이란 집단적 공통 관념(주관적 요소)으로 내면화되어 연속되고 있는 것이 곧 민족의 **정체성**이다.

여기서 문제는 구성원들을 결속시키는 신화, 상징, 기억, 가치들이 변형되는 가운데에서도, 어떻게 문화적 정체성이 여전히 한 민족의 구성원들을 다른 민족들로부터 분리시키고 구별 짓는 징표로 기능할 수 있는가이다. 즉, 어떻게 하면 우리 민족의 정체성 중의 부정적인 측면을 극복하고 긍정적인 측면을 살릴 것인가 하는 것이다. (연세대 2008 인문 논술 예시 답안)

테마학습 11 ## 공론장으로서의 텔레비전 토론 프로그램의 올바른 역할

오늘날 널리 회자되고 있는 공론장(公論場)이라는 용어는 공적 문제에 대한 개인의 의견이 공적 영역으로 확장되는 **공개된 담론의 장(場)**을 말한다. 즉 사회적 의제(議題)에 대해 개인이 자신의 의견과 신념을 표현하고, 서로 다른 의견을 조율해 가며, 이 과정에서 형성된 건전한 여론을 국가의 정책에 반영하는 장이란 뜻이다. 이러한 공론장은 민주주의의 요체라고 할 수 있는 집회 및 결사의 자유와 언론의 자유를 보장하고 건전한 여론을 형성하기 위해 반드시 필요하다 하겠다.

사회가 다원화되고 구성원들 사이의 갈등이 분출되면서 공론장의 필요성이 더욱 부각되고 있다. 사람들은 최근 방송 편성이 늘고 있는 텔레비전 토론 프로그램이 공론장 역할을 할 것으로 기대하고 있다. 그러나 한편으로는 텔레비전 토론 프로그램이 진정한 모습의 공론장을 구현하고 있는지에 대한 회의적 견해도 제기되고 있다.

텔레비전 토론 프로그램에 대해 비판적인 입장을 견지하는 학자들은 상당수의 프로그램이 다양한 공적 문제에 대해 공개적으로 상호 의사소통을 하기보다는 이해 관계에 있는 집단들의 주장을 일방향으로 전달하고 있기 때문에 공론장과는 거리가 멀다고 주장한다. 그리하여 텔레비전 토론 프로그램이 사회적 의제에 대한 공중(公衆)의 관심을 오히려 멀어지게 하고, 특정 입장을 홍보하는 이른바 '유사 공론장'으로 변질되고 있다고 비판한다. 그들은 토론 프로그램이 여론을 왜곡할 수 있다는 점을 우려하는 것이다.

비슷한 시각에서 텔레비전 토론 프로그램이 공중을 수동적인 방관자로 전락시켜 합리적 판단과 비판적 의견을 스스로 형성할 수 없게 한다고 비판하는 학자들도 있다. 그들에 의하면 텔레비전 토론 프로그램이 공중에게 자신들이 공적 논의 과정에 주체적으로 참여하고 있다는 환상을 갖게 함으로써 수동적인 수용자로 계속 남아 있게 한다는 것이다. 그들은 또한 프로그램의 주제 선정, 진행 방법, 방송 시간대와 방송량, 토론자의 특성, 시청자의 참여, 사회자의 성향 등과 같은, 방송사가 미리 설정해 놓은 형식과 구성 요소들이 토론의 진행 방향이나 논쟁의 결과를 일정한 방향으로 제한한다고 지적한다. 시청자 참여 문제와 관련해서는 토론 프로그램이 사회적 문제를 해결하는 데 진지한 성찰을 제공하고 있다 하더라도, 관심 있는 사람들만 그 프로그램을 시청하기 때문에 시청자들이 토론 프로그램에 실질적으로 참여하거나 영향력을 미치는 데 한계가 있다고 덧붙인다.

텔레비전 토론 프로그램이 사회적 의제를 논의하는 주요한 공간으로 자리잡아 가고 있는 것은 고무적인 일이다. 하지만 토론 프로그램이 진정한 공론장으로 발전하기 위해서는 그동안 제기된 비판에 대한 체계적인 분석과 연구가 뒷받침되어야 하며, 이에 대한 방송 관계자들의 숙고가 있어야 할 것이다. (2006학년도 고3 6월 모평)

3 법과 정치

1 개인과 국가

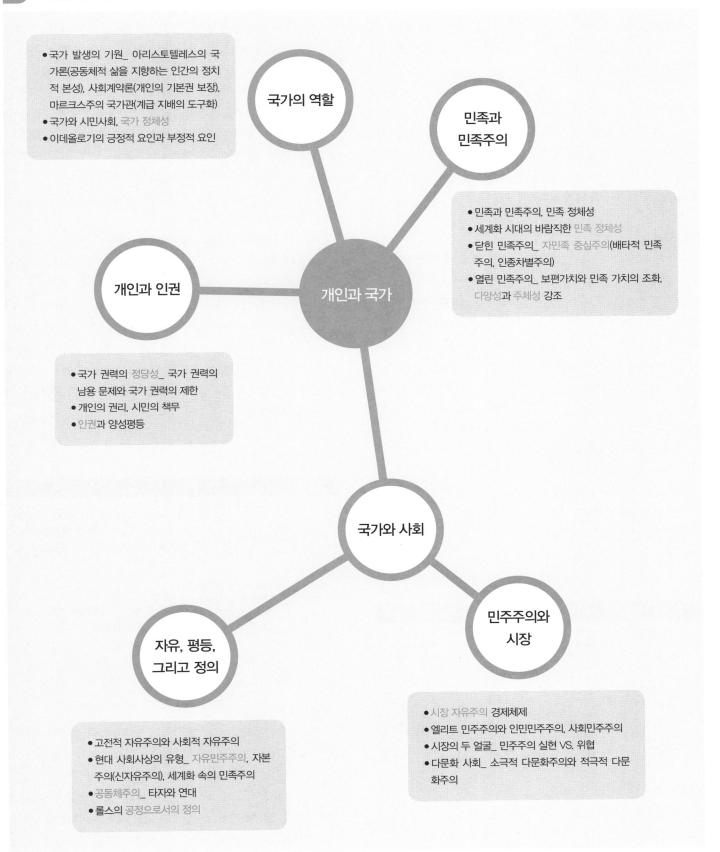

- 국가 발생의 기원_ 아리스토텔레스의 국가론(공동체적 삶을 지향하는 인간의 정치적 본성), 사회계약론(개인의 기본권 보장), 마르크스주의 국가관(계급 지배의 도구화)
- 국가와 시민사회, 국가 정체성
- 이데올로기의 긍정적 요인과 부정적 요인

국가의 역할

민족과 민족주의

- 민족과 민족주의, 민족 정체성
- 세계화 시대의 바람직한 민족 정체성
- 닫힌 민족주의_ 자민족 중심주의(배타적 민족주의, 인종차별주의)
- 열린 민족주의_ 보편가치와 민족 가치의 조화, 다양성과 주체성 강조

개인과 인권

개인과 국가

- 국가 권력의 정당성_ 국가 권력의 남용 문제와 국가 권력의 제한
- 개인의 권리, 시민의 책무
- 인권과 양성평등

국가와 사회

자유, 평등, 그리고 정의

민주주의와 시장

- 고전적 자유주의와 사회적 자유주의
- 현대 사회사상의 유형_ 자유민주주의, 자본주의(신자유주의), 세계화 속의 민족주의
- 공동체주의_ 타자와 연대
- 롤스의 공정으로서의 정의

- 시장 자유주의 경제체제
- 엘리트 민주주의와 인민민주주의, 사회민주주의
- 시장의 두 얼굴_ 민주주의 실현 VS. 위협
- 다문화 사회_ 소극적 다문화주의와 적극적 다문화주의

국가

영토 · 주권 · 국민. 국가는 일정한 영토 안에서 형성된 공동체를 말한다. 국가는 다른 사회집단에 비해 강제력을 정당하게 행사할 수 있는데, 이를 **공권력**이라고 한다. 국가는 공권력을 행사하면서 한 국가의 질서를 유지하며, 사회구성원의 공동 목표와 가치의 실현을 위해 노력한다.

● 주권

영토, **국민**과 함께 국가를 구성하는 3요소의 하나로, 국가의 의사를 최종적으로 결정하는 권력을 말한다. 대내적으로는 절대적 힘을 가지고, 대외적으로는 자주적 독립성을 가진다. 국가 권력을 결정하는 힘인 주권은 국민으로부터 나온다.

근대국가

17 · 18세기의 영국혁명과 프랑스혁명 이후의 근대사회에 등장한 국민국가. 근대국가는 18세기 시민혁명 이후의 국가를 말한다. 근대국가의 주체는 부르주아였으며, 국가는 소극적 역할을 수행하는 형태였다. 이를 **야경국가**라고 한다. 근대국가에서는 자유의 가치가 가장 핵심이었으며, 국가의 기능은 국민의 자유를 보장하기 위해서 제한되어야 했다. 따라서 국가의 역할은 국민의 자유를 최대한 보장하고, 국민의 생명과 재산을 보호하기 위한 치안유지와 외적 방어가 주된 목적이었다. 국가 역할을 최소화함으로써 그 권력을 통제하고자 했고, 작은 정부를 지향하게 된 것이다. 하지만 19세기 말에 들어서는 근대국가의 문제점들이 등장하게 되었다. 자본주의가 모순을 드러내어 빈부격차가 더욱 심화되고, 노동자들의 삶은 비참한 처지에 이르게 되었다. 그 결과 19세기 후반부터 계급투쟁의 격화, 자본주의 독점화, 대중사회의 출현으로 근대국가 이념은 사라지게 되었다.

● 홉스, 로크, 루소의 사회계약 사상

구분	홉스	로크	루소
인간 본성	성악설	성무선악설	성선설
자연 상태	고독 · 투쟁	자유 · 평등	자유 · 행복
계약 당사자	국민과 국왕	국민 상호간	국민 상호간
주권 소재	군주 주권론	국민 주권론	국민 주권론
정치 체제	절대군주제	입헌군주제	직접민주제
저항권	불인정	인정	인정

현대국가

평등과 효율을 강조하는 국민 주권 국가. 근대국가의 모순으로 등장한 시장 실패 현상을 극복하기 위해 20세기 이후에 등장한 국가 형태를 말한다. 현대국가에서는 보통선거 제도의 확립으로 **대중 민주주의**가 등장했으며, 대중이 정치의 주도적 역할을 담당하고 있다. 현대국가에서는 국민에게 다양한 복지 정책을 수행하기 위해 행정부의 기능이 강화됐다. 이를 행정국가 혹은 **복지국가**라고 부른다. 현대국가는 모든 국민의 인간다운 삶의 보장을 주된 목표로 삼고, 개인의 자유를 이 목적 아래 어느 정도 제한함으로써, 사람들의 경제적 불평등이 해소될 수 있도록 노력한다. 현대국가에서는 사회권적 기본권이 중시되며, 국민들의 실질적 평등을 구현하기 위해 노력한다. 이는 국가의 적극적 행정 활동을 통해 이루어진다. 하지만 비대화된 행정부의 역할은 국가의 역할을 확대하고, 개인의 자유를 침해할 수 있는 여지를 만들었다.

국민 주권론

국가의 정치 형태와 구조를 최종적으로 결정하는 권력이 국민에게 있다는 원리. 국민 주권론은 주권이 국민에게 있다는 이론이다. **국민 주권론**은 근대국가 탄생의 이론적 기반으로 작용했으며, 근대국가를 거쳐 현대에 이르기까지 여전히 유효한 정치이론으로 작동하고 있다. 국민 주권론은 군주 주권론에 대응하면서 발전해 왔다. 즉 절대왕정을 지지해오던 군주 주권론의 한계를 극복하고, 절대왕정에 반대하는 혁명적 이론으로 사용되었다. 국민 주권론은 절대왕정의 붕괴를 가져왔던 시민혁명을 정당화하는 이론적 기반이 됐다.

● 개인이 우선일까, 국가가 우선일까

개인이 지나치게 우세하면?	국가 권력이 지나치게 팽창하면?
● 아무도 공공복리를 지키려 하지 않을 것이다. ● 강자는 약자에 대해 연대 책임을 느끼기는커녕 착취만 일삼게 될 것이다. ● 모두가 혼자라고 느껴 부당성을 토로할 공동의 장소를 갖지 못할 것이다. ● 그 결과 사회 공동체가 파괴될 수 있다.	● 개인이 스스로의 삶에 책임을 느끼는 자발성을 잃게 될 것이다. ● 생각과 행동의 차이가 용납되지 않을 것이다. ● 삶의 아주 세세한 것까지도 국가가 좌우지하게 될 것이다. ● 개인은 거대한 전체의 틀 안에서만 의미를 지니는 원자로 전락할 것이다.

민주주의

국민의, 국민에 의한, 국민을 위한 정치. 민주주의란 국민이 지배를 하는 정치형태를 말한다. 민주주의를 영어로 democracy라고 표현하는데, 이는 고대 그리스로부터 시작된다. 어원은 demos와 kratos의 합성어로, demos는 민중이라는 뜻이고 kratos는 권력 · 지배를 뜻한다. 이는 곧 **민중에 의한 지배**를 의미한다. 즉 민주주의란 다수의 민중이 지배하고 지배받기도 하는 정치형태를 말한다. 고대 그리스에서는 민주주의가 정치형태의 한 측면으로 중시됐다. 현대로 넘어오면서 민주주의는 단순한 정치형태의 의미를 뛰어넘어 생활형태 측면 또는 사회구성 원리로 받아들여지고 있다.

다수결 원칙

민주주의 작동의 핵심 원리. 다양한 의견이 제시되고, 서로 토론하고, 상대를 비판할 수 있다는 것은 민주주의의 가장 중요한 특징이다. 사회가 유지되기 위해서는 다양하게 표출된 개인이나 집단의 의사를 합리적으로 조정하는 과정이 필요하다. 이런 견해의 대립이나 이해관계의 충돌을 조정하기 위한 방법으로서 일반적으로 채택되고 있는 것이 **다수결의 원리**이다. 가장 이상적인 것은 전원합의지만, 이는 현실적으로 불가능하기 때문에 다수의 판단에 따르는 것이 보다 합리적이라는 가정 아래 다수결의 원리가 채택되고 있는 것이다. 다수결의 원리는 다수가 소수를 절대적으로 지배하는 원리가 아니라, 다수가 소수의 의견을 존중하면서 사회의 공공의사를 만들어내는 원리라고 할 수 있다. 따라서 소수의 의견도 존중되어야 하고 또 소수자가 다수자의 의견을 자유롭게 비판할 권리가 보장되어야 한다. 이는 다수결이 **중우정치**로 빠지는 것을 방지하는 중요한 장치이기도 하다.

자유민주주의

시장자유주의 ← 자유민주주의 → 사회민주주의. 자유민주주의 또는 정치적 민주주의는 자유주의와 민주주의가 결합된 정치원리 및 공화제 입헌 정부 형태이다. 자유주의와 민주주의가 결합하게 된 것은 그것들이 갖는 한계 때문이다. '피치자가 통치자요, 통치자가 피치자'라고 하는 민주주의 원칙은, 자칫하면 다수의 이름으로 인간의 자유를 제약할 수 있다. 한편, 자유주의는 자유방임과 그에 따른 사회적 불평등, 부익부 빈익빈 현상과 같은 문제점을 지니고 있다. 이러한 점에 비추어 보면, **자유민주주의**는 자유주의와 민주주의의 결합을 통해, 개인의 자유방임과 같은 자유주의의 탈선은 민주주의가 견제하고, 다수의 소수에 대한 횡포와 같은 민주주의의 독선은 자유주의가 견제하도록 하기 위한 것이다. 자유민주주의의 가치는 인간 존엄성의 존중, 자유와 평등의 추구, 권력의 분립과 경쟁의 보장을 들 수 있다. 현대 자유민주주의는 새로운 위기와 가능성에 직면하고 있다. 정치적 무관심의 증대, 투표율의 하락, 정치에 관한 냉소주의의 만연, 정치적인 무력감의 확대 등에서 보이는 대의민주주의의 한계와, 정보통신 기술의 발달에 따른 전자민주주의의 등장과 정치 참여 기회의 확대 등이 그것이다.

⁝ 현대 정치 및 경제체제, 이념 및 사상 관련 개념 정리

정치체제: 민주주의 ⇔ 사회주의
경제체제: 자본주의 ⇔ 공산주의(소멸)
사회이념: 자유주의 ⇔ 평등주의
사회사상: 개인주의 ⇔ 집단주의(전체주의)

- 한국: 자유민주주의 정치체제, 자본주의 경제체제, 평등적 자유주의 사회이념 지향, 개인주의적
- 미국: 자유민주주의 정치체제, 자본주의 경제체제, 자유지상주의 사회이념 추구, 개인주의적
- 중국: 사회주의 정치체제, 자본주의 경제체제 도입, 평등주의 사회이념 지향, 전체주의적
- 북유럽국가: 사회민주주의 정치체제, 자본주의 경제체제, 평등적 자유주의 사회이념 실현, 개인주의

⁝ 자유주의 사상의 이념적 스펙트럼

(←자유의 가치) 자유지상주의 …… 공리주의 …… 공정으로서의 정의관 …… 공동체주의 …… 평등주의적 자유주의 (평등의 가치→)

⁝ 자본주의의 전개 과정

구분	고전적 자본주의	수정 자본주의	신자유주의
특징	• 자유방임주의 • 시장의 역할 신뢰 • 국가 개입 최소화	• 시장 실패의 가능성 인정 • 다양한 정책 및 규제를 통한 적극적 시장 개입	• 정부 실패의 가능성 인정 • 정부 기능의 축소 • 개인의 자유와 시장 경제의 확대
문제	• 시장 실패	• 정부 실패	• 시장 실패의 반복 가능성

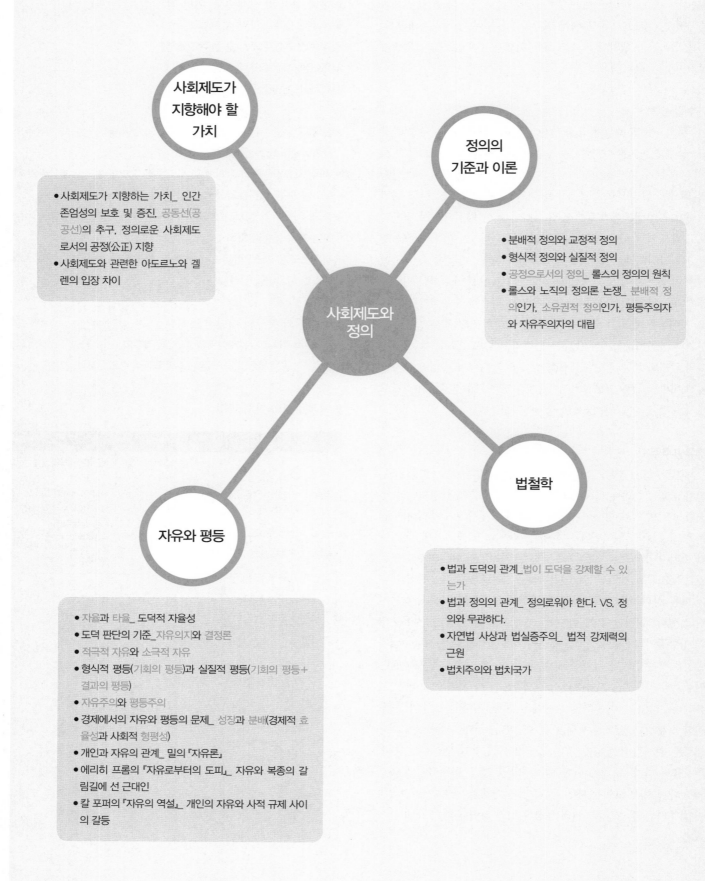

사회제도가 지향해야 할 가치

- 사회제도가 지향하는 가치_ 인간 존엄성의 보호 및 증진, 공동선(공공선)의 추구, 정의로운 사회제도로서의 공정(公正) 지향
- 사회제도와 관련한 아도르노와 겔렌의 입장 차이

정의의 기준과 이론

- 분배적 정의와 교정적 정의
- 형식적 정의와 실질적 정의
- 공정으로서의 정의_ 롤스의 정의의 원칙
- 롤스와 노직의 정의론 논쟁_ 분배적 정의인가, 소유권적 정의인가, 평등주의자와 자유주의자의 대립

사회제도와 정의

법철학

- 법과 도덕의 관계_법이 도덕을 강제할 수 있는가
- 법과 정의의 관계_ 정의로워야 한다. VS. 정의와 무관하다.
- 자연법 사상과 법실증주의_ 법적 강제력의 근원
- 법치주의와 법치국가

자유와 평등

- 자율과 타율_ 도덕적 자율성
- 도덕 판단의 기준_자유의지와 결정론
- 적극적 자유와 소극적 자유
- 형식적 평등(기회의 평등)과 실질적 평등(기회의 평등+결과의 평등)
- 자유주의와 평등주의
- 경제에서의 자유와 평등의 문제_ 성장과 분배(경제적 효율성과 사회적 형평성)
- 개인과 자유의 관계_ 밀의 『자유론』
- 에리히 프롬의 『자유로부터의 도피』_ 자유와 복종의 갈림길에 선 근대인
- 칼 포퍼의 『자유의 역설』_ 개인의 자유와 사적 규제 사이의 갈등

자유

자유롭게 선택하고 행동할 수 있는 권리. **자유**는 인간을 자율적 이성을 갖춘 존재로서 전제하고, 자신의 행동의 옳고 그름을 판단할 줄 아는 곳에서부터 시작된다. 인간은 이성적이고 합리적인 사고를 통해 자기 스스로 의사를 결정하고, 결정한 의사에 따라 자율적으로 행동하며, 어떠한 이유로 이를 방해받거나 구속되지 않는다. 자신의 운명과 선택을 스스로 결정하며, 그에 따른 책임 또한 자신이 진다. 오늘날 자유는 '～으로부터 벗어난'이라는 의미 외에 '자기 하고 싶은 대로 할 수 있는'이라는 의미와 함께 '자신이 세운 법칙에 자신을 종속시키는' 의미로서의 자율적 의미를 가진다.

소극적 자유

'～에서의 자유', 즉 강제에서의 자유. 자유는 어떤 구속이나 간섭도 없고, 아무런 제약도 없이 마음대로 할 수 있는 상태를 말한다. 그런 상태의 자유를 '소극적 자유'라고 하는데, 이는 아무런 외부의 제약이 없음을 의미한다. 소극적 자유가 있으려면 달리 행동할 수 있는 가능성이 있어야 한다. 소극적 자유는 제약이 없어 어떤 행동을 마음대로 할 수 있으면서 동시에 그것을 하지 않을 가능성도 열려 있어야 한다. 어떤 행동을 하는 데 제약이 없지만, 그것을 하지 않을 자유가 없다면 자유가 없는 것이다. 예를 들어 종교를 갖지 않을 자유가 없다면, 즉 누구나 종교를 가져야 한다면 종교의 자유가 있는 것이 아니다. 다른 가능성도 열려 있는 상태라야 진정한 자유가 있다고 볼 수 있다.

적극적 자유

자기 지배, 즉 자기 결정이라는 의미에서의 자유. '적극적 자유'의 의미는 두 가지로 나눌 수 있다. 첫 번째 의미의 적극적 자유는 **적극적으로 어떤 것을 할 수 있는** 능력으로서의 자유를 말한다. 어떤 것을 적극적으로 선택하고 행동할 수 있는 능력, 즉 적극적 자유를 가지려면 먼저 다른 사람의 간섭이나 방해가 없어야 한다. 그렇기에 적극적 자유를 가지려면 소극적 자유가 먼저 보장되어야 한다. 사람들이 적극적 자유를 갖기 위한 능력을 갖추도록 하기 위해 현대사회에서는 '복지권' 보장을 위해 노력하고 있다. 이것은 인간으로서 최소한의 삶을 유지할 수 있는 권리이며, 국가가 적극적으로 이를 지원해야만 보장될 수 있다. 복지권이 보장될 때 비로소 인간은 적극적으로 어떤 것을 할 수 있는 능력으로서의 적극적 자유를 누릴 수 있다. 적극적 자유의 두 번째 의미는 **합리적으로 선택하고 행위를 할 수** 있는 능력으로서의 자유다. 합리적으로 선택할 수 있는 능력이 없으면 스스로 결정할 수 있는 능력이 없다. 예를 들면 어린아이나 청소년들은 합리적으로 선택하고 행동할 수 있는 능력이 부족하다. 때문에 보호자가 나

서 그들이 해야 할 것들을 도와줌으로써, 스스로 적극적 자유를 누릴 수 있도록 해야 한다. 이와 같이 자유는 소극적 의미와 적극적 의미를 지니고 있다. 소극적 자유는 국가나 다른 사람들이 개인의 행동을 방해하거나 간섭하지 않으면 그것만으로도 보장된다. 그러나 적극적 자유는 소극적 자유가 전제되는 동시에 개인이 자유를 누릴 수 있는 여러 가지 수단을 국가가 지원해야만 보장될 수 있다. 따라서 적극적 자유에는 국가의 적극적 의무가 따르게 된다.

자유의 역설

자유를 보장하기 위해 자유에 대한 제한이 수반된다. 우리 헌법에서 국가 안보, 질서 유지, 공공복리 등을 위해 개인의 권리 제한을 인정하는 것은 적극적 의미에서의 자유를 보장하기 위해서이다. 자유권은 천부적인 권리이지만 공동체 속 타인과의 관계에서 발생하는 권리이기 때문이다. 이러한 의미에서 자유는 개인의 구속을 지양(止揚)하지만, 타인과의 관계에서 자유를 보장받기 위해 **사회적 구속**에 의존해야 한다는 역설적 특징을 지닌다.

평등

차별받지 않고 똑같이 대우받는 권리. **평등**이란 누구나 인간을 동등하게 대하는 것이다. 인간은 누구나 천부인권을 소지하는 자로써 권리 측면에서 대등하고, 차별적 대우를 받지 말아야 한다는 사회구성 원리이다. 근대 이전의 사회에는 인간의 능력을 제한하는 불합리한 신분제도가 존재했고, 그에 따라 자신의 역할이 결정되어 개인이 가지는 능력을 펼치지 못하면서 억압된 생활을 강요당하였다. 18세기의 핵심 가치 중 하나로서의 평등은 이러한 불합리를 걷어내고 개인 모두가 자신의 능력에 따라 생활을 영위할 수 있도록 하였다.

형식적 평등

기회의 평등=절대적 평등. 형식적 평등은 법 앞에서 만인은 평등하다는 것을 의미한다. 이에 따르면 동일한 개인에게 동일한 기회를 부여해야 하고 여기에 차별을 두어서는 안 된다. 즉, '**형식적 평등**'은 법적·정치적으로 누구에게나 동등한 기회를 보장해야 하고, 또 이로써 족하다는 관점이다. 국가의 법체계나 사회 제도상으로 인간의 평등을 부당하게 억압해서는 안 되고, 개인들의 생활 영역에 있어서도 평등은 보장되어야 한다. 형식적 평등은 모든 사람을 동등하게 대우하고 모든 사람에게 기회를 균등하게 부여함으로써 결과의 평등을 추구하지만(즉, '형식적 정의'의 원리를 따라 동등한 기회균등의 원리로써 결과의 평등을 추구하지만), 그럼에도 개인에게 주어진 선천적·후천적 속성 차이로 인한 상대적 불평등으로 인해 결과의 불평등은 불가피하다(따라서

사회적 약자를 우선적으로 배려하는 가운데 개인의 능력 차이를 인정하는 '실질적 정의'의 원리가 요구된다).

실질적 평등
실질적 기회의 평등＝기회의 평등＋결과의 평등＝상대적 평등. '실질적 평등'은 형식적 평등이 갖는 (분배적) 불평등의 한계를 극복하고 기회의 평등과 결과의 평등을 함께 추구하는 의미로서의 상대적 평등 개념이다. 실질적 평등은 국민이 실질적으로 균등한 지위에 설 수 있도록 국가가 적극적으로 사회적 약자를 배려하여, 동등한 조건을 가질 수 있도록 조건을 창출하는 원칙을 말한다. 이를 위해서는 국가가 적극 나서 사회적 약자에게 교육의 기회를 균등하게 제공하고, 직업 선택의 자유를 누릴 수 있도록 해야 한다. 또한 국가는 사회적 약자인 근로자를 위한 정책을 펼침으로써, 노동자들이 사용자와 대등한 관계에 설 수 있도록 환경을 조성해야 한다. 평등의 개념은 국가가 외적으로 불평등의 요소를 제거하는 차원에서 시작하여 적극적으로 이를 실현하기 위한 방향으로 바뀌어 나가고 있다.

기회의 평등과 결과의 평등
분배 정의 실현의 이론적 토대. 20세기에 이르러 평등에 대한 사회 담론은 '왜 평등을 추구해야 하는가.'라는 정당화의 물음에서 '무엇을 평등하게 해야 하는가.'라는 문제로 발전했다. 논의의 초점이 된 것은 개개의 사람들을 그 사실상의 차이에도 불구하고 일률적으로, 동등하게 다루는 것을 의미하는 '형식적 평등'과, 사실상 불리한 위치에 있는 자를 보다 유리하게 다루는 것을 통하여 결과로서의 평등을 추구하는 '실질적 평등'과의 우열이다. 이 두 가지 평등관은 또한 '기회의 평등'과 '결과의 평등'의 대립을 파생했다. 기회의 평등은 경제활동이나 교육에 관계되는 여러 특권을 폐기하고 전원에게 평등한 기회를 보장하는 것이며, 결과의 평등은 그러한 기회의 평등의 조건이 만족되었음에도 불구하고 결과로서 발생하는 불평등을 바로잡고자 하는 것이다. 특히 '결과의 평등'은 미국의 공민권 운동이 교육이나 노동현장에서 실질적 평등을 어느 정도 달성했는가를 반성하고, 피차별 집단의 지위 향상을 위해 '기회균등'의 조건을 정비하는 것만으로는 불충분하다고 소구하는 문맥으로 널리 이용됐다. 그 결과 결과의 평등은 일련의 '적극적인 차별 시정 조치'의 사전준비 작업을 위한 사상적 기반으로 작용했다.

정의
사회에서 궁극적으로 실현해야 할 규범 및 가치. 이성적 존재인 인간이 언제 어디서나 추구하고자 하는 바르고 곧은 것을 '정의'라고 한다. 정의(正義)의 개념은 다양하여 학자와 사상가에 따라 다르게 정의(定義)된다. 소크라테스는 '인간의 선한 본성'을 정의라고 했다. 플라톤은 『국가론』에서 개인의 보편적 덕(德)으로서의 정의와 사회적 삶과의 조화를 꾀했다. 즉 지혜, 용기, 절제의 덕이 서로 조화를 이룰 때 '선(善)의 이데아'는 완성되며, 이러한 상태가 곧 '정의'라고 했다. 아리스토텔레스는 『니코마코스 윤리학』에서 정의를 평균적 정의와 배분적 정의로 구분하면서, 정의의 개념을 '어떤 한 정치 공동체를 위해 행복을 창출하거나 보존하는 행위를 하려 드는 경향성'으로 정의했다. 고대 로마의 법학자인 울피아누스는 '각자에게 그의 몫을 돌리려는 항구적인 의지'라고 규정했다. 현대 정치철학자 롤스는 '공정으로서의 정의'라고 규정하면서 평등의 원칙과 차등의 원칙을 내세웠다. 이렇게 볼 때, 정의로운 사회란 그 구성원들이 자기 역할과 의무를 다한 후, 마땅히 받아야 할 몫을 온전히 받는 사회를 말한다.

분배적 정의와 교정적 정의
분배적 정의는 이익과 부담을 분배할 때 적용되는 원칙, 교정적 정의는 분배 과정에서 발생한 부정을 올바르게 교정할 때 적용되는 원칙. 정의는 크게 공동체의 이익을 목적으로 하는 넓은 의미에서의 정의와 개인의 복지를 목적으로 하는 좁은 의미의 정의로 구분된다. 좁은 의미의 정의는 다시 '분배적 정의'와 '교정적 정의'로 구분된다. 어느 경우에나 정의의 최종 지향은 평등의 원칙을 기초로 한 공정성의 확립에 있다. 분배적 정의는 이익과 부담을 공정하게 분배하는 것을 말한다. 교정적 정의는 주로 국가가 법을 집행함으로써 실현되는 정의로, '배상적 정의'와 '형벌적 정의'로 나뉜다. 교정적 정의는 정해진 기준, 즉 법에 따라 공평하게 판결을 내린다면 견해 차이가 없겠지만, 분배적 정의는 그 기준을 놓고 사람들 간에 서로 견해가 다를 수 있다.

형식적 정의와 실질적 정의
권리와 의무의 올바른 분배, 구현이 곧 정의. 분배적 정의에서의 분배의 대상은 부, 권력, 기회 등 개인적·사회적 이익과 납세, 국방의 의무 같은 부담이다. 그것들의 응분의 몫을 사회구성원에게 분배할 때 공정하거나 정의로운 분배라고 말할 수 있다. 그 응분의 몫은 능력에 따라 또는 필요에 따라 결정될 수 있다. 그러나 어떤 기준에 따라 분배의 몫이 결정되건, 그 모든 기준들은 반드시 충족되어야 할 원리가 있다. 그것은 "같은 경우에는 같게, 다른 경우에는 다르게 대우해야 한다."는 형식적 정의의 원리다. 분배 대상을 특정 기준에 따라 분배하는 경우, 같은 경우인데도 다르게 대우하거나 다른 경우인데도 똑같이 대우한다면, 이는 불공정하다고 할 수 있다. 형식적 정의의 원리는 공정한 분배가 이루어지기 위한 필요조건이지만, 충분조건은 아니다. 공정한 분배가 이루어지기 위해서는 개인의 특성이나 분배 상황을 고려하는 실질적 정의의 기준 또한 충족되어야 한다. 사회적 이익의 분배를 위한 실질적 정의의 기준으로 제시되어 온 것 중 대표적인 것으로는 **평등, 필요, 능력, 업적** 등을 들 수 있다.

공정으로서의 정의

사회적 약자를 소외시키지 않는 정의. 미국 정치철학자 롤스는 부와 자유, 기회 및 자존심을 공정하게 배분하는 것이 정의라고 했다. 거기서는 누구나 자유라고 하는, 즉 개인에게 경쟁의 기회가 평등하게 주어지는 원리가 사회정의의 기반이 되어야 한다. 그 위에서 결과로서의 불평등은 어쩔 수 없으나 사회 속에서 가장 불우한 사람들의 생활은 개선되도록 배려해야 한다는 원리가 지켜지는 '**공정**'한 정의라면 사회의 성원이 합의할 수 있을 것이라고 롤스는 생각했다.

공리의 원리

정의의 원칙이 보편적으로 적용될 수 있는 일반적 원리로 '**최대 다수의 최대 행복**'의 원리인 공리의 원리가 있다. 공리주의자인 밀은 정의는 공리의 원리에 의해 설명될 수 있다고 하였다. 밀에 따르면, 정의로운 행위나 제도는 최대 다수에게 최대 행복을 가져다주며, 결국 옳음과 그름, 정의로움과 정의롭지 않음을 구별하는 기준은 사람들이 실제 소망하는 것, 즉 행복뿐이다. 다시 말해, 공리주의에서 행복의 기준은 개인의 최대 행복이 아니라 전체의 최대 행복의 합이다. 하지만 이러한 공리주의 관점을 따를 경우, 개인은 다른 사람이나 전체의 선(즉 '공동선'으로서의 행복)을 위해 자신의 행복을 포기할 수 있음은 물론이다.

인권

민족, 국가, 인종에 상관없이 인간이라면 누구에게나 인정되는 보편 권리. 인간으로서 당연히 누리는 기본적인 권리를 '**인권**'이라고 한다. 인권은 빼앗을 수도 없고 남에게 넘겨줄 수도 없는, 인간이 인간답게 생존할 수 있는 기본적인 권리를 뜻한다. 인권은 일반적으로 다음과 같은 특성을 지니고 있다. 첫째, 인권은 법률 및 관습이 개인의 권리와 자유를 침해할 때 그 정당성을 판단하는 기준이 되므로, 국가가 국민에게 권력을 행사하는 것을 근본적으로 제한한다. 둘째, 인권은 모든 장소의 모든 인간이 평등하게 누릴 수 있는 것이어야 한다. 따라서 일반적으로 인권은 모든 특권 개념과는 반대된다. 셋째, 어떠한 특수한 입장에 있는 개인이나 집단의 권리는 다른 사람의 권리나 공동의 이익을 위해 필요한 만큼만 제한할 수 있다. 넷째, 인권은 그 속에 속한 권리 일부가 구현되는 것으로는 보장될 수 없고, 그 전체가 실현될 때만 완전히 보장된다고 할 수 있다.

❘ 기본권과 인권

인권이 인간이 누려야 하는 보편 권리라면, 기본권은 헌법에 의하여 보장되는 인간이 살아가는데 필요한 권리를 말한다. 기본권에는 **행복추구권, 자유권, 평등권, 사회권, 참정권, 청구권** 등이 있다.

공권력

공공의 필요에 의해 적법하게 행사하는 국가 권력. 공권력은 국가 또는 공공단체가 우월한 의사 주체로서 국민에게 명령하고 강제할 수 있는 권력이나 그 권력을 행사하는 국가 자체를 뜻한다. 공권력은 법률에 근거를 두고 있으며 공익을 위해 쓰는 경우 인정된다. 국가나 기타 행정 주체가 특히 공권력의 주체로서 행하는 행정상 법률관계를 권력관계라고 한다. **권력관계**는 행정 주체가 공권력을 행사하기 때문에 국민에 대하여 일방적으로 명령·강제하는 행정 작용으로 이루어진다. 주변에서 볼 수 있는 것은 주로 검찰과 경찰의 법 집행, 세금을 걷는 조세 행위, 예비군 소집 명령처럼 군사와 관련된 행정 등으로, 행정 주체가 국민의 신체 또는 재산에 행사하는 법적 권한이 바로 **공권력**이다.

시민 불복종

부당한 공권력에 대항하는 시민의 비폭력 행동. 시민 불복종이란 말은 미국의 자연주의 사상가인 헨리 데이비드 소로의 '시민 불복종론'에서 기원한다. **시민 불복종**은 인간이 만든 법과 제도에 결함이 있을 수 있으며, 그 결함을 해결하기 위한 법적·제도적 방법이 없을 때 법과 제도에 불복종함으로써 새로운 제도를 만들어야 한다는 사상을 일컫는다. 시민 불복종은 개인적 결단이자 실천이지만, 또한 소수자나 약자가 그들의 주장을 알리는 효과적인 방법이기도 하다. 다수자나 강자는 그러한 수단 없이도 자신의 뜻을 관철하기가 그리 어렵지 않으나, 소수자나 약자는 그렇지 못하다. 비록 민주주의의 원칙은 다수결을 따라야 함이 옳지만, 오히려 그것이 소수의 인권과 자유를 유린하는 방향으로 남용된다면, 소수는 비폭력적인 시민 불복종 행동으로 적극 표현함으로써 그것의 부당함을 드러낼 수 있다.

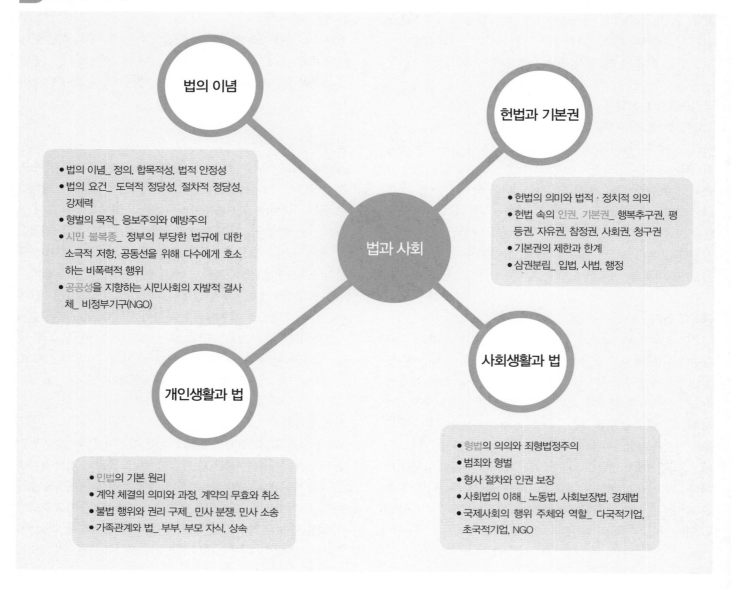

- 법의 이념_ 정의, 합목적성, 법적 안정성
- 법의 요건_ 도덕적 정당성, 절차적 정당성, 강제력
- 형벌의 목적_ 응보주의와 예방주의
- 시민 불복종_ 정부의 부당한 법규에 대한 소극적 저항, 공동선을 위해 다수에게 호소하는 비폭력적 행위
- 공공성을 지향하는 시민사회의 자발적 결사체_ 비정부기구(NGO)

법의 이념

헌법과 기본권

- 헌법의 의미와 법적 · 정치적 의의
- 헌법 속의 인권, 기본권_ 행복추구권, 평등권, 자유권, 참정권, 사회권, 청구권
- 기본권의 제한과 한계
- 삼권분립_ 입법, 사법, 행정

법과 사회

개인생활과 법

사회생활과 법

- 형법의 의의와 죄형법정주의
- 범죄와 형벌
- 형사 절차와 인권 보장
- 사회법의 이해_ 노동법, 사회보장법, 경제법
- 국제사회의 행위 주체와 역할_ 다국적기업, 초국적기업, NGO

- 민법의 기본 원리
- 계약 체결의 의미와 과정, 계약의 무효와 취소
- 불법 행위와 권리 구제_ 민사 분쟁, 민사 소송
- 가족관계와 법_ 부부, 부모 자식, 상속

법치주의

국가는 법에 의하여 통치되어야 한다는 원리. 법치주의는 법에 의한 통치 즉, '법의 지배'를 의미한다. 법치국가에서 국가의 모든 활동과 국가 공권력의 행사는 국민의 대표가 제정한 법률에 근거하여 법에 정한 절차에 따라 이루어져야 한다. 법치주의의 궁극적 목적은 국민의 자유와 권리를 보장하는데 있고, 이를 위해 국가의 조직이나 기능은 견제와 균형의 원리에 따라 행해져야 한다. **법치주의**는 적극적으로는 법에 규정된 대로 국가의 권한을 행사함으로써 국가 권력을 발동하고 이를 정당화시켜주는 역할을 수행하며, 소극적으로는 법에 의하지 않고서는 국가의 공권력 발동을 통하여 국민의 자유와 권리를 침해할 수 없다는 의미로 사용된다.

형식적 법치주의와 실질적 법치주의

형식적 법치주의는 통치의 합법성을, 실질적 법치주의는 통치의 정당성을 특징으로 한다. 법치주의의 형태는 다음 두 가지로 나눌 수 있다. **형식적 법치주의**는 국가 공권력의 행사가 법률에 적합하도록 요구하는 것일 뿐, 그 내용이나 목적을 문제 삼지 않는 것을 말한다. 즉, 법에 규정되어 있으면 그것으로 국가 공권력의 행사는 정당성을 부여받는다. 우리가 소위 말하는 '악법도 법이다.'라는 말이 여기에 속한다. 하지만 오늘날 법치주의는 법률에 의한 것만이 아니라 그 내용과 목적이 정의와 공평의 원리에 부합할 것을 요구한다. 이것이 실질적 법치주의이다. **실질적 법치주의**는 인간의 존엄성 존중과 자유와 평등의 실현을 목적으로 하고, 정의의 실현을 내용으로 하는 법에 의한 통치를 요구한다. 즉 이러한 목적을 가지지 못한 법은 정당한 법치주의를 실현하지 못한다.

신뢰보호 원칙

신뢰보호 원칙은 국민이 법을 믿고 신뢰하면 그 신뢰를 보호함으로써 국민의 법적 안정성을 보장하고, 그에 따라 실질적 정의를 실현할 수 있는 원리를 말한다. 법은 국민의 신뢰를 보호함으로써 국민 생활에 안정을 갖게 되며, 이때 **신뢰보호 원칙**은 국민의 기본권 보장의 기능을 수행한다. 즉 행위 당시에 존재했던 법을 믿은 국민의 신뢰는 마땅히 보호되어야 한다. 이러한 신뢰보호의 원칙은 특히 형법권 부과의 기준으로 소급 입법 금지의 원칙 또는 국가행정에 대한 국민의 이해와 신뢰를 보호하기 위한 수단으로 기능하게 된다.

헌법의 기본 원리

국가를 운영하는 원칙. 헌법은 국가의 근본법으로 국민의 기본권을 규정하고 이를 보장하며, 국가의 통치 작용과 통치 조직을 정하고, 국가 권력의 행사와 그 근원에 대해 규정한 국가의 근본법이다. 헌법의 기본 원리는 헌법의 이념적 기초가 되는 것이자, 헌법을 전체적으로 지배하는 지도 원리이다. 헌법의 곳곳에는 여러 가지 근본 원리들을 내포하여 이를 규정하고 있다. 헌법은 그 스스로를 운영하는데 필요한 것들을 근본 내용으로 삼고, 이를 기본 원리로 하여 본질적 내용으로 정한 것이다. 헌법의 기본 원리는 헌법의 조항 및 법률 조항에 대해서도 이를 해석하는 지침이 되며, 입법이나 정책 결정의 기본 방향을 제시한다. 또 헌법이 보전해야 할 최고의 가치 규범으로서의 성격을 지닌다. 그러므로 헌법의 기본 원리는 헌법의 핵을 이루는 것으로 헌법의 개정 절차를 통해서도 이를 제한할 수 없는 내용을 담고 있다. **국민 주권의 원리, 자유 민주주의 원리, 사회 국가 원리, 법치 국가 원리**가 그것이다.

헌법과 법의 관계

헌법은 법률에 우선한다. 한 국가의 최고이자 최상의 근본법은 헌법이다. 헌법의 내용에 따라 법률을 규정하고, 이에 따라 국가기관이 활동을 하며, 국민의 기본권을 제한할 수 있다. 그러므로 헌법에 의해 제정된 법률은 헌법을 위배할 수 없다. 만약 법률이 헌법에 위배된다면 그것은 위헌 법률이 되는데, 이러한 법률은 효력을 상실하게 된다. 우리 헌법에서는 법률이 헌법에 위반되는지를 판단하는 제도가 존재하는데, 이것이 **위헌법률 심판**과 **헌법소원 제도**이다. 즉, 법률이 헌법의 기본정신에 위반되었을 때에는 최고 규범인 헌법에 저촉되는 것으로써, 이 법률은 효력을 상실하게 된다. 하지만 법률이 헌법에 위반되는지가 의심스럽더라도 존재하는 법률은 존중되고 보호받아야 한다. 왜냐하면 민주적 정당성을 지닌 국민의 대표 기관인 국회에서 제정된 것이기 때문이다. 따라서 법률을 해석하는 과정에서도 헌법에 부합되는 것으로 해석해야 하며 이를 합헌적 법률해석이라고 한다. 이는 법률이 일면 위헌처럼 보이더라도 헌법 정신에 부합될 여지가 있으면 이를 위

헌으로 판단할 것이 아니라 합헌으로 판단하여야 한다는 것으로, 사법부가 적극적으로 나서 법률을 판단하지 않는 것을 말한다.

기본권

헌법에 의하여 보장되는 국민의 기본적 권리. 기본권이란 헌법에 인간의 권리를 규정함으로써 이를 국가가 보장하고, 국민으로서의 권리가 보호 받을 수 있도록 헌법에 규정한 권리를 말한다. 인권과 기본권은 다른 개념이다. **인권**은 인간으로서 출생과 더불어 가지는 당연한 권리를 말하며, **기본권**은 인권이 헌법에 성문화되어 규정되는 권리를 의미한다. 인권과 기본권은 동일한 개념은 아니지만 헌법에 규정되지 않았다고 해서 인권이 무시될 수 없는 것이므로, 인권과 기본권의 구별은 별 의미가 없다고 봐야 한다. 현대 사회로 넘어오면서 실질적 평등을 강조하고 기본권 보장의 중점이 자유권적 기본권에서 생존권적 기본권으로 옮겨지고 있다.

기본권 제한

헌법 유보와 법률 유보. 기본권의 제한은 기본권 규정에 의하여 보장된 기본권의 행사 범위를 한계 짓는 것을 의미한다. 국가는 여러 사람들로 구성된 집합체이므로 개개인의 자유와 권리도 중요하지만, 사회 전체의 이익을 도모하기 위해서는 국민 개개인의 **권리를 제한**할 필요성이 대두된다. 우리 헌법은 기본권에 대한 제한 규정을 두고 있다. 헌법 제37조 2항은 국민의 모든 자유와 권리는 국가안전보장, 질서 유지 또는 공공복리를 위하여 필요한 경우에 한해 법률로써 제한할 수 있으며, 제한하는 경우에도 자유와 권리의 본질적인 내용은 침해할 수 없다고 규정하고 있다. 헌법은 제한 목적을 국가안전보장과 질서 유지 또는 공공복리를 위한 것임을 명확히 규정하고, 국민의 기본권을 제한할 때에는 법률로써 이를 명시해야 한다. 즉, 기본권은 국민의 대표 기관인 국회에서 제정한 형식적 의미의 법률에 의해서만 제한 가능하고, 법률의 근거나 위임 없이 명령, 조례, 규칙 등을 통해서는 국민의 기본권을 제한할 수 없다.

과잉금지의 원칙

필요한 경우에 한해 법률로써 기본권을 제한. 국가가 기본권을 제한함에 있어서 지켜야 할 국가 작용의 한계가 있다. 이를 '과잉금지의 원칙'이라고 부른다. **과잉금지의 원칙**은 국가가 국민의 기본권을 제한하는 내용을 법으로 제정함에 있어서 지켜야 할 기본 원칙 또는 입법 활동의 한계를 규정한 것으로, 국민의 기본권을 제한하려는 입법 목적이 헌법 및 법률상의 정당성과 부합해야 하고 (목적의 정당성), 목적 달성을 위한 방법은 효과적이고 적절하여야 하며(방법의 적절성), 입법권자가 선택한 기본권 제한 조치는 필요한 최소한에 그쳐야 하며(피해의 최소화), 보호하려는 공익

이 침해받는 사익보다 더 커야 한다(법익의 균형성)는 법치 국가의 원칙에서 당연히 파생되는 헌법상의 기본 원리를 말한다.

법실증주의

실정법만을 법으로 인정하는 법학의 입장. 법실증주의는 법의 이론이나 해석·적용에 있어서 어떠한 정치적·사회적·윤리적 요소도 고려하지 않고, 오직 법 자체만을 형식 논리적으로 파악하려는 입장이다. 따라서 실정법을 초월하는 자연법의 존재를 인정하지 않는다는 점에서 자연법 사상과 대립한다. **법실증주의**는 실정법 체계의 완전무결성에 대한 확신을 바탕으로 법관에 의한 법창조 내지 자의적 판단을 배제하려는 사상이다. 법실증주의는 법학이론 및 실정법의 발전과 이를 통한 국가 권력의 확립에 크게 기여했다.

참정권

국민이 직·간접으로 국정에 참여할 수 있는 권리. 참정권은 주권자로서의 국민이 정치에 참여할 수 있는 권리를 말한다. **참정권**은 정치적 기본권의 일종으로, 정치적 기본권은 주권자로서의 국민이 정치적 의견을 자유로이 표명하거나 그 밖의 방법으로 국가의 의사 형성에 협력하는 일련의 정치적 활동을 의미한다. 우리 헌법에서는 제21조에서 표현의 자유로써 언론, 출판, 집회, 결사의 자유를 보장하고, 제8조에서는 정당 설립의 자유를, 제24조와 제25조에서는 참정권을 보장함으로써 정치적 기본권 등을 보장하고 있다.

인간다운 생활을 할 권리

사회권적 기본권. 인간다운 생활을 할 권리는 인간 존엄성의 이념에 따라 건강하고 문화적인 생활을 할 권리를 말한다. **인간다운 생활권**은 물질적 최소 생활을 보장하고, 더 나아가 문화적 최저 생활의 보장까지도 포함하는 개념이다. 인간다운 생활권은 우리 헌법 제34조에 규정되어 있는데, 이것은 인간의 존엄과 가치를 실현하기 위한 사회권적 기본권의 핵심 목적에 해당하며, 나머지 개별적으로 존재하는 사회권적 기본권은 이를 위한 수단에 불과하다.

착한 사마리아 인 법

자신에게 특별한 위험을 발생시키지 않는데도 불구하고 곤경에 처한 사람을 구해 주지 않는 행위를 처벌하는 법. 이는 『성서』에 나오는 비유로서, 강도를 만나 죽게 된 사람을 제사장이나 레위 사람도 그냥 지나쳤으나 한 사마리아 사람만은 성심껏 돌봐 구해 주었다는 데에서 비롯되었다. 이처럼 **'착한 사마리아 인 법'**은 도덕적인 의무를 법으로 규정하여 강제하는 것을 말한다.

법의 합목적성

법이 따라야 할 가치 또는 기준. 합목적성이란 법이 존재하는 그 시대의 사회나 국가의 이념에 부합해야 한다는 원칙을 말한다. 법은 그 시대를 반영하고 그 시대를 규율하게 된다. 따라서 법은 그 시대 그 사회가 추구하는 가치 기준과 운영 목적에 부합해야 한다. 이러한 원칙을 **'합목적성'**이라고 한다. 합목적성은 그 시대의 법적 안정성과 법을 유지시키는 이념이며, 법이 따라야 하는 가치나 기준을 제시한다. 합목적성의 핵심 요소는 **'정의'**이다. 정의는 우리가 마땅히 지켜나가야 하는 원칙을 말하는 것으로, 옳고 그름의 판단 기준이고 행위 여부를 결정하는 기준으로 작용한다. 법이 합목적성에 부합할 때 사회 질서는 정의롭게 유지된다. 법은 국민으로부터 신뢰를 얻을 때 제 기능을 다하는데, 그 기준이 바로 정의의 원칙에 부합하는지 여부이다. 즉 법의 합목적성 여부가 관건이다. '악법은 법이 아니다.'라는 말은 합목적성을 대표하는 말이다. 정의에 부합되지 않는 악법은 법이 규율하는 법률관계에서 제 기능을 다하지 못하고, 국민들로부터 외면당한다. 현대사회에서는 국가 기능이나 국민의 행위가 법에 근거하고 법에 합치될 것만을 요구하는 것이 아니라, 이 법이 합목적일 것을 요구하고 있다.

법적 안정성

사회질서 안정을 위한 법적 조건. **법적 안정성**이란 국민의 일반 생활을 규율하는 데 있어서 법이 안정적으로 기능하고 작용하는 것을 말한다. 법이 국민으로부터의 신뢰를 얻기 위해서는 법적 안정성에 대해 일반인들이 확신을 가져야 한다. 일상생활에서 분쟁이 발생했을 때 흔히 하는 말로 "법대로 하자."라고들 한다. 이는 법이 사람들 상호 간의 이해관계를 규율하고 대립을 해소하는 장치로서 작동하고 있음을 의미한다. 이러한 상태가 법이 안정적으로 기능하고 있다는 의미이다.

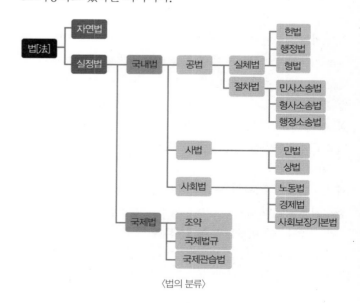

〈법의 분류〉

공법

공권의 주체인 국가 및 공공단체와 개인(私人) 사이의 관계에서 일어나는 수직적 권리 관계를 규율하는 법. 공법(公法)은 공적인 생활관계를 규율하는 법을 말한다. 공법은 국가기관이나 공공단체를 당사자로 하여, 국가기관 상호 간이나 국가기관 또는 공공단체와 국민 간의 관계를 규율하는 법이다. 공법은 공적 기관을 일방당사자로 하기 때문에 국가의 통치권이 작용하게 된다. 공권력은 개인에게 영향을 미치게 되며, 공권력에 복종해야 하는 국민들은 국가의 공권력 행사로 인해 개인의 자유를 침해받을 소지가 있다. 이러한 국가 작용은 법치주의 원칙에 따라 반드시 법, 즉 공법에 그 근거를 두어야 한다. 국가 및 공공기관 대 국민 간의 관계에서 공법은 수직적 관계를 형성한다. 국가는 국민에 대해 일방적인 명령을 행하게 되며, 국민은 이에 복종해야 한다. 공법의 종류에는 **헌법, 형법, 행정법, 민사소송법, 형사소송법** 등이 있다. 이를테면 민사소송법에 있어서, 민사법은 원래 국민 간의 권리 의무 관계를 다루는 법이기에 사법 영역이지만, 소송에 관련된 관계는 법원과 개인 간의 문제이기 때문에 공법 영역에 속하게 된다.

사법

개인과 개인 사이의 관계에서 일어나는 수평적 권리 관계를 규율하는 법. 사법은 개인 간의 사적인 관계를 규율하는 법을 말한다. 사법은 국민의 권리와 의무를 규정하고, 이와 관련한 내용을 담고 있다. 사법은 개인과 개인 간의 문제이므로 개별적 수평적 관계를 규율하고 있다. 이는 수직적 관계를 다루는 공법과 차이 난다. 사법은 개인의 의사를 최대한 존중하고, 그들 간의 권리 의무를 다루기에 최대한 양 당사자의 의사를 존중하는 것을 목적으로 한다. 개인은 자기 자신이 자기의 의사에 따라 자유롭게 법률관계를 형성할 수 있고, 국가의 간섭은 최대한 배제된다. 사법의 종류에는 **민법, 상법** 등이 있다. 민법은 인간 공동생활에서 존재하는 사회적인 행위의 준칙으로 작용하고, 그 사이에서 발생할 수 있는 분쟁을 해결하며, 국민 간의 권리와 의무를 중심으로 규정된 법을 말한다. 민법은 개인 간의 재산관계 뿐만 아니라 가족관계 등의 신분관계를 다룬다. 상법은 개인과 상인 간의 관계를 규율하는 법으로, 상인들 간의 특수성을 다루는 법이다. 이는 민법의 특별법이기도 하다.

사회법

공적 이익을 목적으로 사법의 영역인 개인 간의 관계에 국가가 개입하는 법. 원래 사법 관계에서는 국가가 개입하지 않는 것이 원칙이고, 개인의 자유의사에 따라 관계를 형성하고 문제를 해결한다. 그러나 사회법의 목적은 사법 관계에서 국가가 개입함으로써 사회적 약자를 보호하고 **실질적 평등**을 추구하는 데 있다. 이로써 사회법은 사법을 공법화하는 특징을 갖는다. 사회법은 근대사회의 형식적 평등을 극복하고 실질적 평등을 이룰 수 있도록 국가가 후견적으로 배려하는데 그 특징이 있다. 사회법의 영역은 갈수록 확대되는 추세이다.

실체법과 절차법

법의 규정 내용에 따른 구분. 실체법이란 권리·의무의 내용, 종류, 범위, 발생, 변경, 소멸 등 법률관계의 실체에 관한 법이다. **민법, 상법, 형법**이 대표적인 실체법이다. 절차법이란 실체법과 대립되는 개념으로, 실체법에 규정된 권리와 의무의 내용을 실행하기 위한 절차를 규정한 법이며, 소송 또는 재판 절차에 대해 규정해 놓은 법이다. **형사소송법과 민사소송법, 행정소송법** 등이 이에 해당하며, 호적법이나 부동산등기법도 절차법이다. 실체법과 절차법은 법의 규정 내용에 따라 구별하는데, 서로 독립된 법으로 나눠지는 것은 아니며, 동일한 법 안에서도 실체법과 절차법으로 구분이 가능하다. 예컨대 민법은 대표적인 실체법이지만 민법 제40조 법인의 설립에 관한 규정은 절차법에 속한다. 또한 부동산등기법은 절차법에 해당하지만 그중 등기한 권리의 순위에 관한 규정은 실체법으로 본다. 실체법과 절차법이 모순될 때에는 실체법이 절차법에 우선한다. 실체법에서 정하지 않으면 절차법은 의미가 없고, 절차법이 없으면 실체법은 실현되기 어렵다. 따라서 실체법과 절차법은 서로 협력할 때 실효성을 얻을 수 있다.

일반법과 특별법

법의 효력과 적용 순서를 기준으로 한 분류. 일반법과 특별법은 법의 효력 범위에 따른 구별이다. **일반법**은 주체와 상황에 제한 없이 일반적으로 국민의 모든 관계를 규율하는 법이다. 일반법은 개인의 지위를 막론하고 누구에게나 적용되고, 장소적 제약이 따르지 않으며, 대상에 대하여도 차별을 두지 않는다. **특별법**은 특별한 사람이나 사항에 대하여 적용되는 법이다. 특별법은 그 대상을 정하는 행위나 사건에 한정하여 적용하게 된다. 특별법은 사회 변화로 날로 복잡해지면서 특별한 사항에 대처할 필요성이 강하게 제기됨에 따라 등장한 것으로, 그 필요성이 갈수록 증가하고 있는 추세이다. 민사에 대한 일반법으로 민법이 있고, 형사에 대한 일반법으로는 형법이 있다. 그밖에 국가공무원법 등이 일반법에 해당한다. 특별법으로는 민사에 관한 상법, 주택임대차보호법, 제조물책임법 등이 있고, 형사에 관하여 군형법, 폭력행위 등 처벌에 관한 법률 등이 있다. 교육공무원법도 특별법의 한 형태이다.

신의성실의 원칙

사정변경의 원칙, 금반언의 원칙(선행 행위와 모순되는 후행 행위 금지 원칙), 실효의 원칙, 계약충실의 법률 원칙. 민법 제2조는 '권리의 행사와 의무의 이행은 신의에 좇아 성실히 하여야 한다.'라고 규정하고 있다. 이는 권리 의무의 양 당사자는 권리를 행사하거나 의무를 이행함에 있어서 신의와 성실로써 행동해야 한다는 민법상의 대원칙이다. 줄여서 '**신의칙**'이라고도 한다. 이는 상대방의 정당한 이익을 고려하고 상대방의 신뢰를 저버리지 않도록 행동해야 하며, 형평에 어긋나지 않아야 함을 의미한다.

권리남용 금지의 원칙

권리의 특정한 행사를 규제하는 법률 원칙. 민법 제2조 제2항에서는 신의칙의 파생 원칙으로서 권리는 남용하지 못한다고 규정하고 있다. 권리를 행사함에 있어서 이를 남용해서는 안 되고, 이를 위반하는 **권리의 남용**은 곧 신의칙 위반으로서 법이 권리행사에 효력을 부여하지 않는다. 권리의 남용은 목적에 반하여 권리를 행사하는 경우에 발생한다. 겉으로는 권리의 행사처럼 보이지만 실질적으로는 공공의 복리에 반하기 때문에 권리행사라고 할 수 없는 경우를 말한다. 즉 사회적으로 타당하다고 생각되는 범위를 넘어서 권리자가 오로지 개인적이고 이기적인 입장에서 권리를 행사하는 것이다. 이러한 권리의 행사에 대하여는 이것을 인용할 필요가 없거나 불법행위로서 손해배상을 청구할 수 있다.

사정변경의 원칙

계약 체결 당시의 사회 사정이 변경되면 계약은 구속력을 잃는다는 법률 원칙. 법률관계의 양 당사자의 행위에 있어서, 당사자들이 예견할 수 없었던 중대한 사정 변경 사유가 발생했을 경우에, 행위 당시의 행위를 요구한다면 오히려 당사자에게 부당한 결과가 발생할 수 있다. 이러한 경우에 신의칙에 입각하여 당사자 상대방에게 행위의 내용을 변경할 수 있도록 하거나 계약을 해지 또는 해제할 수 있도록 하여야 한다는 원칙이 곧 **사정변경 원칙**이다.

모순 행위 금지의 원칙

금반언의 법률 원칙. 권리자의 권리행사에 있어서, 그것이 당초 행한 행위와 모순된다면 권리자의 권리행사를 인정하지 않는 것이 **모순 행위 금지의 원칙**이다. 이는 권리자의 행위를 신뢰한 상대방을 보호하고 권리자의 부당한 권리행사를 방지하기 위함이다.

실효의 원칙

권리자의 부당한 권리행사를 제한하는 법률 원칙. **실효의 원칙**이란 권리자가 그의 권리를 장기간 행사하지 않았기 때문에 상대방이 이제는 그 권리를 행사하지 않을 것으로 믿을 만한 정당한 사유가 발생한 경우에, 새삼스런 권리의 행사는 권리남용으로서 허용되지 않는다는 원칙이다. 예를 들어 해고 후 아무런 이의를 유보

함이 없이 퇴직금 등을 수령하고 상당 기간이 지난 후에 제기한 해고 무효의 주장은 실효의 원칙에 비추어 허용될 수 없다는 판례가 이에 해당한다. 실효의 원칙은 모순 행위 금지의 원칙과 마찬가지로 상대방의 정당한 신뢰를 보호하는 기능을 하고, 권리자의 부당한 권리행사를 제한하는 역할을 한다.

법률관계

법에 의해 규율되는 생활관계. 사람들의 생활관계는 다양한 방식을 이룬다. 그중에 법에 의하여 규율되는 관계를 법률관계라고 한다. 법률관계는 법에 규정되어 있거나 혹은 당사자 간의 의사 합치로서 형성된다. 법률관계에는 개인과 개인 사이에서 발생하는 법적 생활관계와 사람과 물건 사이에서 발생하는 물적 생활관계로 나뉜다. 전자를 **채권관계**라고 하고 후자를 **물권관계**라고 한다. 채권관계는 상대방에 대해 특정 행위를 청구할 수 있고 그 상대방은 그것을 이행해야 하는 의무를 지는 관계이다. 물권관계는 개인이 물건을 사용하고 수익하고 처분하는 권능을 보유하고 다른 사람과 이 내용에 대해 맺는 법적 구속관계를 말한다.

권리능력

권리와 의무의 주체가 될 수 있는 능력. 권리능력이란 권리를 행사하고 의무를 부담하는 지위 내지 자격을 말한다. 권리능력이 있는 자만이 권리를 보유하고, 행사하며, 그에 따르는 의무를 부담하게 된다. 권리능력을 가지는 자를 **권리 주체** 또는 **권리능력자**라고 하는데, 이는 권리의 귀속 주체로서 법에 의해 권리를 누릴 수 있는 힘을 부여받은 자를 말한다. 권리능력을 가진 자는 그에 따른 의무를 부담하는 것이기에, 권리능력이 있는 자는 동시에 의무능력자이기도 하다. 민법에서 권리능력을 보유할 수 있는 자, 즉 권리 주체는 자연인과 법인이다. 자연인은 출생한 사람을 의미하며, 법인은 법에 의하여 인격이 창출된 단체 또는 재산을 말한다. 모든 사람은 태어나면서 권리능력을 지닌다. 남녀의 구별이 없고, 나이의 차이를 두지 않으며, 질병 여부에 관계없이 출생한 모든 사람은 권리능력을 가진다.

의사능력

자기 행위의 의미나 결과를 판단할 수 있는 정상적인 정신 능력. 의사능력이란 법률행위를 구성하는 의사표시를 함에 있어서 그 의사를 단독으로 형성 및 판단할 수 있는 능력을 말한다. 사적 자치가 지배하는 법률행위를 함에 있어서의 핵심 요소는 자기결정이다. **자기결정**은 각자 자기가 원하는 의사를 형성하고 그에 따라 행위하며, 그 행위의 의미를 파악할 수 있는 능력을 말한다. 의사능력은 자기 행위의 의미나 그에 따른 결과를 정상적으로 인식하고 합리적으로 판단하며, 자기의 의사를 결정할 수 있는 능력을 말

한다. 권리능력은 자연인이면 누구나 출생과 더불어 가지는 권리이다. 하지만 의사능력은 그렇지 않다. 정상적인 판단 능력이 결여되어 있다면, 의사를 기초로 하는 법률관계의 형성은 불가능하다. 따라서 의사능력이 없는 자의 행위는 효력이 발생하지 않는다. 사적 자치는 당사자가 의욕 하는 바에 따라서 법률의 효력이 발생하는 것인데, 당사자가 의욕 하는 의사표시가 존재하지 않는다면 법이 이것에 효력을 일으키는 것은 무의미하기 때문이다. **의사능력**은 행위 당시에 그 사람의 의사를 형성할 수 있는 능력을 말하므로, 구체적이고 개별적으로 판단되어야 한다. **행위능력**은 일률적으로 행위무능력자를 법에 규정하여 그를 보호하려는 것이 목적인데 반해, 의사능력은 행위 당시의 의사를 구체적으로 판단하여 결정하는 것을 목적으로 한다. 따라서 의사능력이 결여된 상태에서의 의사표시인 의사무능력은 무효로 한다.

책임능력

법률상의 책임을 부담할 능력. 책임능력이란 자신의 행위가 타인의 법익을 위법하게 침해한 경우에 이를 인식할 수 있는 충분한 **판단 능력**을 말한다. 즉, 자기의 행위를 인식하는데 그치지 않고 법률상의 책임을 인식할 수 있는 능력을 말한다. 사적 자치에서 자신의 의사로 법률행위를 한 자는 그 행위에 대해서 책임을 진다는 것이 원칙이다. 따라서 자연인에게 있어서 책임능력이 없는 상태의 행위에 대해서는 그렇게 행위 한 자에 대해 책임을 진다는 것은 무의미하다. 책임 무능력자의 행위에 대해서는 채무불이행 책임이나 불법행위 책임을 지을 수 없다. 법인의 책임능력에 대해서는 성질상 책임능력이 문제 되지 않는다. 책임능력을 판단함에 있어서는 의사능력과 마찬가지로 개별적으로 판단한다. 의사 형성에 대한 책임을 묻는 것이 책임능력이기에, 행위를 구체적으로 고찰한 후 종합적으로 판단을 내려야 한다.

행위능력

단독으로 완전히 유효한 법률행위를 할 수 있는 지위 또는 자격. 행위능력이란 권리 주체가 독자적으로 유효하게 법률행위를 할 수 있는 지위를 말한다. 권리능력을 지닌 자는 일반적으로 권리를 자유롭게 사용, 수익, 처분할 수 있는 권능이 있다. 하지만 이는 행위능력이 있는 상태에서의 문제이고, 행위능력이 제한된 경우에는 처분 권능 등을 행사할 수 없는 경우도 있다. **행위능력**은 일괄적으로 정해진다. 권리능력을 보유한 권리 주체는 일반적으로 행위능력을 보유하고 있다. 하지만 문제는 행위능력이 없는 자로, 민법에서는 이들을 규정하여 보호하고 있다. 이것이 **행위무능력자 제도**이다. 자연인 가운데 미성년자, 한정치산자, 금치산자가 행위무능력자인데, 이들이 단독으로 법률행위를 하는 데 있어 제한을 둠으로써, 이들을 보호하고자 하는 것이 행위무능력자 제도

의 취지이다.

심급제도

공정한 재판을 위한 재판 운영 원리. 공정한 재판을 위해 우리 헌법은 심급제도를 두고 있다. 심급제도란 급을 달리하는 법원에서 여러 번 재판을 받을 수 있도록 하는 제도이다. 우리나라는 하급법원의 판결에 불복하는 사람이 상급법원에서 다시 재판을 청구할 수 있도록 하는 상소제도인 '**3심제**'를 원칙으로 하고 있다. 이때 1심 법원의 판결에 불복하여 2심 재판을 청구하는 것을 '**항소**'라고 하고, 2심 법원의 판결에 불복하여 대법원에 재판을 청구하는 것을 '**상고**'라고 한다. 그리고 법원의 판결이 아닌 결정이나 명령에 불복하면 '**항고**' 또는 '재항고'할 수 있다. 이와 같이 심급제도를 통해 법관이 잘못된 판결을 내릴 가능성을 최소화하고 공정한 재판을 실현하여 국민의 기본권을 보장할 수 있다.

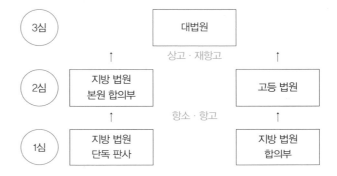

제조물 책임법

대표적인 소비자보호법. 제조물 책임법은 제조물로부터 발생한 하자로 인해 발생한 생명이나 신체, 재산상의 손해를 배상하기 위해 제정된 법률이다. 제조물 그 자체의 하자에 대해서는 이 법이 적용되지 않고, 하자로부터 발생한 파생 손해에 대해서 이 법이 적용되고 있다. **제조물 책임법**은 제조물의 하자로 인해 발생한 손해에 대해 제조자가 무과실 책임을 지는 것이 특징이다. 제조물로 인한 피해자의 규모 확대가 문제가 되므로, 피해자 보호를 위해서는 위험을 제공한 제조자가 이를 책임지는 것이 바람직하다는 사회 정책적 판단에서 법을 제정한 것이다.

행정법

행정권의 조직, 작용 및 통제에 관한 공법. 행정법은 국가 행정권의 조직과 작용 및 그 작용에 의하여 발생한 공권력에 의해 국민의 권리가 침해된 때, 그 권리 구제의 내용과 방법에 대해 규정하는 법체계이다. 단일한 법률로 규정되어 있는 민법·형법과는 달리, 행정법은 여러 개의 개별 법규로 규정되어 있는 것이 특징이다. **행정법**은 국가의 행정작용을 규율하는 법률이다. 행정작용은 목적 달성이나 공익 실현을 위해 국가가 행사하는 능동적이고 적극

적인 활동으로, 입법 활동과 사법 활동과 더불어 국가 권력의 핵심을 이룬다. 따라서 행정작용은 국가의 치안유지 활동이나 국방 활동, 국민의 자유와 복지를 증진시키는 일련의 모든 활동을 포함한다.

행정행위
행정권의 작용으로서 행해지는 구체적 행위. 행정행위는 행정주체가 국민을 상대로 특정 행위를 명령하고 강제하면서 권리와 의무를 부여하는 과정을 말한다. 행정행위는 행정청의 의사표시를 구성요소로 하면서 의사표시 대로 효과가 발생하는 행정활동을 규정하는 **법률적 행정행위**와, 의사표시가 아닌 관념, 행정기관의 판단과 인식 등의 단순한 정신적 작용을 요소로 하면서 그 효과는 법률로 규정하는 **준 법률적 행정행위**로 나뉜다.

행정지도
법률에 기초하지 않고 행정관청이 임의로 실시하는 지도 행위. 행정작용은 행정 부처가 행정목적을 달성하기 위해 행하는 모든 행위를 말한다. 여기에는 행정행위뿐만 아니라 행정지도와 행정구제도 포함된다. 행정행위, 즉 행정처분은 국가가 높은 지위에서 국민에 대해 일방적이고 권위적으로 명령을 하는 것이고, **행정지도**는 행정기관 등에서 행정활동의 달성을 위해 국민에게 임의적 동의나 협력을 전제로 하는 행정작용을 말한다. 따라서 행정지도는 강제력을 부과하지 않으며, 국민의 자발적 동의하에 행정활동이 이루어진다는데 특징이 있다.

행정구제 제도
행정청의 대국민 권익 구제 제도. 행정구제 제도는 국가의 행정작용으로 발생한 국민의 신체 및 재산상의 손해, 권리침해에 대해 국가 또는 공공단체가 이를 구제해주는 제도를 말한다. 행정활동으로 인해 국민의 권리가 침해되었을 때 이를 구제하는 것으로는 사전적 구제수단과 사후적 구제수단이 있다. 사전적 구제수단은 행정주체가 행정작용을 하기 전에 미리 이해관계인을 소환하여 그들의 의사를 청취하는 **청문**과, 국민의 신청으로부터 그 내용을 조사한 후 관계 기관에 민원의 내용을 알려주고 해결을 권고하거나 적절한 조치를 취하도록 하는 **민원처리**, 그리고 행정활동을 견제 감시하기 위해 의회가 선출한 사람으로 하여금 국가의 행정활동을 감시하고 견제하는 **옴부즈만 제도**가 있다. 사후적 구제수단으로는 행정쟁송 제도와 행정상 손해전보 제도가 있다. **행정쟁송 제도**는 행정행위에 대한 정당성 여부를 판단하여 국민의 권리를 구제하는 것을 목적으로 한다. **행정쟁송**은 행정기관이 주체가 되어 행정행위를 판단하는 행정심판과, 사법기관인 법원이 주체가 되어 행정행위를 판단하는 행정소송으로 나누어진다.

행정심판
행정청의 위법 또는 부당한 처분으로 인한 국민 권리 또는 이익 침해를 구제하는 심판 절차. 행정심판 제도는 행정행위에 의해 권리를 침해받은 국민이 행정기관의 처분이나 부작위의 시정을 행정기관에 요구하는 제도를 말한다. **행정심판**은 행정기관이 판단의 주체가 됨으로써 행정행위에 대한 자기반성에 의해 자신의 오류를 시정하는 기회를 부여하고, 행정기관의 전문성을 살려 합법적이고 적절한 행정행위를 함으로써 국민의 이해를 도모할 수 있는 장점이 있다. 행정소송보다는 절차가 간편하고 권리 구제에 걸리는 시간과 비용이 저렴하다는데 그 특징이 있다.

행정소송
행정청의 위법한 행정처분을 법원에서 정식으로 다투는 소송 절차. 행정소송은 행정행위에 대해 사법부인 법원이 주체가 되어 행정상의 유 · 무효나 법률관계에 관한 분쟁을 심리하고 판단하는 소송 절차이다. **행정소송**을 제기하기 전에 행정심판 과정을 거칠 수 있으며, 행정심판 과정을 통해 권리 구제가 된 경우의 행정소송은 소(訴)의 이익이 없어 부적법 사유로 각하된다.

죄형법정주의
범죄와 형벌은 법률로 정해져야 한다는 원칙. 죄형법정주의는 어떠한 행위가 범죄에 해당하고, 그에 따른 형벌은 무엇인지를 반드시 국회에서 제정한 법률에 의해 규정해야 한다는 형사법의 대원칙을 말한다. 법률이 없으면 범죄가 없고 형벌도 없다는 근대 형법의 기본 원리를 **죄형법정주의**라고 한다. 죄형법정주의는 국가의 자의적인 형벌권 남용으로부터 국민의 자유를 보장하고, 법률에 의해 국가 형벌권을 통제하기 위한 법률 원칙이다.

위법성 조각사유
구성요건에 해당하나 실질적으로 위법이 아니라고 인정할만한 특별한 사유. 위법성은 범죄의 성립요건 중 하나로, 어떠한 행위가 법규에 반해 허용되지 않는다는 성질을 의미한다. 그러나 어떤 행위가 범죄의 구성요건에 해당하지만 위법성을 배제함으로써 적법하게 되는 사유를 **위법성 조각사유**라고 한다. 우리나라 형법은 위법성에 관하여 적극적인 규정을 두지 않고 위법성이 조각되는 사유만을 두고 있다. 이것에는 정당행위, 정당방위, 긴급피난, 자구행위, 피해자의 승낙에 의한 행위, 명예훼손의 행위가 진실한 사실로서 오로지 공공의 이익에 관한 때 등이 있다.

● 정당행위
정당행위는 정당한 행위 일반을 의미한다. 정당행위는 사회적으로 용인되는 정당행위이기 때문에 인정되는 위법성 조각사유이다. **정당행위**는 법령에 의한 행위 및 기타 사회 상규에 위배되지 않는 행위를 말하는 것으로, 가장 포괄적으로 적용되는 것이기에 다른 위법성 조각사유에 보충적으로 적용되는 것이 일반적이다. 민법에는 정당행위의 규정은 없으나, 판례 등으로 이를 인정하고 있다.

⁝ 정당방위

정당방위는 자신 또는 타인의 법익에 대한 부당한 침해를 방어하기 위한 것으로, 그에 합당한 상당한 이유가 있는 행위를 말한다. **정당방위**는 국가기관으로부터 법익 구제를 받을 수 없는 긴급한 상황에 처했을 때, 개인이 실력에 의거하여 법익 침해를 배제하기 위한 행위이다.

⁝ 긴급피난

긴급피난은 자신 또는 타인의 법익에 반하는 현재의 위난을 피하고자 하는 행위가 상당한 이유가 있을 때에는 처벌하지 않는 위법성 조각사유이다. **긴급피난**은 정당방위와 달리 부당한 침해가 아니라 정당한 침해가 있는 상황을 전제로 한다. 즉 긴급피난은 위난에 처한 자가 위난과 관계없는 제3자에게 그 위난을 전가시키면서 그 행위를 정당화하는 기능을 수행한다. 따라서 정당방위보다는 위법성 조각사유가 엄격히 적용된다.

⁝ 자구행위

자구행위는 법정 절차에 의해 청구권을 보전하기 어려운 경우에 그 청구권의 실행 불능, 또는 현저한 실행 곤란을 피하기 위한 행위로 상당한 이유가 있는 때에 성립되는 위법성 조각사유이다. **자구행위**는 위법하게 권리를 침해당한 자가 공권력에 의해 권리를 구제받을 수 없는 상황에서 자력으로 그 권리를 보전·회복하는 행위이다. 자구행위는 부정의 대 정의의 관계인 점에서 정당방위와 유사하고, 그 침해가 현재일 것을 요구하지 않는 점에서 정당방위나 긴급피난과는 다르다.

⁝ 피해자의 승낙

피해자의 승낙은 법익 주체인 피해자가 자기의 법익에 대한 침해를 허용하는 것으로, 처분할 수 있는 자의 승낙에 의해 법익을 훼손한 행위가 법률에서 정한 특별한 규정이 없는 때에는 벌하지 않는다는 위법성 조각사유이다. **피해자의 승낙**에 의해 위법성이 조각되기 위해서는 처분할 수 있는 지위에 있는 사람의 법익에 대해 피해자의 승낙이 있어야 하므로 개인적 법익에 한정한다. 사회적 법익이나 국가적 법익은 개인이 자유롭게 처분할 수 없기 때문이다.

배심원 제도

법률 재판 제도의 하나. 법률 전문가가 아닌 일반 국민 가운데서 선출된 배심원으로 구성된 배심에서 기소나 심판을 하는 제도를 말한다. 기소를 행하는 것을 **대배심**, 재판을 행하는 것을 **소배심**이라고 한다. 배심원이 기소를 할 수 있어 검찰의 기소 독점을 제한한다.

사법 통치

법원 등 사법기관과 검찰 등 준사법기관의 정치적 영향력이 지나치게 커가는 것을 뜻한다. 현대 국가에서 정치인이나 관료의 영역으로 간주된 국가 정책과 관련한 중요 결정에 법원이 통상적으로 개입하고 있다. 의회 주권이 후퇴하면서 사법부의 권력이 팽창하는 것이다. 이는 전 세계적 현상으로, 그 대표적인 사례가 위헌법률심사 제도이다. **사법부의 권력이 팽창**하는 것은 어쩔 수 없는 일이지만, 적극적으로 정치나 행정에 그 영향력을 뻗치려 해서는 안 된다.

⁝ 법의 지배 vs. 법에 의한 지배

구분	법의 지배	법에 의한 지배
정신	자유 헌정주의	법가주의
역할	기본권을 위해 법의 한도 내 국가권력 제한	통치와 통제로서의 법
원리	실질적 법의 지배	형식적 법치주의
정당성	시민의 동의, 민주적 정당성	합법적 지배, 법적 정당성
결과	자유민주주의	사법 통치

경제법

국가의 경제정책의 실현을 위한 법. **경제법**은 국민 경제의 균형적 발전을 목적으로 마련된 법 영역으로 기업 간의 공정하고 자유로운 경쟁을 보장하고, 기업에 비해 상대적으로 불리한 위치에 있는 소비자를 보호한다. 경제법에는 경제력 집중을 방지하고 공정한 경쟁과 창의적인 기업 활동을 보장하기 위한 독점 규제 및 공정 거래에 관한 법률과 소비자의 권익 향상을 위한 소비자 기본법 등이 있다.

⁝ 소비자 8대 권리

우리나라는 소비자 기본법상에 **소비자 8대 권리**를 두어 소비자의 권익을 보호하고 있다. 소비자들은 안전할 권리, 알 권리, 선택할 권리, 의견을 반영할 권리, 피해를 보상받을 권리, 필요한 교육을 받을 권리, 단체를 조직하고 활동할 권리, 안전하고 쾌적한 환경에서 소비할 권리를 보장받는다.

4 민주 정치와 민주주의

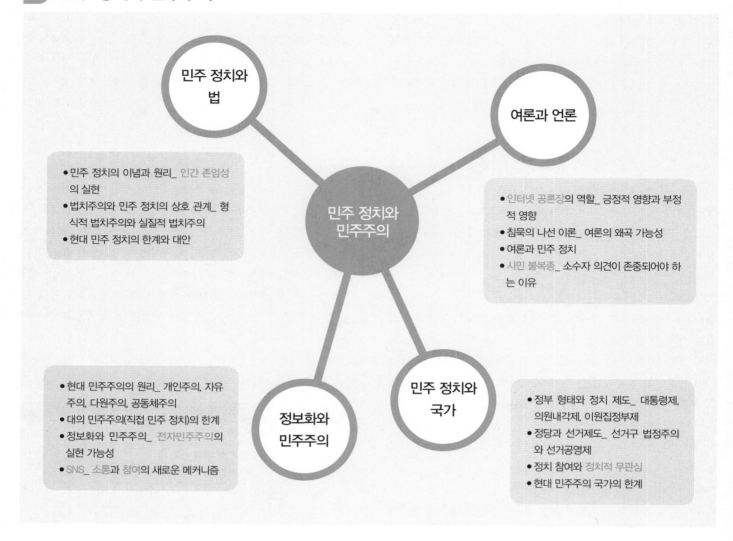

민주 정치와 법
- 민주 정치의 이념과 원리_ 인간 존엄성의 실현
- 법치주의와 민주 정치의 상호 관계_ 형식적 법치주의와 실질적 법치주의
- 현대 민주 정치의 한계와 대안

여론과 언론
- 인터넷 공론장의 역할_ 긍정적 영향과 부정적 영향
- 침묵의 나선 이론_ 여론의 왜곡 가능성
- 여론과 민주 정치
- 시민 불복종_ 소수자 의견이 존중되어야 하는 이유

정보화와 민주주의
- 현대 민주주의의 원리_ 개인주의, 자유주의, 다원주의, 공동체주의
- 대의 민주주의(직접 민주 정치)의 한계
- 정보화와 민주주의_ 전자민주주의의 실현 가능성
- SNS_ 소통과 참여의 새로운 메커니즘

민주 정치와 국가
- 정부 형태와 정치 제도_ 대통령제, 의원내각제, 이원집정부제
- 정당과 선거제도_ 선거구 법정주의와 선거공영제
- 정치 참여와 정치적 무관심
- 현대 민주주의 국가의 한계

(중심) 민주 정치와 민주주의

국민주권

주권 재민. 국민주권은 국가의 최고 의사를 결정할 수 있는 권한이 국민에게 있음을 의미한다. 또 국가의 모든 권력의 정당성을 국민이 부여한다는 의미를 가진다. 절대왕정 시기에 전제 군주정에 대항하는 항의적인 성격으로부터 발달한 **국민주권 이론**은 근대 국가의 탄생 이데올로기로 발전하게 되었다.

대의제

간접 민주 정치. 대의제는 국민이 국가의 정치적 의사 결정에 직접 참여하지 않는 대신, 대표자를 선출하여 국민을 대리하여 국가의 정치적 의사를 결정하는 정치 제도를 말한다. 대의제는 **대표민주제, 간접민주제, 국민대표제** 등으로 불리기도 한다. 대의제는 직접민주주의가 실현 불가능한 상황에서 하나의 정치 제도로 탄생한 것이다. 현대 사회는 영토가 넓고 또 인구가 많아 모든 국민에게 일일이 국가의 의사를 물어볼 수 없는 한계가 있는데, 이를 대의제를 통해 해결코자 한 것이다.

심의 민주주의

숙의 민주주의. 심의 민주주의는 시민이나 이익집단이 정책 결정 과정에 직접 참여하여 민의를 충실히 수렴하고, 토론과 숙의를 통해 집단적 의사를 결정하는 '질'의 정치이다. 다수결로 선출된 대리인이 전체 시민의 이익을 제대로 반영하지 않고 자기 이익을 추구하는 경향을 보이는 대의 민주 정치의 현실적 한계를 극복하기 위해 도입됐다. **심의 민주주의**는 현재 여러 국가에서 각국의 상황에 따라 다양한 형태로 시행되고 있다. 그러나 정부의 정책 결정 과정에서 전체 시민의 다양한 관점을 편향되지 않게 수렴하고, 국가 또는 지역 전체의 공익을 위해 민의를 왜곡 없이 정책에 반영하는 방법을 찾는 것에 기술적으로 어려움을 겪고 있다.

전자민주주의

전자투표와 온라인 민주주의. 전자민주주의는 정보통신 기술의 발달로 새롭게 등장한 민주주의의 모습이다. 기술 발달로 인해 넓은 영토와 많은 인구수의 한계를 넘어서 직접적인 주민 참여를 기초로 한 민주주의의 이상이 현실화되어 가고 있다. 앞으로 인터넷을 통한 광범위하면서도 통제받지 않는 쌍방향 대화가 현실 정치의 중심이 될 것이다. 온라인으로 수많은 정보가 제공됨으로써 어떤 조직이나 기관도 더 이상 정보의 자유로운 흐름을 차단하거나 의견 형성을 통제하지 못할 것이다. 이렇게 자신의 의사를 자유롭고 평등하게 표현할 수 있는 분위기 속에서 여론 지도자들이 곳곳에 생겨날 것이다. 이런 정보 통신 기술의 발달은 사실상 **직접 민주정치**를 가능하게 할 것이다.

권력 분립의 원리
국가 권력의 남용 방지를 위한 정치적 고안. 권력 분립의 원리란 국가 권력을 여러 국가기관에 분산함으로써 권력 상호 간 견제와 균형의 원리를 실현하고, 이를 통해 국민의 자유와 권리를 보장하는 국가 통치기관의 구성 원칙을 말한다. **권력 분립**의 원리는 국가 권력을 단순하게 나누어놓아 국가기관을 형성한다는 것이 아니라, 이를 통해 국민의 자유를 보장하기 위한 이념을 가지고 있다. 또 권력 분립의 원리는 소극적으로는 국가 권력의 제한을 통해 권력의 남용을 억제하고, 적극적으로는 권력을 나누어 국가기관을 형성하는 조직을 구성하는 기능을 지닌다. 권력 분립의 형태는 각 국가마다 다양하게 나타난다. 집행부가 입법부에 종속하는 형태로 나타나기도 하고(의회 정부제), 오히려 국가원수가 입법부와 집행부를 장악한 형태로 국가원수 의회 해산권을 가지는 집행부 우위형도 있다(권위주의적 대통령제). 또 입법부와 집행부가 서로 협조하는 관계를 유지하는 형태로 나타나기도 한다(의원내각제). 그리고 미국처럼 3권이 엄격하게 분립되어 상호 견제와 균형을 이루고 있는 형태도 있다(대통령제).

● 대통령제와 의원내각제 비교
의원내각제와 대통령제는 몇몇 분야에서 차이가 난다. 첫째, 대통령제는 엄격한 권력 분립으로 상호 독립적으로 존재하나, 의원내각제는 행정부와 입법부가 상호 의존적 형태로 존재하게 된다. 둘째, 대통령제에서 행정부는 일원적으로 구성되나, 의원내각제는 이원적으로 구성된다. 셋째, 대통령제는 임기 중 정치적 책임을 지지 않으나, 의원내각제는 내각에 대해 정치적 책임 추궁이 가능하다. 넷째, 두 정치 제도를 본질적으로 구분하는 것은 내각 불신임권과 의회 해산권이다.

공공정책
정부기관의 실제 목표와 성취. 공공정책이란 공공의 이익을 실현하기 위해 정부가 수행하는 활동의 기본 방향이나 지침을 말한다. 즉, 공익 목적을 위해 국가가 행하는 모든 활동에 대한 기본을 이루는 것이 **공공정책**이다. 현대 국가는 국민 전체의 복리 증진과 쾌적한 삶을 위해 노력하고, 이를 위해 적극적으로 정책을 형성하고 집행하며 실천한다.

정치 참여
민주주의에서 가장 중요하고 보편적인 정치 참여 방법은 선거 참여와 투표. **정치 참여**란 주권자인 시민이 정치 현상에 관심을 가지고 정치 및 정책 결정 과정에 참여하는 것을 말한다. 나아가 정치 참여는 정치적 의사 결정에 영향을 끼치는 모든 활동, 즉 정치 활동에 대해 지지를 보내거나 반대하는 행동을 포함한다. 오늘날 사회가 갈수록 분화하고 전문화되면서 시민들의 이해관계가 다양하게 표출되고 있다. 시민들은 정책 결정 과정에 영향력을 행사하여 자신들의 요구를 관철시키고자 노력한다. 그 결과 시민의 정치 참여는 더욱 늘어난다.

정치적 무관심
사회 정치적 상황에 대하여 관심을 두지 않는 태도. 현대 민주 정치에서 주권자인 국민이 정치 참여에 부정적이고, 정치적 문제와 현상에 대해서 관심을 보이지 않는 태도를 '정치적 무관심'이라고 한다. 국민들의 **정치적 무관심**의 폐해는 다음과 같다. 첫째, 집권자에 대한 국민의 감시를 소홀히 하는 결과를 낳는다. 그 결과 소수의 집권자가 시민의 의사와는 무관한 정치적 선택과 정책 결정을 함으로써 권위주의적 정부가 등장하고 독재 권력이 형성될 수 있다. 둘째, 무능한 정치인을 양성할 수 있다. 정치인에 대한 국민의 비판과 통제가 제대로 이루어지지 못함으로써 국민을 위한 정책 결정과 집행은 어려워진다. 셋째, 정치권의 부패 현상을 불러온다. 정치적 무관심이 건전한 비판 기능을 가로막으면서 정치권 전체의 부정부패 현상을 불러올 수 있다. 넷째, 정당정치와 의회정치의 약화를 초래한다. 정치적 무관심은 국민의 대표를 선출하는데 있어서 장애로 작용하고, 그 결과 국민의 대표기관인 의회의 기능을 약화시킨다. 다섯째, 민주주의 이념에 부합하지 않는다. 주권자인 국민이 정치 문제에 무관심할 경우 민주주의의 이념은 제대로 실현되지 못한다.

포퓰리즘
대중주의. 인기영합주의. 포퓰리즘이란 정치인들이 당장 대중의 인기를 끌 수 있는 정책 등을 통해 긍정적인 여론을 만들어 내고, 그렇게 해서 형성된 대중의 지지를 권력 유지의 기반으로 삼는 정치 형태이다. 대중이 원하기 때문에 그렇게 한다는 것인데, 이런 식으로 여론을 등에 업는 것은 민주주의 구현과 거리가 멀다. 대중의 지지를 바탕으로 한다는 **포퓰리즘**은 결국 특정 지도자나 독재자의 권력을 공고히 하는 행태로 이어진다.

헤게모니

정치적 이데올로기. 통상적으로 **헤게모니**란 한 집단이나 국가, 문화가 다른 집단이나 국가, 문화를 지배하는 것을 말한다. 그러나 이때의 지배는 폭력이나 강제력이 아닌 사고방식이나 제도, 사상과 같은, 자연스러운 것처럼 보이는 방식의 지배이다. 안토니오 그람시는 헤게모니를 피지배계급이 그들의 종속을 거부감 없이 받아들이고 동의하도록 하는 과정이라고 설명했고, 발전된 서구 민주사회에서 자본주의의 억압과 착취에도 불구하고 '왜 사회주의 혁명이 일어나지 않는지'를 해명하기 위해 이 개념을 이용했다. 지배계급은 갈수록 교묘해지며 그것은 피지배계급 삶 전반에 걸쳐 다양한 형태로 숨겨져 있기 때문에 겉으로는 지배 형태를 알아내기가 쉽지 않다. 이때 피지배계급과 그들의 문화가 지배계급의 이익에 동의하도록 부추기는 조정 과정인 헤게모니가 작용하는 것이다.

대표제

선거구제. 대표제는 선거구 내에서의 의원 정수 결정 방법을 뜻한다. 즉, 한 선거구에서 몇 명의 의원을 선출할 것인지를 결정하는 방식을 일컬으며, 다수대표제, 소수대표제, 비례대표제, 직능대표제의 네 가지 방식으로 나뉜다. **다수대표제**란 한 선거구 내의 여러 명의 후보자 중에서 선거인으로부터 다수의 표를 득표한 후보자를 당선자로 결정하는 방식을 말한다. **소수대표제**는 한 선거구에서 두 명 이상의 대표자를 선출하는 방식으로, 소수당에게도 최소한의 대표를 보장할 수 있다. **비례대표제**는 각 정치세력 간의 득표율에 비례해서 대표자를 선출하는 선거제도로, 소수자를 보호하고 정당의 지지도에 상응하는 대의제를 실현할 수 있다. **직능대표제**는 선거인단을 각 직능별로 분할하여 대표자를 선출하는 방식을 말하며, 각 직업별로 대표자를 선출함으로써 보다 전문화할 수 있는 장점이 있다.

게리맨더링

선거 시 자신의 당에게 유리하도록 선거구를 획정하는 것. **게리맨더링**은 미국에서 유래된 것으로, 특정 정당이나 특정인에 유리하도록 선거구를 획정하고 선거인단을 구성하는 것을 뜻한다. 다수의 집권 여당이 유리하도록 선거구를 정하거나 변형함으로써, 대의제에 역행하는 나쁜 결과를 가져온다.

이익집단

압력 단체. **이익집단**이란 이해관계를 같이하는 사람들이 공동의 이익을 실현하기 위해 정부의 정책 결정 과정에 영향력을 행사하는 단체를 의미한다. 복잡하고 다원화된 현대 사회는 각 분야별로 특수성과 전문성을 띠고 있으며, 그에 따라 시민들의 이해관계 역시 날로 복잡해지고 또 세분화되는 경향을 보인다. 시민들은 자신에게 유리한 정책을 이끌어내기 위해 정책 결정 과정에 개입하려 들고, 그 과정에서 자신들의 의사를 적극 반영할 수 있도록 갈수록 집단화하는 경향을 보인다.

여론

사회 대중의 공통된 의견. 여론은 특정한 사회문제나 사회적 쟁점에 대한 사회 내 다수 구성원의 공통된 의견이나 생각을 말한다. **여론**은 사회구성원들의 공통된 의견으로, 그들의 정치적 요구와 기대를 가늠하는 척도이다. 여론은 사회 내에서 커다란 정치적 영향력을 가지고 있으며, 민주주의 사회에서는 올바른 여론 조성과 그 반영이 중요하다. 따라서 정책결정권자들은 시민의 의견을 수렴하고 존중하는 한편, 그에 따라 정책을 결정하고 집행해야 한다. 그것이 민주주의 원리에 부합하는 행위이다.

침묵의 나선

다수 의견에 소수가 침묵하는 행위. 침묵의 나선은 어떤 사안에 대한 의견 가운데 다수 의견은 점점 더 목소리를 높이고, 그것과 다른 소수 의견은 점점 더 침묵해버리는 현상을 일컫는 용어이다. 즉 회오리처럼 침묵이 커지면서 여론의 실체가 **왜곡**되어 가는 현상이다. 이러한 침묵을 조장하고 강화시키는 데 대중매체가 위력을 발휘할 때가 많다.

필리버스터

의회 안에서의 다수파의 독주를 막기 위해 이뤄지는 합법적 의사진행 방해 행위. 다수당의 횡포를 막기 위해 소수당이 국회에서 발언권을 얻어 장시간 연설하는 등으로 합법적으로 의사 결정을 방해하는 행위를 말한다. 미국, 영국, 캐나다, 프랑스 등 다수의 국가에서 이 제도를 시행하고 있다.

키비처

정치적 훈수꾼. 키비처는 정부의 정책 결정 과정이나 정당 활동, 또는 다양한 사회적 쟁점에 개입하는 시민을 부르는 말이다. **키비처(kibitzer)**는 공화주의 철학자 왈쩌가 사용한 개념으로, 그는 키비처를 자기 개인의 영역에만 관심을 두는 '비시민'과 그 반대로 저녁 시간의 대부분을 사회 활동에 빼앗기는 '열성 시민'의 중간자로 정의했다. 키비처는 좁게는 자신이 사는 마을, 넓게는 국가에 개입하고 참여하며, 더 넓게는 전 지구적 문제에 개입한다.

정치적 올바름

정치적 공정성. **정치적 올바름**은 말의 표현이나 용어의 사용에서, 인종·민족·종족·종교·성차별 등의 편견이 포함되지 않도록 하자는 주장을 나타낼 때 쓰는 용어이다. 특히 다민족국가인 미국 등에서 정치적인 관점에서 차별 · 편견을 없애는 것이 올바르다고 하는 의미에서 사용했다. 미국 중산층의 언어 사용에 주목해 차별이나 편견에 바탕을 둔 언어적 표현이나 '마이너리티'에게 불쾌감을 주는 표현을 시정케 하는 정치적 올바름 운동은 1980년대에 미국 각지의 대학을 중심으로 전개됨으로써 성차별적, 인종차별적 표현을 시정하는데 큰 성과를 거뒀다.

전자 정부

정보기술을 활용하여 행정업무 혁신과 대국민 서비스를 고급화한 지식정보사회형 정부. **전자 정부**란 정부의 정보화를 의미한다. 정보기술을 활용하여 정부의 조직과 기능을 혁신하려는 것으로서 정부 개혁과 정보기술을 결합시키는 새로운 정치 운동이라고 볼 수 있다. 그래서 전자 정부는 '성과에 기초하고 고객 지향적인 정부', '반응성과 효율성이 높은 정부'를 구현하는 데 목표를 두고 있다. 우리나라의 정부 각 부처들은 민원 서비스 개선을 위한 행정 정보의 DB 구축, 전자 문서 교환, 정보 공동 활용, 일회 민원 처리 서비스 확대 등을 추진하고 있다.

샤프 파워

비밀스럽게 영향력을 행사하는 방식. **샤프 파워**란 막대한 경제력과 시장 지배력을 무기로 다른 국가에 위협을 가하여 자국의 영향력을 확대 행사하는 방식을 일컫는 말이다. 군사력과 경제력 같은 '하드파워'나 문화적 힘인 '소프트 파워'와 달리 샤프 파워는 회유와 협박은 물론 교묘한 여론 조작 등을 통해 영향력을 행사하여 상대로 하여금 강제로 따르도록 하는 힘이라 할 수 있다. 자국의 이익을 앞세운 중국의 샤프 파워 전략에 서방 국가들이 앞다퉈 우려의 목소리를 전하고 있다.

사회적 폭포 효과

가짜 뉴스를 믿는 현상. **사회적 폭포 효과**는 사람들이 판단을 내릴 때 타인의 생각과 행동에 의존하려는 경향을 뜻한다. 자신의 주변에 있는 사람들이 어떤 루머를 사실이라고 신뢰하면 자신 역시 신뢰하게 되고, 특히 그 내용이 자신이 잘 알지 못하는 것일수록 더욱 신뢰하는 현상을 말한다. 사회적 폭포 효과는 일종의 집단사고에서 비롯된 현상으로, 근거 없는 소문이 확산되는 현상인 '가짜 뉴스' 문제를 설명하는데 적절하다.

레임덕

집권 말기의 지도력 공백 현상. **레임덕**은 임기 만료를 앞둔 공직자의 권력 누수 현상을 절름발이 오리에 빗대어 표현하는 말이다. 선출된 대표나 지도자의 지도력에 공백이 생기는 현상으로, 임기에 제한이 있는 경우나 임기가 만료된 경우, 집권당이 중간선거에서 다수 의석을 확보하지 못한 경우 등에 발생한다.

로그롤링

정치적 야합. 벌채한 통나무(log)를 마을이나 공장으로 옮기기 위해 보조를 맞춰 굴리기를 한 데서 유래된 용어다. 여당과 야당이 이권이 결부된 서로의 법안을 상호 협력해 통과시키는 **정치적 야합**을 가리킨다. 어느 한 편에서 밀어붙이기에는 정치적 위험이 큰 법안의 빅딜을 통한 타결은 정당의 정치적 목적을 이루기 위한 전략으로 종종 사용된다.

그레이 보트

그레이 보트(Grey Vote)는 고령화 추세가 지속되고 청년층에 비해 노년층의 투표 참여율이 높아지면서 자연스럽게 노년층의 이해관계가 선거 결과에 크게 반영되는 경향을 뜻한다. 영국이 유럽연합(EU) 탈퇴 여부를 묻는 국민 투표를 실시한 결과 브렉시트에 노년층은 우호적이었던 반면 청년층 대다수는 반대했는데, 그 결과 브렉시트가 결정된 데에서 유래한다.

언더독 효과

약자 응원 심리. 개싸움에서 밑에 깔린 개(underdog)가 이겨주기를 바라는 것처럼 경쟁에서 뒤지는 사람에게 동정표가 몰리거나 지지도가 올라가는 현상을 말한다. 여기서 빗대어 **언더독 효과**란 사람들이 상대적으로 약자를 응원하게 되는 현상을 말하는데, 언더독이 강자인 탑독(Topdog)을 이길 경우가 더 극적인 효과를 보인다.

● 왝더독 현상

'꼬리를 흔들어 몸통이 흔들리는 것'에 빗대어 주식시장에서 선물시장이 거대화하면서 현물시장을 흔드는 현상을 일컫는다. 이와 같이 주로 주객이 전도된 상황을 왝더독 현상이라고 한다.

마타도어

흑색선전. 근거 없는 사실을 조작해 상대를 중상모략하면서 내부를 교란시키기 위한 흑색선전을 뜻하는 말이다. 투우에서 소를 유인해 정수리를 찔러 죽이는 투우사를 뜻하는 스페인어 '메타도르(matador)'에서 유래한 용어다. **마타도어**는 주로 사설 정보지(지라시)를 통해 구색을 갖춘 뒤 트위터 등 SNS를 통해 유포되는 경우가 많은데, 경우에 따라 당락에 결정적 영향을 미칠 정도로 파급력이 높기 때문에 유권자들은 이에 대한 올바른 판단력을 갖추어야 한다.

자유와 평등은 양립할 수 없는가 – 경제적 자유주의와 평등주의 간의 대립

자유와 평등이라는 가치는 그 성격상 불가피하게 충돌한다. 자유만을 추구하면 홉스가 말한 것처럼 '만인의 만인에 대한 투쟁' 상태가 발생하고, 그렇게 되면 강자가 약자의 자유를 침해하게 되어 결국에는 소수의 강자만이 자유를 누리게 된다. 반대로 평등만을 지나치게 추구하면 개인의 자유는 없어지고 독재자가 사회를 좌지우지하게 된다.

역사적으로 볼 때 자유주의는 자본주의가 정치적으로 승리하는 시민혁명기인 18세기에 등장했고, 평등주의는 19세기에 자본주의의 문제점을 극복하기 위한 사회주의 운동과 더불어 등장했다. 상반되는 두 정치 개념 간의 차이는 무엇일까? 이는 정치사상적으로 자유와 평등에 대해 근본적으로 견해를 달리한 데서 비롯된다.

먼저 자유의 원리를 중시하는 사람들은 개인의 자유를 철저하게 보장할 때 사회는 발전한다는 입장이다. 이들은 개인주의의 옹호자들이기도 하다. 그럼에도 자유주의 내에서도 자유를 극단적으로 옹호하는 '적극적 자유주의자들'과 정의의 원칙을 중심으로 강자의 자유를 어느 정도 제한하려는 '평등적 자유주의자들'로 갈린다. 이는 특히 경제활동의 자유와 관련해서 그렇다.

적극적 자유주의자들은 개인의 자유를 최대한 보장하는 것이 국가의 역할이라고 생각한다. 또한 개인의 평등은 형식적 평등으로서의 기회 균등에 그쳐야지, 실질적 평등까지 보장하려는 것은 다른 사람의 자유를 침해하는 것이라고 생각하기에 이에 반대한다. 경제적인 측면에서는 국가 개입의 축소와 시장의 자율을 중시하는데, 그 결과 양극화와 실업 같은 사회적 문제가 발생한다.

반면, **평등적 자유주의자들**은 기본적으로는 개인의 자유를 보장해야 하지만, 분배 정의와 같은 경제문제에 있어서는 국가가 적극 나서 실질적인 평등을 이뤄야 한다는 입장이다. 하지만 모든 사람이 같은 몫을 분배받아야 한다는 식의 지나친 평등의 강조는 근로 의욕을 떨어뜨리고 경제적 생산성을 약화시키는 결과를 낳게 된다.

다음으로 평등의 원리를 중시하는 사람들은 사회적 평등을 달성하기 위한 목적으로 사회를 운영할 것을 주장한다. 그렇기에 이들 가운데 상당수는 공동체주의를 옹호하는 사회주의적 성향을 띤다. 아울러, 이들 사이에서도 평등을 극단적으로 옹호하느냐, 또는 개인의 자유를 어느 정도까지 허용할 것이냐에 대한 입장 차이를 보인다.

이상을 고려할 때, 대체로 자유주의는 **기회의 평등**을 추구하고, 평등주의는 **결과의 평등**을 중시한다고 볼 수 있다. 그렇더라도 자유주의와 평등주의 모두 각각의 폐해를 경험하고 또 상호간에 영향을 주고받으면서 어느 정도는 사회적으로 혼합된 성격을 갖는다.

이 같은 자유와 평등의 역사적 경험은 **수정 자본주의**나 **사회민주주의** 같은 제3의 이념을 탄생시켰다. 이는 소수에게 집중되었던 자유가 많은 사람에게 확대되고, 소극적 의미의 자유가 적극적 의미의 자유로 발전해나간 결과이기도 하다. 그 결과 자유와 평등이 서로 모순되는 개념이 아니라 상호 보완적 관계에 놓여 있다는 것을 전제로 하여, 두 가치 사이의 조화로운 공존을 끊임없이 추구한다. 하지만 이는 결코 쉽지 않기에, 둘이 완전한 조화에 이르기까지는 앞으로도 수없이 많은 시행착오를 겪게 될 것이다.

현대 다원주의 사회에서의 절차적 정당성이 중요한 이유

다원적인 가치가 공존하는 현대사회에서 절차적 정당성이 요구되는 이유는, 개인의 문제뿐 아니라 사회적인 문제에 관한 서로 다른 판단 및 가치 평가 기준을 조정할 필요가 있기 때문이다. 의견 조정 및 판단 결정의 대표적인 절차인 선거와 그 바탕이 되는 다수결 원칙은 사회 내의 서로 다른 의견을 조정하고 결정하는 방법일 뿐 아니라, 그것에 정당성을 부여한다.

선거는 이에 출마한 후보자 외에 선거에 참여하는 대중에게까지 누구나 자신의 의견을 표현하고 또 평가받을 수 있는 기회를 제공하기 때문에 중요하다. 그리고 선거 과정에서 충분한 토론을 통해 타인의 주장과 자신의 주장을 비교함으로써, 어떤 주장이 보다 합리적인지를 가늠할 수 있다. 물론 선거를 비롯한 대부분의 의사 결정 행위가 궁극적으로는 다수결에 의해 이루어지므로, 때론 합리성보다는 다수의 담합이나 정치적 무관심과 같은 비합리성에 이끌릴 가능성을 배제할 수 없다. 그렇더라도 선거를 통한 의사 결정 과정이 민주적인 절차를 따르는 한, 그 결정은 정당성을 가지며, 사회구성원들은 그 결과를 받아들이고 따라야 한다.

만약 어떤 현실의 물리적인 힘이나 특정 이해관계가 작동하면서 일어나는 대중의 선거 참여에 대한 기회의 불평등, 그리고 특정 세력의 대중매체를 이용한 오도된 선전활동에서 빚어지는 정치적 편향 등, 절차적 정당성의 실질적인 한계를 문제 삼아 선거라는 현실적인 합의 절차를 전면 부정한다면, 결국 개인은 자신의 견해를 밝힐 수 있는 기회를 잃게 될 것이다. 나아가 공동체의 다양한 요구와 이해관계를 조정할 수 있는 합법적인 수단을 잃게 될 것이다.

이런 이유로, 선거나 다수결과 같은 절차에 현실적인 한계가 따른다면, 그 한계를 보완하고 개선하기 위해 노력해야지, 절차 자체를 무시하거나 포기하는 오류를 범해서는 안 된다. 다수결 원칙이라는 민주적인 절차를 준수하는 것은 곧 공동체 내의 다양한 가치와 이해관계를 조정하는데 정당성을 부여하는 것이다. 따라서 개인과 집단, 나아가 공동체 전체의 이해관계를 조정하고 해결하는 최선의 방법은 **사회적 합의에 따라 정한 절차를 준수하면서 개인의 의견을 민의로써 충실히 반영하는** 것임을 깨닫고, 대중의 적극적인 참여 의지와 올바른 판단 능력을 길러나가야 한다. 이를 통해 개인의 다양한 의견들이 수용 가능한 견해로써 성립되고, 사회의 다양한 요구가 사회적인 가치로써 실현될 수 있을 것이다.

국제사회를 바라보는 세 가지 시각

국제사회는 완전한 무정부 상태이거나 무차별적인 만국의 만국에 대한 투쟁 상태는 아니지만 여전히 무정부성을 띠고 있다. 즉 국제사회는 힘과 이성이 불균등하게 섞여서 공존하고 있는 사회이다. 이러한 국제사회를 바라보는 세 가지 시각으로 현실주의, 자유주의, 구조주의가 있다.

■ 현실주의

현실주의는 힘의 관점에서 국제사회를 설명한다. 현실주의는 국가는 힘을 추구하며 국가 이익은 힘으로 규정된다고 주장한다. 현실주의는 국가가 힘을 추구하는데 있어서 보편적 윤리는 중요한 관심의 대상이 아니라고 본다. 현실주의는 국제사회를 **무정부 상태**에 가깝다고 이해하며, 국가 간의 이해관계가 충돌하고 갈등하는 경우 이를 조정할 세계 정부가 부재하기 때문에 국가들은 스스로의 힘으로 자국의 안보를 지켜야 한다고 강조한다. 이러한 현실주의 시각에서 바라보면 국가 간의 협력과 평화 관계는 쉬운 일이 아니다.

■ 자유주의

자유주의는 국가 간의 협력과 평화 건설이 가능하다고 본다. 자유주의는 국제법, 국제기구, 국제 윤리 등을 통해 평화적이고 협력적인 국제사회를 건설할 수 있다고 주장한다. 자유주의는 국제사회가 무정부 상태에 가깝다는 현실주의 주장에 동의하지 않으며, 국제사회가 동물의 세계처럼 힘이 지배하는 세계가 아니라 인간의 **이성과 윤리**가 작동하는 사회라고 믿는다. 자유주의는 현실주의가 국가 안보를 최우선하는 것과 달리, 경제, 환경, 인권 등의 문제도 중시한다.

■ 구조주의

구조주의는 종속 문제와 국가 간의 **빈부 격차**를 강조한다. 구조주의 중에서 종속이론은 선진국의 발전이 후진국의 퇴행으로 귀결된다고 주장한다. 후진국들은 선진국과의 경제 교류에서 착취당하고 종속된다는 것이다. 종속이란 한 나라의 경제가 다른 나라의 경제 발전에 기여하고, 자국 경제는 퇴행하는 상황을 의미한다. 국가 간 빈부 격차가 갈수록 확대된다고 보는 구조주의는 국가 간 협력과 평화가 쉽지 않다고 본다. 국가 간 균등 발전이 선행되어야 국제사회의 평화와 협력이 가능하다는 것이다.

'정의(正義)'란 '한 사회의 정치 현실에서 정당화되는 사회가치'라 할 수 있다. 현대사회에서 정의는 '**평등**'과의 관계를 중심으로 논의가 전개된다. 특히 현대사회의 지배 담론의 하나인 '불평등' 문제를 '분배 정의' 차원에서 고찰할 필요가 있는데, 당대 사상가 및 시대 흐름별 논의의 핵심은 다음과 같다.

■ 아리스토텔레스의 정의관
_ "정의는 정당한 불평등으로서의 평등이다."

'평등'을 정의의 내용으로 다룬 최초의 철학자는 아리스토텔레스이다. 아리스토텔레스는, 정의는 '**다른 사람과의 관계**'를 요건으로 하는 '**사회적 도덕**'이라고 보았다. 그는 사회적 도덕인 정의를 보편적 정의와 특수적 정의로 구분하고, '공정한 것'을 지향하는 원칙으로서 '같은 것은 같게, 다른 것은 다르게'라는 특수적 정의를 집중 탐구한다.

그 특수적 정의에 해당하는 것이 바로 덕(arete)의 차원에서의 정의인 분배적 정의이다. **분배적 정의**는 "명예나 금전, 그밖에 국가의 공민 간에 분배될 수 있는 것들의 분배에 있어서"의 정의로, 동등함, 즉 비례적 균등의 원리에 따른 정의다. 즉, 동등한 사람들에게 동등하게 분배하고 동등하지 않은 사람들에게 동등하지 않게 분배하는 것이 바로 분배적 정의다.

아리스토텔레스에게 있어 분배적 정의는 "**각자에게 그의 것을**"이라는 수식어로 표현되는 '**정당한 불평등'으로서의 평등**'이다. 따라서 그에게 '평등'은 무차별적인 평등과 차별적 평등(불평등한 평등 또는 비례적 평등)을 포괄하는 개념이다. 그가 평등 개념 속에 불평등을 포섭한 것은 인간의 능력·특질·필요·이해관계·관심 등에서 서로 동등하지 않음을 인정하기 때문으로, '다른 것은 다르게, 불평등한 것은 불평등하게' 하는 것이 실제적인 평등이라는 점을 통찰했기 때문이다. 그 점에서 그는 평등을 정의의 원칙에 끌어들인 최초의 철학자라 할 수 있다.

■ 루소의 정의관
_ "정의는 사적 소유의 불평등을 정당화하려는 정치적 수사에 불과하다."

아리스토텔레스적인 의미의 분배적 정의는 근대 이후 사회계약론자들에 의해 **자원의 분배 방식**이라는 의미로 전환된다. 근대 자본주의 사회에서 공적(功績, merit, contribution)은 자유경제체제에서 경쟁을 통해 재화를 획득할 수 있는 능력이라는 의미가 됐고, 이에 따라 공적에 따라 분배되어야 하는 것은 바로 재화(자원)로 받아들여졌던 것이다.

사회계약론자인 루소는 '평등' 개념의 허구성을 고발한다. 루소는 모든 불평등의 근원은 재산의 불평등이라는 것, 그런데 재산의 불평등은 정치적으로 합법화되었다는 것, 더불어 재산 축적이 거대해지면서 빈곤과 억압의 축적 역시 광범위해졌다고 지적한다.

루소는 정의의 규칙이란 결코 '불평등한 평등'이 아니라 다만 **사회적·정치적으로 조장된 불평등을 정당화하는 정치적 수사라는** 것, 또 역사적 시기마다 불평등은 정의의 이름 아래 용인되었다며, 정의 개념의 허구성을 통렬히 비판한다.

■ 공리주의의 정의관
_ "최대 다수의 최대 행복을 실현하는 것이 정의다."

18세기 무렵, 공리주의자 벤담은 공적이나 능력을 (분배적) 정의의 정당한 원리라고 인정하지 않았다. 그는 많은 사람의 고통을 유발하는 공적 혹은 능력에 따른 분배 원리의 대안으로서 '최대 다수의 최대 행복'을 가져오는 것을 가장 정의로운 분배라고 생각했다.

이때 효용(공리)과 사회 전체의 복리 증진을 정의롭다고 보는 벤담의 주장을 받아들일 경우, 정의론의 중요한 계율인 '각자에게 그의 것을'을 지향하는 개인 권리는 공리라는 원리에 의해 그 우선권을 박탈당한다. 극단적으로 말한다면, 더 많은 사람의 더 많은 쾌락, 즉 더 많은 선이 행해질 수 있다면 개인의 권리는 무시될 수 있다. 이것이 과연 정당할 수 있는가? 이에 밀은 **'사회적 효용'**의 개념을 동원한다. 밀은 **'받아들이는 쪽의 권리'**를 정당화함으로써 각자 '타인에 대한 배려', 즉 자기 헌신의 **도덕성**을 발휘할 의무를 정의의 영역으로 끌어들인다.

밀의 공적 공리주의가 주장하는 '최대 다수의 최대 행복' 원리가 실현될 수 있다면, 현대 사회에서 불평등은 훨씬 완화될 것이다. 그가 주장하는 **'공동선'의 가치를 지향한다는** 것, 즉 공리에 바탕을 둔 정의는 도덕성의 중요한 부분이고 구속력도 무척 강하다.

그런데 공리주의는 역설적인 상황을 만들어내곤 한다. 공리주의의 의도가 결과적으로 근대적 분배 정의의 주장을 정당화할뿐더러, 오히려 그것을 강화하는 결과를 낳을 수 있다. 말하자면 공리주의가 공동선의 극대화라는 정의의 평가 기준을 강조하는 한, **공동선은 증대하면서도 정의롭지 않은 사회는 얼마든지 존재할 수** 있는 것이다. "공동선은 증대되면서도 정의롭지 않은 사회가 존재한다는 사실", 이러한 공리주의의 역설을 어떻게 이해해야 할까?

■ 절차론적 정의론
_ "정의는 정치의 영역에서 다룰 문제이다."

20세기 중반 이후 서구 선진 산업사회의 풍요로운 경제 상황과 맞물리면서 빈곤 문제는 새로운 양상으로 접어든다. 현대사회에 들어와서 소수의 빈곤 계층에게 어떻게 재화를 나누어줄 것인가가 분배적 정의의 관심사로 떠올랐다. 이는 특히 공리주의의 정의관의 문제점을 해소하기 위한 노력에서 출발한다. 다수의 시민이 자신의 재화를 나누는 것에서 발생하는 고통이 그 재화를 분배 받는 소수의 행복의 양보다 크다면, 이러한 분배는 공리주의적 의미에서는 '부정의'가 되기 때문이다.

그 결과, 절대적·객관적 정의의 원리에 기초하는 기존 논의 방식을 탈피하는 새로운 정의론이 대두되었는데, 이는 존 롤스에게서 시작되어 자유지상주의자인 로버트 노직으로 이어진다. 이들의 새로운 방식은 흔히 **'절차론적 정의론'**이라고 불리는데, 이는 정의의 원리를 도출하는 절차의 정당성을 통해 정의의 원리의 정당성을 확보한다는 의미이다.

이들이 절차에 주목한 것은, 정의론의 역사에서 드러났듯이, 보편타당한 객관적 정의를 도출하는 것이 불가능하다는 인식과 분배적 정의는 실제적인 **정치 문제**라는 사실이다. 그리하여 타당한 절차를 통해 정의의 원리를 도출한다는 이들의 발상은 자유주의 체제의 정치적 의사 결정의 원칙에 부합하는 것으로서 정의론의 새로운 지평을 여는 것이었다.

■ 롤스의 공정으로서의 정의관
_ "정의는 사회적 합의로써 공정으로서의 정의를 실현하는 것이다."

롤스는 그의 정의관을 설명하기 위해 사회계약론의 기본 개념을 차용한다. 그는 사람들이 선택하는 정의의 원칙들에 대한 공정성을 확보하기 위하여 **'원초적 입장'**이라는 개념을 도입하였는데, 이는 고전 사회계약설에서 '자연 상태'에 해당한다. 그것은 하나의 순수한 가상적 상황으로, **'무지의 장막'**에 쌓인 상태이기 때문에 공정성을 확보할 수 있다는 것이다.

원초적 입장에서 모든 사람들은 자신들의 재산, 계급이나 지위, 심지어는 자신의 소질, 능력, 재능 등을 모른다. '무지의 장막'이라는 원초적 입장에서 사람들은 자신에게 유리한 원칙을 구성할 수 없고, 결국 공정한 원칙을 선택하게 된다. 그들은 자신에게 유리한 원칙만을 고집하려 들지 않고, 특정한 정의관에 대하여 만장일치의 선택을 한다. 롤스는 이러한 원초적 입장에서 사람들이 합의하는 정의의 원칙들을 **'공정(公正)으로서의 정의'**라고 부른다.

원초적 입장에 서 있는 사람들의 관점에서 보면, 자신에게 특별히 유리하게 할 수 있는 방법은 없다. 그러므로 당연히 원초적 입장의 사람들은 각자에게 자유가 있어야 하고 그 자유에 따른 평등한 분배를 요구하는 원칙을 정의의 제2의 1원칙으로 선택할 것이다. 그리고 그들은 제2의 2원칙을 우선적으로 추구하면서도 이러한 자유에 따른 분배가 사회의 기본구조 내에서 허용될 수 있는 범위 안에서 불평등을 허용해야만 한다고 생각할 것이다. 그리하여 원초적 입장의 사람들은 다음과 같은 두 가지 정의의 원칙을 선택할 것이다.

- 제1원칙: 평등한 자유의 원리(정치적 평등)
- 제2원칙: 사회경제적 평등(일정 격차는 용인)
  * 제2의 1원칙: 차등의 원칙(격차 시정의 원리, 사회적 약자 구제)
  * 제2의 2원칙: 기회균등의 원칙(평등한 경쟁)

롤스는 원초적 입장의 사람들이 선택할 것이 틀림없는 이러한 정의의 원칙들을 '공정으로서의 정의'라고 부를 수 있다고 주장한다.

■ 공동체주의 정의관
_ "정의는 사회 내의 서로 다른 가치가 교환되지 않도록 하는 것이다."

마이클 샌델, 알래스데어 매킨타이어, 마이클 왈쩌 등 공동체주의자들은 롤스가 기획하는 보편적 원리와 이를 위한 가정들을 비판한다. 왈쩌는 모든 정의와 권리들에 대한 구체적인 해답들은 각각의 공동체 내에 존재하고 있으며, 롤스가 가정하고 있는 것처럼 인간 사회의 어느 곳에나 보편타당한 유일무이의 정답은 있을 수 없다면서 **상대주의적인 정의관**을 펼친다.

왈쩌는 현실 사회에서 분배적 정의는 **'복합적인 평등'**이라는 개념과 결부되어 파악되어야 한다고 주장한다. 그의 복합적 평등론에 따르면, 정의는 모든 재화의 평등한 분배를 요구하는 것이 아니라, 각 재화가 그 특수한 영역 속에서 획득한 사회적 의미에 일치하는 기준에 의해서 분배되어야 한다. 예컨대, 의료와 같은 복지는 필요에 의해, 처벌과 명예는 공과에 의해, 교육은 재능에 의해, 부는 자유 교환에 의해, 정치권력은 논쟁과 투표에 의해 분배됨으로써 각각의 영역들이 자신들의 가치를 전유하면서도 상호 발전적인 작용이 가능하다.

이러한 점에서 왈쩌의 복합적 평등론은 **한 영역의 고유한 가치가 타 영역의 가치를 침해함으로써 발생할 수** 있는 불평등 관계를 개선할 수 있으며, 동시에 모든 영역에서 권리를 상실하는 경우를 예방할 수도 있는 것이다. 따라서 복합적 평등론에 입각한 체제는 하나의 유일한 원리에 의해 모든 것을 포괄해 버리는 전제주의와는 정반대 되는 체제가 된다. 그것은 독단적이고 불공평한 지배가 영속화되거나 고착화되는 상황을 제어하는 초석이 되는 것이다.

수능 및 모평 사회 · 경제 기출 목록

- 예약의 법적 성질과 급부의 미이행에 대한 손해 배상 책임 〈2021학년도 수능〉
- 행정입법의 유형과 그 특징 〈2021학년도 고3 9월 모평〉
- 디지털세 도입의 배경과 지식 재산 보호 〈2021학년도 고3 6월 모평〉
- 공평한 희생을 위한 조세 부담 원칙으로서의 누진세율 적용 〈2021학년도 고3 3월 모평〉
- BIS 비율의 개념 및 발전 과정 〈2020학년도 수능〉
- 점유의 개념과 종류 및 점유의 취득 〈2020학년도 고3 9월 모평〉
- 미시 건전성 및 거시 건전성 확보를 위한 통화 정책의 필요성과 내용 〈2020학년도 고3 6월 모평〉
- 주식회사의 본질적 요소인 자본금, 주식, 유한책임에 대한 설명과 의미 〈2020학년도 고3 3월 모평〉
- 계약의 개념과 법률 효과 〈2019학년도 수능〉
- 신용 위험을 보상하는 CDS 거래와 CDS 프리미엄에 영향을 주는 요인 〈2019학년도 고3 9월 모평〉
- 사법의 계약과 그 효력, 사법에서 계약의 자유를 제한하는 경우 〈2019학년도 고3 6월 모평〉
- 정부의 정책 수단 〈2018학년도 수능〉
- 집합 의례 〈2018학년도 고3 9월 모평〉
- 통화 정책 〈2018학년도 고3 6월 모평〉
- 보험 〈2017학년도 수능〉
- 사단법인의 법인격과 법인격 부인론 〈2017학년도 고3 9월 모평〉
- 부관의 법률적 효력 〈2016학년도 수능AB〉
- 지식 경영론 〈2016학년도 수능B〉
- 소비자 권익을 위한 경쟁 정책과 소비자 정책 〈2016학년도 고3 9월 모평A〉
- 현대의 개체화 현상 〈2016학년도 고3 6월 모평B〉
- 징벌적 손해배상 제도 〈2016학년도 고3 6월 모평AB〉
- 공공서비스의 특성 〈2015학년도 수능〉
- 헤겔과 뒤르켐의 시민사회론 〈2015학년도 수능B〉
- 직접 민주주의 제도 〈2015학년도 고3 9월 모평B〉
- 인센티브 계약 〈2015학년도 고3 6월 모평A〉
- 상업 광고의 규제 〈2015학년도 고3 6월 모평B〉
- 자본주의의 흐름과 중간층 양상의 변화 〈2014 수능 예비시행 B형〉
- 공적 연금 제도의 실시 목적과 운영 방식 〈2013학년도 수능〉
- 대의 민주주의의 딜레마_ 명령적 위임 방식과 자유 위임 방식의 특징과 장단점 〈2013학년도 고3 6월 모평〉
- 외부성으로 인한 비효율성의 문제 〈2012학년도 수능〉
- 가격 결정과 자원 배분의 효율성_ 한계비용의 개념_ 일반 재화와 공익 서비스에서의 가격 결정의 특징과 원리 〈2012학년도 고3 9월 모평〉
- 혁신 확산의 단계와 특성 〈2012학년도 고3 6월 모평〉
- 채권 가격의 결정 요인 〈2011학년도 수능〉
- 환율 상승과 경상 수지의 관계 〈2011학년도 고3 9월 모평〉
- 유명인 모델의 광고 효과 〈2011학년도 고3 6월 모평〉
- 기업 결합의 역기능 차단을 위한 심사 과정 〈2010학년도 수능〉
- 경제발달에 영향을 미치는 제도와 지리적 요건의 양상_ 제도결정론, 지리결정론, 수정된 제도결정론 〈2010학년도 고3 9월 모평〉
- 반론권 제도의 개념과 존립 여부에 대한 논쟁 〈2010학년도 고3 6월 모평〉
- 조세전가의 개념과 발생 원리 〈2009학년도 고3 6월 모평〉
- 공공기업의 사회적 할인율 〈2008학년도 수능〉
- 마이크로크레디트의 사례에서 본 금융의 사회적 역할_ 금융 공공성의 가치 실현 〈2008학년도 고3 9월 모평〉
- 위치적 외부성과 위치적 군비 경쟁의 개념 및 문제점 〈2008학년도 고3 6월 모평〉
- 제3자 효과 이론 〈2007학년도 수능〉
- 디지털 정보 격차 양상의 변화와 전망 〈2007학년도 고3 9월 모평〉
- 공간 텍스트로서의 쇼윈도를 통한 소비 행위 〈2007학년도 고3 6월 모평〉
- 옵션의 성격과 경제적 효과에 대한 이해 〈2006학년도 수능〉
- 경제학과 심리학의 상관관계_ 인지심리학, 행동경제학 〈2006학년도 고3 9월 모평〉
- 남녀의 성차와 평등 문제 〈2006학년도 고3 6월 모평〉
- 공론장의 필요성과 텔레비전 토론 프로그램의 올바른 역할 〈2006학년도 고3 6월 모평〉
- 선거에서 신문의 특정 후보 지지의 영향력과 문제점 〈2005학년도 수능〉
- 범죄 보도의 바람직한 자세 〈2005학년도 고3 9월 모평〉
- 현대의 왜곡된 다이어트 열풍 비판 〈2005학년도 고3 6월 모평〉

제3장

예술 · 심리

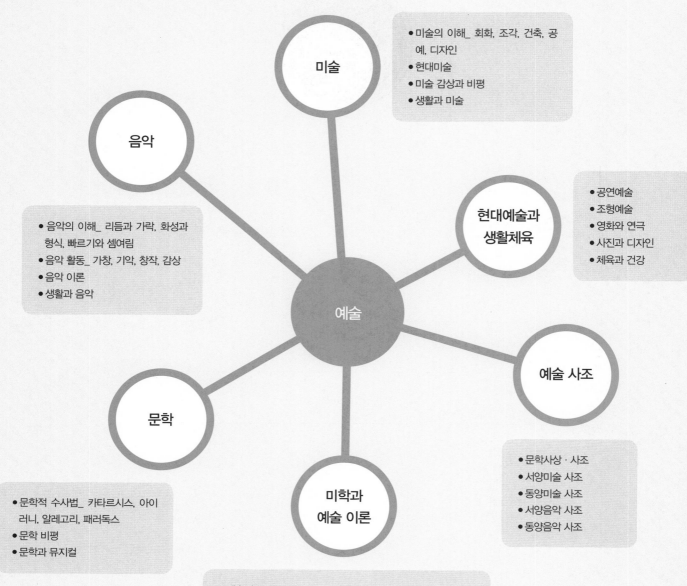

- **미술**
  - 미술의 이해_ 회화, 조각, 건축, 공예, 디자인
  - 현대미술
  - 미술 감상과 비평
  - 생활과 미술

- **음악**
  - 음악의 이해_ 리듬과 가락, 화성과 형식, 빠르기와 셈여림
  - 음악 활동_ 가창, 기악, 창작, 감상
  - 음악 이론
  - 생활과 음악

- **현대예술과 생활체육**
  - 공연예술
  - 조형예술
  - 영화와 연극
  - 사진과 디자인
  - 체육과 건강

- **예술 사조**
  - 문학사상 · 사조
  - 서양미술 사조
  - 동양미술 사조
  - 서양음악 사조
  - 동양음악 사조

- **문학**
  - 문학적 수사법_ 카타르시스, 아이러니, 알레고리, 패러독스
  - 문학 비평
  - 문학과 뮤지컬

- **미학과 예술 이론**
  - 예술의 본질
  - 칸트와 헤겔의 미학 이론_ 형식미와 예술미, 순수 예술론과 참여 예술론(예술의 자율성과 사회성), 모방론 · 표현론 · 형식론
  - 아름다움을 규정하는 것은 판단인가, 감정인가
  - 미메시스(모방)_ 예술은 모방인가, 재창조인가
  - 진짜 같은 가짜, 가짜 같은 진짜_ 사본 vs. 사본의 사본(들뢰즈와 푸코 vs. 보드리야르의 시뮬라크르 개념_ 유사와 상사)
  - 도덕 판단과 심미적 판단
  - 아우라_ 발터 벤야민
  - 표절이냐, 창작이냐_ 패러디, 패스티시, 오마주
  - 브레히트의 '낯설게 하기'
  - 예술 작품 감상과 비평

예술의 본질

아름다움의 추구. 예술은 문화의 한 부문으로, 창작·감상 등의 예술 활동과 그 성과로서의 예술 작품, 그리고 문학·음악·미술·영화·무용 등의 공연예술을 총칭한다. 예술의 본질은 '아름다움'을 추구하는데 있다. 플라톤은 참된 예술은 아름다움(美)을 표현함으로써 이것을 향유하는 자의 정신에 훌륭한 조화를 가져다주고, 선으로 향하는 좋은 습성을 가져다준다고 했다. 바움가르텐은 예술미를 자연미와 병립적인 것으로 보고, 그것을 해명하면서 미와 예술의 본질을 추구하려는 노력으로 '미학(美學)'을 수립하고 그것을 철학체계 속에 포함시켰다. F.피셔는 예술미의 본질은 예술 작품에 대한 향수자의 감정이입에 의한 미적 체험이라고 했다. 예술철학은 예술의 본질 또는 현상에 대해서 그 원리를 고찰하는 철학의 한 분야로, '미학'이라고 한다.

아름다움(미)

순수미와 예술미. 미(아름다움)는 예술 작품 속에서 인지되는 '특정한 대상이 가지는 감각적이고 형식적인 특성'으로, 조화·질서·균형 등 미적 형식의 원리에 따라 주체가 느끼는 '감각적인 즐거움'이다. 플라톤의 미학적 관점처럼 아름다움의 본질을 주체나 대상을 초월한 이데아적 완전함(순수미)으로 여기기도 하나, 근대 이후에는 대체로 '주체의 직관적 체험을 전제로 한 바탕 위에 대상과 주체와의 상호 관련에 있어 성립되는 정신적 가치(예술미)'로서 고찰되고 있다. 그렇게 해서 대상과 주체 어느 쪽에 근거를 두느냐에 의해서 객관주의와 주관주의의 입장으로 대별된다. 현대 미학에서는 미의 독자성을 명확히 함과 동시에, 미와는 본질적으로 통하지만 다른 면에서 구별될 수 있는 숭고미, 우아미, 비장미, 골계미 등을 추구한다.

● 플라톤과 아리스토텔레스의 미학적 관점 비교

구분	철학 사상	핵심 미학 이론
플라톤	이데아론	● 예술의 본질=모방=재현(순수미를 강조) ● 예술은 진실에서 3단계 떨어져 있다. (이데아 → 현실 세계 → 예술 작품: 모방의 모방) ● 예술은 감정을 선동하지만, 다른 한편으로 문학예술 창작의 원동력(=영감)을 제공한다.
아리스토텔레스	형질론 (4원인설)	● 예술의 본질=모방=창조(예술미를 강조) ● 미는 형식에서 비롯된다. (질서, 균형, 명료성, 크기, 배열, 규모, 비례, 완전성) ● 예술적 작용인(因)으로서의 비극의 목적은 사람들의 '연민'과 '두려움'이라는 두 가지 정서를 이끌어낸 후 이를 '정화(카타르시스)' 하는 것이다.

예술의 기능

미적 기능과 사회적 기능. 예술의 기능은 크게 두 가지로 나눌 수 있다. 하나는 쾌락적 기능(미적 기능)으로 예술이 주는 감동과 즐거움을 의미한다. 다른 하나는 교훈적 기능(사회적 기능)으로 예술이 주는 정치적·교육적·도덕적인 역할로서의 실용적 유용성을 의미한다.

미의식

아름다움의 가치를 인식·판단하는 인간의 정신 현상. 미의식은 미학 이론의 주된 성찰적 개념으로, 심리학적 입장에서는 미적 태도에 있어서의 의식 과정을 가리키며, 철학적 관점에서는 미적 가치에 관한 직접적 체험을 의미한다. 미의식을 구성하는 심적 요소로서는 감각, 표상, 연합, 상상, 사고, 감정 등을 들 수 있다. 미의식은 이러한 요소들의 복합체이며, 심적 요소는 일상적 경험 속에서도 찾아볼 수 있는 것들이다. 미의식은 단순한 관조 의식에 그치지 않고 평가 의식으로서의 측면을 함께 가진다.

미적 범주

아름다움의 유형. 미적 범주는 그 바탕에 미적인 정신 가치를 내용으로 하는 공통의 원리 구조 내지 성격을 가지면서, 무한한 다양성 속에 존재하는 미의 특수성을 공통성 및 특수성에 근거하는 몇 개의 미적 유형으로 분류한 것이다. 미적 범주, 즉 예술이 추구하는 아름다움의 범주에는 비장미, 우아미, 골계미, 숭고미가 있다. 모든 예술 작품에는 작자의 현실과 작품이 지향하는 바가 존재하는데 이 두 가지의 관계 맺음이 4가지 미적 범주를 나누게 된다.

● 순수미

순수미는 '미적인 것', 즉 넓은 의미의 미에 대한 좁은 의미의 미, 본래의 미를 의미한다. 통상적으로 미가 숭고·비장·골계 등과 같은 미적 범주의 하나라고 생각되는 경우에는 순수미 그 자체를 지칭한다. 근대 예술이 특정 표현을 추구하게 되면서 미의 개념만으로는 부족하여 미와 숭고를 대립시키기 위해 순수미를 제창하게 되었다. 순수미는 미적인 것의 특성이 가장 강하고 순수하게 구현된 것으로서, 이상적인 아름다움과 동일시하는 입장도 있다. 그러나 순수란 결코 가치 개념이 아니며, 순수미를 이상으로 지향하는 것은 하나의 태도에 지나지 않는다.

● 숭고미

일상생활에서 벗어난 크고 위대한 것을 추구하는 데서 오는 아름다움으로 경건하고 엄숙한 분위기를 자아냄으로써 고고한 정신적 경지를 체험할 수 있게 하는 미의식이다. 예를 들어 '자연의 조화'라는 당위적인 입장에서 '인간의 세계'라고 하는 현상을 융합함으로써 자연을 위대하게 보고 이를 예찬한다든지, 자연에서 인간 세계에 필요한 정신적인 가치를 가져온다든지 하는 경우가 대부분 숭고미에 속한다고 볼 수 있다.

우아미

일상생활의 실상을 있는 그대로 받아들이며 작고 친근한 것을 추구하는 데서 오는 아름다움으로, 아름다운 형상이나 수려한 자태를 그려냄으로써 고전적인 기품과 멋을 드러내는 미의식으로 볼 수 있다. 자연과 더불어 살고 싶은데 그러한 자연과 더불어 살면 처음부터 불만이 있을 수 없으므로 우아미의 삶이 되는 것이다. 즉, 자연 친화적인 작품은 모두 우아미에 속한다고 볼 수 있다. 다시 말하면 숭고미는 자연을 위대한 존재로 보고 예찬하는 것에 반해 우아미는 자연과 함께 하는 것이다.

비장미

삶의 모순을 거부하고, 숭고한 이념을 긍정하려는 투쟁에서 오는 아름다움을 의미하며, 보통은 이러한 투쟁이 실패로 끝나 슬픔이 극에 달한 상황이나 한과 같은 정서의 표출로 인해 형상화되는 이미지를 의미한다. 다시 말하면 당위적인 입장에서 현상을 바라보고 그를 도저히 수용할 수 없을 때 생기는 미의식으로, 당연히 수용하지 못할 것이 발생하고 있으므로 주체는 좌절하고 슬퍼할 수밖에 없다.

골계미

골계미라고 하는 것은 당위적인 관념의 구속을 거부하고 삶의 발랄한 모습을 긍정하려는 태도에서 나오는 아름다움이다. 예를 들어 정상적으로는 비교할 수 없는 두 가지 대상을 서로 비교하면서 우리에게 웃음과 연민의 감정을 들도록 하는 것이 골계미로 볼 수 있다. 골계미적 태도를 가장 잘 드러내고 있는 것이 바로 전통극 양식이다. 특히 탈춤이나 판소리 등은 그러한 특징을 잘 반영하고 있다.

예술 비평

미적 해석과 판단. 예술 비평은 미술 작품을 설명하고 분석, 해석하여 **미적 가치**를 판단하는 것을 말한다. 바람직한 예술 비평은 작품의 좋고 나쁨을 지적하는 것이 아니라, 작품을 감상하고 올바른 가치 판단을 할 수 있도록 기준을 정하고, 그에 따라 작품을 해석하는 것이다. 예술 비평에서는 예술사와 미학을 동시에 탐구해야 하므로 세 영역의 학문은 상호 보완관계를 이룬다. 작품에 대한 분석과 비평을 하려면 그 작품의 제작 의도를 정확히 알아야 하며, 예술 비평의 관점과 방법을 이해해야 한다.

모방론

모방론은 '예술이란 무엇인가?'라는 질문에 대한 가장 오래된 답변이다. 고대 그리스 시대부터 형성된 **모방론**은 아름다움의 본질이 자연 세계 안에 있으며, 예술이란 외부 세계의 대상을 모방하는 것이라고 보았다. 따라서 모방으로서의 예술은 사실적 표현의 정확성과 자연미의 반영 등이 비평의 기준이 된다. (미술의 예: 레오나르도 다빈치의 '모나리자', 유채화)

표현론

프랑스 계몽주의에 대한 반발로 독일 낭만주의가 시작되었고, 18세기 낭만주의 예술을 배경으로 **표현론**이 등장했다. 낭만주의 예술은 모방이나 재현보다는 작가의 상상력과 감정 표현을 중시했고, 표현론은 감정의 긍정적인 기능에 주목하면서 낭만주의 예술을 정당화하는데 이바지했다. 이러한 작품을 비평할 때에는 작가의 정서, 표현의 솔직성, 독특한 개성 등이 기준이 된다. (미술의 예: 고흐의 '귀에 붕대를 감은 자화상', 유채화)

형식론

모방론은 대상을 나타내고, 표현론은 작가의 마음을 나타낸다. 그런데 **형식론**은 다른 무엇을 나타내는 것이 아니라, 작품 자체의 조형을 나타낸다. 형식주의에서는 외부 세상에 대한 모방이나 작가 내면의 감정 표현을 배제한 순수한 형식의 아름다움에 주목하여, 조형 요소에 의한 화면의 조화라는 측면을 중시한다. 이러한 작품들을 비평할 때에는 형식적 구성, 심미성 등이 기준이 된다. (미술의 예: 몬드리안의 '구성 No.1', 유채화)

미적 감정

미의식 또는 미적 체험에 수반되는 감정. 예술 체험에 수반하는 감정으로, 작품의 내용과 형식을 자기 내부에서 환기하는 감정 상태이다. 미적 가치의 추체험에서 중심 작용을 하는데, 직관이 대상을 일정한 거리에서 관조하는 작용인 것에 비해, 감정은 자아가 내면으로부터 촉발되는 마음의 움직임이다. 미의식에 있어서 지적이고 객관적인 작용인 직관과 정적이고 주관적인 작용인 감정은 서로 떨어질 수 없는 관계를 갖고 긴밀하게 관계한다. **미적 감정**은 종종 불쾌의 요소를 가지면서도 전체적으로는 쾌감이 주종을 이룬다.

미적 판단

아름다움이라는 미의식에 대한 판단. 미적 판단에는 미적 대상이 성립하는 원리로써 판단하는 **취미 판단**, 미의식에 참여하여 미적 대상의 내용적 이해를 돕는 **이해 판단**, 미적 향수에 부수하여 대상 그 자체를 판단하는 **가치 판단**이 있다. 칸트는 취미 판단의 결과인 미적 대상과 미의식의 관계는 형식과 내용의 관계로, 선험적 원리를 따른다고 말한다. 그로스와 폴켈트는 기술적·형식적·예술사적 지식을 가지고 대상의 의미를 이해하거나 재인식할 때 미적 만족은 커진다고 말한다. 카인츠는 가치 판단은 사실상 취미 판단을 전제로 하며, 그 미적 감정의 체험을 언어로 좀 더 명확히 개념화한 일종의 논리적 판단에 불과하다고 주장한다.

숭고

모방의 가능성을 넘는 예술적 위대함. 미학에서 숭고란 위대함을 나타내는 용어로, 물리적, 도덕적, 지적, 미적, 정신적, 예술적인 것을 포함하는 개념이다. 아름다움과 구별되는 자연의 미적 특성으로서의 숭고의 개념을 이론적으로 체계화한 사상가는 칸트다. 그는 미에 대해 분석하면서 타인과의 통합성에 대한 감정적 경험이 무엇인지를 규명하려고 시도하였다. 칸트에 따르면, 숭고는 무언가에 압도당하거나 통제력을 잃어버린 상태의 경험으로, 거대한 건축물 앞에서 현기증을 느끼는 것과 유사하다. 하지만 칸트는 숭고는 느낌과 인식 모두의 이해를 넘어서기 때문에, 대상에 의존하지 않는다고 주장하면서, 결코 이를 '재현'할 수 없다고 보았다. 그는 숭고의 경험에 긍정적 가치를 부여하기 위해 환희의 느낌을 끄집어냈다. 숭고의 경험은 예기치 않은 환희의 느낌을 발생시키며, 이 환희는 시간과 공간의 감각이 확장되는 것과 같다고 말했다. 한편, 프로이트는 마음이라는 관점에서 예술적 재현과 변형에 대한 이론을 발전시켰다. 그에 따르면, 숭고는 서사성과 재현화를 통해서 억제된 무의식의 감정에 형식을 부여하는 것이다. 프로이트는 무의식적 욕망과 두려움의 징후로서 예술에서의 숭고의 감정을 분석하였다. 그는 다빈치의 작품 『성모 마리아와 두 아이가 함께 있는 성 안나』라는 작품에서 "하나의 몸에서 두 개의 여자 머리가 있는 것 같다."라고 두 여인의 특이한 인상에 대해 이를 기술하였다. 그는, 처음에는 두 여인에서 히드라를 닮은 괴기스러운 이미지가 눈에 띄지 않지만, 자세히 보면 다빈치의 여자에 대한 무의식적 공포가 드러난다고 보았다.

르네상스 시대 회화 기법의 네 가지 혁신

근대 회화의 시작. 르네상스 시대 과학기술의 발달은 예술에도 크게 영향을 미쳤고, 그에 따라 현실을 표현하는 새로운 회화 기법이 속속 등장했다. 가장 중요한 것은 유화의 발명이다. 이후 회화는 단순히 소묘를 채색하는 단계에서 벗어나 빛과 그림자를 사용하여 부피감을 살리고, 원근법을 이용하여 3차원적인 공간감을 주었다.

● 유화

유리라는 광물질을 곱게 갈아서 테라핀과 기름에 섞으면 유채 물감이 된다. 유채 물감이 지니는 다양하고 풍부한 색채로 르네상스 시대 화가들은 색조의 단계적 변화를 무리 없이 표현할 수 있게 되었고, 3차원적인 형태와 질감을 표현하는 데 큰 발전을 이루었다.

● 원근법

서양 미술사에서 가장 획기적인 사건은 평면 위에 공간감과 거리감을 표현하는 원근법의 발견이다. 이 방법은 이후 서구 회화의 기초가 된다. 선 원근법(Linear Perspective)이란 점(소실점)을 향해 뻗어 나간 선들에 의해 사물이 뒤로 물러선 듯한 시각적 효과를 주는 방법으로, 화가들은 사물이 뒤로 갈수록 점차 사라지는 것처럼 보이도록 사물의 크기를 줄여나가거나 색조를 흐리게 하고, 세부를 간략하게 묘사하는 방식을 사용하였다.

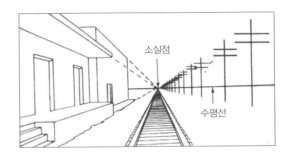

● 명암 대조법

평면으로부터 도드라져 보이는 느낌을 주는 기법도 발달하였다. 인간 삶의 여러 단면을 보다 드러내는 수단으로, 그림 속에서 어두운 부분으로부터 밝은 부분이 떠오르듯 형체를 묘사해 나가는 회화 기술인 명암 대조법이 사용되었다.

● 피라미드 구도

딱딱한 측면 초상이나 그림의 앞부분에 격자 모양의 수평선에 맞춰 인물을 배치하는 방식은 점차 사라지고, 3차원적 피라미드 구도가 나타나게 되었다. 이 좌우로 균형 잡힌 구도는 중심에서 절정을 이루는데, 다빈치의 『모나리자』에서는 중심점이 인물의 머리 부분에 있다.

동서양의 원근법

서양 미술사의 획기적인 사건. 원근법은 3차원의 대상물을 평면에 그릴 때, 화면에서 대상물 앞뒤의 거리가 펼쳐짐을 나타내는 표현이다. 동양과 서양의 전통 원근법은 다음 면에서 차이난다.

● 서양의 원근법 ①: 투시 원근법(선 원근법)

오래전부터 화가들은 저 멀리 시야가 끝나는 수평선에서 하나의 점으로 만나게 되는 아름다우면서도 기이한 이 현상에 주목해 왔다. 르네상스 시대에 이르러 비로소 모든 평행선은 수평선 위의 한 점에 모인다는 사실을 알게 되었다. 이것이 바로 **소실점**으로 이를 활용한 **선 원근법**은 서양 미술에서 공간감을 표현하는 데 매우 유용하게 사용되었다. 선 원근법적인 화면 구성이 실제 우리 눈에 보이는 것과 매우 유사하여 사실적으로 느껴질 뿐 아니라, 화면 구성에 통일성을 부여하기 쉽다는 점 때문이었다. 라파엘로의 대표적인 그림 가운데 하나인 '아테네 학당'은 라파엘로의 치밀한 계산 아래 그려진 상상의 그림이지만 규모나 웅장한 느낌, 조화 등은 초인간적인 느낌을 선사한다. 무대 같은 투시도의 공간에 인물들은 놀라울 정도로 조화를 이루고 있고, 서로 시각적으로 연결되어 있다. 등장인물이 많아도 산만하지 않고, 고전 건축의 균형 감각과 질서, 선명성, 부분과 전체의 조화가 뛰어난 르네상스 미술의 걸작으로 꼽는다.

한편, 수평선에 2개의 소실점이 생기는 경우를 **2점 투시 원근법**이라고 한다. 또 수평의 소실점들과 더불어 높은 건물을 올려다보거나 내려다볼 때 수직선으로 소실점이 더해지는 경우를 3점 투시 원근법이라고 한다. 선 원근법에는 소실점의 수에 의한 원근법 외에도 소실점의 높이에 의해 대상을 올려다보는 앙시 투시 원근법, 대상의 중심에서 보는 중심 투시 원근법, 대상을 내려다보는 조감 투시 원근법이 있다. 이 같은 선 원근법은 표현 대상의 선과 구도를 중시하고, 선의 방향이나 대상물의 크기 및 위치를 중심으로 표현한다. 실내 공간이나 건축, 도시 풍경을 그리는 데 적합하다.

〈아테네 학당, 라파엘로, 1510~1511년〉

● 서양의 원근법 ②: 색채 원근법(공기 원근법)

선 원근법은 자연 세계나 풍경을 대상으로 할 때는 거의 효과가 없다. 그래서 그 대안으로 떠오른 것이 **색채 원근법**이다. 색채 원근법은 대상의 명암이나 색채를 중시하고, 색채의 강약이나 명암의 톤에 의지하여 표현했다. 색채 원근법은 레오나르도 다빈치가 가장 크게 기여했다. 다빈치는 자연을 관찰하면서 전경, 중경, 배경이 그 깊이에 따라 점차 색채가 흐려지고 푸른빛을 띠게 된다는 사실을 발견했다. 사물이나 풍경은 거리가 멀어질수록 광선과

대기의 영향으로 흐리고 탁해 보이는 경향이 있다. 곧 멀어질수록 형태는 뚜렷한 윤곽을 잃고 흐릿해지고, 색채는 채도가 낮아 탁하거나 흐려지고, 명도 대비 또한 약해진다. 결국, 회화적 공간에서 거리를 표현할 때는 선적인 구성만 생각해서는 곤란하다. 거리에 따른 색채의 변화가 반영되어야 한다는 것이 색채 원근법의 핵심이기도 한 것이다. 다빈치가 3년여에 걸쳐 완성한 '모나리자'는 **공기 원근법**을 이용해 공간감을 표현했다. 모델 뒤에 펼쳐진 양쪽 배경은 이어지는 하나의 배경이 아니라 2개의 배경으로 눈높이가 서로 다르다. 이런 시점의 변화 또한 사람들에게 착시 효과를 일으켜 깊은 공간감과 함께 묘한 분위기를 자아낸다. 여기에 모나리자의 입가와 눈가는 **스푸마토**(sfumato, 안개처럼 색을 미묘하게 바꾸어 색깔 사이의 윤곽을 명확히 구분하기 어렵게 하여 자연스럽게 옮아가게 하는 명암법) 기법을 이용해 미묘하게 표현하였다.

● 동양의 3원법

동양화가들은 고정된 시점에서 사물을 관찰하지 않고 움직이면서 관찰하였으며, 시간의 흐름과 이동 시점으로서 삼원법으로 공간을 표현하였다. 산점투시(이동 투시법)는 시간의 진행에 따라 경치를 기록하며 그린 듯한 원근법이다. **고원법**은 산의 아래쪽에서 정상을 올려다보며 그리는 방법으로, 우뚝 솟은 산의 기세를 나타낸다. **평원법**은 평행한 시각으로 먼 곳을 바라보며 그리는 방법으로, 아득히 먼 풍경의 정취를 나타낸다. **심원법**은 산의 높은 곳에서 멀리 내려다보고 그리는 방법으로, 산이 겹쳐져 있는 모습을 나타낸다.

진경산수화

우리나라의 자연 실경을 화폭에 담은 산수화. 조선 전기에는 안견을 중심으로 중국의 화풍에 영향을 받은 관념 산수화가 발달하였다. 관념 산수화는 이상적인 자연의 모습을 일정한 법칙을 가지고 표현한 그림으로, 우리나라의 실제 자연 풍경과는 거리가 있다. 조선 후기에 이르러 정선은 우리나라의 경치를 직접 기행하고 중국의 남종화풍을 독특하게 해석하여 새로운 화풍의 진경산수화를 개척하였다. 우리나라 **자연의 실제 풍경**을 그린 정선의 진경산수화는 김홍도, 심사정, 강세황 등 조선 후기의 화가들에게 영향을 끼쳤다.

문인화

사대부층의 문인들이 그린 그림. 동양화의 일종으로, 전문 화원이 아닌 지식인이나 관료 등 사대부층의 문인이 취미 삼아 그린 그림을 말한다. 재료는 수묵만을 사용하거나 채색을 쓰더라도 청색과 갈색 정도의 제한된 색조를 엷게 쓰는 담채화에 머물렀다. 필

묘는 간결 · 소박하여 기교를 부리지 않고, 묵법도 담백하여 화려한 맛이 적은 것을 좋아하였다. 높은 식견과 감식안을 갖춘 선비들이 그린 그림이기에 **과장과 허식이 없는** 것이 특징이다. 선비들은 시대를 앞서가는 사상과 예술관을 가지고 화단을 선도하기도 하였다. 조선 전반기의 강희안, 이정, 후반기의 윤두서, 정선, 강세황, 김정희 등 많은 선비들이 새로운 회화관과 주제, 화풍, 기법으로 변화를 일으켰다. 선비 화가들이 새로운 작품을 그리면서 앞서갔다면, 높은 감식안과 진지한 취미를 가진 선비들은 그림을 감상, 수장, 품평하면서 시대의 경향을 형성하는데 기여하였다.

〈인왕제색도, 정선〉

계회도

문인들의 모임 모습을 그린 기록화. 고려시대 및 조선시대에 유행했던 문인들의 **계모임(契會)을 묘사한** 그림을 말한다. 조선시대에는 관아의 동료나 과거시험 동기들이 명승지나 서당에서 계모임을 하였는데, 이를 기념하거나 기록하기 위하여 그 장면을 그림으로 남겼다. 특히 표제와 인적 사항을 적은 좌목(座目)을 첨가하고 있다. 계회도는 옛날 문인들의 문화와 생활의 여러 단면을 그리고 있어 풍속의 경향이 강하다. 전통문화와 회화사를 이해하는 데 중요한 자료이다.

점묘법

색채를 과학적으로 해석한 인상파 표현 기법. 점 또는 점과 유사한 세밀한 터치로 묘사하는 회화 기법을 말한다. 동양화에서 자연을 인상적으로 해석하는 미법산수의 미점(米點), 인상주의의 경우 프리즘에 의해 분해된 색의 병치에서 색점 배치의 묘법 등이 대표적인 점묘의 예이다. 인상주의 화가들은 그림물감을 팔레트 위에서 섞는 것을 지양하고 순수한 빛을 표현하고자 시도하였는데, 그에 따라 화면은 미세한 점으로 분할되고 색채도 순수한 색으로 분할되었다. 회화의 구성 요소로 가장 중요시해 온 선을 쓰지 않고 점으로 형상의 실체를 표현하는 점묘법을 제작의 기본 원리로 삼은 것은 모네, 피사로 등 인상주의 화가들로, 특히 **신인상주의** 화가인 쇠라는 이를 이론화하였다.

〈그랑 자트 섬의 일요일 오후, 쇠라, 1885년〉

그로테스크

기괴하고 환상적인 표현 예술. 원래는 식물, 동물, 인간, 상상 속 동물 등이 환상적인 방식으로 서로 결합하는 고대 장식의 어떤 특정한 형식을 일컫는 용어이다. 그로테스크한 종류의 장식은 로마의 공중목욕탕과 왕궁에서 발견되는데, 르네상스 시대 라파엘로가 이를 응용하여 바티칸 발코니를 형상화하였다. 18세기 후반 들어 그로테스크는 역설이나 우스꽝스러움, 기괴함을 나타내는 미적 범주로 일반화되었고, 이후 소름끼치는 코믹한 작용이나 가슴을 죄는 듯한 작용을 하는 왜곡되거나 희화화된 낯선 표현을 통칭하게 되었다. 19세기 **낭만주의** 사조는 그로테스크에서 한편으로는 환상의 근원적 형식을 보고, 다른 한편으로는 그것을 육체와 영혼이라는 기독교적 이분법으로 소급시켜 추한 것과 결합함으로써, 그로테스크를 고대 미술과 대립하는 근대 미술의 특성으로 제기하였다.

콜라주

찢고, 오리고, 붙인 그림. 콜라주는 신문지, 헝겊, 벽지, 인쇄물 또는 일상생활에서 사용하는 물건 등을 붙이는 기법으로, 주로 그림 위에 붙여 나란히 두는 경우가 많다. 19세기에 종이를 잘라 한데 붙여 장식적 구도를 만드는 파피에 콜레 기법이 처음 생겨났다. 1912~1913년 경, 피카소와 브라크 등이 파피에 콜레 기법을 확대하면서, 종이, 나무, 리놀륨, 신문지 조각을 유화 위에 덧붙여 미묘하고 재미있는 추상적 또는 반추상적 구도를 만들었다. 이러한 **콜라주** 기법의 개발은 분석적 입체주의가 종합적 입체주의로 바뀌는데 크게 이바지했다.

데콜라주

해체 및 파괴 행위 예술. '붙인다'는 뜻의 콜라주와는 반대의 의미로, 떼어내고 박탈한다는 의미를 일컫는다. 데콜라주는 일상적 사물을 찢어내고 지우고 불태우는 등의 파괴 행위를 통해 우연한 효과를 기대하는 예술 기법이다. 그 목표는 물질 소비 메커니즘적인 관념을 타파하고 새로운 미적 현상의 가능성을 찾는 데 있다. 즉 파괴적인 행위를 거듭함으로써 우연성을 창조하고 사회적 비평을 가할 수 있으면 그것이 곧 **데콜라주**라 할 수 있다. 이러한 데콜라주적 발상은 1934년 초현실주의 화가들로부터 시작하여 1950년대 유럽에 널리 퍼지면서 신사실주의 미술가에게 크게 인기를 얻었다.

도상학

작품의 의미나 모티브를 다루는 미술사의 한 분야. 원래는 '형태 묘사'라는 의미로, 상징성, 우의성, 속성 등 어떤 의미를 지니는 도상(圖像, 아이콘)을 비교하고 분류하는 미술사의 한 분야를 말한다. 고대 그리스에서는 미술품의 목록 제작을, 르네상스 시대에는 고대 초상화를 감정하는 작업을 가리키는 용어로 사용하였으나, 20세기에 들어서면서부터는 일반적으로 조형미술의 주제를 연구하는 학문을 뜻하는 것으로 의미가 확장되었다. 도상학(iconography)은 해석 그 자체보다는, 명칭이나 개념 또는 텍스트를 인물, 알레고리, 설명적 묘사 등을 통해 예술 작품을 분류화하는 데 목적을 둔다. 도상학은 개별 작품에서의 이념과 대상의 관계 분석을 목표로 하며, 그러한 작업을 통해 궁극적으로 예술 작품을 탄생시키는 다양한 요소들을 정확히 이해할 수 있다고 본다. 현대 미술에서 도상학은 어떤 특수한 정신적 내지는 사회적인 의미와 연관이 있는 **특정한 이미지를 표현**하는 술어로 쓰이기도 한다. 예를 들면, 팝 아트의 도상학은 공업제품의 소비 또는 메커니즘적인 결정론과 광고심리학이라는 확고한 사회적 연계에 기반을 두고 있다.

오브제

예술과 생활의 경계를 애매하게 만드는 예술. 다다이즘(전통을 부정한 예술 운동)이나 초현실주의 작품에 활용된 사물을 의미하는 것으로, 생활용품이나 자연물 또는 예술과 무관한 물건을 작품에 사용함으로써 새로운 느낌을 일으킨다. **오브제**는 상징적 기능을 해왔으며, 돌, 옷감, 나뭇가지, 바퀴, 공산물, 머리털 등 다양한 물체가 작품에 사용되고 있다.

현수선

우리나라 건축의 수학적 아름다움. 우리나라 건축에서 처마 곡선은 현수선(懸垂線)으로 이루어져 수학적 질서와 자연미를 느낄 수 있다. 경복궁 근정전 처마에서 확인되듯, **현수선**은 일정한 재질의 유연한 줄에 오직 중력만 작용할 때 그 줄이 자연스럽게 늘어져 만들어지는 곡선이다. 이 곡선은 중력과 평형을 이루는 내적 긴장과 안정감을 보여 주며, 최고의 자연미를 느끼게 한다. 현수선은 빨랫줄이나 전깃줄이 늘어진 모습 등에서 볼 수 있다.

데카당스

퇴폐주의 문학. 19세기 후반 프랑스에서 시작되어 유럽 전역으로 전파된 퇴폐적인 경향 또는 예술운동을 가리키는 용어이다. 프랑스의 보들레르·랭보·베를렌, 영국의 오스카 와일드 등이 선구적 역할을 했다. 이들은 지성보다는 관능에 치중하고, 도덕이나 고전 질서에서의 탈출을 시도하며, 암흑과 문란 속에서 미를 발견하는 등 현실 부정의 **전위적인** 문학 활동을 추구했다.

르포르타주

보고 기사 또는 기록문학. 특별한 사건이나 현장에서의 체험 등을 소재로 해서 필자의 주관을 섞지 않고 객관적으로 서술한 문장으로, 소재의 생동감과 박진감을 그 생명으로 한다. 줄여서 '**르포**'라고도 한다.

모더니즘

1920년대에 일어난 근대적 감각을 나타내는 예술상의 경향. 20세기 초 철학, 미술, 문학 등에 있어서 전통주의 사상에 대립해서 일어났던 표현주의·미래주의·다다이즘·형식주의 등의 감각적·추상적·초현실적인 경향의 여러 운동을 말한다. 모더니즘은 합리성을 중시하고 근대성을 지향하며 기계 문명과 도시적 감수성에 가치를 부여했다. 모더니즘은 제1차 세계대전 후 본격적으로 일어난 **아방가르드**의 한 형태라고 볼 수 있다.

스쿠프

특종 기사. 신문·잡지, 라디오, 텔레비전 등의 보도기관에서 경쟁사보다 앞질러 독점 보도하는 특종 기사를 일컫는 말이다. **비트**라고도 불린다. 보도보다는 기획·논평·오락 등이 중시되는 오늘날에도 스쿠프는 여전히 속보 경쟁의 꽃으로서 대중의 기대와 흥미를 끌고 있다.

아르누보

신 미술·공예 운동. '새로운 예술'이란 뜻으로, 19세기 말에서 20세기 초에 걸쳐서 유럽 및 미국에서 유행한 **장식 양식**을 말한다. 유럽의 전통 예술에 반발, 새로운 양식을 지향하면서 자연주의, 자발성, 단순성, 기술적인 완전을 추구할 이상으로 삼았다. 기존의 건축·공예가 그 전형을 그리스·로마 혹은 고딕에서 구한데 비해, 아르누보는 덩굴풀이나 담쟁이 등 자연 형태 가운데서 모티브를 빌려 새로운 표현을 하고자 했다. 반투명의 다채로운 색의 조화가 아로새겨진 유리공예 분야에서 가장 강하게 그 특징을 찾을 수 있다. 대표적인 작가로 에밀 갈레, 돔 형제를 들 수 있다.

아방가르드

전위예술. 자연주의와 의(擬)고전주의에 대항하는 예술운동으로, 20세기 초 프랑스와 독일을 중심으로 등장한 사조이다. 단순히 문학에 있어서의 특정 주의나 형식이 아니라, 새 시대의 **급진적 예술운동** 전반(미래파·입체파·초현실파 등)에 대한 것을 총칭한다. 기성 예술 관념이나 형식을 부정하고 혁신적 예술을 주장하며, 다다이즘을 출발로 해서 초현실주의와 실존주의의 문학 운동까지 포함·계승되어 나갔다.

앙티로망

실험적 반소설. 사실적인 묘사와 이야기의 치밀한 구성을 중요하게 여기는 전통적인 소설의 형식을 부정하고, 작가가 자신의 머릿속에 떠오른 순간적인 생각이나 기억을 새로운 형식과 기교를 통해 재현하려는 경향의 소설을 의미한다. 특정한 줄거리가 없기 때문에 독자는 직접적으로 작품에 참여해서 적극적인 독서를 해야 한다. 1950년대 프랑스에서 등장했다. 제2차 세계대전 후 사르트르의 실존주의 문학의 뒤를 이어 프랑스의 신진 작가들에 의해 시도됐다. 대표적으로는 로브그리예의 『질투』, 베케트의 『고도를 기다리며』 등이 있다. 보통 **누보로망**과 같은 의미로 쓰인다.

옐로 저널리즘

선정적 언론. 인간의 불완전한 감정을 자극하는 범죄, 괴기 사건, 성적 추문 등을 과대하게 취재·보도하는 신문의 경향을 말한다. 이런 현상은 신문이 일부 지식 계층만을 상대로 하던 시대로부터 널리 일반 대중을 독자로 삼는 현재의 신문으로 발전하는 과정에서 나타났다. 1880년대 미국에서 시작된 것으로, 노골적인 사진과 흥미 있는 기사 등을 게재해서 독자들의 감각을 자극하여 발행부수 확장 등을 노린다. **옐로 페이퍼**, 황색 신문이라고도 한다.

전위극

리얼리즘 연극에서 탈피하여 새로운 미학적 원리를 추구. 기존의 고정된 연극 양식을 부정하고 새로운 미학 원리와 형태를 시도한 연극을 말한다. 반자연주의적 경향을 띠며, 1920년대에 그 세력이 절정에 이르렀고, 연출가 중심설, 사실주의에 대한 새로운 양식, 연극 고유의 예술언어의 재발견 등을 주장했다. 1960년대 프랑스를 중심으로 일어난 **부조리 연극**도 일종의 전위극이다. 부조리 연극은 인간 존재의 부조리함, 일반적 논리성의 폐기 등을 중요한 특징으로 하며, 파리뿐 아니라 전 세계 연극계의 큰 변화를 불러왔다.

아폴론적인 것과 디오니소스적인 것

삶을 움직이고 예술을 이끄는 두 가지 원칙. 쇼펜하우어의 '표상과 의지'라는 형이상학적 근본 개념의 영향 아래에서 니체는 아폴론적인 것과 디오니소스적인 것을 서로 환원될 수 없는 예술의 근본 두 범주로 설정했다. 그리고 모든 예술을 하나의 유일한 원리 속으로 끌어들이는데 반대하면서 그것에 대한 비판으로 이 개념을 사용했다. 그리스의 신 아폴론은 직관이나 꿈과 같은 환영 및 개별성 원리의 예술을 위해 존재하는데, 아폴론적 예술은 중용을 갖추고 있으며 조화롭고 투명한 맑기를 지닌다. 이와 달리 디오니소스 신은 열광적인 엑스터시의 예술을 위해, 그리고 모든 현상의 근저에 있는 맹목적 삶의 의지를 따르는 충동적 예술을 위해 존재한다. 디오니소스적 예술은 탈 경계의 예술이자 힘과 파괴의 예술이다. 이와 같은 니체의 구분은 예술계를 두 개의 영역으로 분리한다. **아폴론적 예술**에는 무엇보다도 조각과 회화 및 서사시가 속하고, **디오니소스적 예술**에는 열광적인 무용과 음악 및 서정시가 속한다. 예술(그리스 예술)의 역사는 하나의 원리에 대해 다른 하나의 원리가 그 지배권을 교체함으로써 이룩되는데, 결국에는 이들을 종합한 것으로서의 비극이 생성됐고, 근대에 들어서는 바그너의 가극이 출현했다. 니체의 미학 이론은 상호 모순적임에도 불구하고 예술가나 미학자에게, 그리고 예술 프로그램에 많은 영향을 끼쳤다.

영화 미학

예술로서의 영화를 연구 대상으로 하는 미학. 영화는 드라마, 음악, 연기, 연출 등 전통적인 예술로 간주되기보다는, 보다 의식적인 (특히 경제적이고 기술적인) 요인들에 의해 그 성격이 규정된다. 그 점에서 영화는 미학에 대한 하나의 도전을 의미한다. 모든 영화의 중심 문제는 '리얼리즘'과 '환상'의 관계가 영화라는 매체 그 자체 속에서 어떻게 이용되고 평가되는가 하는 것이다. 왜냐하면 그와 같은 긴장의 영역 속에서 예술적 영상화(예를 들어, 몽타주나 연출 및 카메라 기법 혹은 카메라 이동, 색채화와 음향 기술)의 가능성이 구현되기 때문이다. 영화가 **리얼리즘**의 경향을 띤 매체인지 아니면 **미학적 환상**의 경향을 지닌 매체인지에 대해서는 이미 오래전부터 영화 미학의 주제로 다루어졌다. 그리피스는 형식적 지반에서, 채플린은 내용적 지반에서 양자의 경향을 결합하여 영화의 기본 어휘로 공식화했다.

디제시스

영화 속에서 이야기가 전개되는 허구의 세계. **디제시스**는 원래 아리스토텔레스가 '시학'에서 사용한 용어로, 그는 이야기의 두 가지 개념을 디제시스와 미메시스로 구분했다. 이야기의 서술 방법에 있어서 이야기를 설명하는 것을 디제시스라고 하고, 이야기를 재현하는 것을 미메시스라고 하였다. 프랑스의 미학자 수리오는 이 개념을 영화에 도입하여 '상술된 이야기'란 개념으로 디제시스를 설명하였다. 기호학자인 메츠는 영화 속에서 보여지는 이야기의 외연적 요소(연기, 대사 등)에 의해 구성되는 허구의 시간과 공간을 디제시스라고 하였다.

아트버스터

흥행에 성공한 예술 영화. **아트버스터**란 예술성을 갖춘 블록버스터라는 개념의 신조어이다. 기존에는 소수 마니아들에게나 관심 받던 예술성 짙은 영화가 최근 들어 영화 팬들의 수준 향상과 저변 확대로 인해 큰 주목을 받고 히트작 반열에 드는 것을 의미하는 말이다. '라라랜드'가 대표적이다.

미장센

시각적 요소들을 배열하는 작업. 프랑스어로 '연출'을 의미하는 **미장센**은 무대에서의 등장인물의 배치나 동작·도구·조명 등에 관한 종합적인 설계를 지칭한다. 희곡에는 등장인물의 동작·무대장치·조명 등에 관한 지시를 세부적으로 명시하지 않으므로, 미장센은 이러한 요소들을 종합하여 각본의 내용을 통일되고 효과적인 형상으로 만들어 무대에서 상연하는 작업을 의미한다.

누벨바그

고전 영화와 현대 영화를 가른 새로운 물결. 누벨바그는 '**새로운 물결**'이란 뜻의 프랑스어로 1957년경부터 프랑스 영화계에서 일어난 새로운 풍조를 말한다. 신선한 발상과 표현 양식을 내세워 1960년대 이후 주류를 이루던 전통적인 영화계에 큰 영향을 끼쳤다. 누벨바그 작가들은 기존의 고착되어가던 장르 규칙을 타파하고 영화적 관습을 깨뜨리면서 작가 개인의 영화를 추구했다. 인간과 우주의 부조리함에 대한 실존주의 철학을 기반으로 하며, 현실과의 밀착, 장면의 비약적 전개, 즉흥 연출 등의 특징을 가지고 있다. 또한 표현에 있어서도 야외의 자연광을 활용하거나 당시 개발된 핸드헬드 카메라를 활용한 즉흥 촬영 등을 통해 우연적이고 사실적인 영상과 음향을 얻어내려고 노력했다.

사진 미학

사진에 담긴 예술적 가치를 찾는 미학. 사진을 기계적인 과정이 아닌 독자적인 예술로서 인식하고, 전통적 회화 규범에서 벗어나 사진 자체의 관점에서 이를 평가하려는 움직임이 19세기 말 영국에서 일어났다. 이후 미국의 사진 분리파 작가들은 일체의 조작을 가하지 않은 자연 그대로의 모습을 담은 **회화주의 사진**을 통해 단순히 기계적인 사진과는 전혀 다른 미적 가능성을 보유하고 있음을 보여주었다. 20세기 들어 소형 카메라가 개발되면서 여러 장의 사진을 오려서 새롭게 재구성한 포토몽타주 기법이 개발되는 등으로 사진은 예술의 한 분야로 자리 잡았다. 1940년대 말 이후 사진 작품은 복제 미술로써 뿐만 아니라 **오리지널리티**를 예술적 가치로 재평가하기에 이르렀다. 현대 미술과 교류하면서 사진은 하나의 표현 장르로 확립되었고, 사진을 이용한 미술 사조들이 속속 등장했다. 팝 아트와 극사실주의가 대표적으로, 사진 고유의 기법을 활용했을 뿐만 아니라, 무수히 복제가 가능한 사진의 특성과 접근이 쉬운 대중성 등을 함께 실험하였다. 사진은 과학의 여러 분야에 공헌하였고, 새로운 시각 언어로서 보도사진이나 광고사진 발전에 기여하였다.

민흘림기둥과 배흘림기둥

한국 목조 건축의 백미. **민흘림기둥**은 아래쪽부터 위로 올라가면서 서서히 두께가 좁아지는 기둥을 일컫는다. 사다리꼴과 같이 일정한 비율로 좁아지는 것이 아니라, 지점별로 체감되는 비율을 달리하여 좁아지는 기둥을 말한다. **배흘림기둥**은 기둥의 전체 길이 중 아랫부분에서 3분의 1가량의 높이까지 기둥의 두께가 점차로 커지다가 그 위로부터는 서서히 좁아져 항아리와 같은 형태를 가진 기둥을 말한다. 고려와 조선 초기의 주심포 계열과 다포 계열의 건물에는 배흘림이 없다.

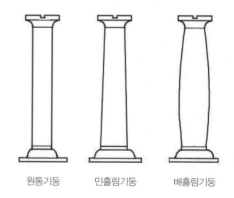

원통기둥   민흘림기둥   배흘림기둥

토르소

인체의 미를 상징하는 조각. 토르소는 목·팔·다리 등이 없는 동체만의 조각 작품을 말하는 것으로, 인체의 구간, 몸체를 뜻하는 이탈리아어에서 연유한 조각 용어이다. 근대 조각가들은 그리스·로마 유적에서 발굴된 토르소에 조각으로서의 미적 가치와 인체의 미학적 상징성을 부여했다. 따라서 현대조각에서 때때로 볼 수 있는 팔·다리나 목이 없는 몸통의 조각은 미완성 작품이 아니다. **토르소**의 순수미를 관람자에게 충실하게 전달하기 위해 목이나 팔·다리를 생략함으로써, 인체미의 상징적 효과를 얻고자 하는 것이다.

큐비즘

입체파. 20세기 초 회화를 비롯한 건축, 조각, 공예 등이 세계로 확산하면서 펼쳐진 미술 운동이다. 인상파에서 시작되어 야수파

운동을 전후로 크게 일어난 예술 사조이다. 세잔의 3차원적 시각을 통해 드러나듯이, **큐비즘**은 작품 표면에 대상을 입체적으로 재현하는 것을 목표로 삼고 있는 것이 특징이다. 그렇게 해서 기존의 원근 법칙의 기본 원리를 포기하면서, 동일한 사물의 서로 다른 측면을 보여 주고 있다. 피카소와 브라크에 의해 주도됐다.

키치

저급 문화. 통속 취미에 영합하는 예술 작품을 의미한다. 화가의 정신이 들어있는 순수 미술품과 그렇지 않은 미술품 간의 구별을 위해 사용되는 개념이다. 본래 '**키치**'라는 말은 '잡동사니', '천박함'이라는 의미를 가진다. 19세기 말 독일에서 처음 생겨난 용어로 당시 급격한 산업화와 교통 통신의 발달, 대중문화의 탄생 등으로 그림에 대한 소유 욕구가 확산된 것이 키치가 등장하게 된 배경이었다. 현대에 이르러 고급예술, 고급문화와는 별개로써 대중 속에 뿌리를 둔 하나의 예술 장르로 의미가 확대됐다. 오늘날 이 용어는 조악한 감각으로 여겨지는 대상들을 야유하는 뜻으로 사용되고 있다.

설치 미술

전통적 그림이나 조각이 아닌, 특수한 전시를 위해 전시공간이나 그 이외의 장소에 구축해 놓은 환경적 · 맥락적인 성격의 작품을 말한다. 액자나 좌대가 작품을 외부 공간으로부터 분리시키는 것과는 달리 관객을 작품 영역으로 포함시키는데 그 고유한 성격이 있다. 20세기 초 **아방가르드** 미술 실험에서 이미 나타났으나, 1970~80년대 서구 미술에서 본격적으로 유행했다. 일회적이기 때문에 그 자체로는 그림이나 조각 같은 상품성이 없는 것이 특징이다.

성악

사람 목소리로 연주하는 형태. 성악의 연주 형태는 독창(솔로)과 제창(유니슨), 중창(앙상블), 합창(코러스)으로 나눌 수 있다. 성악의 목소리의 갈래와 음역은 다음과 같다.

구분	여성	남성
높은 소리	소프라노	테너
중간 소리	메조소프라노	바리톤
낮은 소리	알토	베이스

한편, 합창은 성별에 따라 여성 합창, 남성 합창, 혼성 합창 그리고 성부에 따라 2부 합창, 3부 합창, 4부 합창으로 구분된다.
- 여성 3부 합창: 소프라노+메조소프라노+알토
- 남성 3부 합창: 테너+바리톤+베이스
- 혼성 4부 합창: 소프라노+알토+테너+베이스

음정

두 음이 가지는 높이의 차이. 동시에 울리게 하는 두 음의 높이 차이를 화성적 음정(하모닉 인터벌), 연속해서 울리게 하는 두 음의 높이 차이를 선율적 음정(멜로딕 인터벌)이라고 한다. **음정**은 도수(디그리)라는 단위로 표시하고 울림의 차이에 따라서 완전음정(퍼펙트), 장음정(메이저), 단음정(마이너), 증음정(오그멘트), 감음정(디미니시) 등으로 나눈다. 완전 음정은 1도, 8도, 4도, 5도 위에, 장음정과 단음정은 2도, 3도, 6도, 7도 위에 성립한다. 증음정은 완전 음정과 장음정을 반음씩 넓힌 것이고, 감음정은 완전 음정과 단음정을 반음씩 좁힌 것이다. 다만, 1도 감음정은 완전 1도 보다 벌어진 음정이 되기 때문에 증 1도 음정으로 전환되며, 감 1도 음정은 존재하지 않는다.

화음

음악에서 높이가 다른 둘 이상의 음이 동시에 울려서 생기는 합성음. 장조와 단조에 의한 이른바 조성 화성법에서는 3도의 간격으로 3개의 음을 겹친 3화음이 기초적인 화음을 이루고 있으나, 때로는 2개의 음만으로 화음의 의미를 나타내기도 한다. 4개의 음으로 된 화음을 4화음, 5개의 음으로 된 화음을 5화음이라 부르기도 하나, 3도씩의 겹침에 따라 가장 밑의 음과 가장 위의 음 사이가 7도가 되는 것을 7화음, 9도가 되는 것을 9화음이라고 하는 것이 보통이다. **화음**은 보통 협화음과 불협화음으로 나누며, 협화음에는 장 3화음, 단 3화음 및 그 자리바꿈 화음이 포함되고, 그 밖의 화음은 불협화음이다. 그러나 근대화성에서는 3도 구성에 의한 3화음뿐만 아니라, 협화음과 불협화음이라는 대립 개념은 점차 없어져서, 4도나 5도, 2도 등을 겹쳐 쌓은 것도 포함하며, 음의 결합 방법은 자유로워지고 있다.

리듬

운동과 질서 사이의 관련성. 음악을 비롯해 인간의 제반 활동에서 그대로의 형태로는 포착하기 어려운 시간의 체험을 분절하고 서로 관련시킴으로써 하나의 종합된 것으로 구조화하는 작업을 일컫는다. 흔히 율동으로 번역된다. 시간예술과 공간예술을 불문하고 신체적 운동이나 심리적 · 생리적 작용과 깊은 관계를 맺고 있는 리듬은 넓은 의미에서 동일한 또는 유사한 요소들의 규칙적인 반복에 의한 **운동의 시간적 경과와 분절**을 뜻한다. 다양한 부분들의 전체적인 조화와 통일을 위한 미적 형식 원리의 하나인 리듬은 특히 음악의 가장 근원적인 요소라고 간주해 왔다. 플라톤은 음악의 세 가지 요소로 멜로디, 하모니, 리듬을 꼽았다. 그는 멜로디와 하모니가 없는 음악은 있어도 리듬이 없는 음악은 존재하지 않는다면서 그 중요성을 강조하였다.

18세기까지의 서양 미술

■ 그리스 · 로마 미술 – 이상적 · 실용적인 아름다움 추구

그리스 미술은 이상적인 아름다움을 추구하였다. 황금 비율의 조각상과 신전 건축, 도예 등이 발달하였다. **로마 미술**은 현실에 기초한 실용적인 아름다움을 추구하였다. 초상 조각이 발달하고 공중 목욕탕과 원형 경기장(콜로세움) 등 공공 건축물이 세워졌다.

■ 중세 미술(4~14세기) – 신과 교회 중심의 미술

초기에는 지하 묘지인 카타콤을 중심으로 벽화와 석관 장식 등이 발달하였다. 시대 순으로, **비잔틴 미술**은 화려한 모자이크, 둥근 돔 지붕이 특징이다. **로마네스크 미술**은 프레스코 벽화, 육중한 벽과 아치형 천장이 특징이다. **고딕 미술**은 스테인드글라스 장식과 뾰족한 수직 첨탑이 특징이다.

■ 르네상스 미술(15~16세기) – 고전 취향의 부활과 인간 중심의 미술

십자군 전쟁 이후 이탈리아를 중심으로 성장하면서 예술이 꽃핀 시기로, 이성과 법칙, 질서와 균형을 중시하였다. 또한 자연을 합리적 · 체계적으로 재현하기 위해 **선 원근법**과 해부학을 사용하였다. 보티첼리, 레오나르도 다 빈치, 미켈란젤로, 라파엘로 등이 대표적인 작가이며, 북유럽에서는 판 에이크, 브뤼헐 등이 유명하다.

■ 바로크 미술(17~18세기) – 절대 왕정 시대의 화려한 미술

과장된 감정 표현, 역동적이고 **현란한 장식**이 특징이며, 카라바조의 극적인 종교화, 베르니니의 조각 등이 유명하다. 플랑드르 지역에서는 루벤스, 판 다이크, 렘브란트 등이 활동하였고, 스페인에서는 벨라스케스, 프랑스에서는 푸생 등이 활동하였다.

■ 로코코 미술(18세기) – 귀족적이고 우아한 장식 미술

프랑스에서 등장한 양식으로 건축과 공예에서 특유의 **곡선 장식**이 나타난다. 일상적인 주제를 우아하고 감각적으로 표현한 회화와 조각이 있으며, 부셰, 프라고나르, 호가스, 게인즈버러 등이 대표적인 화가이다. 샤르댕은 시민 계급의 일상 풍경을 다루었다.

분위기	유희적, 인위적, 활기 넘침
스타일	밝고, 우아하며, 섬세하다
실내 장식	도금한 목제 가구들, 채색된 장식 판자, 거대한 벽 거울

근대 미술(19세기): 새로운 시작과 양식의 탄생

■ 신고전주의 – 그리스의 이상적인 아름다움 추구

프랑스 혁명과 계몽주의의 영향을 받은 신고전주의는 지나치게 장식적인 로코코 미술에 반발하여 질서와 조화를 강조한 그리스 미술을 부활시키고자 하였다. **신고전주의**는 고대 그리스와 로마의 규범화된 아름다움을 동경하며 완벽한 비례, 견고한 구도, 정확한 선과 형태, 치밀한 인물 표현을 추구했다. 대표적인 화가로 다비드와 앵그르가 있고, 조각가로 카노바 등이 있다.

분위기	고요하고, 이성적
주제	그리스 로마 신화, 역사
표현 기법	색채가 아닌 소묘와 선을 중시
미술의 역할	도덕성을 고양하고, 영감을 중시

■ 낭만주의 – 격정적인 감정 표현

낭만주의는 개성을 존중하고 자아 해방을 주장하며 상상과 무한한 것을 동경하는 주관적, 감정적 태도가 특징이다. 신고전주의의 딱딱하고 엄격한 양식에서 탈피하여 동적인 구도와 강렬한 색채, 이국적인 소재로 인간의 개성과 감정을 감각적이고 역동적으로 표현했다. 대표적인 작가로 들라크루아, 제리코, 프리드리히 등이 있다.

분위기	주관적, 자발적, 비이성적, 정열적, 직관·감성·상상력 중시
주제	이국적·자연적·폭력적인 것, 자연에 대한 숭배
표현 기법	강한 명암의 대조, 빠른 화법 구사, 사선을 주로 사용
색채	무제한적, 깊이 있고 다채로움
장르	영웅적이고 투쟁적인 묘사, 풍경화, 야생 동물화

■ 자연주의 – 소박한 전원의 아름다움 표현

독일과 프랑스를 중심으로 낭만주의가 활발하게 전개될 때, 영국에서는 자연을 직접 보고 느낀 대로 그리는 풍경화가 등장했다. **자연주의** 화가로는 거침없는 필치로 대기와 바다의 극적인 장면을 그린 터너와, 자연과 인간이 융합된 전원의 아름다운 풍경을 묘사한 컨스타블 등이 있다. 프랑스에서는 바르비종파라는 새로운 유파가 탄생했는데, 농부의 일상생활을 정적이고 엄숙한 분위기로 표현했다. 바르비종파의 대표적인 작가로 밀레와 코로가 있다.

■ 사실주의 – 일상의 모습을 객관적으로 표현

18세기 후반에 산업혁명이 일어나면서 예술가들이 현실에 관심을 두기 시작했다. **사실주의** 작가들은 이전 미술의 인위성을 거부하고, 예술 작품이 대중에게 감동을 주려면 동시대 의식이 필요하다고 생각했다. 따라서 당시 예술가들은 기존의 역사, 신화 등 전통적인 주제에서 탈피하여 소외되었던 일반 시민의 모습과 가치관 등 당대의 삶과 사회적 변모를 재현하는 작업을 한다. 사실주의는 현실 속에서 일상적이고 평범한 주제를 찾아 객관적으로 표현했다. 대표적인 작가로는 쿠르베, 도미에 등이 있다.

■ 인상주의 – 빛에 의해 변화하는 순간적인 인상 표현

인상주의는 19세기 프랑스를 중심으로 일어났는데, 사진기의 발명에 영향을 받아 외부 세계를 바라보는 관점에 혁신적인 변화를 가져왔다. **인상주의** 화가들은 물체의 고유색을 부정하고 태양 광선에 의해 시시각각으로 변화하는 색채의 순간적인 인상을 빠른 붓놀림으로 표현했다. 대표적인 작가로는 마네, 모네, 드가, 르누아르 등이 있다.

■ 신인상주의 – 시각적 혼합인 점묘법으로 표현

신인상주의 화가들은 광학과 색채 연구를 통해 인상주의의 관점을 과학적으로 구체화했다. 신인상주의는 점묘파라고도 하는데, 캔버스에 색칠할 때 순색만을 사용하되 팔레트에서 혼합하지 않고 작은 점으로 찍어나가는 병치 혼합의 기법을 사용했다. 대표적인 작가로는 쇠라, 시냐크 등이 있다.

■ 후기 인상주의 – 주관적인 감정 표현

후기 인상주의는 빛과 색채의 변화에만 집착한 인상주의에서 벗어나 작가의 개성과 주관을 강조하여 표현했다. 세잔은 자연의 본질을 탐구하여 모든 사물을 원뿔, 원기둥, 원구로 보았는데, 이러한 분석 방법은 입체주의에 영향을 주었다. 고흐는 강렬한 터치로 자신의 감정을 표현하여 표현주의에 영향을 주었고, 고갱은 원시적인 주제와 장식적인 색채를 사용하여 상징주의와 야수파에 영향을 주었다.

구분	쇠라	세잔	고갱	고흐
주제 (소재)	파리인의 여가 활동	과일 정물, 생 빅투아르 산과 에스타크 풍경화	타히티 원주민, 브리타니의 농부들	자화상, 꽃을 그린 정물, 풍경
특징	점으로 표현된 밝은 색채 (점묘법)	기하학적 구조를 강조, 입체주의의 원조	이국적인 원시주의	소용돌이치는 화필
분위기	과학적, 논리적	분석적, 안정적	상징적, 신비적	열정적, 생동감
관심사	시각적 혼합 체계	영구적인 질서	감정을 표현하는 밝은 색채	주제에 대한 색채, 필치를 통한 감정적 반응
작품 세계	빛의 알갱이 같은 색 점으로 조합된 화면, 평면적이고 정확한 디자인	균형 잡힌 디자인, 색조가 단계적으로 변화하는 구조, 단순하고 기하학적인 형태	비재현적인 색채로 형태를 단순화, 율동적인 패턴과 강한 윤곽선	물결치는 화필과 물감을 두껍게 바르는 기법, 밝고 순수한 색채로 형체를 단순화, 움직임의 느낌을 주는 곡선적인 리듬감
대표작	『그랑 자트 섬의 일요일 오후』, 『서커스』	『생 빅투아르 산』, 『사과와 오렌지가 있는 정물』	『천사와 씨름하는 야곱』, 『이아 오라나 마리아』	『별이 빛나는 밤』, 『밀짚모자를 쓴 자화상』

현대 미술(20세기): 다양한 양식의 공존

■ 야수파 – 강렬한 색채와 대담한 변형

야수파는 프랑스를 중심으로 일어난 회화 양식으로, 대상의 대담한 변형과 단순한 형태, 강렬한 색채의 사용과 터치로 평면적이고 장식적인 표현을 특징으로 한다. 대표적인 작가로는 마티스, 루오, 블라맹크, 뒤피 등이 있다.

분위기	밝고, 강렬하며, 충격적인 색채
특징	형태와 원근법의 왜곡, 거친 화필
표현 기법	평면적이고 선적인 패턴, 전면 디자인의 일부분으로서 노출된 캔버스 사용

■ 입체주의 – 다시점(여러 시점)과 형태의 재구성

입체주의(큐비즘)는 대상을 여러 곳에서 관찰하여 한 화면에 표현했으며, 대상의 형태를 기하학적으로 분해하고 재구성했다. 20세기 가장 큰 미술 운동의 하나인 입체주의는 브라크의 '레스타크의 집들'과 피카소의 '아비뇽의 아가씨들'로 시작됐다. 입체주의는 크게 분석적 입체주의와 종합적 입체주의로 분류한다. 분석적 입체주의는 세잔의 본질적인 형인 원구, 원뿔, 원기둥을 더욱 단순화하여 간단한 면으로 처리했으며, 사물의 형태를 분석하고 수많은 파편으로 분할하여 화면에 나열했다. 종합적 입체주의는 분석하고 분할한 면을 다시 조합하고, 콜라주 기법을 이용하여 대상을 재해석하는 방법으로 전개했다. 대표적인 작가로 피카소, 브라크, 레제 등이 있다.

■ 표현주의 – 내면의 심리 표출

표현주의는 독일을 중심으로 일어난 표현 양식으로, 원근법이나 명암 등을 무시하고 형태의 왜곡, 선묘나 윤곽을 강조하여 작가의 내적 갈등과 사회에 대한 비판적 시각을 표현했다. 대표적인 작가로는 뭉크, 놀데, 실레, 키르히너 등이 있다.

■ 미래주의 – 속도와 움직임을 추구

미래주의는 입체주의의 기하학적, 분석적 형식에서 출발했으며, 기계 문명과 현대적 삶의 속도와 역동성을 표현 주제로 하여 과거의 낡은 예술을 부정했다. 대표적인 작가로 끈에 매인 개의 움직임을 표현한 발라, 주변 공간으로 향한 힘과 속도, 이미지를 인체 형상을 통해 조각한 보초니, 무용수의 움직임을 겹쳐 그린 세베리니 등이 있다.

■ 추상주의 – 순수한 조형 요소와 원리만을 활용

추상주의는 자연의 구체적인 형을 떠나 점, 선, 면, 색, 질감 등 순수한 조형 요소만으로 화면을 구성하는 비구상

예술이다. 야수파의 색채 해방과 입체주의에서 나타난 사물의 파편화, 절대주의에서 나타난 순수하고 지적인 형식을 받아들여 새로운 추상 세계를 탄생시켰다. 대표적인 작가로 몬드리안, 칸딘스키 등이 있다.

■ 다다이즘 – 전통 가치의 부정

다다이즘은 제1차 세계대전 후, 전쟁과 인간 사회에 대한 회의와 허무 등을 바탕으로 젊은이들 사이에서 일어났다. 기성의 권위나 과거의 예술 이론을 부정하는 반문명, 비합리적인 예술 운동으로, 초현실주의에 영향을 주었는데, 레디메이드, 콜라주, 오브제 등을 적극 활용했다. 대표적인 작가로 뒤샹, 레이, 아르프 등이 있다.

■ 초현실주의 – 꿈과 무의식의 세계 표현

초현실주의는 꿈과 환상, 무의식 등 비현실의 세계를 표현한 예술이다. 초현실주의 화가들은 합리적 구조나 도덕적 목적에서 벗어나 자유로운 사고의 과정과 심리적 상태를 드러내고자 했다. 표현 기법으로는 자동기술법, 콜라주, 프로타주, 데칼코마니 등을 활용했다. 대표적인 작가로 달리, 미로, 샤갈, 에른스트, 마그리트 등이 있다.

■ 추상 표현주의 – 형식에 얽매이지 않는 자유로운 표현

추상 표현주의는 미국과 프랑스에서 일어난 추상 운동으로, 물감을 뿌리거나 흘려서 표현하는 미국의 액션 페인팅과 일그러진 형상과 질감을 살려서 표현하는 유럽의 앵포르멜로 구분된다. 미국의 추상 표현주의는 전쟁을 피해 뉴욕으로 건너간 유럽의 작가들이 미국 화단에 영향을 끼치면서 시작됐다. 대표적인 작가로 폴록, 데쿠닝, 호프만 등이 있다. 한편, 프랑스의 앵포르멜(비정형)은 전쟁으로 말미암은 인간의 극한 상황을 즉흥적으로 표현했는데, 화면의 질감에 중점을 두었다. 대표적인 작가로 뒤뷔페, 포트리에, 볼스 등이 있다.

■ 팝 아트 – 대중문화를 소재로 표현

팝 아트는 1950년대 중반 영국에서 시작되어 1960년대에 미국 작가들에 의해 활발하게 전개됐다. 추상 표현주의에 반발하고, 대중문화와 시대정신의 표현을 특징으로 하는 미국의 팝 아트는 오브제를 화면에 끌어들여 새로운 미적 대상으로 삼았다. 대표적인 작가로 존스, 워홀, 리히텐슈타인, 올덴버그, 블레이크, 호크니 등이 있다.

■ 신사실주의 – 전통 미술의 재현적 형식 거부

신사실주의는 자연을 재현하지 않고 실제 지각할 수 있는 오브제를 그대로 제시함으로써 작품에 사용된 물체에 현실의 개념을 부여한 예술이다. 대표적인 작가로 라우션버그, 네벨슨, 세자르, 클랭 등이 있다.

■ 신표현주의 – 화면의 질감 표현

신표현주의는 1970년대 말에 나타난 독일의 회화 운동으로, 재료를 처리하는 거친 방식이나 강렬한 주관적 감정의 표현을 특징으로 하여 큰 작품을 짧은 시간에 제작했다. 분단이라는 시대적 상황을 직선적인 방법으로 표현했는데, 대표적인 작가로 키퍼, 슈나벨 등이 있다. 키퍼는 지푸라기, 말린 꽃, 나뭇가지 등의 재료를 화면에 부착하여 고대 신화 같은 다양한 상징을 작품에 담아 표현했고, 슈나벨은 깨진 도자기를 캔버스에 직접 부착하기도 했다.

■ 옵 아트 – 착시 효과와 색면의 반복적인 배치

옵 아트는 화면에 색면의 반복 배치 등을 통해 시각적인 착각을 일으켜 움직이는 것처럼 보이게 표현한 예술이다. 대표적인 작가로 바자렐리, 라일리 등이 있다.

■ 미니멀 아트 – 최소한의 형과 색으로 표현

미니멀 아트란 1960년대 전반에서 1970년대 초에 걸쳐 미국을 중심으로 제작된 큰 색면, 단순한 형체, 패턴의 반복을 특징으로 하는 경향을 말한다. 미국의 젊은 작가들이 최소한의 조형 수단으로 제작했던 회화나 조각을 가리키며, '최소한의 예술'이라고도 한다. 대표적인 작가로 모리스, 저드, 스미스 등이 있다.

■ 극사실주의 – 사진처럼 일상을 바라보고 묘사

극사실주의는 1960년대 후반 미국에서 일어난 회화와 조각의 새로운 경향으로, 사진을 찍듯이 객관적인 시각으로 일상적인 현실을 생생하고 완벽하게 묘사했다. 또 개인의 주관과 감정을 배제하고 냉정한 태도로 현대 산업사회의 모습을 재현하려고 했다. 대표적인 작가로 클로스, 헨슨 등이 있다.

■ 대지 미술 – 거대한 자연 이용

대지 미술은 화랑이나 미술관 같은 폐쇄적인 공간과 작품의 독자성을 거부하고 사막, 산악, 해변, 설원 등의 넓은 땅을 파헤치거나 거기에 선을 새기고 사진에 수록하여 작품으로 남기는 미술이다. 대지 미술에서는 예술의 일시적 성격, 자연의 재인식, 자연환경의 창조적 응용 등을 강조했다. 대표적인 작가로 스미스슨, 크리스토, 롱, 하이저 등이 있다.

■ 비디오 아트 – 첨단 과학기술 이용

비디오 아트는 1960년대 후반에 등장하여 1970년대에 성행했는데, 비디오를 매체로 하는 미술이다. 비디오 아트 미술가들은 소통과 대중 미학, 전자 기술의 잠재성과 진보성에 대한 주제를 효과적으로 전달하면서, 동시에 대중에게 친밀하게 다가가고자 비디오를 매체로 사용했다. 대표적인 작가로 백남준, 비올라 등이 있다.

■ 키네틱 아트 – 모바일 아트

키네틱 아트는 1950년대 후반부터 활발해진 미술 표현의 하나로, 작품 그 자체가 움직이거나 작품 속에 움직이는 부분을 표현한 예술 작품이다. 이러한 경향은 주로 미래파나 다다이즘에서 파생된 것으로 작품의 대부분이 조각의 형태로 나타난다. 1913년 마르셀 뒤샹이 최초로 자전거 바퀴를 이용하여 '모빌'을 만든 이후 여러 우수한 모빌 작품들이 나왔다. 대표적인 작가로 셰페르, 팅겔리 등이 있다.

■ 개념 미술 – 미술가의 아이디어 중시

개념 미술은 미술 작품을 아이디어 또는 개념이라고 보고, 작가의 의도와 관객의 반응을 중시하였다. 주로 기호나 언어로 표현한 작품을 말하지만, 퍼포먼스나 대지 미술처럼 작업 과정에 초점을 맞추는 미술을 포함한다. 대표적인 작가로는 쿠소스, 크루거, 솔 르윗 등이 있다.

테마학습 2 | **서양 음악의 시대별 흐름**

고대 그리스 음악(~5세기 말)

고대 그리스에서는 강인한 체력과 섬세한 감성을 갖추는 것을 이상으로 삼았다. 따라서 체력과 음악이 가장 중요한 교과였으며, 남자들은 악기를 하나씩 배웠다고 한다. 기록에 따르면 키타라(고대 그리스의 현악기)에 맞추어 노래 부르는 음악 경연 대회도 있었다고 한다. 플라톤과 아리스토텔레스는 여러 저술을 통해 음악의 영향과 좋은 음악 등에 논했다.

■ 에토스 이론

그리스인은 음악이 인격을 형성하고 건강을 지켜준다고 생각했다. 또한 음악은 기쁨을 주는 예술이자 수학, 천문학과 관계 깊은 과학이기도 했다. 플라톤과 아리스토텔레스는 음악이 인간의 윤리적 성품, 즉 **에토스**에 영향을 준다고 여겼다.

■ 피타고라스 음계
피타고라스는 현을 간단한 비로 나누어 튕기면 아름다운 음정이 나온다는 것을 발견했고, 최초의 음계인 '**피타고라스 음계**'를 만들었다. 길이의 비가 2:1이면 옥타브 차이의 음이 만들어지고, 3:2면 5도 차이('도'와 '솔'의 차이)가 만들어진다는 것을 발견해 낸 것이다.

중세 음악(5세기 말~15세기 중엽)

중세 음악은 그리스도교 중심의 **교회 음악**이 발달했다. 초기에는 그레고리오 성가로 대표되는 단선율 노래가 주를 이루었으나 점차 단선율에 다른 성부를 덧붙이는 다성 음악이 생겨났다. 또한 초기에는 교회 음악이 중요한 위치를 차지했으나, 12세기부터는 교회와 상관없는 내용의 노래도 불리기 시작했다. 음유시인들이 등장하여 기사들의 사랑 이야기, 전쟁 무용담, 서사적인 전설 등을 노래했다.

■ 악보의 발달
수도사들은 가사 위에 기호로 음을 표시하기 시작했는데 이를 **네우마**(neuma)라고 한다. 후에 알아보기 쉽게 일정한 음높이에 선을 그었는데, 이것이 악보의 시작이다. 11세기에 이탈리아의 귀도 다레초가 네 개의 선으로 된 보표를 만들었고 각각의 음에 이름을 붙였다. 그는 널리 알려진 라틴어 노래 가사의 글자를 따 '우트', '레', '미', '파', '솔', '라'라고 붙였고, 후에 발음하기 어려운 '우트'를 대신해 도미누스(Dominus, 주님)의 첫 음절을 따 '도'라고 했다. '시'는 Sancte Johannes의 첫 글자가 합쳐 만들어졌다.

르네상스 음악(15세기 중엽~1600년)

14세기 초 이탈리아에서 시작된 문예부흥 운동은 신 중심이 아닌 **인간 중심**의 문화를 추구했다. 15세기 전반 부르고뉴 지역을 중심으로 영국 음악이 유럽에 영향을 끼쳤다. 이들을 부르고뉴 악파라고 하며 존 던스터블이 대표적인 음악가이다. 15세기 후반에 부르고뉴 악파를 계승한 플랑드르 악파에 의해 음악이 크게 발달했으며, 대표적인 작곡가로 오케겜, 조스캥을 들 수 있다. 이들은 모방 대위법을 사용한 다성 음악을 발달시켰으며, 16세기 후반 팔레스트리나에 의해 정점을 이루었다. 교회 음악 외에도 세속 노래와 악기로만 연주하는 기악 음악이 등장했고, 16세기 초 인쇄술의 발명은 이러한 곡을 보급하는데 이바지했다.

■ 대위법
점 대 점이라는 의미의 **대위법**은 다성부 음악에서 성부 간의 음정 및 그 진행에 중점을 두는데서 유래했다. 이러한 기법을 폴리포니라고 하며, 하나의 성부를 다른 성부가 모방하는 방법을 많이 쓴다.

바로크 음악(1600~1750년)

바로크 시대는 태양계 발견, 미적분법 창안, 정치적 평등사상 대두, 자본주의 경제체제 등장 등 과학적, 문화적, 사회적으로 변화가 일어난 시기였다. 정치적으로는 절대왕정 시기를 배경으로 하며 신교와 구교의 갈등이 계속되어 전쟁이나 정치적 탄압이 일어나기도 했다.

음악에 있어서도 최초의 관현악단이 조직되었으며, **오페라**가 흥행하여 공공 오페라 극장이 생겨났고 가수들은 대중에게 인기를 얻었다. 기악이 발전하여 성악과 대등한 위치에 놓이게 되었으며, 장·단조 조성 체계가 확립됐다. 초기의 몬테베르디, 후기의 비발디, 바흐, 헨델이 대표적인 바로크 음악의 작곡가이다.

■ 바로크 예술
바로크는 포르투갈어로 '우둘투둘한 진주'라는 뜻이다. 17세기 초~18세기 중엽의 유럽 미술을 지칭하는 말로 르네상스의 단정하고 우아한 양식에 비해 과장된 건축과 조각에 대한 경멸의 뜻으로 사용됐다. 그러나 지금은 르네상스에 대립하는 개념으로 외향적이고 명암 대비가 뚜렷한 미술 양식을 의미한다. 이탈리아의 카라바조, 루벤스, 벨라스케스 등이 대표적이다. 후에 음악에서도 이 용어를 가져와 사용했다.

바로크 음악은 각 나라에서 다른 모습으로 나타났으나 통주 저음을 공통으로 사용하여 통주 저음의 시대로 정의되기도 한다. **통주 저음**이란 가장 낮은 선율에 화음을 지정하는 숫자를 써서 건반 악기 연주자가 왼손은 베이스 선율을 치고, 오른손은 지정된 화음 내에서 자유롭게 연주하게 한 것이다.

바로크 예술이 지닌 뚜렷한 명암 효과나 대비성은 서로 다른 음향이 대조되면서 어울리는 협주 양식에서 볼 수 있다. 형식적으로는 성악보다는 기악이, 교회 음악보다는 세속 음악이 크게 발전했다. 또한 성악 분야에서는 오페라, 오라토리오, 칸타타, 기악 분야에서는 모음곡, 트리오소나타, 콘체르토 그로소, 변주곡 등이 즐겨 작곡됐다.

고전주의 음악(1750~1820년)

고전주의 음악은 중앙 집권화한 국가들의 전쟁, 해외 진출, 산업혁명과 중산층 확대, 계몽주의 확대, 프랑스 대혁명, 미국 독립혁명 등을 배경으로 한다. **고전주의** 음악은 바로크 음악으로부터 시작된 새로운 변화를 발전시켜 완성한 시기로 음악이 보다 명료해졌으며, 기악은 발전하여 더욱 주목받는 장르가 됐다. 건반 악기 협주곡, 희극 오페라, 교향곡, 현악 4중주와 같은 장르가 나타났고, 소나타 형식과 론도와 같은 새로운 형식을 발달시켰다. 이 시기의 특징은 명확하게 들리는 선율, 분명한 화성, 균형을 갖춘 형식으로 요약될 수 있으며, 대표적인 음악가로는 하이든, 모차르트, 베토벤 등이 있다.

■ 소나타와 소나타 형식의 차이

소나타는 독주 악기를 위한 다악장 형식의 곡을 일컫는 말로, 대개 '빠른 악장–느린 악장–빠른 악장'의 구성을 지닌다. **소나타 형식**은 여러 개의 악장 중 한 악장을 구성하는 형식을 말한다. 보통 소나타의 1악장을 소나타 형식으로 만드는데, 두 개의 주제가 제시되고(제시부), 다양한 방식으로 발전시킨 후(발전부), 다시 두 개의 주제가 재현(재현부) 되는 3부분 형식으로 되어 있다.

낭만주의 음악(1820~1900년)

프랑스 혁명과 나폴레옹 전쟁, 산업혁명 등을 배경으로 한 낭만주의 음악은 고전주의 음악보다 감정을 솔직하게 표현하고자 했다. **낭만주의** 음악의 특징은 걸출한 연주가의 등장, 음악과 문학의 만남, 악기 개량으로 요약할 수 있다.

리스트, 파가니니와 같은 화려한 기술을 가진 연주자들은 대중을 열광시켰고 다른 작곡가들을 자극했다. 낭만주의 음악가들은 문학에 관심이 많아 문학가들과 교류하거나 작품에서 영감을 받았고 음악으로 표현했다.

오페라의 규모는 커졌으며 다양한 내용을 소재로 한 오페라가 만들어졌고 최고의 전성기를 맞게 되었다. 낭만주의는 후반에는 오페라에 민족주의 개념이 더해졌다. 대표적인 작곡가로는 슈베르트, 리스트, 쇼팽, 브람스, 베르디, 바그너, 생상스, 차이콥스키 등을 들 수 있다.

■ 예술가곡

낭만주의 음악의 **예술가곡**은 슈베르트, 슈만, 브람스 등에 의해 크게 발전했다. 특히 이 시대의 가곡은 피아노 반주가 노래와 동등하게 연주되었고, 시의 내용을 표현하기 위해 형식과 방법들이 고안됐다.

■ 교향시

리스트가 처음 사용한 교향시는 교향곡과 시의 합성어로, '시적인 것', 혹은 '문학적인 이야기'를 오케스트라로 표현하려고 하는 단악장 형식의 제목이 붙은 **표제음악**이다. 대표적인 예로는 리스트의 '마제파', 슈트라우스의 '영웅의 생애', 스메타나의 '나의 조국', 시벨리우스의 '핀란디아', 생상스의 '죽음의 무도' 등이 있다.

■ 오페라

유럽에는 많은 오페라 극장이 세워졌고 아메리카 대륙까지 전파됐다. 오페라 극장에 가는 것이 유행했고 극장 밖에서는 피아노곡으로 편곡되어 연주됐다. 로시니, 벨리니, 도니체티, 마이어베어, 베버 등이 낭만주의 전반기를 이끌었으며, 후반기에는 이국주의와 민족주의, 사실주의 등이 **오페라**에 나타났다. 후반기의 대표적인 작곡가는 베르디, 푸치니, 바그너, 비제 등이 있다.

민족주의 음악(19세기 후반)

19세기 후반 음악에서는 이국주의, 민족주의, 사실주의 등 다양한 경향이 나타났는데, 그중에서 민족주의가 두드러지게 나타났다. 프랑스 혁명과 나폴레옹 전쟁은 공통의 언어, 문화, 역사적 전통 등으로 민족의 정체성을 강조하여 특정 집단의 사람들을 하나로 통합시키려는 민족주의를 전 유럽에 퍼지게 했다. 음악은 민족주의를 부흥시키는데 중요한 역할을 했으며, 반대로 민족주의가 음악에 큰 영향을 주기도 했다.

음악에서의 **민족주의**는 자신이 속한 민족과 연관된 자연, 민요 선율, 건축물, 오래된 전설 등을 소재로 하여 음악으로 나타낸다. 대표적인 작곡가로 러시아 5인조라 불리는 발라키레프, 보로딘, 퀴, 무소륵스키, 림스키코르사코프와 노르웨이의 그리그, 핀란드의 시벨리우스, 체코의 스메타나, 드보르자크 등이 있다.

20세기 음악(1900년~현재)

1900년 이후의 음악을 근·현대 음악 혹은 20세기 음악이라고 한다. 20세기는 변화가 극심한 시기로 빠른 과학 기술의 발전, 두 차례의 세계대전, 사회주의 등장 등은 인간의 삶을 크게 바꿔 놓았다. **20세기 음악**은 매우 다양하여 조성 음악과 함께 무조성, 다조성, 12음 기법 등의 새로운 음악이 만들어졌고, 인상주의, 표현주의, 신고전주의, 미니멀리즘 및 신낭만주의, 전자음악, 불확정성 음악 등 다양한 경향들이 나타났다.

■ 인상주의

인상주의라는 말은 19세기 말 화가 모네의 회화 '인상:일출'에서 근거한다. 인상주의 화가들은 사물을 사실적으로 그리는 것이 아니라 사물이 예술가에게 주는 인상을 포착하려고 했다. **인상주의** 음악은 깊은 감정을 표현하거나 이야기를 들려주는 것이 아니라, 기분이나 느낌을 전달한다.

■ 표현주의

표현주의는 표현주의 회화에서 영향을 받은 것으로 예술가 자신의 감정(무의식적 충동이나 욕망)의 주관적인 표출을 중요시한다. 세계대전, 급격한 사회 변화로 인한 인간의 불안한 심리를 음악으로 표현한다.

■ 신고전주의

신고전주의는 낭만주의 음악이 갖는 과장된 주관적 감정과 표제음악에 회의를 느끼고 반작용으로 나타났다. 대표적인 음악가로는 부조니, 스트라빈스키, 힌데미트 등이 있으며, 이들은 단순히 고전주의 음악으로 돌아가는 것이 아니라 새로운 음악적 요소들과 18세기 음악의 특징들을 결합하고자 했다.

테마학습 3 | **미학의 기본 개념**

예술을 바라보는 견해에는 예술의 **자율성**을 강조하는 순수 예술론과 예술의 **사회성**을 강조하는 참여 예술론이 있다. **순수 예술론**은 예술 이외의 다른 어떤 것을 위한 수단이나 정치와의 관련성을 부정하고 예술의 독창성, 창조성 등을 옹호하는 견해이다. '예술을 위한 예술' 혹은 '예술 지상주의'라고 불리는 이 입장에 의하면, 예술 작품은 순수하게 미 그 자체만을 추구하고 표현하는 것이며, 그것 이외의 영역에 속하는 가치와는 관계하지 않는 것이 옳다고 본다.

이와는 달리 **참여 예술론**은 사회와 무관한 순수한 예술이란 있을 수 없고 예술 또한 사회 상황의 산물이라는 견해이다. 이 시각은 예술가도 한 명의 사회인이며 예술 활동 역시 하나의 사회 활동이라는 점을 강조한다. 사회와 무관한 순수한 예술이란 예술가의 예술 의식의 부재를 변명하는 주장일 뿐이라는 것이다. 오히려 예술은 주어진 사회의 모순을 지적할 수 있어야 하고 사회의 발전에 도움이 되어야 한다는 것이 참여 예술론의 핵심이다.

여기서 분명한 것은 이러한 두 가지 입장 중에서 어느 한 가지가 전적으로 옳은 것은 아니라는 점이다. 예술은 시대를 초월한 보편적인 인간의 정서를 묘사해야 한다는 순수 예술론의 입장은 모순된 현실에 대한 도피를 정당화시켜 주는 수단이 될 수 있으며, 인간이 인간을 위해 창작하는 예술을 인간의 효용 범위 밖에 두려고 하는 모순점을 지닌다. 참여 예술론도 극단화되면 정치적 선전 도구로 이용되어 예술을 질적으로 저하시킬 우려가 있다.

오늘날 예술이라는 이름으로 시대의 도덕적 범위를 벗어나 법의 심판을 받는 이른바 '외설'적 작품들이 많이 나오고 있다. 외설로 낙인찍힌 작품을 이성 중심의 '엄숙주의'에 저항하는 예술 정신의 표현으로 이해할 수도 있다. 하지만 영화든지, 소설이든지, 노래든지 간에 성적 묘사의 정도가 예술이냐, 아니냐를 구분하는 유일한 기준은 아니다. 예술을 규정하는 기준은 다양하기 때문에 어느 한 잣대만을 가지고 예술을 평가하는 것은 분명히 잘못된 것이다.

그러나 예술가 정신과는 상관없이 상업주의와 결탁하여 의도적으로 외설적 표현을 일삼는 작품도 없지 않다. 우리는 지나친 성적 묘사로 '외설'의 구설수에 오르는 예술 작품에 대하여 그것이 예술가 정신의 발로인지, 예술로 포장된 상업주의 정신인지를 구분하는 지혜를 모아야 할 것이다.

예술은 **심미적 · 탐미적 경험**의 확충뿐 아니라, **감성적 · 도덕적 교화**의 역할도 한다. 시나 소설은 물리 · 화학적 지식으로는 감당할 수 없는 진실성을 고양시켜 주고, 사회와 역사에 대한 의식을 넓혀 주며, 도덕적 감수성을 키워 준다. 예를 들어, 영웅의 생애를 그린 대하소설이나 웅장한 규모의 영화를 보았을 때 우리는 몰랐던 물리학의 법칙을 깨닫는 것 이상으로 큰 정신적인 충격을 경험한다. 예술 작품과 조우하면서 세계를 보는 새로운 눈을 가지게 되고, 사물의 현상을 새로운 차원에서 신선하게 느끼며, 우리 행위를 새로운 도덕적 기준으로 반성하게 된다.

예술 활동은 그것이 **도덕적 반성** 위에서 이루어질 때 최고의 예술이 된다. 예술로부터 얻는 도덕적 자기반성은 개인적인 차원에서 머무르지 않고 도덕적인 사회로 진화하는 힘을 가진다. 투철한 도덕적 자기반성을 기초로 한 훌륭한 예술 작품은 그 시대의 강력한 사회도덕의 역할을 담당한다. 아름다운 대상도 우리에게 만족을 주지만, 착한 행위도 우리에게 즐거움을 줄 수 있다. 미의 쾌감은 자연에서, 도덕의 쾌감은 자유의 실천에서 이루어지기 때문에 미와 선의 만남은 자연과 자유의 만남이요, 자연과 정신의 결합이다.

참된 예술 활동이나 도덕 행동은 모두 인간의 순수한 자유 의지에 근거하고 있음을 볼 때 예술과 도덕은 그 기원을 같이 한다. 달리 말해, 예술적 주관이 자유롭게 자연과 예술을 관조하는 것과 윤리적 행위의 주관이 양심의 자유로운 행위를 실천하는 것은 같은 것이며, 이 모두가 인간적 행위의 가치이다. 따라서 미와 선은 불가분의 관계에 놓여 있는 것이다. 그렇기 때문에 칸트는 "예술과 도덕이 결합되지 않는다면 그것은 단지 오락을 위한 활동에 불과하다."라고 경고했던 것이다.

아름다움을 규정하는 것은 판단인가, 감정인가

아름다움이 사물 자체에 내재한 고유의 특성에 따른 것이라면, 그 아름다움은 판단 주체 즉 감상자와 무관하게 존재하는 영원불변의 보편적인 아름다움이다. 그 아름다움에 대한 판단 기준은 감상자의 마음속에 있는 것이 아니라 사물 안에 내재한다. 따라서 아름다움을 느끼기 위해서는 감상자의 선입견을 버리고 그 대상이 지니는 아름다움을 있는 그대로 받아들여야 한다.

이를 위해서는 먼저 사물의 아름다움에 대한 판단력, 즉 아름다움의 가치판단에 대한 우리의 이성적 인식부터 바로 세우고, 그렇게 해서 일단 아름답다고 규정된 대상에 대해서는 더 이상의 주관적인 판단과 선입견을 갖지 않고 오직 규정된 그대로 받아들이면 된다. 즉 어떤 대상이 아름다운 것으로 규정됐다 함은, (인식 주체의 관념 속에서) 영원불멸이고, 절대적이며, 보편적인 평가 기준을 획득한 것이기에, 대상에 대한 우리의 올바른 인식, 즉 아름다움에 절대 기준을 부여하고 평가하는 인식의 주관성이 그만큼 강조된다. 다시 말해, 사물 그 자체에 내재한 이데아적인 아름다움에 대한 인식은 이성적 판단 주체가 갖는 절대 인식으로서의 주관성과 합치된다. 그리고 이것이 이성적 판단의 엄격한 주관성(**주관의 객관화**)이 강조되는 이유다.

반면 아름다움이란 것이 사물이 우리에게 유발하는 현상이라면, 그 아름다움이란 사물을 보는 감상자의 의식 속에 인식되는 그 무엇으로서의 아름다움이다. 이때 아름다움은 시대나 민족, 개인에 따라 평가가 달라질 수 있기 때문에, 그 아름다움은 (인식 주체가 느낄 때) 그만큼 상대적이고, 개별적이며, 특수적이다. 따라서 우리가 사물을 아름답게 느낀다는 것은 곧 우리의 감성적 가치판단이 다수로부터의 공감과 지지를 얻게 되면서 그 아름다움을 특별한 그 무엇으로 인식한다는 것이고, 그렇게 해서 대상은 보편적 아름다움으로서의 객관성을 획득한다는 것이다. 그렇기에 사물이 유발하는 보편적 아름다움으로서의 객관성은 곧 감성적 수용 대상에게 판단 주체가 부여하는 인식의 객관화와 합치된다. 감성적 수용의 객관성(**주관의 객관화**)이 강조되는 이유가 이 때문이다.

참고로 칸트는 그의 비판적 인식론을 통해 인식의 내용은 감성의 수용성을 통해 주어지고, 또한 그 형식은 오성(이성)의 자발성을 통해 주어진다고 주장한다. 이를 아름다움의 가치판단에 대입하면, 우리는 대상의 특성과 속성을 감각적이고 직관적으로 수용하되, 그 속성에 대한 이성적인 판단을 통해 아름답다고 인식하게 된다. 따라서 아름다움을 인식함에 내용 면에서는 개인이 수용하는 주관적인 아름다움이 다수의 지지와 공감을 얻어 객관화될 수 있어야 하고, 형식 면에서는 개별 이성의 건전한 발현을 통해 미적 대상이 갖는 객관적인 형식성이 보편적인 아름다움으로 인식될 수 있어야 한다.

테마학습 5 **서구 미학의 뿌리를 통해 본 모방의 개념**

서구 철학의 근간인 그리스 자연철학은 실재(진짜, 참존재, 형상, 본질, 현실, 리얼리티 등)를 탐구하는 존재론에서 비롯된다. 이에 따라 서구의 전통적 담론들은 존재론을 그 뿌리로 해서 형성됐으며, 미학 역시 실재의 개념을 중심으로 형성됐다는 점에서 예외가 될 수 없었다. 하지만 당시에는 오늘날 우리가 알고 있는 형태의 예술은 존재하지 않았으며, 기술과 예술(합쳐서 '기예技藝'라고 불렀다)을 포괄하는 개념으로 폭넓게 이해되었다.

그리스 사람들은 기예를 '모방(미메시스)'이라는 관점에서 이해했다. 즉 기예는 모방하는 행위를 의미하는데, 여기서 모방이라는 개념은 모방되는 존재와 모방의 결과, 즉 모방물이라는 개념을 포함한다. 그런데 모방되는 존재는 본래 존재하는 것이고, 그 모방물은 그 본래 존재했던 것을 흉내 낸 것에 지나지 않는다. 따라서 모방물이란 논리적으로 늘 이차적인 존재, 즉 본래의 존재를 흉내 내기는 했지만 그 존재와는 똑같지 않은 존재를 일컫는다. 이런 이유로 모방이란 행위는 철학적으로 낮게 평가될 수밖에 없었다.

플라톤의 이원론은 이것의 전형을 보여준다. 플라톤에 따르면, 현상세계의 배후에는 감각이 아니라 정신에 의해 파악되는 현상의 본질적인 원형이자 영원한 존재가 있는데, 이것을 **형상** 또는 '**이데아**'라고 한다. 그리고 눈에 보이는 현상으로서의 현실 세계는 모두 형상, 즉 이데아의 불완전한 모방에 불과하다. 그런데 기예는 현실을 모방함으로써 참된 존재인 형상으로부터 두 단계나 멀리 떨어진 존재가 된다. 즉 플라톤은 기예(예술)가 이데아의 모방인 현실 세계(현상)를 다시 한 번 모방한 것이기에, 그만큼 **저속한** 것으로 인식했다.

하지만 아리스토텔레스는 플라톤의 이 같은 생각과는 견해를 달리했다. 아리스토텔레스 역시 인식론적 입장에서 변치 않는 영원성을 가진 이데아의 존재를 부정하지는 않지만, 그렇더라도 이데아는 우리가 지각하는 현실 세계와 분리된 것이 아니라 그 안에 내재된 그 무엇으로 인식했다. 그에 따르면, 형상(이데아, 본질)은 사물(질료, 현상, 현실 세계) 안에 내재하고 있기에 분리될 수 없으며, 사물에 형상을 합함으로써 더욱 의미 있는 존재가 된다. 즉 형상의 실체(즉 본질)는 구체적이고 현실적인 대상들 속에서만 발견되며, 따라서 본질은 사물에 의해 표현됨으로써 드러나게 된다고 말할 수 있다.

이처럼 아리스토텔레스에게 이 세상은 형상을 모방한 것이 아니라 세상이 형상을 구현하고 있는 것이며, 개별 대상(현실 세계)은 이데아의 불완전한 모방이 아니라 그 자체가 형상을 포함한 의미 있는 실체가 된다. 따라서 아리스토텔레스에게 예술 활동을 통한 현실 세계의 모방이란 질료(사물) 속에 구현되어 있는 형상(본질)을 파악하고 그것을 재현하는 것이기에, 그만큼 **높은 가치**를 부여받는다.

■ 예술은 모방인가, 재창조인가

예술이 자연을 모방하더라도 그것은 자연(현실 세계) 그대로의 모방인가, 아니면 재창조인가? 시대를 거치면서 예술과 자연의 관계에 대한 견해는 다양했다. 예술은 자연을 본받기 때문에 자연과 일치해야 한다는 생각과, 예술은 자연보다 완전하기 때문에 또는 자연 속에서 추한 것조차 예술 속에서는 아름다울 수 있기 때문에 예술은 사실상 자연과 다르다는 생각이 공존한다.

그렇다면 자연에 대해서 모방과 창조는 어떤 관계에 있는가? 이 둘은 상호 대립적이면서도 상호 의존적인 관계에 있다. 예술가들은 자연을 모방하면서 그 속에서 창조성, 즉 예술가적 기질을 이용하여 예술 작품을 만들어 나간다. 그렇기 때문에 똑같은 모방이란 있을 수 없으며, 무에서의 창조도 있을 수 없다. 현실에 바탕을 두지 않은 예술 작품이 없듯이, **모방과 창조**는 현실을 바탕으로 해야 한다. 그리고 그 속에서 예술적 진리를 추구한다.

그 예술적 진리는 객관적 진리와 주관적 진리로 구분되는데, 플라톤은 오직 객관적 진리만을 인정했으며, 그러한 그의 견해는 이후로 오랫동안 예술론에서 특히 영향력을 행사해 왔다. 객관적 진리는 그 해석에 따라 개별 방식과 보편 방식으로 구분된다. 전자는 예술가로 하여금 사물을 실재하는 그대로, 우연적이거나 일시적인 특징까지도 빠뜨리지 않고 재현하도록 요구한다. 후자는 예술가의 재현에서 관찰자의 주관적 반응뿐 아니라 우연적, 일시적이며 변화하기 쉬운 것까지 모두 배제하고 본질적이며 보편적인 것만을 남길 것을 요구한다.

서양에서는 이 둘의 절충적인 해결책을 모색해나갔다. 그것은 예술에 진리를 요구하고 진리를 추구하는 한편, 예술가의 상상과 창조성을 강조한다. 이에 비해 동양에서는 진리를 거스르지 않기 위해 예술의 희생까지도 감수하거나, 자연과의 조화를 통한 순리를 강조했다.

| 테마학습 6 | **근대 서양의 예술적 행위 개념** |

예술에 새로운 의미를 부여해준 아리스토텔레스의 미학은 이후의 서구 예술사에 절대적인 영향력을 행사하게 된다. 특히 르네상스 시대 이후 서구의 기예가 기술과 예술로 분리되고, 이후의 서구 미학의 다채로운 변화에도 불구하고 예술이란 실재(현실 세계)의 모방(재현)이란 근저가 깊게 깔려 있었다. 따라서 근대 미학 역시 '**실재**'의 개념을 중심으로 고찰해야 하는데, 이는 크게 다음 세 가지 유형으로 구분된다.

첫 번째 유형은, 아리스토텔레스의 미학적 관점을 그대로 이어받아, 예술이야말로 바로 **실재를 드러내는** 절대 정신의 감각적 구현 행위로 보는 시각이다. 이는 예술이 이데아의 모방의 모방으로서 형상의 차원으로부터 두 단계나 떨어져 있는 저급한 행위가 아니라, 이데아가 갖는 초월적 가치를 인간에게 전달해주는 형이상학적 행위로 인식하는 행위이다. 특히 위대한 예술가들이 많이 나온 19세기 **낭만주의** 시대의 시대적 조류가 그것인데, 따라서 이 시대의 미학은 구체성을 배제하고 극도의 추상적이고도 감성적인 관념 속에서 초월적인 미를 구현하는 데 중점을 둔다.

두 번째 유형은, 예술의 목적은 어디까지나 실재를 드러내는 것이라는 점에서 첫 번째 유형과 맥락을 같이한다. 하지만 그 실재란 현실을 넘어서는 초월적인 그 무엇이 아니라, **현실 속에서 생생하게 드러나는** 그 무엇이다. 즉, 문학적 **사실주의(리얼리즘)**의 개념으로서의 실재론적 관점에 따른 행위로, 그 결과, 예술은 이제 현실을 반영하는 것, 재현하는 그 무엇으로 이해된다.

세 번째 유형은, 실재·현실이란 감각적 현상 속에 드러나 있는 것에 그치는 게 아니라, 바로 **감각적 현상 그 자체가 실재·현실이라는** 입장이다. 따라서 현실은 우리에게 직접적으로 드러나는 그 무엇으로, 다시 말해 우리의 눈에 구체적이고도 직접적으로 드러나는 사건이 모두 실재이자 현실이다. 즉, **인상파**의 예술에서처럼, 예술은 생생하고 역동적인 현실을 포착하는 사실적 행위이다.

이처럼 각 예술 유형에 있어서의 실재는 각각 감성화된 형상, 현실 속에 내재되어 있는 의미의 연관성, 감각적 현실을 의미하는데, 이들 모두가 결국 실재·현실이라는 개념을 둘러싸고 형성된 예술임을 나타낸다.

하지만 근대에 들어 실재·현실이라는 말의 의미가 이처럼 다양화되었다고 해서 서구 미학의 근본 원리가 바뀐 것은 결코 아니다. 서구 미학의 다채로운 변화에도 불구하고 그 근저에는 예술이란 **실재·현실의 모방·재현이라는** 원리가 여전히 깔려있는 것이다.

■ 아름다움과 근대 예술의 탄생

근대 예술은 **'단순한 재현의 탈피'**와 **'예술의 자율성'**이라는 두 가지 핵심 정신을 기치로 하고 있다. 즉, 근대 예술은 고대 그리스나 중세의 전통적 미술관처럼 단순히 현존하는 대상을 모방하거나 재현하는 것이 아니며, 예술가는 철저하게 사회와 사회적 이해로부터 독립해서 자유롭게 작품 활동을 해나가야 함을 의미한다.

이러한 예술 주의를 **모더니즘** 예술이라고 하는데, 이러한 예술 관념은 근대적 시대 상황과 관련해서 탄생한 것이기도 하다. 아름다움과 예술의 관계, 즉 아름다움을 예술의 핵심 과제로 보는 관점은 철저하게 18세기 이후 근대에 이르러 형성되기 시작했는데, 이런 이유로 인해 근대 예술 관념은 철저히 미학적이며 인간적이고 사회적인 것이다.

즉, 모더니즘은 과학기술과 산업혁명을 기반으로 한 자본주의 체제의 거대한 사회적 변화의 움직임 속에서 고대와 중세의 아름다움에 대한 관념을 비판적으로 극복하면서 탄생한 것이다. 근대 이전의 서양의 아름다움과 예술은 앞서 말한 첫 번째 유형에서처럼 철저하게 형이상학적이며 종교적인 관점을 따른 것이었다. 근대의 예술은 이것에서 탈피하여 아름다움 그 자체를 재현하려고 했다. 이는 대상의 모방이나 재현을 기본으로 하고 있으며, **조화와 비례, 균형** 등이 핵심 개념으로 자리 잡았다.

| 테마학습 7 | **칸트의 미학과 헤겔의 미학의 차이 비교 및 한계 비판** |

플라톤과 아리스토텔레스의 예술관은 근대 들어 각각 칸트와 헤겔의 예술관으로 이어진다. 칸트는 예술의 **독자성**과 **자율성**을 강조한다. 예술의 본질은 어디까지나 예술성과 자연의 결합에 있으며, **순수미**를 예술미보다 우위에 두고 자연을 충실히 재현함으로써 예술적 과제는 완결된다고 말한다. 이처럼 칸트는 예술과 사회적 연관성을 철저히 배제함으로써, 미적 대상의 사회적 연관성이나 역사적 발전을 고려하는 것이 아닌 예술 그 자체로서 독자성과 자율성이 강조되어야 한다고 주장한다.

반면, 헤겔은 예술의 **목적성**을 지향한다. 헤겔은 예술의 독자성이란 무의미하며, 예술이 예술 이외의 어떠한 목적, 즉 인간의 절대정신으로서의 진리를 감성적으로 표현하는 목적으로서의 통일성을 내포해야 한다고 말한다. 이러한 헤겔의 관점에서 볼 때, **예술미**는 인간의 정신으로부터 태어난 미로서, 미의 본질은 그것이 인간에게 미치는 미적 대상으로 작용하기 때문이라고 하여 예술미가 갖는 정신의 우월함을 강조한다. 따라서 헤겔에게 있어 예술 작품은 자연적인 산물이 아니고 인간 활동을 통한 창작물이며, 예술 작품은 근본적으로 인간의 감성에 맞춰 생산되고, 또한 그 자체에 일련의 목적을 가지고 있어야 한다.

이상을 고려할 때, 칸트의 미학적 관점을 지나치게 추구할 경우, 그 예술은 사회로부터 눈을 돌리고 지나치게 예술성만을 강조하는 **순수예술적인 관념**으로 흐름으로써, 결코 역사 발전과 시대를 초월한 보편적 가치를 갖지 못하게 된다. 또한, 헤겔의 미학적 관점을 지나치게 추구할 경우 역시, 예술의 자율성은 훼손되고 정신활동이 강조됨으로써 자칫 예술이 **정치나 이데올로기의 도구**로 전락할 수 있다. 그럼에도 불구하고 차이와 다양성을 추구하는 현대 사회에서, 예술은 어떤 형태로든 그 시대의 사회적 특성과 불가분의 관계를 맺을 수밖에 없다. 따라서 두 관점의 올바른 관계 정립을 통해, 예술이 동시대의 사회상을 반영하되 예술 고유의 독자성과 창의성, 다양성이 훼손됨이 없이 상호 작용할 수 있도록 노력해나가야 한다.

포스트모더니즘

포스트모더니즘은 경직된 모더니즘의 한계를 극복하고 새로운 시대적 변화에 부응하기 위해 20세기 후반에 등장한 문예사조이자 시대정신이다. 20세기 초의 사조였던 모더니즘 운동은 도시를 중심으로 일어나 근대화를 추구했고, '보편성'을 내세워 서구문화를 전 세계로 확산시켰으며, 효율성과 기능성을 과도하게 강조해 스페인 사상가 오르테가 이 가세트가 지적한 대로 '**예술의 비인간화**'를 초래했다.

모더니즘은 또한 전통과 과거의 영광을 중시했고, 예술가의 특권과 절대적 진리의 존재를 믿었으며, 순수예술과 예술지상주의를 추구했던 다분히 귀족주의적 사고였다. 모더니즘이 지고하고 영속하는 미를 보존·수호하고 싶어 했던 것도, 또 문화나 예술의 상품화에 끝까지 저항했던 것도 바로 그런 이유에서였다. 그래서 모더니즘 시대에는 순수문학과 고급문화만을 예술로 인정받았으며, 대중문학이나 대중문화는 열등한 하위 장르로 취급되었다. 그러한 상황에서 예술과 현실 사이의 괴리는 필연적이었고, 문학이나 예술은 소수 엘리트 계층의 전유물이 될 수밖에 없었다.

포스트모더니즘은 모더니즘의 바로 이러한 특성들에 반발하면서 시작되었다. 예컨대 포스트모더니즘은 도시와 시골, 전통과 혁신, 동양과 서양, 그리고 예술과 현실의 조화를 추구했으며, 숨 막히는 효율성과 기능성보다는 인간적인 여유를 중시했고, 고급문화나 순수예술보다는 대중문화의 가치를 인정했다. 특히 미국의 경우, 1960년대 컬러텔레비전이 각 가정으로 확산되면서 포스트모더니즘은 본격적인 대중문화 시대를 열었다. 사람들이 난해하고 현실과 괴리된 예술을 떠나, 일상 현실을 다루는 텔레비전으로 이동해갔기 때문이다. 독자를 상실한 순수예술이나 고급문화는 심각한 위기를 맞았지만, 대중매체인 텔레비전은 몰려드는 시청자들로 전성시대를 맞게 되었다. 텔레비전은 그동안 소수 엘리트 계층의 전유물이던 정보를 대중들에게도 제공해주었고, 정보의 확산과 공유는 곧 대중문화 시대의 초석이 되었다.

그러나 무엇보다도 중요한 것은, 포스트모더니즘이 기존의 가치관을 과감히 깨뜨리고 새로운 인식의 틀을 마련해주었다는 데 있다. 과연 포스트모던 인식 중 가장 중요한 핵심이라고 할 수 있는 '**탈중심 사상**'과 '**이분법적 경계 해체**'는 현대인의 인식에 코페르니쿠스적 변화를 가져다주었다. 예컨대 '탈중심 사상'은 단 하나의 경직된 절대 진리보다는 유연한 다수의 상대적 진리에, 또 특권적 지배문화보다는 소외되어온 주변부 문화를 새롭게 조명해주었고, 그 결과 그동안 무시되었던 동양이나 유색인이나 소수 인종 문화가 새로운 관심의 대상으로 부상하게 되었다. 그 결과, 움베르토 에코가 『장미의 이름』의 서문에서 자신의 소설을 삼중 번역본이라고 주장하듯이, 포스트모던 시대에는 단 하나의 원본만 가치 있게 여기던 태도를 버리고 수많은 복사본과 번역본들의 가치도 인정하게끔 되었다.

그러한 '탈중심 사상'과 궁극적으로 상통하고 있는 '이분법적 경계 해체' 또한 우리 인식 속에 자리 잡고 있는 편협한 경계선들과 칸막이들을 제거함으로써, 현대인들로 하여금 두 겹의 시각으로 사물을 보고, 타자와의 대화를 가능하게 해주었으며, 바람직한 퓨전문화를 창출해주었다. 예컨대 포스트모던 인식에서는 이제 더 이상 선과 악, 진리와 허위, 미와 추, 현실과 허구 또는 리얼리티와 판타지 사이를 확연하게 구분하는 경계가 없다. 왜냐하면 모더니즘 시대의 이분법적 가치판단으로는 이제 더 이상 우리가 살고 있는 복합적인 현실을 이해할 수도 또 파악할 수도 없으며, 그러한 이분법적 사고는 그동안 인류 역사에 많은 오류와 부작용을 초래했기 때문이다. 포스트모던 시대에 모든 것의 경계가 모호해지는 이유도 바로 거기에 있다. 그리고 그러한 복합적이고 유연한 시각은 모든 사물을 보는데 적용된다. 오늘날 포스트모더니즘은 바로 그러한 의미(즉 '**탈중심**', '**탈이분법**', '**탈절대**')로 널리 사용되고 있으며, 그러한 인식과 시각은 이미 현대사회의 모든 곳에 스며들어 있다. 예컨대 지금은 진보와 보수, 또는 사회주의와 자본주의조차도 예전처럼 그 경계가 명확하지 않고 서로 뒤섞이고 있으며, **'제3의 길'**을 창출해내고 있다. 포스트모더니즘은 컴퓨터 인터넷이 등장하면서 그 절정에 달했고, 현대사회의 각 분야에 스며들어 일상화되기에 이르렀다. 오늘날 포스트모더니즘이 더 이상 특별한 화제의 대상이 되지 않는 이유도, 그것이 이미 우리 삶의 일부가 되어버렸기 때문이다.

물론 포스트모더니즘은 모든 포스트모던한 것들이 그러하듯 외양만 흉내 내는 사이비들을 만들어내기도 하기 때문에, 부단한 점검과 평가를 필요로 한다. 그럼에도 포스트모더니즘은 역사상 그 어느 사조보다도 세계인들의 인식에 혁명적 변화를 가져다준 기념비적 사조라는 평가를 받는다. (김성곤 서울대 교수, 『21세기 지식 키워드 100』, 한국출판마케팅연구소)

■ 포스트모더니즘 사조의 핵심

- **미술**에서의 포스트모더니즘: 추상이나 환원적 양식에서 과거의 묘사적 양식으로 돌아간 경향, 퍼포먼스나 설치 · 비디오 아트 같은 실험적 경향, 과거의 양식을 차용하고 역설적으로 모방하는 경향, 영역이 모호한 복합적인 미술의 경향, 개념 미술적이면서도 정치적 비판의 의도를 강하게 띤 경향 등
- **철학**의 포스트모더니즘: 계몽주의와 이성, 진보에 대한 신념의 포기
- **사회학**적 포스트모더니즘: 산업사회 '이후'나 테크놀로지 혁명으로 인한 변모
- **건축**의 포스트모더니즘: 과거 양식으로의 회귀나 절충적 양식의 활용
- **문학**의 포스트모더니즘: 내러티브 포기 또는 해체주의

테마학습 9 **바로크 시대 기악의 의미 부여 – 정서론과 음형론**

서양 음악에서 기악은 르네상스 말기에 탄생하였지만 바로크 시대에 이르면 악기의 발달과 함께 다양한 장르를 형성하면서 비약적인 발전을 이루게 된다. 하지만 가사가 있는 성악에 익숙해져 있던 사람들에게 기악은 내용 없는 공허한 울림에 지나지 않았다. 이러한 비난을 면하기 위해 기악은 일정한 의미를 가져야 하는 과제를 안게 되었다.

바로크 시대의 음악가들은 이러한 과제에 대한 해결의 실마리를 '정서론'과 '음형론'에서 찾으려 했다. 이 두 이론은 본래 성악 음악을 배경으로 태동하였으나 점차 기악 음악에도 적용되었다. **정서론**에서는 웅변가가 청중의 마음을 움직이듯 음악가도 청자들의 정서를 움직여야 한다고 본다. 그렇게 하기 위해서는 한 곡에 하나의 정서만이 지배적이어야 한다. 그것은 연설에서 한 가지 논지가 일관되게 견지되어야 설득력이 있는 것과 같은 이유에서였다.

한편 **음형론**에서는 가사의 의미에 따라 그에 적합한 음형을 표현 수단으로 삼는데, 르네상스 후기 마드리갈이나 바로크 초기 오페라 등에서 그 예를 찾을 수 있다. 바로크 초반의 음악 이론가 부어마이스터는 마치 웅변에서 말의 고저나 완급, 장단 등이 호소력을 이끌어 내듯 음악에서 이에 상응하는 효과를 낳는 장치들에 주목하였다. 예를 들어, 가사의 뜻에 맞춰 가락이 올라가거나, 한동안 쉬거나, 음들이 딱딱 끊어지게 연주하는 방식 등이 이에 해당한다.

바로크 후반의 음악 이론가 마테존 역시 수사학 이론을 끌어들여 어느 정도 객관적으로 소통될 수 있는 음 언어에 대해 설명하였다. 또한 기존의 정서론을 음악 구조에까지 확장하며 당시의 음조(音調)를 특정 **정서**와 연결하였다. 마테존에 따르면 다장조는 기쁨을, 라단조는 경건하고 웅장함을 유발한다.

그러나 마테존의 진정한 업적은 음악을 구성적 측면에서 논의한 데 있다. 그는 성악곡인 마르첼로의 아리아를 논의하면서 그것이 마치 기악곡인 양 가사는 전혀 언급하지 않은 채, 주제 가락의 착상과 치밀한 전개 방식 등에 집중하였다. 이는 가락, 리듬, 화성과 같은 형식적 요소가 중시되는 순수 기악 음악의 도래가 멀지 않았음을 의미하는 것이었다. 실제로 한 세기 후 음악 미학자 한슬리크는 음악이 사람의 감정을 묘사하거나 표현하는 것이 아니라, 음들의 순수한 결합 그 자체로 깊은 정신세계를 보여 주는 것이라 주장하기에 이른다. (2012학년도 수능)

[문제] 위 글을 바탕으로 〈보기〉를 이해한 내용으로 적절하지 <u>않은</u> 것은?

────〈보 기〉────

아래는 은비가 습작한 바로크 양식 성악곡의 일부분이다.

① ⓐ: 경건하고 웅장한 분위기 설정을 위한 것이겠군.
　→ 마테존에 따르면 '라단조'는 경건하고 웅장함을 유발하는 것이다.
② ⓑ: 뚝뚝 떨어지는 '눈물'을 묘사한 것이겠군.
　→ 음들이 딱딱 끊어지는 스타카토는 가사의 뜻에 맞춰 '떨어지는 눈물'을 표현하기 위한 것이라 할 수 있다.
③ ⓒ: '하늘'이 높다는 의미를 염두에 둔 것이겠군.
　→ '열리는 신의 하늘'이라는 가사에 맞춰 음을 점점 올라가게 하고 있다.
④ ⓓ: 말의 장단을 음악적으로 표현한 것이겠군.
　→ 제시문에서 전혀 언급하지 않은 '말의 장단'과는 관련이 없다. 온쉼표는 '아무 말 없네' 라는 가사의 뒤에 이어지는 부분으로, 이를 부어마이스터의 견해와 연결하면, '아무 말 없네'란 가사의 정서를 효과적으로 전달하기 위해 가락을 '한동안 쉬는'의 연주 방식으로 표현한 것이라고 할 수 있다.
⑤ ⓔ: 기쁨을 표현하고자 한 것이겠군.
　→ 다장조로의 조 바뀜은 '환희'라는 가사 내용에 맞추어 기쁨의 정서와 관련된 음조로 변화시킨 것이다.

● 문제 해결의 포인트
문제에 담긴 내용에서 알 수 있듯, 〈보기〉는 제시문에서 설명하고 있는 다양한 기법과 가사와의 관계 등을 구체적으로 보여주는 사례이다. 이를 제시문에서 진술된 내용과 연결해서 해석하면 된다. 수능 음악 문제 역시 제시문 글 내용에 맞춰 〈보기〉의 악보와 선택지 내용 간의 일치불일치 여부를 판단하는 것일 뿐, 다른 것은 없다. 수능 비문학 문제의 해결은 제시문의 개념 이해와, 이를 바탕으로 글 내용을 얼마만큼 충실히 **분류 · 분석 · 비교**'해 가면서 읽어낼 수 있는가에 달려있다. 위 선택지에 대한 화살표(→)의 설명은 제시문과 〈보기〉의 내용, 선택지와 '비교 · 분석'해 가면서, 그리고 제시문에 실린 개념을 분류해 가면서 문제 해결 과정을 밝힌 것이다. 〈정답 ④〉

테마학습 10　　**도상학 및 해석학의 관점에서 '세한도' 감상 · 해석 · 비판**

[문제] 다음은 추사 김정희의 작품 〈세한도(歲寒圖)〉이다. (가)를 참고하여 (나)에서 제시된 방법에 따라 〈세한도〉의 의미를 **해석**한 다음, (나)와 같은 관점의 **문제점**을 (다)를 바탕으로 지적하고, (다)와 같은 관점에서 〈세한도〉의 '집'을 중심으로 자신이 **감상**한 바를 간략하게 서술하시오. (한양대 2015 인문 수시 논술 문제) ※ 각 제시문은 생략.

(나)의 도상학은 형식보다는 **내용**에 초점을 맞춰 작품을 해석하는 기법이다. 도상학은 단순히 그림의 이미지를 보고 작품을 판단하는 것이 아니라, 그림에 담긴 의미와 상징을 통해 작품의 본질적 의미로서의 작가가 전달하려는 의도를 파악하는데 주력한다.

(나)의 '도상학'적 관점에 따라 '세한도'를 해석할 경우, 한겨울의 삭막한 풍경에도 불구하고 푸르른 노송이 어우러져 있는 독특한 형상과 그림 왼편에 따로 공간을 마련하여 밝힌 '세한도'의 창작 경위를 담은 글에 주목할 필요가 있다. '세한도'는 별 볼일 없는 유배객에게 보내준 제자 이상적의 마음 씀씀이가 너무도 고마워 그의 변함없는 절개를 화폭에 나타냄으로써 감사의 마음을 표현한 작품이다. 그림에는 가슴속에 늘 푸른 소나무의 절개를 품고 살아감으로써 자신의 유배생활을 결코 헛되이 보내지 않겠다는 작가의 비장한 각오와 함께, 그림 속의 노송과 더불어 서로 의지하며 꿋꿋이 살아가듯 제자와의 돈독한 관계를 이어나가기를 바라는 메시지가 담겨 있다. 그렇기에 '세한도'는 조선의 올곧은 선비정신을 형상화한 것으로, 시대를 뛰어넘는 **교훈적** 의미와 의의를 갖는다.

(다)의 하이데거에 따르면, 예술의 본질은 현실에 대한 단순한 재현이나 예술가의 주관성의 표현에 있는 것이 아니라, 작품 스스로가 **해석적 주체**가 되어 본질적 진리를 드러내는 데 있다. 하지만 (나)의 도상학적 관점은 작가의 특성 및 시각, 시대 상황에 따라 규정된 특정 관점에 맞춰 의도적으로 모방하고 재현하려 드는 것이기에, 현실을 제대로 반영하기 어려울 뿐 아니라, 본질과는 다른 해석이 따를 수 있다. 따라서 (나)의 문제점을 해결하고 예술의 본질을 올바로 파악하기 위해서는 작품을 대하는 우리의 **태도**를 바로 세워야 한다. 즉 일체의 주관적 요소나 선입견을 배제하고 오로지 작품 그 자체에만 집중함으로써, 그것이 담고 있는 진정한 의미가 무엇인지를 **객관적**으로 파악하기 위해 노력해야 한다(인식 주관의 객관화).

(다)의 관점에서 세한도를 감상하면 다음과 같다. 추사의 '세한도'에는 역경을 견뎌내는 선비의 올곧고 견실한 의지가 곳곳에서 드러난다. 보이지 않는 집 주인 추사를 상징하는 노송의 독특한 형상과 대비되는 냉혹한 현실로서의 허름하고 남루한 집은, 비록 외양은 조촐해 보일지언정 속내는 사뭇 도도하여 마치 추사의 내면을 들여다보는 듯하다. 굴뚝 없는 데서 느낄 수 있는 한기와 창문 없는 집이 자아내는 구속감, 길도 이웃도 없는 집이 갖는 고독감과 단절감은 비장하다 못해 역설적으로 아름답기까지 하다. 이 집에서 스스로 탐욕을 버리고 지조를 지키면서 외롭고 고독한 길을 묵묵히 걷고자 하는 그의 의지를 엿볼 수 있다. 그렇기에 거기에는 세상의 매운 인정과 그로 인한 쓸쓸함, 고독, 선비의 굳센 의지, 옛사람의 고마운 정, 그리고 허망한 바람에 이르기까지 말과 글로는 다하기 어려운 많은 것들이 오롯이 담겨져 있다. 이처럼 세한도는 단순한 한 장의 그림에 그치지 않고, 학문과 예술과 인생이 하나가 되는 경지가 무엇인지 오늘을 사는 우리에게 말을 걸어오고 있는 듯하다. (예시 답안)

⇒ 도상학적 관점에서 볼 때에는 '세한도'를 그린 추사 김정희가 이 그림을 그린 당초 **의도**와 이를 통해 전달하려는 **메시지**에 주목해서 작품을 들여다봐야 한다. 한편, 하이데거의 미학의 관점에서 볼 때에는 오직 작품 그 자체에만 주목하여, 작품 그 자체가 발화의 주체가 되어 감상자인 내게 말을 걸어오는 뭉클한 감정으로서의 그 '무엇'을 느낄 수 있어야 한다. 이 작품이 뛰어난 점은, 도상학적 관점과 현상학적 관점에서의 예술적 아름다움이 합치되고 있는 점인데, 즉 단순한 그림을 뛰어넘는 아우라가 갖는 **'숭고미'**가 그것이다.

⁝ 더 감상하기

⇒ 〈세한도〉에 소나무와 잣나무를 그려 넣은 것은, 변치 않는 제자 이상적의 의미를 표현하기 위해서이다. 문인화에서 소나무와 잣나무는 언제나 절개의 상징으로 나타난다. 소나무 끝에 붙어 있는 솔잎이 애처롭기 그지없는 것은, 끝까지 절개를 지킨 이상적의 모습이자, 유배생활에 지친 추사 자신의 모습을 표현한 것이기에, 그만큼 중의적인 의미를 갖는다.

⇒ 〈세한도〉 속의 집의 구조를 보면, 기다란 집 한 채가 소나무 뒤로 배치되어 있다. 그리고 둥근 문이 하나 있다. 이것은 실제 집을 묘사한 것이 아니라, 상상 속의 집임을 드러낸다. 소나무의 절개에 어울릴 만한 선비의 집인 셈이다. 하지만 봉창(창살이 없이 토벽에 구멍을 뚫어 채광하는 창) 너머엔 아무것도 없다. 텅 빈 방안이 보일 뿐이다. 〈세한도〉에는 사람이 등장하지 않는데, 이는 쓸쓸함을 극대화하기 위한 장치이다. 아무도 없는 텅 빈 집, 그것은 추사의 의식 세계이기도 하다. 적막함과 쓸쓸함만이 가득할 뿐이다. 인기척이 느껴질 리 없다. 한없는 외로움의 상징이다.

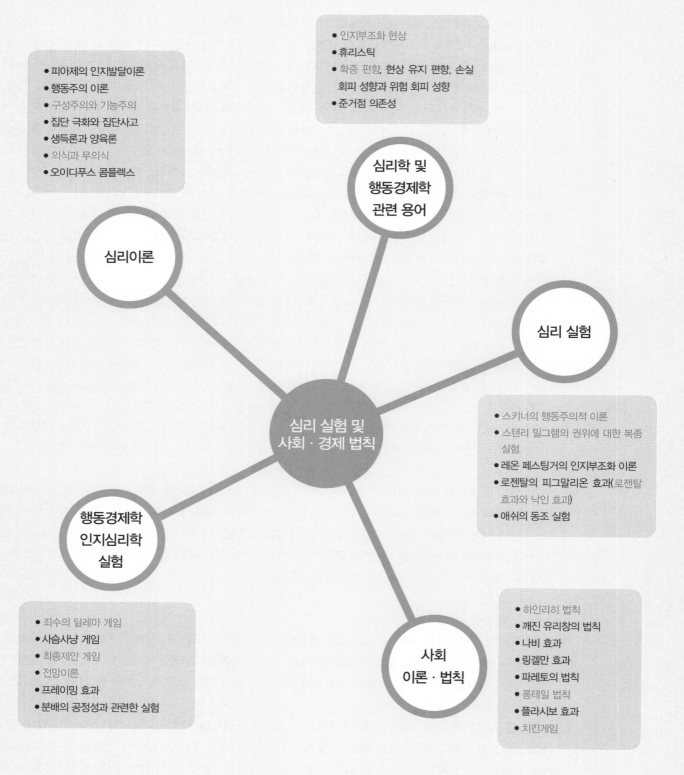

- 피아제의 인지발달이론
- 행동주의 이론
- 구성주의와 기능주의
- 집단 극화와 집단사고
- 생득론과 양육론
- 의식과 무의식
- 오이디푸스 콤플렉스

- 인지부조화 현상
- 휴리스틱
- 확증 편향, 현상 유지 편향, 손실 회피 성향과 위험 회피 성향
- 준거점 의존성

심리학 및 행동경제학 관련 용어

심리이론

심리 실험

심리 실험 및 사회 · 경제 법칙

- 스키너의 행동주의적 이론
- 스탠리 밀그램의 권위에 대한 복종 실험
- 레온 페스팅거의 인지부조화 이론
- 로젠탈의 피그말리온 효과(로젠탈 효과와 낙인 효과)
- 애쉬의 동조 실험

행동경제학 인지심리학 실험

- 죄수의 딜레마 게임
- 사슴사냥 게임
- 최종제안 게임
- 전망이론
- 프레이밍 효과
- 분배의 공정성과 관련한 실험

사회 이론 · 법칙

- 하인리히 법칙
- 깨진 유리창의 법칙
- 나비 효과
- 링겔만 효과
- 파레토의 법칙
- 롱테일 법칙
- 플라시보 효과
- 치킨게임

대상 분리

뇌의 지각 구분. 우리가 뇌의 사물 인식에서 풀어야 할 가장 어려운 문제 중 하나는 대상 분리의 문제이다. **대상 분리**란 시야의 모든 사물들이 투영되어 있는 망막상에서 지각 대상을 분리해내는 작업이다. 예를 들어 이 책을 읽고 있는 동안 우리는 책상에서 책을, 책에서 글줄이나 그림을, 글줄에서 글자나 단어를, 그리고 그림에서 특정 대상을 분리할 수 있어야 그것이 무엇인가를 기억과 대조하여 인식할 수 있다. 글을 읽는 동안 우리의 뇌는 책상에서 책을, 책에서 글줄을, 글줄에서 단어와 글자를 분리하는 작업을 즉각 수행하면서 글에서 대상을 분리하여 인식한다.

루빈의 컵

게슈탈트 심리학에서 언급되는 착시효과의 예. 대상 분리의 원리를 이해하는 데 도움이 되는 현상의 하나가 '**루빈의 컵**'이라고 하는 도형이다. 우리는 아래 그림에서 중앙의 흰 컵을 보거나 양쪽에서 서로 마주 보고 있는 두 얼굴의 실루엣을 볼 수 있지만, 그 둘을 동시에 볼 수는 없다. 그 둘 중 어느 것을 보든 그 부분이 앞쪽으로 나와 있고 나머지 부분은 뒤로 퍼져 있는 것처럼 보이게 되는데, 앞으로 나와 대상으로 보이는 것을 전경(前景), 뒤로 퍼져 있는 것으로 보이는 부분을 배경(背景)이라고 부른다. 루빈의 컵 도형은 대상으로 선택된 부분이 우리가 느끼지 못하는 모종의 과정을 통해 전경이 되며, 대상으로 선택되지 않은 배경 부분과 자동적으로 분리된다는 것을 보여준다.

〈루빈의 컵〉

형태 구성의 원리

뇌의 자극 처리. 자극 요소들이 서로 묶여 하나의 대상을 이루도록 하는 것은 무엇일까? 하나의 대상을 이루고 있는 요소들은 다른 대상을 이루고 있는 요소들보다 서로 가까이 모여 있으면서 모양이 서로 비슷할 확률이 높다. 또 한 대상에 속한 요소들은 무질서하게 흩어져 있기보다는 변화가 완만하여 좋은 형태를 이루고 있을 확률이 높으며, 그 대상이 움직일 때 같은 형태의 움직임을 보이게 된다. 이런 점에서 예측 가능하듯 서로 가깝거나, 유사하거

나, 변화가 완만하거나, 좋은 형태를 띠고 있는 요소들은 같이 묶여 하나의 단위로 지각될 확률이 높다. 이와 같은 자극 요소들이 묶여서 지각 단위가 구성되는 원리를 '**형태 구성의 원리**'라고 부르는데, 이 원리에는 근접성의 원리, 유사성의 원리, 연속성의 원리, 연결성의 원리 등이 포함된다.

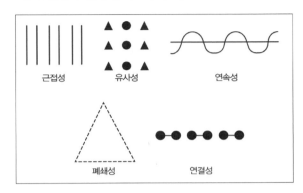

(가) 근접성의 원리: 가까운 요소들이 서로 묶이는 경향에 의해, 여섯 개의 구분된 선을 보는 것이 아니라 두 줄로 된 세 개를 본다.

(나) 유사성의 원리: 유사한 요소들이 서로 묶이는 경향에 의해, 여러 형태로 구성된 수평선을 보는 것이 아니라 삼각형과 원으로 된 수직선을 본다.

(다) 연속성의 원리: 불연속적인 것보다는 부드럽게 연속된 패턴을 지각하는 경향에 의해, 사례 그림처럼 반원들의 모임일 수도 있는 것들을 정현파(사인파)의 곡선과 직선으로 인식한다.

(라) 폐쇄성의 원리: 그림에 틈이 있으면 그것을 채워서 완전한 전체 대상으로 보려는 경향에 의해, 자연스럽게 이 틈을 메워 완전한 삼각형으로 지각한다.

(마) 연결성의 원리: 동일한 것이 연결되어 있으면 이를 연결하려드는 경향에 의해, 점과 선과 그 영역을 하나의 단위로 지각한다.

폰조 착시

배경에 의존해 특정 대상의 크기를 판단하는 경향. 여러 가지 크기의 착시 현상은 깊이 있는 단서에 의한 무의식적 추론이 지각에 커다란 영향을 끼칠 수 있음을 보여준다. 이는 '**폰조 착시**'라는 도형을 통해 확인된다. 아래 도형에 있는 두 개의 가로 선분은 그 길이가 실제로는 똑같지만 위쪽에 있는 것이 아래쪽에 있는 것보다 긴 것으로 지각된다. 이것은 양변의 선분이 마치 소실점을 향해 수렴하는 기찻길의 일부처럼 되어 있어 발생되는 착시이다. 길이가 똑같은 막대를 하나는 가까이, 하나는 멀리 놓으면 멀리 있는 것이 가까이 있는 것보다 망막에 작은 상을 맺게 된다. 이 착시 현상에 대한 설명 중 가장 보편적으로 받아들여지는 것은, 두 가로 선분의 망막상의 크기는 동일하지만, 양변의 조망 단서가 위

에 있는 선분을 더 먼 곳에 있는 것처럼 보이게 만들어 아래 선분 보다 더 길게 보이도록 만든다는 것이다.

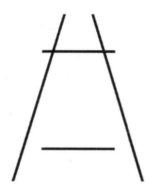

기억의 본질
기억의 두 의미. 기억은 두 가지 의미를 지니고 있다. 하나는 각종 대상이나 사건에 대한 지식을 쌓아 두는 저장고로서의 의미이며, 다른 하나는 '기억에 저장해 넣고 저장된 것을 꺼낸다.'는 과정의 의미이다. 과정의 의미로서의 기억은 지식을 축적하고 사용하는 과정이다. 기억은 저장 기간의 길이와 의식되는가 여부에 따라 크게 단기기억과 장기기억으로 나눌 수 있다. 단기기억은 작업기억이라고도 하는데, 이는 수 초 동안 우리가 현재 의식하고 있는 경우의 기억이며, 장기기억은 우리가 계속 의식하고 있지는 않지만 분명히 어떤 정보가 저장고 속에 오랫동안 남아 있어 후에 이를 다시 꺼낼 수 있는 기억이다. 과정으로서의 기억은 **부호화(획득), 파지(저장), 인출(되꺼냄)**의 세 기억 과정으로 나누어 볼 수 있다. 부호화란 외부에서 들어오는 자극 내용을 정보화하여 기억에 넣는 과정이며, 파지(把持)란 이렇게 기록된 정보를 보유하여 유지하는 과정이다. 저장되는 정보는 자연 소멸되어 망각되거나 간섭을 받아 망각될 수 있다. 인출이란 필요한 정보를 저장고에서 찾아내어 우리가 의식할 수 있게 하는 과정이다.

피아제의 인지발달이론
인간의 인지는 환경과 상호작용하면서 단계별로 발달한다. 인지심리학자 피아제는 인간의 지적 능력을 개인이 환경에 적응하는 능력의 발달로 보았다. 즉 지적 발달은 환경 속에 있는 새로운 사물과의 관계를 적절히 조직하고, 그 결과로 환경에 적응해 감으로써 이루어진다. 환경을 조직하기 위한 기본적 틀이 인지도식인데, 이는 새로운 환경적 경험을 마음속에서 분류하고 정리할 수 있는 능력(조직 능력)을 가리킨다. 이와 같은 새로운 경험을 분류, 조직하는 도식은 동화와 조절이라는 두 가지 과정을 통해 발달, 변화되어 간다. **동화**란 새로운 사물을 개인이 '이미 가지고 있는 도식'에 흡수하고 통합하는 과정이며, **조절**이란 사물이 이미 가지고 있는 개인의 도식과 워낙 다른 것일 때 그 '도식 자체'를 적절히

조절하고 변형시켜 새로운 사물을 정확히 파악하는 것을 말한다. 예를 들면, '하늘을 나는 것'은 모두 '새'라는 도식을 가진 아이는 비행기를 처음 보았을 때, 자기의 '새'에 대한 이전의 도식을 고쳐서 비행기는 하늘을 날아가지만 '새'는 아니라고 파악하게 된다. 그리하여 비행기라는 새로운 사물에 대한 지식이 형성되어 간다. 또 날지 못하고 땅 위를 걸어 다니는 새가 있다면 비록 날지는 못하지만 역시 새라고 이해하도록 하려면 동화 혹은 조절의 기제를 거쳐서 도식을 변경시켜야 한다. 이와 같은 도식의 유지와 변경을 통해서 인간은 자기의 환경에 적응하며 살아갈 수 있는 인지 능력을 발달시키게 된다. 인지 능력의 발달 단계는 '감각 운동기(0~2세), 전조작기(2~7세), 구체적 조작기(7~11세), 형식적 조작기(12세 이상)'의 네 단계를 거친다.

에릭슨의 정체성 위기론
청소년기의 자아 상실감으로 인한 정체성 위기. 에릭슨은 프로이트의 성적 발달이론을 수정·발전시킨 심리·사회적 발달이론을 제시했다. 에릭슨은 유아기부터의 발달을 리비도(성본능)를 중심에 두기보다 대인 관계, 사회적 접촉 등 사회적 발달에 초점을 맞추었다. 이 이론은 전 생애를 구강기에서 노년까지 8단계로 나누어 설명한다. 각 단계마다 개인은 위기를 맞이하며, 대개는 긍정적 방향으로 발달, 적응해가지만 그와 반대로 부적응과 부정적 방향으로 나타날 수도 있다. 그중 청소년기에 해당하는 5단계(12~18세)는 자아 정체감이 발달되거나 정체성 혼란을 경험하는 시기다. 자아 정체감의 확립 과정은 이 단계 이전에도 무의식적으로 진행되어 왔으나 특히 5단계에서는 신체적 성장, 인지 발달, 선택이 강요되는 사회적 요구들에 의해서 의식적인 수준까지 심각해지게 된다. 이 단계의 청소년들은 아직 자신의 존재에 대한 확신을 가지고 있지 못하기 때문에 소속 집단에 동일시하게 된다. 따라서 동료들끼리 패거리를 형성하기도 하고, 종교적 단체나 더 나아가 국가적·정치적 이데올로기에 의한 집단을 형성하여 이에 동조하기도 한다. 즉 집단 정체감을 형성하여 집단 구성원에게 동일시하는 현상도 나타난다. 또 위인이나 정치인, 주변 인물 등 자기에게 중요한 의미를 지니는 사람들과 동일시하기도 한다. 한편으로 그러한 과정에서 방황하거나 고통을 느끼기도 한다. 만일, 끝내 자신의 존재와 자기가 추구해나갈 가치에 대한 확신이 서지 않을 때에는 심각한 정체성 혼란에 부딪히게 된다. 이러한 갈등을 긍정적으로 극복하지 못할 때 청소년들의 고뇌는 점점 심화되는 불행한 사태가 초래되는데, 이를 에릭슨은 '**정체성 위기**'라고 했다. 이와 같은 정체성 위기에 처해서 청소년들은 정착할 바를 못 찾고 표류할 때, 밀어닥치는 무력감의 고통에서 벗어나기 위해 비행을 저지르거나 또는 청소년에게서 볼 수 있는 부정적인 정체성을 형성하기도 한다.

행동주의 학습이론

교수 중심의 학습이론. 행동주의 학습이론은 인지주의, 구성주의 학습이론과 함께 대표적인 학습이론의 하나로, 유기체의 자극과 반응 사이의 연합을 의미하는 조건화가 학습에 있어서 핵심적인 역할을 한다고 본다. 인지주의에서 인간을 **환경과 상호작용**하면서 능동적으로 학습하는 존재로 보는 것에 반해, 행동주의 학습이론에서는 인간에 대한 **결정론적, 기계론적** 관점을 가진다. 즉, 인간은 주어진 자극에 의하여 수동적으로 학습하는 존재이며, 자극이 반복적으로 주어짐에 따라 반응이 누적되면서 학습이 일어난다고 보는 것이다. 행동주의 학습이론의 관점에서 볼 때, 성격이란 환경 조건이 비슷하게 유지될 때에는 일관성 있는 경향이 나타나지만, 환경이 달라지면 이에 따라 변화될 수 있다고 본다. 그러므로 적응에 문제를 일으키는 성격 특성이 있으면, 환경을 바꿈으로써 이를 해결할 수 있다는 것이다. 환경적 조건을 바꿈으로써 부적응적인 행동을 치료하려는 행동치료법은 여러 가지 행동 문제의 교정에 매우 효과적으로 활용되고 있다. 행동주의 학습이론의 대표적인 학자로는 스키너, 손다이크, 헐 등이 있다. 스키너는 고전적 조건화를 주장한 파블로프에 이어 조작적 조건화와 강화의 개념을 제시했다. 그는 자극과 반응에 의한 연합, 조건자극에 의한 기계적 반응으로서의 학습에 초점을 맞추며 수동적 존재로서의 학습자를 주장한 파블로프에 비하여 능동적 행동을 하는 존재로서의 인간에 관심을 기울였다.

구성주의 학습이론

학습자 중심의 학습이론. 구성주의 학습이론은 학습은 의미를 구성하는 과정이라는 구성주의 심리학에 바탕을 둔다. 구성주의는 지식은 개인과 독립적으로 존재하는 것이 아니라, 개인 간의 능동적인 상호작용을 통해 구성되는 것이라고 본다. 또한 지식의 구성 과정에서 개인의 능동적인 참여뿐만 아니라 사회적 맥락에서의 상호작용의 중요성을 강조한다. 구성주의 학습이론에 따를 때, 학습은 학습자 개인의 주관적 경험과 흥미에 맞춰 정한 학습 내용을 스스로 구성해나가는 과정이며, 결과는 그 과정을 수행할 수 있는 능력을 갖추었는가에 대한 확인으로 평가할 수 있다. 따라서 구성주의 학습이론에서는 학습자 중심의 학습 환경이 강조된다. 환경은 복합적이며 역동적인 실제 상황이 제시된다. 그 과정에서 학습자가 다루는 과정 또한 실질적일 것을 요구한다. 실질적인 과제를 통해 학습할 때 지식은 실제 상황에 적용될 수 있다. 또한 **구성주의 학습이론**에서는 문제 해결 중심의 학습이 제시된다. 지식이 실제 적용될 수 있는 문제를 중심으로 학습을 제공함으로써 문제 상황에 대한 이해를 유도하고, 해결 과정에서 경험하는 사고력을 촉진하고자 한다. 이 이론은 피아제의 인지발달이론, 브루너의 구성주의 수업이론을 바탕으로 형성되었다.

후광 효과

브랜드 마케팅 전략으로 활용. 어떤 사람에 대해 일단 '좋은 사람'이라는 인상이 형성되면, 그는 능력도 뛰어나고 친절하다는 등 긍정적인 특성을 모두 가지고 있을 것이라고 생각한다. 이를 '후광 효과'라고 하는데, 서로 논리적으로는 관계가 없지만 긍정적인 특성들은 긍정적인 특성들끼리, 그리고 부정적인 특성들은 부정적인 특성들끼리 함께 모여 있을 것이라고 추론하는 경향이다. 이는 특히 용모에 의해 다른 사람의 인상을 형성하는 경우에 두드러지게 나타난다. 즉 용모가 아름다운 사람은 능력도 뛰어나고, 성격도 좋으며, 장래 전망도 밝을 것으로 생각하게 된다.

부정성 효과

나쁜 귀인 편향의 하나. 어떤 사람이 긍정적 특성과 부정적 특성을 함께 가지고 있을 때, 부정적 특성이 인상 형성에 더 큰 비중을 차지한다. 이를 '부정성 효과'라고 한다. 즉 긍정적 특성과 부정적 특성 중에서 부정적 특성이 인상 통합 과정에서 더 큰 영향을 끼치게 된다.

초두 효과

첫인상이 중요한 이유. 먼저 받은 정보가 나중에 받은 정보보다 최종적으로 형성되는 인상에 더 큰 영향을 미치게 되는 것을 '초두 효과'라고 한다. 즉 좋은 평가를 먼저 듣고 나쁜 평가를 나중에 들으면 좋은 사람이라는 인상이 형성되지만, 반대로 나쁜 평가를 먼저 듣고 좋은 평가를 나중에 들으면 나쁜 사람이라는 인상이 형성된다. 다른 사람에 대한 첫인상이 중요한 것은 아마도 초두 효과가 작용한 때문일 것이다.

유사성 가정

나와 남이 비슷하다고 가정. 일반적으로 사람들은 타인들이 자기와 비슷하다고 생각하는 경향이 있다. 이를 '유사성 가정'이라고 하는데, 이는 특히 상대방과 연령, 인종, 국적, 고향 등이 같을 때에 두드러지게 나타나는 현상이다. 즉 내가 누구를 좋게 생각하면 다른 사람도 그럴 것이라고 생각하고, 또 내가 어떤 음식을 좋아하면 다른 사람도 그 음식을 좋아할 것이라고 생각하는 식이다.

도식

스키마. 일반적으로 우리는 어떤 특정한 인물 또는 일반적인 사람에 대해 '그는 이런 사람이다.' 또는 '그런 부류의 사람은 바로 이런 사람이다.'라는 생각을 가지고 있다. 이렇게 어떤 일 또는 사람에 대해 가지고 있는 일정하고 구조화된 지식 체계를 '도식(scheme)'이라고 하는데, 특히 사람에 대해 가지고 있는 도식을 '사람 도식'이라고 한다. 예를 들어 '외향적인 사람'에 대한 우리의 도식에는 '활발하다', '사교적이다', '자신감이 있다'와 같은 특성들이 서로 관련을 맺고 항상 함께 어우러져 있는 것으로 받아들여진다. 그리고 이러한 사람 도식 중에는 특정 집단의 사람들에 대한 도식도 있을 수 있는데, 이를 보통 **'고정관념'**이라고 한다. 우리 사회에서 문제가 되고 있는 여성에 대한 편견, 인종 편견 및 지역 편견들은 모두 여성, 특정 인종 및 특정 지역 사람들에 대한 잘못된 고정관념과, 이에 의한 도식적 정보 처리의 단점으로부터 나오는 경우가 많다.

귀인

행동의 원인에 대한 추론. 우리는 사람이 어떤 행동을 하는 것을 보고, 그 행동의 진실한 원인이 어디에 있는지를 알아내려고 한다. 이는 마치 과학자들이 어떤 현상을 관찰하고 그 원인이 무엇인지를 알아내려고 하는 것과 마찬가지다. 이렇게 행동의 원인을 추측해서 알아내는 과정을 **'귀인(歸因)'**이라고 한다. 이러한 귀인을 거쳐 그러한 행동을 한 사람에 대한 이해가 이루어지고, 그의 앞으로의 행동에 대한 예측이 달라진다. 예를 들면, 어떤 사람이 어려운 시험에 합격했을 때 이를 그의 능력이 뛰어났기 때문이라고 볼 것인가, 아니면 운이 좋았기 때문이라고 볼 것인가에 따라 그 사람에 대한 평가가 달라진다. 뿐만 아니라 그가 앞으로 비슷한 시험에 또 합격할 수 있을 것인지에 대한 예측도 달라진다. 어떤 사람의 행동을 보고 그가 왜 그렇게 행동했는가, 또는 왜 그러한 결과가 나왔는가를 알아보려 할 때, 우리는 대체로 두 가지 방향에서 그 원인을 찾게 된다. 하나는 그런 행동을 한 당사자의 성격, 능력, 노력, 동기 등 내적 특성에서 원인을 찾는 것인데, 이를 '내부 귀인'이라고 한다. 또 하나는 상황적인 압력이나 강요 또는 우연 등 행동을 한 당사자의 외부에 있는 요인에서 원인을 찾는 것인데, 이를 '외부 귀인'이라고 한다. 대체로 이 두 가지 방향의 귀인 중에서, 내부 귀인을 하게 되면 우리는 그 사람이 어떤 성향을 가진 사람인지를 대략 알 수 있게 되지만, 외부 귀인을 하게 되면 그 사람이 어떤 성향을 가진 사람인지를 알 수 없는 것이 보통이다.

귀인 편향

사회 상황에서의 왜곡된 마음 작용. 귀인은 외적인 행동을 관찰하여 겉으로 드러나지 않는 원인을 알아보는 과정이다. 하이더는 일상생활에서 사람들은 마치 자연과학자들과 마찬가지로 합리적인 법칙에 따라 귀인을 하게 될 것이라고 보았다. 그러나 귀인 과정이 항상 합리적으로만 이루어지는 것은 아니며, 이러한 경향을 **'귀인 편향'**이라고 한다. 귀인 편향에는 여러 가지가 있는데, 그중에서 가장 두드러진 것이 자신의 행동과 타인의 행동에 대한 귀인의 차이이다. 사람들은 보통 자기 자신의 행동에 대해서는 외부 귀인을 하고, 다른 사람의 행동에 대해서는 내부 귀인을 하는 경향이 강하다. 예를 들어, 대학생에게 자기가 전공하는 학과를 선택한 이유를 물어보면, 대체로 그 분야의 취직 전망이 밝다든지 하는 외적 조건에서 이유를 찾는다. 그러나 그의 친구들에게 물어보면, "그 아이는 본래부터 그런 분야를 좋아했다."라고 말하는 식으로 내적 특성에서 이유를 찾는다. 똑같은 행동에 대해서도 행위 당사자와 주위 사람들이 보는 각도가 다르고, 가지고 있는 정보에도 차이가 있기 때문이다. 다른 사람에 대해 가지고 있는 감정의 내용과 일치하는 방향으로 귀인이 이루어지는 경향도 강하다. 예를 들면, 자기가 좋아하는 사람이 성공했을 때에는 내부 귀인을 하고, 싫어하는 사람이 성공했을 때에는 외부 귀인을 하는 경향이 강하다. 즉 타인에 대해 가지고 있는 감정이 일관성 있게 유지되는 방향으로 귀인이 이루어진다. 그밖에 자기의 자존심을 높이는 방향으로 귀인 하는 '방어적 귀인'이 있다. 이는 자기의 성공에 대해서는 능력이나 노력 같은 내부적 원인으로 귀인하고, 자기의 실패에 대해서는 운과 같은 외부적 원인으로 귀인 하는 경향이다.

동조

동화 현상. 우리는 다른 사람들이 모두 똑같은 행동을 하면, 알게 모르게 이를 따라서 하는 경우가 있다. 예를 들어, 거리를 지나가고 있을 때에 많은 사람들이 하늘을 쳐다보고 있다고 생각하자. 이런 경우 대체로 나 자신도 하늘을 쳐다보게 될 것이다. 이때, 다른 사람들이 나에게 하늘을 쳐다보도록 강요하거나 지시한 것은 아니다. 이렇게 아무런 요구나 강요, 지시가 없는데도 다른 사람들이 하는 대로 따라 하는 행동을 **'동조'**라고 한다. 일상생활에서 볼 수 있는 가장 전형적인 동조 행동으로는 유행 현상을 들 수 있다. 아무도 그렇게 하라고 강요하지 않는데도 다른 사람들과 똑같은 옷차림을 하려고 한다. 이 같은 행동은 다른 사람들의 영향을 받아서 하는 행동이다.

순종

맹목적 행동. 다른 사람의 요구나 강요 또는 명령이나 지시에 따르는 행동을 **'순종'**이라고 한다. 이 중에서 요구를 하는 사람의 지위가 높고, 이에 따르는 사람의 지위가 낮을 때에 일어나는 순종을 **'복종'**이라고 한다. 이러한 복종은 사회에서 가장 흔히 보는 순종의 예인데, 이는 어떤 권위에 대한 순종인 셈이다. 순종이 없이는 사회 질서가 유지되기 힘들고 또 사회가 효과적으로 기능을 발휘할 수 없다. 따라서 순종은 동조와 마찬가지로 사회의 유지와 존속에 기여하는 가치를 가지는 사회 행동이다. 그리하여 부모와 학교 및 사회는 어려서부터 아이들에게 순종하는 버릇을 길들인다. 하지만 문제는 이런 버릇이 때로는 맹목적인 복종을 불러일으킨다는 데 있다. 제2차 세계대전 중의 독일의 나치 집단에 의한 유대인 대학살은 이러한 맹목적인 복종의 결과이다. 이와 같이 순종은 사회적으로 볼 때 긍정적 가치와 부정적 가치를 함께 가지는 행동이라고 할 수 있다. 순종에 관한 연구의 가장 전형적인 예는 밀그램의 실험에서 찾아볼 수 있다.

학습된 무기력

자포자기식의 무기력 현상이 발생하는 원인. 행동주의 이론에 따르면, 사랑하는 사람을 잃거나 직장이나 학교에서 좌절을 거듭하게 되면 그만큼 긍정적인 강화를 받을 기회가 감소하고, 그 결과로 점차 매사에 수동적이며 위축될 수 있다. 일단 수동적 태도를 취하게 되면 대인 관계에서 긍정적 경험을 하게 될 기회는 보다 줄어들게 되어 더욱 우울해지고, 그에 따라 더욱 위축되는 등 악순환이 시작된다. 이때 우울증 증상을 보임으로써 일시적이나마 주위의 관심과 동정을 끌게 되어 수동적 태도가 강화를 받게 되면 그러한 행동은 더욱 빈번해지게 된다. 이처럼 사람들이 보이는 무기력하고 수동적 행동을 회피할 수 없는 불쾌한 상황을 경험하면서 얻은 수동적이고 위축된 감정을 '학습된 무기력'이라고 한다. 셀리그먼의 실험 결과에 따르면, 피할 수 없도록 묶어 놓은 개에게 전기 충격을 주었을 때 무기력, 식욕 감퇴 등 우울한 사람들과 유사한 증상을 보였다. 그는 사람들의 경우에도 자신에게 일어나는 중요한 일들이 자신의 통제 밖에 있다고 느낄 때, 학습된 무기력과 유사한 상태로 경험되어 우울증으로 표출된다고 하였다.

제한된 합리성

인간은 합리적이지 않다. 주류 경제학에 따르면, 사람들의 마음을 움직이는 핵심 동인은 개인의 이익이다. 그러나 현실에서 사람들은 자기 자신의 이익에만 연연하지 않는다. 공정성이라는 중요한 가치를 위해 자신의 이익을 선뜻 버리는 행동도 마다하지 않음이 종종 목격된다. 그렇기에 인간이 기본적으로 (합리적인 방향으로) 이기적이라고 보는 경제이론만으로는 인간의 행동을 정확하게 예측할 수 없다. 행동경제학·인지심리학은 인간 행동의 불합리성을 강조하는데, 허버트 사이먼은 '사람들이 언제나 옳게 행동하는 것은 아니다.'라는 인식의 오류 가능성을 '제한된 합리성(bounded rationality)'이란 용어로 설명했다. 우리의 일상에서 나타나는 갖가지 편향적인 사고들은 인간이 반드시 합리적으로만 행동하는 것은 아님을 보여준다.

휴리스틱

어림짐작. 현실의 상황을 판단하는 일이 너무 복잡하기 때문에 이를 단순화하기 위해 사용하는 '주먹구구식 사고'를 휴리스틱 (heuristics)이라고 한다. 즉 이것저것 꼼꼼히 따져가며 판단한 후 의사 결정을 내리기보다는, 자신이 잘 알고 있는 것이나 과거의 선험적 경험에 따라 대충 판단하고 의사 결정을 내리는 성향을 일컫는다. 이러한 사고는 지적 능력의 결함과 정보 부족을 메워주는 긍정적인 측면과 더불어, 사물에 대한 객관적 인식을 방해하는 부정적인 측면을 동시에 갖고 있다.

확증 편향

보고 싶은 것만 보고, 듣고 싶은 것만 듣는 심리. 사람들은 자신의 입맛에 맞는 정보는 쉽게 받아들이지만, 그렇지 않은 정보는 애써 무시하려 드는데, 이러한 경향을 '확증 편향'이라고 한다. 즉 확증 편향은 믿고 싶은 것만 믿으려는 선택적 지각 현상에 따른 결과이다. 참고로 '편향(bias)'은 확률 이론이나 통계 이론에서 제시하는 기준에서 벗어나는 판단을 말한다.

현상 유지 편향

귀차니즘. '닻 내림 효과'라고도 하는데, 닻을 내린 곳에 배가 머물듯이 사람들이 자신에게 친숙한 기억 체계를 반복적으로 활용하려 드는 현상 또는 그러한 심리를 일컫는다. 즉 어떤 사항에 대해 판단을 내릴 때, 처음 단계에 제시된 기준에 영향을 받아 판단을 내리려고 드는 현상을 말한다. 사람들은 제시된 기준을 그대로 받아들이지 않고 나름의 기준점을 토대로 그것에 약간의 조정 과정을 거쳐 의사 결정을 하게 되지만, 그러한 조정 과정 역시 불완전하므로 최초 기준점에 영향을 받아 결정을 내리는 경우가 많다. 이처럼 사람들은 현재의 상황에서 좀체 벗어나려 하지 않는 습성을 갖고, 현재의 상황이 유지되기를 바라는 성향을 갖고 있는데, 이를 '현상 유지 편향'이라고 한다.

보유 효과

소유 여부가 가치 평가에 영향을 미치는 현상. 어떤 물건에 대한 가치 평가가 그것의 소유 여부에 따라 달라지는 현상으로, 그 물건을 갖고 있는 사람이 평가하는 가치는 그것을 갖고 있지 않은 사람이 평가하는 가치보다 일관되게 더 높은 것으로 드러난다. 사람들은 일반적으로 같은 액수의 기회비용(대안적 선택 비용)과 실제로 지불한 비용 중에서 후자를 더 소중하게 평가하는 경향을 보이는데, 이처럼 양쪽이 같은 크기였다 해도 손실 회피 성향에 따라 실제로 지불한 비용은 과대평가되고 기회비용은 경시되는 현상을 '보유 효과'라고 한다. 합리성의 관점에서 보면 어떤 물건의 가치는 그것의 소유 여부와 관계없이 독립적으로 결정되어야 함에도 불구하고, 현실에서는 소유 여부가 가치 평가에 영향을 끼치는 경우가 많다.

손실 회피 성향

손실에 민감하게 반응하는 편향 심리. '프로스펙트 이론'의 하나로, 손해를 볼 때의 괴로움이 이익을 볼 때의 기쁨보다 큰 경향을 말한다. 일반적으로 사람들은 이익의 체감 가치에 비해 손실의 체감 가치를 두 배 정도 더 크게 느끼는데, 이는 "손실의 고통이 이익의 기쁨보다 두 배나 크다."는 인간의 심리를 나타낸다. 손실 회피 편향은 주식 투자에서 자주 나타난다. 우리 주변에선 "절대 손해를 보지 않겠다."며 버티다가 더 큰 손해를 입은 사람들을 쉽게 만날 수 있다. 예컨대, 5,000만 원을 주고 사들인 주식이 계속 하락세일 때 휴지 조각이 될 위험을 피하려면 당연히 주식 가치가 반 토막이 난 시점에서도 손절매(앞으로 주가가 더욱 하락할 것으로 예상해 가지고 있는 주식을 매입 가격 이하로 손해를 감수하고 파는 일)를 해야 하지만 투자자는 주식을 구매할 당시의 가격 5,000만 원과 현재 가격 2,500만 원의 차이에 따른 손실(2,500만 원)을 좀처럼 인정하지 않다가 더 큰 손해를 입는 일이 비일비재하다.

인지부조화 현상

인지 간의 불일치에서 형성되는 불편한 감정 상태. 인간은 때때로 불합리한 행동을 하는데, 예를 들어 다이어트 할 것을 결심하고는 "내일부터 다이어트 할 거니까, 오늘 실컷 먹어야지."라고 애써 합리화해가며 폭식을 일삼는 행동이 그것이다. 이와 같은 인간의 비합리성을 설명할 때 '인지부조화 이론'이 이용되는데, 인간은 인식과 행동의 모순이 빚어내는 고통에서 벗어나기 위해 희망적인 관측과 둘러대기 변명을 만들어낸다. 한번 정한 결정을 끊임없이 번복하는 것 역시 인지부조화 현상의 하나로 볼 수 있다.

하인리히 법칙

작은 징조, 큰 재난. 큰 사고가 일어나기 전에 반드시 유사한 작은 사고와 사전 징후가 선행한다는 경험법칙이다. 1931년 미국 보험 회사에서 근무하던 하인리히는 수많은 산업재해 자료를 분석한 결과 의미 있는 통계학적 규칙을 찾아냈다. 평균적으로 한 건의 큰 사고 전에 29번의 작은 사고가 발생하고 300번의 잠재적 징후들이 나타난다는 것으로, 하인리히 법칙을 흔히 '1:29:300의 법칙'이라고도 한다. 한마디로 대부분의 대형 사고는 예고된 재앙이며, 무사안일주의가 큰 사고로 이어진다는 것이다. 오늘날 하인리히 법칙은 공사 현장 등에서 자주 발생하는 산업재해는 물론이고, 각종 개인 사고, 자연재해 및 사회경제적 위기 등에도 널리 인용되는 법칙이다. 하인리히는 대형사고 발생까지 여러 단계의 사건이 도미노처럼 순차적으로 일어나기 때문에 앞선 단계에서 적절히 대처하면 재앙을 막을 수 있다고 주장했다.

깨진 유리창의 법칙

개미구멍이 둑을 무너뜨린다. 하인리히 법칙을 역으로 적용하면, 대형 교통사고를 예방하는 가장 좋은 방법은 사소한 교통질서부터 철저히 단속하는 것이다. 미국 스탠퍼드 대학 심리학과 필립 짐바르도 교수는 흥미 있는 실험을 했다. 낙후된 골목에 상태가 비슷한 자동차 두 대를 세우고 한 대는 보닛을 조금 열고 유리창도 조금 깨진 상태로 내버려 뒀다. 그러고는 1주일 후에 보았더니 유리창이 깨진 자동차는 누군가가 배터리와 타이어를 빼가고 사방에 낙서하고 돌을 던져 거의 고철 상태가 되어 있었다. 두 자동차는 유리창이 조금 깨진 것밖에 다른 점이 없는데도 그런 차이가 난 것이다. 여기서 깨진 유리창처럼 사소한 것들을 방치해두면 나중에는 큰 범죄로 이어진다는 범죄 심리학 이론이 나왔다. 건물 주인이 건물의 깨진 유리창을 그대로 방치해두면, 지나가는 행인들은 그 건물을 관리를 포기한 건물로 판단하고 돌을 던져 나머지 유리창까지 모조리 깨뜨리게 된다. 그리고 나아가 그 건물에서는 절도나 강도 같은 강력 범죄가 일어날 확률도 높아진다. 즉 '깨진 유리창 법칙'은 깨진 유리창과 같은 작은 부분이 도시를 무법천지로 만드는 나쁜 결과를 가져올 수 있음을 시사한다.

나비 효과

초기 조건의 민감성. 나비 효과란 '작은 사건 하나에서 엄청난 결과가 나온다.'라는 뜻으로, 지구 한쪽의 자연 현상이 언뜻 보면 아무 상관이 없어 보이는 먼 곳의 자연과 인간의 삶에 커다란 영향을 미친다는 이론이다. 즉, 작은 변화가 결과적으로 엄청난 변화를 초래할 수 있다는 것을 뜻한다. 1960년대 미국 매사추세츠 공대의 기상학자 에드워드 로렌츠가 기상 모델을 연구하면서 나비 효과를 발표하여 카오스 이론의 이론적 발판을 마련하였고 그 후 활발한 연구가 이루어졌다.

링겔만 효과

관료제의 비효율성을 설명하는 근거. 링겔만 효과는 그룹 속에 참여하는 개인의 수가 늘어날수록 1인당 공헌도가 오히려 떨어지는 현상을 말한다. 이는 혼자서 일할 때보다 집단 속에서 함께 일할 때 노력을 덜 기울이기 때문에 나타나는 현상이다. 링겔만 효과는 집단 속에서 개인의 잘잘못이 명확하게 드러나지 않을 때 주로 나타난다. 자신에게 책임과 권한이 주어지는 업무와 달리 집단의 이름으로 책임과 권한이 주어지면 개인은 익명성이라는 그늘에 숨어버리게 된다. 그래서 최선을 다하지 않는다는 것이다. 시너지 효과의 반대말로 마이너스 시너지 효과를 뜻하는 링겔만 효과는 경제학의 '무임승차' 현상을 설명하는 이론적 근거가 되기도 한다.

세렌디피티 법칙

준비된 우연의 법칙. 『세렌디프의 세 왕자』라는 페르시아 동화책에서 인도의 왕자들은 전설의 보물을 찾아 떠난다. 왕자들은 비록 보물을 찾지 못했지만 대신 잇따르는 우연으로 인생을 훌륭하게 살아갈 수 있는 지혜와 용기를 얻는다. 여기서 준비된 우연을 뜻하는 세렌디피티 법칙이라는 말이 나왔다. '세렌디피티 법칙'은 우연한 기회에, 혹은 실험에 실패하면서 중대한 발견이나 발명을 하는 것을 말한다. 우리는 역사적으로 새로운 발견, 새로운 이론이 나오는 과정에서 이 우연이 중요한 모티브가 되었다는 이야기를 많이 들었다. 노벨의 다이너마이트 발견, 플레밍의 페니실린 발견, 뉴턴의 만유인력 법칙, 에디슨의 발명은 우연한 아이디어와 영감의 산물처럼 이야기한다. 그러나 에디슨이 이야기하는 1%의 영감도 우연이 아니라 99% 노력의 산물이라는 것이다.

풍선 효과

빈대 잡으려다 초가삼간 태운다. 어떤 현상이나 문제를 억제하면 다른 현상이나 문제가 새로이 불거져 나오는 상황을 가리키는 말이다. 풍선의 한쪽을 누르면 다른 쪽이 불룩 튀어나오는 모습에 빗댄 표현이다. 예를 들어 특정 지역의 집값을 잡기 위해 규제를 강화하면 해당 지역 집값은 통제가 될지라도 수요가 이동해서 다른 지역의 집값이 오르는 현상도 이에 속한다. 풍선 효과에 의하면 어떤 경제정책을 강제로 시행하면 부작용이 나타나면서 보호하려는 계층의 이익을 오히려 해치게 되는 경우가 일어난다.

파레토의 법칙

부익부 빈익빈 현상. '80 대 20 법칙'이라고도 한다. 전체 결과의 80%가 전체 원인의 20%에서 일어나는 현상을 가리킨다. 예를 들어, 20%의 고객이 백화점 전체 매출의 80%에 해당하는 만큼 쇼핑하는 현상을 설명한다. 또 기업 성과의 80%는 전체 임직원 중 상위 20%가 발휘하는 노고 덕분이라거나, 교통사고의 80%는 20%의 운전자가 집중적으로 일으킨다거나, 건강보험 재정의 80%를 20%의 환자가 사용한다는 사실은 파레토 법칙의 예라고 할 수 있다.

롱테일 법칙

티끌 모아 태산. 롱테일 법칙은 파레토 법칙과는 거꾸로 80%의 '사소한 다수'가 20%의 '핵심 소수'보다 뛰어난 가치를 창출한다는 이론으로서, 이 때문에 '역(逆) 파레토 법칙'이라고도 한다. 예를 들면, 온라인 서점 아마존 닷컴의 전체 수익 가운데 절반 이상은 오프라인 서점에서는 서가에 비치하지도 않는 비주류 단행본이나 희귀본 등 이른바 '팔리지 않는 책'들에 의하여 발생한다는 사실이 그것이다.

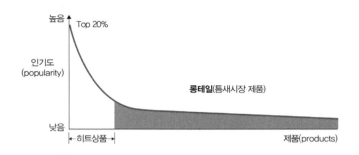

플라시보 효과

믿으면 이뤄진다. 의사가 효과 없는 가짜 약 혹은 꾸며낸 치료법을 환자에게 제안했는데, 환자의 긍정적인 믿음으로 인해 병세가 호전되는 현상이다. 심리적 요인에 의해 병세가 호전되는 현상으로 가짜 약(僞藥) 효과라고도 한다. 성공도 마찬가지다. 성공하겠다고 결심한다고 해서 성공하는 것이 아니라, 열심히 노력해서 성공하는 과정을 즐겁게 상상하는 사람이 성공하는 것이다. 이를 '유인력의 법칙'으로 부르기도 한다.

치킨게임

승자독식의 냉혹한 승부. 상대가 무너질 때까지 출혈 경쟁을 하는 것을 일컬으며, 어느 한 쪽이 양보하지 않을 경우 양쪽이 모두 파국으로 치닫게 되는 극단적인 게임이론이다. 치킨게임은 1950년대 미국 젊은이들 사이에서 유행하던 자동차 게임의 이름으로, 한밤중에 도로의 양쪽에서 두 명의 경쟁자가 자신의 차를 몰고 정면으로 돌진하다가 충돌 직전에 핸들을 꺾는 사람이 지는 경기이다. 핸들을 꺾은 사람은 겁쟁이, 즉 치킨으로 몰려 명예롭지 못한 사람으로 취급받는다. 그러나 어느 한 쪽도 핸들을 꺾지 않을 경우 게임에서는 둘 다 승자가 되지만, 결국 충돌함으로써 양쪽 모두 자멸하게 된다. 핵무기 개발을 둘러싼 협상에서 북한이 자주 구사해 온 '벼랑 끝 전술'도 이에 해당한다. 정치학뿐 아니라 경제 분야 등에서 여러 극단적인 경쟁으로 치닫는 상황을 가리킬 때도 인용된다.

동조 행동에 관한 연구에서 가장 전형적인 것은 애쉬의 연구이다. 그는 7~9명의 대학생을 의자에 나란히 앉힌 후 아래 그림과 같이 선이 그려진 카드를 보여주었다. 그리고 세 개의 비교 선분 중에서 표준 선분과 길이가 같은 것을 고르도록 했다. 이 실험에서 나란히 앉은 7~9명 중 나중에 앉은 한 사람만이 진짜 피험자였고, 나머지는 실험자와 짜고 피험자 역할을 하는 실험 협조자들이었다.

이 실험의 협조자들은 사전에 실험자와 약속한 대로 오답(그림의 경우에는 'A' 선분)을 응답하도록 되어 있었다. 응답은 피험자 순서대로 하도록 했는데, 진짜 피험자는 맨 나중에 응답하도록 했다.

애쉬는 이 실험을 실시하기 전에 인간은 자기의 소신을 굽혀서 다른 사람의 의견에 쉽게 굴복하지 않을 것이라고 생각했다. 그러나 실험 결과는 예상했던 것과 달랐다. 이렇게 집단 상황이 아닐 때, 즉 혼자 판단했을 때에는 100%의 피험자들이 정답인 'C' 선분을 골랐다. 그러나 실험에서와 같이 집단 속에서 판단했을 때에는 67%만이 정답을 골랐고, 나머지 33%는 다른 사람들을 좇아서 틀린 응답을 했다. 즉 이들 33%의 피험자들은 다른 사람들에게 동조했던 것이다.

이 실험에서는 물론 33%의 사람들만이 동조했으므로 동조하지 않은 사람보다 적은 수이기는 하다. 그러나 논리적으로만 본다면, 누구도 이러한 분명한 상황에서 다른 사람의 틀린 의견에 따라가지 않을 것이라고 생각할 수 있다. 이 실험의 실시인 애쉬도 처음에는 그렇게 생각했다. 그리고 정답이 분명하지 않은 상황에서는 다른 사람의 행동에 동조하는 경향이 더 늘어날 수 있다는 점에 주목할 필요가 있다.

이렇게 인간의 행동은 논리적으로만 설명될 수 있는 것은 아니다. 그렇다면 이러한 **동조 행동**이 나타나는 까닭은 무엇인가? 이는 우리가 자기 개인의 의견보다는 집단의 의견을 더 신뢰하기 때문일 수도 있다. 우리는 다른 사람들이 모두 자기와는 다른 의견을 가지고 있다면, 자기 의견이 틀렸을지도 모른다고 생각하는 것이 보통이다. 또한 다른 사람들과 함께 있을 때에 그들로부터 떨어지거나 멀어지게 되면, 비난을 받게 되거나 외톨이가 될지도 모른다는 두려움을 가지기 때문이라고도 볼 수 있다. 그러므로 **집단 의견**에 대한 신뢰가 커질수록, 그리고 집단으로부터 이탈되는 것에 대한 두려움이 커질수록 동조 행동은 늘어나게 된다.

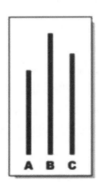

표준 선분　　　　비교 선분

제2차 세계대전 당시 유태인 학살을 총지휘한 사람은 아돌프 아이히만이라는 직업 관료였다. 그는 종전 후 아르헨티나로 도주했으나 1961년 이스라엘 비밀경찰에 체포되어 처형되었다. 아이히만은 재판 과정에서 꽤나 유명한 말을 많이 남겼는데, 자신은 그저 명령에 따랐을 뿐이므로 6백만 명에 달하는 유태인의 죽음에 대해 전혀 책임이 없다고 항변했다. 과연 아이히만의 항변은 타당했는가?

아이히만의 항변이 있고 나서 미국의 심리학자 스탠리 밀그램(Stanley Milgram)은 남들에게 고통을 가하라는 명령을 사람들이 얼마나 잘 따르는지를 알아보기 위해 일련의 연구를 착수했는데, 그 대표적인 것이 권위에 대한 복종 실험이다. 실험의 내용은 다음과 같다.

밀그램은 피험자들에게 처벌이 학습에 미치는 영향을 알아보기 위한 실험이라고 속이고, 선생의 역할을 맡은 피험자(실제로는 실험에 참가한 실험 대상자다)로 하여금 학생에게 기억해야 할 단어들을 읽어주도록 지시했다. 그리고 학생이 착오를 일으킬 때마다 그에게 전기 충격을 가하도록 지시했다. 실험이 시작되기 전에 피험자들은 고통스럽고 강한 전기 충격을 직접 경험했는데, 실험자는 한술 더 떠 그 정도의 충격은 학생이 겪게 될 전기 충격에 비하면 약한 것이라고 설명해 주었다.

실험이 시작되자 학생은 몇 단어를 제대로 기억하지 못했다. 이에 선생은 학생에게 틀렸다는 말을 하고 전기 충격을 가하기 시작했다. 그러자 학생은 투덜거리기 시작했고, 전기 충격의 정도가 커질수록 학생의 반응은 더욱 거칠어졌다. 충격을 멈춰달라고 사정도 하고, 탁자를 두드리고 발로 벽을 차기도 했다. 실험이 진행될수록 학생은 소리조차 지르지 못했고 결국에는 말도 제대로 못했다. (학생 역할을 하는 사람은 실제로는 실험자와 사전에 짜고 피험자가 누르는 전기 충격 강도에 따라 연기를 하는 것이었으나, 피험자들은 그것을 전혀 모르는 상황이다.)

학생이 전기 충격을 받고 고통을 호소하자 피험자들은 손에 땀이 나서 안절부절 못하고, 더러는 이따금씩 실험을 거부하기도 했다. 그러나 실험자는 옆에서 계속 충격을 가할 것을 요구했다. 그러면서 실험에 관한 모든 책임은 실험자인 자신이 질 것이므로, 선생 역할을 하는 피험자는 전혀 책임질 필요가 없다고 말해주었다.

과연 피험자들은 어느 정도의 전기 충격을 학생에게 가했을까? 즉 사람들은 얼마나 잔인해질 수 있을까?

실험 결과는 매우 충격적이었다. 실험에 참가한 모든 피험자들이 300V의 전기 충격을 학생에게 가했다. 그리고 절반이 넘는 65%(40명의 피험자 중 26명)의 피험자가 450V의 전기 충격을 가했다. 가정용 전압인 110V 또는 220V에만 감전되어도 위험한데, 하물며 300V 심지어는 450V의 전압이 얼마나 위험한지를 그들이 쉽사리 짐작할 수 있음에도 불구하고 학생에게 충격을 가한 것이다.

이 실험은 **합법적인 권위** 앞에 놓여있는 상황이라면, 정상적인 사람일지라도 타인에게 심한 위해를 끼칠 수 있는 명령에 얼마든지 **복종**할 수 있음을 보여 준다. 신뢰할 수 있는 권위와 마주했을 때 무려 65%에 달하는 사람들이 타인에게 치명적인 위해를 가할 정도로 권위에 순종하는 태도를 보였고, 반항적인 성향은 발견되지 않았다.

이는, 우리의 행동은 내면화되고 고착화된 기호로서의 신념과 가치보다는, 기후나 바람처럼 쉽게 변할 수 있는 외적 영향력으로서의 그 무엇에 더 크게 영향을 받는다는 사실을 보여준다. 즉 사람들은 개인적인 성격보다는 각자가 처한 사회적 상황에 더 크게 영향을 받는데, 강압적인 권위에 쉽게 복종하려 드는 이유가 여기에 있다. 외적 권위에 단단히 설득당하는 상황이 발생하면 아무리 이성적인 사람일지라도 도덕 규칙을 무시하고 명령에 따라 잔혹한 행위를 저지를 수 있다는 것이다.

그렇다면 '아이히만의 항변'은 정당화될 수 있을까? 실험 결과에 따르면, 아이히만의 항변은 어느 정도는 설득력을 갖지만, 그렇다고 그것 때문에 그의 행동이 정당화되는 것은 아니다. 아이히만은 '**사유 불능성(무사유)**', 즉 타인의 처지에서 생각하지 않았기에 그의 행동은 결코 정당화될 수 없으며, 마땅히 자신이 저지른 행동에 책임을 져야 한다. 남의 말을 무조건 믿고 따르다가 패가망신하는 어리석음을 범하지 않기 위해서는 행동에 앞서 자기의 식이 확실하게 뒷받침되어야 함을 밀그램의 '권위에 대한 복종' 실험은 보여준다.

테마학습 3　　**레온 페스팅거의 인지부조화 이론 –** 태도와 행동의 불일치

미국의 유명한 사회심리학자인 레온 페스팅거는 '인지부조화(cognitive dissonance)' 이론을 체계화하고 여러 기발한 실험을 통해 이를 검증하였다. **인지부조화**란 '자신의 행동, 태도, 신념들 간에 어떤 불일치가 일어나고 있음을 인식할 때 생기는 불편한 마음 상태'를 지칭하는데, 사람들은 이를 줄이기 위해 자신의 행동, 태도, 신념을

변경하여 이들 간의 일관성을 회복하도록 노력하고, 이를 통해 자신을 정당화하려 든다는 것이다. 이를 관련한 실험 사례를 통해 설명하면 다음과 같다.

페스팅거와 동료들은 한 연구에서 피험자들에게 다이얼 손잡이를 계속 방향을 바꿔가며 돌려야 하는 과제를 내주었다. 이는 결코 재미있다고는 할 수 없는 과제였다. 피험자들이 지겨워할 무렵이 되었을 때, 실험자는 피험자들에게 다음과 같이 부탁했다. 즉 밖에서 기다리고 있는 다음번 피험자들에게 이르기를, 실험에 참가해서 해야 할 과제가 아주 재미있는 일이라고 말해달라고 부탁했다. 실험자는 한 집단의 피험자에게는 그 부탁을 들어준 대가로 1달러를 지불하겠다고 말하는 한편, 다른 집단의 피험자에게는 20달러를 주겠다고 제안했다. 모든 피험자들은 실험자의 요청을 들어 주었다. 실험자의 요청에 따라 실행된 후, 피험자들에게 앞서 실행했던 다이얼 손잡이 돌리기 과제가 실제 어느 정도 재미있었는지를 보고하게 하였다.

● 실험에서 1달러를 받은 집단과 20 달러를 받은 집단 중 어느 집단이 지루한 과제를 더 좋아하게 되었을까?

실험 결과, 누가 더 자신이 한 거짓말을 적극 정당화할까? 1달러를 받은 사람은 자신이 한 거짓말이 들통 나도 단지 1달러만 손해 보는 것이기에 쉽사리 이를 시인할 것이라고 생각되지만, 그와는 달리 20달러를 받고 거짓말한 사람은 좀 더 적극적으로 자신의 거짓말을 옹호할 것이라는 게 일반인으로서 갖는 상식적인 생각이다. 그런데 놀랍게도 거짓말에 더 적극적인 사람은 1달러를 받은 사람이었다.

20달러를 받은 사람은 돈을 받고 거짓말을 한 사실을 순순히 시인하려 드는 반면, 1달러를 받은 사람은 적극적으로 거짓말을 부인하고, 심지어 거짓말을 사실인 양 믿으려 했다. 이유가 뭘까? 이는 단돈 1달러에 거짓말을 했다는 사실이 심히 부끄럽고, 자신이 바보 같은 인간이 되는 것처럼 보이는 게 싫어서라고 말한다. 그래서 자신이 원하는 쪽으로 믿음을 가져가버린다는 것이다.

■ 인간은 합리화하는 존재다
이처럼 인지부조화 이론에서는, 자신의 믿음 또는 신념과 일치하지 않는 행동에 관여하여 그 대가로 받은 보상이 미미할수록, 사람들은 자신의 믿음을 바꿀 가능성이 높다고 말한다. 스스로 사소한 보상에 반응하여 행동하는 멍청이로 느끼지 않도록 생각하려 든다는 것이다. 자신이 꾸며낸 거짓말을 돌이킬 수 없다면 아예 자신의 믿음 자체를 바꿈으로써 더 이상 생각과 행동 간의 부조화를 겪지 않으려 들고, 그렇게 해서 바보 얼간이가 된 것 같은 불편한 마음으로부터 벗어나려 든다는 것이다.

인지부조화 현상은 이렇듯 심리적으로 모순되는 '인지(생각, 태도, 신념, 의견 등)'가 마음속에서 일어날 때 발생하는데, 이때 사람들은 그러한 부조화를 떨쳐내고 싶어 하면서 심적 불편함을 느낀다. 따라서 페스팅거는 사람들이 인지부조화라는 불협화음을 겪는 것은 그것에 어떠한 **심리적 동인(動因)**이 작동하고 있기 때문이라고 말한다. 즉 인간은 자신의 믿음과 일치하는 정보에만 관심을 기울이고, 주변에 자신의 믿음을 지지하는 사람만 두려 들며, 자신이 이미 저질러놓은 것들을 의심하게 만드는 모순된 정보는 애써 무시해버리는 성향을 보인다는 것이다.

그러한 생각에서 벗어나기 위해 사람들은 자신의 행동을 정당화하는 방법을 찾아내고, 이를 통해 인지부조화에 따른 불편함을 떨쳐버리려 든다. 예를 들어 차를 탈 때 안전벨트를 매는 것이 안전하다는 사실을 잘 알고 있지만, 그럼에도 안전벨트를 선뜻 매려 들지 않는 사람들이 있다. 이때 그는 생각과 행동 간의 부조화를 줄여나가기 위해 아마도 안전벨트를 매는 것이 불편하다고 말한다거나, 혹은 자신의 뛰어난 운전 실력이 위험한 상황으로부터 스스로를 지켜줄 것이라고 주장할 것이다.

이런 이유로 페스팅거는 인간은 이성적인 존재가 아니라 합리화하는 존재라고 하여, 인간 본성을 긍정적으로 바라보지 않았다. 양립 불가능한 생각들이 심적으로 대립할 때, 사람들은 적절한 조건하에서 자신의 믿음에 맞추어 행동을 바꾸려 들기보다는, 반대로 자신이 한 행동에 따라 믿음을 조정하려 든다고 생각했다.

로젠탈의 피그말리온 효과 – 칭찬은 고래도 춤추게 한다

미국 하버드대 심리학 교수 로젠탈은 피험자인 초등학교 교사들에게 거짓으로 다음과 같이 말했다. 실험은 어린이 지능 향상을 파악하기 위한 것이라고 설명한 후, 아이들을 대상으로 지능검사를 실시했다. 그런 후에 전체에서 20%의 아이들을 무작위로 뽑아, "이 아이들은 앞으로 지적 발달이 빠르고 학업 성적도 오를 것입니다."라고 선생님에게 지능검사 결과를 거짓으로 알려주었다. 그리고 8개월이 지난 후에 다시 예전과 비슷한 지능검사를 실시했다. 그 결과, 앞으로 잘할 것이라고 말하면서 선생님에게 기대를 심어주었던 20%의 아이들의 지능은 다른 80%의 아이들의 지능보다 뚜렷하게 향상되었다.

실험 결과는 교사가 학생에게 거는 긍정적인 기대가 실제로 학생의 성적 향상에 효과를 미치고 있음을 보여준다. 이처럼 타인이 상대를 존중하고 긍정적으로 기대하는 태도를 보일 경우, 상대는 그 기대에 부응하는 행동을 하면서 만족스런 결과를 가져오는 현상을 '피그말리온 효과(Pygmalion Effect)'라고 한다.

이는 그리스신화에 나오는 조각가 피그말리온의 이름에서 유래한 심리학 용어다. 조각가였던 피그말리온은 아름다운 여인상을 만들고, 그 여인상을 진심으로 사랑하게 된다. 이에 미의 여신 아프로디테는 그의 사랑에 감동하여 여인상에게 생명을 주었는데, 이처럼 타인의 기대나 관심으로 인하여 뛰어난 성과가 나타나거나 좋은 결과를 만들어내는 현상을 일컬어 피그말리온 효과라고 한다.

피그말리온 효과를 교육학에 접목한 것을 '로젠탈 효과(Rosenthal effect)'라고 하는데, 이는 교사가 학생들을 교육할 때 능력 있는 학생으로 기대하고 인정하는 태도를 보이면 그 학생의 능력은 더욱 신장되지만, 그와 반대로 능력이 없는 학생으로 기대하고 대하면 그들의 능력은 신장되지 못하는 현상을 말한다. 이는 교사가 학생 개개인을 어떤 관점으로 대하느냐에 따라 학생의 학업성취도가 달라진다는 것으로, '할 수 있다'는 기대치를 가지고 아이들을 바라보는 것이 얼마나 중요하는지를 보여주는 사례이다.

피그말리온 효과와는 반대되는 현상으로 '낙인 효과(Labelling effect)'가 있는데, 이는 다른 사람들에게 무시당하고 부정적으로 낙인찍히면 행동이 나쁜 쪽으로 변화하는 현상을 말한다. 사회심리학에서 일탈행동을 설명하는 이론의 하나인 낙인 효과는, 남들이 자신을 긍정적으로 대하면 그 기대에 부응하려고 노력하지만, 반대로 부정적으로 평가해 낙인을 찍게 되면 나쁜 행태로 나타나는 경향성을 말한다. '스티그마 효과(Stigma effect)'라고도 한다.

죄수의 딜레마 게임 – 남 잘되는 꼴은 죽어도 못 본다

갈등은 일반적으로 양립할 수 없는 두 가지 조건이나 두 사람 사이의 이해가 충돌할 때 발생한다. 이때 갈등은 한쪽에 이득이 되면 다른 한쪽은 손해를 보는 '제로섬(zero-sum conflict)' 상황과, 양쪽 모두에게 이득이 되는 '플러스섬(plus-sum conflict)' 상황으로 구분된다.

플러스섬으로 귀결되는 갈등의 경우, 언뜻 보기에는 제로섬 상황처럼 한쪽의 이득은 상대편에 손해가 되는 것 같지만, 사실은 양쪽 모두 이득을 얻을 수 있는 방법이 존재한다. 인간 행동을 연구하는 게임이론의 하나인 '죄수의 딜레마 게임'은 사람들이 협력을 통해 모두에게 이로운 결과인 플러스섬의 상황을 유지하는 것이 왜 어려운지를 설명해 준다.

'죄수의 딜레마(Prisoner's Dilemma)'는 협력을 통해 서로 이익이 되는 상황을 선택하지 못하고, 더욱 불리한 상황을 선택하는 문제가 발생할 수 있음을 보여주는 유명한 사례다. 상황은 다음과 같다.

구분	A가 자백	A가 부인
B가 자백	2명 모두 중죄	B는 가벼운 죄, A는 중죄
B가 부인	A는 가벼운 죄, B는 중죄	2명 모두 석방

두 명의 용의자가 체포되어 서로 다른 취조실에 격리된 채로 심문을 받으며, 이때 서로의 의사소통은 불가능하다. 이들에게는 자백 여부에 따라 다음의 선택이 가능하다.

- 선택 1 – 둘 중 하나가 배신하여 죄를 자백하면 자백한 사람은 가벼운 죄를 받고, 나머지 한 명은 중죄를 받는다.
- 선택 2 – 서로를 배신하여 죄를 자백하면, 둘 다 중죄를 받는다.
- 선택 3 – 둘 모두 죄를 자백하지 않으면, 둘 다 석방된다.

이 경우, 용의자 둘 다 계속해서 부인하면 두 명 모두 석방된다. 이것이 모두에게 가장 좋은 결과이다. 하지만 결과는 전혀 다른 양상을 띤다. 이들은, 한편으로는 공범이 자수해버리면 자신의 죄가 무거워질 것이기에 두려워하고, 다른 한편으로는 자신이 먼저 자백하면 공범자보다는 형이 가벼워진다는 생각에 고민하다가, 결국에는 둘 다 모두 자백하고 만다. 두 명 모두 마지막까지 부인하면 석방될 수 있음에도 불구하고, 가장 좋은 결과를 낼 수 없는 것이 바로 이러한 불안심리 때문이다. 이처럼 죄수의 딜레마 이론은 함께 행동하면 모두가 이익을 볼 수 있음에도 불구하고 서로를 믿지 못하여 다 같이 손해를 보는 나쁜 결과를 선택하게 된다는 사실을 보여준다.

이때 두 전략인 부인을 '협력', 자백을 '배신'으로 바꾸면, 이를 갖고서 사회 내에서 일어나는 협력 관계를 설명할 수 있다. 예를 들어 두 명이 협력해서 일하면 좀 더 높은 성과를 올릴 수 있지만, 두 명 모두 다른 사람의 일에 무임승차해가며 게으름을 피우는 등으로 배신행위를 할 때 오히려 더 많은 이익을 얻을 수 있는 상황 또한 배제할 수 없다. 이런 경우 경제적 인간이라면 당연히 배신을 선택할 것이다.

그러나 실험에 따르면 약 30~70%의 사람들이 '협력'하는 행동을 선택한다고 한다. 이는, 상대방의 선택을 단지 추측할 수밖에 없는 상황에서 사람들은 자기 보호를 위해 '경쟁'을 선택하기 쉽지만, 상대방의 우호적인 태도를 직접 확인할 수 있는 경우에는 서로 협력하려 든다는 사실을 보여 준다. 결국 갈등을 해소하고 협력을 유발하기 위해서는 상대방과의 의사소통이 중요한 요소로 작용함을 알 수 있다.

테마학습 6 | 사슴 사냥 게임 – 사회적 협력이 가능한 이유

'사슴 사냥 게임'은 조건을 달리하면 '협력'이 일어날 수 있다는 사실을 보여 준다. 이 게임에서 사슴을 사냥하기 위해서는 두 명의 사냥꾼이 힘을 합쳐야 한다. 하지만 토끼 사냥은 혼자 할 수 있다. 사냥꾼 A와 B가 함께 사슴을 사냥하기로 약속했는데, 갑자기 그 옆으로 토끼 한 마리가 지나간다. 이때 토끼와 사슴 중 무엇을 함께 잡아야 할까? 사냥꾼 A, B의 선택에 따른 결과는 다음과 같다.

구분	사냥꾼 A 사슴	사냥꾼 B 토끼
사냥꾼 A 사슴	(4, 4)	(0, 2)
사냥꾼 B 토끼	(2, 0)	(2, 2)

함께 사슴을 잡으면 둘 다 4의 이득을 얻는다. 하지만 어느 한쪽이 배반하면, 배반하는 사람은 2를 얻는다. 둘 다 배반하면 각각 2를 얻는다. 둘이 협력하면 둘 다 4의 이익을 얻지만, 배반한다면 2밖에 얻지 못하므로 협력을 하게 된다. 이럴 경우 **사회적 협력**이 생기는 것이다. 게임이 반복되거나, 서로 협력을 할 수밖에 없는 구조가 만들어지면 이기적인 사람이라도 협력을 할 수밖에 없게 된다. 죄수의 딜레마와 공유지의 비극에서 벗어날 길이 보이는 것이다.

최종제안 게임 – 이기심과 공정성 사이

인간이 이기적인 태도를 취할 수 있는 상황에서 정말로 그런 행동을 하는가를 설명하는 대표적인 실험이 바로 최종제안 게임이다. 이 실험을 통해 현실적인 상황에서 사람들은 얼마나 이기적인 행동을 하는지 관찰해 볼 수 있다.

'최종제안 게임(최후통첩 게임이라고도 한다)'의 실험 대상이 되는 두 사람은 예전에 단 한 번도 만난 적이 없는 낯선 이들이다. 실험을 주관하는 이는 이 두 사람에게 일정한 금액의 돈을 건네주고 일정한 절차에 따라 이를 나눠 가지라고 말한다. 이들은 낯선 관계이기 때문에 우정이나 체면 같은 것은 생각할 필요 없이 각자 원하는 대로 행동할 수 있다. 아무 거리낌 없이 이기적으로 행동해도 되는데, 이때 우리가 알고 싶은 것은 이런 상황에서 사람들이 정말로 이기적으로 행동하느냐 하는 점이다.

이 실험에서 어떤 한 사람에게 10,000원을 주면서 그 자신과 다른 사람이 이를 나누어 가질 것을 제안한다. 이때 상대방은 거부권이 있으며, 상대방이 제안을 거부할 경우에 두 사람 모두 한 푼도 받지 못하게 된다.

이 문제는 확실한 정답은 없다. 하지만 각자가 경제적 · 이기적 인간이라고 가정한다면, 제안자 자신이 9,900원을 갖고 상대방에게는 100원만 건네준다면 그것이 정답이 된다. 상대방도 경제적 인간이기 때문에 0원보다는 100원이라도 받는 게 나을 것이다. 따라서 제안하는 금액이 100원이더라도 이를 거부하지 않을 것이다. 이기적인 제안자는 이 사실을 정확히 예측하고 있기 때문에, 자신의 몫이 가능한 한 많아지도록 하기 위해 상대방의 몫으로 100원을 제시하고 9,900원을 수중에 넣을 것이다.

그 결과, 거의 모든 실험에서 이기적 · 경제적 인간처럼 행동(100원을 제안)하는 사람은 찾아볼 수 없었고, 대부분의 사람들은 상대방에게 30~50%의 금액을 제안하는 것으로 나타났다. 40명의 학생을 대상으로 한 실험에서도 평균 제안 금액은 4,820원이었다. 이때 5,000원을 제안한 학생이 가장 많았고, 5,000원 미만을 제안한 사람은 4분의 1밖에 없었다. 즉 많은 사람이 상대방에게 최소한 40% 이상의 몫을 제안하는 관대함을 보였고, 반반씩 나누자는 제안을 하는 사람도 생각 밖으로 많은 것으로 드러났다.

이 실험에서 드러난 또 하나의 흥미로운 점은 상대방이 보인 태도다. 그가 합리적인 사람이라면 0보다 더 큰 금액을 얻을 수 있는 모든 제안을 받아들일 것이라고 예상할 수 있다. 그러나 실험 결과는 예상을 크게 빗나갔다. 즉 자신이 생각하기에 너무 적은 금액밖에 얻지 못한다고 느끼면 그 제안을 서슴없이 거부해버리고 마는 것이었다. 대략 자기 몫이 20%에 미치지 못하는 경우 제안을 받아들이지 않는 것으로 나타났다.

일반인들은 주류 경제학 이론이 예상할 법한 이기적인 행동을 하지 않는다. 그렇다고 해서 "인간은 이기적이지 않다."라고 단순히 결론 내릴 수도 없다. 이 실험에서 명백하게 드러난 사실은, 인간은 개인적인 이익 못지않게 **공정성**을 매우 중요하게 생각한다는 점이다. 현실에서의 사람들은 자기 자신의 이익에만 연연하는 것이 아니라, 공정성이라는 중요한 가치를 위해 자신의 이익을 선뜻 포기하는 행동도 마다하지 않는다는 것이다. 이를 통해 알 수 있듯이, 인간은 기본적으로 이기적인 성향을 갖는다고 보는 경제이론만으로는 인간의 행동을 정확하게 예측할 수 없다.

전망이론 – 불확실성 하에서의 인간의 선택

'전망이론(Prospect Theory)'은 불확실한 조건에서 인간이 잠재적 손실과 이익을 평가하여 결정하는 행동 양식을 새로운 시각에서 설명한 이론이다. 미국의 심리학자 대니얼 카너먼과 동료인 아모스 트버스키는 이를 통해 경제학에 심리학적 실험 기법을 도입함으로써, 행동경제학이라는 새 분야를 개척하였다. 2002년 카너먼은 전망이론을 정립한 공로를 인정받아 버논 스미스와 함께 노벨경제학상을 수상했다.

아래의 도표는 가로축이 손실과 이익, 중앙이 준거점, 세로축이 주관적 평가이다. '주관적 평가'는 다소 복잡한 뜻이지만, '효용' 또는 '투자심리'라고 생각해도 무방할 듯하다. 투자자는 기본적으로는 이익을 내기 위해 투자한다. 따라서 이는 '손익=자신의 투자심리에 따라 움직이는 효용가치'로도 볼 수 있다. 이익이 상승하는 부분만큼 기분(즉 효용)이 좋아지는 반면, 손실을 내게 되면 그만큼 기분이 나빠지는 것은 당연하다. 이러한 효용선이 45도 기울기의 직선으로, 합리적인 투자심리를 나타낸다. 하지만 실제로는 반드시 그렇지만은 않은데, 이는 도표로써 설명 가능해진다. 이를 '전망이론'이라고 부른다.

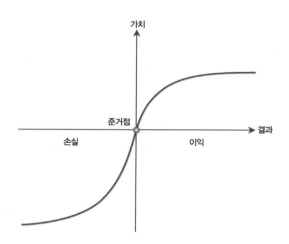

전망이론은 간단히 말해, 사람들이 이익보다는 **손해를 더욱 크게** 느낀다는 이론이다. 그림을 보면, 손해의 기울기가 훨씬 아래로 처져 있다. 우리가 합리적인 사고를 한다고 치면, 좌우편이 대각선으로 대칭을 이루어야 하는데, 실제로는 그렇지 않다. 사람들은 손해 보는 것을 너무나 싫어하기 때문에, 의사 결정 시에 이성적 판단보다는 감성적 판단이 앞설 수 있다는 얘기다. 결국 이익을 볼 수 있는 경우에는 상대적으로 손해가 없는 좀 더 안전한 선택을, 손해가 예상되는 경우에는 손실을 회피하기 위한 위험한 선택을 선호하게 된다.

예를 들어, 도박판에서 '100만 원에서의 1만 원의 추가 이익 vs. 100만 원에서의 1만 원의 삭감 손실'이 있다고 하자. 이때 사람들은 101만 원으로 1만 원이 추가되는 이익은 그리 크지 않지만, 99만 원으로 1만 원이 감해지는 손실은 크게 '차이 난다'고 생각하는 경향이 있다. 즉 사람들은 '100만 원에서 1만 원을 추가로 얻었을 때에는 이를 그리 크게 느끼지 않지만, 100만 원에서 1만 원을 추가로 잃었을 때에는 민감하게 반응하면서 손실의 감정을 크게 느낀다. 단돈 1만 원의 손해를 무척 크게 느끼는 것이다. 때문에 만약 99만 원에서 1만 원을 얻어 100만 원을 손에 쥐고 있는 사람이라면 이후 추가적인 이익을 위해 위험을 추구하기보다는 좀 더 안전한 선택을 하려 든다. 이와 달리 100만 원에서 1만 원을 잃어 99만 원을 갖고 있는 사람이라면 마치 '1만 원의 승부에서 질 수 없다'는 생각으로 손실한 1만 원을 채워 넣기 위해 기꺼이 위험을 감수하려 들 것이다. 그 결과, 사람들은 위험에 비해 이익이 적음에도 불구하고 손실액을 만회하기 위해 애쓰는 반면, 이로 인해 자칫 크게 일어날 수 있는 손실의 확대 가능성은 애써 외면하는 경우가 많다. 참고로 이렇듯 작은 손실(이익 역시 마찬가지다)에도 크게 반응하는 것을 두고 '민감도 체감성'이 크다고 하는데, 앞의 그래프가 급경사한 후에 완만한 추세를 보이는 이유가 이 때문이다. 이는 주류 경제학에서 가정하는 한계효용 체감의 법칙과 같은 이치다. 이익이나 손실 액수가 작은 초깃값에는 변화에 민감하여 손익의 작은 변화가 비교적 큰 가치 변동을 가져오지만, 이익이나 손실 액수(손실 가치)가 커짐에 따라 작은 변화에 대한 가치의 민감도가 감소하면서 가치 함수의 기울기가 점점 완만해져 간다.

본래 돈의 가치는 그 절대 금액 또는 구매력에 있다. 전통적 효용이론에서 이렇게 규정하고 있으며, 또한 굳이 이론이 아니더라도 우리의 상식으로 이해할 수 있다. 하지만 통장에 1,000만 원쯤 넣어 둔 성실한 당신이 내기를 해서 10만 원을 잃었다면 사정이 달라질 것이다. 여전히 통장에 남아있는 990만 원보다 잃어버린 10만 원에 대한 안타까움에 젖어 시간을 보내지 않을까?(실제, 도박으로 돈을 다 날리는 경우가 바로 이런 이유 때문이다).

프로스펙트 이론에서는 돈의 절대 금액보다는 **'소비자의 준거점(reference point)'**이 평가의 가치를 결정한다고 본다. 10만 원을 잃어버린 슬픔은 990만 원의 효용보다 10만 원의 비효용에 무게를 둔 결과다. 나름의 준거점을 정해두면 돈의 가치는 준거점에 따라 달라질 수밖에 없다. 3억 원짜리 아파트를 매입한 게 아니라 월세 50만 원의 아파트로 이사하면서 300만 원짜리 TV를 아무렇지도 않게 구매하는 사람은 별로 없을 것이다. 기준 금액이 적어지면 그것에 맞춰 물건을 구매하는 것이 사람의 심리이기 때문이다. 고려해야 할 것은 '얼마가 늘었다', '얼마를 썼다'는 절대가치다. 냉정하게 절대 금액에 주목해보자.

연봉 4,000만 원에서 1만 원이 늘었다고 하면 별로 기쁘지 않다. 하지만 그 추가된 1만 원으로 음료수 3캔과 과자 2봉지를 살 수 있다는 사실에는 변함이 없다. 이 절대적인 가치를 간과해서는 안 된다.

■ 위험 인식에 대한 준거점이 다르다

전망이론의 가장 중요한 발견은 손실을 끔찍하게 싫어하는 인간의 행태에 관한 것이다. 다음과 같은 실험을 통해 사람들의 '손실 회피(loss aversion) 성향'을 단적으로 보여줄 수 있다.

● 당신은 150만 원을 딸 확률이 50%, 100만 원을 잃을 확률이 50%인 내기를 하겠는가?

이 물음에는 내기를 하겠다는 응답자가 거의 없었다. 내기의 기대이익이 25만 원$[(150 \times 0.5) - (100 \times 0.5) = 25]$이지만 사람들은 위험을 안으려 하지 않았다. 이익이 적어도 손실의 두 배는 되어야 내기를 받아들였다.

● 당신은 100만 원을 확실히 잃겠는가, 아니면 50만 원을 딸 확률이 50%, 200만 원을 잃을 확률이 50%인 내기를 하겠는가?

이번에는 대부분 내기를 받아들였다. 내기의 기대이익은 −75만 원$[(50 \times 0.5) - (200 \times 0.5) = -75]$이다. 사람들은 100만 원을 확실히 잃는 것보다는 위험을 안더라도 손실을 피할 수 있는 내기를 선택했다. 이익을 위해서는 굳이 위험을 안으려 하지 않던 이들도 손실을 피할 수 있다면 기꺼이 위험을 안으려 한다. 즉 사람들은 손실에 특히 민감하게 반응하는 경향을 보이는데, 똑같은 크기의 이익에서 얻는 만족감보다 손실에서 느끼는 박탈감이 더 크기 때문이다.

테마학습 9　　**행동경제학적 관점에서 본 합리적 분배 결정의 어려움**

행동경제학자들에 따르면, 공정(公正)은 '손실 회피 성향'이나 '보유 효과'와 밀접하게 관련된다. 보유 효과에 따르면, 자신이 보유한 물건에 대한 평가 금액은 그것을 소유하지 않았을 경우에 이를 구입하기 위해 지불할 만하다고 생각하는 금액보다 크다. 또한 현상 유지 편향에 따르면, 사람은 현재 상태에서 변화하는 것을 회피하는 경향이 있는데, 이때 손실 회피 성향이 발동하면 현상 유지를 위한 지향성이 더욱 강해진다.

이처럼 어떤 행위나 상태 변화가 공정한지 불공정한지는 종종 판단의 기준점인 준거점과 그로부터의 이동 방향에 기초하여 판단된다. 따라서 준거점이 어디에서 결정되는지를 파악하는 것이 무엇보다 중요한데, 특히 분배의 공정성을 고찰할 때는 **준거점 의존성**과 **손실 회피 성향**이라는 두 측면을 고려해야 한다.

분배의 공정성은 분배와 재분배라는 두 가지 측면에서 판단해야 한다. **분배 측면**에서는 재산의 크기 또는 부의 수준에 따라 결정되는 효용(평가)의 크기가 공정성의 기준이 된다. 그러나 **재분배의 측면**에서는 어떤 상태로부터의 변화를 고찰해야 한다. 이 경우 효용을 결정짓는 것은 전망이론이 시사하듯, 준거점으로부터의 이동이다. 그 이동이 이익인지 손실인지에 대한 평가는 크게 달라지는데, 이는 공정성에 대한 판단이 준거점으로부터의 이동에 의존하기 때문이다.

수능 및 모평 예술 · 심리 기출 목록

제4장

과학 · 기술

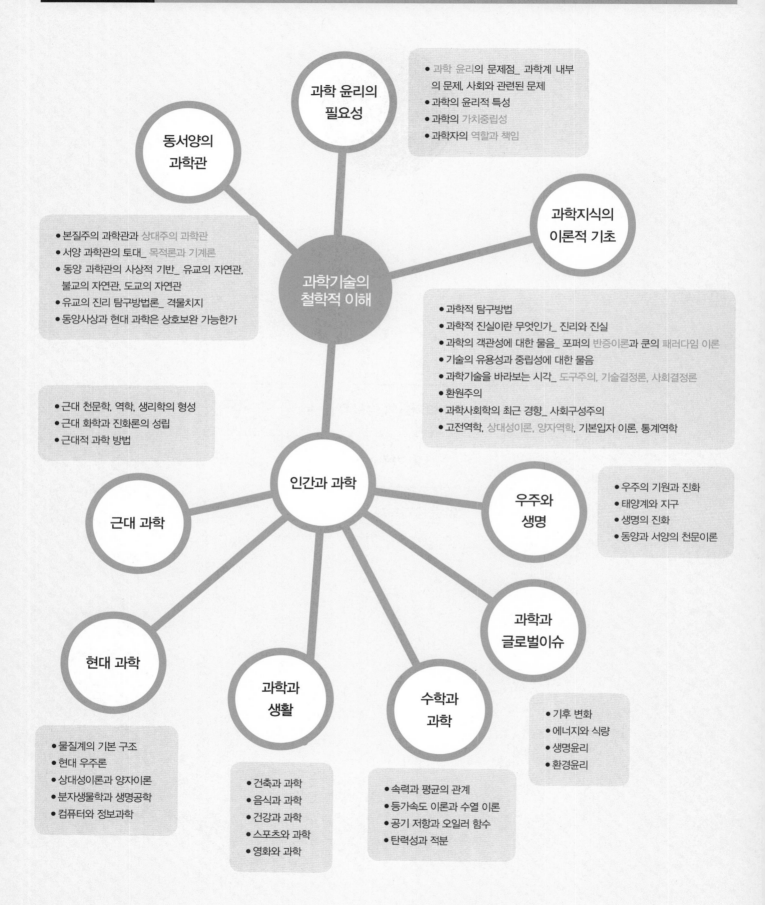

과학 윤리의 필요성
- 과학 윤리의 문제점_ 과학계 내부의 문제, 사회와 관련된 문제
- 과학의 윤리적 특성
- 과학의 가치중립성
- 과학자의 역할과 책임

동서양의 과학관
- 본질주의 과학관과 상대주의 과학관
- 서양 과학관의 토대_ 목적론과 기계론
- 동양 과학관의 사상적 기반_ 유교의 자연관, 불교의 자연관, 도교의 자연관
- 유교의 진리 탐구방법론_ 격물치지
- 동양사상과 현대 과학은 상호보완 가능한가

과학기술의 철학적 이해

과학지식의 이론적 기초
- 과학적 탐구방법
- 과학적 진실이란 무엇인가_ 진리와 진실
- 과학의 객관성에 대한 물음_ 포퍼의 반증이론과 쿤의 패러다임 이론
- 기술의 유용성과 중립성에 대한 물음
- 과학기술을 바라보는 시각_ 도구주의, 기술결정론, 사회결정론
- 환원주의
- 과학사회학의 최근 경향_ 사회구성주의
- 고전역학, 상대성이론, 양자역학, 기본입자 이론, 통계역학

- 근대 천문학, 역학, 생리학의 형성
- 근대 화학과 진화론의 성립
- 근대적 과학 방법

인간과 과학

근대 과학

우주와 생명
- 우주의 기원과 진화
- 태양계와 지구
- 생명의 진화
- 동양과 서양의 천문이론

현대 과학

과학과 글로벌이슈

- 물질계의 기본 구조
- 현대 우주론
- 상대성이론과 양자이론
- 분자생물학과 생명공학
- 컴퓨터와 정보과학

과학과 생활

수학과 과학

- 건축과 과학
- 음식과 과학
- 건강과 과학
- 스포츠와 과학
- 영화와 과학

- 속력과 평균의 관계
- 등가속도 이론과 수열 이론
- 공기 저항과 오일러 함수
- 탄력성과 적분

- 기후 변화
- 에너지와 식량
- 생명윤리
- 환경윤리

과학의 본질

과학은 인간과 자연이 협력해 만든 공동 작품. 과학이란 넓은 의미로는 철학 이외의 모든 학문을 일컫는 것이고, 좁은 의미로는 흔히 경험과학 또는 자연과학을 뜻한다. 이러한 자연과학의 성격과 의미는 학자마다 약간씩 다르게 정의하고 있지만 그 본질적 의미는 같다. 과학은 모든 자연 현상에 대한 이치와 자연의 질서를 발견하여 지식을 쌓아가는 인간의 활동이라고 할 수 있다. 즉 인간이 오랫동안 자연 현상에 대해 관찰하거나 실험 등으로 확인한 사실을 과학자들이 합리적이고 체계적으로 설명하기 위해 노력하는 동안 얻어진 지식들이 축적되어 이루어진 학문으로, 그 본질은 다음의 세 가지 측면을 포함한다. 첫째, 자연에 관한 정보를 체계적으로 얻거나 수집하는 과정이다. 둘째, 이러한 과정을 통해 얻어진 지식이다. 셋째, 과학지식을 얻기까지 과학자가 보이는 온갖 노력과 과학자 자신의 가치관 및 태도 등이다.

과학의 가치중립성

과학적 사실이나 기술 그 자체는 철저히 중립적이기 때문에 어떠한 가치판단의 대상도 될 수 없다. 과학의 가치중립성이라는 말은 다음과 같은 두 가지 의미를 지닌다. 첫째, 자연 현상을 기술하는 데 얻게 되는 과학의 법칙이나 이론으로부터 개인의 취향이나 가치관에 따라 결론을 취사선택할 수 없다. 둘째, 과학적 지식 그 자체는 좋은 것도 나쁜 것도 아니며, 단지 어떤 목적에 사용되느냐에 따라 선용될 수도 있고 악용될 수도 있다. 가치중립적인 탐구라고 믿는 자연과학에서조차 인간의 가치가 개입되는 현상을 발견할 수 있다. 따라서 가치중립을 지키기 어려운 사회문화 현상의 탐구에서는 이와 같은 상황이 발생할 가능성은 더욱 높다고 할 수 있다. 실제로 중세의 신분적 억압으로부터 모든 인간이 자유로운 세계를 만들고자 했던 근대 사상가 루소도 여자에 대한 교육이 불필요하다고 했을 정도로 자신이 지니고 있는 남성 중심적인 시각을 버리지 못하였다. 따라서 어떤 사람들은 자연과학과는 달리 사회문화 현상의 탐구에서는 원천적으로 가치중립적인 탐구가 불가능하다고 비판하기도 한다. 현상은 가치중립적일지라도 그것을 탐구하는 인간은 가치중립적이지 않기 때문이다. 이와 같은 입장을 가리켜 비판적 사회과학이라고 부르는데, 이 주장에 따르면 사회과학의 탐구는 연구자가 속한 계층이나 집단의 가치나 이해관계에 의해 많은 영향을 받는다고 한다.

과학 윤리

과학적 탐구에 있어서의 가치중립적 윤리. 과학적 탐구에서 가치중립이란, 주어진 현상에 대한 올바른 판단을 유도하고, 어떤 문제에 대한 합리적인 해결책을 모색하는 데 무엇보다도 중요한 역할을 한다. 어떤 종교적 신념이나 정치적 이념에 맞지 않는 결과는 잘못된 것이라는 태도는 특정 가치에서 나오는 편견을 강요하는 것으로, 과학적 탐구를 부정하는 것이다. 사회문화 현상에 대한 탐구에는 특히 이러한 간섭이 많다. 과거 독일의 나치 정권, 공산주의나 우익 독재 정권, 종교가 지배하는 신성 사회 등에서는 이들 지배세력이 내세우는 이념이나 가치를 떠나 사회문화 현상을 탐구하는 것은 금기시되었다. 올바른 가치를 가지고 다른 사람의 권리와 이익, 사생활을 침해하지 않으며, 공개적으로 탐구하는 태도, 그리고 모든 관찰과 분석을 객관적으로 하려는 태도가 바로 과학적 윤리의 주요 내용을 이룬다. 다시 말하면, 탐구 주제를 선택하거나 탐구 결과를 이용할 때, 가치 개입과 탐구의 구체적인 과정에서의 가치중립은 오늘날 과학자들에게 윤리적인 요구로 받아들여지고 있다.

과학적 사고의 오류 가능성

과학에 대한 맹신이 불러올 위험. 과학 지상주의는 모든 과학의 산물, 과학적 인식과 사고방식을 지나치게 높게 평가한 나머지 그 외의 사고방식이나 의식 구조를 무시하는 입장을 의미한다. 이러한 과학 지상주의는 현대 사회에서 다음과 같은 두 가지 문제점을 불러온다. 첫째, 도구적 이성을 과도하게 중시한 나머지 인간의 도덕성, 심미성 등 인간이 가지는 여러 다른 특성을 철저하게 무시한다. 일반적으로 도구적 이성이란, 우리가 주어진 목적을 성취하기 위해 수단을 어떻게 마련하는 것이 경제적인가를 계산할 때 의지하는 합리성이다. 도구적 이성은 도덕적, 정신적 계몽이 요구되는 문제에서조차도 우리로 하여금 그것을 해결해 줄 기술적 해결책을 찾는 것이 마땅하다고 믿게 만든다. 예를 들면, 환경 보전의 필요성이나 잠재적인 재난의 방지책을 주장할 때 예상되는 비용과 이익을 저울질하는 계산법이 대표적이다. 둘째, 과학 지상주의는 도덕적, 종교적 신념들을 과학적으로 증명할 수 없다는 이유로 무시하고 있으며, 그 결과 도덕적 생활을 검토하고 이해하려는 논의를 무의미한 것으로 만들고 있다는 점이다. 예를 들어 과학 지상주의는 인간의 주체성, 자율성, 책임, 참된 삶, 권리와 의무 등에 대한 논의를 비과학적인 것으로 간주하고, 이를 공적인 대화로부터 제외시키려고 한다. 또 그러한 용어나 주제들은 입증하기 곤란한 것이므로 단지 의미 없고 추상적인 것에 불과하다고 생각한다.

본질주의 과학관과 상대주의 과학관

과학 실증주의와 과학 상대주의. 과학을 보는 시각은 본질주의 과학관과 상대주의 과학관으로 나뉜다. 본질주의 과학관은 과학을 자연에 대한 법칙과 지식 그 자체로 보는 입장이다. 본질주의 입장을 지닌 과학자들(주로 과학철학자들)은 자연을 탐구 대상으로 삼아 그 안의 법칙들을 발견하기 위해 노력한다. 그들은 과학이란 철저히 사실을 바탕으로 하며, 의심할 여지가 없는 관찰이나 실험 결과에 근거해서 연구를 수행하고, 타당한 추리를 거쳐 결론에 도달하는 것이라고 생각한다. 과학 지식은 다른 분야의 지식과는 비교할 수 없는 고귀하고 절대적인 위상을 지니고 있으며, 차곡차곡 누적되어 발전한다고 본다. 이에 비해 **상대주의 과학관**을 옹호하는 학자들(주로 사회과학자들)은 과학은 사회와 동떨어져 '만들어진' 것이 아니라 사회와의 관계 속에서 '만들어지는' 과정에 있다고 여긴다. 그들은 그리고 과학은 수많은 연구를 통해 사회적으로 구성되는 산물이라고 주장한다. 상대주의 과학관은 과학은 다른 지식보다 우월한 것이 아니며, 과학에 관한 지식은 본질적으로 어느 한 집단의 공통된 속성일 따름이라고 본다. 과학적 지식은 사회문화적 조건의 영향에서 자유로울 수 없기 때문에, 과학에 객관적 방법론이 존재한다고 믿는 것은 잘못이라는 입장이다. 상대주의적 과학관은 합리주의와 상대주의 두 진영으로 나뉜다. 포퍼로 대변되는 **합리주의**(비판적 합리주의)는 과학적 사실(지식)에 대해서는 본질주의 과학관의 입장을 따라 과학 이론의 장점을 평가할 수 있는 유일한 보편적 기준이 있다고 보는 반면, 쿤을 중심으로 한 **상대주의**는 그러한 기준의 존재조차 인정하지 않는다. 상대주의는 과학 이론의 우월성을 판단하는 문제는 전적으로 개인이나 공동체에 달린 문제라고 생각한다. 요컨대 개인과 공동체의 가치 판단에 따라 진리 탐구의 목표가 달라진다는 것이다.

과학에서의 사회구성주의

과학지식도 사회적으로 구성된다. '과학은 사회적으로 구성된다.'고 주장하는 입장이다. 사회구성주의자들은 자연과학은 그렇게 확실하지도, 그렇게 객관적이지도, 그렇게 보편적이지도 않다고 봤다. 사회구성주의자들은 자연과학의 내용을 구성하고 결정하는 과정에서, 자연 현상에 대한 참된 진술의 여부나 실험 자료로부터의 객관적 검증과 같은 합리적인 인식의 요소들보다는, 사회적·정치적·경제적·이데올로기적 요인들이 직접적이고 적극적으로 작용하고 있음을 강조했다. 즉 자연과 인간 간의 인식적인 작용 메커니즘보다는 과학자와 과학자 간의 사회적인 메커니즘이 과학지식의 구성에서 (전적으로) 중요한 역할을 한다는 것이다. 그들은 과학지식의 형성과 발전이 사회적 조건에 의해 인과적으로 설명될 뿐 아니라, 뉴턴 과학처럼 진리로 밝혀진 과학지식은 물론 연금술이나 점성술 같이 이미 과학이 아닌 것으로 폐기된 지식도 사회적 요인에 의해 그 본질이 동등하게 설명될 수 있다고 주장했다. 다시 말해 사회적 조건 이상으로 과학지식에 더 이상 객관성이니 합리성이니 하는 우월적 권위를 부여할 수 없다는 것이다. '과학의 객관성은 **사회적**이며, 그 방법론은 **상대주의적**이다.'라는 것이다. 이른바 '강한 프로그램'이라고 불리는

사회구성주의의 이런 입장은 합리적 믿음과 비합리적 믿음의 구분을 없애 상대화하고 합리성 자체를 해체하려는 경향 때문에 많은 비판과 논쟁에 휩싸였다.

귀납적 방법론

과학 이론①. 귀납적 방법론은 다양한 관찰된 사실로부터 이론이 형성된다는 것으로 일반인들이 널리 받아들이는 **상식적인 과학관**이라고 할 수 있다. 일반적으로 우리가 직접 관찰한 특수한 사실들은 입증된 것이고, 객관적인 것이기 때문에 그것을 토대로 한 과학 이론은 보편적인 법칙이나 이론으로 받아들여질 수 있다는 것이다. 또한 이들 보편적인 법칙이나 이론을 토대로 특수한 사례를 예측하거나 설명할 수 있는 연역적 추론이 가능하다. 이를 통해 과학의 이론은 점진적으로 세련화 과정을 통해 발달해 간다고 보는 것이 보통의 일반적인 과학관이다.

가설 연역적 방법론

과학 이론②. 가설 연역적 방법은 가설을 생성할 때 귀납 추론에 의해 가설을 만들지 않고 문제에 대한 해답으로 가설을 창안한다. 가설은 연역에 의해 그것으로부터 이끌어 내어진 관찰, 혹은 실험 결과에 대한 새로운 예측을 시험함으로써 평가된다. 귀납적 방법론과 비교해 볼 때, 가설 연역적 방법론은 가설이 생성되는 맥락에서 귀납 추론을 사용하지 않고, 과학자들의 온갖 **창조적인 상상력**이 동원된다.

반증주의적 방법론

과학 이론③. 과학 이론을 증명하는 것은 논리적으로 불가능하기 때문에 오직 반증만이 가능하다고 보는 과학 철학적 관점이 칼 포퍼에 의해 제기되었다. 반증주의적 방법론에 따르면 추측에 해당하는 가설들이 어떤 주어진 문제들에 대한 해답, 혹은 설명으로 제시되는데, 만일 추측된 가설을 반박하는 경험적 사례가 존재하면 그 가설은 곧바로 폐기된다. 즉 단 한 가지 사례만으로도 충분히 증명(반증)되는 것이다. 반증주의에서 과학적 이론이란 **반증 가능**해야 한다. 이래도 맞고, 저래도 맞는 것은 반증 가능한 이론이 아니다. 그리고 명확한 반증을 위한 방법적 도구가 있어야만 반증 가능한 이론이다.

목적론과 기계론

서양 과학관의 두 토대. 서양의 과학관을 지배한 패러다임은 다음 두 가지다. 하나는 고대와 근대를 지배했던 목적론적 과학관이며, 다른 하나는 근대 이후 서양 문명을 지배해온 기계론적 과학관이다. 아리스토텔레스의 사상을 담은 **목적론적 과학관**은 세계를 하나의 유기체로 본다. 자연과 인간, 정신과 물질은 서로 깊은

상관관계를 가지고 의존하는 형태라고 인식한다. 반면 데카르트의 사상을 담은 **기계론적 과학관**은 인간과 자연은 분리 또는 대립하며, 자연이란 인간이 지배하고 소유할 수 있는 대상이라고 본다. 기계론적 과학관은 모든 존재를 기계의 한 부분으로 간주하고, 수학 법칙에 의해 세계를 이해하며, 부분을 통해 전체를 파악하려 든다.

기계적 객관성

과학과 예술이 갈리는 시점. 과학 기술 발달로 카메라가 발명되자 사람들은 시각 이미지가 마치 거울처럼 세상과 사물을 있는 그대로 반영할 수 있다는 믿음을 갖게 되었고, 따라서 카메라를 통해 얻은 이미지는 인간의 주관성을 배제한 객관성의 담보로 여겨졌다. 사진을 통한 기계적 객관성을 카메라가 똑같이 사물이나 세상을 표상해낸다는 정확성의 측면이라기보다 인간의 개입에서 벗어나 자동적으로 사물을 반영하여 **진정성**을 획득했다고 여긴 것이다. 하지만 현대 들어 객관성과 정확성의 대명사였던 사진이, 사진을 찍는 사람의 의도에 따라 얼마든지 주관적인 시선을 담을 수 있다는 논리가 점차 타당성을 얻게 되었다. 같은 피사체라고 할지라도 기법의 차이에 따라, 혹은 사진을 찍은 행위자의 의도에 따라 사진은 얼마든지 주관성을 지닐 수 있는 것이다.

환원주의

부분은 전체의 일부로서 기능한다는 '총체주의'에 대립하는 개념. 환원주의란 사물의 속성을 그 구성요소의 속성으로부터 이해하려는 접근 방법을 말한다. 물체는 원자들의 집합이고 사상은 감각 인상들의 결합이라는 관념처럼, 복잡한 자연 현상 및 사회 현상을 설명하고자 할 때 단순한 몇 개의 요소로 분해하여 전체를 설명하려는 시도는 환원주의 사고의 단면이다. **환원주의**는 수학, 과학, 철학 등의 다양한 영역에서 존재하며, 주로 과학과 관련된 것에서 나타나고 있다. 예컨대 화학, 생물학과 같은 개별적인 과학은 궁극적으로 물리학으로 환원된다는 과학의 통일성 주장, 과학철학에서 관찰이 불가능한 이론적 개념이나 법칙을 직접적으로 관찰이 가능한 경험명제의 집합으로 바꾸어 놓으려는 실증주의적 경향, 심리철학에서 공포·고통·불안 등의 정신적 현상을 자연적 혹은 물리적 현상으로 설명하려는 경향, 관찰명제에 대한 언어적 환원을 지향하는 논리실증주의의 주장 등이 환원주의의 전형적인 예이다. 원자를 규명하면 물체를 이해할 수 있고, 유전자를 규명하면 생명체를 이해할 수 있다는 태도도 일종의 환원주의이다. 이처럼 환원주의는 한 영역의 대상, 속성, 개념, 법칙, 사실, 이론, 언어 등을 다른 영역의 그러한 것들로 대치하려는 사고의 형태라 할 수 있다. 반대되는 개념으로는 '통섭'이 있다.

통섭

소통·융합·통합. 통섭은 **'지식의 통합'**이라고 부르기도 하며, 자연과학과 인문학을 연결하고자 하는 통합 학문 이론이다. 이러한 생각은 우주의 본질적 질서를 논리적 성찰을 통해 이해하고자 하는 고대 그리스의 사상에 뿌리를 두고 있다. 자연과학과 인문학의 두 관점은 그리스 시대에는 하나였으나, 르네상스 이후부터 점차 분화되어 현재에 이른다. 한편 통섭 이론의 연구 방향의 반대로, 전체를 각각의 부분으로 나누어 연구하는 '환원주의'도 있다.

동양 과학관의 사상적 기반

인간과 자연의 조화와 상생을 중시. 서양에서는 정신과 물질 또는 자연과 인간을 분리해서 바라보지만, 동양에서는 그러한 이분법적 자연관을 찾아볼 수 없다. 그렇다고 동양의 자연관을 일원론적 자연관이라고 보기도 어렵다. 동양에서도 자연과 인간은 다르다고 보기 때문이다. 다만 자연은 자연대로, 인간은 인간대로 서로 인정하면서 함께 어울려 산다고 여긴다. 서로 대립하지 않고 인간과 자연이 조화를 이루면서 공존하는 것이라고 보면서, 서양의 목적론적 자연관·과학관과 대비되는 **유기론적** 자연관·과학관의 관점을 따른다. 오늘날 서구 과학문명의 여러 가지 부작용으로 인해 조화와 상생을 도모하는 동양적 과학관에 대한 관심이 날로 커지고 있다. 동양의 과학관은 동양의 대표 사상인 유교, 불교, 도교의 자연관을 통해 엿볼 수 있다.

● 동양 사상 속에 드러난 자연관·과학관

유교 (인본주의 자연관·과학관)	●자연보다는 인간에 더 많은 관심을 두고 있다. ●인간을 중심으로 세계를 인식하며, 창조주나 절대자를 인정하지 않는 인본주의 사고를 지향한다.
불교 (생명 중시의 자연관·과학관)	●인간과 자연은 지배·종속 관계가 아니라, 모든 존재가 인연을 맺고 함께 살아가는 동반자적 관계이다. ●우주와 인간의 동등 원리를 주장하는 생명존중의 사상을 따른다.
도교 (생태주의 자연관·과학관)	●인간은 자연의 일부로, 자연의 운영 질서인 '도'에 순응하는 무위(無爲)의 삶을 살아야 한다. ●자연을 극복 대상으로 보지 않고 자연과의 조화를 중시하는 생태주의 자연관을 추구한다.

고전역학

거시 세계의 운동법칙을 설명. 양자역학이나 상대성이론이 나타나기 이전의 역학을 말한다. 갈릴레이의 물체 운동론, 케플러의 행성의 운동법칙 등의 맥락을 이어 학문적으로 체계화된 뉴턴 역학을 근간으로 삼고 있다. 고전역학의 핵심은 물체에 작용하는 힘과 운동의 관계를 설명하는 물리학이다. 뉴턴의 운동법칙을 만든 뉴턴의 이름을 따 **'뉴턴 역학'**이라고 부르기도 한다. 고전역학은 다시 크게 두 분야로 나뉜다. 하나는 힘이 균형을 이루어 움직이지 않는 물체들을 다루는 정역학이며, 다른 하나는 운동하는 물체를 다루는 동역학이다. 고전역학은 일상생활에서 일어나는 현상들을 매우 정확하게 설명하고 예측할 수 있다. 그러나 매우 빠른 속도로 움직이는 계(界), 원자 · 미립자처럼 극히 미세한 스케일을 지닌 계의 현상들을 설명하지 못하면서, 상대성이론과 양자역학에 각각 자리를 내주었다. 그럼에도 고전역학은 다른 이론들에 비해 비교적 수학적으로 간단하여 쉽게 사용할 수 있으며, 대략적으로 옳은 결과를 주는 범위가 아주 넓다는 점에서 여전히 유용하다. 일상생활에서 보는 물체의 운동, 천체와 같은 극히 거시적인 물체의 움직임, 유기분자처럼 극미한 영역에서의 물체의 운동을 잘 설명하고 있다.

상대성이론

물리법칙은 언제, 어디서나 동일하다. 현대 과학 중에서도 우리의 일상적 관념 세계를 극적으로 뛰어넘게 만들어준 이론이 바로 상대성이론이다. 아인슈타인에 의해 제안된 이 이론은 다시 특수상대성이론과 일반상대성이론으로 나누어진다. **특수상대성이론**은 서로 등속도로 움직이는 기준계 간에 나타나는 문제를 다루며, 일반상대성이론은 일반 기준계에서의 문제를 취급한다. 특수상대성이론은 기본적으로 관측자의 운동에 무관하게 빛의 속도가 일정하다는 '광속 불변의 원리'와 서로 등속도 운동을 하는 두 관측자 사이에 동일한 자연법칙이 적용된다는 이른바 '특수 상대성 원리'를 그 밑바탕에 깔고 있다. 그런데 이러한 원리에 부합되는 이론을 전개하고자 할 때 종래의 시간 및 이와 독립된 3차원 공간 개념은 적절하지 않으며, 시간 또한 공간의 한 성분으로 보는 4차원 시공간 개념을 설정해야 한다. 이렇게 새로운 시간 · 공간 개념을 도입할 경우, 기존의 자연법칙들이 상대성이론에 부합하게 설정될 수 있을 뿐만 아니라 이를 통해 인간이 아직 경험하지 못했던 새로운 현상들의 예측이 가능해진다.

특수상대성이론에서 보여주는 중요한 결과 중의 하나는 물질의 질량이 에너지와 동일한 것이라는 사실이다($E=mc^2$, E는 에너지, m은 질량, c는 진공 속에서의 빛의 속도). 이것이 **'질량-에너지 등가원리'**인데, 실제로 질량의 감소가 방출된 에너지로 환산될 수 있음이 원자핵반응에서 입증됐다. 제2차 세계대전 중에 사용된 원자폭탄의 엄청난 파괴력은 핵분열 당시 감소한 소량의 질량 차이를 통해 쉽게 산출되는 것이었다. 한편 일반상대성이론은 중력을 독립된 힘으로 보지 않고, 질량 분포에 의한 시공간의 굴곡으로 나타냄으로써 종래의 중력 법칙을 대체했다. 이 이론은 과거에 이해할 수 없었던 중력장 내의 여러 현상을 성공적으로 설명할 뿐만 아니라 블랙홀의 존재나 우주 팽창에 대한 이론적 근거를 제공한다.

양자이론

세계는 우연적이고, 불연속적이며, 확률적이다. 현대 과학 이론의 또 하나의 큰 줄기는 양자이론이다. 19세기 말에 흑체의 복사, 광전효과, 원자의 스펙트럼 등 새로운 현상들이 관측되었는데, 이러한 현상들은 기존의 이론으로는 설명되지 않았다. 그리하여 플랑크의 양자가설, 아인슈타인의 광양자설, 보어의 원자론, 드브로이의 물질파 등이 제안되어 이러한 미시 현상들을 설명했으나, 이들은 모두 기존의 이론 체계들과는 모순을 빚는 것이어서 엄청난 학문적 혼란을 야기했다. 이러한 가운데 기존의 물리학 이론들이 본질적 한계를 지닌 불완전한 것이었다는 인식과 함께, 슈뢰딩거와 하이젠베르크를 비롯한 일군의 물리학자들에 의해 체계적인 새 이론이 모색됐고, 그 결과로 얻어진 것이 바로 **'양자역학'**이다.

양자역학은 대상에 대해 관측 가능한 물리량의 예측에서 기존의 결정론적 이론 구도를 벗어나 확률론적 이론 구도를 채택한다는 특징을 지닌다. 기존의 뉴턴 역학에서는 어느 대상에 대해 관측된 값(위치와 운동량)은 결정론적으로 예측된다. 이에 비해 양자역학에서는 어느 대상의 물리적 상태는 관측 값 자체가 아니라 이로부터 유추해내는 '상태함수'가 된다. 여기서도 미래의 물리적 상태, 즉 미래의 상태함수는 관측을 통해 유추해낸 초기 상태에 자연법칙(슈뢰딩거 방정식)을 적용함으로써 정확히 산출해낼 수 있으나, 대상에 대해 관측해볼 수 있는 물리량들은 이 상태함수를 통해 확률적으로만 예측해내게 된다. 즉 이 상태함수에 적절한 해석의 방식을 적용함으로써 이것의 위치나 운동량 같은 관측 가능한 값들을 확률적으로 예측하게 되는 것이다. 특히 이 경우 대상의 위치와 운동량을 동시에 정확하게 예측하는 것에 일정한 이론적 한계가 주어지게 되는데, 이를 흔히 **'불확정성 원리'**라고 부른다. 이러한 한계성은 플랑크 상수 $h(6.626 \times 10^{-34} \mathrm{J \cdot s})$라는 매우 작은 값으로 주어지기 때문에 우리의 일상에는 별 영향을 미치지 못하나, 원자 등 미시 세계에서는 그 효과가 크게 나타나게 된다. 이와 함께 양자역학이 지닌 중요한 특성은 대상의 상태가 관측되는 물리량에 따라 새롭게 결정된다는 점이다. 이러한 사실은 대상에 대해 관측되는 물리량들의 실재성에 의문을 던져주게 되며, 더 나아가 사물의 인식에 대한 기존 관념에 중대한 반성을 촉구하게 된다.

양자이론은 소립자, 원자 등에서 나타나는 현상을 성공적으로 설명할 뿐만 아니라 특정한 조건에서 이론 체계를 재생시키는, 즉 고전역학을 포함하는 더욱 일반화된 이론으로 정착되고 있다. 또한 양자이론의 등장으로 물질의 기본 구조가 원자 수준에서 밝혀지게 되었고, 이러한 성과는 물리학뿐만 아니라 화학 · 전자공학 등의 발전에 큰 영향을 주고 있다.

메타적 고찰 또는 메타이론의 관점

과학+과학철학+과학사회학+과학윤리학=범과학. '메타(meta)'라는 말은 '~뒤에', '~너머', '~과' 등을 의미하는 그리스어에서 온 말이다. 인식론적 용어에서 이 접두사가 단어에 붙을 때에는 '~에 관한'의 의미를 가진다. 가령 '메타데이터(meta-data)'라는 말은 '데이터에 관한 데이터'라는 뜻이다. 또 '메타이론(meta-theory)'은 '어떤 이론의 구조나 그 이론 속의 용어, 개념 따위를 연구 대상으로 하는 이론'을 지칭한다. 이렇게 어떤 대상을 메타적으로 고찰한다는 것은 그 대상의 지평보다 한 차원 높은 데에서 대상을 조망하고 분석하여 이해하는 방식의 고찰을 말한다. 가령 과학을 논하는 데에는 어떤 과학 이론의 주장이 과학적으로 옳은가 그른가를 따지는 식으로 과학의 논의 틀 안에서 과학을 논하는 방식이 있는가 하면, 과학이라는 현상보다 한 차원 위에 올라서서 과학이라는 것이 어떤 구조와 작동방식을 가지고 있는지 조망하고 고찰하는 방식이 있을 수 있다. 자연과 사회, 그리고 그 안에 속하는 일차적 실체들을 대상으로 하는 체계적 지식을 과학이라고 부른다면, 다시 과학과 이것이 빚어낸 문명 자체를 대상으로 하는 한 차원 높은 새로운 종류의 지식을 우리는 '메타과학'이라고 부를 수 있을 것이다. 그리고 메타과학에 의한 것을 메타적 고찰 또는 메타이론의 관점이라고 할 수 있을 것이다.

과학사에서 데카르트 사상을 중요하게 다루는 이유

자연의 운동 법칙을 수학의 영역으로 편입. 데카르트가 주장한 기계론적 철학에서는 이 세상을 이해하는 열쇠는 바로 물질과 운동이었다. 따라서 중요한 작업은 세상을 이루는 근본 물질을 찾는 것, 그리고 물질들이 따르는 운동이 무엇인지를 밝혀내는 것이었다. 데카르트 이전의 사람들에게는 기본 물질을 찾는 작업이 더 중요했지만, 데카르트에게는 **운동의 문제**가 더욱 중요했다. 그의 철학 체계에서는 움직이고 있는 입자들이 어떻게든 서로 만나야 했는데, 그것은 충돌을 통해서만 가능했기 때문이다. 그가 제시한 7가지 충돌 법칙으로부터 운동 시 보존되는 양, 즉 현재의 운동량 보존 법칙에 대해 처음으로 생각하게 되었고, 운동의 문제에 대한 활발한 논의가 본격적으로 시작되었다. 그는 운동의 문제를 철학적 토대 위에서 과학의 중심 주제로 부각한 인물이었다. 기계론적 철학에서는 우주 공간이 모두 물질과 그 운동으로 이루어져 있으며, 미시 물질의 운동에 대한 이해를 통해 거시적인 우주 전체의 운동을 설명할 수 있다고 보았다. 양자 물리학으로 대변되는 현대 과학 역시 기본적으로 **환원주의적 입장**으로 기계론적 철학에 토대하고 있음을 기억할 때 과학사에서 데카르트의 역할은 무척 중요하다.

양자역학의 철학적 해석

양자역학의 핵심 문제에 대한 동양철학적 관점에서의 해석. 보어와 하이젠베르크는 각각 상보성 원리와 불확정성 원리를 통해 양자역학의 철학적 해석을 내놓았다. 하이젠베르크의 **불확정성 원리**에 따르면 전자의 위치와 운동량은 아주 작은 범위 내에서 서로 불확실한 관계에 있기 때문에 두 양을 동시에 정확하게 관찰할 수 없다. 보어의 **상보성 원리**에 따르면 양자 현상이 입자상과 파동상을 동시에 보여주는 것은 우리가 거시 세계를 통해 얻은 관찰 용어를 가지고 미시 세계를 기술하려고 하기 때문이다. 즉 전자의 '파동-입자' 이중성은 우리가 거시 세계에서 모순 관계인 파동과 입자로 전자를 기술하기 때문에 생기는 문제일 뿐이라는 것이다. 이 두 해석을 보통 '**코펜하겐 해석**'이라고 부른다. 코펜하겐 해석은 자연이 인과적인 물리법칙에 따라 움직인다는 전통적인 세계관을 비결정론적인 세계관으로 바꾸는 계기가 되었다.

통일장 이론

입자물리학에서 우주의 근본 물질과 그들 사이의 상호작용을 하나의 이론으로 설명하는 가상적인 장론. 현대 물리학에서는 물질 및 물질 사이의 상호작용을 지배하는 실체를 소립자로 이해할 수 있다. 이것은 모두 장의 이론(field theory)으로 기술된다. 아인슈타인은 일반상대성이론으로 전자기력과 중력을 통일하려고 노력했는데, 생전에 그 꿈을 이루지 못했다. 1967년에 와인버그와 살람 등은 전자기력과 약한 상호작용을 통일하는 **게이지 이론**을 제출하고 실험으로 검증했다. 이어서 강한 상호작용도 통일하는 대통일 이론이 시도되었다. 이 이론에서는 양성자의 붕괴 등이 예언되어 그 실험이 행해지고 있고, 여기에 중력을 포함하는 모든 힘의 통일 이론도 시도되고 있는데, 그 성공 여부는 아직은 미지수이다.

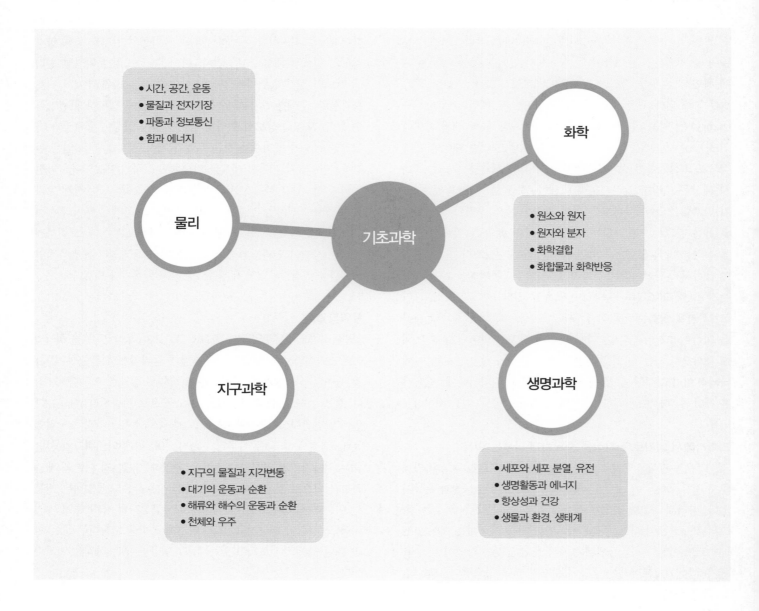

- 시간, 공간, 운동
- 물질과 전자기장
- 파동과 정보통신
- 힘과 에너지

화학

물리

기초과학

- 원소와 원자
- 원자와 분자
- 화학결합
- 화합물과 화학반응

지구과학

생명과학

- 지구의 물질과 지각변동
- 대기의 운동과 순환
- 해류와 해수의 운동과 순환
- 천체와 우주

- 세포와 세포 분열, 유전
- 생명활동과 에너지
- 항상성과 건강
- 생물과 환경, 생태계

빅뱅 우주론

우주의 기원을 설명하는 이론. 고대인들은 세상의 모든 것들이 어떻게 만들어졌는가에 대한 궁금증을 풀 수 없었다. 이 설명이 불가능한 부분을 신화나 전설이 대신했다. 그러나 오늘날의 많은 과학자들은 시간과 공간, 우리 주변의 모든 물질들이 우주의 탄생과 함께 비롯되었다고 설명한다. 이를 설명하기 위해 초고온·초밀도 상태의 어느 시점에서 팽창을 시작하여 우주가 탄생하고, 이후 우주를 구성하는 물질이 만들어졌다는 이론을 대폭발 우주론 또는 **빅뱅 우주론**이라고 한다.

우주를 이루는 기본 입자들의 탄생

우주를 이루는 물질. 초기 우주는 온도와 밀도가 매우 높아서 오늘날 존재하는 여러 가지 힘과 빛마저 모두 뭉친 상태로 존재할 정도였다. 짧은 시간 동안 급격한 팽창을 통해 우주가 냉각되면서 힘과 빛이 분리되고 물질을 이루는 기본 입자들이 만들어졌다. 초기 우주에서 만들어진 기본 입자들에는 **쿼크**와 **전자**가 있는데, 쿼크들이 3개씩 다르게 결합하여 **양성자**와 **중성자**라는 원자핵을 이루는 입자가 만들어졌다. 양성자 1개는 그 자체로 수소의 **원자핵**이 된다. 양성자와 중성자가 처음 만들어질 당시의 온도는 너무 높았기 때문에 양성자와 중성자는 매우 빠르게 운동하여 서로 결합할 수 없었으며, 수소 원자핵 이외의 원자핵이 만들어지지 못한 채 전자와 같은 입자들과 함께 있었다. 탄생 직후 뜨거웠던 우주가 팽창하여 식으면서 양성자와 중성자가 결합하여 원자핵을 구성하였다. 이 중 양성자는 양전하를 띠며, **원자**는 양성자의 개수에 따라 어떤 원소의 원자인지 결정된다. 예를 들어, 원자핵 속 양성자의 개수가 1개인 원자는 수소이고, 양성자의 개수가

2개인 원자는 헬륨이다. 중성자는 전하를 띠지 않으며, 양성자들이 원자핵 속에서 단단하게 뭉칠 수 있도록 도와주는 역할을 한다.

우주 배경 복사
우주 공간의 배경을 이루며 모든 방향에서 같은 강도로 들어오는 전파. 탄생 직후 우주의 온도와 밀도는 대단히 높았기 때문에 빛과 입자들이 마구 뒤섞여 있었고, 빛은 전자와 계속 충돌하므로 앞으로 나아갈 수 없었다. 우주의 온도가 낮아지자 전기적으로 중성인 원자가 형성되면서 빛이 방해를 받지 않고 퍼져 나갔는데, 이 빛이 바로 **우주 배경 복사**이다. 우주 배경 복사의 발견은 빅뱅 우주론을 뒷받침하는 결정적 증거가 되었다.

지구 자기장
지구 내부의 원인에 의해 나타나는 자기장. 지구는 매우 커다란 자석으로 볼 수 있다. 막대자석에 철가루를 뿌리면 자석의 한쪽 끝에서 다른 쪽 끝으로 줄을 서는 모습을 확인할 수 있는데, 지구역시 그와 비슷한 모양의 자기력선을 만든다. 지구의 자기의 성질이 미치는 공간을 자기장이라고 하며, 지구가 가지고 있는 고유한 자기장을 **지구 자기장**이라고 한다.

● 지구 자기의 구성
지구가 자성을 띠는 원인을 밝혀내기 위해 많은 연구들이 있었는데, 그 중 가장 유력한 이론은 다이나모 이론이다. **다이나모 이론**은 지구의 외핵이 전기 전도도가 큰 철, 니켈 등으로 구성된 유체 상태라는 점을 바탕으로 한다. 이 외핵 물질은 운동하면서 유도 전류가 발생하고, 이 유도 전류에 의하여 지구 자기장이 형성된다.

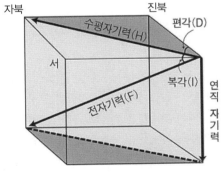
〈지구 자기의 3요소〉

지구 자기는 편각, 복각, 수평 자기력으로 나타낼 수 있다. 이를 지구 자기장의 3요소라고 한다. 편각은 나침반침의 N극이 지구 자전축의 방향과 이루는 각이다. 즉 나침반의 N극이 가리키는 방향이 자북이고, 지구 자전축 방향이 진북인데 이 사이각이 편각이고, 기준은 진북이다. 복각은 나침반침과 수평면 사이에 이루는 각을 말한다. 복각이 90°가 되는 지점을 자극이라고 한다. 자북극에서 복각은 +90°이며, 자남극에서는 −90°, 자기 적도에서는 0°이다. 어느 한 지점에서 단위 자석의 극에 작용하는 힘을 전지구 자기력이라고 하며, 이것의 수평 성분이 수평 자기력이다.

에너지 준위
양자역학계의 정상 상태가 취할 수 있는 에너지값. 사다리를 오르거나 징검다리를 건널 때 발판과 발판 사이에 서 있을 수 없듯이, 원자 속의 전자도 원자핵으로부터 특정한 거리만큼 떨어진 위치에만 존재할 수 있다. 원자 속 전자들의 위치에 따른 에너지를 **에너지 준위**라고 한다. 낮은 에너지 준위에 있는 전자가 높은 에너지 준위로 이동하려면 특정한 색의 빛을 흡수해야 한다. 반대로 높은 에너지 준위에 있는 전자가 낮은 에너지 준위로 이동하면 특정한 색의 빛을 방출한다. 이처럼 전자가 에너지 준위 사이를 이동할 때 흡수 또는 방출하는 빛으로부터 흡수 스펙트럼이나 선 스펙트럼을 관찰할 수 있다. 이때 에너지 준위는 각 원자마다 다양하게 나타나므로 원자마다 고유한 흡수 스펙트럼이나 선 스펙트럼이 나타난다. 이를 통해 각 물질이 무엇으로 이루어져 있는지 알 수 있다.

태양계 형성 과정
우주의 신비. **태양계 성운 형성**(지금으로부터 약 50억 년 전에 지금의 태양계 부근에서 초신성이 폭발하여, 그 영향으로 태양계 성운이 회전하고 수축하기 시작했다. 수소와 헬륨 등의 기체가 모여 태양계 성운을 형성했다.) → **태양계 성운 수축**(거대한 성운이 수축했다. 성운 중심부는 가장 빠르게 수축하여 밀도와 온도가 높아지고, 빠르게 회전하면서 점차 납작한 원반 형태를 띠게 되었다.) → **원시 태양과 미행성체 형성**(태양계 성운의 질량이 집중된 중심부는 원시 태양이 되었다. 성운이 수축하면서 중심부를 둘러싼 원반이 여러 개의 큰 고리가 되었으며, 이 고리를 구성하는 기체와 티끌이 뭉쳐져 미행성체가 되었다.) → **행성 형성**(미행성체들의 충돌을 통해 원시 행성이 되었고, 원시 행성이 계속 성장하여 주위의 다른 미행성체를 끌어당길 수 있는 행성이 되었다.) → **태양계 형성**(원시 태양이 성장하여 태양이 되었고, 행성이 형성되고 남은 주변의 기체와 티끌을 태양풍이 태양계 바깥으로 날려 보내면서 현재의 태양계가 만들어졌다.)

지구의 탄생
원시 지구를 거쳐 분화 과정을 통해 현재의 지구로 형성되기까지의 전 과정. 지구형 행성에 속하는 지구가 만들어질 때에 미행성체가 계속 충돌하면서 열이 발생하여 지구 전체가 마그마의 바다가 되었다. 이때 무거운 물질은 중심부로 가라앉아 핵을 이루고, 가벼운 물질은 떠올라서 맨틀과 지각을 이루었다. 지구 탄생 초기에는 화산 활동이 활발해지면서 많은 기체가 분출하였다. 주성분은 수소, 이산화탄소, 질소, 수증기 등으로, 시간이 지나면서 수소와 같은 가벼운 기체는 달아나고 질소와 산소 같은 무거운 기체가 행성 둘레를 에워쌌다. 수증기는 냉각되어 대부분 비로 내리면서 원시 바다를 이루었고, 대기 중에 많이 존재하였던 이산화탄소는 바닷물에 녹아 석회암으로 침전되면서 고체로 변하여 대기 중에는 그 양이 줄어들었다. 이후 광합성을 하는 원시 생물 때문에 대기 중의 이산화탄소가 더욱 줄어들고 **산소**가 증가하여 오늘날과 같은 대기 구성을 이루게 되었다.

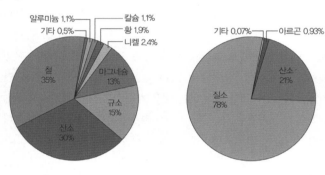

지구 전체의 구성 원소(질량비)   지구 대기의 구성 성분(부피비)

〈지구의 구성 물질〉

원소와 원자

물질을 구성하는 기본 단위. **원소**들이 발견되던 초기, 원소는 더 이상 다른 물질로 분해되지 않는 기본 성분을 뜻하였다. 그러나 원자의 구조가 명확히 밝혀진 이후 원소는 양성자수가 같은 입자로 이루어진 물질을 뜻하게 되었다. **원자**는 화학변화를 일으켜 물질을 구성하는 궁극적인 알갱이(입자)를 말한다. 원자의 질량은 원자핵에 집중되어 있는 반면, 화학변화는 주로 전자의 구성 내지 구조에 좌우된다.

주기율표

주기율에 따라 원소를 배열한 표. 멘델레예프는 원소들 사이의 규칙성을 밝히기 위한 연구를 하였다. 그는 원자량 순서로 원소들을 배열하던 중 성질이 비슷한 원소들이 일정한 간격을 두고 주기적으로 나타나는 현상을 발견하였다. 그는 이 현상을 **주기율**이라고 하였으며, 주기율이 잘 드러나도록 원소들을 배열하여 만든 **주기율표**를 발표하였다. 현대에 이르러 원자를 구성하는 입자들이 밝혀지면서 원소의 주기적인 성질이 원자량이 아니라 원자를 이루는 양성자의 수, 즉 **원자 번호**와 관계가 있음이 밝혀졌다. 현대의 주기율표는 원자 번호 순서대로 원소들을 나열하여 성질이 비슷한 원소들이 같은 세로줄에 오도록 배열한 것이다. 주기율표

에는 가로줄과 세로줄이 있으며, 주기율표의 가로줄은 **주기**, 세로줄은 **족**이라고 한다.

금속 원소와 비금속 원소

물질을 이루는 기본 요소인 원소의 세분. 주기율표에 있는 원소를 분류하는 간단한 기준 중 하나는 금속 원소와 비금속 원소를 구별하는 것이다. 주기율표에서 금속 원소와 비금속 원소는 서로 가까운 곳에 모여 있다. 금속 원소는 주로 주기율표의 왼쪽과 가운데 부분에, 비금속 원소는 주로 오른쪽에 존재한다. 대부분의 **금속 원소**는 실온에서 고체 상태로 존재하고 광택이 있으며, 열이나 전기를 잘 전달한다. 또 힘을 가했을 때 길게 늘어나고 얇게 펴지는 특성이 있다. 이에 비해 **비금속 원소**는 실온에서 주로 기체나 고체 등의 상태로 존재하며, 열이나 전기를 잘 전달하지 않는 것이 많다. 주기율표에서 금속 원소와 비금속 원소의 경계에 있는 원소는 금속 원소와 비금속 원소의 성질을 모두 가지고 있으며, 규소(Si), 저마늄(Ge) 등이 이에 해당한다.

원자가 전자

원자의 가장 바깥 껍질에 있는 전자. 원자는 양전하를 띠는 원자핵과 음전하를 띠는 전자로 이루어져 있으며, 원자핵은 양성자와 중성자로 이루어져 있다. 원자를 구성하는 입자를 알기 쉽도록 모형으로 나타내면, 원자핵은 중심에 있고 전자는 특정 에너지 준위를 가진 **전자껍질**을 돌고 있다. 원자들이 결합할 때 가장 바깥 전자껍질에 있는 전자들이 상호 작용하며, 이 전자들의 개수에 따라 다른 원소와 결합하는 방식이 달라진다. 따라서 가장 바깥 전자껍질에 있는 전자들은 원소의 화학적 성질을 결정하는 중요한 요소가 되며, 이 전자들을 **원자가(價) 전자**라고 한다. 18족 원소는 다른 원소와 거의 결합을 하지 않기 때문에 원자가 전자 수를 0으로 한다.

화학 결합

원자들을 하나의 뚜렷한 단위체로 간주할 수 있게 하는 힘. 원자가 전자들의 인력에서 생기는 원소들의 결합을 통칭해서 **화학 결합**이라고 한다. 원자가 전자들은 원자의 가장 바깥껍질에 배치되어 있기 때문에 핵에 상대적으로 느슨하게 묶여 있다. 따라서 원자가 전자의 배치에 따라 다른 원자와 화학 결합이 결정된다. 화학 결합에는 이온화된 원소들이 서로 전기적 인력에 의해 결합되는 이온 결합과 원소들이 원자가 전자들을 공유함으로써 생기는 공유 결합, 그리고 이 둘의 중간적인 성격을 띤 중간 결합 등이 있다. 원자들이 결합하여 물질을 만들 때 원자의 구성 입자 중 전자가 중요한 역할을 한다는 것이 여러 과학자들에 의해 밝혀졌다. 특히 원자가 전자 수가 화학 결합에서 중요한 역할을 한다.

이온 결합

양이온과 음이온이 정전기적 인력으로 결합하여 생기는 화학 결합. 금속 원소와 비금속 원소가 전자를 주고받아 양이온과 음이온이 되어 서로 결합하는 화학 결합을 **이온 결합**이라고 한다. 금속 원소는 전자를 잃기 쉬우며, 비금속 원소는 전자를 얻기 쉬운 성질이 있다. 예를 들어 나트륨과 염소가 반응하여 염화나트륨을 생성할 때, 나트륨 원자는 전자를 잃고 염소 원자는 전자를 얻어서 각각 나트륨 이온(Na^+)과 염화 이온(Cl^-)이 되고, 두 이온은 정전기적 인력으로 서로 결합하게 된다. 자연계에서 이온 결합 물질은 주로 양이온과 음이온이 규칙적으로 배열된 3차원 구조를 가지고 있다.

공유 결합

원자들이 전자쌍을 공유하며 만드는 화학 결합. 이온 결합이 금속 원소와 비금속 원소 사이에 전자들을 주고받아서 이루어진다면, **공유 결합**은 비금속 원소들이 전자를 서로 공유하여 이루어지는 원자들의 결합 방식이다. 수소 분자는 비금속인 수소 원자 2개가 전자를 서로 공유하는 방법으로 결합한 것이다. 또 물 분자, 산소 분자, 질소 분자는 구성 원자들이 전자를 서로 공유하여 결합한 것이다. 물 분자는 산소 원자와 수소 원자 사이에 전자쌍을 1개씩 공유하고 있다. 산소 분자는 산소 원자 사이에 전자쌍을 2개, 질소 분자는 질소 원자 사이에 전자쌍을 3개 공유하고 있다.

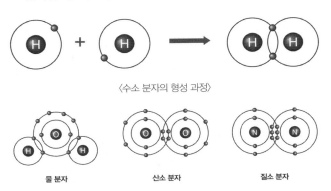

〈수소 분자의 형성 과정〉

물 분자 　　　산소 분자 　　　질소 분자

〈물 분자, 산소 분자, 질소 분자의 공유 결합〉

탄소 화합물

탄소 원자가 주된 골격이 되어 다른 원자들과 공유 결합하여 형성된 화합물. 규소가 산소와 결합하여 광물을 구성하는데 중요한 역할을 하는 것처럼, 탄소는 생명체 구성 물질의 주요 성분으로 생명 활동과 유지에 매우 중요하다. 탄소는 다른 탄소와 규칙적으로 결합하여 사슬 모양, 가지 모양, 고리 모양 등 다양한 탄소 골격을 만들 수 있다. 또한 탄소는 수소, 산소, 질소, 황 등의 여러 원소와 결합하여 다양하고 복잡한 화합물을 구성하는데, 이것을 **탄소 화합물**이라고 한다. 탄소 화합물이 사슬처럼 길게 이어지거나 다양한 골격을 갖는 특성은 생명체가 분자량이 크거나 다양한 구성 물질을 만드는데 유리하다. 생명체를 구성하는 탄수화물, 단백질, 지질, 핵산 등은 모두 탄소 화합물이며, 인간은 식물이나 다른 동물을 음식으로 섭취하여 탄소 화합물을 얻는다.

단백질

우리 몸을 이루는 주성분. 생물체를 구성하는 탄소 화합물 중 가장 많은 단백질은 **아미노산**이 단위체가 되어 구성된다. 두 개의 아미노산이 결합할 때 하나의 물 분자가 빠져 나오면서 결합이 일어나는데, 이 반응이 반복되면서 여러 가지 **단백질**이 만들어진다. 우리 몸에 있는 단백질은 주로 수백 개의 아미노산으로 구성되는데, 몇 개 또는 수만 개의 아미노산으로 구성된 단백질이 생체 기능을 조절하기도 한다. 단백질의 종류는 그 단백질을 구성하는 아미노산의 종류와 개수 그리고 배열 순서에 따라 결정된다. 우리 몸을 구성하는 아미노산은 20종류로, 이를 단위체로 사용하여 우리 몸을 구성하는 서로 다른 단백질을 충분히 만들 수 있다. 단백질은 근육과 머리카락 등 몸의 구성 성분이 되고, 효소와 호르몬의 주성분으로 몸의 생리 작용을 조절하기도 한다.

핵산과 뉴클레오타이드

단백질 합성에 관여하는 물질. 생명체에서 유전 정보를 저장하거나 단백질 합성에 관여하는 물질을 **핵산**이라고 한다. 핵산은 인산, 당, 염기라는 서로 다른 분자가 1:1:1로 결합된 뉴클레오타이드라는 단위체가 긴 사슬 모양으로 연결된다. 핵산에는 이중 나선의 DNA와 단일 사슬의 RNA가 있으며, 두 핵산은 모두 **뉴클레오타이드**라는 단위체로 구성된다. DNA는 두 가닥의 뉴클레오타이드 사슬이 서로 마주보며 회전하며, 두 가닥 사이의 마주 보는 염기끼리 상보 결합하는 구조를 갖는다. 핵산은 유전 정보의 저장과 단백질 합성에 중요한 역할을 한다.

중력

만유인력과 원심력을 합한 힘. 모든 질량을 가진 물체 사이에는 서로 당기는 힘이 존재하는데, 지구와 물체 사이에 작용하는 힘을 지구의 **중력**이라 한다. 중력은 물체의 다양한 운동의 원인이 되고 생명체의 생명 유지에 큰 역할을 하여 지구와 생명 시스템을 유지하는데 필수적이다. 예를 들어 가만히 놓은 공과 빗방울, 스카이다이빙을 하는 사람과 같이 지구상의 모든 물체는 지구 중심 방향으로 작용하는 중력에 의해 지면으로 떨어진다. 그뿐만 아니라 달이나 인공위성이 지구 주위를 돌고, 사람이 앉고 서거나 건물을 지을 수 있는 것도 중력 때문이다. 지구에서 물체에 작용하는 중력의 크기는 무게로 나타낼 수 있으며, 무게가 무거울수록 물체에 작용하는 중력이 크다. 이때 중력의 단위는 힘의 단위와 같은 N(뉴턴)을 사용한다.

운동량

물체의 질량과 속도의 곱인 벡터량. 물체가 운동할 때 물체의 질량과 속력의 곱으로 나타내는 물리량을 **운동량**이라고 한다. 운동량의 크기는 물체의 질량이 클수록, 속력이 빠를수록 크다. 이때 운동량의 단위는 kg·m/s로 나타낸다(운동량의 크기=물체의 질량×물체의 속력). 운동하는 물체는 속력이 변할 때 운동량도 변하게 된다. 자동차가 제동 장치를 작동하여 멈추게 되면 자동차의 속력과 운동량은 점점 감소하다가 결국 0이 된다. 달리던 자동차가 멈추었을 때, 제동 장치를 작동하기 전 자동차의 속력이 빠를수록 자동차의 운동량이 변하는 정도는 크다.

⁞ 힘, 질량과 속력 변화량의 관계

일정한 시간 동안 물체의 속력 변화량은 물체의 질량이 작을수록, 작용한 힘의 크기가 클수록 크다. 즉 물체의 단위 시간당 속력 변화량은 물체의 질량에 반비례하고, 작용하는 힘의 크기에 비례한다.

작용과 반작용

뉴턴의 운동 법칙 중 제3법칙. 한 물체가 다른 물체에 힘을 가하면 동시에 힘을 받은 물체도 상대 물체에 크기가 같고 방향이 반대인 힘을 가하는데, 이를 **작용 반작용 법칙**이라고 한다. 힘은 항상 두 물체 사이에서 상호 작용하며, 상호 작용하는 한쪽 힘을 작용이라고 하면, 반대 방향으로 작용하는 다른 힘은 반작용이라고 한다. 자전거와 자동차의 충돌 과정에서도 작용 반작용 법칙에 따라 자전거와 자동차는 같은 크기의 힘을 받는다. 이때 자동차보다 질량이 작은 자전거의 속력이 더 많이 변하게 된다. 이처럼 충돌하는 두 물체는 충돌 과정에서 받는 힘에 의해 속력과 운동량이 변하게 된다.

지구 시스템

지구를 이루고 있는 4권역 사이의 역동적인 관계. 도시나 학교, 국가를 이루는 구성 요소들이 서로 영향을 주고받으며 유지되는 것처럼 지구도 여러 가지 구성 요소들이 하나의 시스템을 이루어 상호 작용을 하고 있는데, 이를 **지구계** 또는 **지구 시스템**이라고 한다. 지구 시스템은 크게 기권, 수권, 지권, 생물권, 외권으로 이루어져 있으며 각 권은 에너지와 물질을 서로 주고받으면서 상호 작용을 한다. 특히 기권, 수권, 지권의 상호 작용은 지구상에서 수많은 생명체가 유지되는데 중요한 역할을 하여 지구가 생물권을 보유한 행성이 될 수 있게 해준다. 지구가 놓여 있는 태양계의 행성 간 공간을 외권이라고 하는데, 최근 들어 외권이 지구 환경에 다양한 영향을 미치고 있다는 사실이 확인되어 관심이 높아지고 있다.

기권과 외권

우주 안과 밖. 지구 시스템의 **기권**은 지표면으로부터의 높이에 따라 대류권, 성층권, 중간권, 열권의 층상 구조를 이루고 있으며 열권 위의 공간은 **외권**이다. 지구 표면 위의 얇고 푸르게 보이는 부분이 지구의 대기이고, 푸른빛이 사라지고 까맣게 보이는 곳은 외권이다. 외권이 시작되는 부분은 지상으로부터 높이 1000km 정도 되는 지점으로, 우주 방사선과 자외선, X선 등의 전자파가 많이 존재한다. 이와 같은 환경에서는 생명체의 DNA가 손상될 수 있으므로, 외권에서 활동하는 우주 비행사는 특수하게 만들어진 우주복을 입어야 한다. 지구의 기권은 우주복과 같은 역할을 하여 외권으로부터 오는 우주 방사선 등을 막아주므로, 지구의 생명체가 안전하게 살 수 있다. 기권은 외권으로부터 들어오는 유성체도 막아준다. 유성체가 기권에 들어오면 공기와 마찰하여 지표면에 닿기 전에 대부분 타버린다.

수권과 지권

지구 안과 밖. **수권**은 지구 표면에 물이 차지하는 전 영역으로, 지표면의 약 70%를 차지하고 있는 바다가 그 대표적인 예이다. **지권**은 지각과 그 아래의 지구 내부 구조로 이루어져 있으며 지구의 표면에서 내부로 들어가면서 지각, 맨틀, 외핵, 내핵의 층상 구조를 이루고 있다.

태양 복사 에너지

핵융합에 의해 생성되는 태양 에너지의 복사 형태로의 전파. 지구 시스템이 유지되는데 필요한 거의 모든 에너지는 태양으로부터 온다. 지구에 도달한 **태양 복사 에너지**는 기권, 수권, 지권의 온도를 상승시키는 한편, 광합성을 통해 생물권에 에너지를 전달한다. 지구는 표면이 둥글기 때문에 위도에 따라 태양 고도가 다르다. 태양 고도가 높을수록(낮을수록) 햇빛이 지표면을 수직에 가깝게(비스듬히) 비추므로 단위 면적의 지표면에 도달하는 태양 복사 에너지양이 많아진다(적어진다). 또 지구 시스템 각 구성 요소를 이루는 물질이 다르고 각 구성 요소가 있는 곳도 다르기 때문에 구성 요소마다 태양 복사 에너지의 흡수율이 다르다. 그럼에도 지구 시스템의 평균적인 에너지 분포는 거의 변하지 않고 유지되고 있는 것을 통해, 지구 시스템의 내부에서 에너지가 이동한다는 사실을 알 수 있다.

지권의 에너지 전달

지구의 기후 변화. 지구 시스템을 이루는 각 구성 요소들은 자신이 가지고 있는 열에너지를 복사, 전도, 대류의 방식으로 다른 구성 요소들에게 전달한다. 이 과정에서 각 권이 맞닿아 있는 부분에서는 증발이나 응결과 같은 물의 상태 변화가 일어난다. 특히 기권의 공기와 수권의 물은 부분적으로 열에너지를 다르게 가지고 있을 때 위치에 따른 압력 차이가 발생한다. 이때 발생하는 압력 차이는 기권과 수권에서 대기와 해수의 순환을 일으키며 지구 시스템의 구성 요소들이 상호 작용을 하게 된다.

물의 순환
물이 바다와 땅, 대기권 사이에서 끊임없이 순환하는 현상. 지구 시스템의 에너지 불균형을 해소하는데 큰 역할을 하는 것 중의 하나는 **물의 순환**이다. 물은 수권뿐 아니라 기권, 지권, 생물권의 모든 곳에 존재하며, 주변의 에너지에 따라서 각각 다른 상태로 변하면서 한곳에 머무르지 않고 지구 시스템의 각 권 사이를 끊임없이 이동한다. 물은 바다나 육지로부터의 증발이나 식물 잎으로부터의 증산에 따라 대기로 이동하고, 비나 눈이 되어 지표에 도달하며, 하천수나 지하수가 되어 바다로 되돌아온다. 수권과 지권의 상호 작용은 지표 변화가, 수권과 생물권 사이의 상호 작용은 대기 순환과 날씨 변화가 주된 요인으로 작용한다. 특히 날씨 변화는 지구 시스템 내에서 에너지의 출입과 물질의 순환이 광범위하게 나타나는 현상이라고 할 수 있다.

물질 순환
생태계에서 생물 간 또는 생물과 비생물 간의 물질을 무한하게 이용하는 현상. 지구에서는 물뿐만 아니라 탄소, 질소와 같은 다양한 원소들이 순환하면서 지구 시스템에서 생명 현상이 지속적으로 유지될 수 있도록 한다. 탄소는 광합성, 호흡, 화석 연료의 연소 과정 등을 통해 지구 시스템의 각 권을 순환하는데, 이를 **탄소 순환**이라고 한다. 질소는 대기 중에 많이 분포하며, 지권의 토양, 식물과 동물, 배설물이나 사체 등을 통해 지구 시스템의 각 권을 순환하는데, 이를 **질소 순환**이라고 한다.

지각 변동과 지형 변화
지구 판구조론. 지구의 겉 부분은 여러 개의 **판**으로 이루어져 있다. 판의 아래쪽에 위치한 맨틀 물질은 고체이지만 지구 내부 에너지의 영향으로 녹기 직전의 유동적인 상태이다. **맨틀**에서 뜨거운 지구 내부 물질이 서서히 상승하고, 일정한 깊이에 이르면 점차 식으면서 옆으로 이동하다가 밀도가 낮아지면 아래로 가라앉는다. 판들은 맨틀 대류에 따라 각각 다른 방향과 속도로 서서히 움직인다. 이때 인접한 두 판의 상대적인 이동으로 서로 멀어지거나 충돌하거나 어긋나는 판의 경계를 형성한다. 판의 경계를 따라서 화산 활동이나 지진, 습곡 등의 지각 변동이 일어나고, 해령과 해구, 습곡 산맥과 같은 다양한 지형이 만들어진다.

세포
모든 생물의 기능적·구조적 기본 단위. 지구 시스템에서 살고 있는 수많은 생물들은 그 전체가 생명 시스템을 구성하며 다른 시스템과 에너지와 물질을 주고받는다. 또한 각 생물 개체들은 그 자체가 하나의 생명 시스템으로서 생명 활동을 유지하기 위한 체계를 갖추고 있다. 생물은 생김새와 크기가 다양하지만, 모두 세포로 구성되어 있다. **세포**는 생명체를 구성하는 구조적 단위이자, 물질대사를 하고 생장을 하는 기능적 단위이다. 대부분의 세포는 육안으로 구분할 수 없을 정도로 매우 작으며, 세포가 구성하는 몸의 부위에 따라 다양한 크기와 형태를 가진다.

세포 소기관
세포 내의 원형질의 분화로 생긴 일정한 구조와 기능을 가진 부분. 세포가 하나의 생명 시스템으로 유지되기 위해서는 세포 안에서 물질이 합성되고 에너지가 전환되어야 한다. 세포에서 물질의 합성과 관련된 소기관으로는 핵, 리보솜, 소포체, 골지체가 있으며, 에너지 전환을 담당하는 소기관으로는 엽록체와 미토콘드리아가 있다. **핵**은 유전 정보를 갖는 DNA가 들어 있어 생명 활동의 중심이 된다. **리보솜**은 DNA의 유전 정보에 따라 세포가 생명 활동을 하는데 필요한 단백질을 합성한다. **소포체**는 리보솜에서 만든 단백질을 다른 부위로 운반하거나 지질을 만든다. **골지체**는 소포체에서 운반된 단백질이나 지질을 변형하여 적절한 장소로 운반한다. **엽록체**는 식물 세포에서 빛에너지를 흡수하여 물과 이산화탄소를 원료로 포도당을 합성한다. **미토콘드리아**는 산소를 이용해 유기물을 분해하여 세포 활동에 필요한 에너지를 생산한다.

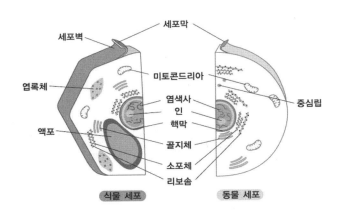

세포막
세포와 세포 외부의 경계를 짓는 막. **세포막**은 세포 전체를 둘러싸는 얇은 막이다. 세포막은 인지질과 단백질로 구성되어 있으며, 인지질의 꼬리 부분이 서로 마주 보며 2중층으로 배열된다. 인지질 2중층 곳곳에는 단백질이 박혀 있는데, 이 단백질은 세포가 영양분을 받아들이고 노폐물을 내보내는 물질 이동의 주요 통로가 된다. 또한 세포막은 세포의 형태를 유지하고 세포에서 물질대사가 일어날 수 있는 독립적인 환경을 형성한다.

삼투와 확산

생명체 내에서의 물질의 이동. 세포는 세포막의 선택적 투과성을 통해 세포 안팎으로 물질의 이동을 조절하여 생명 시스템을 유지한다. 세포막을 경계로 농도가 낮은 용액에서 높은 용액으로 용매가 이동하는 현상을 **삼투**라고 한다. 삼투는 용질 입자의 크기가 커서 세포막을 통과할 수 없을 때 일어난다. 식물이 뿌리에서 물을 흡수할 때 주변 토양에서 뿌리털 세포 안쪽으로 물이 이동하는 원리가 삼투에 해당한다. 한편, 물질이 농도가 높은 곳에서 낮은 곳으로 퍼져 나가는 현상을 **확산**이라고 한다. 세포에서는 세포막을 경계로 세포 안팎의 농도 차이에 따라 확산이 일어나는데, 세포막을 통해 직접 이동하거나 막단백질을 통해 농도가 높은 곳에서 낮은 곳으로 이동하면서 물질은 확산한다.

● 선택적 투과성

세포막을 통한 물질의 이동은 물질의 종류에 따라 선택적으로 일어나는데, 이를 선택적 투과성이라고 한다. 세포는 세포막의 **선택적 투과성**을 통해 세포 안팎으로의 물질 이동을 조절하여 생명 시스템을 유지한다.

촉매

자신은 변하거나 소진되지 않고 화학 반응의 속도를 증가시키는 물질. 화학 반응에서 반응 속도를 변화시키는 물질을 **촉매**라고 한다. 촉매는 반응 전후에 변하지 않는다. 촉매에는 생간과 감자 속에 들어 있는 카탈레이스와 같이 생물체에서 만들어진 생체 촉매도 있고, 화합물로 된 촉매도 있다. 촉매는 반응을 일으키는데 필요한 에너지를 줄일 수 있기 때문에 산업 현장에서 많이 사용되고 있다.

● 효소

생물체에서 일어나는 화학 반응을 돕는 **생체 촉매**로, 자연 상태에서 잘 일어나지 않는 화학 반응도 체내에서 쉽게 일어나도록 한다. 효소는 식품, 의약품, 생활용품 등 다양한 분야에서 활용되고 있다. 효소는 안전하고 경제적 · 친환경적이기 때문에 그 적용 범위가 점차 확대되고 있다.

물질대사

생물체 내에서 일어나는 물질의 분해나 합성과 같은 모든 물질적 변화. 생물체 안에서 일어나는 화학 반응을 **물질대사**라고 한다. 세포는 물질대사를 통해 에너지를 얻고, 세포를 구성하거나 생리 작용을 조절하는데 필요한 물질을 생산하여 생명 활동에 사용한다. 이때 효소가 물질대사를 촉진하는 역할을 한다. 물질대사는 크게 물질의 합성과 물질의 분해로 나뉜다. 빛에너지를 흡수하고

이산화탄소와 물을 이용하여 포도당과 같은 큰 분자를 만드는 식물의 광합성은 물질의 합성에 해당된다. 반면, 포도당을 물과 이산화탄소로 분해하여 에너지를 방출하는 세포 호흡은 물질의 분해에 해당된다.

기초대사량과 열량

생명 유지에 필요한 최소의 열량. 기초대사량은 생물체가 생명을 유지하는데 필요한 **최소한의 에너지량**을 말한다. 체온 유지나 호흡, 심장 박동 등 기초적인 생명 활동을 위한 신진대사에 쓰이는 에너지량으로 보통 휴식 상태 또는 움직이지 않고 가만히 있을 때 기초대사량만큼의 에너지가 소모된다. 열량은 체내에서 발생하는 에너지의 양을 말한다. 사람은 이 열량을 이용하여 일정한 체온을 유지하고 음식의 소화를 비롯한 운동을 할 수 있다. 열량의 단위는 cal(칼로리)를 사용하고 탄수화물, 지방, 단백질을 3대 열량 영양소라고 한다.

전자의 이동과 산화 환원

산화와 환원의 동시 이행 관계. 마그네슘과 산소가 반응하여 산화마그네슘이 되는 과정에서, 마그네슘은 전자를 잃어 양이온이 되고, 산소는 전자를 얻어 음이온이 되면서 이온 결합을 이룬다. 이때 전자는 마그네슘에서 산소로 이동하므로 마그네슘은 전자를 잃고 산소는 전자를 얻는다. 산화 환원의 정의를 물질이 전자를 잃는 반응을 **산화**, 전자를 얻는 반응을 **환원**으로 확장하면 마그네슘이 산화될 때 환원되는 것은 전자를 얻은 산소라는 것을 알 수 있다.

● 생명과 일상에서의 산화 환원

미토콘드리아에서 일어나는 **세포 호흡**은 포도당과 산소로부터 물과 이산화탄소를 생성하는 산화 환원이다. 식물의 엽록체에서 일어나는 **광합성**은 물과 이산화탄소로부터 포도당과 산소를 생성하는 산화 환원이다. 껍질을 깎아 놓은 과일이 갈색으로 변하는 것, 도시가스를 연소시키는 것, 철이 부식되는 것은 모두 산화 환원의 예이다. 에칭(부식 동판화 기법), 전통 도자기, 금속 조각품, 유화 등 미술 작품에서도 산화 환원이 활용되고 있다.

산과 염기

물에 녹았을 때 산성과 염기성을 띠는 물질. **산**은 물에 녹아 수소 이온을 내놓는다. 반면 **염기**는 물에 녹아 이온을 내놓는다. 몇 가지의 산과 염기를 물에 녹이면 산은 수소이온을, 염기는 수산화이온을 공통으로 내놓는다. 이는 산이 공통적인 성질을 나타내는 것은 양이온, 즉 수소이온(H^+) 때문이며, 염기가 공통적인 성질을 나타내는 것은 음이온, 즉 수산화이온(OH^-) 때문임을 보여준다.

산성과 염기성

산이 나타내는 공통적인 성질을 **산성**, 염기가 나타내는 공통적인 성질을 **염기성**이라고 한다.

산성(산의 공통적인 성질)	염기성(염기의 공통적인 성질)
• 수용액은 전류가 흐른다. • 푸른색 리트머스 종이를 붉은색으로 변화시킨다. • 마그네슘, 철 등과 반응하여 수소 기체가 발생한다. • 탄산칼슘과 반응하여 이산화탄소가 발생한다. • 대부분 신맛이 난다. 과일의 신맛은 산을 포함하고 있기 때문이다.	• 수용액은 전류가 흐른다. • 붉은색 리트머스 종이를 푸른색으로 변화시킨다. • 단백질을 녹인다. • 페놀프탈레인 용액을 떨어뜨리면 붉은색으로 변한다. • 대부분 쓴맛이 난다. 설탕과 제빵용 소다로 만든 과자의 쓴맛은 제빵용 소다 때문이다.

중화반응

산과 염기가 반응하여 물과 염을 생성하는 반응. 산과 염기가 반응하여 산이나 염기의 성질을 잃게 되는 것은 산의 수소 이온과 염기의 수산화 이온이 반응하여 중성인 물을 생성하기 때문이다. 이와 같이 산과 염기가 반응하여 물을 생성하는 반응을 **중화반응**이라고 한다. 예를 들어 염산과 수산화나트륨 수용액이 반응하면 염화나트륨과 물이 생성된다. 산과 염기의 중화 반응에서 산의 수소 이온과 염기의 수산화 이온은 1:1의 개수비로 반응한다. 따라서 수소 이온과 수산화 이온이 같은 개수씩 들어 있는 염산과 수산화나트륨 수용액을 섞으면 혼합 용액은 중성을 띠게 된다. 중화 반응이 일어나면 용액의 액성이 변하므로 지시약의 색 변화를 이용하거나, 중화 반응이 일어날 때 열이 발생하므로 온도 변화를 이용하여 확인한다.

$$\underset{산}{HCl} + \underset{염기}{NaOH} \rightarrow \underset{}{NaCl} + \underset{물}{H_2O}$$

$$H^+ + OH^- \rightarrow H_2O$$

● **중화 반응의 이용 예**

생선의 비린내를 제거하기 위해 레몬즙을 뿌리는 것, 위산 과다에 제산제를 복용하는 것, 산성화된 토양이나 호수에 석회 가루를 뿌리는 것 등이 있다.

이산화탄소가 환경에 미치는 영향

지구 온난화의 주범. 이산화탄소는 동식물이 호흡하는 과정과 화석 연료가 연소하는 과정에서 계속 생성되고, 화산 분출이나 산불로도 발생한다. 산업 혁명 이후 인간의 활동으로 인해 대기 중 이산화탄소의 농도가 증가하였으며, 이로 인해 지구의 **평균 온도가 상승**하는 등 여러 가지 문제가 발생하는 것으로 추정되고 있다. 대기 중 이산화탄소의 농도가 높아지면 바닷물에 녹는 이산화탄소의 양도 증가하여 바닷물의 pH(수소이온지수)가 낮아진다. 바닷물의 pH가 조금만 낮아져도 바다에 살고 있는 여러 가지 생물들에게 피해를 주며, 특히 탄산칼슘으로 이루어진 골격을 가진 산호, 조개류 등에 그 피해가 크게 나타난다.

자연 선택

적자생존의 원리. 생물은 대부분 그들이 살고 있는 환경 조건이나 먹이에 비해 많은 수의 자손을 낳는다. 같은 부모 사이에서 태어난 자손도 다양한 형질을 갖는데, 이러한 개체 간의 차이를 **변이**라고 한다. 개체 사이에는 먹이, 공간, 배우자 등을 확보하기 위해 생존 경쟁이 일어나는데 이 중 환경에 적합한 변이를 가진 개체는 그렇지 못한 개체에 비해 오래 살아남아 더 많은 자손을 남길 확률이 높다. 이와 같이 생존에 유리한 변이를 가진 개체가 잘 살아남아 더 많은 자손을 남기는 과정을 **자연 선택**이라고 한다. 결국 생존 경쟁에서 살아남은 개체는 자신의 변이를 자손에게 물려주게 되며 이러한 자연 선택 과정이 오랜 시간 동안 여러 세대를 거듭하여 반복되면 기존의 종과는 다른 종으로 서서히 진화가 이루어진다. 이처럼 다양한 개체 중에서 환경에 더 잘 적응한 개체가 선택되어 진화한다는 학설을 **자연선택설**이라고 한다.

생물 다양성

유전자, 생물종, 생태계의 세 단계 다양성을 종합한 개념. 다양한 생물은 생태계에서 상호 작용을 하며 살아가고 있는데, 수많은 종의 생물과 그들이 가진 유전자 그리고 생물이 살아가는 생태계를 통틀어 **생물 다양성**이라고 한다. 즉 생물 다양성은 생물이 생활하는 생태계의 다양성, 생물종의 다양성, 생물이 갖는 유전자의 다양성 전부를 가리킨다. **생태계 다양성**은 해양, 열대 우림, 초원, 사막, 갯벌, 농경지 등 다양한 생태계를 뜻한다. **종 다양성**은 한 생태계에 얼마나 많은 종이 고르게 분포하여 살고 있는가를 뜻한다. **유전적 다양성**은 같은 종이라도 서로 다른 유전자를 가지고 있어 다양한 형질이 나타나는 것을 뜻한다.

생태계

생물이 살아가는 세계. 대부분의 생물은 독립적으로 살지 않고 다른 생물과 무리를 이루며 살아간다. 이때 하나의 생물체를 개체라 하고, 함께 생활하는 같은 종의 생물 무리를 개체군이라고 하며, 서로 다른 개체군이 모인 것을 군집이라고 한다. 생물 군집 안에서 생물은 여러 생물과 어울려 살아가는 한편, 토양, 빛, 공기, 물 등의 주변 환경과도 서로 영향을 주고받으며 살아가는데 이를 **생태계**라고 한다.

생물과 환경의 관계

생태계를 이루는 조건. 생물과 환경은 서로 밀접하게 영향을 주고받는다. **빛**은 생물이 살아가는데 필요한 에너지의 근원으로, 생물은 빛의 세기, 일조 시간 등의 영향을 받는다. **온도**는 생물의 물질대사와 생명 활동에 영향을 주며, 생물은 온도에 따라 다양한 적응 현상을 나타낸다. **물**은 생물체의 구성 성분으로, 생물은 수분의 손실을 막는 방향으로 적응하였다. **토양**은 생물의 서식지로, 식물은 토양 속 무기 양분을 흡수하고, 토양 속 생물은 사체나 배설물을 분해하여 토양으로 되돌려 보낸다.

대기 대순환

지구 전체를 둘러싼 대기의 운동. 대기 대순환은 지구상의 북반구와 남반구에서 각각 3개의 순환 세포를 형성하는 대기의 순환을 뜻한다. **대기 대순환**에 따라 적도~위도 30°에서는 무역풍이 불고, 위도 30°~60°에서는 편서풍이 불며, 위도 60°이상 극지방에서는 극동풍이 분다. 이러한 대기 대순환이 수심 100m 이내의 해수 표층에 작용하면 **표층 해류**가 발생한다. 대기 대순환과 해수의 순환은 저위도의 남는 에너지를 고위도로 옮겨 지구 에너지 균형을 이루는 역할을 한다. 그런데 최근의 온난화에 따라 이들의 순환에도 변화가 나타나기 시작하면서 지역적으로 엘니뇨, 사막화, 한파 등 다양한 기상 이변이 심화되고 있다.

에너지 전환

에너지 공급 체계의 변환. 다양한 형태의 에너지는 서로 전달되기도 하는데, 한 형태의 에너지가 다른 형태의 에너지로 바뀌는 것을 **에너지 전환**이라고 한다. 에너지 전환은 우리 주변에서 일어나는 여러 가지 현상에서 나타난다. 식물이 광합성을 할 때 태양의 빛에너지는 포도당의 화학 에너지로 전환된다. 번지 점프를할 때는 위치 에너지가 운동 에너지로 전환된다. 휴대전화를 사용할 때는 다양한 에너지 전환이 나타난다.

❖ **휴대전화에서 나타나는 다양한 에너지 전환**
전지가 충전될 때는 전기 에너지가 화학 에너지로 전환된다. 스피커에서는 전기 에너지가 소리 에너지로 전환된다. 마이크에서는 소리 에너지가 전기 에너지로 전환된다. 화면에서는 전기 에너지가 빛에너지로 전환된다. 휴대전화가 진동할 때는 전기 에너지가 운동 에너지로 전환된다. 휴대전화를 오래 사용하면 전기 에너지가 열에너지로 전환되어 뜨거워진다.

전자기 유도

도체의 주변에서 자기장을 변화시켰을 때 전압이 유도되어 전류가 흐르는 현상. 코일 근처에서 자석을 움직이거나 자석 근처에서 코일을 움직일 때 코일에 전류가 흐르는 현상을 **전자기 유도**라고 한다. 자석을 코일에 가까이할 때와 멀리할 때 전류는 반대 방향으로 흐른다. 이는 유도된 전류의 방향이 자기장의 변화에 따라 바뀌는 것을 나타낸다.

태양 에너지의 순환과 전환

에너지의 흐름과 물질 순환. 태양 에너지는 지구상의 대부분 **에너지의 근원**으로, 지구에서 물과 대기의 순환을 일으키며, 다양한 형태의 에너지로 전환되어 생명 유지와 인류 문명 발달에 이용된다. 인류는 온실, 태양 전지 등을 통해 태양의 열에너지와 빛에너지를 이용하기도 하고, 화석 연료의 화학 에너지를 전기 에너지로 전환하여 휴대전화, 텔레비전, 세탁기 등 생활에 편리한 전기 제품을 작동하는데 이용하기도 한다.

적정 기술

제삼 세계의 지역적 조건에 맞는 기술. 최근에는 새로운 에너지원인 신재생 에너지를 사용하기 위한 노력뿐만 아니라 에너지를 효율적으로 사용하는 기술 개발에도 관심을 기울이고 있다. 특히 과학 기술의 혜택에서 소외된 사람들을 위해 화석 연료를 사용하지 않고 삶의 질을 개선할 수 있는 기술의 중요성이 높아지고 있다. 이와 같은 기술을 **적정 기술**이라고 하는데, 적정 기술은 사회 공동체의 정치, 문화, 환경의 조건을 고려해 해당 지역에서 지속적인 생산과 소비가 가능해야 하며, 삶의 질을 향상시킬 수 있어야 한다. 특히 대규모 사회 기반 시설이 필요하지 않고, 친환경적이어야 한다.

기본 상호 작용

기본 힘. 현재까지 알려진 기본 상호 작용에는 **중력**, **전자기력**, **약력**, **강력**의 4가지가 있으며, 이들 상호 작용을 하나로 묶어 설명하는 것이 물리학의 궁극적 목표인 **통일장 이론**이다. 중력에 의해 생기는 무게 이외의 눈에 띠는 대부분의 힘은 전자기력으로 설명 가능하다. 정전기력이나 자기력 이외에도 마찰력, 수직력, 끌림항력 등은 모두 원자 단위에서 작용하는 전자기력으로 설명 가능하다. 약력과 강력은 원자핵 내부에서만 작용하고 핵 영역 밖에서는 소멸하는 힘이어서 직접 경험할 수는 없다. 방사성 붕괴를 일으키는 힘이 약력이며, 양성자들과 중성자들을 묶어 원자핵을 유지하는 힘이 강력이다. 핵력은 쿼크들을 결합시켜 양성자나 중성자를 만드는 강한 상호작용이다.

물리학의 기본 상수

물리 상수. 물리학의 가장 기본적인 상수에는 중력 상수(G), 빛의 속력(c), 플랑크 상수(h), 기본 전하(e)의 4가지가 있다.

중력 상수

뉴턴의 중력 법칙의 중력 상수($G=6.67\times10^{-11}\mathrm{m^3kg^{-1}s^{-2}}$)는 뉴턴의 중력 이론과 아인슈타인의 일반상대성이론에서 핵심 역할을 하며, 우주의 거시적인 구조에 관한 연구에서 필수 상수이다.

빛의 속력

빛의 속력($c=3\times10^8\mathrm{m/s}$)은 맥스웰 방정식에서 전자기파의 속력과 같음이 알려졌다. 진공에서의 빛의 속력이 일정한 사실은 아인슈타인의 특수상대성이론의 기본 공리가 된다. 빛의 속력은 아주 큰 값이기는 하지만 무한대는 아니다. 만일 빛의 속력이 무한대라고 하면 상대성이론은 뉴턴의 역학으로 돌아간다.

플랑크 상수

플랑크 상수($h=6.63\times10^{-34}J\cdot s$)는 양자역학의 중심 상수이다. 플랑크 상수는 매우 작은 숫자이지만 0은 아니기 때문에 양자역학적인 현상들이 일어난다. 만일 이 상수가 0이라면 양자역학은 고전물리학으로 환원된다.

기본 전하

기본 전하($e=1.60\times10^{-19}C$)는 전자의 전하량이며, 전자량은 양자화되어 있다. 기본 전하를 가진 전자, 양성자 등 입자의 움직임에 의해 전자기학의 현상들이 일어난다.

SI 기본 단위

물리학의 국제표준단위. SI 단위는 국제표준단위(The International System of Units)의 줄임말로 **미터계**라고도 한다. SI 단위는 전 세계적으로 사용되는 기본적인 단위 체계이며, 과학적인 기술에 표준으로 사용되고 있다. 현재 미국은 선진국 가운데 SI 단위계를 사용하지 않는 유일한 나라이다. 모든 물리적인 측정에 필요한 기본적인 물리량은 질량, 길이, 시간, 온도, 전류, 물질량 및 빛의 세기의 7가지이다. 이들이 서로 독립적인 물리량이라는 의미에서 각각 하나의 차원을 형성한다고 말한다. 속도나 힘, 에너지, 엔트로피, 자기장 등 그 밖의 모든 물리량에서 유도가 가능하다.

● SI 기본 단위

항목	단위	표시
질량	Kilogram	kg
길이	Meter	m
시간	Second	s
온도	Kelvin	K
전류	Ampere	A
물질량	Mole	mol
빛의 세기	Candelda	cd

차원

공간 내의 점을 지정하는 데 필요한 독립 좌표의 수로, 확장의 개념.

수학에서의 차원(次元)은 도형 위의 점을 표현할 때, 필요한 원소의 (최소의) 개수를 말한다. 길이만 있는 도형(직선 등)은 1차원, 넓이는 있어도 부피가 없는 도형(평면 등)은 2차원, 부피가 있는 것(공간)은 3차원이다. 예를 들어, 평면 내의 점을 표시하는 데는, 원점에서의 '가로 방향의 거리'와 '세로 방향의 거리'라고 하는 두 개의 원소가 필요하고, 좌표는 (a, b)의 형식이 되기 때문에 2차원이다. 공간 내의 점의 경우는 '가로 방향', '세로 방향', '높이'의 3가지 원소를 가지고 있어서 3차원이다. 좌표는 (a, b, c)의 형식이 된다. **과학에서의 차원**은 물리량이 변화할 가능성을 말한다. 가령 길이라는 물리량을 하나의 차원으로 본다는 말은 어떤 선 위에서는 mile, km, cm 등의 특정 단위에 상관없이 앞뒤로만 움직일 수 있다는 뜻이다. 흔히 앞뒤로만 움직일 수 있는 선을 1차원, 전후·좌우로 움직임을 주는 면을 2차원, 전우·좌우·상하로 움직이는 부피를 3차원 등으로만 알고 있으나, 보다 포괄적 입장에서의 차원은 독립적으로 움직일 수 있는 가능성의 가짓수이다.

공간

상하·전후·좌우 3방향으로 퍼져 있는 빈 곳. 가로, 세로, 높이 세 개의 방향을 가지는 3차원의 영역을 말한다. 또는 수학적 대상의 집합, 추상적인(기하학의) 정의와 구조를 가지는 수학적 체계를 공간이라고 한다. 예를 들어, 표본 공간, 유클리드 공간, 벡터 공간 등이 있고, 공간 내의 점인 n개의 수를 이용하여 $(a_1, a_2, \cdots a_n)$처럼 표시될 경우, 이 공간을 'n차 공간'이라고 한다.

운동

물체에 힘이 가해져 움직이는 것을 운동이라고 한다. 운동은 병진운동(선운동)이나 회전운동, 또는 이 둘의 혼합으로 이루어진다.

● 병진운동

병진운동이란 크기와 모양을 가진 물체가 회전하지 않고 선을 따라 움직이는 운동, 즉 물체의 모든 점이 똑같이 평행 이동하는 운동을 말한다. 특별한 언급이 없는 한 운동이라고 하면 병진운동을 일컫는다.

● 회전운동

크기와 모양을 가진 물체의 각 부분이 서로 다른 방향이나 속력으로 움직이는 운동을 회전운동이라고 한다. 일반적으로 물체는 병진운동이나 회전운동, 또는 두 가지가 혼합된 운동을 한다.

속력과 속도

스칼라량과 벡터량. 단위 시간 동안 이동한 거리로 일상생활에서 물체의 빠르기를 나타낼 때 사용되는 '**스칼라량**'을 속력이라고 한다(속력=이동 거리÷걸린 시간). 속력의 단위로는 보통 ㎧를 사용하며 그 외에도 ㎝/s, m/min, ㎞/h 등을 사용한다. 한편 속도는 단위 시간(1초) 동안의 변위로서 물체의 빠르기를 나타내는 '**벡터량**'이다. 물체의 빠르기를 이동한 방향과 함께 나타낸다는 점에서 속력과 차이가 있다. 속도의 단위는 ㎧, ㎝/s, m/min, ㎞/h 등으로 속력의 단위와 동일하다(속도=변위÷걸린 시간).

● 스칼라량과 벡터량의 비교

구분	스칼라량	벡터량
요소	크기만 가지고 있다.	크기와 방향을 가지고 있다.
예	시간, 길이, 이동 거리, 부피, 온도, 에너지, 질량, 속력 등	속도, 가속도, 변위, 힘(중력, 만유인력, 마찰력, 전기력 등), 운동량, 충격량 등
생활 속의 예	키의 크기, 술이나 음료수의 부피, 시간, 기차나 비행기의 빠르기 등	몸무게(체중), 전기력과 자기력, 마찰력, 자기 부상 열차 등
마라톤의 예	마라톤에서 우승자를 가리는 것은 스칼라량(즉, 빠르기 순서)을 기준으로 하는 것이다.	원점을 출발하여 원점으로 다시 돌아오는 마라톤에서 만약에 속도를 기준으로 우승자를 가린다면, 모든 선수가 완주했다고 가정했을 때, 모든 선수의 변위가 0이 되므로 모든 선수는 공동우승자가 된다.

가속도

속도 벡터가 단위 시간 동안 얼마나 변했는지를 나타내는 벡터량. 단위 시간 동안의 변위가 속도라고 하면, 단위 시간 동안 속도의 변화 정도를 **가속도**라고 한다.

가속도 = 속도의 변화량 ÷ 단위 시간
　　　= (나중 속도−처음 속도) ÷ 속도 변화에 걸린 시간

가속도의 단위는 ㎧ 이고 가속도의 방향은 속도 변화량의 방향과 같다. 예를 들어 한 방향으로 직선 운동하는 물체의 속력이(직선 운동이기 때문에 속도 대신 속력이라는 용어를 사용할 수 있다) 증가하면 나중 속도가 처음 속도보다 크기 때문에 (+)가속도를 갖게 되고, 반대로 속력이 감소하면 처음 속도가 나중 속도보다 크기 때문에 (−)가속도를 갖게 된다.

상대 속도

어떤 물체에서 다른 물체를 본 상대적인 속도. 물체의 운동 상태는 그 물체를 관찰하는 관찰자의 운동 상태에 따라 다르게 인식된다. 관찰자와 물체의 운동 방향이 동일하면 물체의 빠르기는 실제보다 느린 것처럼 보이고 운동 방향이 반대이면 실제보다 빠른 것처럼 보인다. 이처럼 움직이는 관찰자가 본 움직이는 물체의

속도를 **상대 속도**라고 한다.

상대 속도 = 상대방 물체의 속도 − 관찰자의 속도

여기서 주의할 점은 물체나 관찰자나 모두 속도의 개념을 사용하기 때문에 방향성을 고려해야 한다는 것이다. 방향은 일반적으로 오른쪽, 위쪽을 +방향으로 하고 왼쪽, 아래쪽을 −방향으로 선택하지만 꼭 그렇게 정해진 것은 아니다. 생활 속의 상대 속도는 일상생활에서 쉽게 체험할 수 있다. 버스를 타고 가는 동안 같은 차선을 달리는 자동차보다 반대편 차선에서 오는 자동차가 더 빠른 것처럼 인식되는 것이 그것이다. 때때로 자기가 타고 있는 기차나 버스는 정지 또는 운동하고 있음에도 불구하고 상대편의 기차나 버스가 마치 운동 또는 정지해 있는 것처럼 느끼는 것도 마찬가지 경우이다.

힘

전기력 · 중력 · 핵력 · 구심력. 물체에 작용하여 물체의 모양을 변형시키거나 물체의 운동 상태를 변화시키는 원인을 힘이라고 하며 크기와 방향을 갖는다. 같은 힘을 같은 방향으로 같은 물체에 작용하였는데 물체의 운동이 상이한 것은 힘이 작용하는 지점이 달랐기 때문이다. 힘의 **크기**, 힘이 작용한 **방향**, 힘의 **작용점**을 힘의 3요소라고 한다.

질량

어떤 물체에 포함된 물질의 양. 질량은 물질을 구성하는 원자의 속이 얼마나 꽉 들어차있는가, 즉 원자핵 안에 얼마나 많은 양성자와 중성자가 있는가의 척도이다. **질량**은 m으로 표시하며, 단위는 kg이다. 흔히 질량을 무게와 혼동해 쓰지만, 무게는 중력 하에서 질량이 받는 힘($F=mg$)으로 질량에 중력가속도가 곱해진 물리량이다. 따라서 중력가속도(g)가 달라지면 무게는 달라지지만 질량은 변하지 않는다.

● 관성질량

관성의 크고 작음의 척도가 곧 질량의 차이이며, 둘은 정확히 비례관계에 있다. 이렇게 관성의 차이로 정의한 질량을 관성질량이라고 한다. 관성질량을 뉴턴의 제2법칙으로 쓰면 $m=F÷a$이다.

● 중력질량

볼링공과 축구공을 각각 용수철저울 위에 올려놓으면 용수철이 늘어나는 길이가 달라진다. 이는 두 공이 받는 중력의 크기가 다르기 때문인데, 이처럼 용수철의 늘어나는 길이로 정의하는 질량이 중력질량이다. 중력질량은 뉴턴의 중력 법칙으로 결정되며, $m=F÷g$이다.

무게

중력이 물체를 끌어당기는 힘의 크기. 물체를 이웃한 천체(예: 지구)가 잡아당기는 힘이 무게이다. 무게는 힘의 일종이므로 벡터량이 되어 W로 표기하며, SI 단위는 힘의 단위인 N(newton)을 사용한다. kg은 무게의 단위가 아닌 질량의 단위이므로 주의해서 사용해야 한다. 무게가 **힘**의 일종인 사실은 저울을 힘껏 손으로 눌러보면 안다. 즉 무게를 단 것이 아니라 단순히 손으로 눌러 힘을 주었는데도 저울의 눈금은 올라간다. 무게를 주는 힘은 주로 물체 사이의 인력(중력)에 의한 것으로, 질량이 m(kg)인 물체의 무게 W는 W=mg(N)이고, 방향은 아래를 가리킨다.

뉴턴의 운동법칙

물체의 운동에 관한 기본 법칙. 물체에 힘이 작용하면 물체에서는 변형이 일어나거나, 운동 상태가 변하거나, 변형과 운동 상태의 변화가 같이 일어난다. 물체의 운동에 영향을 주는 힘에 대해 뉴턴은 세 가지 법칙을 발표하였는데 이는 4세기가 지난 지금에도 물체의 운동을 설명할 때 사용되고 있다. 외력이 작용하지 않으면 물체는 처음의 운동 상태를 유지한다. 처음에 정지해 있던 물체는 계속 정지해 있고 운동하던 물체는 등속 직선 운동을 하는데, 이를 제1법칙인 '**관성의 법칙**'이라고 한다. 속도의 변화는 질량이 일정할 때 작용하는 힘의 크기에 비례하고 작용하는 힘의 크기가 일정할 때 물체의 질량에 반비례하는 것을 제2의 법칙인 '**가속도의 법칙**'이라고 한다(가속도=힘÷질량, 힘=질량×가속도=운동 방정식). A, B 두 물체 사이에서 A가 B에 힘(작용)을 가하면 B도 A에 크기는 같고 방향은 반대인 힘(반작용)을 가하는 것을 제3법칙인 '**작용 · 반작용의 법칙**'이라고 한다.

● 작용−반작용과 힘의 평형의 공통점과 차이점

구분	작용과 반작용	두 힘의 평형
공통점	●작용하는 두 힘의 크기가 같고, 방향이 정반대이다. ●두 힘의 작용선이 동일 작용선상에 놓인다.	
차이점	●두 힘이 서로에게 엇갈리면서 서로에게 작용한다. ●작용점이 각각 두 개가 존재하는 쌍힘이다.	●두 힘이 어느 한 점 또는 한 물체에 집중적으로 작용한다. ●두 힘의 작용점이 같기 때문에 작용점은 한 개만 존재한다.
실례	만유인력. 로켓이나 포탄 발사 시 반동력 등	줄에 매달린 진자에 작용하는 중력과 장력 등

관성

물체에 가해지는 외부 힘의 합력이 0일 때 자신의 운동 상태를 지속하는 성질. 물체에 외력이 작용하지 않거나 여러 힘이 작용하여도 알짜 힘이 0이라면 물체는 처음의 운동 상태를 계속 유지하려 하는데 이러한 성질을 **관성**이라고 한다. 또한 우리가 일반적으로 질량이라고 알고 있는 물체 특유의 기본적 양도 실은 관성질량을 의미하는 것이다. 예를 들어 자동차와 같이 큰 질량을 가지면 관성이 크고 탁구공과 같이 작은 질량을 가지면 관성이 작다.

● 관성의 예

정지 관성	운동 관성
●정지한 버스가 출발하면 승객들의 몸이 뒤로 쏠린다. ●옷이나 이불을 두드리면 먼지가 떨어진다. ●컵 위에 동전을 올려놓은 종이를 놓고 종이를 빠르게 치우면 동전이 컵 속으로 떨어진다.	●달리던 버스가 급정지하면 승객들의 몸이 앞으로 쏠린다. ●뛰어가던 사람이 돌부리에 걸리면 앞으로 넘어진다. ●망치 손잡이를 잡고 손잡이를 바닥에 내리치면 망치머리가 더욱 깊게 박힌다.

● 엘리베이터에서의 관성력

엘리베이터를 타게 되면, 엘리베이터를 타고 올라갈 때는 순간적으로 다리에 힘을 받는 것을 느끼게 되고, 엘리베이터가 내려갈 때는 내장이 철렁하는 느낌을 받게 된다. 이는 엘리베이터가 막 움직이기 시작할 때, 소정의 가속도가 작용하게 되어 **관성력**이 사람에게 느껴지기 때문이다. 이러한 관성력은 실제로 존재하는 힘이 아니고 가상적인 힘일지라도 엘리베이터를 타고 있는 사람(비관성계에 속한 관측자)에게는 실제로 느껴지는 것이다.

만유인력

두 물체가 당기는 힘. 영국의 과학자 뉴턴은 1666년에 "우주 공간 속의 모든 물체는 두 물체의 질량(M, m)의 곱에 비례하고 두 물체 사이 거리(r)의 제곱에 반비례하는 힘이 작용한다."고 발표했다. 이를 '중력의 법칙'이라고 하는데 우리에게는 '**만유인력의 법칙**'으로 더 잘 알려져 있다. [$F = (G \times mM) \div r^2$]

● 중력과 만유인력의 차이

중력과 만유인력은 똑같은 개념은 아니다. **만유인력**은 지구와 지구상의 물체 사이에 작용하는 힘이고, **중력**은 만유인력과 지구 자전에 의해 생기는 원심력의 합력인 것이다. 그리고 우리가 중력이라고 부르는 것은 지구 중력의 줄임말이다. 우주 공간의 달, 태양 등 모든 천체에도 중력이 존재한다. 따라서 지구상에서 어느 물체에 작용하는 만유인력은 항상 지구의 중심을 향하게 되지만, 중력은 극지방과 적도 지방을 제외하고는 지구의 중심을 향하지 않는다. 그래서 중력 방향을 연직 방향(vertical line)이라고 한다. 연직 방향은 물체가 자유 낙하하는 방향이다. 이러한 연직 방향에 수직인 선을 수평선(horizontal line)이라고 한다.

원심력과 구심력

원심력: 원운동을 하고 있는 물체에 나타나는 관성력, 구심력: 원운동을 하는 물체에서 원의 중심 방향으로 작용하는 일정한 크기의 힘. **원심력**이란 물체가 원운동을 할 때 회전 중심에서 멀어지려는 힘을 말한다. 원심력은 관성의 법칙 때문에 발생한다. 관성이란 외부의 힘을 받지 않으면 정지해 있는 물체는 계속 정지해 있으려 하고, 움직이는 물체는 계속 일정한 속도로 움직이려고 하는 성질을 말한다. 관성의 법칙에 따르면 물체는 일정한 속도로 직선 운동을 하기 때문에 원운동을 할 수 없다. 그래서 물체가 원운동을 하려면 직선 운동을 하는 물체를 중심으로 끌어당기는 힘이 필요하다. 이렇게 회전 중심으로 물체를 잡아당기는 힘을 **구심력**이라고 한다. 인공위성이 우주로 달아나지 않고 지구 주위를 도는 이유는 지구의 중력이 구심력으로 작용하기 때문이다.

● 인공위성의 운동 원리

물체 사이에는 만유인력이라는 서로 잡아당기는 힘이 작용한다. 인공위성이 지구 저궤도에 진입하여 회전할 때 지구가 인공위성을 잡아당기는 구심력과 인공위성이 지구를 돌면서 튕겨나가려는 힘인 원심력의 크기는 **같다**. 따라서 지구를 한 번 회전하고 나면 추가적인 로켓 엔진의 작동 없이도 인공위성은 관성에 의해 지구를 계속해서 회전하게 된다.

마찰력

접촉면을 따라 운동을 방해하는 힘. 물체가 어떤 면과 접촉하여 운동할 때 그 물체의 운동을 방해하는 힘을 **마찰력**이라고 한다. 정지하고 있는 물체는 물체가 움직이려는 방향과 반대 방향으로, 움직이는 물체는 물체가 움직이는 방향과 반대 방향으로 작용한다. 사람이 지면 위를 걸을 수 있는 것은 신발이 지면에 대해 진행 방향의 반대쪽으로 힘을 작용하면 지면은 그 반대 방향인 진행 방향으로 마찰력을 발생시켜 넘어지거나 미끄러지지 않고 걸을 수 있는 것이다. 마찰력은 크게 운동 마찰력과 정지 마찰력으로 구분한다(마찰력=마찰 계수×수직 항력).

● 생활 속의 마찰력

우리가 생활하는 데 마찰이 커서 불편한 점도 많지만, 마찰이 있기 때문에 편리하게 생활할 수 있는 경우도 많다. 우리 생활에서 물체의 운동에 마찰은 늘 함께 한다. 물건을 밀어 움직이는 데 **마찰력**이 큰 경우에는 큰 힘으로 밀어야 한다. 물체를 끌어당기는 경우에도 마찰이 크면 큰 힘으로 끌어당겨야 한다. 그런데 마찰력이 아주 작은 경우라면, 예를 들면, 초전도체를 이용한 자기력의 척력으로 기차를 떠있게 할 수 있다면, 어린애가 살짝 미는 힘만으로도 기차를 움직일 수가 있다. 우리가 마음대로 걸을 수 있

는 것도 마찰력이 있기 때문에 가능하고, 자동차가 달릴 수 있는 것도 마찰력이 있기에 가능하다. 마찰이 너무 작은 얼음판 위에서는 미끄러지기 십상이며, 마찰이 작은 진흙탕 속에 빠진 자동차는 마찰이 너무 작아 진흙탕 속에서 빠져나오기가 어렵다는 사실을 생각하면 쉽게 이해될 것이다.

탄성력

외부의 힘에 의해 변형된 물체가 원래의 모양으로 되돌아가려는 힘. 스폰지나 용수철에 힘을 가하면 변형이 일어난다. 그러나 작용한 힘을 제거하면 다시 원래의 모양으로 되돌아가게 되는데, 이러한 성질을 탄성(elasticity)이라고 하며 물체가 변형되었을 때 물체 내부에서 생긴 원래 상태로 되돌아가려는 힘을 **탄성력**이라고 한다.

에너지

물체가 가지고 있는, 일을 할 수 있는 능력. 에너지는 일을 할 수 있는 능력을 말하며 외부로부터 일을 받으면 받은 일만큼 에너지는 증가하고, 외부에 일을 하면 일을 한 만큼 에너지를 잃는다. 운동 에너지(E_k)는 속력을 갖는 물체(운동하는 물체)가 갖는 에너지로서 물체의 질량과 속력의 제곱을 곱해 구할 수 있다. ($E_k=\frac{1}{2}mv^2$) 위치에너지(E_p)는 높이를 갖는 물체가 갖는 에너지로서 물체의 질량과 높이의 곱을 통해 구할 수 있다. ($E_p=mgh$, m=질량, g=중력 가속도, h=높이)

● 인공위성의 위치에너지

지구 주변을 도는 인공위성의 경우에는 인공위성이 지표면에 접촉하지 않고 일정 높이에서 원운동하고 있으므로, 중력에 의한 위치에너지가 아닌 **만유인력**에 의한 위치에너지가 된다. 보통 중력에 의한 위치에너지는 물체가 지표 상공에 있어도 그 높이가 지구의 반지름에 비해 월등히 작을 경우에만 적용된다.

평형 상태

물체 또는 물질의 상태 변화를 일으키는 원인이 있으면서 그들의 효과가 서로 상쇄되는 상태. 계의 상태가 균형이 잡혀 그대로 유지되는 상태, 즉 물체의 질량 중심(또는 무게 중심)에 미치는 외부의 힘이나 토크(돌림힘)가 없을 때 **평형 상태**라고 한다. 평형 상태에서는 선운동량과 각운동량이 일정하게 보존되므로, 정지해 있는 물체뿐만 아니라 일정한 속도로 미끄러지거나 일정하게 회전하는 물체도 평형 상태에 있다고 할 수 있다.

열

물체의 온도를 높이거나 상태를 변화시키는 원인. 열은 Q로 표시하

며, SI 단위는 J이다. 온도와 열에 대한 개념이 제대로 확립되지 않았을 때에는 열은 물체 안에 존재하며, 다른 물체로 아무 손실 없이 이동 가능한 원소인 열소라는 유체라고 생각되었다. 온도 변화는 내부 에너지의 전달에 의해 생기며, 이때 전달된 내부 에너지를 **열**이라고 한다. 즉 열은 온도차에 의해 옮겨지는 에너지이다.

열역학
일, 온도, 에너지 사이의 관계를 해석하는 과학 분야. **열역학**은 에너지의 이동 및 일로의 전환, 열이 흐르는 방향 등을 압력, 온도, 부피 등의 양으로 기술하는 분야이다. 열역학에서는 다수의 입자들로 구성된 계를 다루게 되므로, 원자나 분자 하나하나의 움직임에 대해서는 관심이 없이 전체를 통계적인 관점에서 풀어낸다. 모든 고립계는 측정 가능한 내부 에너지를 가지고 있다는 개념이 열역학의 바탕을 이룬다.

🔹 계(界)
서로 영향을 주고받으며 상호 작용하는 구성 요소들의 집합을 계(시스템)라고 한다. 열역학에서 말하는 물질의 계는 대상이 되는 현실의 한 부분으로, 대상을 제외한 나머지 부분을 주위라고 한다. 양자역학에서 말하는 물질의 계는 상태함수로 표현되는 현실의 한 부분으로, 상태함수는 해당 계에 대한 완벽한 양자역학 정보를 담고 있다.

엔트로피와 엔탈피
열역학 함수. 자연에서의 자발적인 변화는 안정되면서도 자유로운 상태로 나아간다. 즉 에너지(열)는 낮아지는 방향으로, 무질서도는 높아지는 방향으로 변화한다. 여기서 **에너지를 나타내는 척도**를 '엔탈피(Enthalpy)'라 하고, **무질서도를 나타내는 척도**를 '엔트로피(Entropy)'라고 한다. 엔탈피는 일정한 압력에서 반응(변화)이 일어날 때, 반응 전후의 온도를 같게 만들기 위하여 계가 흡수하거나 방출하는 열(에너지)이다. 자연에서의 자발적인 변화는 엔탈피가 감소하고 엔트로피가 증가하는 방향으로 향한다. 엔탈피는 엔트로피와 더불어 물질계의 안정성과 변화의 방향, 그리고 화학평형의 위치와 이동을 결정하는 핵심 요소이다.

양력과 항력
비행하는 항공기에 작동하는 힘. **양력**(揚力)은 유체 속의 물체가 수직 방향으로 받는 힘을 말한다. 이 힘은 높은 압력에서 낮은 압력 쪽으로 발생하며, 물체에 닿은 유체를 밀어 내리려는 힘에 대한 반작용이다. 비행기의 날개가 이 힘을 이용하여 비행기를 하늘에 띄운다. 가령 비행기 날개와 같은 형상의 물체를 유체 흐름 방향으로 비스듬히 놓으면 그 물체에는 흐름 방향에 수직으로 물체

를 들어 올리려고 하는 힘인 양력이 작용한다. 날개가 비행기 본체를 공중에 지탱시킬 수 있는 것은 이 때문이다. 예를 들면 종이 4모서리 중 2모서리 끝을 양손으로 잡고 종이 위로 바람을 불면, 종이가 밑으로 처져 있는 상태에서 약간 위로 들린다. 이렇게 종이를 들어 올리는 힘이 양력이다. 양력은 기압이 높은 곳에서 낮은 곳으로 생긴다. 종이 위로 바람을 불면 공기가 적어진다. 공기가 적으면 압력이 낮아지고, 종이는 압력이 높은 종이 아래에서 압력이 낮은 종이 위로 올라가게 되는 것이다. 이에 대하여 물체를 흐름의 방향으로 떠밀어 보내려고 하는 힘을 **항력**(抗力)이라고 한다.

정압과 동압
유체의 흐름을 고려한 압력. **동압**은 유체가 운동함으로써 발생하는 압력이다. 동압의 크기는 유체 밀도의 절반에 유체 속도의 제곱을 곱한 값이다. **정압**은 유체와 같은 속도로 이동하는 물체에 작용하는 압력이다. 동압은 베르누이 정리(에너지 보존 법칙)를 적용하여 총압에서 정압을 뺌으로써 구할 수 있다. 정압과 동압의 관계는 유속이 낮은 유로(流路)에서는 정압의 효과는 크고 동압은 적게 나타나며, 유속이 높은 곳에서는 그 역으로 되지만, 정압은 일정하다.

전류와 전압
전류: 도체 내 두 점 사이의 전위차에 의한 전하 흐름. 전압: 전하의 흐름에 가해지는 압력의 정도. **전류**는 전위차(전기적 위치에너지 차)에 의하여 전위가 높은 쪽에서 낮은 쪽으로의 전하 흐름을 말한다. 한편 전하의 흐름에 가해지는 압력의 정도를 **전압**이라고 한다. 전압이 1V(볼트)라는 것은 두 지점 사이를 1C(쿨롱)의 전하량이 이동하는 것에 대해 1J(줄)만큼의 위치에너지 감소를 의미한다. 전기 회로에서의 전압과 전류는 비례한다. 전압-전류 그래프에서 직선의 기울기는 저항을 의미한다.

전기 저항
물체에 전류가 통과하기 어려운 정도를 나타내는 수치. 전하의 흐름을 방해하는 정도를 **전기 저항**이라고 한다. 도선 속의 전하들은 전원에 연결되지 않으면 전자들이 불규칙하게 운동을 한다. 그러나 전원이 연결되면 전자들은 +극을 향해 일제히 이동을 시작하는데, 이를 방해하는 것이 원자 또는 원자핵들이며, 이러한 원자 또는 원자핵들을 전기 저항이라고 한다. 도선 속을 흐르는 전류를 방해하는 전기 저항은 도선의 재질과 단면적, 길이에 따라 저항 값이 달라진다. 예를 들어 금속보다 나무나 고무가 저항이 훨씬 더 크고 도선의 단면적(S)이 작을수록, 도선의 길이(l)가 길수록 저항 값이 커진다.

전기력선

전기장 내에서 단위 양전하가 이동하면서 그리는 직선이나 곡선. 전하가 주변의 공간에 미치는 전기적인 영향을 **전기장**이라고 한다. 전기장의 크기와 방향을 가상적인 그림으로 나타낸 개념이 **전기력선**이다. 편의상 전류의 방향을 +전하에서 −전하 방향으로 잡는 것과 마찬가지로, 전기장이 뻗어나가거나 들어오는 전기력선의 방향은 양전하 쪽에서 밖으로 나가고, 음전하 쪽으로 들어가는 것으로 정한다.

자기력과 자기장

자기력: 자석이 끌어당기거나 미는 힘. 자기장: 자석이나 전류, 변화하는 전기장 등의 주위에 자기력이 작용하는 공간. 금속을 끌어당기는 성질을 자성이라고 하며 이러한 자성을 지닌 물체를 자석이라 한다. 또한 자성이 가장 강한 물체의 끝부분을 자극이라 하며 N극과 S극이 있다. 자석은 어떠한 방법으로 나누어도 N극 또는 S극 하나만 존재할 수 없는데 이러한 것을 '홀극은 존재하지 않는다.'라고 한다. 자석의 같은 극끼리는 서로 밀어내는 척력이 작용하고, 다른 극끼리는 서로 끌어당기는 인력이 작용한다. 이렇듯 자석 사이에서 작용하는 인력과 척력을 **자기력**이라고 한다. 자기력의 크기는 쿨롱의 법칙을 통해 구할 수 있다. 자기력이 미치는 범위를 **자기장**이라고 하며 자기장의 방향은 나침반 N극의 접선 방향이다. 도선에 전류가 흐르면 도선 주위에 자기장이 형성된다. 이를 전류에 의한 자기장이라고 하는데 직선 도선, 원형 도선, 코일에 전류가 흐를 때 자기장의 방향이 상이해진다.

● 자기력의 이용

자기력을 이용한 장치들로는 전동기, 전류계, 전압계, 스피커 등이 있다. 전동기는 말 그대로 자석에 의한 자기장과 전류에 의한 자기장에 의해 발생하는 자기력과 관성에 의해 전기 에너지가 역학적 에너지로 전환될 수 있도록 만든 장치이다. 선풍기, 세탁기, 에어컨, 에스컬레이터, 전동차 등에서 사용된다. 전류계나 전압계는 그 작동 원리가 동일한데 계기 내부에 장치된 자석과 코일에 의해 발생한 자기력과 용수철의 탄성력을 이용한 것이며, 스피커 역시 자기력에 의해 스피커가 진동하도록 만든 장치이다.

패러데이의 전자기 유도 법칙

유도 기전력의 크기는 코일을 관통하는 자속(자기력선속)의 시간적 변화율과 코일의 감은 횟수에 비례한다. 영국의 과학자 패러데이는 전자기 유도 현상을 처음으로 깨닫고 연구했으며, 유도 법칙을 이용해 이 현상을 정량적으로 표현했다. 전기 회로를 열거나 닫으면 회로에 연결된 전자석 주위의 자기장이 커지거나 사라지며, 이때 가까이 있는 도체에 전류가 흐른다. 영구 자석을 코일에 넣었다 뺐다 해도 코일 도선에 전류가 유도되며, 영구 자석을 고정시키고 도체를 움직여도 도체에 전류가 흐른다. 패러데이는 자기장이 많은 유도선(誘導線)으로 이루어져 있고, 나침반의 바늘이 이 유도선의 방향을 가리킬 것이라고 생각했다. 이러한 면을 통과하는 유도선 다발을 자기력선속('속束'은 '다발'이라는 의미)이라 한다. 패러데이는 자기력선속이 변하기 때문에 전기 효과가 생긴다고 생각했다. 몇 년 후 영국의 물리학자 맥스웰은 자기력선속이 변하면 도체 안에서 뿐만 아니라 전하가 없는 공간에서도 전기장이 생긴다고 발표했다. 도체 안에서는 유도된 전기장이 전하를 움직여서 도체에 전류가 흐르게 된다. 맥스웰은 자기장의 변화와 유도 기전력(E 또는 emf로 표시) 사이의 관계를 수식으로 나타냈다. **패러데이의 유도 법칙**(패러데이의 법칙과 구별하기 위해 이렇게 부른다)에 따르면, 회로에 유도된 기전력은 회로를 지나는 자기장의 변화율에 비례한다. 자기장 변화율을 Wb/s의 단위로 나타내면 유도 기전력의 단위는 V(볼트)가 된다. 정리하면, 전자기 유도 현상은 자기장이 변할 때에만 일어나며, 유도 전류의 세기는 시간에 따른 자기장의 변화에 비례한다.

● 패러데이의 법칙

패러데이의 전기 분해 법칙. 전해질의 전기 분해에 있어서 전류에 의해 양극과 음극으로 석출하는 물질의 양은 통한 전기량에 비례한다는 법칙이다. 물질 1g 당량을 석출시키기 위한 전기량은 모든 물질에 대해 일정한데, 이 일정한 전기량의 값을 **패러데이 상수[F]**라고 한다.

파동

진동이 주위로 퍼져나가는 현상. 파원에서 발생한 진동이 매질에 의해 주변으로 퍼져 나가는 현상을 **파동**이라고 한다. 파동이 발생하면 매질은 이동하지 않고 제자리에서 진동만 하며 파동의 에너지만이 전달되어 이동한다(파동의 속도=파장÷주기=파장×진동수). 파동에는 크게 횡파와 종파가 있다. 횡파는 파동의 진행 방향과 매질의 진동 방향이 서로 수직인 것을 말하며 물결파, 지진파의 S파, 전자기파 등이 있다. 종파는 파동의 진행 방향과 매질의 진동 방향이 나란한 것을 말하는데 음파, 지진파의 P파 등이 그것이다. 매질의 종류에 따라 파동의 전파 속도는 상이하며 반대로 동일한 매질에서의 전파 속도는 변하지 않는다. 만약 파동의 매질이 달라질 경우에도 진동수는 일정하며 주기−진동수 관계에 의해 주기도 일정하다.

파동	물결파	음파	지진파	전자기파 (빛, 전파, X-선)
매질	물	고체 액체 기체	지각	없음

파동의 반사와 굴절

파동의 반사: 파동이 진행하다 장애물을 만나 되돌아오는 현상. 파동의 굴절: 파동의 진행 방향이 꺾이는 현상. 한 매질에서 파동이 진행하다가 성질이 다른 매질에 부딪쳐 되돌아 나오는 현상을 파동의 **반사**라고 한다. 이때 부딪치기 전후 매질의 성질에 의해서 위상이 바뀌기도 한다. 한 매질에서 파동이 진행하다 성질이 다른 매질로 입사할 때 그 진행 경로가 꺾이는 현상을 파동의 **굴절**이라고 한다. 이러한 굴절은 매질의 종류에 따라 파동의 진행 속도가 달라지기 때문인데, 작은 매질에서는 파동의 진행 속도가 빠르고 큰 매질에서는 파동의 진행 속도가 느리다. 하지만 파동의 속도, 파장, 진행 경로는 변해도 진동수는 변하지 않는다. 진동수는 파원에 의한 것이기 때문이다. 또한 같은 매질이라 하더라도 진행 속도가 다르면 굴절이 일어나는데 수심을 달리한 물결파의 경우가 그러하다. 수심이 깊을수록 파동의 진행 속도가 빠르고 수심이 얕을수록 마찰 때문에 파동의 진행 속도가 느리다.

• 호이겐스의 원리

파동이 전파되면 처음 파면 위의 모든 점들은 다시 각각의 새로운 파면이 되어 2차적인 파면을 형성한다. 이렇게 형성된 파면이 다시 새로운 파면을 만들며 파동이 진행하는 것을 **호이겐스의 원리**라고 한다.

물질파와 전자파

운동량을 가진 모든 물질 입자는 입자성과 동시에 파동의 성질을 가진다. 프랑스의 과학자 드브로이는 아인슈타인의 광양자설 등에 의해 횡파인 빛도 입자성을 갖고 있다는 것이 밝혀지자, 그와 반대로 입자성을 지닌 원자 등도 파동의 성질을 갖고 있다고 주장했다. 이러한 움직이는 물질 입자의 파동을 **물질파**라고 한다. 전자가 운동할 때 발생하는 물질파를 전자의 물질파, 즉 **전자파**라고 한다. 미국의 과학자 데이비슨과 거머는 얇은 니켈판에 전자선을 입사시켜 전자의 회절 간섭무늬를 발견하고 이때 전자의 파장이 드브로이가 주장한 물질파와 같다는 것을 알고 전자가 **파동성**을 지니고 있음을 밝혀냈다.

• 물질파를 이용한 전자 현미경

광학 현미경은 가시광선을 이용하므로 미세구조를 연구하는 데는 적합하지 않다. 그러나 전자의 물질파를 이용하는 전자 현미경은 물질파의 파장이 가시광선의 파장보다 **매우 짧아** 원자나 분자와 같은 미세구조를 연구하기에 적합하다. 또한 광학 현미경의 배율 제한에 비해 전자 현미경은 100만 배 이상의 배율을 가져 생명공학 등에서 중요하게 이용되는 기구이다.

적외선

가시광선보다 파장이 긴 전자기파. 적외선은 가시광선의 빨간색(가시광선 중 파장이 가장 길다)보다 파장이 길어서 진동수가 가시광선보다 적은 빛을 말한다. 빨간색 근처의 적외선을 **근적외선**, 좀 더 파장이 길어 마이크로파 쪽에 가까운 영역을 **원적외선**으로 구분한다. 적외선은 열을 가진 물체에서 복사되기 때문에 열선이라고도 하며, 이산화탄소나 물을 포함한 분자에 잘 흡수된다. 일단 흡수된 적외선의 에너지는 열에너지로 전환된다.

가시광선

사람의 눈에 보이는 전자기파의 영역. 글자 그대로 인간의 눈으로 볼 수 있는 전자기파 스펙트럼의 일부로, 보통은 **빛**이라고 한다. 가시광선(또는 **백색광**)은 파장이 400~700 나노미터(nm)인 영역에 있으며, 보라색에서 빨간색까지의 색깔을 가지고 있다. 인간의 눈은 파장이 550nm 정도인 빛(연두색)에 가장 민감하며, 보라색이나 빨간색으로 갈수록 잘 보지 못하게 된다. 실제 햇빛은 지구 대기 중에서 보라색이 파란색보다 더 많이 산란되지만, 우리 눈이 파란색에 더 민감하기 때문에 하늘이 파랗게 보인다.

자외선

파장이 가시광선보다 짧은 전자기파. 자외선은 보라색보다 파장이 짧은 쪽의 빛이다. 파장이 보라색에 가까운 근자외선은 대기 중의 오존(O_3)에 대부분 흡수된다. 대부분의 자외선은 보통의 유리를 통과하지 못한다.

X-선

빠른 전자를 물체에 충돌시킬 때 방출되는 투과력이 강한 복사선. X-선은 파장이 원자 하나의 지름과 비슷하거나 더 작은 약 1천만 분의 1mm(0.1nm)인 전자기파의 일종이다. 진공관 속의 가열된 필라멘트에서 나온 강한 에너지를 가진 전자들의 다발이 금속판에 충돌하면 금속판의 원자에서 X-선이 나온다. X-선은 부드러운 물질에 침투할 수 있어서 이 원리를 이용하여 X-선 사진을 찍는다.

감마(γ)선

방사성 물질에서 나오는 입자나 전자기파. 가장 짧은 파장 영역의 전자기파로, 원자핵의 반지름 정도인 10^{-15} 정도의 아주 짧은 파장의 빛도 γ-선에 속한다. 핵이 들뜬 상태에 있다가 바닥 상태로 내려가면서 높은 에너지를 가진 γ-선을 내놓는다. 일반적으로 원자의 들뜬 전자들이 떨어지면서 나오는 빛 입자(광자)를 X-선, 핵에서 방출되는 빛 입자를 γ-선으로 구분한다. γ-선은 주로 방사능이나 우주선에서 온다.

굴절률

서로 다른 매질의 경계면을 통과하는 파동이 굴절되는 정도. 빛이 공기에서 물로 들어갈 때 쪼여준(입사된) 빛의 일부는 반사가 되고, 나머지는 굴절되어 들어간다. 빛이 굴절하는 원인은 진행하는 매질에 따라 빛의 속력이 달라지기 때문이다. 매질에 의해 빛의 속력이 느려지는 비율을 매질의 굴절률이라고 한다. 굴절률은 빛의 파장에 따라서도 약간 다르기 때문에(파장이 긴 빨간색 빛보다 파란색의 굴절률이 더 크다) 색의 분산이 일어나 빛의 스펙트럼이 생긴다.

빛 입자(光子)

입자로서의 빛. 빛은 파동으로 설명이 가능하지만, 불연속적인 에너지를 가진 하나의 입자처럼 행동하기도 하므로 이를 빛 입자라고 한다. 빛 입자는 전기적으로 중성인 입자이며, 수명이 무한히 길어서 다른 기본입자로 붕괴되지 않는다. 아인슈타인의 특수상대성이론에 의하면 정지했을 때 잰 정지질량을 가진 물체는 결코 빛의 속력에 이를 수 없다. 그러나 빛은 정지질량이 0이어서 빛의 속력으로 달릴 수 있다. 빛 입자의 에너지는 높은 에너지의 γ-선 및 X-선에서부터 낮은 영역의 적외선과 라디오파의 영역에 걸쳐 있다. 빛은 전자기장을 실어 나르는 역할을 하기 때문에 전자기장 역시 빛의 속력으로 전달된다.

광전효과

아인슈타인이 빛의 입자성을 이용하여 설명한 현상. 물질(금속판)에 전자기파(빛)를 쪼이면 표면에서 전자가 튀어나오는 현상을 광전효과라고 한다. 이때 나오는 전자를 광전자라고 한다. 튀어나오는 전자의 수는 빛(전자기파)의 세기에, 전자의 운동 에너지는 전자기파의 파장에 의존한다. 빛이 연속적인 에너지 값을 가진다는 기존의 파동 이론에 따르면 쪼이는 빛을 세게 하면 튀어나오는 광전자의 에너지도 따라서 커져야 하나, 광전효과에서 에너지와는 관계없이 광전자의 수가 늘 뿐이다. 또한 충분히 강한 빛을 쪼이기만 하면 광전효과가 일어나야 하나, 실제로는 강한 빛이라고 해도 특정 진동수 이하에서는 일어나지 않는다. 반대로 흐린 빛

을 쪼이면 에너지가 축적될 때까지 어느 정도 기다렸다가 광전자가 나와야 한다고 생각되었지만, 실제로는 시간 지연은 나타나지 않는다. 당시에 보편적으로 받아들여지던 빛의 파동이론으로는 이러한 현상을 제대로 이해할 수 없었기에 어려움에 빠졌다. 아인슈타인은 쪼여준 빛을 불연속적인 에너지를 가진 하나의 빛 덩어리인 빛 입자로 가정하고 이 빛 입자와 금속 안의 전자의 충돌로 설명하여 이 문제를 해결하였다.

양자

물질량의 최소 단위. 물리학에서는 계가 변화할 수 있는 최소량을 양자(quantum)라고 한다. 일상생활에서는 느낄 수 없으나, 원자를 비롯한 미시적인 세계에서는 전하나 에너지, 각운동량 같은 물리량이 연속적으로 변하지 않고, 띄엄띄엄한 값으로 나타나 그 최소량을 하나의 덩어리로 다룰 수 있다. 이렇게 어떤 물리량을 최소량의 정수배로 나타낼 수 있을 때 양자화 되었다고 말한다. 전자기 상호 작용을 매개하는 양자는 빛 입자이며, 중력장의 양자는 중력자이다.

원자

물질을 구성하는 기본 입자. 원자는 원자핵과 원자핵을 둘러싸고 있는 전자로 구성된다. 원자는 대부분 빈 공간이며, 질량의 대부분은 중심부의 작은 영역(원자핵)에 뭉쳐있다. 원자핵은 양전기를 띤 양성자와 전기를 띠지 않은 중성자로 되어 있고, 주의를 도는 전자는 음의 전기를 띠고 있다. 중성원자에서는 양성자의 수와 궤도를 도는 전자의 개수가 일치한다. 전자의 수가 양성자의 수와 같지 않으면 원자는 전기를 띠는 이온이 된다.

틴들 현상

분산된 콜로이드 입자들에 의한 빛의 산란 현상. 콜로이드 분산계에 입사한 광선의 통로가 고르게 빛나 보이는 현상으로, 틴들 효과라고도 한다. 빛의 파장과 같은 정도 또는 그것보다 더 큰 미립자가 분산되어 있을 때 빛을 조사하면 광선이 통로에 떠서 있는 미립자에 의해 산란하기 때문에 옆 방향에서 보면 광선의 통로가 밝게 나타나는 현상을 말한다. 이 현상을 이용하여 미립자의 위치나 크기를 알 수 있다. 이 현상을 상세하게 연구한 J. Tyndall의 이름에 따른 것이다. 보통의 현미경으로는 볼 수 없는 미립자라도 틴들 현상을 이용하여 빛의 통로 옆 방향에서 관찰하면 반짝이는 점으로 그 위치를 알 수 있다. 빛이 산란하는 정도가 입자가 클수록 심해지는 것을 이용하여 미립자의 크기를 구할 수가 있다. 특히 미립자가 고무나 폴리염화비닐과 같은 고분자 물질일 경우에는 분자 사슬의 길이를 알 수 있으며, 이 현상은 고중합체인 물질의 분자량을 구하는 수단으로 이용한다.

혼합물

두 종류 이상의 물질이 물리적으로 단순히 섞여 있는 물질. 자연계에서 가장 흔히 볼 수 있는 것으로, 순수한 물질들이 섞여서 이루어진 물질을 **혼합물**이라고 한다. 예컨대, 공기(산소+질소 등)나 설탕물(설탕+물)은 두 가지 이상의 순수한 물질이 섞여 있는 혼합물이다. 설탕물을 여러 가지 농도로 만들 수 있는 것처럼 혼합비도 임의로 할 수 있다. 따라서 혼합물의 성질은 구성 원소(또는 화합물) 각각의 성질뿐만 아니라 혼합 비율에 따라서도 달라진다.

화합물

2개 이상의 다른 원소들이 일정 비율로 구성된 순물질. 혼합물을 분리하였을 때 생기는 순물질 중 화학 변화를 통해 다시 두 가지 이상의 물질로 분해되는 것을 말한다. 바꿔 말해, 둘 이상의 원소가 일정한 비율로 결합한 물질을 **화합물**이라고 한다. 예컨대, 순물질인 소금은 나트륨(Na)과 염소(Cl)의 화합물이며, 물은 수소(H)와 산소(O)의 화합물이다. 화합물의 성질은 원래의 구성 원소의 성질과는 다르며, 물리적인 방법으로는 분리되지 않는다.

분자

물질을 구성하는 최소 단위. 어떤 물질을 더 나눌 때, 그 물질이 가지고 있는 고유한 성격을 잃어버리는 최소 단위의 입자를 **분자**라고 한다. 예컨대, 물방울을 계속 나누면 점점 크기는 작아지지만 물(H_2O)이 가진 성질은 유지된다. 그러나 분할을 계속하면, 마침내 물의 성질을 잃어버리고 산소 원자(O)와 수소 원자(H)로 분해될 것이다. 바로 그 직전, 물의 성질을 유지하고 있는 최소 입자를 분자라고 한다. 분자에는 헬륨(He)이나 네온(Ne)처럼 원자 하나로 존재하여 원소 자체가 분자인 단원자 분자, 산소(O_2)나 질소(N_2)와 같이 원자 두 개가 결합한 이원자 분자, 오존(O_3)과 같이 여러 원자로 이루어진 다원자 분자 등이 있다.

밀도와 비중

어떤 물체의 단위 체적당 질량과 상대적 밀도. 어떤 물질의 **밀도**는 단위 부피당 질량으로 정의되며, SI 단위는 kg/m^3이다. 액체나 고체 물질의 밀도는 보통 20℃(실온)에서 측정한 값을 사용한다. 물질의 **비중**은 기준물질과의 밀도 비율이다(비중=물질의 밀도÷기준물질의 밀도). 비중은 밀도의 비율이기 때문에 단위는 없다. 비중을 측정할 때 기준물질은 일반적으로 밀도가 최대가 되는 4℃의 물을 사용한다. 물의 밀도가 1이므로 보통 비중이라고 하면 밀도를 가리키는 경우가 많이 있다. 기체의 비중을 재는 경우에는 기준물질을 건조한 공기로 한다.

화학식과 분자식

원소 기호를 사용해 원자, 분자, 이온을 나타낸 식. **화학식**은 어떤 물질(화합물)의 성분을 원소기호로 나타낸 것이다. 화합물의 구성 성분은 시료의 무게를 달아 각 성분 원소로 분해시키거나, 산소와 반응시켜 특정 물질을 만든 다음 질량비를 측정하여 알아낸다. **분자식**은 분자의 형태로 존재하는 화합물의 화학식을 말하며, 화합물을 만든 원자의 종류와 개수를 알려준다. 가령 H_2O(물)나 H_2O_2(과산화수소)는 수소와 산소로 이루어진 화합물의 분자식이다.

기체

고체나 액체에 비해 밀도가 낮고, 일정한 모양과 부피를 갖지 않는 물질의 상태. 기체는 담고 있는 용기의 용량에는 관계없이 전체를 꽉 채우는 상태의 물질을 일컫는다. 고체와 달리 일정한 모양과 부피를 갖지 않으며, 액체처럼 유동성은 있으나 용기 전체에 확산되고, 액체보다 훨씬 압축되기 쉬운 상태에 있는 물체의 상태를 가리킨다. 어떤 물질도 고온·저압으로 하면 기체로 변한다. 액체는 기화에 의해 기체로 변하고, 고체는 승화에 의해서 바로 기체로 변한다. 또한 이 반대의 변화도 일어난다. 기체와 액체를 총칭해서 유체라고도 한다.

기체의 액화

기체 상태에 있는 물질이 에너지를 방출하고 응축되어 액체로 변하는 현상. 압력이 높아지면 기체 분자 사이의 거리가 가까워져서 분자 사이의 인력(끌어당기는 힘)이 충분히 커지므로 **액(체)화**가 일어날 수 있다. 또한 분자의 평균 운동 에너지가 작은 저온에서는 분자의 운동이 활발하지 않아 인력이 크게 작용하여 액화가 일어난다. 기체의 온도가 높아질수록 액화가 어려워지므로 압력을 높여 액화한다. 그러나 모든 기체는 어느 온도 이상에서는 아무리 압력을 높여도 액화가 일어나지 않는다.

공명

어떤 화학 결합이나 분자의 결합 구조가 두 가지 이상의 구조식으로 혼합해 있는 현상. 하나의 분자나 이온의 결합 구조를 2가지 이상의 화학식으로 나타낼 수 있을 때 그 분자 또는 이온은 그 구조들 사이에서 **공명**하고 있다고 말한다. 가령 염화수소(HCl)의 결합 구조는 공유결합에 의한 H–Cl과 이온결합에 의한 H^+Cl^-의 두 가지가 가능하다. 염화수소의 진짜 결합 구조는 두 구조 중의 하나가 되거나 혹은 두 가지의 구조가 적당히 섞여서 동시에 존재하는 것이 아니라, 이것도 저것도 아닌 중간쯤의 구조가 된다. 이러한 분자를 공명혼성 상태에 있다고 말하며, 각각의 구조를 공명형이라고 한다.

액체

일정한 형태를 가지지 않고 압축해도 거의 부피가 변하지 않는 물질. 결정성 고체와 기체 사이에 있는 물질의 상을 액체라고 한다. 기체에 비해 밀도가 크고 분자들이 밀집되어 있어 기체운동론에서처럼 분자들의 부피를 무시할 수 없다. 따라서 기체와 달리 분자의 운동 에너지가 분자 사이의 인력보다 크지 않다. 물은 예외로 할 때, 고체가 녹아서 액체가 되면 보통 부피가 10~20% 증가한다. 그러나 이 정도의 차이로는 분자 사이의 인력에 큰 영향을 주지 못하여 액체나 고체에서 분자 사이의 상호 작용은 비슷하다.

고체

일정한 모양과 부피를 가지고 있는 물질의 상태. 일반적으로 고체라고 하면 내부의 배열이 규칙성이 있는 **결정성 고체**를 이른다. 분자나 원자(금속인 경우), 이온(염인 경우)들이 3차원적인 규칙성을 가지고 반복되는 배열을 하고 있으며, 표면이 매끈하고 잘 발달된 물질이 결정성 고체이다. 결정성 고체는 녹는점이 일정하고 격자 구조를 가진다. 반면 결정을 이루지 못하여 내부 배열이 무질서하고 반복성이 없는 물질을 비정질 고체라고 한다. 결정성 물질이라고 해서 반드시 결정을 이루지는 않는다. 가령 금속은 결정성이지만 규칙적인 기하구조를 가지는 결정은 아니다.

승화와 결정

상(相) 변화. **승화**는 고체 상태 물질이 액체를 거치지 않고 곧바로 기체 상태로 변하는 현상이다. 고체 분자들은 격자 구조를 하고 각자의 평형 위치에서 진동하면서 운동 에너지를 가진다. 이에 따라 고체 표면에 있는 분자들 중 일부는 주위 분자들의 인력에서 벗어날 수 있을 정도로 강한 운동 에너지를 갖게 되어 곧바로 기체 상태로 변할 수 있어서 승화된다. **결정**은 수정, 즉 이산화규소(SiO_2)나 다이아몬드처럼 규칙성이 있는 다면체 모양을 한 고체를 말한다. 결정에는 분자결정, 이온결정, 공유결합결정이 있는데, 모든 결정은 같은 물질이 성장하여 만들어지므로 면과 면 사이의 각이 일정하다.

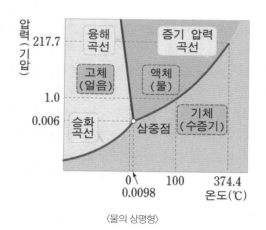

〈물의 상평형〉

용매와 용질

용매: 용질을 녹여 용액을 만드는 물질. 용질: 용매에 용해하여 용액을 만드는 물질. **용매**는 용질을 녹여서 용액을 만드는 액체이다. 용질은 용매에 녹는 물질로, 기체·액체·고체의 어느 것이든 해당한다. 고체와 액체의 혼합물에서는 액체가 용매이고 고체가 용질이며, 액체끼리 혼합된 용액에서는 더 많은 물질이 용매이고 적은 물질이 용질이다. 이온성 물질이나 극성이 큰 용질을 용해시킬 때에는 물과 같이 극성이 큰 용매를 사용하며, 무극성인 물질을 용해시킬 때에는 사염화탄소, 에테르, 벤젠 등과 같은 무극성 용매를 사용한다. 아세톤은 물과도 잘 섞이고 탄소 화합물도 잘 용해시키는 용매이다.

- 용질 분자와 용매 분자 사이의 인력 ≥ 용매 분자 사이의 인력
  → 용해가 잘 일어난다. (예) 물과 알코올, 물과 설탕
- 용질 분자와 용매 분자 사이의 인력 < 용매 분자 사이의 인력
  → 용해가 일어나지 않는다. (예) 물과 벤젠, 물과 아이오딘

용해와 수화

용해: 기체·액체·고체 분자들이 골고루 섞여있는 상태. 수화: 어떤 물질이 물과 결합한 현상. **용해**는 어떤 물질이 다른 물질에 녹아서 균일하게 섞이는 현상을 말한다. 이는 극성이나 분자의 구조가 비슷한 물질들끼리 섞이게 되는 성질 때문이다. **수화**는 고체나 액체의 용질이 물에 용해될 때 용질의 입자가 물 분자에 둘러싸여 안정한 상태가 되는 현상을 말한다.

용해도

일정한 온도와 용매에 녹는 최대량. 용해도는 용질이 용매에 녹아 용액을 형성할 때 용질의 특성을 나타낸다. 즉 어떤 물질의 용매에 대한 용해도는 이 물질이 주어진 온도에서 주어진 부피의 용매에 대해 용해되어 평형을 이루는 최대량(g이나 mol로 표시)으로 정의된다. 특정 용질의 용해도는 용질의 물리적 화학적 특성과 온도, 압력 등에 의존한다. 기체, 액체, 고체상의 모든 물질이 용질과 용매로 사용될 수 있으므로 만들어질 수 있는 용액은 매우 다양하지만, 기체가 녹아 있는 용액은 매우 드물다. 그 구성 물질의 원래의 상에 따라 용액을 6가지로 구분할 수 있다.

● 용액의 유형

성분1(용질)	성분2(용매)	용액의 상태
기체	기체	기체
기체	액체	액체
기체	고체	고체
액체	액체	액체
고체	액체	액체
고체	고체	고체

졸과 겔

콜로이드와 유동성의 관계. 액체 안에 작은 고체 입자들이 떠있는 계(界, system)가 **콜로이드**(물에 풀려서 떠있는 녹말풀과 같이 둘 또는 그 이상의 상이 섞여있는 계)의 일종인 **졸**이다. 물에 풀린 풀이나 페인트 등이 졸의 예이다. 졸 상태의 콜로이드 용액이 일정한 농도 이상으로 진해져서 튼튼한 그물조직이 형성되어 굳어진 것이 **겔**이다. 겔은 젤리와 같은 덩어리를 이루며, 젤라틴이 흔히 볼 수 있는 예이다.

보일의 법칙

일정 온도에서 기체의 압력과 그 부피는 서로 반비례한다는 법칙. **보일의 법칙**은 일정한 온도에서 기체의 부피는 압력에 반비례한다는 사실을 말한다. 그러므로 온도가 일정할 때 기체의 압력과 부피의 곱은 항상 일정하다. 예를 들어, 주사기의 끝을 막고 피스톤을 누르면 공기가 압축되는데, 부피를 반으로 줄이기 위해서는 처음 압력보다 두 배 강한 압력으로 눌러야 한다.

▪ 보일의 법칙의 예
- 신발에 있는 공기주머니의 부피가 압력에 따라 달라져 발에 가해지는 충격을 줄여준다.
- 잠수부가 배출한 기포의 크기는 수면에 가까워질수록 점점 커진다.
- 풍선이 하늘 위로 올라가면 부풀어 오르다 터진다.
- 자동차 에어백은 압력에 따라 부피를 변화시킴으로써 충격을 줄여준다.
- 주사기의 피스톤을 누르면 주사기 속의 부피가 작아진다.

샤를의 법칙

기체의 부피는 1℃ 올라갈 때마다 0℃일 때 부피의 1/273씩 증가한다는 법칙. 샤를의 법칙은 압력이 일정할 때 기체의 부피는 온도와 비례한다는 사실을 말한다. 즉 일정한 압력에서 기체의 부피는 절대온도에 비례한다. 좀 더 엄밀하게 표현하면, 기체의 압력이 일정할 때 기체의 부피가 기체의 절대온도에 비례한다는 법칙이다.

▪ 샤를의 법칙의 예
- 찌그러진 탁구공이나 쭈글쭈글한 축구공을 끓는 물에 넣으면 다시 펴진다.
- 열기구 속의 공기를 가열하면 열기구가 떠오른다.
- 여름철에는 겨울철보다 타이어에 공기를 약간 적게 넣는다.
- 액체 질소에 풍선을 넣으면 풍선의 크기가 작아지며, 이 풍선을 공기 중에 놓아두면 다시 크기가 커진다.

온실효과

대기로 인한 지구 표면 온도의 상승. **온실효과**는 대기권에 존재하는 기체가 온실 유리의 역할을 하여 지표면의 온도를 높게 유지하는 현상이다. 대기가 있으면 지구에 입사한 태양 복사 에너지의 상당 부분이 빠져나가지 못하고 온실 기체에 의해 흡수되거나 지표로 다시 방출되기 때문에, 지구의 온도가 대기가 없을 때보다 높아지게 된다. 즉 온실효과는 지구에 생명체가 사는 데 적합한 온도를 유지하는 역할을 하는 것이다. **지구 온난화**는 대기 중 온실가스 농도 증가로 온실효과가 발생하여 지구 표면의 온도가 점차 상승하는 현상을 말한다. 온실효과를 일으키는 6대 온실가스는 이산화탄소(CO_2), 메탄(CH_4), 아산화질소(N_2O), 수화불화탄소(HFCs), 과불화탄소(PFCs), 육불화황(SF_6)이다. 이 중에서 이산화탄소(CO_2)의 영향이 가장 크다.

산화와 환원

물질 간의 전자 이동. **산화**란 물질이 산소를 얻거나 수소 또는 전자를 잃는 반응을 말하며, **환원**은 그와 반대로 물질이 산소를 잃거나 수소 또는 전자를 얻는 반응을 말한다. 물질의 반응에 있어서 항상 무엇인가를 얻는 물질이 있으면 잃는 물질이 존재하므로 산화와 환원은 항상 동시에 일어난다. 한편, 전자를 잃어버리고 양이온이 되려는 금속의 성질을 이온화 경향이라고 한다. **이온화 경향**이 큰 금속일수록 산화가 잘 되며 반응성이 크다.

화학평형

가역반응에서 정반응의 속도와 역반응의 속도가 평형인 상태. 화학반응에서의 평형은 반응과 그 역반응이 같은 비율로 일어나 균형이 잡힌 상태를 말한다. 반응물이 거의 모두 다시 생성물로 변화할 수 있는 **비가역반응**과는 달리 **가역반응**에서는 온도와 압력이 일정하게 유지되면, 어느 정도 반응이 진행되고서 더 이상 반응이 일어나지 않고 **화학평형**에 도달하게 된다. 일단 평형 상태에 이른 반응물과 생성물 사이에서는 **정반응의 속도**와 **역반응의 속도**가 같아진다. 입자 하나하나는 반응물과 생성물 사이에서 변화를 계속하지만 입자들 전체의 상태는 안정한 일정한 값에 도달하여 반응물과 생성물의 농도는 시간이 지나도 더 이상 변하지 않는다.

이성질체

분자식은 같으나 구성 원자의 연결 방식이나 공간 배열이 동일하지 않은 화합물. 분자식은 같으나 분자 내에 있는 구성 원자의 연결 방식이나 공간 배열이 동일하지 않은 화합물을 말한다. 분자식이 같더라도 원소들의 배열 방식에 따라 성질이 달라지기 때문에 생긴다. 이성질체는 구조 이성질체와 입체 이성질체로 나뉜다. **구**

조 이성질체는 분자들이 이루는 구조가 달라 특성이 달리 나타나는 물질이다. 예로서는 사이안산과 풀민산, 뷰테인과 메틸프로페인 등이 있다. **입체 이성질체**는 2차원적으로는 표현 구조가 동일하지만 3차원적으로 보았을 때 모양이 달라지는 이성질체이다. 예전에는 기하 이성질체와 광학 이성질체로 세분하였지만, 오늘날에는 구분하지 않는 추세이다. 입체 이성질체의 성질은 오늘날 다양한 과학 분야에서 매우 중요하게 다루어지고 있다.

멘델의 유전법칙

부모의 형질이 자손에게 전해지는 유전 현상에 관한 법칙. 멘델은 완두 교배 실험을 통해 다음과 같은 일정한 규칙성이 있는 유전 현상을 발견했다. 한 형질에 대한 대립 유전 인자는 형질로 표현되는 인자는 우성, 표현되지 않는 인자는 열성으로 서로 다르다(우열의 법칙). 대립 유전 인자는 생식 세포를 형성할 때 각각 분리되어 생식 세포로 들어가며, 수정할 때 다시 쌍을 이룬다(분리의 법칙). 두 가지 형질의 유전에서 각각의 형질의 대립 유전 인자는 독립적으로 분리되어 자손에 전달된다(독립의 법칙). 멘델은 각 객체에는 한 형질에 대한 유전 인자가 쌍으로 존재하고, 형질을 결정하는 데는 한 쌍의 대립 유전 인자가 관여한다는 것을 주장했다. 이를 **멘델의 유전법칙**이라고 한다.

염색체

세포 분열 시 나타나는 구조물. 우리 몸에서 세포 분열이 일어날 때는 유전 물질을 딸세포에 전해주어야 하는데, 이를 담당하는 것이 **염색체**이다. 핵 속에 유전 물질인 DNA와 히스톤 단백질로 되어 있는 염색사가 들어 있다. 간기 때 염색사 형태로 존재하다가 세포 분열의 전기 때 핵 속의 염색사가 응축되어 염색체를 형성한다. 세포는 간기 동안에 유전 정보를 복제하여 분열기에 유전자 구성이 동일한 염색체 분체 2개가 붙어 있는 형태로 나타난다. 염색체에는 체세포에 들어 있는 모양과 크기가 같은 한 쌍의 염색체가 있는데 이를 상동 염색체라 하고, 성에 관계없이 암수 공통의 염색체는 상염색체, 성을 결정하는 염색체를 성염색체라 한다.

● 연관

사람은 유전자를 3~4만 개 가지고 있지만 염색체 수는 23쌍 정도이다. 이와 같이 하나의 염색체에 여러 개의 유전자들이 함께 존재하는데 이를 서로 **연관**되어 있다고 한다. 이들과 연관된 유전자를 연관군이라 하며, 연관되어 있는 유전자들은 생식 세포를 형성할 때 분리되지 않고 함께 이동한다.

DNA

유전자 본체. DNA(Deoxyribonucleic acid)는 디옥시리보오스를 가지고 있는 핵산으로 유전자의 본체를 이룬다. 인간에서 식물, 미생물에 이르기까지 모든 생물 현상을 지배하는 유전자의 본체라고 할 수 있으며, 이중 나선 구조를 하고 있다. 생물의 세포 속에 있으며 생명활동을 유지하는데 불가결한 효소 등 각종 단백질의 생산을 지령하고 제어하는 역할을 한다.

RNA

유전 물질. RNA(Ribonucleic acid)는 세포 속에서 유전자 본체인 DNA가 가지고 있는 유전 정보에 따라 필요한 단백질을 합성할 때 작용하는 고분자 화합물을 말한다. 리보오스와 염기, 인산 등 3가지 성분으로 이루어져 있다. **리보핵산**이라고도 한다.

● DNA와 RNA의 차이

구분	당	염기	구조	역할
DNA	디옥시리보오스	A, G, C, T	이중 나선 구조	유전 정보 전달
RNA	리보오스	A, G, C, U	단일 가닥	DNA의 정보 전달

돌연변이

새로운 형질이 나타나 유전하는 현상. 원래 없던 형질이 유전자나 염색체에 이상이 생겨 자손에게 유전되는 현상을 **돌연변이**라고 한다. 원인에 따라 유전자 돌연변이, 염색체 돌연변이가 있다. **유전자 돌연변이**는 유전자의 본체인 DNA의 염기 서열에 이상이 생겨 나타나며, 유전병에는 겸형 적혈구 빈혈증, 알비노증, 낭포성 섬유종 등이 있다. 염색체의 구조나 수에 이상이 생겨도 돌연변이가 나타나는데, 이를 **염색체 돌연변이**라고 한다. 염색체 구조에 이상이 생기는 돌연변이에는 염색체 일부가 끊어져 없어지는 결실, 염색체의 동일한 일부가 반복되는 중복, 염색체 일부가 끊어져 거꾸로 붙는 역위, 염색체의 일부가 끊어져 다른 염색체에 붙는 전좌가 있다. 염색체 구조 이상의 대표적인 예로는 염색체 일부가 결실되어 나타나는 묘성 증후군이 있다. 염색체 수의 이상은 감수 분열 시 염색체 일부의 비분리 현상에 의해 나타난다. 감수 분열 시 한두 개의 염색체 비분리에 의해 나타나는 이수성 돌연변이와 분열 시 염색체 수가 3배체($3n$), 4배체($4n$)가 되는 배수성 돌연변이가 있다.

오페론

유전자 전사 단위. 어떤 형질이 나타나는 단위가 되는 **유전자의 작동 단위**이다. 미생물 유전에서 발견되는 것으로 다음 네 가지로 구성된다. 구조유전자는 단백질(효소) 구조를 결정하는 정보를 가진 유전자(DNA) 부분이다. 작동유전자는 구조유전자 가까이에 있어서 그 작용을 지배하는 유전자 부분이다. 촉진유전자는 구조유전자의 이웃 그리고 작동유전자와의 사이에 있으며, 구조유전자의 작동 개시점이 되는 유전자 부분이다. 조절유전자는 작동유전자 근처에 있으며, 그 작동을 조절하는 유전자(DNA) 부분으로 제어물질(억제유전자)을 만든다.

주지성과 굴지성

뿌리의 중력에 대한 반응(굴지성)과 중력이 자극되어 일어나는 성질(주지성). 중력 자극에 대하여 일어나는 주성(走性)을 **주지성**이라고 한다. 파리 유충이 땅으로 기어들어가서 번데기가 되는 것은 양(+)의 주지성이다. 짚신벌레를 진한 배양액이 있는 시험관에 넣으면 짚신벌레는 위쪽으로 모여들게 되는데, 이것이 중력이 작용하는 방향에 반대되는 음(−)의 주지성이다. **굴지성**은 식물이 중력에 반응하여 줄기는 위로 자라고 뿌리는 밑으로 자라는 현상으로, 뿌리는 +굴지성을, 줄기는 −의 굴지성을 갖는다고 한다. 굴지성은 생존에 꼭 필요한 반응이다.

착상과 수정

생식세포가 자라 태아가 되는 과정. 포유류의 수정란은 난할(배아 초기 발생의 분열로, 수정난의 세포분열을 말한다)하기 때문에 수란관으로부터 자궁에 이르면 포배의 상태로 점막 벽에 붙어 모체의 영양을 흡수할 수 있는 상태가 되는데, 이것을 **착상**이라고 한다. 수정에서 착상에 이르기까지 소요되는 기간은 약 10일이다. 착상 후에는 본격적인 발육을 시작하여 태아가 된다. **수정**은 난자와 정자의 핵이 합치는 것으로, 유성생식을 하는 동·식물의 공통적 현상이다.

바이러스

숙주에 의해 살아가는 감염성 입자. 비루스라고도 하며, 인공적인 배지에서는 배양할 수 없지만 살아 있는 세포에서는 선택적으로 증식한다. **바이러스**는 생존에 필요한 물질로, 핵산(DNA 또는 RNA)과 소수의 단백질만을 가지고 있으므로 그 밖의 모든 것은 숙주세포에 의존하여 살아간다. 결정체로도 얻을 수 있기 때문에 생물·무생물 사이에 논란의 여지가 있지만, 유전이라는 생물 특유의 성질을 가지고 있어서 대체로 생명체로 간주된다.

항원과 항체

질병의 원인과 면역성을 갖는 물질. **항원**은 항원항체반응을 일으킬 수 있는 물질로 단백질·다당 및 그것들의 복합체, 지질과의 복합체를 말한다. 사람들을 괴롭히는 꽃가루 알레르기의 항원은 꽃가루이다. **항체**는 생체 내에 들어온 병원균과 같은 이물(항원)에 대해 동물체 속에 본래 갖추어져 있는 방어 기능으로 만들어지는

단백질을 말한다. 항원과 특이하게 결합하여 성체를 지키는데 이를 **면역**이라고 하며, 항체는 혈청 속에 가장 많이 포함되어 있다.

항원항체반응

항원과 항체 사이에 일어나는 특이 반응과 현상. 생물체, 특히 동물은 자기와 다른 이물질(물질이나 생물체)을 구별하는 기능을 가지고 있으며, 한번 이물질이 체내에 들어오면 그것에 대하여 항체를 만들어낸다. 그 다음 똑같은 이물질이 다시 몸 안으로 들어왔을 때에 일어나는 반응이 **항원항체반응**이다. 증상이 없는 경우도 있으나 발진과 발열을 동반하는 경우도 있다. 병원균에 대해서도 존재하는 반응으로 한 번 걸리면 다시 걸리지 않는 것도 있으며, 이는 항원항체반응이 생물에게 유익하게 작용하는 경우로, 이를 두고 면역이 생겼다고 한다. 근래에 들어 장기이식이 활발하게 이루어지고 있는데, 이때 가장 큰 문제는 다른 사람의 장기가 자기의 것에 대해 이물질이 되어 항원항체반응의 원인이 되면서 거부반응이 일어나기 쉽다는 것이다.

BOD

생물학적 산소요구량. BOD(Biochemical Oxygen Demand)는 호기성 미생물이 일정 기간 동안 물속에 있는 유기물을 분해할 때 사용하는 산소의 양을 말한다. 물의 오염도를 나타내는 지표로, 박테리아가 일정 시간 내에 유기물을 산화·분해하는데 소비되는 산소량을 ppm으로 나타낸 것이다. 이 BOD가 높을수록 오염이 심한 것이다.

용존산소

물 또는 용액 속에 녹아 있는 분자 상태의 산소. 물의 오염 상태를 나타내는 지표의 하나로, 물 또는 용액 속에 녹아 있는 분자 상태의 산소를 말한다. **용존산소**(DO: Dissolved Oxygen)가 높을수록 깨끗한 물이다. 물속에서 생활하는 어패류나 호기성 미생물은 용존산소를 호흡한다. 또 유기물 자체가 소비 용존산소에 의해 산화 분해되기도 한다. 따라서 용존산소의 부족은 어패류의 생존을 위협할 뿐만 아니라 유기물이 잔류하게 함으로써 물의 오탁을 불러온다.

합성 단백질

인위 단백질. 합성 단백질은 말 그대로 인위적으로 만든 단백질이다. 과학 기술의 발전으로 각종 화합물을 화학적으로 합성해 낼 수 있었지만, 단백질만은 제대로 만들어내지 못했다. 합성 단백질이라고 해도 미생물이나 동물 세포 혹은 식물이 가진 단백질 합성 기능을 빌려 만든 것이 고작이었다. 단백질 합성은 생명체가 아니면 할 수 없을 만큼 어려운데, 그 이유는 생명체 내에서

단백질 공장 역할을 하는 핵심 인자인 리보솜 때문이다. 리보솜은 무척 정교할뿐더러 그 작동 기전을 아직 완전히 이해하지 못한 까닭에, 이것과 같은 기능을 하는 장치를 아직 만들지 못했다. 하지만 최근 서울공대팀이 리보솜을 시험관 밖으로 꺼내 고착시켜 단백질을 대량 생산하는 데 성공함으로써, 합성 단백질 생산은 진일보를 이뤘다.

복사 평형

복사 에너지가 들어오는 양과 나가는 양이 같아서 균형을 이루는 상태. 모든 물체는 외부로부터 복사 에너지를 흡수하기도 하고, 물체 자체가 가진 온도에 따라 복사 에너지를 방출하기도 한다. 이때 받아들이는 에너지와 방출하는 에너지가 같으면 온도가 일정하게 유지되는데, 이것을 **복사 평형**이라고 한다. 대기가 없는 달도, 온실 기체의 양이 많은 금성도 복사 평형을 이루고 있다. 온실 기체가 많을수록 지표로 재복사되는 에너지양이 많아지므로 지표의 온도가 높아진다.

지구의 자전과 공전

낮과 밤, 계절이 생기는 이유. 지구의 **자전**이란 지구가 남극과 북극을 이은 가상의 축을 중심으로 하여 하루에 한 바퀴씩 회전하는 것이다. 태양이 동쪽에서 보이기 시작하여 서쪽으로 움직이는 것처럼 보이는 이유도 지구의 자전에 의해 일어나는 것이다. 즉 지구가 서쪽에서 동쪽으로 자전하기 때문에 태양은 동쪽에서 서쪽으로 움직이는 것처럼 보인다. 지구의 **공전**이란 지구가 태양을 중심으로 하여 1년에 한 바퀴씩 서쪽에서 동쪽으로 회전하는 것이다.

라그랑주 점

우주 공간에서 작은 천체가 두 개의 큰 천체의 중력에 의해 그 위치를 지킬 수 있는 5개의 위치. 라그랑주 점 또는 칭동점은 우주 공간에서 작은 천체가 두 개의 큰 천체의 중력에 의해 그 위치를 지킬 수 있는 5개의 위치다. 예를 들어, 인공위성이 지구와 달에 대해 정지해 있을 수 있는 점들이다. 이는 우주에서 '고정된' 위치를 갖게 한다는 면에서 지구동주기궤도와 유사하다. 수학적으로, 라그랑주 점은 원형으로 제한된 삼체 문제의 정지해(解)이다. 예를 들어, 질량이 큰 두 천체가 공통의 중심점을 가지며 원형 궤도를 움직일 때, 질량을 무시할 수 있는 제3의 천체가 다른 두 물체에 대해 상대적으로 동일한 위치를 유지하기 위한 지점은 5개가 있다. 질량이 큰 두 천체에 의한 중력과 궤도를 유지하기 위한 원심력은 라그랑주 점에서 평형을 이루며, 이에 따라 이 점에서 제3의 물체가 다른 두 물체에 대해 정지 상태에 있을 수 있다.

전향력

지구의 자전에 의해 발생하는 힘. '코리올리의 힘'이라고도 한다. 회전하는 운동계에서 운동하는 물체를 관측할 때 나타나는 겉보기의 힘이다. 지구상에서는 지구의 자전으로 북반구에서는 물체가 운동하는 방향의 오른쪽으로 전향력이 작용한다. 전향력의 크기는 극지방에서 최대이고, 적도 지방에서 최소이다. 북극에서 적도 지방을 향하여 물체를 던졌을 때, 물체가 이동하는 동안에 지구의 자전으로 지구상의 관측자에게는 물체를 던진 방향보다 오른쪽으로 휘어져 이동하는 것으로 관측된다. 즉 물체를 던진 방향에 대해 북반구에서는 오른쪽으로, 남반구에서는 왼쪽으로 힘이 작용하는 것처럼 운동하게 되는데, 이때의 가상적인 힘이 **전향력**이다.

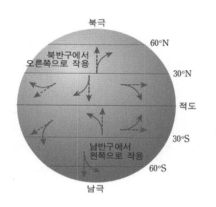

케플러 법칙

행성의 운동에 관한 세 가지 법칙. 독일의 천문학자 요하네스 케플러에 의해 유도된 행성의 운동에 관한 법칙이다. 케플러는 태양계 내부 행성들이 태양을 초점으로 운동할 때 운동 궤도의 특성과 공전 속도, 공전 주기, 태양으로부터의 거리 등의 상관관계를 3가지로 정리했다. 즉 '**제1법칙**은 모든 행성은 태양을 하나의 초점으로 하는 타원 궤도를 그리며 태양 주위를 공전한다. **제2법칙**은 한 행성과 태양을 연결하는 위치 벡터는 동일한 시간 간격 동안 같은 면적을 휩쓸고 지나간다. **제3법칙**은 행성의 항성주기(공전주기)의 제곱은 그 행성으로부터 태양까지의 평균 거리의 세제곱에 정비례한다.'라는 것이다. 이 법칙들 가운데 특히 제2법칙은 뉴턴이 지구와 달 사이, 그리고 태양과 행성 사이의 중력 법칙들을 계산할 때 결정적으로 중요한 역할을 했다.

기후 되먹임

기후 시스템 변화에 영향을 주는 과정들 간의 상호 작용 메커니즘. 기후 시스템 내에 존재하는 각 과정 사이에서 최초 과정의 결과가 두 번째 과정에 변화를 촉발하고, 이 과정이 다시 최초의 과정에 번갈아 영향을 미치게 될 때 이러한 상호 작용 메커니즘을 '기후 되먹임'이라고 한다. 기후 되먹임은 크게 양의 되먹임 과정과 음의 되먹임 과정으로 나눌 수 있는데, '양의 되먹임 과정'은 원래의 과정을 증가시키는 것을 말하며, '음의 되먹임 과정'은 감소시키는 것을 말한다. 일반적으로 자연계는 변화를 강화하는 과정과 변화를 약화시켜 시스템을 안정화하는 과정이 함께 존재하는데, 특히 기후 시스템 내에서는 수많은 '양의 되먹임 과정'과 '음의 되먹임 과정'이 상호 간에 영향을 주고 있다. 양의 되먹임 과정의 대표적인 예로 **지구온난화**가 있다.

온도

물체의 차갑고 뜨거운 정도를 수치로 나타낸 값. 구체적으로 말하면 계를 구성하는 입자가 갖는 **운동 에너지의 평균값**을 뜻한다. 어떤 두 물질이 같은 온도에 있더라도 두 물체가 가지는 열량, 즉 에너지의 양은 서로 다를 수 있다. 물체를 구성하는 원자나 분자의 운동 에너지의 정도를 나타내는 '온도'와 물체의 온도를 높이거나 상태를 변화시키는 에너지를 나타내는 '열'은 다르므로 구분해서 사용해야 한다. 온도를 나타내는 단위로는 섭씨온도, 화씨온도, 절대온도 등이 있다.

- 섭씨온도(C): 순수한 물의 어는점과 끓는점인 0℃와 100℃에서 그 사이를 100등분 하여 그 간격을 1℃로 정한 온도로 일상생활에서 가장 많이 사용된다.

- 절대온도(T): 같은 온도 변화에서도 액체의 종류에 따라 그 부피의 변화 정도가 다르다. 이에 물질의 종류에 관계없이 이론적으로 가질 수 있는 최저 온도인 −273℃를 0K로 정하고, 섭씨온도와 같은 눈금 간격으로 정한 온도로 주로 실험용으로 사용된다. [T(K) = 섭씨온도(℃) + 273]

- 화씨온도(F): 순수한 물의 어는점과 끓는점을 32℉와 212℉로 하여 그 사이를 100등분 하여 그 간격을 1℉로 정한 온도로 주로 미국, 유럽 등의 나라에서 사용된다. $F = \frac{9}{5} C + 32$

소립자

물질을 구성하는 기본 입자. 소립자는 우주의 모든 물질을 이루는 가장 기본적인 요소이다. 현재는 약 300여 종의 많은 소립자가 알려져 있으며, 가장 먼저 발견된 소립자는 전자이다. 소립자는 일정한 질량·전하·스핀을 가지고 있다. 중요한 소립자는 **양자·전자·중성자**이다.

엘니뇨 현상

적도 부근의 수온이 올라가는 이상 해류 현상. 엘니뇨는 대표적인 대기권과 수권과의 상호 작용의 결과적인 현상이다. 이름의 기원은 이 현상이 찾아오는 시기와 관련이 있다. 페루 동해 연안에서 크리스마스이브쯤에 찾아온다 해서 '신의 아들'이라는 의미를 가진 '엘니뇨'라는 이름이 붙게 된 것이다. 이 현상은 적도 부근 무역풍의 세기가 약화되면서 상대적으로 페루 연안의 용승 작용을 약화시켜 수온을 올라가게 하는 현상이다. 이러한 수온 상승은 그 지역의 어류 생태에도 영향을 미치게 된다. 무역풍의 약화가 시작되는 원인은 다양하게 추정하고 있지만 아직 정확한 원인은 밝혀내지 못하고 있다. 다만 전 지구적인 수권과 대기권의 상호 작용에 의한 결과로 보고 있다. 이러한 **엘니뇨 현상**은 단지 페루 해안 지역에만 영향을 미치는 것이 아니라 서태평양 지역에까지 영향을 미친다. 대표적인 것이 서태평양 연안 국가의 가뭄과 인도네시아의 산불인데, 이는 약해진 무역풍으로 인도네시아 쪽까지 구름대가 형성되지 않아 날씨가 건조해지고 산불로 이어지게 되는 것이다. 또한 이러한 엘니뇨 현상은 지구 온난화와 그에 따른 기상 이변 현상과도 관련이 있는 것으로 조사되고 있다.

라니냐 현상

동태평양 해수 온도가 낮아지는 이상 해류 현상. **라니냐**는 동태평양에서 엘니뇨와는 반대로 평년보다 0.5도 낮은 저수온 현상이 5개월 이상 일어나는 이상 해류 현상이다. 엘니뇨와 번갈아 대략 4년 주기로 일어나는 이 현상은 대기 순환에 1~3년간 영향을 미친다. 반 엘니뇨 현상으로도 불린다.

지진의 P파, S파, L파

Primary wave, Secondary wave, Long Wave. **P파**는 지진파 중에서 진동 방향이 좌우로 이루어지며 고체·액체·기체 등 물질의 세 가지 상태를 모두 통과 가능한 파이다. 진동 방향이 좌우이기 때문에 지표 위에 있는 건물 피해가 작은 편이다. 파의 진행 속도는 약 7km/s 정도이다. S파는 지진파 중에서 진동 방향이 상하로 이루어지며 고체만을 통과하는 파이다. **S파**는 진동 방향이 상하로 요동치기 때문에 지표 위에 있는 건물들에 미치는 피해가 큰 편이다. S파의 진행 속도는 약 4km/s 정도이다. 한편, L파는 지진파의 진행 방향이 앞뒤(종이 면을 뚫고 들어가고 나오는 방향)로 이루어지는 지진파이다. **L파**는 진폭이 큰 편이며 표면에서 진행하는 표면파로서, 표면에서 이루어지는 파이기 때문에 S파보다도 피해가 막대하다.

지진 해일

해저에서 발생한 지진이나 화산의 충격으로 생긴 높은 파도가 육지로 밀려오는 현상을 **지진 해일**이라고 한다.

■ 지진 해일의 발생 과정

해저에서 일어난 지진이 물을 위로 밀쳐 내어 지진 해일이 시작된다. → 지진 해일은 공해 상에서 수백 km/h에 달하는 속도로 매우 빨리 이동한다. → 지진 해일이 내륙에 접근하면 속도가 수십 km/h로 느려지면서 파고가 높아진다. → 지진 해일은 내륙 안으로 돌진하여 그것이 만나는 모든 것들을 파괴시킨다. 이때 파도의 골이 바닥을 드러내면서 먼저 도착할 수 있다.

기압

공기가 누르는 압력으로, 지구 평균 대기압은 1013hPa로 물기둥 약 10.33m의 압력에 해당한다. **기압**은 공기의 양에 따라 결정되며, 하루 중에도 기압이 높아지기도 하고 낮아지기도 한다.

■ 저기압과 고기압

주변보다 상대적으로 낮은 기압을 저기압, 높은 것을 고기압이라고 한다. **저기압**은 중심에서는 상승 기류가 발달하고, 주변에서 중심부를 향해 시계 반대 방향(북반구)으로 바람이 불어 들어간다. 고기압은 중심에서는 하강 기류가 발달하고, 중심부에서 주변으로 시계 방향(북반구)으로 바람이 불어 간다.

■ 기압과 날씨

날씨는 고기압과 저기압의 영향에 따라서 맑거나 흐려진다. 또한 저기압, 고기압 등의 기압 배치는 대기 대순환의 영향을 받아 이동하면서 날씨의 변화를 다양하게 한다. 중위도 지역에 속하는 우리나라 지역은 편서풍의 영향으로 기압 배치가 서쪽에서 동쪽 방향으로 이동하고 그에 따라 날씨의 변화가 생긴다.

태풍

태풍은 표층 수온이 27℃ 이상이고 위도 5~25° 사이의 열대 해상에서 발생하는 풍속 17m/s 이상인 열대성 저기압으로, 강풍과 호우를 동반하며 전선은 없다.

온대성 저기압

찬 공기와 더운 공기가 만나는 중위도 지역에서 발생하며, 전선을 동반한다. 우리나라 날씨에 큰 영향을 미치는 **온대성 저기압**은 전선을 동반하고, 서쪽에서 동쪽으로 이동해가면서 날씨를 변화시킨다.

해류

일정한 방향과 속도를 갖는 해수의 운동을 **해류**라고 한다. 해류는 공기의 온도와 습도를 변화시키고, 공기의 흐름에도 영향을 미친다. 해류 발생의 가장 큰 원인은 바람으로, 편서풍이나 무역풍과 같이 바람이 일정한 방향으로 오랫동안 불면, 바다의 표층 해수는 바람의 영향을 받아 멀리까지 흘러간다.

■ 난류와 한류

해류는 크게 난류와 한류로 분류한다. 난류는 적도 지방의 따뜻한 바닷물에서 생성되어 고위도 지역으로 순환하고, 극지방의 찬 바닷물에서 생성된 한류는 저위도 지역으로 순환한다. 한류는 염분과 수온이 낮고, 영양 염류가 풍부하며, 용존 산소량이 많아 플랑크톤이 많다. 난류는 염분과 수온이 높고, 영양 염류와 용존 산소량이 적어 플랑크톤이 많지 않다.

절대습도와 상대습도

대기 중에 포함된 수증기의 양을 표시하는 방법. **습도**란 일정 공간 속에 수증기가 존재하는 정도로 습한 정도를 가리킨다. 이러한 습도는 크게 절대습도와 상대습도로 나뉜다. 습도가 높다는 것은 공기 중에 수증기가 많이 포함되어 있다는 것을 의미한다. **절대습도**는 공기 1m³ 속에 포함된 수증기의 양을 g으로 나타낸 값으로 단위는 g/m³를 주로 사용한다. 온도 변화와 상관이 없는 수치이다. **상대습도**는 현재의 온도에서 최대로 포함할 수 있는 수증기의 양(포화 수증기압)에 비해 실제로 공기 중에 포함되어 있는 수증기의 상대적인 양을 백분율로 나타낸 것이다. 절대습도가 온도 변화와는 무관하다면, 상대습도는 온도와 수증기량에 의해 변하는 습도이다. 즉 공기 중의 수증기량이 감소하지 않았더라도 온도가 상승하면 상대적으로 상대습도는 낮아진다. 우리가 흔히 잘못 생각하고 있는 것이 있는데, 바로 우리가 보통 습하다고 느껴질 때 공기 중의 수증기량이 증가해서 그런 것이라고 생각하는 경우이다. 이때 공기 중에 수증기량이 증가하여 습하다고 느껴지는 것이기보다는 수증기압이 증가하여 상대적으로 증발이 잘 일어나지 않아 습하다고 느끼는 것이다.

이슬점

일정한 압력 하에서 온도를 내려서 공기가 포화되는 순간의 온도. 공기 중의 수증기량에 관계없이 온도가 하강하면 포화 수증기압이 낮아지면서 상대습도는 높아지게 된다. 온도가 계속 하강하면서 상대습도가 100%에 이르면 포화 상태의 수증기가 응결하여 물방울이 되는데, 이러한 온도를 이슬이 맺히는 온도라 하여 **이슬점**이라고 한다. 이슬점을 결정하는 주요 요인은 현재의 수증기압이며 현재 공기 중의 수증기압이 높으면 이슬점도 높고, 현재 공기 중의 수증기압이 낮으면 이슬점도 함께 낮아지는 경향이 있다.

GPS의 원리

위성 항법 시스템의 작동 원리. GPS 위성 안에는 십만 년 동안 1초의 오차를 갖는 아주 정밀한 세슘 원자 시계가 들어있다. GPS 위성은 이 시계의 정확한 시각과 위성의 정확한 위치를 전파로 지상의 수신기로 보낸다. 지상의 수신기까지 오는 데 시간이 걸리므로 지상의 수신기의 시각과 위성에서 보내는 시각은 차이가 생기게 된다. 이 두 시각의 차이에 빛의 속도를 곱해주면 지상의 수신기에서 인공위성의 거리를 구할 수 있다. 이와 같은 작업을 네 개의 인공위성으로 동시에 하면 공간상의 한 점을 찾을 수 있다. GPS 수신기에서 최소 4개의 인공위성이 보여야 수신기가 정확한 위치를 찾을 수 있는 이유가 여기에 있다. 차량용 GPS가 하늘이 가려지는 고가도로 밑이나 지하차도를 지날 때 작동하지 않는 이유이기도 하다.

센서
여러 종류의 물리량을 검출하고 계측하는 기능을 갖춘 소자. 센서는 열, 빛, 온도, 압력, 소리 등의 물리적인 양이나 그 변화를 감지하거나 구분 및 계측하여 일정한 신호로 알려주는 부품이나 기구, 또는 계측기를 말한다. 인간이 보고 듣고 하는 오감을 기계적·전자적으로 본떠 만든 것이라고 이해하면 쉽다. 동작을 감지하거나 소리에 따라 반응하거나, 누르는 힘에 따라 반응하는 등 그 활용 범위는 매우 넓다. 센서의 종류에는 온도 센서, 압력 센서, 유량 센서, 자기 센서, 광센서, 음향 센서, 미각 센서, 후각 센서 등이 있다. 고속도로에 차량이 진입하면 통행 카드가 나오거나, 교실의 화재 감지기, 현관의 자동 점멸등, 어두워지면 켜지는 가로등 등이 간단한 센서의 사례다.

자동차 엔진
자동차를 움직이게 하는 원동기. 자동차 엔진은 4행정 기관으로 이루어져 있다. 4행정 기관은 흡입, 압축, 폭발, 배기의 4행정에 의해 한 주기를 끝내는 내연기관으로, 왕복운동 엔진의 가장 일반적인 예이다. 내연기관은 연료를 공기 중의 산소와 완전연소가 이루어지도록 잘 혼합된 상태에서 압축한 다음, 연소를 시킬 때 발생하는 열에너지를 직접 이용해 운동 에너지를 얻는다. 디젤 엔진은 경유를 주 연료로 하여 압축 착화 방식을 이용하여 동력을 얻으며, 낮은 엔진 회전수에서 높은 토크를 얻으므로 주로 대형 기관, 버스, 트럭 등에 사용되고 있다. 휘발유 엔진은 가솔린을 주 연료로 하여 점화 및 착화 방식으로 동력을 얻으며, 주로 높은 회전수를 요구하는 기관에 사용된다.

점탄성
물체에 힘을 가했을 때 고체와 액체로서의 성질이 동시에 나타나는 현상. 탄성은 어떤 물체가 외부에서 가해진 힘에 따라 형태가 즉시 변형되고, 그 상태에서 힘이 제거되었을 때 원래 모양으로 바로 되돌아가려는 성질을 말한다. 점성은 어떤 물체에 외부의 힘이 작용하여 그 형태가 변할 때 이에 저항하는 성질을 말한다. 점탄성은 물체에 힘을 가했을 때 탄성변형과 점성을 지닌 흐름이 동시에 나타나는 현상을 말한다. 모든 물체는 이러한 점탄성을 가지고 있다. 일반적으로 액체는 그릇이나 지형에 따라 쉽게 변형되며, 변형을 일으키는 힘에 대해 복원력이 없다(즉 탄성변형을 하지 않는다). 그러나 콜로이드 용액이나 진한 고분자 용액의 경우, 점성이 나타나는 동시에 변형을 일으키는 힘에 대한 복원력을 가지고 있어서 탄성변형을 일으킨다. 탄성을 가진 보통 고체는 변형의 원인이 된 힘을 제거하면 '훅의 법칙(용수철과 같은 탄성이 있는 물체가 변형되었을 때 원래의 모양으로 돌아오는데 필요한 힘을 설명하는 물리법칙)'에 따라 단시간 내에 원상태로 되돌아가지만, 다결정 물체의 경우에는 원상태로 복원될 때까지 더 많은 시간이 걸린다. 이것은 점성에 의한 흐름과 같은 메커니즘 때문이다.

열역학 제1법칙
우주(계)의 에너지는 항상 일정하다는 법칙. 열역학 제1법칙은 에너지가 형태를 바꾸는 경우에 외부의 영향을 차단하면 물리적·화학적 변화가 일어나도 총량은 변하지 않는다는 물리 법칙을 말한다. 물리적인 형태인 태양의 빛 에너지는 '어떤 형태의 에너지가 다른 형태의 에너지로 전환되더라도 그것이 가진 총 에너지양은 변하지 않는다.'라고 하는 열역학 제1법칙(에너지 보존 법칙)에 따라서 같은 값의 에너지양을 가진 유기물 중의 화학 에너지로 식물에 의해 전환된다. 그러나 이 화학 에너지는 일단 어떤 일에 사용되면 일부가 열에너지 형태로 전환되어 없어진다는 열역학 제2법칙에 따라 생태계 안을 흘러가는 동안 점점 소실된다.
$E = Q - W$ (E: 내부 에너지, Q: 열량, W: 일)

열역학 제2법칙
엔트로피의 법칙. 열역학 제2법칙은 고립계에서 엔트로피(무질서도)의 변화는 항상 증가하는 방향으로 일어난다는 법칙이다. 에너지 전달에는 방향이 있다는 것이다. 자연계에서 발생하는 과정은 모두 가역(되돌릴 수 있는) 과정이 아니다. 열역학 제2법칙(에너지 비가역성의 법칙)은 고온의 물체에서 저온의 물체로 열이 흘러가고 스스로 고온으로 흐르지 않는다. 열을 일정한 온도의 물체로부터 빼앗아 일로 바꾸는 순환 과정은 존재하지 않으며, 고립된 계의 비가역 변화는 엔트로피가 증가한다.

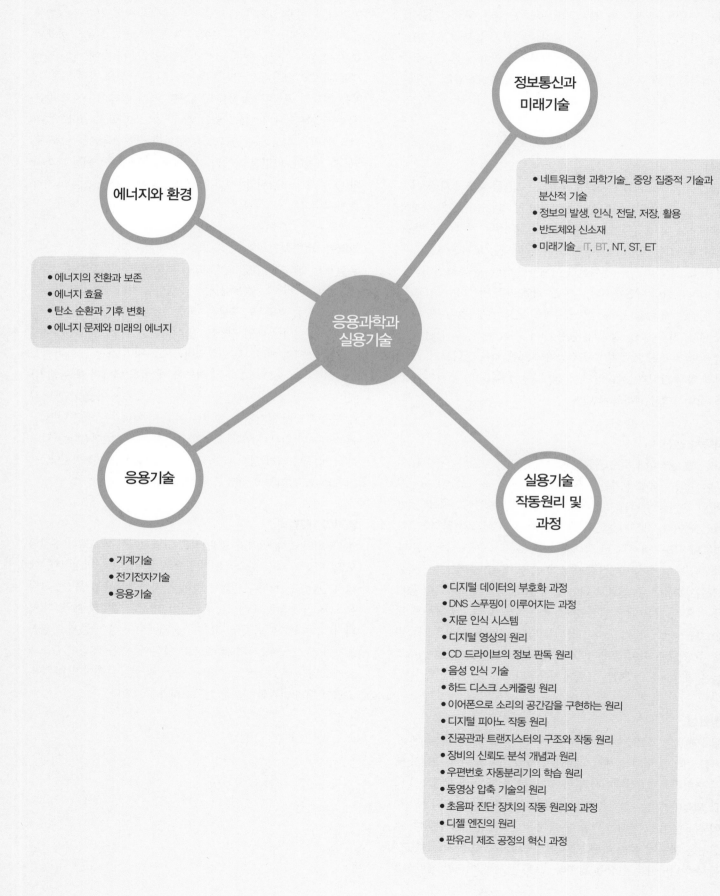

정보통신과 미래기술

- 네트워크형 과학기술_ 중앙 집중적 기술과 분산적 기술
- 정보의 발생, 인식, 전달, 저장, 활용
- 반도체와 신소재
- 미래기술_ IT, BT, NT, ST, ET

에너지와 환경

- 에너지의 전환과 보존
- 에너지 효율
- 탄소 순환과 기후 변화
- 에너지 문제와 미래의 에너지

응용과학과 실용기술

응용기술

- 기계기술
- 전기전자기술
- 응용기술

실용기술 작동원리 및 과정

- 디지털 데이터의 부호화 과정
- DNS 스푸핑이 이루어지는 과정
- 지문 인식 시스템
- 디지털 영상의 원리
- CD 드라이브의 정보 판독 원리
- 음성 인식 기술
- 하드 디스크 스케줄링 원리
- 이어폰으로 소리의 공간감을 구현하는 원리
- 디지털 피아노 작동 원리
- 진공관과 트랜지스터의 구조와 작동 원리
- 장비의 신뢰도 분석 개념과 원리
- 우편번호 자동분리기의 학습 원리
- 동영상 압축 기술의 원리
- 초음파 진단 장치의 작동 원리와 과정
- 디젤 엔진의 원리
- 판유리 제조 공정의 혁신 과정

ISDN

디지털 종합정보 통신망. 디지털 통신망을 이용한 음성·문자·영상 등의 종합통신서비스를 말한다. ISDN(Integrated Services Digital Network)은 단말·전송로·교환기를 디지털 방식으로 통합함으로써 기존에 개별적으로 제공되던 각종 서비스를 하나의 망으로 묶어 제공하고 영상 전송도 가능케 한 통신망이라 할 수 있다. ISDN은 통신방송 서비스의 통합화·고도화·효율화·저렴화를 꾀하였다. 하지만 2000년대 이후 기술이나 속도 면에서 성능이 뛰어난 초고속인터넷망(ADSL, VDSL 등)으로 전환되었다.

ADSL

비대칭 디지털 가입자 회선. ADSL(Asymmetric Digital Subscriber Line)은 기존의 구리 전화선을 통해 일반 음성통화는 물론 데이터 통신을 고속으로 이용할 수 있는 기술로 디지털 가입자 회선 서비스(xDSL) 가운데 하나이다. 디지털 가입자 회선에는 단선 디지털 가입자 회선(SDSL), ADSL, 초고속 디지털 가입자 회선(VDSL) 등이 있다. 별도의 회선을 설치하지 않고도 기존에 사용하던 전화선으로 통신이 가능하다는 장점이 있다.

VDSL

초고속 디지털 가입자 회선. VDSL(Very high-bit-rate-Digital Subscriber Line)은 일반적인 가입자 전화선을 이용해 양방향으로 빠른 속도로 많은 데이터를 전송하는 초고속 통신망을 일컫는다. ADSL에 이어 등장한 초고속 디지털 전송기술의 하나로, ADSL에 비해서 2~10배 정도 넓은 대역폭의 사용, ADSL보다 짧은 거리에서 더 빠른 데이터 전송 및 전송기술이 간단하다는 장점이 있다. 이런 특징은 수신자가 요청한 데이터만을 전송하는 멀티캐스팅 기능을 가능하게 함으로써 주문형 비디오(VOD)와 고화질TV(HDTV) 등 다양한 분야에 적용할 수 있다.

VOD

주문형 비디오 시스템. VOD(Video On Demand)는 통신망으로 연결된 컴퓨터 또는 텔레비전을 통해 사용자가 원하는 프로그램을 원하는 시간에 받아볼 수 있는 영상 서비스를 말한다. 기존 공중망 방송이나 케이블 TV에서처럼 프로그램을 일방적으로 수신하는 것이 아니라, 가입자의 요구에 따라 원하는 시간에 원하는 내용을 이용할 수 있는 쌍방향 서비스이다.

ROM

읽기만 가능한 기억 장치. ROM(Read-Only Memory)은 컴퓨터 기억 장치로, 한번 기록한 데이터를 빠른 속도로 읽을 수 있지만 다시 기록할 수 없는 메모리이다. ROM의 기억 내용은 제작할 때 결정되며, 전원 공급이 끊겨도 기억된 내용은 지워지지 않는다. 한번 입력된 기억은 지워지지 않으나 바꾸어 넣을 수 있는 것도 있다. 워드프로세서의 한자 메모리, IC카드 등에 사용되는 출력 전용 기억 장치이다.

RAM

읽고 쓸 수 있는 기억 장치. RAM(Random-Access Memory)은 기억 장치의 기억 내용을 임의로 읽거나 변경할 수 있는 메모리이다. 반도체 소자 중 임의의 셀(기억의 최소 단위)을 입출력 단자에 접속시켜 외부 회로에 연결하면 데이터를 읽을 수 있고, 외부로부터 셀 속에 데이터를 입력할 수 있는 기억소자이다. 주로 사용자가 작성한 프로그램이나 데이터를 기억시키며 주 기억 장치로 널리 이용되고 있는데, 일반적으로 전원이 꺼지면 기억된 내용이 지워진다.

광디스크

레이저광을 이용하여 정보를 기록·재생하는 매체. 광디스크 (Optical Disk)는 빛의 투과율과 반사율 등을 변화시켜 디스크에 데이터를 저장하는 장치를 말한다. 투명한 아크릴 원반에 낀 피막에 구멍 모양으로 신호를 적어 넣어 정보를 기록하는 것으로, 레이저광을 쏘아 디스크로부터 반사에 의해 신호를 읽는다. 기록 밀도가 높고 고속 검색이 가능하며 재생에 의한 질의 저하가 없는 등의 장점이 있다.

광메모리

빛을 매체로서 이용한 메모리. 광메모리는 레이저 빛과 같은 광학적 수단으로 자료의 기억과 판독을 하는 메모리이다. 즉 CD-ROM, 광디스크, 광카드 등 레이저를 사용해 디지털 정보를 기록하고 읽는 기억 장치이다. 주로 자기디스크나 자기테이프를 대신해서 외부 메모리로 사용하고 있다. 광메모리는 다른 메모리에 비해 정보 기억 용량이 월등히 크고 비접촉식이기 때문에 수명이 길다.

광섬유

중심부 유리를 통과하는 빛이 전반사가 일어나도록 한 광학적 섬유. 광섬유는 통신의 전송로로 쓰이는 지름 0.1mm 정도의 가느다란 유리섬유를 말한다. 빛의 굴절률이 다른 심선 부분과 피복 부분으로 나뉘어 이들의 굴절률이 서로 달라 빛의 신호가 외부로 새지 않고 먼 곳까지 갈 수 있다. 에너지 손실이 매우 적어 송수신하는 데이터의 손실률이 낮으므로 보낼 수 있는 정보량이 많다. 전기적 잡음을 받지 않는 등 외부의 영향을 거의 받지 않는다는 장점도 있다.

광속도

진공 속에서 빛이 전파하는 이동 속도. **광속도**는 진공 속에서 1초 동안 약 30만 킬로미터를 갈 수 있다. 흔히 1초에 지구를 일곱 바퀴 반을 도는 속도라고 하며, 이 속도로 지구에서 달까지 가는 데는 1초 정도 걸린다. 태양까지는 약 8분 거리다. 어떤 물체의 속도도 광속도를 능가할 수 없다고 한다.

디버깅

컴퓨터 오류 수정. 프로그램 개발 마지막 단계에서 프로그램의 오류를 발견하고 그 원인을 밝히는 작업 또는 그 프로그램을 말한다. 프로그램 속에 있는 에러를 가리켜 버그(bug, 벌레)라고 하며, 버그를 제거하는 것을 **디버깅**(debugging)이라고 한다. 크게 디버거와 같은 보조 프로그램을 이용하는 경우와 검사용 데이터를 입력하여 수행함으로써 오류를 찾아내는 경우로 나눌 수 있다.

버퍼링

Buffer가 Data의 전송, 조정 등을 수행하고 있는 상태. **버퍼링**은 정보의 송수신을 원활하게 하기 위해 정보를 일시적으로 저장해서 처리 속도의 차이를 흡수하는 방법을 말한다. 원래 버퍼(buffer)란 한 장치에서 다른 장치로 데이터를 송신할 때 일어나는 시간차이나 데이터 흐름 속도의 차이를 보상하기 위해 사용하는 저장 장치이다. 버퍼링은 스트리밍과 더불어 인터넷 방송 용어로 많이 등장하고 있다.

스트리밍

인터넷상에서 음성이나 동영상 등을 실시간으로 재생하는 기술. **스트리밍**(streaming)은 인터넷에서 음성이나 영상, 애니메이션 등을 끊김 현상 없이 전송받아서 실시간으로 재생하는 기법을 말한다. 비디오나 오디오 자료를 사용자의 PC에 파일 형태로 받지 않고도 실시간으로 보고 들을 수 있는 송출 기술로, 다운로드와는 성격이 달라 저작권 분쟁에서 자유롭고 컴퓨터 하드웨어 용량에 영향을 주지 않는다. 버퍼링은 스트리밍을 하는 순간 또는 스트리밍 직후 잠시 뜸을 들이는 순간을 말한다.

플래시 메모리

비휘발성 메모리. **플래시 메모리**는 전원이 끊겨도 저장된 정보가 지워지지 않는 기억 장치이다. 정보의 입출력도 자유로워 디지털 TV, 디지털 캠코더, 휴대전화, 디지털 카메라, 개인 휴대 단말기(PDA), 게임기, MP3 플레이어 등에 널리 이용된다.

플래시 애니메이션

플래시를 이용해 만든 컴퓨터 애니메이션. 인터넷 동영상 제작 소프트웨어 플래시를 이용해 만든 애니메이션을 말한다. 파일 크기가 일반 동영상의 16분의 1에 불과하여 전송 속도가 빠르고 확대해도 이미지가 깨지지 않는다는 장점이 있다. 유선방송과 비디오·애니메이션 영화·광고·교육·게임 등으로 활용되고 있으며, 전자우편이나 모바일 기기 등에서도 많이 사용된다.

인터페이스

사물과 사물 사이 또는 사물과 인간 사이 소통을 위해 만들어진 물리적 매개체나 프로토콜(통신 규칙). **인터페이스**(Interface)는 2개 이상의 장치 사이에 정보나 신호를 주고받는 경우의 접점 또는 경계면을 일컫는다. 연결 장치 자체를 가리키기도 한다. 또 소프트웨어 끼리를 연결하는 경우의 경계 부분도 인터페이스라고 한다. 일반적으로 이용자가 프로그램을 개발하는데 필요한 인터페이스는 메이커로부터 제공되는 매뉴얼 등에 기재되어 있는데, 거기에는 데이터의 양식이나 명령어 등의 정보가 포함된다.

시퀀서

축차적 작업 공정 제어 장치. **시퀀서**(Sequencer)는 미리 정해진 순서에 따라 기계 동작 순서를 제어하는 장치를 말한다. 반도체 기술의 집적도가 높아져 복잡한 동작을 제어하는 마이크로컴퓨터를 사용하는 경우가 많아지고 있으며, 이것이 발전하면 로봇이 된다. 시퀀서는 로봇에 가까운 생산 자동 제어 장치이다. 이전에는 복잡한 기계 동작을 필요로 하지 않는 대량생산 분야에서만 사용되었으나 마이크로컴퓨터의 발달로 인쇄기계, 식품기계 등에 널리 쓰이게 되었다.

퍼지이론

모호한 것을 명확히 표현하는 이론. **퍼지이론**(Fuzzy theory)은 애매하고 불분명한 상황에서 여러 문제들을 두뇌가 판단 결정하는 과정에 대하여 수학적으로 접근하려는 이론이다. 퍼지란 원래 '애매모호한', '경계가 명확하지 않은'이라는 뜻이다. 참과 거짓을 명확하게 구분하기 힘든 개념을 다루는 시스템의 연구로, 인간의 사고 판단에 포함되어 있는 '조금', '약간' 등의 애매한 말들을 수치로 정량화해서 최적의 양과 질을 수행하도록 하는 원리이다. 인공지능이 물의 양과 회전 속도, 헹굼 횟수 등을 자동으로 알아서 처리해주는 세탁 시스템이 이 원리를 이용한 것이다. 가전제품이나 자동제어 분야 등에 널리 응용되고 있다.

정보기술

정보를 신속·정확하게 그리고 효율적으로 수집·처리하고 전달하기 위한 총체적 기술. **정보기술**(IT: Information Technology)은 정보화 시스템 구축에 필요한 유형·무형의 모든 기술과 수단을 포함하는 정보통신 용어를 일컫는다. 즉, 컴퓨터, 소프트웨어, 인터넷, 멀티미디어, 경영 혁신, 행정 쇄신 등 정보화 수단에 필요한 유형·무형 기술을 말한다. 여기에는 업무용 데이터, 음성 대화, 멀티미디어는 물론, 아직 출현하지 않은 매체와 정보를 개발, 저장, 교환하는 데 필요한 모든 형태의 기술을 포함한다. 오늘날 정보기술이 비약적인 생산 효과를 거두게 되자, 세계 여러 국가들은 정보기술 개발에 노력을 기울이고 있다. 이러한 정보기술은 컴퓨터의 성능이나 소프트웨어의 품질 자체만이 아니라 소비자의 욕구 파악, 최적정 가격 산정 등 사업 노하우나 아이디어에까지 활발히 적용되고 있다.

디제라티

디지털 신지식인. 디제라티(Digerati)는 디지털(digital)과 지식계급(literati)의 합성어로, 디지털 시대의 새로운 파워엘리트로 부상하고 있는 신지식인을 일컫는다. 인터넷 비즈니스로 성공한 기업인들을 가리키기도 한다. 이들은 학연·지연에 얽매이지 않는 수평적 네트워크를 추구하고, 인문과학과 자연과학의 경계를 아우르면서 제3의 문화를 창조하는 새로운 권력층으로 부상하고 있다. 마이크로소프트사의 빌 게이츠, 페이스북을 만든 저커버그 등이 대표적인 디제라티이다.

LTE

4G 이동통신 기술. LTE(Long Term Evolution)는 무선 이동통신망으로 많이 이용되고 있는 3세대 이동통신 기술(3G)과 4세대 이동통신 기술(4G)의 중간 기술에 해당하는 무선 이동통신 방식이다. 3G 방식인 WCDMA가 장기적으로 진화한 기술로, 3.9세대라고 칭한다. LTE는 기존 3G의 다섯 배가 넘는 최대 75Mbps의 데이터 다운로드 속도로 고화질 영상의 실시간 스트리밍이나 고화질의 영상통화도 가능하다. 본격적인 4세대 이동통신 시스템인 LTE-A(Advance)는 정지 시에는 1Gbps를 유지하고, 이동 시에는 100Mbps 이상의 전송 속도(3세대보다 50배 빠르다)를 보인다. LTE 기술은 통화 서비스 지역을 넓히기도 쉬우며, 클라우드 서비스를 본격적으로 활용할 수 있어 근거리 통신망 기술로 많이 이용된다.

NFC

근거리 무선통신 기술. NFC(Near Field Communication)는 13.56MHz 대역의 주파수를 사용하여 10cm 정도의 거리에서 데이터를 송수신하는 근접통신 기술이다. NFC 기술은 휴대용 단말기에 탑재되어 신용카드·신분증 등을 대체할 수도 있으며, 노트북 컴퓨터의 사용자 인증, 모바일 티켓, 쿠폰 등 다양한 분야에서 활용될 수 있는 성장 잠재력이 큰 기술이다. NFC의 짧은 통신 거리는 단점으로 인식될 수 있으나, 데이터를 교환하기 위해 통신 대상 기기에 이용자가 스마트폰을 직접 터치하는 방식을 사용하므로 기존 유통 위주의 RFID 기술(한 개체의 정보를 IC 칩에 내장시켜 이를 무선 주파수로 인식할 수 있도록 한 기술)보다 보완성이 뛰어나다. 사용자의 의도를 인식하여 다양한 이용자 맞춤형 서비스들과 연결이 가능하고, 기존 근거리 무선 데이터 교환 기술이 '읽기'만 가능했던 반면 NFC는 '읽기'와 '쓰기' 모두 가능하다는 장점을 갖추고 있다. 향후 NFC 기반의 스마트폰이 대중화되면서 우리 생활에 많은 변화를 가져올 것으로 예상된다.

5세대 이동통신

차세대 이동통신. 5G는 이동통신의 다섯 번째 세대라는 뜻으로, 최고 전송 속도는 초당 20Gbps 수준이다. 4G LTE에 비해 데이터 처리용량은 약 100배 많고 속도는 약 20배 빠르다. LTE로 2GB 영화를 내려 받는 데 16초가 걸린다면 5G에서는 단 0.8초면 된다. 강점인 초저지연성(지연시간 1ms)과 초연결성을 통해 가상현실(VR), 자율주행, 사물인터넷(IoT) 기술 등을 구현할 수 있다. 5G의 성능을 자동차 응용기술에 적용할 경우 데이터 전달 속도가 빨라지면서 자율주행 자동차의 안전성은 한층 강화된다. 데이터를 주고받는 시간이 짧아져 자동차가 장애물이나 다른 차량을 피하도록 하는 제어 속도가 빨라지는 셈이다. 멀리 떨어진 곳에서도 실제 현장에 있는 것처럼 상황을 판단할 수 있고, 아무런 지연 없이 장비나 로봇 등을 조작할 수도 있다. 차세대 이동통신 기술인 5G는 2019년 4월 우리나라가 세계 최초로 상용화를 발표하였고, 5G 이동통신 기술의 표준을 선도하기 위한 국가 간 경쟁은 보다 가속하고 있다.

유비쿼터스 네트워크

어디서나 접속 가능한 정보통신 환경. 유비쿼터스는 사용자가 네트워크나 컴퓨터를 의식하지 않고 장소에 상관없이 자유롭게 네트워크에 접속할 수 있는 정보통신 환경을 의미한다. 유비쿼터스(Ubiquitous)는 물이나 공기처럼 시공을 초월해 '언제 어디에나 존재한다'는 뜻의 라틴어이다. 유비쿼터스 네트워크는 휴대용 기기나 가전제품 등 여러 종류의 기기를 네트워크로 연결시켜 언제 어디서나 이용이 가능하도록 하는 제반 기술 또는 환경을 지향하고 있다. 즉 이용 장소에 관계없이 상시 접속이 가능한 모바일 특성을 갖춘 브로드밴드 네트워크 기반 위에 각종 정보기기나 센서가 IP 등 프로토콜을 이용해 서로 연결된 상태로 동영상이나 음성을 가진 콘텐츠, 이용자의 수요에 맞춘 솔루션, 안전한 정보의 송수신, 전자 상거래가 가능한 플랫폼 등에 활용이 가능한 정보통신 환경을 말한다.

클라우드 컴퓨팅

인터넷상의 서버를 통하여 IT 관련 서비스를 한 번에 사용할 수 있는 컴퓨팅 환경. **클라우드 컴퓨팅**(Cloud Computing)이란 인터넷 기반(cloud)의 컴퓨터 기술(computing)을 의미한다. 클라우드 컴퓨팅은 기존의 개인용 컴퓨터에 저장하고 이용했던 데이터나 프로그램을 하나의 큰 서버를 통해 자유롭게 이용할 수 있는 컴퓨터 환경이다. 즉 사용자가 필요로 하는 소프트웨어를 자신의 컴퓨터에 설치하지 않고도 인터넷 접속을 통해 언제든지 사용할 수 있고, 동시에 공동 작업이 가능하며, 각종 정보들을 공유할 수 있다. 클라우드 컴퓨팅이 활성화되기 위해서는 안정적인 인터넷 접속이 보장되어야 하며, 개인이나 기업 정보 등과 같은 각종 보안 문제에 대해서도 철저한 대비가 필요하다.

● 클라우드 컴퓨팅의 장단점

장점	단점
● 개인이 휴대해야 하는 장비나 저장 공간의 제약이 사라진다. ● 다수가 정보와 자료를 공유하고 공동 작업을 할 수 있다. ● 소프트웨어를 공동으로 사용하므로 경제적이다.	● 인터넷 접속이 불가능하다면 원하는 작업을 할 수 없다. ● 서버가 보안에 취약하면 개인 정보가 유출될 수 있다.

블록체인

가상 화폐로 거래할 때 해킹을 막기 위한 기술. **블록체인**(Block Chain)은 일정 시간 동안 발생한 모든 거래 정보를 블록 단위로 기록하여 모든 구성원들에게 전송하고, 블록의 유효성이 확보될 경우 이 새 블록을 기존의 블록에 추가 연결하여 보관하는 방식의 알고리즘이다. 블록체인은 효율적이고 검증 가능한 방식으로 거래를 기록할 수 있는 개방된 분산 원장 즉, 데이터베이스 역할을 한다. 이는 참여자 간 공유 네트워크가 집단적으로 새 블록을 검증하기 위한 프로토콜에 따라 관리됨으로써 보안성이 높다. 또한 블록체인에서는 '제3의 기관'이 필요 없는 탈중앙화와 중개 기관을 거치지 않는 탈중개화가 이뤄지기 때문에 거래 비용이 획기적으로 낮아진다.

빅데이터

인공지능 기반의 메타 데이터. **빅데이터**(Big Data)란 복잡하고 다양한 대규모 데이터 세트 자체는 물론 이 데이터 세트로부터 정보를 추출하고 결과를 분석하여 더 큰 가치를 창출하는 기술을 뜻한다. 수치 데이터 등 기존의 정형화된 정보뿐 아니라 텍스트·이미지·오디오·로그기록 등 여러 형태의 비정형 정보가 데이터로 활용된다. 최근 모바일 기기와 SNS 이용의 보편화, 사물인터넷 확산 등으로 데이터의 양이 기하급수적으로 늘어나고 있다.

인공지능

컴퓨터로 구현한 지능 또는 이와 관련한 전산학의 연구 분야. **인공지능**(AI: Artificial Intelligence)은 인간의 학습 능력과 추론 능력, 지각 능력, 자연언어 이해 능력 등을 컴퓨터 프로그램으로 실현한 기술의 집적을 일컫는다. 1950년대 중반부터 연구가 시작됐으며, 현재는 게임, 바둑, 수학적 증명, 컴퓨터 비전, 음성 인식, 자연어 인식, 전문가 시스템, 로봇공학, 생산 자동화 등의 분야에서 널리 연구 및 활용되고 있다. 인간의 지적 능력을 모방해서 대체하거나 인간의 작업을 지원하려는 목적으로 산업분야에서도 도입이 활발하다.

디지털 컨버전스

디지털 융합 기술. 각각의 디지털 제품이나 서비스가 통합되어 하나의 제품이나 서비스로 제공되는 것을 **디지털 컨버전스**(Digital Convergence)라고 한다. 디지털 컨버전스 유형에는 유·무선 컨버전스 서비스, 방송·통신 컨버전스, 통신·가전 컨버전스 등이 있으며, 지상파 디지털 미디어 방송(DMB), 인터넷 전화, 스마트 TV 등이 대표적인 예다. 특히 DMB는 영상, 음성, 데이터를 디지털 방식으로 변환하여 휴대전화나 네비게이션과 같은 방송용 IT 기기에 전송하여 이동 중에도 방송 서비스를 즐길 수 있도록 한 통신·방송 컨버전스의 대표적인 예이다. 디지털 컨버전스 기술의 발달은 미디어 환경과 소통 양식의 변화를 가져와 우리의 상상을 초월하는 사회·문화적 변화를 일으키고 있으며, 개인의 삶에 혁명적인 변화를 초래하고 있다.

비트

컴퓨터 데이터 단위. 컴퓨터에서 사용하는 이진 코드는 일반적으로 0과 1의 조합으로 표현하며, 이렇게 표현하는 정보의 최소 단위를 **비트**(bit)라고 한다. 비트가 하나씩 증가할 때마다 표현할 수 있는 정보의 양은 두 배로 늘어난다. 즉 n개의 비트가 있으면 2^n만큼의 정보를 표현할 수 있다. 비트가 증가하면 더 많은 종류의 정보를 표현할 수 있고, 같은 종류의 정보는 더 세밀하게 표현할 수 있다.

양자 컴퓨터

양자역학 원리에 따라 작동하는 미래형 첨단 컴퓨터. 현재 우리가 사용하는 컴퓨터는 비트를 기본 단위로 사용하며, 1비트로 0 아니면 1을 저장할 수 있다. 반면, 양자 컴퓨터는 **큐비트**(qubit)라는 기본 단위를 사용하며, 0과 1을 동시에 저장할 수 있다. 또한 0, 1로 전환하는데 어떤 에너지와 시간도 필요 없다. 예를 들어 기존 컴퓨터가 2비트를 사용하여 00 → 01 → 10 → 11로 변환하는 연산을 실행하는데 4초가 걸린다면, 2큐비트를 사용하는 양자 컴퓨터는 00, 01, 10, 11의 4가지 상태가 동시에 공존하기 때문에 실행 시간은 1초로 단축된다. 2비트에서 약 4배 정도 차이가 난다면 4비트는 16배, 8비트는 256배로, 비트가 증가할수록 실행 시간은 기하급수적으로 단축될 수 있다.

해킹

정보 시스템에 허가 없이 침투하는 행위. **해킹(hacking)**이란 어떤 의도와 상관없이 다른 컴퓨터에 침입하는 행위를 뜻한다. 해킹은 컴퓨터 시스템 및 통신망을 잘 이해하여 보안의 취약점을 찾아 대처하려는 의도에서 긍정적으로 평가되기도 하지만, 대체로 허가받지 않고 접근하여 시스템 내에 저장된 정보를 훼손·유출하는 불법적인 행위를 하기 때문에 부정적인 평가를 받는다. 이처럼 불법적인 해킹을 크래킹(cracking)으로 구분하여 부르기도 하며, 악의적인 목적으로 해킹을 시도하는 사용자를 크래커(cracker)라고 한다.

대표적인 해킹 기법

구분	해킹 기법
취약점 검사	시스템에 침투하기 위해 방화벽의 취약점을 찾는 프로그램
키로거 (key logger)	사용자의 키보드 입력을 몰래 기록하는 기술
루트킷 (root kit)	사용자가 알아채지 못하도록 특정 PC에 몰래 설치되는 프로그램 또는 행위
스푸핑 (spoofing)	자신을 정상적 사용자나 기기로 위장하는 기술
스니핑 (sniffing)	네트워크를 오가는 정보를 엿듣는 기술

분산 서비스 거부 공격

인터넷 사이트에 서비스 거부를 유발하는 해킹 기법. 최근 대형 인터넷 사이트나 유명 기관의 홈페이지가 접속 폭주로 사용할 수 없게 되는 피해가 자주 발생하고 있는데, 이러한 위협을 **분산 서비스 거부(DDoS) 공격**이라고 한다. 이는 수많은 컴퓨터를 원격 제어하여 특정 사이트에 동시에 접속시킴으로써 해당 사이트가 과부하에 걸려 일시적으로 마비되는 것이다. 분산 서비스 거부 공격은 크래커가 생성한 '봇(bot)'이라는 악성 프로그램을 사용자 몰래 설치하여 시스템 내에 잠복해 있다가 크래커로부터 공격 명령을 받으면 설치한 봇을 실행시키고, 그러면 사용자의 컴퓨터는 모두 좀비 컴퓨터가 되어 일제히 동작하는 것이다.

암호화

암호키를 사용한 정보 변환. **암호화**란 주어진 의미를 파악할 수 없도록 만드는 작업을 뜻한다. 암호화되지 않은 문장을 평문이라고 하고, 암호화된 문장을 암호문이라고 할 때 암호화는 평문을 암호문으로 바꾸는 과정이다. 암호화된 문장을 다시 평문으로 바꾸어 내용을 파악할 수 있도록 하는 과정을 복호화라고 한다. 암호화는 흔히 자물쇠를 잠그는 것, 복호화는 자물쇠를 여는 것에 비유되는데, 이때 사용하는 키(key)가 암호화와 복호화에 똑같이 사용되는 경우를 대칭형 암호화, 다른 경우를 비대칭형 암호화라고 한다.

포렌식 마킹

디지털 콘텐츠 정보 추적 기술. **포렌식 마킹**은 이미지, 오디오, 비디오와 같은 디지털 콘텐츠에 구매자의 정보나 유통 경로와 사용자 정보 등을 삽입하여 콘텐츠를 불법으로 유포하는 사람과 배포 경로를 추적하는 용도의 기술이다. 콘텐츠를 배포할 때 공급받는 사용자의 정보를 함께 삽입하여 불법 복제의 근원지를 추적하는 데 이용한다.

디지털 포렌식

범죄의 재구성. 범죄 수사에서 적용되고 있는 과학적 증거 수집 및 분석 기법의 일종으로, 휴대전화나 컴퓨터에 숨겨진 증거를 수집해 분석하는 기술을 말한다. 가령 휴대전화에 담긴 문자 메시지를 고의로 없애 증거를 인멸하는 경우 이를 복원하는 기법이 활용된다. 과거에 얻을 수 없었던 증거나 단서들을 제공해준다는 점에서 획기적인 방법으로, 범죄 조사 시 컴퓨터에 대한 필수적 증거 확보 방법으로서 널리 사용되고 있다.

코드

한 방식으로 표현된 자료에 대해 그 방식의 표현으로 나타내는 방법을 설명하는 규칙의 집합. 의사소통과 정보 전달을 위한 수단으로서의 기호는 복잡한 정보를 간략하게 표현할 수 있고, 조합하면 새로운 정보를 표현할 수도 있다. 또한 기록을 통한 저장이 가능하기 때문에 기호는 정보를 표현하고 전달하는데 효과적인 방법이라고 할 수 있다. 기호가 정보 전달 방법으로 사용되려면 약속과 규칙을 정해야 하는데, 이렇게 어떤 정보를 다른 형태로 변환하기 위한 규칙과 결과물을 **코드(code)**라고 한다. 인간은 사물이나 개념을 나타내는 단어를 만들고, 이를 표현하기 위해 여러 가지 기호를 조합하여 코드를 만들어 왔다.

이진 코드

컴퓨터는 사람과 달리 0과 1 두 개의(binary) 상태(state)만을 사용하기 때문에 오직 두 개의 기호만을 조합하여 정보를 표현하고 전달할 수 있다. 컴퓨터가 정보를 표현하기 위해 사용하는 코드를 **이진 코드**(binary code)라고 한다. 컴퓨터를 활용하여 정보를 처리하려면 인간이 사용하는 코드를 컴퓨터가 이해할 수 있는 코드로 변환해주어야 한다.

인코딩과 디코딩

멀티미디어 데이터의 압축 · 변환. 어떤 정보나 코드를 다른 형태의 코드로 변환하는 것을 **인코딩**(encoding)이라고 하며, 인코딩된 코드를 다시 원래의 정보나 코드로 변환하는 것을 **디코딩**(decoding)이라고 한다. 십진수를 이진수로 인코딩해야 컴퓨터를 이용하여 계산할 수 있으며, 계산된 이진수를 십진수로 디코딩해야 그 결과를 인간이 쉽게 이해할 수 있다.

데이터 트랜잭션

데이터 업무 처리 단위. 트랜잭션(transaction)은 하나의 작업을 수행하는 데 필요한 데이터베이스의 연산들을 모아 놓은 것으로, 데이터베이스에서 논리적인 작업의 단위가 된다. 트랜잭션은 장애가 발생했을 때 데이터를 복구하는 작업의 단위도 된다. 일반적으로 데이터베이스 연산은 SQL 문으로 표현되므로 트랜잭션을 작업 수행에 필요한 SQL 문들의 모임으로 이해하면 된다. 만약 인터넷 뱅킹을 통해 계좌이체 작업을 완벽하게 수행하기 위해 두 개의 데이터베이스 연산을 처리해야 한다면, **계좌이체 트랜잭션**은 두 개의 연산으로 구성할 수 있다.

덤프와 로그

컴퓨터 주 기억장치의 데이터 기록. **덤프**(Dump)는 컴퓨터 주 기억장치와 레지스터에 기억시킨 내용을 보조기억장치에 복사하는 조작으로, 코어 덤프의 준말이다. 시스템 프로그래머가 복잡한 프로그램을 개발할 때 많이 쓰이며, 어떤 착오가 발생했을 때 주 기억장치의 내용과 레지스터의 내용을 대조함으로써 문제의 근원을 추적할 수 있다. **로그**(Log)는 컴퓨터나 서버 등에서 유저의 플레이 정보를 시간에 따라 남기는 기록을 뜻한다. 어떠한 정보를 기록하는지는 게임에 따라 조금씩 다르긴 하지만, 대부분 기본적인 유저의 활동 이력은 모두 로그로 남겨 저장하게 된다.

디지털 신호

디지털화한 신호 체계. 정보를 표현하는 방식으로 아날로그와 달리 이진수 값의 '0'과 '1'을 표시하는 신호로 구성되어 있으며, 컴퓨터와 같은 제품에서 사용되고 있다. 헤드폰을 통해서 우리가 듣게 되는 소리는 아날로그 신호이지만 MP3 플레이어에서 재생하려는 음악 파일은 **디지털 코드**로 구성되어 있다. 따라서 MP3 플레이어 내에는 디지털 코드를 아날로그 신호로 변환시켜주는 장치가 들어있다. 반대로 우리가 듣고 있는 음악을 녹음할 때는 이러한 음악 신호를 디지털 코드로 변환시켜주는 장치가 들어있다.

데이터 마이닝

대용량의 데이터 속에서 유용한 정보를 발견하는 과정. 데이터 마이닝은 통계학에서 패턴 인식에 이르는 다양한 계량 기법을 사용한다. 데이터 마이닝 기법은 통계학에서 발전한 탐색 자료 분석, 가설 검정, 다변량 분석, 시계열 분석, 일반 선형모형 등의 방법론과 데이터베이스 쪽에서 발전한 OLAP(온라인 분석 처리), 인공지능 진영에서 발전한 SOM, 신경망, 전문가 시스템 등의 기술적인 방법론이 쓰인다. 데이터 마이닝의 응용 분야로 **신용평점 시스템**(Credit Scoring System)의 신용평가모형 개발, 사기탐지시스템, 장바구니 분석, 최적 포트폴리오 구축과 같이 다양한 산업 분야에서 광범위하게 사용되고 있다. 단점으로는 자료에 의존하여 현상을 해석하고 개선하려고 하기에 자료가 현실을 충분히 반영하지 못한 상태에서 정보를 추출한 모형을 개발할 경우 잘못된 모형을 구축하는 오류를 범할 수 있다. 데이터 마이닝은 데이터 분석을 통해 아래와 같은 분야에 적용하여 결과를 도출할 수 있다.

- 분류(Classification): 일정한 집단에 대한 특정 정의를 통해 분류 및 구분을 추론한다. (예: 경쟁자에게로 이탈한 고객)
- 군집화(Clustering): 구체적인 특성을 공유하는 군집을 찾는다. 군집화는 미리 정의된 특성에 대한 정보를 가지지 않는다는 점에서 분류와 다르다. (예: 유사 행동 집단의 구분)
- 연관성(Association): 동시에 발생한 사건 간의 관계를 정의한다. (예: 장바구니 안의 동시에 들어가는 상품들의 관계 규명)
- 연속성(Sequencing): 특정 기간에 걸쳐 발생하는 관계를 규명한다. 기간의 특성을 제외하면 연관성 분석과 유사하다. (예: 슈퍼마켓과 금융상품 사용에 대한 반복 방문)
- 예측(Forecasting): 대용량 데이터 집합 내의 패턴을 기반으로 미래를 예측한다. (예: 수요 예측)

클러스터 분석

집락 분석. 하나의 객체가 여러 속성(attribute)을 갖는다고 하고 이러한 객체가 다수 있다고 할 때, 유사한 속성들을 갖는 객체들을 묶어 전체의 객체들을 몇 개의 그룹 또는 군집(cluster)으로 나누는 것을 **군집 분석(클러스터 분석)**이라고 한다. 예를 들어, 회사에서 관리하는 고객의 구매 행태를 반영하는 속성에 대한 데이터를 수집할 때, 유사한 구매 행태를 보이는 고객들을 서로 그룹핑 하는 것을 군집 분석이라 한다. 이 경우, 군집 분석의 목적 중 하나는 서로 다른 그룹의 고객에게 서로 다른 마케팅 전략을 수립하는 것이다.

알고리즘

프로그래밍 언어를 사용해 하나의 작업을 수행하는 일련의 순서화된 절차. 구체적이며 명확하게 표현된 문제 해결 방법을 **알고리즘**(algorithm)이라고 한다. 즉 알고리즘이란 '어떤 목표를 달성하기 위해 실제로 수행될 수 있는 구체적인 명령의 유한한 순서와 실행 절차'를 말한다. 알고리즘을 이용하면 문제 해결 방법을 잘 이해하지 못해도 순서와 절차를 따라가며 문제를 해결할 수 있다. 또한 컴퓨터와 같은 기계를 이용하여 문제 해결 과정을 자동화시킴으로써 많은 문제를 빠르게 해결할 수 있다.

딥 러닝

학습을 통한 생각하는 컴퓨터. 다층 구조의 인공 신경망을 기반으로 한 인공지능 기계학습 분야의 대표 기술이다. **딥 러닝**은 인간의 두뇌가 수많은 데이터 속에서 패턴을 발견한 뒤 사물을 구분하는 정보처리 방식을 모방해 컴퓨터가 마치 사람처럼 스스로 학습할 수 있도록 기계를 학습시킨다. 딥 러닝 기술을 적용하면 사람이 모든 판단 기준을 정해주지 않아도 컴퓨터가 스스로 인지·추론·판단할 수 있게 된다. 음성·이미지 인식과 사진 분석 등에 광범위하게 활용된다. 구글 알파고도 딥 러닝 기술에 기반한 컴퓨터 프로그램이다.

스마트 TV

인터넷 TV. **스마트 TV**란 텔레비전에 컴퓨터나 스마트폰처럼 운영체제(OS: Operating System)를 탑재하여 인터넷을 연결함으로써, 기존 방송 콘텐츠 외에도 인터넷 기반의 콘텐츠와 서비스를 이용하는 쌍방향 통신 텔레비전을 말한다. 스마트 TV로 인터넷을 검색할 수 있고, 동영상을 볼 수 있으며 날씨, 주식, 전자우편 등을 바로 확인할 수 있다. 또 소셜 네트워크 기능이 있어 애플리케이션을 내려받아 다양한 콘텐츠를 사용할 수 있고, 컴퓨터처럼 팔로워와 공유가 가능하다.

웨어러블 디바이스

몸에 부착하거나 착용하여 사용하는 전자 장치. 웨어러블(wearable)은 '입을 수 있는'이라는 뜻이고 디바이스(devices)는 '기기, 장치'라는 뜻이다. 다시 말해 '입을 수 있는 기기'를 말한다. 과학기술이 발전하면서 스마트폰이 등장하고, 여기서 더 진보하여 아예 착용할 수 있는 스마트 장치들이 발명되고 있다. 티셔츠부터 안경, 팔찌, 시계, 신발 등 형태도 다양하다. 대표적인 웨어러블 디바이스로는 **스마트 워치**를 꼽을 수 있다. 스마트폰은 손으로 들고 있어야 하는 불편함이 있지만 스마트 워치는 이미 착용한 상

태이기 때문에 이런 불편함이 없다. 또한 기존 스마트폰과 연동이 가능해서 삼성, 구글, 애플과 같은 기업들이 앞다투어 제품을 선보이고 있다.

사물인터넷

사물과 사물이 인터넷으로 연결되어 서로 정보를 주고받는 환경. **사물인터넷**(IoT: Internet of Things)은 세상에 존재하는 유형 혹은 무형의 객체들이 다양한 방식으로 서로 연결되어 개별 객체들이 제공하지 못했던 새로운 서비스를 제공하는 것을 말한다. 사물인터넷은 단어의 뜻 그대로 '사물들(things)'이 '서로 연결된(Internet)' 것 혹은 '사물들로 구성된 인터넷'을 말한다. 기존의 인터넷이 컴퓨터나 무선 인터넷이 가능한 휴대전화들이 서로 연결되어 구성된 것과는 달리, 사물인터넷은 책상, 자동차, 가방, 나무, 애완견 등 세상에 존재하는 모든 사물이 연결되어 구성된 인터넷이라 할 수 있다. 사물인터넷은 연결되는 대상에 있어서 단순히 책상이나 자동차 같은 유형의 사물에만 국한되지 않으며, 교실, 커피숍, 버스정류장 등 공간은 물론 상점의 결제 프로세스 등 무형의 사물까지도 그 대상에 포함한다.

증강현실

실세계에 3차원 가상 물체를 겹쳐 보여주는 기술. 일상생활에서 어떤 사물을 보기만 해도 바로 눈앞에 관련된 정보를 팝업 형태로 보여주는 기술을 **증강현실**이라고 한다. 즉 증강현실은 눈으로 보는 현실 세계와 부가정보가 있는 가상 세계를 합쳐 하나의 영상으로 나타낼 수 있는 기술이다. 증강현실 기술이 보편화되면 위치 정보, 광고나 홍보, 방송에 이르기까지 다양하고 유익한 콘텐츠가 생성될 것이며, 이로 인해 우리의 삶은 보다 편리하고 윤택해질 것이다.

나노기술

나노미터 수준을 제어하는 기술. **나노기술**(NT: Nano-Technology)은 이론물리학자로 노벨상 수상자인 리처드 파인먼이 처음 제시한 것으로, 10억 분의 1 수준의 정밀도를 요구하는 극미세 가공 과학기술을 말한다. 나노란 '난쟁이'란 뜻의 그리스어로, 1나노미터(1nm)는 10억 분의 1m로 전자현미경으로나 볼 수 있는 수준이다. 조립된 새로운 화학물질을 기본 골격으로 하는 신물질 개발, 원자·분자 크기의 모터를 이용한 동력 개발, 기본 생명체의 합성 및 의학에의 이용, 전자 소자를 대체하는 원자 크기의 기본 소자 개발 및 이를 이용한 컴퓨터 개발, 생물체와 무기물 소자와의 접속 장치 개발 등 응용분야가 다양하다. 개발된 소재나 재료들은 초소형 컴퓨터나 로봇 등을 만드는데 이용된다.

초전도

매우 낮은 온도에서 전기저항이 0에 가까워지는 현상. **초전도**는 어떤 종류의 금속이나 합금을 절대영도 가까이까지 냉각했을 때, 전기저항이 갑자기 소멸하여 전류가 아무런 장애 없이 흐르는 현상을 말한다. 초전기전도라고도 한다. 초전도체는 전기저항이 없어 저항에 의한 손실을 막을 수 있고, 강한 전류를 흘려서 강한 자기장을 만들 수 있기 때문에 초전도체를 이용한 전자석의 실용화가 연구되고 있다.

CT

컴퓨터 단층촬영. CT(Computer Tomography)는 X선과 컴퓨터를 결합함으로써 신체 내의 모든 부분을 관찰할 수 있는 진단 장치이다. 자기나 조직이 있는 곳뿐만 아니라 공기나 뼈 등 거의 모든 조직에서 정확한 정보를 알 수 있다. 따라서 염증성 질환 여부와 감별, 증상의 정도, 치료 후 결과, 암의 진행 상태 등을 진단할 수 있다. 그러나 소량이기는 하지만 방사선에 노출된다는 점과 대개는 횡단면만 볼 수 있다는 것이 MRI에 비해 단점이다.

MRI

자기 공명 영상법. MRI(Magnetic Resonance Imaging)는 자력에 의하여 발생하는 자기장을 이용하여 생체의 임의의 단층상을 얻을 수 있는 첨단의학 기계, 또는 그 기계로 만든 영상법을 말한다. MRI는 X-ray처럼 이온화 방사선이 아니므로 인체에 무해하고, 3-D 영사화가 가능하며 컴퓨터 단층촬영(CT)에 비해 대조도와 해상도가 뛰어나다. 그리고 횡단면 촬영만이 가능한 CT와는 달리 관상면과 시상면도 촬영할 수 있고, 필요한 각도의 영상을 검사자가 선택하여 촬영할 수 있다.

BT

생명공학 기술. **바이오 기술**(BT: Bio Technology)이란 미생물을 이용한 발효와 유전자 조작, 세포 배양과 효소 등을 이용하여 신물질을 생산하거나 산업 공정에 응용하는 기술이다. 수천 년 전부터 누룩과 유산균을 이용하여 된장, 김치, 치즈, 맥주와 요구르트 등 다양한 발효식품을 만들었을 정도로 바이오 기술은 실생활과 매우 밀접한 관계에 있다. 1970년대 유전자 조작 기술의 개발을 계기로 제약, 농업, 식품 등 산업에 적용되었으며, 최근 들어 에너지, 환경, 의료 등 다양한 산업에서도 활용되고 있다. 바이오 기술은 미래의 산업 경쟁력을 결정짓는 핵심 요소로 작용할 뿐만 아니라 정보통신·나노·환경산업 기술 등과 융합하여 더욱 발전할 것이다.

게놈

한 생물이 가지는 모든 유전 정보. **게놈**(Genome)은 유전자(Gene)와 염색체(chromosome)의 합성어로, 염색체에 담긴 유전자 정보를 총칭하는 말이다. 1920년 H. 윙클러에 의해 처음 사용된 용어이다. 인간의 신체는 65조 개의 세포로 이루어져 있으며, 각 세포 안에는 핵이 있고, 여기에 유전 정보를 담은 46개의 염색체가 있다. 46개의 염색체 안에 담겨 있는 염색체군의 정보를 통틀어 게놈이라고 한다. 게놈 프로젝트는 게놈을 해독해서 유전자 지도를 작성하고 유전자 배열을 분석하는 연구 작업을 말하며, 인간의 생명 현상을 규명하여 암을 비롯한 각종 질병의 예방과 그 치료제를 개발하는데 기초를 다지는 프로젝트이다.

줄기세포

신체 조직으로 분화할 수 있는 세포. **줄기세포**는 여러 종류의 신체 조직으로 분화할 수 있는 능력을 가진 세포를 말한다. 줄기세포는 신체 내에 있는 모든 조직을 만들어 내는 기본적인 구성요소로, 뼈, 뇌, 근육, 피부 등 모든 신체기관으로 전환될 수 있는 미분화 단계의 만능 세포이다. 이러한 미분화 상태에서 적절한 조건을 맞춰주면 다양한 조직세포로 분화할 수 있으므로 이러한 분화 능력을 이용하여 손상된 조직을 재생하는 등의 치료에 응용하기 위한 연구가 진행되고 있다. 줄기세포에는 배아줄기세포와 성체줄기세포가 있다. 배아줄기세포란 배아의 발생 과정에서 추출한 세포로, 모든 조직의 세포로 분화할 수 있는 능력을 가지고 있으면서 분화하지 않은 세포를 말한다. 배아줄기세포는 뇌질환에서 심장병에 이르기까지 많은 질병의 치료가 가능하다. 성체줄기세포란 성장이 완료된 인체의 장기나 조직에 분포하여 인체의 특정한 조직의 세포로 분화할 수 있는 세포를 말한다. 성체줄기세포는 난치성 질환인 당뇨, 치매, 퇴행성관절염 등 다양한 세포 손상 질환의 증상을 개선하는데 이용된다.

● 줄기세포의 장단점

구분	배아줄기세포	성체줄기세포
장점	●만능 분화 능력을 가지고 있다. ●증식력이 강하다. ●자가 생산이 가능하다.	●면역학적 거부 반응이 없다. ●시술하기 쉽다. ●윤리적인 문제가 없다.
단점	●암세포로 변형될 가능성이 있다. ●면역학적 거부 반응을 일으킬 수 있다. ●하나의 생명체인 배아를 죽게 한다는 윤리적 문제가 있다.	●제한적 분화 능력을 가지고 있다. ●줄기세포 증식력이 떨어진다. ●줄기세포로서의 특성을 쉽게 상실한다.

GMO

유전자 변형 농산물. GMO(Genetically Modified Organism)는 유전자 조작 또는 재조합 등의 기술을 통해 재배·생산된 농산물을 말한다. 유전자 재조합 기술이란 세포에서 유전자를 분리하여 일부 유전자를 잘라내고, 그것에 특정한 유전자를 붙여 새로운 기능을 할 수 있는 유전자를 가진 세포를 만드는 기술을 말한다. 이를 응용한 유전자 조작식품은 서로 다른 종(種)의 전자를 결합하는 기술, 즉 인공적으로 돌연변이를 일으켜 만드는 것으로 같은 종을 교배해 품종을 개량하는 육종과는 다르다. 몇 가지 이점에도 불구하고 인체에 대한 유해성 논란이 끊이지 않고 있다.

바이오시밀러

바이오 의약품의 복제약. **바이오시밀러**란 세포로 만드는 바이오 의약품의 복제약을 말한다. 오리지널 바이오 의약품과는 성질과 특성은 동일한 반면 약효는 약간씩 다를 수 있는데, 이는 여러 가지 단백질과 복잡한 아미노산의 배열이 배양 과정에서 쉽게 바뀔 수 있기 때문이다. 세포배양 기술과 유전자 재조합 기술로 복제된 바이오시밀러는 인체를 활성화시켜주는 호르몬의 정보를 가진 유전자를 박테리아에 삽입해 단백질을 합성하도록 유도함으로써 인체 활성 물질을 대량 생산한다.

융합 기술

2개 이상의 학문 분야를 결합하여 시너지 효과를 극대화하는 기술. **융합 기술**(Convergence Technology)은 각 기술 간의 상호 작용으로 생기는 기술 변화, 사회·문화적인 변화를 일으킬 수 있는 첨단 기술로서, 우리 생활의 여러 곳에 영향을 미친다. 각각의 기술들은 서로 함께 발전하면서 새로운 기술 혁신을 이루게 되는데, 서로 다른 여러 기술들이 결합해서 만들어지는 기술이 바로 융합 기술이다. 20세기에는 컴퓨터가 등장하면서 정보화 시대가 열렸다. 이러한 IT에 이어 NT, BT는 21세기를 새롭게 이끌어 갈 신기술로 주목받고 있으며, IT와 NT 그리고 IT와 BT가 융합한 새로운 기술이 등장하고 있다. IT와 NT, BT의 기술 융합은 IT 산업의 기술적 한계를 극복하고 새로운 기술을 창출해내는 차세대 성장 동력으로 세계 시장에서의 빠른 성장이 기대된다.

● 융합 기술의 활용
- 나노 일렉트로닉스: 집적 회로 등의 초소형 전자회로 기술보다 더 미세화한 전자 기술.
- 생체 공학: 인공의 기계보다 뛰어난 기능을 갖는 생체 기능을 공학적으로 실현하여 활용하는 기술.
- 생체 인식: 지문, 홍채, 땀샘 구조, 혈관 등 개인의 독특한 생체 정보를 추출하여 정보화하는 기술.
- 바이오 인포메틱스: 컴퓨터를 이용하여 다양한 생물의 유전자 정보를 분석하는 기술.
- 약물 전달 시스템: 약물 방출 속도를 조절하거나 약물을 목표 부위에 효율적으로 전달하는 기술.
- 광메모리 기술: 나노 공간에 빛을 가두어 둠으로써 전기로 변환

하지 않고 빛을 그대로 이용할 수 있어 많은 정보를 고속으로 처리할 수 있는 기술.

포스트휴먼 기술

지능형 로봇의 핵심 기술. **포스트휴먼 기술**은 인간과 기술을 융합해 인간의 인지적·신체적·사회적 능력을 보완하거나 강화하는 기술 분야를 총칭한다. 따라서 포스트휴먼의 기술 유형은 인간과 기술의 융합 형태 및 활용 분야에 따라 다양하게 구분된다. 예컨대 미국 국립과학재단(NSF)은 인간과 기술이 융합해 인간의 역량을 향상시킬 수 있는 분야를 나노, 바이오, 정보, 인지의 네 가지로 구분했다. 최근 정보통신기술 발전 동향을 고려해 포스트휴먼 기술을 분류하면 아래 도표와 같다. 이는 과거 인체 기능을 향상시키는 로봇 중심의 포스트휴먼 정의를 확장해 최근 주목받는 빅데이터, 웨어러블 디바이스, 사물인터넷, 인공지능 등이 인간과 상호 작용할 때 그 파급 효과를 고려한 것이다. 인간과 기계 사이의 커뮤니케이션 기술은 더욱 고도화될 전망이다. 특히 인간 뇌를 매개로 한 의사소통 기술, 즉 두뇌 컴퓨터 인터페이스는 커뮤니케이션 패러다임에 근본적인 변화를 가져올 것이다. 트랜스휴머니스트로 유명한 케빈 워릭 박사는 2030년 경엔 미래의 커뮤니케이션이 단순히 말하고 듣는 음성 인식 수준을 넘어 다른 사람의 생각과 소통하는 기술, 즉 뇌 간 또는 마음 간 커뮤니케이션으로 진화할 것이라고 예측했다.

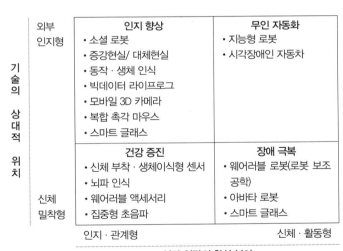

〈포스트휴먼 기술의 유형〉

특허권

기술 기반의 창작물을 일정 기간 독점적·배타적으로 소유 및 이용할 수 있는 권리. 발명을 보호하고 장려하며, 정해진 기간 동안 다른 사람이나 기업으로부터 침해받지 않도록 발명에 관한 권리를 인정해주는 것을 **특허**라고 한다. **특허권**이란 자신이 발명한 기술을 일정 기간 독점적으로 사용할 수 있는 권리를 말한다. 특허권

자는 물건의 발명인 경우에는 그 물건을 생산·사용·대여·수입 또는 전사하는 권리를 가지고, 방법의 발명인 경우는 그 방법을 사용하는 권리를 가진다. 특허는 산업에 이용할 수 있어야 하며(산업상 이용 가능성), 출원하기 전에 이미 알려진 기술이 아니어야 하고(신규성), 선행 기술과 다른 것이라 하더라도 그 선행 기술로부터 쉽게 생각해 낼 수 없는 것이어야 한다(진보성). 특허 권리 기간은 특허 출원일로부터 20년까지이다.

● 특허권의 예

특허권의 예로 로봇 청소기 도킹 시스템과 전신 수영복 등이 있다. 로봇 청소기 도킹 시스템은 청소가 끝나면 충전을 위해 자동으로 충전 장치로 이동하는 시스템이다. 전신 수영복은 가장 저항이 많이 발생하는 가슴이나 복부에 폴리우레탄 소재를 사용하여 물의 저항을 최소화하였다.

실용신안권

기존의 상품을 개량하여 실용성과 유용성을 높인 고안을 출원하여 부여받는 권리. **실용신안권**은 기술적 창작 수준이 소발명 정도인 실용적인 창작을 보호하기 위한 권리로, 보호하는 대상이 특허권과는 약간 다르나 전체적으로 유사하다. 즉 실용신안권은 특허권보다 기술 수준이 낮은 경우에 해당하며, 기존 제품의 형상이나 구조를 개선하여 실용성을 높인 경우에 주는 권리이다. 실용신안권의 권리 기간은 실용신안 출원일로부터 10년까지이다.

● 실용신안권의 예

실용신안권의 예로 야광 축구공, 우산 포장기, 무선 전기 주전자 등이 있다. 야광 축구공은 차량의 전조등 빛이 도로 표지판을 비추면 표지판이 밝게 보이는 반사 원리를 이용하였다. 우산 포장기는 우산이 들어가는 입구를 높이거나 넓혀주어 손으로 밀지 않아도 비닐 포장이 가능하다. 무선 전기 주전자는 작동 시 붉은색 빛을 내고 물이 다 끓으면 파란색 빛을 내는 주전자로, 주방과 떨어져 있어도 식별이 가능하다.

상표권

등록상표를 지정 상품에 독점적으로 사용할 수 있는 권리. **상표권**은 판매하는 사람이 자신의 상품을 타인의 상품과 구분하기 위하여 기호, 문자, 도형, 입체적 형상 또는 이들을 결합한 것과 이들에 색체를 결합하여 표시하는 상호나 마크에 대한 권리를 말한다. 상품의 명칭, 상품의 산지, 성질과 품질, 지명 등은 상품 간에 식별성이 없기 때문에 상표권으로 등록되지 않는다. 상표권의 권리 기간은 10년이며, 10년씩 연장이 가능하다.

디자인권

디자인을 등록한 자가 그에 대해 향유하는 권리. **디자인권**이란 물품의 형상, 모양, 색체 등의 디자인에 관한 권리를 말한다. 디자인권은 물품성, 형태성, 시각성, 심미성 등을 갖추고 있어야 하며, 창작된 도안을 보호하는 것이 아니라, 그 도안이 적용된 물품을 보호하는 것을 의미한다. 공공기관 등의 표장과 유사하거나, 선량한 풍속에 어긋나거나 공공질서를 해칠 우려가 있는 디자인 등은 디자인권으로 등록되지 않는다. 디자인권의 존속 기간은 20년이다.

QR코드

격자무늬의 2차원 코드. **QR코드**는 Quick Response Code의 약자이다. 일반 바코드는 한쪽 방향으로 숫자 정보를 저장할 수 있는 반면 QR코드는 종횡으로 2차원 형태를 가져 더 많은 정보를 포함할 수 있다. 그리고 숫자 외에 알파벳과 한자 등 문자 데이터를 저장할 수 있다. 판별이 가능한 색조라면 색상이 들어가도 상관없다. QR코드는 일반 바코드보다 인식 속도와 인식률, 복원력이 뛰어나다. 바코드가 주로 계산이나 재고 관리, 상품 확인 등을 위해 사용된다면 QR코드는 마케팅이나 홍보 수단으로 많이 활용된다.

패턴 인식

기계에 의한 도형·문자의 식별. 컴퓨터를 사용해서 화상, 문자, 음성 등을 인식하는 것을 말한다. **패턴 인식 시스템**은 일반적으로 특징 추출과 패턴 정합 부분으로 구성되어 있는데, 특징 추출은 화상 등의 이미지 데이터나 음성 등의 파형 데이터를 분석해서 그 데이터의 고유 특징(패턴)을 추출한다. 시스템은 인식 대상 패턴을 표준 패턴으로 작성해 두었다가, 인식 시에 이 표준 패턴과 입력 패턴을 비교(패턴 정합)해서 표준 패턴과 가장 유사한 것을 인식 결과값으로 한다. 문자 인식은 인식 대상으로 하는 문자의 종류와 인식 방법으로 분류되며, 음성 인식은 연속적인 문장 음성 인식을 개발 대상으로 한다. 화상 인식은 이미지 데이터의 색이나 농담, 거리 등으로부터 점이나 선, 특정 영역, 배경 등을 추출해서 대상이 되는 물체 등을 인식한다.

KNN 모델

머신러닝과 관련한 지도 학습 분류 모델. KNN 모델(K-최근접 이웃, K-Nearest Neighbor)은 **지도 학습 알고리즘**의 하나이다. 지극히 직관적이고 간단한 모델로, 어떤 데이터가 주어졌을 때, 그 주변(이웃)의 데이터를 살펴본 뒤 더 많은 데이터를 포함하는 범주로 분류하는 방식이다. 새로운 데이터가 어느 그룹에 속하는지 분류하기 위해 그 데이터에 가장 가까이 있는 학습 데이터가 속한 그룹을 알아보는 것이다. 새로운 데이터가 주어졌을 때 기존 데이터에서 가장 가까운 k개 이웃의 정보로 새로운 데이터를 예측하는 것으로, n개의 특성을 가진 데이터는 n 차원의 공간에 점으로 개념화할 수 있다. 유사한 특성을 가진 데이터들끼리는 거리가 가까우며, 거리 공식을 사용하여 데이터 사이 거리를 구한다. 분류를 알 수 없는 데이터에 대해 가장 가까운 이웃 k개의 분류를 확인한 후, 발생빈도가 가장 많은 정보를 갖고서 신규 데이터를 범주화하는 다수결 방식을 채택할 수 있다. k 값을 변경할 수 있고, 분류기가 부적절하게 학습되면 오버 피팅 또는 언더 피팅이 나타날 수 있다.

팬데믹

감염병의 범세계적 유행. 세계보건기구(WHO)는 전염병의 위험도에 따라 전염병 경보 단계를 1단계에서 6단계까지 나누는데, 최고 경고 등급인 6단계를 '팬데믹(pandemic; 전염병의 대유행)'이라 한다. 그리스어로 'pan'은 '모두', 'demic'은 '사람'이라는 뜻으로, 전염병이 세계적으로 전파되어 모든 사람이 감염된다는 의미를 지니고 있다. 팬데믹은 WHO의 전염병 경보 6단계 중 최고 위험 등급에 해당하는데, 2020년 3월 코로나19를 팬데믹으로 규정했다.

코호트

집단 격리. 의학 분야에서 코호트는 특정 질병 발생에 관여할 것으로 의심되는 특정 인구 집단을 일컫는 말로 사용한다. 코호트 격리는 감염 질환 등을 막기 위해 일정 기간 감염자가 발생한 의료기관을 통째로 봉쇄하는 조치를 말한다. 즉 질병 발병 환자뿐 아니라 환자와 의료진 모두를 동일 집단(코호트)으로 묶어 전원 격리해 감염병 확산의 위험을 줄이는 방식이다.

온택트

온라인 비대면 접촉. 온택트는 비대면을 일컫는 '언택트(Untact)'에 온라인을 통한 외부와의 '연결(On)'을 더한 개념으로, 온라인을 통해 외부 활동을 이어가는 방식을 말한다. 코로나19 이후에는 사회 전반에서 '언택트'를 넘어 '온택트'가 새로운 흐름으로 발전하고 있다. 즉 온택트는 사회적 거리 두기로 집에서 머무르는 생활에 지친 이들이 온라인으로 외부와 연결, 각종 활동을 하는 새로운 트렌드를 말한다. 온택트의 대표적인 사례로는 '코로나19 드라이브 스루 선별 검사'에서 아이디어를 얻은 다양한 '드라이브 스루+α' 서비스와 온라인을 통한 전시회 · 공연의 증가, 재택근무로 인한 화상회의, 온라인 개학에 따른 교육 분야의 비대면 학습 이용자 증가 등을 들 수 있다.

바이러스

숙주에 의존해 살아가는 감염성 입자. 바이러스는 DNA나 RNA를 유전체로 가지고 있으며, 단백질로 둘러싸여 있는 구조이다. 바이러스는 혼자서 증식이 불가능하여 숙주세포 안에서 복제를 하며, 세포 간의 감염을 통해서 증식한다. 1930년대 분자 생물학의 큰 진전은 박테리오파지 바이러스 연구에 힘입었다. 최초로 분리된 바이러스는 담배모자이크병 바이러스(TMV)였다. 1954년 왓슨, 윌킨스, 프랭클린은 이 바이러스가 핵산과 이를 둘러싼 단백질로 되어 있음을 판명하였다. 이어서 홍역, 천연두, 독감 등 인간과 동물의 질병과 식물의 숨은 질병 바이러스들이 발견되었다. 최근에는 후천성 면역 결핍증, 즉 에이즈를 일으키는 HIV와 치사율이 높은 에볼라 바이러스가 발견되었다. 가장 최근에 발견된 코로나바이러스(COVID-19)는 사스(SARS)와 메르스(MERS)처럼 중증의 호흡기 증상을 유발하는 원인체로서 인류를 크게 위협하고 있다. 코로나바이러스는 그 종이 다양하고, 바이러스의 특성과 숙주에 따라서 호흡기와 소화기 감염병을 모두 유발하는 것으로 알려져 있다. 바이러스는 살아 있는 세포 내에서만 증식하기 때문에 바이러스 연구에서는 세포 배양이라는 값비싼 기술이 선행되어야 하는 어려움이 있다. 또 바이러스는 숙주세포의 물질 대사 기구를 빌려 증식하기 때문에, 바이러스의 증식만 차단하는 방법은 찾기 어려워 지금까지는 진정한 바이러스 질병 치료제는 개발되지 못하고 있다.

백신

사람이나 동물을 면역하기 위해 쓰이는 항원. 인간을 비롯한 동물에 특정 질병 혹은 병원체에 대한 후천성 면역을 부여하는 의약품을 말한다. 백신은 주로 질병을 일으키는 미생물 병원체의 항원 인식 부위와 유사한 구조를 갖지만, 병원체와는 달리 병원성이 없다. 백신을 접종 받으면 우리 몸의 면역 체계가 활성화되고, 이를 통해 미래에 침범하게 될 병원체에 대해 우리 몸이 빠르게 대처할 수 있다. 즉 질병을 일으키는 바이러스 등을 약하게 만들어 주사하면 우리 몸의 면역세포가 항체를 형성, 바이러스에 대한 면역력을 갖도록 함으로써 질병을 예방한다. 코로나바이러스 감염증에 대한 집단 면역 형성을 목적으로 다양한 COVID-19 백신이 개발되고 있으며, 광범위한 예방 접종을 통해 바이러스를 퇴치할 수 있을 것으로 기대된다.

과학기술에 대한 이론적인 입장은 기술의 중립성 여부, 인간과 기술의 관계, 기술의 합목적성 등의 관점에 따라 크게 도구주의, 기술결정론, 사회결정론으로 구분된다.

■ 도구주의

도구주의(instrumentalism)는 기술을 인간 목적을 위한 도구나 수단으로 보는 관점이다. 도구주의 관점은 '기술 그 자체는 **중립적**'이라는 전제에서 출발하는데, 왜냐하면 기술은 어디까지나 인간의 목적에 종속되기 때문이다. 난치병을 고치기 위한 각종 의약품의 개발이나 식량난과 빈곤 퇴치를 위한 농작물과 작법의 개발이 그 예가 된다. 이런 이유로 기술의 중립성을 기초로 한 도구주의적인 입장은 사회적 승인을 기준으로 삼아 기술을 개발하고 사용하며, 그렇기에 이를테면 사형제가 폐지된 국가에서 사형을 목적으로 한 전기의자의 개발 및 사용은 승인될 수 없다.

도구주의 관점의 중요한 기준의 하나는 '과학기술이 원래의 목적에 따라 사용되는지' 여부다. 기술이 원래의 목적에 따라 사용되지 않고 개인의 이익이나 특정 집단의 이해를 위해 악용된다면, 그 기술은 통제되어야 한다. 그런 점에서 볼 때 도구주의는 개별 인간이 아닌 인간 일반을 위한 목적을 기준으로 하며, 인간 일반의 복리의 관점을 강조한다는 점에서 **공리주의**적인 입장을 취한다. 또한 '인간에 봉사하는 도구'로서 이해된 과학기술의 발전 방향을 인간이 관리 및 통제의 범위 안에 두어야 한다는 입장을 취한다.

도구주의자들은 기술결정론자들의 주장처럼 기술의 자율성과 독자성을 인정하지 않는다. 또한 과학기술의 사용과 관련된 윤리적 문제를 바라보는 시각도 인간에서 찾지, 기술 자체에서 찾지 않는다. 핵무기를 예로 들 경우, 원자력과 관련한 기술은 인간을 위한 전기 공급과 에너지 자원의 보존이라는 긍정적인 기능을 갖기에, 원자력 기술과 핵무기 제조 기술 그 자체가 비판의 대상이 될 수는 없다. 단지 기술을 잘못 사용하여 지구상의 인류의 존재 가능성을 파괴하는 '특정한 인간과 집단'이 윤리적 비판의 대상이 되는 것이다.

■ 기술결정론

기술결정론(technological determinism)은 과학기술이 인간 삶의 전 영역에 영향력을 미치고 있으며, 그에 따라 기술은 인간이 더 이상 통제하고 관리할 수 없을 정도로 **자율성**을 확보하였다고 보는 관점이다. 기술의 자율성이란 기술의 발전이 정치 · 사회 · 문화와 같은 외적 요인에 의해 영향을 받는 것이 아니라, 기술 자체가 갖는 내적 필연성이 기술을 발전시키고 그에 따라 개인은 물론 사회에 결정적인 영향을 미친다는 입장이다.

기술결정론의 관점에 따르면, 기술의 대상이 된 인간은 기술이 결정하는 새롭고 특수한 **환경**에 의해 인간 삶의 내용과 방향을 규정 받게 되며, 따라서 인간의 기술 통제력은 상실된다. 이런 이유로 기술의 성립과 발전에 사회적 · 정치적 · 경제적 · 문화적 요인들이 개입될 여지가 없으며, 오히려 기술 발전을 사회 변동의 주요 원리로 파악할 뿐이다.

■ 사회결정론

사회결정론(social determinism)은 기술결정론에 대한 비판으로부터 출발한다. 과학기술이 그 자체의 내적 필연성과 자율성에 따라 발전한다는 생각은 기술을 결정하는 다양한 외적 요소를 고려하지 않음은 물론, 기술 발전이 **사회적 선택 및 상호 작용**의 결과임을 간과하고 있다고 주장한다.

사회결정론은 기술의 발생과 발전이 사회적 요구와 필요에 의해 결정된다는 것을 전제로 한다. 즉 사회와 기술은 인간을 주체로 하여 시간과 공간이 상호 작용하면서 발전적으로 진행된다. 그런 점에서 사회결정론은 기술이 어떻게 사회적으로 구성되는지를 문제 삼는, 기술 문제에서의 **사회적 구성주의**라고 할 수 있다. 즉 사회적 구성주의는 사회구조에 대한 기술의 막강한 영향력을 부정하지 않는 동시에 기술의 발전에 대한 사회적 개입 가능성을 열어두고 있다.

인간은 **앎**, 즉 지식을 통해 문화를 지니게 되었고 앎을 활용하여 생태계의 지배자로 군림하게 되었다. 16~17세기 근대 들어 앎을 의식적으로 향상해나가는 체계적인 방법이 알려지고, 그에 따라 과학이라는 앎의 체계가 등장했다. 의식적이고 비판적인 방식으로 앎 자체의 개선을 도모해나가는 과학이라는 학문 활동을 통해 인간의 지식은 놀라울 만큼 빠른 진전을 이루었다.

　그렇다면 이 과학적 앎은 일상적 앎과 어떻게 구분되는 것일까? 이를 이해하기 위해서는 우선 앎이 지니고 있는 일반 구조를 알아야 한다. 일반적으로 앎은 '형식'과 '내용'으로 구성되어 있으며, 이 형식 안에 내용을 담을 공간을 마련한다. '정보'라는 것은 형식 안에 담기는 내용물을 말한다. 이때 형식이 고정된 앎이라면 그 안에 담긴 정보가 많을수록 더 좋은 앎이라 할 수 있지만, 형식이 달라질 수 있다면 형식 자체가 우월한 앎이 더 좋은 앎이 된다.

　과학적 앎은 체계적으로 향상시킨 형식과 그 안에 담기는 정보를 총칭하는 것으로서 과학은 우리의 앎을 이 두 측면 모두에서 개선해나가려 하는 것이다. 즉 과학은 기왕에 지닌 형식을 바탕으로 좀 더 나은 내용, 곧 정보를 얻으려는 노력을 하는 동시에 다른 한편으로 그 형식 자체의 개선을 위한 노력을 의식적으로 진지하게 펴나가는 것이다.

　과학적 앎에서의 형식은 다시 '개념 구조'와 '사고 구조'로 나눌 수 있다. 가령 고전역학의 경우 '질량'이나 '속도' 등과 같은 개념으로 대상의 특성을 이해하는 **개념 구조**를 가지고 있고, 이와 함께 대상의 '상태'를 규정한 뒤 현재의 상태에 '상태 변화에 관한 보편 법칙'을 적용하여 미래 또는 과거의 상태를 얻어내는 **사고 구조**를 가지고 있다. 이러한 사고 구조는 현재 확인 가능한 상황 정보를 통해 미래에 발생할 수 있는 일을 예측할 수 있게 해주는 지식의 한 전형적인 형태라고 할 수 있는데, 과학은 그 개념 구조를 정교하게 하고 정합적인 사고 구조를 갖춤으로써 과거와 미래를 모두 내다볼 수 있는 더 나은 '눈'이 될 수 있는 것이다.

과학이란 철저하게 사실을 바탕으로 하며, 의심할 여지가 없는 관찰이나 실험 결과를 근거로 연구를 수행하고, 타당한 추리를 거쳐 결론에 도달하는 것이라는 것이 과학을 보는 전통적 시각이었다. 이러한 귀납주의적인 과학관을 **본질주의 과학관(실증주의 과학관)**이라고 하는데, 그렇게 해서 발견한 지식은 다른 분야의 지식과는 비교할 수 없는 위상을 지니고 있는 절대 지식으로, 점진적으로 누적되어 발전하게 된다고 보았다.

　이에 칼 포퍼는, 과학적 사실 그 자체는 객관적으로 존재한다는 귀납주의 과학관으로서의 본질주의 과학관과 기본적으로는 같은 입장을 취하지만, 그럼에도 과학적 사실에 대한 진리 탐구에 있어서는 그 방법을 달리해야 한다고 보았다. 그는, 과학은 편견 없이 관찰된 객관적 사실에서 시작될 수 있는가에 대해 비판적인 시각을 보이면서, 현실의 탐구에서 요구되는 것은 '적절한' 사실을 구분하는 것이라고 생각했다. 그리고 그 기준을 어떻게 잡을 것인가가 관건이 된다고 주장했다. 포퍼에 따르면, 과학 이론은 새롭게 반박되고 반증되는 과정 중에 놓이며, 계속해서 그 반박을 견디고 살아남는 가설만이 과학적 가설로서 인정될 수 있다고 주장했다. "모든 진리는 절대적이지 않고 잠정적이다."라는 그의 반증주의 학설은 **과학적 합리주의**에 바탕을 둔 것으로, 철학의 비판적 합리주의로 연결된다(정리하면, 포퍼는 과학적 사실의 객관성을 바라보는 시각은 본질주의 입장을 따르지만, 과학적 탐구방법에 있어서는 상대주의 입장을 따라 합리적 반증 가능성을 열어둔다).

■ 비판적 합리주의

포퍼에 따르면, 과학은 필연적으로 오류 가능성을 내포하고 있지만, 반증이라는 비판적 시험을 거치며 점진적으로 더욱 합리적인 인식으로 나아간다. 같은 이유로 우리의 지식 역시 어떤 문제에 대한 합리적 가설을 제안하고 이를 반증하며 확장된다. 그렇기에 인간의 이성은 결코 완벽하지 않고, 항상 오류 가능성을 지니고 있으며, 따라서 인간은 이성의 한계를 극복하기 위해 타인의 비판에 귀를 기울이고 **'반증 가능성'**을 열어두어야 하는 것이다.

이런 이유로 포퍼는 모든 현상을 포괄적으로 설명할 수 있다는 플라톤과 헤겔의 관념철학, 마르크스의 역사이론 등은 실제로는 과학이 아니라 원시적 신화에 불과하다고 주장한다. 왜냐하면 이런 이론들은 어떠한 경우에도 반박될 수 없기 때문으로, 반증이 되지 않거나 반증을 허용하지 않는 지식은 결코 학문으로서의 요건을 충족시킬 수 없다는 **비판적 합리주의** 관점을 취한다.

포퍼의 사회철학은 그의 과학관과 마찬가지로 혁명을 통한 급격한 변혁 대신 비판과 토론을 통한 점진적인 사회 발전을 얘기하며, 이때 '비판'이라는 개념은 바로 과학 세계의 '반증'에 대응하는 것으로서, 포퍼가 바라는 사회는 비판과 합리적 토론이 가능한 '열린사회'였다. 포퍼가 『열린사회와 그 적들』에서 밝혔듯이, 반증 가능성이 없는 철학이 어떤 사회를 지배하는 순간, 인간의 비판적 이성은 숨을 쉴 수가 없으며, 따라서 그런 사회는 닫힌 사회로 치닫게 된다. 모든 이론과 주장에 반증 가능성을 허용하는 사회야말로 그가 원했던 '열린사회'라고 할 수 있는 것이다. 그만큼 포퍼는 인간의 이성을 낙관했던 철학자로, 오직 비판적 이성을 통해 과거의 과학 이론과는 다른 새로운 과학 이론을 구성할 수 있다고 보았던 것이다.

■ 과학은 혁명적으로 대체되면서 발전한다.

한편, "과학은 객관적이며 경험적으로 증명할 수 있고, 그 연구는 항상 엄밀하고 합리적인 방식으로 진행된다."는 과학적 지식에 대한 일반화된 관념으로서의 근대적 과학관은, 1962년 토마스 쿤의 『과학혁명의 구조』가 발표되면서 전복된다. 쿤에 따르면, 과학은 반드시 객관적이거나 합리적으로만 진행되는 것은 아니며, 과학자 집단의 권위와 과학자 개인의 주관적 신념이 많은 역할을 한다. 그리고 과학의 역사는 하나의 신념 체계에 입각한 지배적 이론(패러다임)이 새로운 신념에 입각한 또 다른 이론에 의해 혁명적으로 교체되는 방식으로 발전한다.

어느 이론이 과학적이려면 경험으로부터 반박되거나 수정될 수 있는 가능성을 열어두고 있어야 한다는 '반증 가능성'의 원리에 입각하여, 과학의 발전을 비판적 합리성이 점진적으로 승리를 확보해가는 과정이라고 주장하는 포퍼(**과학적 합리주의**)와 과학은 객관적 증거나 논리에 의해 이루어지는 것이 아니라 혁명적으로 대체되는 것이기에 그만큼 비합리적인 요소가 내포될 수 있다는 쿤(**과학적 상대주의**)의 주장은 이후 짧지 않은 논쟁을 벌이게 된다. 논쟁의 핵심은, 합리주의는 과학 이론의 상대적 장점을 평가할 수 있는 유일한 보편적 기준이 있다고 주장하는 반면, 상대주의는 그러한 기준의 존재를 인정하지 않는다는 점이다. 상대주의는 과학 이론의 우월성을 판단하는 문제는 전적으로 개인이나 공동체에 달린 문제라고 생각한다. 요컨대 개인과 공동체의 가치 판단에 따라 진리 탐구의 목표가 달라진다는 것이다.

테마학습 4	검증 가능성과 반증 가능성

검증 가능성(Verifiability)이란 어떤 명제나 가설의 진위가 경험적인 사실에 의해 이론적으로, 또는 실제적으로 증명될 수 있는 가능성을 말하는데, 사실에 적합한 경험적 사례들의 수가 많으면 많을수록 검증 가능성은 그만큼 높아지고, 그에 따라 과학적 이론이 참이 될 확률이 높아진다.

> 내가 오늘 관찰한 까마귀는 모두 검다.
> 내가 어제 관찰한 까마귀는 모두 검다.
> 내가 그저께 관찰한 까마귀는 모두 검다.
> $\vdots$
> 내가 n번째 날까지 관찰한 까마귀는 모두 검다.
> 따라서 모든 까마귀는 검다.

위 사례는 전형적인 '귀납추론'으로, n번째 날에서부터 오늘, 지금까지 관찰하여 까마귀가 모두 검다는 것이 확인되면, 그렇게 해서 충분한 자료가 확보되면 모든 까마귀는 검다는 결론을 도출할 수 있다고 본다.

하지만 이 추론에는 논리적인 비약이 있다. 우리가 많은 까마귀를 관찰한다 할지라도 이 세상에 있는 모든 까마귀를 관찰할 수는 없으며, 따라서 우리는 결코 '모든' 까마귀를 관찰할 수 없다는 결론으로 귀결된다. 즉, 결론은 검증할 수 없는데, 이를 '귀납적 비약'이라고 하여 귀납적 추론에는 한계가 따를 수밖에 없음을 일컫는다.

이러한 문제를 해결하고자 동원된 것이 바로 검증 가능성으로, 관찰 횟수가 많으면 많아질수록 귀납추론이 진리가 될 확률이 높다는 것이다. 따라서 검증 가능성은 귀납법이 100% 타당한 진리를 추구하는 것이 아니라, 다만 높은 확률적 가능성을 가진 진리를 추구할 뿐이라는 주장을 함축한다.

포퍼는 이에 정면으로 반박하여 **반증 가능성**(Falsifiability)을 들이대며 귀납의 문제를 근본부터 뒤집는다. 즉 검증 가능성은 아무리 경험적 관찰 사례가 많이 축적되더라도 그것이 완벽하게 이론의 정당성을 확보해주지 못하며, 다만 어떤 이론이 진리일 가능성에 대한 확률만을 높여줄 뿐이라는 것이다.

포퍼가 말하는 반증 가능성이란 어떤 이론이 옳은지 틀렸는지는 그 이론을 부정할 수 있는 사례가 있는지 찾아내어야 한다는 것이다. 따라서 모든 '까마귀는 검다'는 이론의 반증 사례는 '검지 않은 까마귀'이며, 우리가 검지 않은 까마귀를 찾아낼 수만 있다면 '모든 까마귀는 검다'는 이론은 틀린 이론이 된다. 실제로 포퍼는 오스트레일리아에서 발견된 검은 백조(black swan)의 예를 들어 '모든 백조는 희다'는 귀납 명제의 반증 가능성의 사례를 제시했다.

테마학습 5	케플러의 행성 이론을 통한 과학적 탐구과정 –	행성의 운행 궤도가 원이 아니라 타원이라는 사실이 입증되는 과정

과학적 탐구는 문제의 인식과 연구 대상의 설정, 가설의 수립, 가설 확인을 위한 실험과 관찰 실행, 실험과 관찰을 통해 얻은 자료의 해석, 이에 근거한 결론의 도출이라는 일련의 과정을 따른다. 각각의 포인트는 다음과 같다.

문제의 인식과 **연구 대상의 설정**에서는 과학적 탐구활동에 대한 논리적·분석적 사고 및 현상에 대한 직관적 인식을 통해 '왜 그럴까'라는 질문을 던지고, 그에 부합되는 연구 대상을 설정한다. **가설의 수립**에서는 예상되는 검증 가능한 잠정적 결론을 도출해낸다. 가설 확인을 위한 **실험과 관찰**은 문제 및 가설에 부합되게 실행되어야 한다. 실험과 관찰을 통해 얻은 **자료의 해석**에 있어서는, 실험과 관찰을 통해 얻은 자료에서 어떤 규칙성이나 경향을 찾아내 이를 명제화해야 한다. 끝으로 **결론의 도출** 시에는 실험 및 관찰 자료를 비교하거나 관련성을 조사하고, 반증 가능성을 검증하여 이를 일반화한다.

■ 케플러의 행성 이론을 통한 과학적 탐구과정

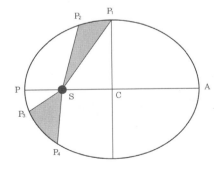

- 제1법칙(타원 궤도의 법칙): 행성은 타원의 한 초점에 놓여 있는 태양 주위를 타원 궤도를 그리며 돈다.
- 제2법칙(면적 속도 일정의 법칙): 태양과 행성을 연결하는 선은 같은 시간에 같은 면적을 쓸고 지나간다.

케플러는 과학적 탐구과정을 좇아 행성의 운행 궤도가 원이 아니라 타원이라는 사실을 입증했는데, 그 과정을 설명하면 다음과 같다.

케플러가 과학적 탐구를 수행하기 이전에도 선구자는 있었다. 코페르니쿠스는 모든 행성은 태양을 중심으로 회전한다는 지동설을 주장하여 그동안의 천동설을 반박했지만, 그럼에도 그의 우주 체계는 여전히 주전원과 이심원의 개념을 사용하여 행성들의 원운동 체계를 고수했다. 그 이유는 당대의 과학자들이 자연의 단순성과 조화를 중시하는 플라톤주의적인 믿음에 따라 이론적 통찰력을 결여한 때문이다. 하지만 케플러는 상상력과 정확한 관찰 자료를 바탕으로 한 과학적 탐구를 통해 그러한 인식의 틀에서 벗어날 수 있었다.

케플러는 코페르니쿠스의 태양 중심적인 우주 체계가 물리학적이기보다는 종교적 의미를 지니고 있었기에 행성들의 궤도가 모두 조화롭고 수학적으로 균형 있게 잘 만들어져 있음을 수긍했지만, 그렇더라도 행성들이 무엇 때문에 그처럼 특정한 거리에 위치하는지에 대한 의문을 가졌다(즉, 케플러는 기존의 학문적 체계가 지닌 불분명한 현상들에 대한 문제를 제기하고 과학적 탐구를 하기 시작했다).

케플러는 행성 궤도 사이의 크기를 규명하기 위한 문제 해결의 실마리를 기하학적 원리에서 발견하고, 물리학적 직관에 근거해 수학공식화를 시도했는데, 그 과정에서 자신의 상상과 추론이 기존의 관측 자료와 다르고 이론적으로도 적용되지 않는다는 것을 깨달았다(**문제 인식과 연구 대상의 설정**).

만약 행성이 태양의 힘에 의해 운동하는 것이라면 그 같은 사실은 행성 운동에 대한 기하학 이론을 통해 증명할 수 있을 것이라고 생각하고, 이를 화성의 움직임을 통해 규명하고자 했다. 그리고는 화성에 대한 관측 결과를 통해 지구 궤도 이론에 중대한 변화가 필요하다는 사실을 감지하고, 그 결과를 나머지 행성 전부에 적용하는 발상의 전환을 시도했다(**가설의 수립**).

그에 따라 케플러는 지구 공전 궤도면과 화성 공전 궤도면이 태양의 중심에서 교차한다는 기하학적 조건으로서의 가정과, 행성 운동의 원인이 되는 힘이 태양으로부터 부여된다는 물리학적 조건으로서의 가정을 수립하고 탐구한 결과, 그의 가설은 적중했다. 케플러는 궤도의 기하학적 서술과 물리학적 서술을 일치시켜야 한다고 믿고, 가설에 부합되는 실험과 관찰을 실행한 결과, 같은 단위시간 동안 행성 궤도가 그리는 면적은 동일하다는 원리를 발견했으며, 이를 통해 그는 궤도를 통해 행성의 움직이는 속도가 다르다는 것을 증명했다(**가설 확인을 위한 실험과 관찰의 실행**).

또한 그는 관측과 이론 간의 근사한 오차가 있음을 발견하고, 이를 통해 화성의 궤도가 원이 아니라 다른 형태일 것이라고 생각하고 이를 행성 궤도에 적용했는데, 그 과정에서 행성 궤도가 완벽한 원이 아니라 타원형 모양임을 인식하는 물리적 직관을 다시금 발휘됐다. 이후 실험 과정에서의 수많은 시행착오를 거친 결과, 마침내 그는 제1법칙과 제2법칙이라는 규칙성을 찾아내고 이를 명제화 하였다(**실험과 관찰을 통해 얻은 자료의 해석**).

케플러는 이를 토대로 두 법칙으로 나타나는 현상의 원인을 규명하는 많은 질문들을 던지고 태양을 도는 각 행성의 주기와 거리를 비교함으로써 일련의 규칙성을 발견하고자 했는데, 그 결과 마침내 행성의 거리와 이심률의 상관관계를 밝혀냈다. 이것이 그의 제3법칙으로, 이를 통해 행성의 운동과 거리의 관계가 태양계의 물리적 운동과 기하학적 구조의 관계와의 상관관계를 밝힘으로써 반증 가능성까지도 검증하는데 성공했다. 이로써 태양계의 모든 행성의 운동 궤도는 타원형을 이루며, 그 중심에 태양이 행성 운동의 동력으로 작용한다는 결론을 도출해냈다(**결론의 도출**).

테마학습 6　　**중앙 집권적 기술과 분산적 기술**

21세기 과학기술이 보여주는 주목할 만한 특징은 그것이 **네트워크**로 연결된 형태로 작동한다는 것이다. 대표적인 것이 인터넷 기술이다. 생명공학과 에너지 기술도 네트워크의 연결 속에서 움직여가고 있거나 네트워크로 연결되어 상호 작용하고 있다.

네트워크는 중앙 집중형 네트워크와 분산적인 네트워크가 있다. **중앙 집중형 네트워크**는 거대 발전 시설로부터 소비자에게 전력이 공급되는 전통적인 전력 공급 네트워크에서 찾아볼 수 있다. 여기서는 소비자도 네트워크에 연결되어 있지만 전기를 공급받기만 할 뿐이다. **분산적인 네트워크**는 네트워크 연결자들이 양방향 또는 다방향으로 상호 작용한다. 대표적인 예가 인터넷과 분산적 전력 생산 시스템이다. 인터넷에 연결된 컴퓨터들은 서로 정보를 교환하고 전자우편을 주고받으며 상호 작용을 한다. 분산적인 전력 공급 네트워크에서도 연결자들은 전력을 공급하기도 하고 공급받기도 한다.

　　네트워크형 기술은 분산적이면서 커다란 연결망을 형성하기 때문에 조망하기가 어렵다는 문제를 낳는다. 이러한 조망 불가능성은 네트워크의 한 쪽에서 문제가 발생했을 때 전체 네트워크가 제대로 작동하지 못하는 결과를 낳을 수도 있다. 인터넷이 어느 한구석에서 유포한 바이러스에 의해 훼손되는 일은 바로 이러한 조망 불가능성의 결과이다. 중앙 집중형 전력 공급 네트워크에서도 조망 불가능성이 간혹 나타난다. 대규모 정전 사태가 발생하는 일이나 그 원인이 제대로 규명되지 못하는 것이 바로 그러한 것이다.

| 테마학습 7 | 베르누이의 정리 – 왜 좁은 강의 강물은 빨리 흐를까? |

열역학 제1법칙에 의하면 형태만 변할 뿐 에너지의 총량은 일정하다. 다니엘 베르누이는 여기서 한 발 더 나아가 유체가 가진 에너지의 총량 역시 일정하다는 것을 수식으로 정리했다. 유체동역학에서 베르누이 방정식은 유체의 속도와 압력, 위치에너지 사이의 관계를 나타낸 식이다. 베르누이 방정식은 흐르는 유체에 대하여 유선 상에서 모든 형태의 에너지의 합은 언제나 일정하다는 점을 설명하고 있다.

　　유체가 가지는 에너지의 총량은 흐르는 '속도+압력'으로 표시된다. 강물의 흐름을 보자. 강폭이 넓은 곳은 강물의 흐름이 완만하고 강폭이 좁은 곳에서는 흐름이 빨라진다. 강폭이 넓은 곳이나 좁은 곳이나 단위 시간당 흘러가는 물의 양은 같아야 하기 때문이다. 마찬가지로 흐름의 속도가 빠른 곳에서는 압력이 낮아져야 하고, 속도가 느린 곳에서는 압력이 높아야 한다. 이것이 **베르누이의 정리**로, 유체의 정상 흐름에서는 하나의 유선을 따라서 유체의 어떤 부분에서도 다음과 같은 수식의 관계가 성립한다.

$$\tfrac{1}{2}\rho v^2 + p + \rho g z = 일정$$

　　여기서, v는 유체의 유속, p는 유체의 정압, ρ는 유체의 밀도, g는 중력가속도, z는 임의의 수평면에서 높이이다. 유체가 동일 수평면을 흐른다고 하면, 이 식은

$$\tfrac{1}{2}\rho v^2 + p = 일정$$

으로 단순화된다. 이 식의 $\tfrac{1}{2}\rho v^2$의 항은 유체의 흐름에 기인하는 동압으로서 유체의 운동에너지에 해당하고, $p + \rho g z$의 항은 유체의 위치에너지에 해당한다. 즉 이 정리는 유체의 위치에너지와 운동에너지의 합은 항상 일정하다는 내용을 담고 있다. 그러나 이 법칙이 적용되는 것은 점성을 무시할 수 있는 이상유체가 규칙적으로 흐르는 경우에만 한정되고, 실제의 유체에 대해서는 적당히 변형된다. 이 정리에 의하면 유체의 흐름 내에서는 유속이 빠를수록 정압이 낮고, 유속이 느릴수록 정압이 높아지므로 정압을 측정하면 유속을 알 수 있다. 이러한 원리를 유량계에 적용한 것이 차압식 유량계이다.

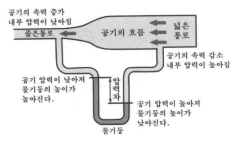

〈베르누이의 정리를 응용한 차압식 유량계〉

베르누이의 원리를 이용한 것이 **비행기의 양력**이다. 비행기의 날개 구조를 보면 위쪽은 활 모양으로 휘어져 있고 아래쪽은 평면으로 되어 있다. 즉 윗면의 넓이가 더 넓다. 비행기의 윗면이나 아래 면이나 공기의 양은 동일하다. 그렇다면 날개 윗면, 즉 더 넓은 면적을 통과해야 하는 공기의 속도는 아래 면을 흐르는 속도보다 빨라진다. 베르누이의 정리에 의하면 공기의 속도가 더 빨라지면 압력은 낮아져야 한다. 이것이 비행기를 뜨게 하는 양력의 이치이다. 베르누이의 정리에 의해 나타나는 현상을 '**마그누스 효과**'라고 한다.

■ 마그누스 효과

마그누스 효과란 유체 속에서 회전하고 있는 물체의 회전축이 유체의 흐름에 대하여 수직일 때, 물체의 회전축에 대해 수직 방향의 힘이 생기는 현상을 말한다. 독일 과학자 마그누스가 포탄의 궤적을 연구하다가 발견했다고 해서 이름 붙여졌다. 예를 들어 공이 날아갈 때는 진행하는 방향과 반대 방향으로 공기 흐름이 생긴다. 만약 공이 회전하지 않고 날아가면 공의 양쪽으로 흐르는 공기의 속도가 같아 압력 차이가 발생하지 않는다. 하지만 공이 회전하면서 날아가면, 주위의 일부 공기를 끌고 가면서 공 주변에 새로운 공기의 흐름이 만들어진다. 이때 날아가는 공 주변에서는 공을 따라 도는 공기의 흐름과 공이 진행하는 방향의 반대 방향으로 움직이는 공기의 흐름이 서로 합해지면서 회전하는 물체가 물체 주변의 압력차에 의해 휘어져 날아가는 현상인 마그누스 효과가 일어난다. 이 **마그누스 효과**를 통해 축구에서 바나나킥이 일어나는 현상을 설명할 수 있다. 공의 오른쪽 측면을 차서 시계 반대 방향으로 회전하며 날아갈 때를 생각해 보자. 그림에서 보듯, 공의 오른쪽에서는 서로 반대 방향으로 흐르는 공기가 부딪쳐 저항력이 생기면서 공기의 흐름이 느려진다. 반면에 왼쪽에서는 두 가지 공기의 흐름이 같은 방향으로 흘러 더해지면서 공기의 흐름이 빨라진다. 공기의 흐름이 느린 오른쪽의 공기 압력이 높아지고 왼쪽의 공기 압력이 낮아진다. 이때 힘은 압력이 높은 쪽에서 낮은 쪽으로 작용하므로 공은 왼쪽으로 휘면서 날아가게 되는 것이다. 이처럼 마그누스 효과는 '속도가 빠른 쪽의 유체 압력이 느린 쪽의 유체 압력보다 낮다.'는 '**베르누이 정리**'로 설명할 수 있다.

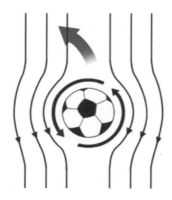

〈마그누스 효과〉

테마학습 8　　　**도플러 효과 –** 다가올 때는 더 높게, 멀어질 때는 더 낮게 관측되는 현상

빈 대학의 물리학 교수 도플러는 일상생활에서 마주칠 수 있는 아주 평범한 사실 하나에 의문을 제기했다. 기차가 관찰자에게 다가올 때의 기적소리와 지나가면서 내는 기적소리, 또는 정지된 상태에서 내는 기적소리가 모두 다르다는 사실이 그것이다.

　그는 이런 현상을 수학적으로 규명하는 연구에 매달렸는데, 그 결과 소리의 크기, 파동의 주파수는 파원(波源)과 관측자의 상대적인 속도에 따라 다르게 관측된다는 사실을 확인했다. 예를 들면 기차가 달려오면서 울리는 기적소리는 연속된 음파들의 간격이 조밀해지면서 멈춰 있는 기차가 내는 기적소리보다 훨씬 더 크게 들린다는 것이다. 반대로 기차가 멀어져 갈 경우에는 연속적인 음파들의 간격이 성기게 되면서 낮은 소리로 들리게 된다. 이는 관측자가 움직이는 경우도 마찬가지다.

　도플러는 소리의 고저에 대한 수학적인 관계식을 완성하여 이를 자신의 이름을 딴 **'도플러 효과'**로 이름 지었다. 이를 정리하면, 도플러 효과는 파동을 발생시키는 파원과 그 파원을 관측하고 있는 관측자 중 하나 이상이 운동하고 있을 때 파동의 진동수(주파수)가 다르게 나타나는 현상이다.

　도플러 효과에 의하면 파원과 관측자 사이가 멀어지면 진동수가 낮아지고, 가까울수록 진동수가 높아진다. 또한 진동 속도가 빠를수록 효과는 더 크게 나타난다. 이 원리를 이용한 것이 **자동차 속도 측정계(스피드 건)**이다. 지나가는 차의 속도를 측정할 경우, 측정자 쪽으로 다가오는 차를 향해 일정한 주파수의 초음파를 발사해 차에 반사된 후 다시 스피드 건으로 되돌아오게 한다. 이때 반사돼 돌아온 초음파의 주파수는 도플러 효과에 의해서 애초에 발사했던 초음파의 주파수보다 높게 나타난다. 스피드 건은 이때의 주파수 변화량을 측정해 속도를 계산한 후 계기판에 표시해 준다.

　도플러 효과는 파동의 성질을 가진 빛이나 전자파에도 적용된다. 멀어져 가는 광원에서 방출된 빛은 도플러 효과에 의해 진동수가 낮아져 붉은색으로 보이는 반면, 그 반대의 경우에는 푸른색으로 보이게 된다. 붉게 변하는 현상을 적색편이라고 부르고 푸르게 변하는 것을 청색편이라고 부른다.

　이 원리를 이용하여 은하계를 관측한 결과 멀리 있는 은하계일수록 적색편이 현상이 더욱 강하게 나타났다. 즉 멀리 있는 은하계일수록 지구로부터 더 빨리 멀어진다는 사실을 발견한 것이다. 이것은 **'허블의 법칙'**으로 우주 팽창의 이론적 근거가 되었으며, 이로 인해 우주가 고정되어 있을 것이라던 종래의 우주관은 깨지고 말았다.

테마학습 9　　**김연아 선수의 트리플 점프에 숨겨진 과학**

세계 피겨 스케이팅을 주름잡은 김연아 선수의 트리플 점프는 그야말로 일품이다. 저렇게 높이 점프하면서 어쩜 그렇게 순식간에 세 바퀴나 돌고 사뿐히 착지할 수 있을까? 완벽하게 보여주니까 '예술적'이라는 감탄사가 절로 나온다. 이 역시 과학적으로 설명할 수 있다.

■ 첫 번째 비결: 최대의 각운동량을 만들어라

선수가 점프하는 순간부터 과학의 원리는 적용된다. 공중에서 충분한 회전을 하기 위해서는 큰 각운동량으로 높게 점프하는 것이 유리하다. 따라서 큰 각운동량과 수직 속도를 얻기 위해 스케이터는 발로 힘차게 바닥을 차고 오른다. 발이 얼음판에 가하는 힘만큼 동일한 크기로 얼음판에서 힘을 받아 점프할 수 있기 때문이다. 이때 **'작용과 반작용의 법칙'**이 적용되는 것이다.

　그렇다면 김연아 선수가 다른 선수들보다 더 높이 점프할 수 있는 비결은 무엇일까? 김연아 선수는 타고난 재능과 많은 연습으로 인해 다른 선수보다 월등한 하체의 힘을 발휘한다고 한다. 따라서 다른 선수들보다 강한 힘으로 빙판을 차고 이에 대한 반작용으로 빠른 속도로 위로 솟구치게 되는 것이다. 또한 김연아 선수와 오서 코치의 인터뷰 내용에 따르면 김연아 선수는 점프 준비 과정에서부터 최대의 각운동량을 얻기 위한 동작을 한다.

■ 두 번째 비결: 동일한 각운동량으로 최대의 효과를 얻어라

이제 공중에 날아오른 스케이터는 빠르게 회전하기 위해 **'각운동량 보존 법칙'**을 이용한다. 각운동량 보존의 법칙에 따르면 외부에서 물체에 힘이 작용하지 않는다면 물체가 가진 각운동량은 항상 변함없이 일정한 값으로 보존된다. 반대로 물체에 회전력을 가하면 그만큼 물체의 각운동량은 증가한다. 팽이치기를 생각해 보자.

　우리는 팽이를 빠르게 돌리기 위해서 끈 등으로 만든 채로 팽이 옆면을 빠르게 쳐서 회전력을 가하고 이에 비례해서 팽이는 빠르게 회전한다. 이것은 바로 팽이에 회전력을 가하여 팽이의 각운동량을 증가시키는 것이다. 여기서 각운동량은 물체의 운동량(질량과 속도의 곱)과 반지름(물체와 회전축 사이의 거리)을 곱한 값이다.

　이제 피겨 스케이팅의 원리로 돌아오자. 이미 공중에 솟아오른 상태에서는 회전력을 가할 수 없기 때문에 각운

동량은 보존된다. 그렇다면 각운동량이 보존되는 상태에서 빠르게 회전하기 위해서는 어떻게 해야 할까? 이때 김 연아 선수는 공중에서 어깨, 팔, 발을 최대한 회전축 중심으로 모아 붙인 동작을 통해 빠른 회전 속도를 얻는다. 즉 각운동량은 운동량과 반지름의 곱이므로, 반지름을 최소로 만들어 최대의 회전속도를 낼 수 있도록 하는 것이다.

　　공중에 떠있는 매우 짧은 시간 동안 이렇게 몸의 자세를 제어하기 위해서는 김연아 선수처럼 타고난 재능과 연 습량이 없이는 불가능하다는 것이 전문가들의 의견이다. (『과학 교양』, 한국과학창의재단)

테마학습 10　　수능 과학 지문을 읽는 방법

아래에 제시되는 지문은 '**개념 범주화**' 능력의 중요성을 보여준다. 수능 과학 지문을 어떻게 읽고 문제를 풀어야 하는지 살펴보자.

　　18세기 산업혁명 이후 인류는 줄곧 대형화, 고속화, 산업화의 사회로 치달아서 수억 년 동안 축적되어 온 화석연료를 불과 수백 년 사이에 고갈시키면서 전대미문의 풍요한 고에너지 사회를 구가하였다. 그러나 고 에너지 산업사회는 인류가 쌓아 올린 또 하나의 바벨탑일 가능성이 엿보이기 시작했고, 21세기 문명을 구 원하기 위해서는 새로운 시각에 입각한 근본적 방안이 모색되어야만 한다고 보는 견해가 사람들의 관심을 모으게 되었다.

　　「엔트로피」의 저자 리프킨도 그런 관점에서 현대 문명 비판의 대열에 서 있다. 그는 현대 산업사회의 만성적 위기를 해결하고 주어진 한계 내에서 살아가는 새로운 세계관을 확립시킴에 있어 열역학의 엔트로 피 법칙을 새로운 패러다임으로 제시한다.

　　1865년 독일의 물리학자 클라우지우스는 '열의 역학적 이론에 관한 두 가지 기본법칙'으로 "(1)우주의 에 너지는 일정하다. (2)우주의 엔트로피는 항상 증가한다"는 결론을 발표한다. 이는 열역학의 제1, 제2법칙 의 탄생이자 물리학 성립의 공포를 의미했고, 여기서 엔트로피 법칙은 자연세계의 변화의 방향성을 규정한 것이었다. 다시 말해서 열역학의 두 법칙들은 우주 전체의 에너지는 보존되지만, 쓸모 있는 에너지의 양은 계속 감소되고 있다는 사실을 밝히고 있는 것이다.

　　열역학의 제2법칙인 엔트로피 법칙은 에너지가 어느 한 상태로부터 다른 상태로 변환될 때에는 반드시 모 종의 불리한 상황이 부과된다는 것을 천명하고 있다. 우주의 어느 계(界)에서 사용 가능한 에너지가 사용할 수 없는 형태로 얼마나 변형되었는가에 대한 척도가 바로 엔트로피이다. 엔트로피 법칙에 의하면 지구의 어 디에선가 질서가 더 생기는 것은 그 주위 환경에서 그보다 더한 무질서가 생기는 것을 의미한다. 그러므로 기계론적 세계관에서 말하는 발전에 의해 '더 질서 있는' 물질적 환경을 만든다는 것은 동시에 다른 한편으로 그보다 더 큰 무질서를 만들어 낸다는 것을 의미한다. 결국 엔트로피 법칙은 자연세계에서의 인공적 변화란 사용 가능한 에너지를 사용 불가능한 형태로 바꾸는 일을 가속화함으로써 주위의 엔트로피를 증가시키는 방 향, 즉 값어치 있는 상태에서 값어치가 없는 상태로의 방향으로만 진행한다는 한계를 깨우치고 있다.

　　이러한 엔트로피 법칙은 역사를 진보라고 보는 관념을 무너뜨릴 것이며, 과학과 기술이 보다 질서 있는 세계를 만든다는 믿음을 사라지게 할 것이다. 뉴턴의 기계론적 패러다임이 중세의 기독교적 세계관을 대치 했을 때처럼 엔트로피의 법칙은 현재의 뉴턴적 세계관을 대치하게 될 것이다.

　　'엔트로피'가 전하는 메시지는 우리로 하여금 이제까지 우리의 전통적 사고체계였으면서도 어느새 실종 되어 버렸던 전통적 자연관을 다시 돌아보게 만들고 그것이 결국 저(低)엔트로피 사회의 추구였음을 확인 하게 한다. 문명이 야기하는 쓰레기를 처리하는 데에는 자연적 메커니즘을 이용하는 것이 최상의 방법이 다. 따라서 인위적 변화는 자연의 일부로서 그것과 조화를 이루는 한에서 가능할 수밖에 없고, 지속 가능한 성장을 위해서는 인간과 자연 사이의 원초적 **유기성**과 **통일성**이 회복되어야만 한다는 결론에 이르게 된다.

[문제] 밑줄 친 부분을 통해 **추론**해 볼 때, 근대 과학관의 특징과 거리가 **먼** 것은?

① **분석적인 사고방식**을 통해서 대상세계를 이해한다.
② **자연과 인간을 이분법적으로 분리**해서, 자연을 인간이 착취해야 할 대상으로 파악한다.
③ **결정론적 세계관**에 바탕을 두고 개체들 간의 **유동적인 관계성을 인정하지 않는다.**
④ **원자론적 사고방식**을 바탕에 두고 사물을 파악함에 있어 가장 **단일**하고 **궁극**적인 구성 요소를 발견하려 한다.
⑤ 사물과 사건들의 **자유로운 변화 가능성**을 인정한다.

의외로 많은 학생들이 이 문제를 틀렸는데, 그 이유는 단순하다. 추상적 개념의 **'범주화' 능력**이 떨어지기 때문이다. 이를 실제 연구 결과를 예로 들어 설명하면 다음과 같다. 다음은 인지심리학자 루리야 교수가 실시한 범주화 실험 가운데 널리 알려진 사례이다. 연구자들은 60세가 된 요르단 출신의 문맹인 농부에게 망치, 톱, 통나무, 손도끼 그림을 보여주고 같은 것끼리 분류해보라고 범주화를 요구했다. 연구자들은 피험자가 통나무를 다루는 도구인 망치, 톱, 손도끼와 그것들에 의해 다루어지는 재료인 통나무를 구분하여 범주화할 것을 기대했다. 하지만 노인은 이런저런 이유를 대며 대상들을 '도구'와 '재료'로 분류하는 추상적 개념의 범주화를 지속적으로 거부했다.

망치, 톱, 손도끼, 통나무는 구체적인 개념이지만, **도구와 재료**는 그것들이 이끌어낸 추상적 개념이다. 때문에 노인은 기하학적 도형 분류에 있어서와 마찬가지로 범주화에 실패한 것이다. 추상적 개념을 사용하는 개념적 범주화는 **학습**을 통해서만 가능하다. 예컨대 학생들은 학습을 통해 망치, 톱, 손도끼, 통나무와 같은 각각의 대상을 '도구'라는 추상적 개념으로 한데 묶는 추상화와, '장미 → 꽃 → 식물 → 생물'처럼 일반성의 정도에 따라 보다 큰 범주로 나아가며 위계적으로 분류하는 일반화의 능력을 갖게 된다. 그럼으로써 후일 단순한 범주화에서 한 걸음 더 나아가 예컨대 '장미는 꽃이다. 꽃은 식물이다. 그러므로 장미는 식물이다.'와 같은 **논리적 추론**을 할 수 있는 기반이 마련된다. 수능 국어 비문학 지문에서 추론 능력을 묻는 문제에 높은 점수를 부여하는 이유가 여기에 있다.

위의 설명을 바탕으로 다시 문제와 선택지를 들여다보자. 지문은 제레미 리프킨의 '엔트로피'에 대한 설명으로, 서양의 근대적 세계관, 기계론적 사고에 따른 무분별한 환경 파괴가 몰고 온 재앙을 막고 지속 가능한 성장을 이루기 위해서는 인간과 자연의 조화를 꾀해야 한다는 주장을 담고 있다.

사실 이 문제는 지문을 읽지 않고 단순히 선택지 속의 단어만을 보고서도 거뜬히 정답을 맞힐 수 있다. ①의 '분석', ②의 '분리', ③의 '결정론' 또는 '유동적인 관계성을 인정하지 않는다(비유동적)', ④의 '원자', '단일', '궁극', ⑤의 '자유로운 변화'라는 단어를 범주화하면서 추론하면 ①~④와 ⑤가 각각 '기계적(개별성 · 고정성)' vs. '유기적(종합성 · 가변성)'인 개념으로 범주화된다는 사실을 파악할 수 있다. 게다가 지문의 밑줄 친 부분에서 '유기성(조화)', '통일성(여기서의 통일성의 개념은 획일성의 의미가 아니라, 전체 세계가 유기적인 관계로 묶인 의미로서의 종합성의 개념을 뜻하며, 조화 · 상생과 맥을 같이 한다)'이란 단어가 들어있음을 본다면, 정답을 고르는데 큰 어려움이 없을 것이다. 수능 국어 비문학 지문에서 사고력을 묻는 문제가 이와 같다.

정답 ⑤

글의 전체를 읽고 유추할 때, 근대 과학관은 유기성, 종합성, 통일성을 부인하고, 분석적이고 이분법적인 사고방식을 견지하며, 원자론적이고 결정론적인 성격을 가진다는 점을 알 수 있다. 따라서 ⑤의 유동적인 변화 가능성은 분석적이고 환원주의적인 사고방식의 특징으로 볼 때 불가능한 결론이다.

수능 및 모평 과학·기술 기출 목록

| 과학 |

- 항미생물 화학제의 종류와 작용기제 (2021학년도 고3 9월 모평)
- 통증을 느끼는 과정과 신호 전달 원리 (2021학년도 고3 3월 모평)
- 컴퓨터 최소 정보 저장 단위인 비트의 연산 원리 (2021학년도 고3 3월 모평)
- GPS 측정의 원리와 측정 기법 (2020학년도 고3 9월 모평)
- 개체의 개념과 유형 및 공생발생설을 중심으로 한 세포 소기관이 분화되어 가는 과정 (2020학년도 고3 6월 모평)
- 서양과 동양의 천문이론 〈2019학년도 수능〉
- LFIA 키트의 원리와 특성 〈2019학년도 고3 6월 모평〉
- 콩팥에서 일어나는 혈액 여과 과정 (2019학년도 고3 3월 모평)
- 상호 배타적인 상태가 공존하는 양자역학의 비고전 논리 〈2018학년도 고3 9월 모평〉
- 반추동물의 탄수화물 분해 〈2017학년도 수능〉
- 열역학에 대한 과학자들의 탐구 과정 〈2017년도 고3 9월 모평〉
- 지레의 원리에 담긴 돌림힘 〈2016학년도 수능A〉
- 빗방울의 종단 속도 〈2016학년도 수능B〉
- 산화작용에 의한 지방질의 산패 〈2016학년도 고3 9월 모평A〉
- 암 치료에 사용되는 항암제 〈2016학년도 고3 9월 모평B〉
- 원자 모형에 대한 탐구 〈2016학년도 고3 6월 모평A〉
- 암흑 물질 〈2016학년도 고3 6월 모평B〉
- 단백질의 분해와 합성 〈2015학년도 수능A〉
- 달과 지구의 공전 궤도 〈2015학년도 수능B〉
- 인간의 후각 〈2015학년도 고3 9월 모평A〉
- 점탄성체 〈2015학년도 고3 9월 모평B〉
- 원유의 열처리 〈2015학년도 고3 6월 모평A〉
- 별의 겉보기 등급과 절대 등급 〈2015학년도 고3 6월 모평B〉
- 분광 분석법 〈2014학년도 수능A〉
- 지구상의 운동하는 물체에 작용하는 전향력 〈2014학년도 수능B〉
- 동물의 길 찾기 〈2014학년도 고3 9월 모평A〉
- 각 운동량 〈2014학년도 고3 9월 모평B〉
- 태양빛의 산란 〈2014학년도 고3 6월 모평A〉
- 입체 지각 〈2014학년도 고3 6월 모평B〉
- 태양 에너지 〈2014학년도 수능 예비시행 B형〉
- 반데르발스 상태 방정식 〈2013학년도 수능〉
- 기체 분자의 속력 분포에 대한 맥스웰 이론 〈2013학년도 고3 9월 모평〉
- 식물 물관부에서의 물의 이동 원리_ '증산−장력−응집력' 메커니즘 〈2013학년도 고3 6월 모평〉
- 양자 역학의 불확정성의 원리 〈2012학년도 수능〉
- 데카르트 좌표계의 수학적 의의 〈2012학년도 고3 9월 모평〉
- 운동할 때 작용하는 운동생리학의 요인 〈2012학년도 고3 6월 모평〉
- 율리우스력과 그레고리력 〈2011학년도 수능〉
- 시간의 물리학적 성격 변화_ 뉴턴의 절대시간 개념과 아인슈타인의 상대 시간 개념 〈2011학년도 고3 9월 모평〉
- 사막의 형성 요인 〈2011학년도 고3 6월 모평〉
- 유전적 특성을 이용한 미생물의 종 구분 〈2011학년도 수능〉
- 연니(軟泥)의 유형과 분포 〈2010학년도 고3 6월 모평〉
- 생물다양성에서의 가위바위보 관계 〈2010학년도 고3 6월 모평〉
- 공룡 발자국 화석에 관한 연구와 그 의미 〈2009학년도 수능〉
- 과거의 대기 성분과 기온 변화를 알 수 있는 남극 빙하 〈2009학년도 고3 9월 모평〉
- 신기루의 형성과 종류 〈2009학년도 고3 6월 모평〉
- 피의 순환 이론 〈2008학년도 수능〉
- NMR 분광계의 보급에 끼친 과학자의 영향력 〈2008학년도 고3 9월 모평〉
- 과학적 진실이란 무엇인가_ 왜곡된 과학사의 진실 〈2007학년도 수능〉
- 아이슬란드의 지질학적 특성 〈2007학년도 고3 9월 모평〉
- 조율의 기준음이 된 슈투트가르트 피치 〈2007학년도 고3 6월 모평〉
- 이글루에 담긴 과학적 원리 〈2006학년도 수능〉
- 과학 분야에서의 역사적 질문과 역사적 서술 〈2006학년도 고3 9월 모평〉
- 과학적 지식의 생성 과정 〈2006학년도 고3 6월 모평〉
- 인간 호흡기의 진화론적 규명 〈2005학년도 수능〉
- 우주 원소의 생성 과정 〈2005학년도 고3 9월 모평〉
- 생물 다양성의 가치 〈2005학년도 고3 6월 모평〉

| 기술 |

- 3D 합성 영상의 생성, 출력을 위한 모델링과 렌더링의 방법 〈2021학년도 수능〉
- 광학 영상 안정화(OIS) 기술과 디지털 영상 안정화(DIS) 기술 〈2021학년도 고3 6월 모평〉
- 장기 이식의 종류 및 내용, 문제점 〈2020학년도 수능〉
- OTP 인증 기술의 방식과 원리 및 발전 방향 〈2020학년도 고3 3월 모평〉
- 주사 터널링 현미경(STM)의 활용에 요구되는 진공 기술 〈2019학년도 고3 9월 모평〉
- 검사용 키트의 구조와 측정 원리 〈2019학년도 고3 6월 모평〉
- 디지털 데이터의 부호화 과정 〈2018학년도 수능〉
- DNS 스푸핑이 이루어지는 과정 〈2018학년도 고3 6월 모평〉
- 콘크리트를 통해 본 건축 재료와 건축 미학의 관계 〈2018학년도 고3 9월 모평〉
- 인공 신경망의 학습과 판정 〈2017학년도 고3 6월 모평〉
- 애벌랜치 광다이오드 〈2016학년도 수능A〉
- 해시함수의 특성과 이용 〈2016학년도 고3 9월 모평A〉
- 지문 인식 시스템 〈2016학년도 고3 6월 모평A〉
- 디지털 영상의 원리 〈2015학년도 수능A〉
- CPU 스케줄링 〈2015학년도 고3 9월 모평A〉
- 조명기구의 발광 효율과 수명 〈2015학년도 고3 6월 모평A〉
- CD 드라이브의 정보 판독 원리 〈2014학년도 수능A〉
- CT(컴퓨터 단층촬영장치) 〈2014학년도 고3 9월 모평A〉
- 플래시 메모리 〈2014학년도 고3 6월 모평A〉
- 음성 인식 기술 〈2013학년도 수능〉
- 포토리소그래피 공정을 이용한 반도체 생산 기술 〈2013학년도 고3 9월 모평〉
- 하드 디스크 스케줄링 원리 〈2013학년도 고3 6월 모평〉
- 이어폰으로 소리의 공간감을 구현하는 원리 〈2012학년도 수능〉
- 디지털 피아노 작동 원리와 소리의 저장 과정 〈2012학년도 고3 9월 모평〉
- 진공관과 트랜지스터의 구조 및 원리 〈2012학년도 고3 6월 모평〉
- 컴퓨터의 여러 가지 자료 구조 〈2011학년도 수능〉
- 산화물 반도체 물질을 이용한 저항형 센서 〈2011학년도 고3 9월 모평〉

- 엔진의 운행 상태에 따른 자동차의 연비 〈2011학년도 고3 6월 모평〉
- 장비의 신뢰도 분석 개념과 그 원리 〈2011학년도 수능〉
- 우편번호 자동분류기의 학습 원리 〈2010학년도 고3 9월 모평〉
- 청력 검사에 이용되는 귀의 소리 측정 기술 〈2010학년도 고3 6월 모평〉
- 동영상 압축 기술의 원리 〈2009학년도 수능〉
- 디지털 영상 처리 기술 〈2009학년도 고3 9월 모평〉
- 도형량의 표준화 – 길이의 표준 〈2009학년도 고3 6월 모평〉
- 촉매 개발 기술 〈2008학년도 수능〉
- 기술 영향 평가 〈2008학년도 고3 9월 모평〉
- 초음파 진단 장치의 작동 원리와 과정 〈2008학년도 고3 6월 모평〉
- 산업 분류 체계의 종류와 의의 〈2007학년도 수능〉
- 초기 사진술의 보급과 쇠퇴 〈2007학년도 고3 9월 모평〉
- 품질 관리 이론 6 시그마 〈2007학년도 고3 6월 모평〉
- 디젤 엔진의 원리와 특징 〈2006학년도 수능〉
- 기존 기술과 새로운 기술의 경쟁 〈2006학년도 고3 9월 모평〉
- 창의적 문제해결을 위한 발명 이론인 트리즈의 개념과 적용 사례 〈2006학년도 고3 6월 모평〉
- 판유리 제조 공정의 혁신 과정 〈2005학년도 수능〉
- 공개키 암호화 방식의 안전성 〈2005학년도 고3 9월 모평〉
- 장영실의 자격루 구조 이해와 발명의 의의 〈2005학년도 고3 6월 모평〉